바가반과 함께한 나날

옮긴이 ● 대성(大晟)

선불교와 비이원적 베단타의 내적 동질성에 관심을 가지고 라마나 마하르쉬의 '아루나찰라 총서'와 마하라지 계열의 '마하라지 전서'를 집중 번역하면서, 성엄선사의 『마음의 노래』, 『지혜의 검』, 『선의 지혜』, 『대의단의 타파』, 『무방법의 방법』, 『부처 마음 얻기』, 『비추는 침묵』 등 '성엄선서' 시리즈와 『눈 속의 발자국』, 『바른 믿음의 불교』를 번역했다. 그 밖에도 중국 허운선사의 『참선요지』와 『방편개시』, 감산대사의 『감산자전』, 혜능대사의 『그대가 부처다: 영어와 함께 보는 육조단경, 금강경구결』 등을 옮겼다.

바가반과 함께한 나날

지은이 | 데바라자 무달리아르
옮긴이 | 대성(大晟)
펴낸이 | 이효정
펴낸곳 | 도서출판 탐구사

초판 발행일　　　2004년 7월 15일
개정증보판 발행일　2025년 12월 4일

등록 | 2007년 5월 25일(제208-90-12722호)
주소 | 04097 서울 마포구 광성로 28, 102동 703호(신수동, 마포벽산 e솔렌스힐)
전화 | 02-702-3557　Fax | 02-702-3558
e-mail | tamgusa@naver.com

*잘못된 책은 바꾸어 드립니다.

ISBN 978-89-89942-65-8　03270

아루나찰라 총서 ⑥

바가반과 함께한 나날

합본 별책 | 바가반에 대한 회상

데바라자 무달리아르 지음
대성(大晟) 옮김

탐구사

Day by Day with Bhagavan
Recorded by Devaraja Mudaliar

(First combined reprint, 1968; Ninth reprint, 2022)

with *My Recollections of Bhagavan Sri Ramana*
By Devaraja Mudaliar

(First Edition, 1960; Fifth Edition, 2015)

Published by Venkat S. Ramanan,
President
Sri Ramanasramam,
Tiruvannamalai, Tamil Nadu 606 603, India

Copyright ⓒ Sri Ramanasramam
Korean translation copyright ⓒ 2004, 2025 Tamgusa Publishing

This Korean edition is published by agreement with Sri Ramanasramam.

이 책의 한국어판 저작권은 Sri Ramanasramam과의 계약으로 탐구사에 있습니다.
저작권법으로 보호받는 저작물이므로 사전 허락 없이 전재하거나 복사하는 것은 허용되지 않습니다.

바가반 스리 라마나 마하르쉬

차례

바가반과 함께한 나날
Day by Day with Bhagavan

서문 · 9
1945년 · 11
1946-1947년 · 110

합본별책: 바가반에 대한 회상
My Recollections of Bhagavan Sri Ramana

서문 · 439
제1장 · 방문자에서 상주자로 · 441
제2장 · 개인적 경험과 바가반의 은총 · 458
제3장 · 오른돌이와 바가반의 일화들 · 498
제4장 · 바가반의 가르침 · 526
제5장 · 기적적인 사건들 · 556
제6장 · 바가반의 유머 · 569
제7장 · 함께한 마지막 날들 · 574

용어해설 · 583
찾아보기 · 593
옮긴이의 말 · 613

일러두기

1. 본문의 둥근괄호(…) 안에 있는 말 중 본문보다 한결 작은 글자로 된 것은 역자의 보충 문구이고, 꺾쇠괄호[…] 안에 든 말은 원문에서 괄호 안에 표기된 것으로서 기록자의 보충 문구 혹은 주석이라고 생각되는 것이다.
2. 원서에서 대문자로 시작하는 단어들 중 **실재, 심장, 자기/진아, 신** 등 핵심 단어들과 그 외 몇 가지 단어들은 경우에 따라 **돋움체**로 표기했다.
3. 옮긴이의 각주는 *T.*(Translator의 약자)로 표시하였다.

서문

이 책이 나오게 된 연유를 이야기해도 괜찮을 듯싶다. 나는 1942년 8월부터 1946년 말까지 4년 넘게 스리 라마나스라맘에 살면서 우리 **바가반**과 매일 접촉하는 헤아릴 수 없는 혜택을 얻는 엄청난 행운을 누렸다. 내가 아스라맘(asramam-아쉬람의 타밀식 표기)에서 살기 시작한 지 몇 달이 지났을 때 아스라맘을 찾아온 여러 사람이 나에게 말하기를, 방문객들의 질문에 대한 답변이든 다른 상황에서 하신 이야기든, 영적인 주제에 관한 **바가반**의 말씀들을 내가 기록하면 좋을 거라고 했다. 그러나 나는 너무 게을러서 오랫동안 그런 노력을 하지 못했다. 그렇지만 이따금 읽던 『스리 라마크리슈나 빠라마한사의 복음』을 볼 때마다 우리 **바가반**의 경우에도 그 비슷한 책이 편집된다면 얼마나 바람직하겠는가 하고 생각했다. 이런 생각을 몇 년째 하고 있던 1945년 1월 1일, 대략 1시간 안에 각기 다른 세 사람이—아스라맘에서 일하고 있던 샹까라 암말의 아들인 한 법률가의 서기, 내가 찌뚜르(Chitoor-안드라프라데시 주 남쪽의 도시)에서 그의 소년 시절부터 알고 지내던 M. V. P. 사스뜨리라는 마드라스의 실업가, 그리고 나중에 마드라스의 총리가 된 O. P. 라마스와미 레디가—모두 나에게 그 작업을 해보라고 권하는 것이었다. 왜냐하면 그들의 의견으로는 내가 **바가반**과 항상 쉽사리 가깝게 접촉할 수 있을 뿐 아니라, 그 일에 가장 적임자라는 것이었다.

그렇게 서로 현격히 다른 사람들이 새해 첫날부터 와서 부탁할 뿐 아니라 그들 간에 어떤 사전 협의도 없이 연이어 나를 찾아왔다는 사실에 아주 깊은 인상을 받은 나는, 그것이 사실상 **바가반**의 부르심이라고 받아들였다. 그래서 바로 그날부터 아스라맘 일기를 기록하기 시작했다. 내 생각은 아스라맘에서 일어난 일들 중 이런저런 관점에서 볼 때 흥미롭거나 중요하다고 생각될 만한 모든 것을 **바가반**의 헌신자들을 위해 기록하여 보존한다는 것이었다. 그 중에서도 주로 세계 각지에서 온 방문객들의 질문에 대한 **바가반**의 답변을 기록하기로 했는데, 나는 그 중의 많은 사람들을 위하여 말하자면 '**바가반**의 법정'에서 일하는 공식 통역관 역할을 했다.

나는 그 일에 착수하게 된 상황을 **바가반**께 말씀드리고 당신의 축복을 요청했다. 그런 다음 도감都監(Sarvadhikari)의 허락도 얻었다. 또 처음 며칠간은 내가 기록한 것을 모두 **바가반**께 읽어드려서 어디든지 내가 잘못한 곳을 수정하실 수 있게 했다. **바가반**의 말씀을 방문객들에게 통역할 때에도 조금만 실수하면 **바가반**은 나를 질책하시곤 했다. 나는 **바가반**의 말씀이 무슨 뜻인지 의심이 날 때마다 더 설명해 주시기를 부탁드렸고, **바가반**은 나를 위해서 기꺼이 다시 설명해 주셨다. 2, 3일이 지난 뒤에는 **바가반**께 매일 일기를 읽어드리는 것은 그만두고, 내가 **바가반**께서 말씀하신 것을 정확하게 기록했는지 의심이 나는 날에만 그날치의 일기를 읽어드리고 어디든지 수정이 필요하다고 하시는 부분을 고쳤다.

내가 한 이 기록들 중에서 지금은 아쉬람 당국에서 일부만 출판할 수 있는 듯하다. 그 정도만이라도 즉시 출판될 수 있어서 기쁘다. 나는 그 기록이 **바가반**이 원하셨기 때문에 생겨날 수 있었다고 믿으며, 그 중의 최소한 일부라도 이제 간행되는 것이 당신의 뜻이라고 믿는다. 이 출판물이 그것을 읽는 사람들에게 흥미 있을 뿐만 아니라 큰 도움이 되기를 바라면서, 믿음을 가지고 이것을 열심히 읽는 모든 사람들에게 **바가반**께서 은총을 내려주시기를 당신께 기도드린다.

1952년 1월 1일
A. 데바라자 무달리아르

바가반과 함께한 나날

1945년

1945-3-16 오전

방문객: 저는 하던 일을 그만두고 베단타(Vedanta)에 관한 책들을 읽기 시작해야 합니까?

바가반: 만일 그 대상들이 독립적 존재성을 가지고 있다면, 즉 그것들이 그대와 별개로 어디에 존재한다면 그대가 그것들을 떠난다는 것이 가능할지 모릅니다. 그러나 그것들은 그대와 별개로 존재하지 않습니다. 그것들의 존재성은 그대에게, 그대의 생각에 기인하고 있습니다. 그러니 그것들을 피해서 그대가 어디로 갈 수 있습니까? 베단타에 관한 책들을 읽는 것으로 말하면, 그런 책을 아무리 많이 읽어도 상관없겠지요. 그 책들은 "그대 내면의 진아를 깨달으라"고 말해줄 수 있을 뿐입니다. 진아를 책에서 발견할 수는 없습니다. 그것은 그대 자신이, 그대 자신 안에서 발견해야 합니다.

저녁

오후에 다른 방문객이 거의 같은 질문을 했고, **바가반**은 이렇게 말씀하셨다. "세상이나 대상들에서 달아나 그대가 어디로 갈 수 있습니까? 그것들은 사람이 떼어내고 달아날 수 없는 자기 그림자와 같습니다. 자신의 그림자를 땅에 파묻고 싶어 한 사람의 우스운 이야기가 있지요. 그는 깊은 구덩이를 판 다음 자기 그림자가 그 바닥에 있는 것을 보고, 그것을 그렇게 깊이 묻을 수 있다는 것을 기뻐했습니다. 그는 구덩이를 계속 메워나갔는데, 완전히 다 메운 뒤에도 그 위에 그림자가 있는 것을 보자 놀라고 낙담했습니다. 바로 그와 같이, 대상들이나 그에 대한 생각들은 그대가 진아를 깨달을 때까지는 늘 그대와 함께할 것입니다."

1945-3-17 오후

T. P. 라마짠드라 아이야르(Ramachandra Aiyar)가 **바가반**께 「실재사십송」의 시구(제1연)에서 '편재하는 빛(ār oli)'의 의미에 대해 여쭈었다.

바가반: '편재하는 빛'은 '도처에 충만한 빛(nidraintha oli)'을 뜻하는데, 그것은 우리가 그 안에서 모든 세계(현상계), 곧 세계의 알려지는 것과 알려지지 않는 것 양자를 다 보는 마음(manas)의 빛을 가리킵니다. 먼저 말하자면 **진아**의 백색광이 있는데, 이것은 빛과 어둠 둘 다를 초월합니다. 그 안에서는 어떤 대상도 보일 수 없습니다. '보는 자'도 없고 '보이는 것'도 없습니다. 그런가 하면, 그 안에서는 어떤 대상도 보이지 않는 완전한 어둠, 곧 무지(avidya)가 있습니다. 그러나 **진아**로부터 하나의 반사광, 순수한 마음(pure manas)의 빛이 나오는데, 완전한 빛 속에서나 완전한 어둠 속에서는 보이지 않고 흐려진 혹은 반사된 빛 속에서만 보이는 세계라는 모든 필름(영화처럼 펼쳐지는 세계의 모든 장면들)이 존재할 여지를 주는 것이 바로 이 빛입니다. 그 시구에서 말하는 것은 이 빛입니다.

1945-3-18

3월 15일인가 그 어름에 **바가반**은 회당 안의 어떤 사람에게 『박따 비자얌(Bhakta Vijayam)』[1])에서 뚤라시 다스(Tulasi Das)의 이야기를 소리 내

---

1) *T.* 마히빠띠(Mahipati, 18세기)가 마하라슈트라 지역 성자들의 일대기를 쓴 책. 자야데바, 뚤라시 다스, 남데브, 까비르, 냐나데바(냐네스와르), 에끄나트, 뚜까람 등이 나온다.

어 읽어보라고 하셨다. 그것은 어떻게 한 사람이 관능적 삶에 온통 빠져 있다가 갑자기 반전하여 고도의 종교적 삶이라는 다른 극단으로 옮겨갔는지를 보여주시기 위해서였다. 그 이야기에서 뚤라시 다스는 아내와 집을 버리고 도망가서 바나라스(Banaras-바라나시)에서 하리(Hari-비슈누)에 미쳐버린다. 아내와 어머니는 그를 찾아가 그가 자기들 모두를 얼마나 사랑했는지를 상기시키면서 돌아가자고 애원한다. 그는 그들을 거들떠보지 않고 "저의 하리께서 오셨나요? 예, 저기 그분이 오시는군요!"라는 식으로 대답한다. 그는 하리에만 미쳐서 달리 무엇에도 관심이 없었다. 이 부분을 낭독하고 있을 때 바가반이 말씀하셨다. "제가 마두라(Madura-마두라이의 구칭)에 있을 때도 다소 그와 같았지요. 책을 들고 등교하면서도, 신이 문득 하늘에서 제 앞에 나타나기를 간절히 바라고 기대했습니다. 그래서 하늘을 쳐다보곤 했습니다. 그런 사람이 학교 공부에서 무슨 향상을 보일 수 있겠습니까?"

[이것은 당신이 마두라를 떠나기 얼마 전의 일일 것이다. 나는 바가반에게서나 남들에게서, 당신이 마두라에서 그렇게 신에게 미쳐 있었다는 이야기를 들은 적이 없다. 그래서 여기에 그것을 기록한다.]

1945-3-19 오전

신드(Sind)에서 온 방문객이—필시 신드[현 파키스탄]의 하이데라바드에서 온 꾼단랄 A. 마하따니라고 생각되는데—질문했다. "세계와 우리가 보는 대상들은 마치 밧줄에서 보이는 뱀과 같이 모두 실재하지 않는다고 합니다. 또 다른 곳에서는 '보는 자'와 '보이는 것'이 같다고도 합니다. 만약 보는 자와 보이는 것이 같다면, 어떻게 우리가 '보이는 것'이 실재하지 않는다고 말할 수 있습니까?"

바가반: 그런 모든 말들의 의미는, 진아와 별개인 하나의 독립적 실체로 간주되는 '보이는 것'은 실재하지 않는다는 뜻입니다. '보이는 것'은

'보는 자'와 다르지 않습니다. 존재하는 것은 단 하나의 진아이지, '보는 자'도 아니고 '보이는 것'도 아닙니다. 진아로 간주되는 '보이는 것'은 실재합니다.

방문객: 세계는 하나의 꿈과 같다고 합니다. 그러나 꿈과 생시의 상태 사이에는 차이가 있습니다. 꿈에서는 제가 친구와 친척들을 보고 그들과 함께 어떤 경험들을 합니다. 깨어났을 때 제가 꿈에서 만난 친구나 친척들에게 그 꿈에 대해서 물어보면, 그들은 그에 대해 전혀 모릅니다. 그러나 생시의 상태에서는 제가 보고 듣는 것이 다른 많은 사람들에 의해 확인됩니다.

바가반: 꿈의 상태와 생시의 상태를 뒤섞으면 안 됩니다. 그대가 생시 상태의 경험들을 생시 상태에서 보는 사람들에게서 확인 받으려고 하듯이, 꿈의 경험들에 대해서는 꿈의 상태에서—즉, 그대가 그 꿈속에 있을 때—그대가 본 사람들에게 확인해 달라고 해야 합니다. 그러면 그 꿈속에서, 그대가 그 꿈에서 본 친구와 친척들이 그대에게 확인해 주겠지요.

여기서 주안점은 그대가 깨어날 때 꿈속에서 한 경험들 중 어느 것의 실재성을 그대가 과연 긍정할 수 있느냐는 것입니다. 마찬가지로, **진지**眞知(jnana) 속으로 깨어난 사람은 생시 경험의 실재성을 긍정할 수 없습니다. 그의 견지에서는 생시 상태도 꿈입니다.

방문객: 몇 사람만 **진아 깨달음**을 얻도록 선택되며, 그런 사람들만 그것을 얻을 수 있다고 합니다. 그것은 상당히 실망스럽습니다.

바가반: 그런 모든 말들의 의미는, 신의 은총의 도움 없이 우리 자신의 지성(buddhi)으로는 **진아 깨달음**을 성취할 수 없다는 것입니다.

내가 덧붙였다. "바가반께서는 또한 그 은총조차도 임의로 오지는 않는다고 말씀하십니다. 왜냐하면 금생이나 전생에 우리 자신이 한 노력에 따라 우리가 그것을 받을 자격이 생기기 때문입니다."

방문객: 인간의 노력은 소용이 없다고 이야기됩니다. 그렇다면 어느

사람이 자기 자신을 개선하려는 동기를 가질 수 있겠습니까?

내가 물었다. "우리가 노력을 해서는 안 된다거나 우리의 노력이 소용없다는 이야기가 어디 나옵니까?"

그러자 방문객은 『나는 누구인가?(Who Am I?)』에서 "모든 세상을 돌보는 하나의 큰 힘이 있는데, 왜 우리가 무엇을 해야 할지 신경을 써야 합니까?"라고 하는 부분을 보여주었다. 나는 거기서 배척하는 것은 인간의 노력이 아니라 "내가 행위자다"라는 느낌이라는 것을 지적했다. 내가 바가반께 그렇지 않느냐고 여쭈어 보자 당신은 내 설명을 승인하셨다.

오후

바가반은 당신이 한번은 어떤 꿈에서 빨니(Palni-타밀나두 주 서부의 읍인 빨라니)에 갔다가 (그곳의 사원에 모셔진) 빨니 신(Palni God)[주 수브라마니아]을 잡아먹어 버렸고, 또 한번은 꿈에 띠루쩬두르(Tiruchendur) 사원[여기서 모시는 신도 주 수브라마니아이다]을 찾아갔다고 말씀하셨다. 이 꿈의 자세한 내용은 바가반이 기억하지 못하신다.

내가 기억하기로, 한 번은 어떤 사람들이 **생전해탈자**(jivanmukta)도 꿈을 꾸는지 알고 싶어 했다. 그 의문은 자연스러운데, 왜냐하면 우리는 **진인**眞人(jnanis)들이 보통 사람들 같은 잠을 전혀 자지 않는다고 믿기 때문이다. 그래서 **진인**들은 전혀 꿈을 꾸지 않을지 모른다. 그래서 내가 **바가반**께 이 문제에 대해 여쭈었고, 당신은 이렇게 말씀하셨다. "만약 **진인**이 생시 상태를 가질 수 있다면, 꿈의 상태를 가지는 것이 뭐가 어렵겠습니까? 물론 그의 생시 상태는 보통 사람의 생시 상태와 다르고, 그래서 그의 꿈의 상태도 보통 사람의 꿈의 상태와 다르겠지요. 생시에서든 꿈속에서든, 그는 **뚜리야**(turya), 곧 네 번째 상태라고 불리기도 하는 자신의 진정한 상태(본연상태)에서 미끄러지지 않을 것입니다."

1945-3-24 오후

나는 「탐구의 핵심(Vichara Sangraha)」「자기탐구」을 읽고 있었다. 거기서 심장 안의 어떤 것이 "'나, 나' 하고 빛나거나 소리 나고 있다(nan nan enru spuritthuk koṇḍirukkiṛathu)"는 구절을 만났다. 나는 '스푸라나(sphurana)'라는 말이 정확히 무슨 의미인지 늘 의문을 가지고 있었다. 그래서 **바가반**께 여쭈었고, 당신은 이렇게 말씀하셨다. "그것은 '빛나는 것(vilanguvathu) 혹은 비추는 것(vilakkuvathu)'을 뜻합니다." 내가 여쭈었다. "그것은 우리가 듣는 어떤 소리 아닙니까?" **바가반**이 말씀하셨다. "예, 그것은 우리가 느끼거나 자각하게 되는 어떤 소리라고 할 수 있지요." 당신은 또한 사전을 찾아보시고 나서 말씀하셨다. "그 단어는 '박동', '기억에 불쑥 떠오르기', '마음에 언뜻 스치기'라는 뜻입니다. 그래서 '스푸라나'라는 말에는 소리와 빛, 두 가지 의미가 다 들어 있다고 하겠지요. 일체가 빛과 소리에서 나왔습니다."

나는 **바가반**께 '빛나는' 것이 무엇인지, 그것이 에고인지 **진아**인지 여쭈었다. 당신은 그것이 전자도 후자도 아니고 그 둘 사이의 어떤 것, 즉 '나'[진아]와 '나'라는 생각[에고]이 결합된 것이며, **진아**에는 이 스푸라나조차도 없다고 말씀하셨다.

바가반은 진아가 어떻게 단순한 빛일 수 있고, 어떻게 그것이 말이나 소리 둘 다인지, 또한 말이나 소리가 원래 거기서 어떻게 나왔는지를 설명하면서 이렇게 말씀하셨다. "사람은 세 가지 몸을 가지고 있는데, 5대 원소로 이루어진 거친 몸(조대신粗大身), 마음(manas)과 생기生氣(prana)로 이루어진 미세한 몸(미세신微細身), 그리고 개아個我(jiva)입니다. 마찬가지로, **이스와라**(Iswara-하느님, 곧 시바)조차도 세 가지 몸을 가지고 있습니다. 현현된 모든 우주가 그의 거친 몸이고, 빛과 소리가 그의 미세한 몸이며, 진아가 그의 개아입니다.

1945-3-25 오후

떼날리(Tenali) 인근 뻿다빨라얌에서 온 P. 스리 크리슈나이아라는 사람이 22일 아스라맘에 와서 **바가반**의 허락 아래 자신이 텔루구어 운문으로 지어 **바가반**께 바치는 다누르다사(Dhanurdasa)[2]의 생애에 대한 작은 작품["깨어 있는 궁수 성자 이야기(piḷḷai uṟaṅgā villi charittiram)"]을 읽기 시작했다. 그 헌사는 유머러스하면서도 감동적인데, 그 시를 **바가반**께 바쳐 결혼시키는 처녀로 간주하고 있다. 왜냐하면 '딸 보시(kanyadana)'는 최상의 선물로 간주되기 때문이다. 그는 그 헌사를 먼저 쓰고 작품은 나중에 지은 듯했다. 그래서 그는 딸을 낳기도 전에 사위를 고른 셈이었고, 결국 헌사에서 이렇게 말한다. "당신께서는 이미 **해탈**(mukti)과 결혼하셨습니다. 부디 저의 이 딸자식도 받아주시어 자상하게 잘 대해 주시고, 그녀의 결점들은 고쳐 주시고 약점들은 눈감아 주소서. 저의 사위가 되시기는 했지만, 당신께 저의 집으로 오시라고 청할 수는 없습니다. 왜냐하면 수많은 라자들(Rajahs-왕들)과 다른 사람들이 늘 당신을 친견하러 여기 오고 있으니까요." 또 이렇게 말한다. "저의 이 비슈누파 딸이 **바가반**과 결혼함으로써 **비이원론**(advaita)과 **한정비이원론**(visishtadvaita)이 결혼으로 맺어졌습니다."

그는 25일 오후에 그 헌사를 다시 한 번 읽었고, 자신의 이별가 내지 고별가도 낭독했는데 그것을 의역하면 다음과 같다. "저희 같은 사람들에게는 온갖 욕망들이 자주 일어납니다. 어떤 것들은 충족되고 어떤 것들은 그렇지 않은데, 여기서는 저의 모든 욕망이 충족되었습니다. 제 욕망 중의 하나는 다누르다사의 생애를 시로 짓는 것이었고, 또 하나는 저의 친구, 친척들과 함께 여기 와서 제 딸[시]의 손을 당신께 쥐어드리는 것이었고, 세 번째는 위의 결혼 잔치에서 당신과 함께 실컷 먹는 것이었으며, 네 번째는 여기 며칠간 머무르며 당신의 모습을 바라보는 것이었

---

[2] T. 한정비이원론의 창시자인 **라마누자**(Ramanuja, 1017-1137)의 재가 제자의 한 사람.

습니다. 당신의 은총 덕분에 이 모두를 함께 얻었습니다. 부디 제가 떠나는 것을 허락해 주십시오. 오, 순수한 삶을 사시는 분이시여! 당신의 이 형상 안에 어떤 마법을 저장해 두셨기에, 그것을 본 사람들이 매혹됩니까? 이 공기 중에 어떤 힘을 실어 두셨기에, 그것이 모든 번뇌를 떨쳐 내 줄 수 있습니까? 이곳의 물에 어떤 약을 풀어 두셨기에, 그것이 모든 질병을 가라앉힐 수 있습니까? 이 경내에 어떤 매혹의 가루를 뿌려 두셨기에, 여기 오는 이들이 떠나기를 주저합니까? 당신의 위대함은 당신만이 아시겠지요. 저희가 아무리 오래 있어도 두 발은 여기를 떠나려 하지 않을 것입니다. 제가 어찌할 수 있습니까? 부디 제가 떠나는 것을 허락해 주십시오, **뿌루쇼따마**(*purushottama*)[인간들 중 최고인 자]시여."

1945-3-31

며칠 전 어느 밤중에, 바가반이 저녁식사 후 회당 동쪽 베란다의 당신 침상 위에서 쉬고 계실 때 재미있는 일이 일어났다. 당신은 남쪽을 향하고 계셨다. 채드윅(Chadwick)이 바가반의 등 뒤에 앉아 있었다. 바가반이 자리에 앉아 쿠션에 기대신 직후, 채드윅이 뒤에서 몰래 눈에 띄지 않게 부채질을 해 드렸다. 바가반이 돌아보시면 채드윅은 부채를 거두고 가만히 있었다. 바가반이 남쪽을 바라보시면 채드윅은 다시 부채질을 하는 것이었다. 바가반은 어디서 바람이 오나 하고 의아해 하셨다. 그러다가 채드윅이 웃음을 터뜨렸고, 바가반도 같이 웃으셨다. 이것은 이런 걸출한 스승과도 헌신자가 장난을 칠 수 있고, 두 사람 다 아이들처럼 그 장난을 즐길 수 있음을 보여준다.

오후

우타르프라데시 주 시바가르(Sivaghar)의 라자(Raja)인 방문객이 **바가반**께 말하기를, 자신을 **바가반**께 내맡겼으니 당신께서 자기에게 **진지**眞知

(jnana)를 주셔야 한다고 했다. 바가반은 「비전(Vision)」 지誌3) 1937년 9월 호의 신의 이름의 의미를 강조하는 나마 데브(Nama Dev)에 관한 글4)을 언급하셨는데, 여기서는 '나', 곧 에고를 내맡길 때에만 신의 이름의 의미를 깨닫게 될 거라고 지적하고 있다. 내가 회당에 들어섰을 때, 위 라자와 다른 방문객들을 위해 『아쉬따바끄라 기타』(Ashtavakra Gita)가 어떻게 설해졌는가 하는 이야기를 (누군가가) 영어로 다시 들려주고 있었다. 그 이야기의 낭독이 끝난 뒤 바가반이 말씀하셨다. "브라만 지知(Brahma jnana)는 외적인 것, 그러니까 어디 멀리 있어서 여러분이 가서 얻을 수 있는 것이 아니기 때문에, 그것을 성취하는 데 아주 긴 시간이나 아주 짧은 시간이 걸릴 거라고 말할 수 없습니다. 그것은 늘 여러분과 함께 있습니다. 여러분이 그것입니다! (자나까 왕이 깨달음을 얻는) 『아쉬따바끄라 기타』의 이야기5)가 의도하는 것은, 브라만 지知를 얻기 위해 필요한 것은 여러분 자신을 스승(guru)에게 완전히 내맡기고 여러분의 '나' 또는 '내 것'이라는 관념을 내맡기는 것이 전부임을 가르치려는 것입니다. 이런 것들을 내맡기면 남는 것은 실재입니다. 그러면 브라만 지知를 얻는 데 시간이 얼마나 더 걸릴 거라고 말할 수 없게 됩니다. 사람이 한 발을 첫 번째 등자鐙子에 얹고 나서 다른 발을 두 번째 등자에 얹기까지 걸리는 만큼의 시간이 걸릴 거라고 말하는 것은 잘못이겠지요. 에고가 완전히 내맡겨지는 순간, 진아가 빛납니다."

말씀을 계속하던 바가반은 『요가 바시슈타(Yoga Vasishta)』의 다음 시에서 마지막 2행을 인용하셨다.

---

3) T. 께랄라 주의 아난다 아쉬람(Ananda Ashram)에서 발간하는 정기 간행물.
4) T. '남 데브에 따른 신의 이름의 철학'. 80쪽 참조.
5) T. 자나까 왕은 경전에서 "깨달음은 한 발을 등자에 걸친 후 다른 발을 다른 등자에 걸치는 순간에 얻을 수 있다"고 한 것을 읽고, 경전학자들에게 이것이 사실임을 증명해 보라고 요구했다. 아무도 증명하지 못하자 왕은 그들을 투옥해 버렸다. 그러자 진인 아쉬따바끄라가 나타나 자신이 증명하겠다고 했고, 왕은 진인과 함께 숲으로 가서 말에 올라타면서 증명을 요구했다. 아쉬따바끄라는 왕에게, 먼저 순복하라고 말했다. 왕은 말에서 내려 진인에게 절하며 자신을 내맡겼고, 다시 말을 타다가 한 발을 등자에 걸친 채로 깨달음을 얻었다.

nānenum poruḷkā ṇāthōr ñānavā kāyan kāṇār.
nānenum poruḷaik kaṇḍōr ñānavā kāya māvār;
nānenu mahankārangaḷ ñānaviṇ mathiyaimūdi
nānem parama vāmba nanmalar viriyāthaṉṟē.

'나'라는 물건[진아]을 보지 못한 이들은 지知-허공을 보지 못하네.
'나'라는 물건을 본 이들은 지知-허공이 되어 버린 사람들이네.
'나'라는 에고(ahankara)에 지知[신적 의식]의 달이 가려지면,
'나'라는 지극히 순수한 심장의 연꽃이 활짝 피어나지 않을 것이네.

바가반은 이 말씀도 덧붙이셨다. "우리는 오랜 상습常習(samskaras)과 싸워야 합니다. (그러면) 그것들이 모두 사라질 것입니다. 단, 과거(전생)에 이미 수행을 한 사람들의 경우에는 그것이 비교적 금방 사라질 것이고, 그렇지 않은 사람들의 경우에는 늦겠지요." 이와 관련해 내가 여쭤었다. "그런 상습들은 점진적으로 사라집니까, 아니면 어느 날 갑자기 사라집니까? 이것을 여쭈어 보는 것은, 제가 여기에 꽤 오래 있었는데도 내면에서 어떤 점진적 변화도 지각하지 못하기 때문입니다." 바가반이 물으셨다. "해가 뜰 때 어둠은 점차적으로 걷힙니까, 단번에 걷힙니까?"

다른 방문객이 질문했다. "정념情念들을 어떻게 정복합니까?" 바가반이 말씀하셨다. "그 정념들이 우리 바깥의 어떤 것이라면 우리가 무기와 탄약을 들고 그것을 정복할 수 있겠지요. 그것들은 모두 우리의 내면에서 옵니다. 만약 그것들이 일어나는 근원을 살펴보아 그것이 우리에게서 나오지 않게 하면 그것을 정복하게 될 것입니다. 우리의 정념들을 불러일으키는 것은 세계와 그 안의 대상들입니다. 그러나 세계와 이런 대상들은 우리의 마음에 의해 창조될 뿐입니다. 우리의 잠 속에서는 그것이 존재하지 않습니다."

이 말씀이 다 끝나자 바가반은 당신의 물주전자(kamandalam)에서 물을 조금 드신 뒤, 시자侍者를 돌아보고 당신이 아까[즉, 오후 3시 30분경 산에서 돌아오신 뒤에] 물을 좀 마셨는지 물으셨다. 시자는 "예"라고 대답했다. 그

러자 **바가반**은 깜빡 잊었다 하시고, 확실히 하기 위해 다시 물을 좀 드셨다. 이어서 덧붙이기를—당신의 그런 경험을 좀처럼 말씀하시지 않기 때문에 거의 방심한 순간에 하신 말씀이지만—가끔 당신은 아침인지 낮인지 저녁인지도 모를 때가 있어, 시계를 보며 기억해 내려고 애를 쓴 뒤에야 그때가 하루 중 어느 시간인지 안다고 하셨다. 한번은 당신이 우리가 잠자면서 몸을 긁듯이 당신 피부에 한때 습진이 있던 자리를 긁었다고 말씀하셨다. 또 한번은 내가 당신의 어떤 신체적 통증에 대해 걱정했을 때, 당신은 그 통증이 "꿈을 꾸는 것 같다(*kanākkandārpōl*)"고, 즉 그것은 꿈속의 경험처럼 잠시 희미하게 지나가는 경험이라고 하셨다. 이런 말씀들은 **바가반**이 우리들 사이에서 사시는 삶이 어떤 것인지를 가늠하게 하는 단서이다. 즉, 외관상 우리들처럼 행위하고 움직이고 느끼시기는 하지만, 실제로는 우리가 경험하는 사물들이 존재하지 않는 당신 자신의 세계 안에 살고 계신 것이다.

1945-6-5 오후

나와 하린드라나트 짜또빠디야야(Harindranath Chatopadhyaya-시인이자 음악가인 헌신자), G.V. 숩바라마이야(Subbaramayya), 그리고 T.P. 라마짠드라 아이야르는 회당에서 **바가반** 바로 맞은편 맨 앞줄에 앉아 있었는데, 숩바라마이야가 짜또빠디야야에게 말했다. "당신이 오로빈도 아쉬람에서 지은 시 몇 편이 타자된 사본을 제가 최근에 우연히 접했는데, 여백에 있는 스리 오로빈도의 주註에서 몇몇 시들을 높이 칭찬하더군요." 그러자 짜또빠디야야가 **바가반**께 말씀드렸다. "저는 오로빈도 아쉬람에 2년간 있었는데, 그때 약 4,000편의 소네트(sonnette-14행시)와 5,000행의 시 한 편과 기타 시들을 지었습니다." 짜또빠디야야가 그전에 오로빈도 아쉬람에 2년간 있었다는 사실이 **바가반**께는 새로운 소식인 것 같았다. 우리들 몇 사람은 알고 있었지만 말이다. 이번은 그가 **바가반**을 세 번째 방문한 것이었다. 짜또빠디야야는 그런 다음 우리에게 자신의 가장 초기의 시 두 편과, 뽄디체리에서 지은 시 한 편을 낭송해 주었다. 아래에 그 시들이 있다. 바가반은 그 낭송을 즐겁게 들으셨다.

토기잔盞
(시인과 잔의 대화)

"오, 머리부터 발끝까지 붉은 말없는 잔이여!
도공의 물레 위에서 빙빙 돌아갈 때,
도공이 네게 세계를 안겨주기 전에 느낌이 어땠느냐?"

저는 너무나 따스하게 구워주던 위대한
도공의 손에서 떨어져 나올 때
점토 속에서 의식이 있는 충동을 느꼈습니다.
엄청난 비애감이 저의 지금 이 형상으로
주조되고 있다고 느꼈지요.
제가 도공의 물레 위에 붙잡혀서
이 붉은 색 잔의 잠 속으로 던져지던
그 치명적인 시간 전에는,
제 가슴 속에 깊이 뿌리내리던
작은 꽃과의 향기로운 우정을 느꼈지요.
도공은 제게서 생명의 숨결을 뽑아내고
저에게는 죽음인, 하나의 형상을 주었습니다.
꽃 한 포기만 제 가슴을 뚫고 빛나던
지난 날 형상 없던 본래적 상태가 최선이었지요.

점토 주전자들

도공의 가게 밖 길 위에서 줄지어

인내하며 서 있는 우리 점토 주전자들—
구릿빛 구름이 낀 황금색 하늘 아래서
매 순간 팔려나갈 때만 기다리고 있네.

말은 못하지만 우리는 우리를 빚어준
도공의 물레에 대해 감정이 있다네,
비록 흠 없이 만들어는 주었으나
우리 존재의 법칙에 반해 우리를 빚은 데 대해.

주전자들은 아름답지만, 사실
아름다움에서도 우리 모두 벗어나서
대지 속으로 스며들어 이 매혹적인
형상이라는 폭군에게서 확실히 도피할 것이네.

우리 주전자들 중 어떤 것은 존재하기에 지쳐
도공의 가게 안에서 부서져 파편이 된다네.
불쌍한 것들! 도기들의 창백한 고단함에 대해
도공이 어디 신경이라도 쓰는가?

빚는 자, 빚어진 것

왕년에 나는 한 사람의 도공이었네
두 손으로 말랑말랑한 점토를 주물러
물레 위에서 형상들을 만들어 내던.
그러나 이제는, 최근에 얻은 지혜를 통해서
그런 자부심은 사라졌으니, 나는
도공이기를 그치고 점토가 되는 법을 배웠다네.

또 어느 시절에 나는 한 사람의 시인이었네
펜을 통해 무수한 노래를 쏟아내어

1945년

사람들의 마음을 사로잡았던.
그러나 이제는, 오랫동안 갖지 못했던
새로 얻은 지知를 통해서, 시인이기를 그만두고
노래가 되는 법을 배웠다네.

이제는 가버린 그 시절에 나는,
수많은 전장戰場에서 번쩍이면서
광채를 뿌리며 빛나던 검劍들을
만들던 야장冶匠이었네.
그러나 이제는, 하느님의 침묵으로 가득 차 있으니
검 제조자이기를 그만두고 검이 되는 법을 배웠다네.

지나간 시절에 나는,
꿈을 꾸는 자였네. 사방에
에메랄드와 진주의 오만함을 뿌리던.
그러나 지금은, 지고자의 발아래 무릎 꿇고 있으니
꿈꾸는 자이기를 그만두고
꿈이 되는 법을 배웠다네.

그런 다음 나는 짜또빠디야야에게 **바가반** 앞에서(더 정확히는 무대 위에서 연기하듯이) 그가 쓴 희곡 중 부두노동자가 일을 힘들어 하다가 불평을 쏟아내는 대목을 낭송해 달라고 청했다. 그는 그렇게 했고, 우리 모두는 좋은 낭송이 얼마나 감동적일 수 있는지를 목도했다. 얼마 후에 짜또빠디야야가 **바가반**께 여쭈었다. "바가반, 왜 저희들은 가끔 **바가반**의 **친존**親存(Presence)에서 눈물로 목이 메는 것을 느낍니까?" **바가반**은 미소 지으며 침묵을 지키셨다. 내가 말했다. "그와 같이 눈물이 쏟아져 나오는 것은 좋은 일이지요. 심지어 **바가반**께서도 여기 오시기 전에 마두라의 사원에 있는 신상 앞에 서 있으면 당신의 눈에서 눈물이 저절로 흘러내렸다고 기록되어 있습니다. 어떤 기쁨이나 고통의 결과가 아니라 순수하게 헌신에서 우러나온 눈물 말입니다." 이에 대해 **바가반**은 친절하게도 이렇게 덧붙이셨다. "여기 온 뒤에도 그런 일이 있었지요. 심지어 책에 나오는 감동적인 구절을 읽거나 듣다가도 그런 일이 일어났습니다. 아마 저장된 어떤 감동의 눈물이 우리들 중 많은 사람에게 잠재해 있다가, 어떤 적절한 순간에 혹은 약간만 자극이 가해져도 우리가 어떻게 할 수 없이 눈물이 솟아나는 것 같습니다." 그런 다음 **바가반**은 당신이 스물두 살 무렵 비루팍쉬 산굴(Virupakshi cave)에 거주하실 때 일어난 한 사건을, 늘 그러시듯이 아주 실감나게 연기하듯 들려주셨다. 당신이 이 산굴 근처의 어느 바위 위에 앉아 계실 때 여덟 살 내지 열 살쯤 된 소년이 다가와서 **바가반**을 바라보더니, 그처럼 젊고 빛나는 사람이 그렇게 힘든 고행 생활을 하고 있는 모습을 차마 못 보겠던지 연민의 감정이 일어나 흐느끼기 시작했고, 한동안 심하게 흐느낀 모양이다. **바가반**이 말씀하셨다. "아이가 우는 이유가 무엇인지, 저를 그냥 보기만 했는데도 눈물이 흘러나온 이유가 무엇인지 누가 알겠습니까?" 이날 오후에도 **바가반**은 계속 회상적 분위기에서, 역시 여덟 살 내지 열살 쯤 된 다른 소년의 이야기를 덧붙여 말씀하셨다. 이 소년은 **바가반**의 비루팍쉬 산굴 시절의 또 다른 날에 당신을 만나, **바가반**에 대해 자비심을 느꼈다. 그리고 다음과 같은 대화가 두 사람 사이에 오고갔다. **바가반**은 산굴 근처의 바위 위에 혼자 앉아 계셨고, 소년은 올라왔다가 거기서 당신을 만났다.

소년: 여기 왜 혼자 이렇게 계셔요?

바가반: 나는 집에서 문제가 좀 있어서 이렇게 떠나왔다.

소년: 그러면 식사는 어떻게 하는데요?

바가반: 누가 먹을 것을 주면 먹지.

소년: 저는 좋은 주인이 있어요. 당신을 그분께 데려갈게요. 먼저 당신이 무료로 봉사를 해 드리겠다고 말씀해야 할지 몰라요. 당신이 일하는 것을 그분이 허락하면 일당 3파이(pie-인도의 옛 동전)를 주고 점차 6파

이나 그 이상으로 올려주실 거예요.

바가반: 그래, 부디 그렇게 해 다오.

바가반이 덧붙이셨다. "그 소년은 제가 비참한 생활을 하고 있다고 생각하고 너무 염려가 되었던 나머지 진짜 연민의 감정을 크게 느꼈던 것이 분명합니다."

바가반은 또 나이 많은 한 하리잔(harijan-불가촉천민) 여자가 어느 날 정오 무렵 **바가반**이 산에서 내려오는 거친 숲길을 산책하고 계실 때 다가와 말을 건 사건도 회상하셨다. 그녀가 말했다. "당신을 관 속에 집어넣을까! 한 곳에 **시바**처럼 왜 머물러 있지를 못해?(*Unnaip pādaiyilē vaikka! Orē idatthilē sivanē yendru irukkakkūdāthā?*)".6)

바가반이 말씀하셨다. "예, 아주 좋은 충고로군요." 그리고 마치 그 여자가 그때 가르쳐 준 점을 알지 못한 데 대한 벌인 양, 당신 자신의 뺨을 때리셨다.

바가반은 위 사건을 이야기하면서, 그 노파가 처음 당신에게 욕을 하기 시작했을 때 당신은 왜 그런 말을 들어야 하는지 알 수 없었고, 당신이 그 여자에게 무슨 잘못을 했는지 어리둥절했다고 말씀하셨다.

이 이야기에 T.S. 라자고빨(Rajagopal) 씨가 사우리스 양(Miss Souris)이 「바라띠(*Bharati*)」라는 텔루구어 저널에 쓴 글 한 편7)을 회상했다. 하린드라나트 짜또빠디야야와 그 이야기를 처음 듣는 다른 몇 사람들을 위해 **바가반**은 다음 사건을 들려주셨고 우리는 모두 즐거워했다.

바가반이 말씀하셨다: 하루는 마우니(Mauni-헌신자의 한 사람)가 평소와 같이 우편물(*tapals*)을 가져왔습니다. 저는 신문과 잡지들을 침상 위에 놓아두고 편지들을 보고 있었습니다. 마우니는 우편물을 저에게 보여준 뒤 회당을 나갔는데, 「바라띠」를 가져가면서 읽고 나서 되돌려 놓겠다고 했

---

6) *T.* 이 말의 더 충실한 버전은 510쪽 참조. 그녀의 첫 마디는 "이 썩을 인간아!"의 뜻이다.
7) *T.* 그 영역문은 David Godman, *The Power of the Presence*, 제1권, 212-220쪽 참조.

26 바가반과 함께한 나날

습니다. 조금 뒤 그가 돌아와서 그 잡지를 제 침상 위에 놓고 나갔습니다. 그런데 문 근처에서 갑자기 "바가반은 정말 도둑이시군요!"라고 하더니, 왜 그런 말을 하느냐고 제가 묻기도 전에 가 버렸습니다. 저는 의아했습니다. "내가 어쨌기에 마우니가 저렇게 나를 비난하나?" 그 말이 다소 마음에 걸렸지요. 그리고 「바라띠」에 실린 그 글을 읽었는데, 그 글의 맨 마지막 문장에 이르러 "오, 바가반은 정말 도둑이시군요!"라고 한 것을 보고서야 그 농담을 이해할 수 있었습니다.

1945-8-23 오전 10시

약 8개월 동안 여기 머무르고 있는 카라치(Karachi)의 꾼단랄 마하따니(Kundanlal Mahatani) 씨가 모든 책에서는 누구도 스승의 가르침(upadesa)의 도움 없이는 아무것도 성취할 수 없다고 강조하고 있고, 자신은 **자기탐구**(Self-enquiry)와 신을 '나'로서 깨달을 수 있는 상태인 마음의 고요함을 성취하는 법에 대해 **바가반**이 말씀하신 모든 지침을 읽어 보았지만, 자신에게 개인적으로 최선의 방법은 무엇인지 아직 모르겠다면서 **바가반**께 직접적인 가르침을 청했다. 그가 이런 청을 드린 것이 이번이 처음은 아니었다. 전에도 6월에 한 번, 다시 7월에 한 번, 최소한 두 번이나 그렇게 했다. 그때나 지금이나 **바가반**은 아무 답변도 하지 않으셨다. 이 신사는 아주 낙심했고, 자신은 어떤 답변을 받을 수준이 안 되는 것인지, 그리고 자신이 어떤 잘못을 범했기 때문에 **바가반**이 답변하실 기분이 아닌 것인지 걱정했다.

나중에 저녁이 되자 **바가반**은 다른 어떤 문제와 관련하여 한 타밀 시를 언급하셨는데, 마하따니 씨는 그 번역본을 보기 위해 1945-8-24자 내 공책을 빌려갔다. 필요한 가르침을 간접적으로 받는 헌신자들에게 흔히 있는 일이듯이, 마하따니 씨는 그 공책에서 자신에게 맞는 가르침을 발견했다. 더욱이 1945-8-25 오후 2시경에는 그가 낮잠을 자다가 꿈에서 환영幻影을 보았는데, 거기서 **바가반**이 나타나 산스크리트 시구 하나를 인용하면서 그것이 '진아에 대한 탐구보다 더 나은 행위(*karma*)나 헌신(*bhakti*)은 없다'는 의미라고 해석해 주었다. 그는 아주 기뻐했고, 같은 꿈속에서 나중에는 다른 헌신자가 같은 질문을 **바가반**께 하자 마하따니 씨가 위의 답변을 그에게 되풀이해 준 뒤 껄껄 웃었다고 한다. 이런 모든 이야기를 마하따니는 25일에 **바가반**께 보고 드렸다.[8]

1945-9-8 오전

베즈와다(Bezwada-안드라프라데시 주의 도시, 현 비자야와다)의 숩바 라오(Subba Rao) 씨가 **바가반**께 질문했다. "상상과 환영의 차이는 무엇입니까?"

바가반: 전자는 임의적이고 후자는 그렇지 않습니다. 그러나 결국은 환영조차도 그 기원은—설사 바로 현재에 있지는 않다 해도—임의적인 영역 안에 있을 수밖에 없습니다.

숩바 라오: 꿈들이 거기에 기원을 두고 있듯이 말입니까?

바가반: 그렇지요.

다른 방문객: 우리의 생시의 삶도 우리가 잠잘 때 꾸는 꿈과 비슷한 하나의 꿈이라고 합니다. 그러나 꿈 속에서는 우리가 그 꿈을 없애버리고 깨어나려는 의식적인 노력을 전혀 하지 않습니다. 하지만 아무 노력을 하지 않아도 꿈 자체가 끝이 나고 우리는 깨어납니다. 그런데 왜 생시의 상태는—실제로는 또 다른 종류의 꿈일 뿐인데도—그와 마찬가지로 우리가 아무 노력 하지 않아도 저절로 끝이 나서 우리를 **진지**(*jnana*), 곧 진정한 깨어남으로 데려다 주지 않습니까?

바가반: 생시의 상태라는 이 꿈을 없애기 위해 노력해야 한다고 생각하는 것과 **진지**, 곧 진정한 깨어남을 성취하려고 그대가 노력하는 것은

---

[8] *T.* 1945-8-24자 일기는 이 책에 없다. 또한 8-23자 일기에 24일 이후의 일을 기록한 것은 아마도 나중에 책을 낼 때 내용을 일부 축약하여 편집했기 때문일 것이다.

모두 그 꿈의 일부입니다. 만약 그대가 **진지**를 성취하면, 잠자는 동안의 꿈도 없었고 생시의 상태도 없었으며, 오직 그대 자신과 그대의 진정한 상태만이 존재한다는 것을 보게 될 것입니다.

내가 **바가반**을 다그쳤다: "그러나 그 질문에 대한 답변은 무엇입니까? 왜 생시의 상태도 우리의 꿈처럼, 우리가 아무 노력을 하지 않아도 — 마치 꿈이 지나가면서 우리를 깨워 주듯이 — 지나가면서 우리를 **진지** 속으로 데려다 주지 않습니까?"

바가반: 꿈이 저절로 지나갔다고 누가 말할 수 있습니까? 일반적으로 추측하듯이 만일 우리가 과거에 한 생각이나 업業의 결과로 꿈이 나타났다면, 아마 같은 업業이 그 꿈은 얼마 동안 지속되어야 하고 그 시간 이후에는 어떻게 끝나야 한다는 것도 결정하겠지요.

나는 여전히 흡족하지 않았지만, **바가반**과 계속 대화를 나누어 본 결과, 생시의 상태도 꿈의 일종이기는 하지만 잠 속에서 꾸는 꿈과는 이런 점에서 분명히 다르다고 느낀다. 즉, 꿈을 꾸는 동안에는 그것이 꿈이라는 생각이 우리에게 떠오르지 않지만, 생시의 상태에서는 우리가 책을 읽고, **스승**들의 말씀을 듣고, 어떤 현상들을 통해서 그것이 결국 꿈일 뿐인지 모른다는 것을 따져보고 이해할 수 있다는 것이다. 그렇기 때문에, **진지**로 깨어나려는 노력을 해야 하는 것이 우리의 임무일 수 있다. **바가반**은 우리가 깨어날 때까지는 꿈을 꿈으로 여기지 않고, 그 꿈이 지속되는 동안은 그것이 사뭇 실재하는 것처럼 보이며, 마찬가지로 이 생시의 상태도 우리가 **진지**로 깨어날 때까지는 꿈으로 보이지 않을 것이라고 말씀하신다. 하지만 나에게는 위에서 본 꿈의 상태와 생시 상태 간의 차이 때문에, 우리의 노력이 필요한 것처럼 보인다.

1945-9-14

은퇴한 판사보 데사이(Desai) 씨가 3, 4일 전에 (『라마나 기타』에 나오는 말과 관련하여) 바가반께 질문했다. "쁘라나(prana), 즉 생명기운을 수슘나 나디(sushumna nadi)로 어떻게 보내야 『라마나 기타』(제2장)에서 말하듯이 우리가 의식-몸 매듭(chit-jada granthi)의 단절을 성취할 수 있습니까?"

바가반이 말씀하셨다. "'나는 누구인가?'를 탐구하면 됩니다. 요기(yogi)는 꾼달리니(kundalini)를 깨워 그것을 수슘나로 올려 보내는 것을 명확히 목표로 할지 모르지만, 지知 수행자(jnani-자기탐구자)는 그런 것을 목표로 하지 않을 수도 있습니다. 그러나 두 사람 다 같은 결과를 성취합니다. 즉, 생명기운을 수슘나로 올려 보내고 의식-몸 매듭을 단절합니다. 꾼달리니란 아뜨마(atma), 진아 혹은 샥띠(sakti-힘)의 다른 이름일 뿐입니다. 우리는 그것이 몸 안에 있다고 이야기합니다. 왜냐하면 우리 자신을 이 몸에 한정되어 있다고 생각하니까요. 그러나 실은 그것은 다름 아닌 진아 혹은 진아의 힘(sakti)이므로, 안과 밖에 다 있습니다.

데사이: 나디(nadis-靈脈)를 어떻게 휘저어 주어야 꾼달리니가 수슘나로 올라갈 수 있습니까?9)

바가반: 요기는 이 목적을 위해 호흡제어, 조식調息(pranayama), 수인手印(mudras) 등의 방법을 가지고 있을지 모르지만, 지知 수행자의 방법은 탐구의 방법뿐입니다. 이 방법으로 마음이 진아 안에 합일되면 진아와 그것의 힘, 곧 꾼달리니가 자동적으로 일어납니다.

다음날 한 방문객이 가야뜨리(gayatri)10)에서 '디마히(dhimahi)'라고 하는 말과 관련하여 바가반께 질문했다. "그것은 어떤 뜻입니까? 저는 그것을 제대로 이해할 수 없습니다."

---

9) T. 수슘나 나디는 의식의 빛이 흐르는 특별한 영맥이며, 암리따 나디(amrita nadi)라고도 한다. 여기서 말하는 '휘저음'에 관련된 『라마나 기타』의 해당 구절들은 다음과 같다.
  1. 9:12 - "분별 있는 사람이 집착과 '자기와 몸의 동일시'를 포기하고 일념으로 탐구해 나가면, 영맥들(nadis) 안에서 (생명기운의) 휘저음이 일어나기 시작한다."
  2. 9:13 - "영맥들의 이 휘저음과 함께 진아는 그 자신을 다른 영맥들에서 분리하고, 암리따 나디만 붙들면서 빛을 발한다."
10) T. 태양신 만뜨라: "저 빛나는 태양의 거룩한 영광을 명상하니, 그가 우리의 지성을 밝혀 주기를(tat savitur varenyam, bhargo devasya dhimahi, dhiyo yo nah pracodayat)."

바가반: 그런 말들은 아함(aham-나)을 진아 안에 고정하라는 의미일 뿐입니다. 다만 문자적으로는 "우리는 명상한다"는 뜻이지요.

방문객: 저는 '그것(Tat)', 곧 진아의 개념을 잡을 수 없습니다. 그런데 어떻게 아함을 그것 안에 고정할 수 있습니까?

바가반: 왜 그대가 모르는 그것을 생각하려고 애씁니까? 그대가 아는 그 '나', 그것이 무엇인지, 어디서 일어나는지를 알아내려고 노력하십시오. 그것으로 충분합니다.

1945-9-16 오후

한 방문객이 질문했다. "완전 초보자인 사람은 이[영적인] 노선에서 무엇을 해야 합니까?"

바가반: 이 질문을 한다는 사실 자체가, 무엇을 해야 할지 그대가 알고 있다는 것을 보여줍니다. 평안을 확보하기 위해 그대가 어떤 단계를 밟고 싶어 하는 것은 그대가 평안이 부족함을 느끼기 때문입니다. 제 발이 조금 아프기 때문에 저는 이 연고를 바르고 있습니다.

방문객: 평안을 확보하기 위해 택해야 할 방법은 무엇입니까?

바가반: 하나의 목표와 그에 이르는 하나의 길이 있다는 관념은 잘못입니다. 우리가 늘 그 목표, 곧 평안입니다. 우리가 평안이 아니라는 관념을 없애는 것이 필요한 전부입니다.

방문객: 모든 책에서는 스승의 인도가 필요하다고 말합니다.

바가반: 스승은 제가 지금 말하는 것을 말해 줄 뿐이겠지요. 그는 그대가 이미 가지고 있지 않은 그 무엇도 그대에게 주지 않을 것입니다. 어느 누구도 자신이 이미 가지고 있지 않은 것을 얻기란 불가능합니다. 설사 그런 어떤 것을 얻는다 해도, 그것은 올 때처럼 사라질 것입니다. 오는 것은 또한 사라집니다. 늘 있는 것만이 남게 될 것입니다. 스승은 그대가 이미 가지고 있지 않은 어떤 새로운 것도 그대에게 줄 수 없습니

다. 우리가 진아를 깨닫지 못했다고 하는 관념을 없애는 것이 필요한 전부입니다. 우리는 늘 진아입니다. 단지 그것을 깨닫지 못할 뿐입니다.

아스라맘의 약제사藥劑師(compounder-아쉬람 시약소의 약 조제자)가 명상 중에 자신이 한 체험에 대해 몇 가지 질문을 했다.

바가반이 설명하셨다: 진아는 존재하는 유일한 실재이며 다른 모든 것들이 보이는 것은 그것의 빛에 의해서입니다. 우리는 그것을 잊어버리고 겉모습에 집중합니다. 회당 안의 등불이 사람들이 있을 때나 없을 때나, 극장 안에서처럼 사람들이 무엇을 공연하고 있을 때나 아무것도 공연되지 않고 있을 때나, 늘 켜져 있습니다. 우리가 회당, 사람들, 그 행위들을 볼 수 있게 해 준 것은 그 빛입니다. 우리는 그 빛에 드러나는 대상이나 겉모습들에 너무 몰두해 있어 그 빛에 주의를 기울이지 않습니다. 사물들이 나타나는 생시나 꿈의 상태와 아무것도 볼 수 없는 잠의 상태에서 의식 곧 진아의 빛은, 늘 켜져 있는 회당의 등불처럼 항상 있습니다. 그대가 해야 할 일은 '보이는 것'이 아니라 '보는 자'에게, 대상들이 아니라 그것들을 드러내는 그 빛에 집중하는 것입니다.

1945-9-18 오후

벵골인들의 한 그룹이 왔다. 그들 중 한 사람은 최근에 자식을 잃었다. 그는 바가반께 이런 질문을 했다. "그 아이는 왜 그렇게 어려서 죽었습니까? 우리가 이런 슬픔을 겪는 것은 그 아이의 업業입니까, 저희들의 업業입니까?"

바가반: 그 아이가 금생에 해소해야 했던 발현업發現業(prarabdha)이 끝났고, 그래서 세상을 떠난 것입니다. 그러니 그것은 아이의 업業이라고도 부를 수 있겠지요. 그대의 입장에서는 그 아이가 그대의 아이가 아니라 항상 신의 아이였을 뿐이고 신이 주었다가 신이 데려갔다고 확신하면서, 그 일에 대해 슬퍼하지 않고 차분한 상태로 있으면서 그에 영향 받지

않을 자유가 있습니다.

이와 관련해 **바가반**은 영어로 된 『요가 바시슈타』를 (서가에서) 꺼내어 뿌냐(Punya)와 빠바나(Pavana)의 이야기를 언급하셨다. 이상하게 들릴지 모르지만, 당신이 무심코 책을 펼치자 당신이 염두에 두고 있던 바로 그 이야기 부분을 실제로 펼치게 되었다. 그리고 당신은 나에게 그 책에서 뿌냐가 동생인 빠바나에게 부모님의 죽음에 대해 어리석게 슬퍼하지 말라고 충고하는 부분을 읽어달라고 하셨다. 거기서 뿌냐는 빠바나가 과거에 무수한 생을 살았고 각 생마다 많은 가족 친척들이 있었다고 하면서, 그 모든 가족 친척들의 죽음을 지금 슬퍼하지 않는 것과 똑같이 부모님의 죽음에 대해서도 지금 슬퍼해서는 안 된다고 말한다.

그 방문객이 질문했다. "한 사람은 아직 어린아이일 때 죽고 다른 사람은 오래 산다면, 누가 더 큰 죄인입니까?"

바가반: 말하기 어렵군요.

나는 방문객에게, 그가 제시한 자료만으로는 누구도 어느 쪽이 더 큰 죄인인지 판정할 수 없을 거라고 말했다.

방문객: 사람이 오래 살면, 깨달음에 이르는 단계들을 완성할 수 있는 더 큰 기회를 갖습니다.

바가반: 어려서 죽는 그 사람은 곧 다시 태어나 그 생에서는 금생에 오래 사는 다른 사람보다 깨달음을 향해 노력할 수 있는 더 좋은 기회를 가질 수도 있습니다.

한 방문객이 질문했다: "우리가 모든 활동을 포기해야 한다고 할 때, 그것은 우리가 가능한 한 많이 우리의 활동을 줄여야 한다는 뜻입니까?"

바가반: 활동을 포기한다는 것은 활동이나 그 활동의 열매에 대한 집착을 포기하고, "내가 행위자다"라는 관념을 포기한다는 뜻입니다. 그것을 겪기 위해 이 몸이 나온 그런 활동들은 겪어야 하겠지요. 그대가 좋아하든 않든, 그런 활동을 포기하기란 불가능합니다.

1945-9-27

바가반은 약 1주일째 수리 작업 중이던 스깐다스라맘(Skandasramam)을 문득 찾아가 보고 싶으셨던 것 같다. 그래서 바가반은 점심 식사를 마친 뒤 늘 하시는 식후 산책길에, 누구에게도 알리지 않고 시자 랑가스와미(Rangaswami)가 뒤따르는 가운데 스깐다스라맘 쪽으로 올라가셨다. 오후 3시 30분경까지는 이것을 아는 사람이 거의 없었다. 그러나 3시 30분이 지나자 그 소식이 점차 퍼져, 거의 모든 헌신자들이 스깐다스라맘으로 올라갔다. 바가반은 (스깐다스라맘 건물) 앞쪽의, 사원(아루나찰레스와라 사원)과 읍내를 굽어보는 계단식 대臺 위에 앉아 계셨다. 우리가 보기에 바가반은 기분이 아주 좋으셨고, 당신이 라마나스라맘으로 오시기 전에 여기 머무르실 때 있었던 여러 가지 사건과 일화들을 들려주고 계셨다. 바가반은 심지어 그곳에 계속 머물러 있다가 그날 밤을 거기서 보내실 마음까지 내셨다. 그러나 헌신자들이 모두 이곳으로 몰려들어 바가반이 움직이실 때까지는 누구도 움직일 기색을 보이지 않았다. 그래서 오후 5시 30분경에 바가반은 일어나서 이 아스라맘의 여러 곳을 살펴보면서 어디서 당신이 곧잘 잠을 잤고, 어디에 자주 앉았으며, 어머니는 어디에 앉았고, 당신들이 어디서 요리를 했고, 예전 수돗물이 어디 있었는지 등을 말씀해 주신 뒤에 계단을 내려가셨다. 도중에 당신은 비루팍쉬 산굴에 들러 그곳에서 당신이 어떻게 생활했는지도 설명해 주셨다. 여기서 당신은 '벽감 안의 가네샤' 벽감(mādatthuppilaiyār mādam)를 가리켜 보이셨는데, 이것은 이제 산굴 앞 베란다에서 동쪽을 향한 벽에 난 작은 창문이 되어 있다. '벽감 안의 가네샤(mādatthuppilaiyār)'는 두 개의 시구에 나오는 표현인데, 하나는 이스와라 스와미(Iswara Swami)가 지은 시이고 다른 하나는 바가반이 지으신 것으로,11) 바가반이 비루팍쉬 산굴에 사실 당시

---

11) T. 가네샤는 시바의 맏아들인 신이다. 가정집에서도 흔히 벽에 작은 벽감을 만들어 가네샤를 모셔 둔다. 이런 가네샤 신상을 pilaiyār라고 하며, 그 벽감을 pilaiyār mādam이라고 한다. 바가반의 시는 『라마나 마하르쉬 저작 전집』(이하, 『저작 전집』), 217쪽을 보라.

그 벽감에 있던 **가네샤**(Ganesha) 신상神像을 찬양한 것이다. 이 산굴에 며칠간 살고 있는 것으로 보이던 어떤 산야시(sannyasi)가 이때 근처의 우물에서 물을 떠왔고, **바가반**은 그것을 즐거이 드셨다. 그런 다음 **바가반**은 라마나스라맘으로 가기 위해 산굴을 떠나 계단을 천천히 내려가셨다. 산기슭에서 우리는 주위에 돋운 대가 있는 보리수나무 밑에 당신과 함께 앉았는데, 구하 나마시바야 산굴(Guha Namasivaya's Cave)에서 가까웠다. 뱅갈로르의 사따꼬빠 나이두(Satakopa Naidu)가 '뽀리(*pori*)'[쌀 튀밥]와 땅콩을 좀 가져왔다. 사람들은 모두 **바가반**과 함께 앉아서 이 나들이를 즐겼다. 이때는 날이 어둑어둑해지고 있었고, 우리는 모두 구하 나마시바야 산굴을 통과해 읍내로 가는 산길을 따라 내려갔고, 큰 도로를 따라 아스라맘에는 저녁 8시 반경에 당도했다.

바가반이 이런 식으로 줄곧 맨발로 이 여행을 하신 것은 놀라운 일이었다. 당신의 왼쪽 엄지발가락이 지난 8월 26일에 탈구되었거나 아니면 심하게 삐었고, 그 결과로 아직 통증이 좀 남아 있었기에 더 그랬다.

바가반이 스깐다스라맘을 떠나 이곳(라마나스라맘)에 정착하신 뒤 약 1, 2년 안에 두세 번 그곳을 가보셨다. 그러나 그 뒤로, 그러니까 오늘까지 근 22년이 지나도록 한 번도 그곳에 가지 않으셨다. **바가반**은 아주 기분이 좋으셔서 스깐다스라맘을 내려와 라마나스라맘까지 오는 동안 줄곧 몇 미터 걸으실 때마다 멈추어서 그곳과 관련되는 여러 가지 사건들을 들려주시고, 그 사이 사라져 버린 몇 그루 나무와, 비루팍쉬 산굴에 난 몇 군데 균열, 자다 스와미(Jada Swami)가 **바가반**을 향해 바위들을 굴려 내린 곳(**바가반**이 말씀하시는 바에 따르면, 그것은 모두 장난으로 한 일이었다지만), 그리고 어느 날 밤 폭우와 강풍이 몰아쳐 큰 바위들이 굴러가 버리는 통에 샘이 하나 생겨나 **바가반**과 당신의 추종자들이 편리하게 사용한 일 등에 대해서도 말씀하셨다.[12]

---

12) *T.* 이 폭우 이야기는 567쪽에서 더 자세히 서술된다.

1945-10-6

누가 바가반께 보고하기를, 어쩌다 잎에 가려져 원숭이들의 눈에 띄지 않아 상당히 크게 자란 망고 두 개가 오늘 발견되었는데, 그 중의 하나는 원숭이들이 빼앗아가고 하나가 남았다고 했다. 이 이야기에 바가반은 '잎들에 가려져(ilai maṛaivu)'라는 표현이 생각나셨고, 연상 작용으로 『쁘라부링가 릴라이(Prabhulinga Lilai)』에 있는 구절 하나와 『마룰라 샹까라 데바르 가띠(Marula Sankara Dēvar Gathi)』의 제9연도 생각해 내시고[13] 몇 연을 우리에게 낭독해 주셨다. 그 연들에서 이야기하기를, 한때 마룰라 샹까라(Marula Sankara)라는 사람이 어느 사원(mutt) 앞의, 사람들이 식사 후 엽반葉盤을 버리는 곳 근처에 미친 사람처럼 살고 있었다. 그 사원의 장長도 그의 제자들도 이 사람에 대해서는 전혀 알지 못했다. 그러나 알라마 쁘라부(Allama Prabhu)가 그 길을 지나갈 때 마룰라는 일어나서 그의 발아래 엎드려 절을 했고, 알라마 쁘라부는 이에 대해 그를 일으켜 세워 포옹했다. 그들은 서로의 가치를 알아보았기 때문이다. 진인만이 진인을 알아볼 수 있다. 끄리야(kriya-행위), 짜리야(charya-의식의 준수), 요가 등에 몰두하는 사람은 그가 행하는 그런 활동들로 알아볼 수 있다. 그러나 진인의 경우에는 그를 알아볼 수 있는 그런 외적인 것이 없다.

내가 이 일을 기록하는 것은 특히 여기 오는 사람들 중 어떤 이들 또한 바가반의 가치를 잘 알아보지 못하고, 심지어 나에게 이렇게 묻기도 하기 때문이다. "당신의 이 바가반에게 뭐가 있기에 그분을 위대한 사람이나 깨달은 영혼이라고 생각합니까? 그분도 우리처럼 식사하고 잠자고 기타 모든 것을 하는데 말입니다."

---

13) T. 앞의 책은 알라마 쁘라부(Allama Prabhu)의 생애를 1,111연의 시로 노래한 저작이고, 뒤의 책은 마룰라 샹까라의 생애담이다. 이런 생애담들은 흔히 운문체로 되어 있다.

1945-10-8 오후

이곳(띠루반나말라이)의 경찰 부서장 A. 숩바라야두(Subbarayadu) 씨의 딸인 자나끼(Janaki)가 바가반께 여쭈었다. "저는 명호名號기억(nama smarana-신의 이름을 늘 잊지 않는 것)을 늘 하고 싶습니다. 그런데 고등교육을 받는 것도 열망합니다(그녀는 대학 1학년이다). 어떻게 해야 합니까?"

바가반: 두 욕망 간에 모순되는 것은 전혀 없지.

자나끼: 제가 만일 늘 명호기억을 한다면, 마음을 써야 하는 학업을 어떻게 해 나갈 수 있습니까?

바가반은 대답을 하지 않으셨다. 그러나 프리드먼(Frydman)과 내가 이 처녀에게 말했다. "둘 다 동시에 할 수 있다고 말씀하신 거야." 프리드먼이 덧붙였다. "마음은 공부에 주고, 심장은 신께 드리렴."

1945-10-9 오후

K. 마하따니 씨가 위의 문답을 이어서 질문했다. "만약 우리가 세간의 어떤 사업에서 성공하기를 원한다면, 그 일에 우리의 온 마음과 정성을 쏟아야 합니다. 그러지 않으면 성공하지 못합니다. 그래서 우리의 마음을 신과 세간 활동 둘 다에 쏟는다는 것은 다분히 실현 불가능합니다."

바가반: 만일 그대가 진아 안에 계속 고정되면, 그 활동들도 여전히 계속되고 그 일에서의 성공도 영향 받지 않을 것입니다. 자신이 행위자(doer)라는 관념을 가지면 안 됩니다. 그 활동들은 여전히 계속될 것입니다. 몸을 생겨나게 한 그 힘이—그것을 어떤 이름으로 부르든 간에—그 몸이 겪기로 되어 있는 활동들이 일어나도록 보살펴 줄 것입니다.

마하따니 씨는 그래도 썩 흡족하지는 않았다. 그러자 바가반은 『바가바드 기타』의 기타출판사 판(Gita Press edition) 마지막에 나오는 '포기'에 관한 글 한 편을 그에게 읽어보라고 하셨다. 이 글은 포기의 일곱 단계를 언급하고 있는데, 바가반은 이렇게 말씀하셨다. "이 글 중에서 마하따니 씨의 마음을 끄는 부분이 있는지 보라고 하세요." 나는 바가반이 원하신 대로 모두의 이익을 위해 회당에서 그 글 전체를 낭독했다. 거기서 말하기를, 포기의 일곱 번째 단계에 도달한 사람은 자신의 몸이 무기에 베이거나 다른 어떤 고통이 그에게 가해져도 그것을 느끼지 않을 것이라고 하였다. 이 부분을 읽고 있을 때 바가반은 다음과 같은 시를 기억해 내셨다.

> *vañchakar vēlkodu mārvi neṟiyinu*
> *meñcha vēthazhan mūdi yeriyinu*
> *nañchi nārazha nāga naliyinu*
> *mañchi dārathu vānantha māvathē.*
>
> 간교한 적들이 그들의 가슴을 찌르거나
> 그들이 불길에 둘러싸이거나
> 혹은 코브라에 물린다 해도
> 일체가 그들에게는 지복일 것이다.

이것은 타밀어 시구로 된 『바가바드 기타』, 제6장 17절에 대한 뽄남발라 스와미(Ponnambala Swami)의 주석에 나오는 것이다. 이 주제를 계속 이어서 내가 말했다. "책에서 그런 것들을 말하고 있는 것은 사실입니다. 그러나 우리는 진인도 고통을 느끼는 것을 봅니다. 스리 라마크리슈나 빠라마한사(Sri Ramakrishna Paramahansa) 같은 분조차도 목암(癌)에 걸리자 고통을 느끼고 소리를 질렀습니다. '왜 어머니(깔리 여신)가 나에게 이 고통을 보내셨지?'라고 말입니다."

바가반: 처음에는 (몸과의) 오랜 연관이나 습관 때문에 그럴 수도 있겠지요. 그러나 나중에는 그것이 사라질 것입니다.

이와 관련하여, 오래 전에 언젠가 바가반이 어떤 질병으로 고생하실 때 내가 걱정하는 말을 하자 바가반이 하셨던 말씀을 기록해 두어야겠다. 바가반은 나에게 기꺼이 설명하시기를, 당신은 그 고통을 마치 꿈속에서처럼 느낄 뿐 그 이상은 아니라고 하셨다.

45-10-10 오전

나는 길버트 헨리 겟지(Gilbert Henry Gedge) 씨가 「사고의 과학 리뷰(Science of Thought Review)」 1945년 9월호에 기고한 "친구들에게 보내는 편지"의 110~111쪽에서 다음과 같은 구절을 접했다.

"또 사람들은 가끔 그들이 일을 하고 있을 때는 신에 대해 생각할 시간이 없다고 말한다. 자신의 마음을 '일'에 쏟아야 한다는 것이다."

"자, 친구여, 내 그대에게 다시 한 번 말하지만, 이 모든 다양한 문제들에 대한 치유법은 동일하다네. 먼저 **하느님**의 나라를 찾게나. 그렇게 하면 모든 일이 제자리로 맞아 들어가서 우리 마음 속의 적절한 관점 속으로 들어온다네. **하느님**은 지금 그대의 내면과 그대의 모든 환경 속에 있고, 그대와 그대 자신의 작은 개인적 세계는 지금 **하느님** 안에 있네. 이 사실에 대한 깨달음은 그대 삶 속의 모든 것이 제자리에 제 순서로 있다는 것, **하느님**의 법칙이 그대의 삶과 환경 전체를 지배하고 있다는 깨달음과도 관련된다네. 우리의 삶이 실제로 **하느님** 안에서 영위된다는 것을 깨달으면 그 무엇도 그 법칙의 지배에서 배제될 수 없다네. 우리가 일상적 일을 하고 있을 때에도, **하느님**을 생각하고, 우리의 내면과 주위 그리고 우리의 일 속에서 우리와 함께 하는 **그분**의 현존(presence)을 인식하는 것이 도움이 되네. 그 일을 **하느님**의 일로 보는 것은 더욱 도움이 되네. 왜냐하면 그렇게 할 때 우리는 그 일을 하는 더 나은 새로운 방식들을 발견하고, 그 행위 속에서 축복 받기 때문이네."

내가 이것을 **바가반**께 읽어 드리자 당신은 그것을 승인하셨을 뿐 아니라, 그것을 어제 저녁의 담화와 관련이 있는 것으로서 마하따니 씨에게 보여주라고 말씀하시기까지 했다.

1945-10-11 오전

G. V. 숩바라마이야 씨가 도착했다. 바로 그때 **바가반**은 타밀어로 된 「**다끄쉬나무르띠 송찬**(Dakshinamurti Stotra)」에 붙인 당신의 서문에 대한 텔루구어 번역문을 읽고 계셨다. 며칠 전에는 P. C. 데사이(Desai) 씨가 「다끄쉬나무르띠 송찬」에 대해 자신이 쓴 구자라트어(Gujarati) 책을 바가반께 보여드렸다. 그와 관련해 **바가반**은 데사이 씨를 위해 나에게 그 「송찬」에 대한 당신의 타밀어 서문에 대한 영어 번역문을 만들어 달라고 하셨다. 그러자 나감마(Nagamma) 여사도 텔루구어 번역문을 만들었다. 바가반은 그 텔루구어 번역문을 읽으며 설명하시다가, 숩바라마이야 씨에게 아까 당신이 데사이 씨에게 하신 말씀을 사실상 다 들려주셨다. 그 요지는 이렇다: "**다끄쉬나무르띠**(Dakshinamurti), 즉 위대한 **시바** 자신은 단 하나의 **실재**에 대한 진리를 침묵으로써가 아니면 표현할 수 없었지요. 그러나 그 침묵은 아주 진보된 사람이 아니면 이해할 수 없었고, 다른 사람들에게는 말로 들려주어야 했습니다. 그렇지만 **하느님** 자신도 표현할 수 없었던 것을 우리가 어떻게 말로 이야기할 수 있습니까? 그래서 **샹까라**(Sankara)는 (이 「송찬」에서) **다끄쉬나무르띠**를 찬양하는 방법을 조언하는데, 그것을 외관상 목표로 하되 실제로는 일체가 **브라만**임을 설명하려고 합니다. 처음 네 연에서는 세계의 본질을 설명합니다. 우리가 실재를 알지 못하게 가로막는 것은 세계인데, 만약 그것의[세계의] 본질을 이해하면 **진리**를 깨닫는 길에서의 장애가 제거될 것이기 때문입니다. 그 다음 네 연에서는 개아個我(jiva)의 본질을 설명합니다. 그런 다음 그 둘 간의 연관성을 설명하고, 일체가 **자기**(진아)임을 가르칩니다. **샹까라**의 「다끄쉬나무르띠 송찬」의 이 구조와 요지를 설명하려고 제가 위의 간략한 서문을 쓴 것입니다."

1945-10-18 오전

펀자브에서 온 한 방문객이 **바가반**께 질문했다. "저는 명상할 때 이따금 어떤 지복을 느낍니다. 그런 경우에 저 자신에게 '이 지복을 느끼는 것은 누구인가?' 하고 물어야 합니까?"

바가반: 만약 체험되는 그것이 **진아**의 진정한 **지복**이라면, 즉 마음이 **진아** 안에 진정으로 합일되었다면, 그런 의심은 전혀 일어나지 않겠지요. 그 질문 자체가 진정한 **지복**에는 이르지 못했음을 보여줍니다.

모든 의심은 그 의심하는 자와 그의 근원이 발견되었을 때만 그칠 것입니다. 의심들을 제거하는 것은 아무 소용 없습니다. 설사 우리가 한 가지 의심을 해소한다 해도 다른 의심이 일어날 것이고, 의심에 끝이 없겠지요. 그러나 그 의심하는 자의 근원을 탐구하여, 의심하는 자가 실제로는 존재하지 않음을 발견하면 모든 의심이 그칠 것입니다.

방문객: 때로는 제 안에서 나는 소리를 듣기도 합니다. 그런 일이 있을 때는 어떻게 해야 합니까?

바가반: 어떤 일이 일어나든, **실재**에 도달할 때까지는 "이 소리를 누가 듣는가?" 하고 물으면서 **진아**에 대한 탐구를 계속해야 합니다.

악샤라냐(Akshrajna)의 『스리 라마나, 아루나기리의 진인(*Sri Ramana, the Sage of Arunagiri*)』 제2판이 최근에 나왔다. 나는 그것을 여기저기 살펴보다가 **바가반**이 여러 가지 방식으로 제자들을 축복한다는 구절을 만났다. '연한' 사람들(근기가 낮은 사람들)에게는 바라봄으로써, 중간 정도의 사람들에게는 생각으로써, 진보된 사람들에게는 접촉으로써 축복한다는 것이었다. 언젠가 내가 타밀어로 된 『해탈정수(*Kaivalyam*)』를 읽다가 **바가반**께 이렇게 여쭌 적이 있었다. "많은 책에서는 스승들이 제자의 머리에 손이나 발을 댐으로써 제자들을 축복하거나 전수傳授(diksha)를 해 준다고 이야기합니다. 그런데 어떻게 **바가반**께서는 그런 것을 전혀 하지 않으십니까?" 그러자 **바가반**이 나에게 말씀하셨다. "책에서 바라봄·접촉·생각의 세

가지 방식의 전수를 이야기하는 것은 사실이지요. 그러나 생각에 의한 전수가 실제로는 최상입니다." 그래서 오늘은 바가반께 악샤라냐의 책에 있는 그 구절에 대해 여쭈어 보았다. "그도 바가반을 잘 아는데, 그렇게 말한 데는 어떤 이유가 있을 것이 분명합니다." 바가반이 말씀하셨다. "모르겠군요." 그리고 덧붙이셨다. "저도 우연히 아니면 다른 이유로, 전수를 해 주려는 의도 없이 어떤 사람들에게 접촉했을지 모르지요." 이와 관련하여 나는 (그 일이 일어났을 때 있었던) G. V. 숩바라마이야 씨의 말에 근거해 이 사실을 기록해 두어야겠다. 몇 년 전 존경할 만하고 저명해 보이는 한 연로한 북인도 출신의 고행자가 아스라맘에 한 달가량 머무르고 있었는데, 『바가바드 기타』 전체를 암송하곤 했다. 그가 떠나던 날 바가반은 다음과 같은 상황에서 그의 몸을 접촉하셨다.

바가반이 아침 산책을 끝내고 회당으로 돌아와서 침상 위에 앉으셨다. 당신의 두 발이 아직 땅에 닿아 있을 때 위의 고행자가 바가반의 발아래 엎드렸고, 머리가 바가반의 발에 거의 닿을 듯한 상태로 바가반에게 접촉전수로써 자신을 축복해 달라고 청했다. 그러면서 덧붙이기를, 바가반이 그렇게 해 주실 때까지 일어나지 않겠다고 했다. 그러자 바가반은 기꺼이 당신의 한 손을 이 노인의 머리에 얹고 다른 손으로 그를 일으켜 주셨다.

이런 이야기들이 오고갈 때, 스리니바사 라오(Srinivasa Rao) 박사가 류머티즘 증세가 좀 있는 바가반의 두 발을 안마해 드리고 있었다. 바가반이 유머러스하게 말씀하셨다. "의사가 지금 나에게 접촉전수를 해 주고 있군." 약 보름 전에 이 의사가 바가반의 발을 안마해 드리고 있을 때는 바가반이 그에게 그만두라고 하면서 "그만하면 충분하네. 가서 앉게. 나도 안마를 좀 해서 복福(punya)을 지어야겠으니. 왜 복을 혼자 다 지어?" 하셨다. 그리고 당신 자신을 안마하기 시작하셨다. ('복'이란 예컨대 스승에 대한 봉사로써 짓는 영적인 공덕이다.)

1945-10-19 오전

봄베이에서 온 한 법정변호사(barrister)가 바가반께 질문했다. "저는 바가반의 저작들과 다른 책들을 읽어 보았습니다만, 지적으로 이해는 할 수 있는데 어떤 것도 체험적으로 깨달을 수는 없었습니다. 저는 바가반의 방법을 6년 동안 해 왔지만 어떤 진보도 없습니다. 명상을 하면 다른 생각들이 들어옵니다. 도시에 살면서 일을 하고 있고 어쩌다 여기 오는 저 같은 사람들에게, 지금까지 제가 할 수 있었던 것보다 우리가 더 잘 성공할 수 있는 어떤 수행법을 바가반께서 조언해 주시겠습니까?"

바가반: 그대의 진정한 성품은 늘 있지만 그대의 명상 등은 일시적으로만 옵니다. 실재는 그대의 진아이므로, 그대가 (별도로) 깨달아야 할 것은 없습니다. 모두가 그러고 있듯이 비非실재를 실재로 여기는 것을 그만두는 것이 필요한 전부입니다. 모든 명상(dhyana)이나 염송念誦(japa)의 목적은 오직 그것, 즉 비아非我(not-self)에 관한 모든 생각을 포기하는 것, 많은 생각을 포기하고 한 생각을 붙드는 것입니다.

수행법으로 말하면 많은 방법들이 있지요. 그대 자신에게 "나는 누구인가?" 하고 물으면서 자기탐구(vichara)를 해도 됩니다. 만약 그것에 마음이 끌리지 않으면 "나는 브라만이다(I am Brahman)"나 다른 주제를 명상해도 되고, 어떤 만트라(mantra)나 명호를 염송하면서 집중해도 됩니다. 그 목적은 마음을 일념으로 만들어 한 생각에 집중시키고, 그렇게 해서 우리의 많은 생각들을 배제하는 것인데, 만약 우리가 이렇게 하면 결국 그 한 생각도 사라지고 마음이 그 근원에서 소멸될 것입니다.

방문객: 실제 수행에서는 저의 노력이 성공할 수 없다고 생각됩니다. 바가반의 은총이 저에게 내려오지 않으면 저는 성공할 수 없습니다.

바가반: 스승의 은총은 늘 있습니다. 그대는 은총이 하늘 높이, 멀리 어딘가에 있는 것이고, 그것이 내려와야 한다고 상상합니다. 은총은 실은 그대 안에, 그대의 심장 속에 있습니다. (그 방법들 중 어느 것으로)

그대가 마음을 그것의 근원 속으로 가라앉히거나 합일시키는 순간, 그대의 내면에서 은총이 마치 샘솟듯이 솟구쳐 나옵니다.

다른 방문객이 질문했다. "이 세계의 실체는 무엇입니까?"

바가반: 먼저 그대의 실체를 알면 세계의 실체를 알 수 있게 될 것입니다. 희한한 일은, 대다수 사람들은 그들 자신의 실체에 대해서는 알려고 하지 않고 세계의 실체를 몹시 알고 싶어 한다는 것입니다. 먼저 그대 자신의 진아를 깨달으십시오. 그런 다음, 세계가 그대와 독립하여 존재하는지, 그것이 그대 앞에 와서 자신의 실체나 존재성을 주장할 수 있는지 보십시오.

다른 방문객이 질문했다. "순진무구한 사람들, 예컨대 어린아이들 같은 이들에게조차 왜 그 많은 고통이 있습니까? 그것을 어떻게 설명할 수 있습니까? 전생前生과 관련해서나, 다른 이유로 설명할 수 있습니까?"

바가반: 세계에 대해서 보자면, 만일 그대가 자신의 실체를 알면 그런 질문들은 일어나지 않을 것입니다. 이 모든 차별상差別相(differences), 그대가 말하는 순진무구한 이들의 고통과 불행, 그것이 그대와 독립하여 존재합니까? 그런 것들을 보고 그에 대해서 묻는 것은 그대입니다. "나는 누구인가?" 하는 탐구에 의해 그 '보는 자'를 이해하면, '보이는 것'에 대한 모든 문제들이 완전히 해소될 것입니다.

사이에드 박사(Dr. Syed)가 질문했다. "어떤 사람이 영적인 이익을 얻기 위해 이를테면 2년 동안 기도하는데도 아무 응답이 없다면, 어떻게 해야 합니까?"

바가반: 그 기도에 응답이 없는 것이 그에게 이익일지도 모르지요.

오후

바가반이 다음 이야기를 들려주셨다. "저의 숙부님인 넬리아빠 아이야르(Nelliappa Aiyar)가 찾아왔을 때 저는 구루무르땀(Gurumurtham) 근처의 망고 덤불(Mango tope)에서 지내고 있었지요. 철도역에서 그곳으로 직행하는 가장 가까운 길은 한 스와미[마마라뚜스와미(Māmaratthuswami)]가 살고 있는 곳을 통과하게 되어 있었습니다. 숙부는 그 스와미를 만나자 걱정스러운 마음에서(왜냐하면 저는 학생으로 살다가 바로 왔기 때문에 종교나 영적인 진리에 대해 거의 아는 것이 없었으니까요) 그 스와미에게, 제가 들어온 이 길에서 제가 정말 뭔가를 알고 있느냐고 물었습니다. 스와미는 숙부에게 제가 아무것도 모르기는 하지만, 두 눈을 감은 채 확고하고 고집스럽게 앉아서 모종의 하타 요가(hatha yoga)를 하고 있다고 말했습니다. 그래서 누구도 베단타 경전을 읽지 않고는 영적인 삶에서 가치 있는 그 무엇도 알 수 없다는 관념을 가지고 계시던 숙부는 저를 아주 별 볼 일 없다고 여기고 저에 대해 연민만 느꼈습니다. 나중에 제가 비루팍쉬 산굴에 있을 때, 하루는 저를 자주 찾아오던 한 젊은이가 「다끄쉬나무르띠 송찬」을 설명해 달라고 해서 제가 「송찬」의 제4연을 설명해 주고 있었지요. 그 시절에 저는 대체로 침묵하고 있었고, 사람들은 제가 묵언默言(mauna)을 하고 있다고 생각했습니다. 그 상황에서 숙부님이 갑자기 나타나면서, 제가 그 「송찬」을 설명해 주던 현장이 목격되었습니다. 저는 깜짝 놀라 이야기를 계속해야 할지 묵언을 해야 할지 잠시 망설였지요. 그러나 제가 (묵언을 지키지 않고) 말하는 것을 굳이 꺼리지 않는다는 것을 숙부님이 이미 알고 계셨다는 것을 알고, 하던 이야기를 계속했습니다. 이것을 본 숙부님은, 제가 모를 거라고 본인이 생각했던 많은 것을 제가 알고 있다는 것을 납득하게 되었지요." **바가반**이 덧붙이셨다. "처음에 숙부님에게 제가 아무것도 모른다고 말해 주었던 스와미도 자기 견해를 바꾸지 않을 수 없었습니다. 그 사연은 이랬습니다. 하루는 제가 오른돌이(pradakshina)를 하며 돌아오다가 이사니야 정사精舍(Easanya Mutt-오른돌이 길 동쪽 구간에 있는 사원)에 들어갔는데, 거기서 이 스와미를 발견했습니다. 그는 『분별정보分別頂寶(Vivekachudamani)』를 저에게 보여주면서 그 중의 어떤 연에 대해 물었지요. 같은 책의 다른 부분과 다른 책들을 인용하면서 제가 그것을 설명해 주자, 그는 저에 대한 평가를 완전히 바꾸었습니다."

한 가지 이야기는 아직까지 기록된 적이 없는 듯하므로, 여기 기록해 두어야겠다. **바가반**이 우리에게 말씀하시기를, 당신의 숙부님이 왔을 때 그는 들어오라는 허락을 받기 위해 서면 전갈을 보내야 했는데, 이 딱한 신사는 잉크나 펜이 없어서 어떤 나뭇가지를 펜으로 삼고 돌배 비슷한 선인장 열매의 즙을 잉크 삼아 종이쪽지에 글을 썼다고 한다.

1945-10-26 오전

바가반이 나에게 말씀하시기를, 어느 날 아침 당신이 비루팍쉬 산굴 안의 베란다에 앉아 있는데 "은총으로 저를 당신 것으로 하신 당신께서 (*aruṇaiyālennai yāṇḍa nī*)"라는 말이 아주 끈질기게 다가왔지만 당신은 거기에 어떤 특별한 주의도 기울이지 않았다고 한다. 다음날 아침에도 같은 일이 일어난 듯하다. 그래서 **바가반**은 「아루나찰라 11연시(*Aruṇachala Pathikam*)」의 첫째 연을 지으셨다. 다음날 아침에는 둘째 연을 시작하는 말들이 마찬가지로 당신에게 다가왔고, 그래서 제2연을 지으셨다. 그렇게 매일 진행되다가 마지막 두 연은 하루에 지어졌다. 그날 마지막 두 연을 지은 뒤 **바가반**은 **산 오른돌이**(*giripradakshina*)[아루나찰라를 도는 것]를 시작하신 듯하다. 당신의 제자들 중 한 사람인 아이야스와미(Aiyaswami)가 종이 한 장과 연필을 가져와서 **바가반**과 함께 떠나는 다른 제자에게 말했다. "**바가반**은 지난 며칠 간 매일 아침 시를 한 수씩 지으셨는데, 오늘은 두 수를 지으셨지요. 오늘 더 나올지도 모릅니다. 그럴 경우에 대비해서 이 종이와 연필을 가지고 가십시오. 그것을 기록할 수 있게 말입니다." 그리고 산을 도는 도중에 **바가반**은 실제로 「아루나찰라 8연시(*Arunachala Ashtakam*)」 중 앞 6연을 지으셨다. 「문자혼인화만文字婚姻華鬘

(Akshara manamalai)」은 에짬마(Echamma)가 처음 출판했고, 나중에 나라야나 레디(Narayana Reddi)가 출판한 듯하다. 이 나라야나 레디가 바로 얼마 후에 「11연시」와 「8연시」에 대해서 알게 되자 그것을 출판하고 싶어 했다. 그러자 바가반은 「8연시」를 완성하기 위해 2연을 더 지으셨고, 「11연시」와 「8연시」는 나라야나 레디에 의해 출판되었다. 이것이 「아루나찰라 다섯 찬가」 중 「11연시」와 「8연시」가 지어진 경위이다.

내가 바가반께 여쭈었다: "제가 알기로 바가반께서는 마두라(Madura)의 집에서 진지眞知의 밝아옴을 얻으셨고, 그 이후로 줄곧 바가반께는 '몸이 나라는 관념(dehatma buddhi)'이 없었습니다. 또 제가 알기로 바가반께서는 몸에서 열감熱感(thāpam)을 느끼셨는데, 이곳의 사원에 도착하여 신 아루나찰라께 왔다고 아뢸 때까지는 그것이 그치지 않았습니다. 그러나 저는 이것이 「문자혼인화만」에서 말하는 '닌네리(ninneri-'당신의 불')'14)였다고는 믿지 않습니다. 또 저는 바가반께서, 제가 책에서 읽은 대다수 성자들이 몸과 영혼 사이의 매듭이 끊어질 때 겪어야 했던 극심한 고통이나 신체적 시련을 겪으셨다고 생각합니다. 저는 이런 일이 바가반의 삶에서 언제 일어났는지 알고 싶습니다. 이런 정보가 저의 진보에 필요하지 않다는 것은 압니다. 그러나 바가반의 역사를 위해서는 그것이 필요하다고 생각합니다."

바가반은 침묵을 지키며 미소만 지으셨다. 그러나 얼마 후에 당신은 「문자혼인화만」은 1914-15년경에 지어졌다고 말씀하셨다. 그 말씀으로 바가반은 그 매듭이 그보다 오래 전에, 1896년경에 끊어졌다고 나에게 말씀하시려는 것 같았다.

---

14) T. '당신의 불이 저를 태워 재로 만들기 전에, 당신의 은총의 비를 쏟아주셔요, 아루나찰라!' —「아루나찰라 문자혼인화만」, 제55연. '당신의 불'은 '당신에 대한 열망의 불'로 해석될 수도 있다(『저작 전집』, 135쪽 참조).

오후

며칠째 바가반의 류머티즘 증상이 상당히 나빠서, 당신의 두 다리를 몇 가지 약용 기름으로 간간이 안마해 드리고 있다. 벌써 약 열흘째 읍내에는 자신의 비부띠(*vibhuti*)로 온갖 병을 치료할 수 있다고 공언하는 어떤 스와미가 와 있는데, 여러 마을에서 온 사람들이 그를 보러 몰려갔고 그들 대부분은 바가반을 뵙기 위해 아스라맘도 들여다보았다. 그래서 바가반이 말씀하셨다. "이 사람들이 다 와서 내가 이 모든 신체적 질환을 가지고 있고 약용 기름으로 안마할 필요가 있는 것을 보면, 나도 별 수 없다는 것을 알고 더 이상 오지 않겠지. 그러니 이 안마도 어느 면에서는 좋군."

1945-10-29 오후

스리 오로빈도 아쉬람에서 온 가수이자 작가인 딜립 꾸마르 로이(Dilip Kumar Roy)가 바가반께 질문했다. "『마하요가』에 따르면, 당신께서는 진인들이 서로 모순되는 어떤 말도 한 적이 없다고 말씀하십니다. 하지만 저희가 보기에 어떤 분은 헌신(*bhakti*)을 강조하고 어떤 분은 지知(*jnana*) 등을 강조하여, 온갖 다툼이 일어납니다."

바가반: 그런 가르침들에 실은 모순되는 것이 전혀 없습니다. 예컨대 헌신의 길(*bhakti marga*)을 따르는 사람이 헌신이 제일이라고 선언할 때, 그가 헌신이라는 말로써 의미하는 것은 실은 지知의 길(*jnana marga*)을 따르는 사람이 지知라고 부르는 그것입니다. 그 상태는—곧 그 상태들이 어떤 속성을 가졌다거나 속성을 초월한다고 묘사되는 점에서는—아무 차이가 없습니다. 이 여러 가지 길, 혹은 수행법들은 모두 같은 목표로 이끌어줍니다. 한때 수단인 것이 그 자체로 목표가 됩니다. 그렇게 되면, 한때 의식적이고 고통스러운 노력이었던 명상(*dhyana*), 헌신 혹은 지知가, 자연발로적이고 애씀이 없는 정상적이고 본래적인 상태로 됩니다.

1945-10-30 오후

딜립 꾸마르 로이가 바가반에 대해 자신이 지은 영어시 한 편을 낭독하고, 바가반 앞에서 노래 몇 곡을 불렀다. 나중에 그는 바가반께 이렇게 질문했다. "다들 스승의 인도가 필요하다고 하는데, 바가반께서는 스승이 필요 없다고 말씀하신 것 같습니다."

바가반: 저는 그렇게 말한 적이 없습니다. 그러나 스승이 항상 인간 형상을 할 필요는 없습니다. 처음에 사람은 자신이 열등하며, 어떤 우월하고 전지전능한 신이 있어서 그 자신과 세계의 운명을 좌우한다고 생각하고, 그를 숭배하거나 헌신을 합니다. 그러다가 어떤 단계에 도달하여 깨달음을 얻기 적합한 때가 되면, 그가 숭배하던 신이 스승으로 와서 그를 이끌어줍니다. 그 스승은 그에게 이 말을 해 주러 올 뿐입니다. "신은 그대 자신의 내면에 있다. 내면으로 뛰어들어 깨달으라." 신·스승·진아는 동일합니다.

로이: 그러나 바가반의 경우에는 어떤 스승도 없었습니다.

바가반: 전 세계가 저의 스승이었지요. 스승이 인간 형상을 할 필요는 없고, 내면의 진아·신·스승은 동일하다고 이미 말했습니다.

로이: 언젠가 저의 스승님(Gurudev)[스리 오로빈도]께 이 점에 대해 여쭈어 보니, 그분은 "바가반 같은 영적인 헤라클레스에게는 어떤 스승도 필요 없다"고 말씀하셨습니다.

바가반: 세계 안의 모든 것이 저의 스승이었습니다. (닷따뜨레야의 이야기에서) 그 왕이 닷따뜨레야(Dattatreya)에게 어떤 스승이 그에게 지복의 비밀을 가르쳤느냐고 묻자, 닷따뜨레야는 흙·물·불·동물들·인간들 등 일체가 그의 스승이었다고 대답하면서, 그 중의 어떤 것은 좋은 것을 붙드는 법을, 어떤 것은 나쁜 것을 피하는 법을 자신에게 가르쳐 주었다고 설명한 것을 그대는 모릅니까?

1945-10-31 오전

띠루쭐리(Tiruchuzhi)의 사원 승려인 쩰라 밧따르(Chella Battar)[다이바시까마니 밧따르]가 왔다. 바가반은 나에게 그를 가리켜 보이면서 말씀하셨다. "그를 볼 때마다 내 왼손가락이 칼에 베어 흉터가 난 일이 기억납니다. 나는 여덟 살 무렵이었고 그는 세 살 무렵이었지요. 그의 집은 우리 집에서 세 번째 집이었습니다. 그가 태어나기 전 내가 어린아이일 때 그 집 사람들은 나를 그들의 집에 자주 데려가서 자기네 자식처럼 귀여워하곤 했습니다. 뽕갈(Pongal) 때였는데, 이 아이가 한 손에 새 '아리반 마나이(a̠rivān manai)'[나무 막대에 날을 고정한 채소칼]를 들고, 또 한 손에는 길고 굵은 사탕수숫대를 끌고 우리 집에 왔습니다. 나는 아이를 위해 급히 사탕수숫대를 자르다가 잘못하여 왼손 엄지와 검지 사이를 베었지요. 나는 조용히 아이에게 자기 집으로 돌아가라고 말한 뒤 병원으로 뛰어가서 상처를 치료했습니다. 얼마 전에 여기 왔던 이 양반의 아들은 까르뿌라순다람이라고 하는데, 지금은 띠루쭐리의 순다라 만디람(Sundara Mandiram)에서 예공禮供(puja)을 하고 있습니다."15)

오후

가나빠띠 사스뜨리(Ganapati Sastri)가 그란트 더프(Grant Duff)가 보낸 편지를 가지고 왔다. 그란트 더프는 몇 해 전에 여기 온 사람으로 바가반의 대단한 헌신자이다. 그는 편지에서 자신이 미국 정부의 허가로 캘리포니아에 있다면서, 그 나라가 쾌적하고, 자신은 여든 살에 가까워지고 있으며, 얼마 남지 않은 여생의 시간을 최대한 선용하고 싶고, 바가반의 은총으로 항공편을 이용하여 아스람암을 다시 방문하기를 희망한다고 말한다.

---

15) T. 순다라 만디람은 바가반의 생가이다. 바가반이 태어난 작은 방은 예공실로 사용된다. 1944년부터 라마나스라맘이 관리하며, 2006년부터 재건축하고 2010년에 낙성식을 했다.

바가반은 나에게 「라마크리슈나 비자얌(*Ramakrishna Vijayam*)」16)의 타밀력 아이빠시(Aippasi) 호號에 실린 콜롬보 라마짠드라(Colombo Ramachandra-콜롬보 출신의 라마짠드라)의 연설문을 한 번 보라고 하셨다. 그 연설은 시카고 회의(Chicago Conference)에서 한 비베카난다 연설17) 50주년을 기념하여 콜롬보에서 한 것이었다. 그 연설에서 라마짠드라는 이렇게 말한다. "비베카난다는 미국에서 돌아오는 길에 한 연설에서, 남인도는 세계의 영적인 갱생에서 주역을 담당할 것이고, 20세기에는 남인도에서 진아의 힘(*atmic* power)의 큰 물결이 일어나 인도 전체뿐 아니라 전 세계를 뒤덮게 될 것이라고 말했습니다. 그 힘은 지금 남인도에서 오로빈도와 바가반에 의해 일으켜져 퍼져나가고 있는 그것입니다."

바가반은 체코슬로바키아의 지코프스키(Zikovsky)라는 사람과 그의 가족에게서 온 불어 편지의 영어 번역문을 읽고 계셨는데, 그것은 이런 취지였다. "저와 제 가족은 **바가반**께서 지금까지 베풀어주신 모든 은총에 감사드립니다. 여건이 허락하면 **바가반**을 찾아뵙고 싶습니다. 그 전까지는 **바가반**께서 적당하다고 생각하시는 가르침이나 지침을 보내주시기를 기원합니다." 바가반은 글쓴이가 누군지 알아보지 못하지만 (브런튼이 바가반에 대한 책18)을 처음 썼을 무렵) 유럽에서 편지를 보내온 사람들 중의 하나임이 분명하며, 그들은 오래 전에—즉, **바가반**과 당신의 가르침에 대해 브런튼이 저술하기 오래 전에—**바가반**의 가르침을 알고 있었고, **바가반**이 가르치신 것을 실천해 온 거라고 말씀하셨다. 바가반은 그 편지를 쓴 이가 (1910-11년경 **바가반**의 헌신자가 된) 험프리스(Humpreys)가 당시 어느 잡지에 쓴 글19)에서 당신과 당신의 가르침에 대해 읽어 본 사

---

16) T. 라마크리슈나 교단에서 1921년에 창간한 타밀어판 잡지.
17) T. 비베카난다는 1893년 9월 11일 시카고 세계종교회의에서 힌두교를 서방 세계에 알리는 유명한 연설을 했다.
18) T. 1934년에 나온 폴 브런튼의 『비밀 인도를 찾아서(*In Search of Secret India*)』이다.
19) T. 험프리스의 이 글은 그 뒤 『마하르쉬의 삶과 가르침에 대한 견문(*Glimpses of the Life and Teachings of Sri Ramana Maharshi*)』이라는 소책자로 간행되었다.

람일 것이 분명하다고 생각하신다.

1945-11-2 오전

딜립 꾸마르 로이가 자신이 **바가반**에 대해 지은 또 다른 시를 낭독했다. 그런 다음 몇 곡의 노래를 불렀다. 그러고 나서 그가 **바가반**께 여쭈었다. "에고를 죽이는 최선의 길은 무엇입니까?"

바가반: 각자에게 가장 쉬워 보이거나 가장 마음이 끌리는 길이 최선입니다. 모든 길은 똑같이 좋습니다. 그 길들은 같은 목표, 즉 에고를 진아에 합일시키는 데로 이끌어주기 때문입니다. 헌신가(bhakta)가 순복順服(surrender)이라고 부르는 것을, 탐구(vichara)를 하는 사람들은 지知라고 부릅니다. 둘 다 에고를 그것이 솟아난 근원으로 도로 데려가서 거기에 그것을 합일시키려고 할 뿐입니다.

로이: 그러나 저에게는 어느 것이 최선의 길입니까? 바가반께서는 알고 계실 것이 분명합니다.

바가반은 답변을 하지 않으셨다. (이것은 **바가반**의 일상적 면모일 뿐이다. 당신은 어떤 수행법이 자신에게 더없이 쉬워 보이는지는 헌신자 각자가 알아내도록 내버려 두신다.)

오후

로이 씨는 다시 노래 몇 곡을 불렀다. 그 끝에 그가 **바가반**께 여쭈었다. "음악도 우리가 헌신을 계발하게 도와줍니다. 그렇지 않습니까?"

바가반: 예, 예.

로이는 작별 인사를 하면서 **바가반**께 헌신의 길을 따르는 것이 (자신에게) 유리한지, 그것으로 진지에 이르게 되겠는지를 여쭈었다.

바가반: 예, 예. 헌신은 '지知의 어머니(jnana mata)'입니다.

1945-11-6 저녁

한 노신사가 한 젊은이와 함께 바가반 앞에 앉아 있었다. 바가반이 막 저녁 산책을 나가려고 하시기 조금 전에 그 젊은이가 바가반께 다가가서 자신의 동행자는 시력을 상실했다고 말했다. 바가반은 평소처럼 고개를 끄덕이셨다. 그 직후 바가반은 일어나서 우리에게 말씀하셨다. "그는 자신이 두 눈을 잃었다고 합니다. 저는 두 다리를 잃었습니다. 그는 저에게 와서 이야기합니다. 저는 누구한테 가서 하소연합니까!" 바가반은 근 한 달 이상 평소보다 두 다리가 더 많이 아파서 고생하시는데, 류머티즘 아니면 비타민 B 결핍 때문이다. 그러나 그것이 얼마나 심한지는 당신이 "두 다리를 잃었다"고 말씀하시는 데서 알아차릴 수 있겠다. "여러분은 모두 저에게 와서 하소연하지만, 저는 누구에게 가서 하소연합니까?"라고 말씀하신 것이 이번이 처음은 아니다. 이것은 진아 외에는 아무것도 없으며 당신이 곧 그것이라는 당신의 가르침과도 잘 부합된다!

1945-11-8 오전

로이 씨가 (1945-11-2에서) 바가반께 에고를 죽이는 최선의 방법을 여쭈자, 바가반은 이렇게 답변하셨다. "마음에게 마음을 죽이라고 하는 것은 도둑을 경찰관으로 만드는 것과 같습니다. 그는 그대와 동행하여 도둑을 잡는 척하겠지만 아무 소득이 없겠지요. 따라서 그대는 내면을 향해 마음이 어디서 일어나는지 보아야 합니다. 그러면 그것은 사라질 것입니다." 이 답변과 관련하여 자프나(Jaffna-스리랑카 북단의 도시)의 스리 땀비 도라이(Sri Thambi Thorai)(그는 1년 넘게 빨라꼬뚜에 살고 있다)가 나에게, 마음에게 내면을 향해서 그것의 근원을 찾으라고 하는 것도 마음을 사용하는 것 아니냐고 물었다. 그래서 내가 이 의심을 바가반께 말씀드렸고 당신은 이렇게 말씀하셨다. "물론 우리는 마음을 사용하고 있지요. 마음의 도움을 받아서 마음을 죽여야 한다는 것은 잘 알려져 있고 인정되는 사실입니다. 그러나 마음이란 것이 있는데 내가 이것을 죽이고 싶다고 말하기보다는, 그것의 근원을 찾아 들어가십시오. 그러면 마음이란 전혀 존재하지 않는다는 것을 발견할 것입니다. 마음이 바깥으로 향하면 생각과 대상들을 낳습니다. 안으로 향하면 그것이 그 자체로 진아가 됩니다. 그런 마음을 때로는 '형상 없는 마음(arupa manas)' 혹은 '순수한 마음(suddha manas)'이라고 합니다."

오늘 바가반의 자리와 마주보는 (회당의) 남쪽 출입구가 폐쇄되고 그 자리에 창문이 하나 축조되었다. 그리고 북쪽 벽의 가운데 창문은 남쪽 벽에서 떼어낸 출입구로 대체되었다. 이 출입구를 통해 출입하면 바가반이 계단을 전혀 오르실 필요가 없다.

1945-11-11 오전

이곳에 20일 가량 머무르고 있는 우타르프라데시 주州 기술청장(Chief Engineer) 마하 비르 쁘라사드가 바가반께 질문했다. "제가 『마하요가』를 보니 우리가 명상을 시작했을 때는 호흡에, 즉 들숨 날숨에 주의를 기울여도 되는데, 그렇게 해서 어느 정도 마음의 고요함이 성취된 뒤에는 마음의 근원을 찾아 심장 속으로 뛰어들 수 있다고 되어 있었습니다. 저는 이 같은 실제적 요령을 몹시 원해 왔습니다. 이 방법을 따라도 되겠습니까? 그게 맞습니까?"

바가반: 핵심은 어떻게 해서든 마음을 죽이는 것입니다. 탐구법을 따를 만한 힘을 가지고 있지 않은 사람들은 마음을 제어하는 보조수단으로 조식調息을 하는 것이 좋습니다. 그런데 조식에는 두 가지가 있는데, 하나는 호흡을 제어하고 조절하는 것이고, 하나는 단순히 호흡을 지켜보는 것입니다.

쁘라사드: 명상을 하는 중에 저는 가끔 15분가량 지속되는 어떤 상태에 도달하는데, 그동안은 제가 아무것도 지각하지 못하고 모든 생각에서

벗어나 있습니다. 어떤 분들은 저에게, 그런 상태는 '요가 잠(yoga nidra)'이라고 할 수 있는 것이고, 그런 상태를 나쁜 것으로 경계해야 한다고 했습니다.

바가반: 잠을 넘어서도록 노력해야 합니다. (어떤 이유에선지 바가반은 쁘라사드가 한 질문에 대해 더 이상 답변하지 않으셨다). 여기에 대해 나는 쁘라사드에게, 그 문제를 다루고 있는 『마하르쉬의 친존에서 얻은 가르침(Crumbs from His Table)』을 읽어보라고 권했다. 바가반께서도 우리에게 그 책 한 부를 가져다 쁘라사드에게 주라고 하셔서, 그렇게 했다.

저녁

한 방문객: 저는 꾼달리니가 뭔지 모르겠습니다.

바가반: 꾼달리니는 몸 안에 있는 진아의 힘(atma sakti)에 대해 요가 하는 사람들이 붙인 하나의 이름입니다. 탐구파派에서는 같은 힘을 냐나(jnana)라고 부르고, 헌신가는 그것을 사랑이나 박띠(bhakti)라고 부릅니다. 요가파派에서는 이 힘이 척수의 맨 밑에 있는 물라다라(muladhara-차크라의 하나) 안에 잠재되어 있는데 그것을 깨워서 여러 차크라(chakras)를 통과시켜 맨 위, 두뇌 속의 사하스라라(sahasrara)까지 보내야 해탈을 성취한다고 합니다. 지知 수행자들은 이 힘이 심장 안에 집결되어 있다, 등등으로 생각하지요.

1945-11-12 오전

펀자브에서 온 한 방문객이 바가반께 질문했다. "마음 곧 에고(ahankar)가 죽으면 그 단계는 지각력이 없는 단계입니까?"

바가반: 왜 진인의 상태에 대해 신경을 씁니까? 그대의 현재 상태를 이해하십시오.

방문객: 해탈열망자(mumukshu)는 당연히 자신의 목표인 해탈의 상태에

대해 알고 싶어 합니다.

바가반은 잠시 침묵을 지킨 뒤 말씀하셨다. "그대는 마음이 죽어야 한다는 것을 인정합니다. 먼저 그렇게 하고 나서 과연 그 단계가 지각력이 없고 의식이 없는지 스스로 확인해 보지 그럽니까?"

방문객: 에고가 사라지면 아상我相(*aham-vritti*)이 남습니까?

바가반: '있는 것'(실재)은 늘 있습니다. 만약 에고가 죽으면 그것, 곧 실재가 늘 존재해 온 대로 존재합니다. 그대는 그것이 아상을 가지고 있다거나 나(*aham*)를 가지고 있다고 이야기할 수 있겠지요. 그것은 다 같은 것입니다. '존재하는 것'이 곧 "내가 있다(I am)" 혹은 '나(*aham*)'입니다.

1945-11-18

오늘 아침 6시경에 시자인 바이꾼타 바사르(Vaikunta Vasar)가 **바가반**의 다리를 안마해 드리고 있었다. 반 시간가량 안마한 뒤에 **바가반**이 "뭔가를 주무르는 것 같기는 한데(*ennatthaiyō pidikkirāp pōlirukkirathu*)"라고 말씀하셨다. 이것은 어쩌면 **바가반**의 내적인 삶을 얼핏 엿보게 하는 말씀일 것이다. 그때 **바가반**은 어떤 황홀경이나 특별한 삼매三昧(*samadhi*)에 드신 것이 아니라 당신의 평소 상태로 계셨다.

1945-11-20 오후

라마크리슈나 교단教團의 리쉬께사난다 스와미(Rishikesannanda Swami)라는 이가 여기 있다. 그는 스와미 싯데스와라난다(Siddheswarananda)에게서 **바가반**을 찾아가 보라는 조언을 들은 것 같다. **바가반**은 싯데스와라난다에 대해서 말씀하시고 책 두 권을 보여주셨는데, 하나는 그의 강연들이 담긴 것[수상록]이고, 또 하나는 프랑스에서 1941년에 보낸 것인데도 불과 3주일 전에 받은 책이었다. 리쉬께사난다가 말하기를, 싯데스와라난다는 불어를 아주 잘 배웠고 그 언어로 유창하게 이야기한다고 했다. 그는 또 비자야난다 스와미라는 사람이 남미에서 일하고 있으며, 기독교 선교사들의 적대적 선전에도 불구하고 현지에서 인기가 아주 좋다고 했다. 부유한 두 여성이 이 스와미를 후원하면서 그에게 그곳에 머물러 달라고 했는데, 그 중의 한 사람은 귀렐리스 여사(Mrs. Guirellis)였다 (아스라맘에는 마미따(Mamita)로 알려져 있다. 라만이라는 깐나다(까르나따까 지역 출신) 소년을 입양했고, 지금 뱅갈로르의 라마크리슈나 교단 근처에 살고 있다.) 싯데스와라난다는 몇 달 기간으로 인도에 오려고 생각하는데, 그때 라마나스라맘도 방문하기를 희망한다고 했다. 대화는 이 스와미들이 외국에서 입는 복장으로 옮겨갔다. 리쉬께사난다가 **바가반**께 말씀드리기를, 그들은 일반적으로 유럽식 복장을 하며, 강연을 할 때는 길고 치렁치렁한 황색 법복과 터번을 착용하는데, 우리가 보는 비베카난다의 사진 몇 장에서 그가 착용하고 있는 그런 복장이라고 했다.

1945-11-21 오전

그 스와미는 **바가반**께 진인의 특징에 관해서 질문하고 있었다. **바가반**이 말씀하셨다. "그것은 『바가바드 기타』와 같은 책들에 다 묘사되어 있지만, 진인의 상태는 마음을 초월해 있어서 마음의 도움만으로는 그것을 묘사할 수 없고, 따라서 모든 묘사는 결함이 있다는 것을 유념해야 합니다. **침묵**만이 그들의 상태나 특징을 올바르게 묘사할 수 있습니다. 그런데 **침묵**이 말보다 더 효과적입니다. **침묵**에서 생각이 나왔고, 생각에서 에고가, 그리고 에고에서 말이 나왔습니다. 그러니 만약 말이 효과가 있다면 그 말의 원래의 근원은 얼마나 훨씬 더 효과적이겠습니까?" 이와 관련하여 **바가반**은 다음 이야기를 들려주셨다. "따뜨와라야(Tattvaraya)가 자신의 **스승**인 스와루빠난다(Swarupananda)를 기리는 바라니(*bharani*)[타밀 시의 한 종류]를 한 수 지어, 유식한 학자들 한 무리를 소집하여 그 작품을 들려주고 그것의 가치를 평가하게 했습니다. 그 학자들은 바라니는

(전쟁터에서) 코끼리 천 마리를 죽일 수 있는 위대한 영웅들을 기리기 위해서만 짓는 것이고, 일개 고행자를 기리는 그런 작품을 짓기 위한 것이 아니라는 반론을 제기했습니다. 그러자 지은이가 말했습니다. '우리 모두 저의 스승님께 가서 거기서 이 문제를 매듭지읍시다.' 그들은 스승에게 나아갔고, 모두 자리를 잡고 앉자 지은이가 그의 스승에게 찾아온 목적을 말했습니다. 스승은 침묵한 채 앉아 있었고, 다른 사람들도 모두 침묵(mauna)에 잠겼습니다. 한 나절이 다 가서 밤이 되었고, 며칠 밤낮이 더 지나갔습니다. 하지만 모두 고요히 앉아 있었고, 그들 중 누구에게도 전혀 어떤 생각도 일어나지 않았으며, 그들이 왜 거기 왔는지 누구도 생각하거나 묻지 않았습니다. 이렇게 3, 4일이 지난 뒤 스승이 마음을 조금 움직였고, 그러자 모인 사람들이 사고 활동을 회복했습니다. 그런 다음 그들은 선언했습니다. '코끼리 천 마리를 정복하는 것은, 우리 모두의 에고라는 날뛰는 코끼리들을 다 몰아서 정복한 이 스승님의 힘에 비하면 아무것도 아니다. 그래서 이분은 당신을 기리는 그 바라니를 헌정 받을 자격이 있다!'"

오후

스리 오로빈도의 아쉬람에서 온 여성 방문객이 **바가반**께 질문했다. "저는 집중을 하면 온갖 생각들이 일어나서 저를 방해합니다, 노력하면 할수록 더 많은 생각이 일어납니다. 저는 어떻게 해야 합니까?

바가반: 예, 그러겠지요. 안에 있는 모든 것은 밖으로 나오려고 할 것입니다. 마음이 헤매고 싶어 할 때마다 그것을 수습하여 **진아**에 고정하는 것 외에는 다른 어떤 방도도 없습니다.

바가반은 『바가바드 기타』에서 '헤매는 마음이 어떤 것을 따라갈 때마다 그것을 거두어서 **진아**에 고정해야 한다'는 구절[20]을 인용하셨다.

---

20) T. 『바가바드 기타』, 6.26. (『라마나 마하르쉬와의 대담』, 419쪽 참조.)

시바 모한 랄(Siva Mohan Lal)이 바가반께 질문했다. "제가 여기 바가반의 친존에서 집중할 때는 생각을 진아에 쉽게 고정할 수 있습니다. 그러나 집에서 그렇게 하려면 시간이 오래 걸리고 힘이 많이 듭니다. 왜 그런 것입니까? 특히 바가반께서 도처에 계시고 저의 **내부주재자**(antaryami)시라고 제가 확신하는데 말입니다."

내가 말했다. "물론 그럴 수밖에 없지요. 신이 도처에 내재하고 있다는 말을 우리가 듣기는 하지만, 또 그는 다른 어디보다도 어떤 사물이나 장소에서, 예컨대 사원들, 신상神像들, 화신化身들에서 더 드러난다는 말도 듣지 않습니까?"

바가반이 말씀하셨다. "여기 있는 무루가나르에게 물어 보십시오. 그가 부른 한 노래에서 말하기를, 그에게는 라마나스라맘이 여기 있을 뿐 아니라 도처에 있다고 하지요." 그러자 무루가나르는 『라마나 데바말라이(Ramaṇa Dēvamālai)』21)에 있는 다음 시구를 낭독했다.

> āṇdenavē yāndu madangimana niṟṟalāl
> īndupunal chūzhulaga mengaṇumē-vēṇdi
> amarar palaru madaiyum periya
> ramaṇathē vācchi ramam.
> (당신의 은총에 의해) 마음이 고요함을 성취하여
> 라마나스라맘에 있을 때처럼 도처에서 적연寂然하니,
> 이 세상 어디를 가든 나에게는 그것이
> 천신들조차 열망을 품고 찾아가는 라마나스라맘이라네.

달리 말해서, 라마나스라맘은 도처에 있는—그리고 우리가 마음을 죽이면 다가갈 수 있는—**찌다까샤**(chidakasa-의식허공)인 것이다. 바가반은 이렇게 덧붙이셨다. "시간과 장소는 실제로 존재하지 않습니다. 라디오에서

---

21) T. 무루가나르가 바가반을 가르침과 자신의 헌신을 2행시로 노래한 것. 3,059연의 이 시들 중 1,500여 수는 바가반의 가르침을 전하는 것이다. 타밀어판은 1996년에 완간되었다.

도 우리는 이 진리의 암시를 얻을 수 있지요. 여기서 우리는 하이데라바드(Hyderabad)를 가진 거나 같습니다. 거기서 노래를 부르면 우리도 여기서 같은 시간에 그 노래를 듣습니다. 시간과 장소가 어디 있습니까?"

스리니바사 라오 박사가 **바가반**께 여쭈었다. "잠자지 않으면서 잠자는 것(thūngāmal thūnguvathu)이라는 말은 무슨 의미입니까?"

바가반: 그것이 **진인**의 상태입니다. 잠 속에서는 우리의 에고가 가라앉고 감각기관들이 활동하지 않습니다. **진인**의 에고는 죽임을 당했기에 그는 자발적으로 혹은 자신이 행위자라는 관념을 가지고 어떤 감각 활동에 몰두하지 않습니다. 그래서 **진인**은 잠 속에 있습니다. 그러면서도 그는 잠 속에서처럼 의식이 없는 것이 아니라 **진아** 안에서 완전히 깨어 있습니다. 그래서 그의 상태는 잠이 없습니다. 이 잠 없는 잠, 깨어 있는 잠(wakeful sleep)—혹은 그것을 뭐라고 부르든—그것이 **진아**의 **뚜리야**(turiya) 상태이고, 스크린인 그것 위에서 생시·꿈·잠의 세 가지 상태(avasthas) 모두가 지나가지만, 그 스크린은 영향을 받지 않습니다.

바가반이 또 말씀하셨다. "우리는 존재하는 것을 붙들지 않고 존재하지 않는 것을 찾고 있습니다. 우리는 현재의 진리를 깨닫지 못하고 과거와 미래에 신경 씁니다. 우리는 '처음(adi)'이나 '끝(antam)'을 모릅니다. 그러나 중간을 압니다. 만약 우리가 이것(중간인 현재)의 진리를 발견하면, 시작과 끝을 알게 될 것입니다." **바가반**은 『바가바드 기타』(10:20)에서 이 구절을 인용하셨다. "나는 모든 존재들의 심장 안에 있고, 그들의 처음이자 중간이며 끝이다." **바가반**은 또 **실재**는 **침묵**일 뿐이라고 말씀하시고, 따유마나바르(Thayumanavar-18세기 타밀 성자)의 다음 시구를 인용하셨다.

    vērupadun samayamellām pugunthu pārkkin
      vilangumaram porulēnin vilaiyāt tallāl
    mārupadun karutthillai mudivil mōna
    vārithiyil nathitthiralpōl vayangir rammā.

—「깔랄린(kallālin)」, 25

서로 달라 보이는 모든 종교를 자세히 살펴본다면, 그 목적에서 서로 모순되는 점이 없고, 모두 당신[주초]의 유희입니다. 그것들은 마치 강들이 바다에 합일되듯이, 모두 침묵의 바다에서 끝이 납니다.

이와 관련하여 바가반은 또한 우리가 마음에 대해 '브라만 형상의 상相(brahmakara vritti)'을 이야기할 때, 그것은 바다에 합일된 강에 대해 '바다 형상의 강(samudrakara nadi)'을 말하는 것과 마찬가지라고 하셨다.

밤

바가반이 『기타』에서 인용한 것을 이어받아 리쉬께사난다가 『만두꺄 우파니샤드(Mandukya Upanishad)』에서 '처음(adi)'과 '끝(anta)'이 나오는 시구 하나를 언급했다. 바가반은 그 책을 끄집어내어 그 구절을 설명하셨는데, 그 구절은 이러하다. "처음에 있지 않았고 끝에도 없을 것이지만 그 중간에만 있는 것은 실재할 수 없다. 중간뿐만 아니라 처음과 끝에도 있는 것만이 실재할 수 있다."[22]

스리니바사 박사가 바가반께 질문했다. "우리가 내면에서 '나는 누구인가?' 하고 탐구할 때, 그것('나')이 무엇입니까?"

바가반: 그것은 에고입니다. 그것은 그 탐구(vichara)를 하는 바로 그것입니다. 진아에는 어떤 탐구도 없습니다. 그 탐구를 하는 것은 에고입니다. 탐구의 대상인 '나' 또한 에고입니다. 그 탐구의 결과로 에고는 존재하지 않게 되고, 진아만이 존재한다는 것을 알게 됩니다.

내가 바가반께 여쭈었다. "오늘 아침 리쉬께사난다가 '마음이 어디를 가든 그것이 삼매三昧다'라고 하는 어떤 구절을 인용한 것 같습니다. 어떻게 그럴 수 있습니까? 우리의 마음은 자신이 좋아하는 무엇이든 추구

---

22) T. 가우다빠다, 『만두끼야 주석송(Mandukya Karika)』, 2.6. 여기서는 『만두꺄 우파니샤드』라고 했지만 실은 『만두끼야 주석송』이다. 인용된 문장도 그렇고, '처음'과 '끝'의 adi와 anta라는 단어도 이 『주석송』에 나온다.

합니다. 그것이 삼매일 수 있습니까?"

바가반: 그 구절은 진인들을 두고 한 말입니다. 진인들이 무엇을 하든 그들의 삼매 상태에는 단절이 없습니다. 진인들의 몸은 발현업에 의해 겪게 되어 있는 어떤 활동도 할 수 있지만 그들은 늘 진아 안에 있습니다. 우리는 몸과 연관되어, 곧 몸을 자신과 동일시하여, 몸이 무엇을 하든 우리가 한다고 말합니다. 『바가바드 기타』에서 이렇게 말합니다. "현명한 사람은 감각기관들이 감각대상들 사이를 움직인다고 생각하고, 감각기관들의 활동에 집착하지 않을 것이다."23) 저는 더 나아가서, 진인은 그조차도 생각하지 않는다고 말하겠습니다. 그는 진아이며 그 무엇도 자신과 별개로 보지 않습니다. 『바가바드 기타』의 이 구절이 말하는 것은 공부인(abyasi), 곧 수행자를 위한 것입니다. 우리에게 자연스럽게 다가오는 어떤 활동을 해도 나쁠 것은 없습니다. 장애나 속박은 우리가 행위자라고 상상하면서 그런 활동의 열매(결과)에 집착하는 데 있습니다.

이와 관련해 바가반은 이런 말씀도 하셨다. "어떤 사람이 '나는 마드라스에서 왔다'고 합니다. 그러나 실은 '그가' 오지 않았습니다. 마차(jutka)나 다른 어떤 탈것이 그를 자기 집에서 기차역으로 데려갔고, 기차는 그를 띠루반나말라이 기차역으로 데려다 주었으며, 거기서는 다른 어떤 달구지가 그를 여기로 데려왔습니다. 그런데도 그는 '내가 왔다'고 합니다. 이런 식으로 우리는 우리 자신을 몸과 감각기관들의 행위와 동일시합니다." 바가반은 『베단타 쭈다마니(Vedanta Chudamani)』24)에서도, 진인의 활동은 모두 삼매라는 ─ 즉, 진인은 그의 몸이 어떤 일을 하고 있든 간에 늘 자신의 진정한 상태 안에 있다는 ─ 취지의 구절을 인용하셨다. 바가반은 또 라제스와라난다를 언급하면서, 한번은 그가 대규모 순례단을 꾸리

---

23) T. 『바가바드 기타』, 5.8-9. "감각기관들이 감각대상들 사이를 움직인다"는 것은 "감각기관들만 감각대상들과 관계한다"는 의미이다. 즉, 현자는 감각기관의 활동에서 초연하다.
24) T. 니자구나 시바요기(Nijaguna Shivayogi, 15세기)가 깐나다어로 쓴 백과사전적 저작인 『비베까 찐따마니(Viveka Chintamani)』의 타밀어 번역본.

되 바가반을 그들 가운데 포함시킬 계획을 세웠다고 하셨다. 바가반이 말씀하셨다. "저는 가는 데 동의하지 않았고, 그 일은 취소되었지요. 제가 가서 볼 수 있는 것이 뭐가 있습니까? 저는 아무것도 보지 않습니다. 뭘 봐도 하나도 알지 못합니다(pārtthāl onṛum therikiṛathillai)" 이것은 가끔 바가반의 입 밖으로 나오는, 자신을 드러내는 말씀 중 하나이다.

다음 말씀도 이날 밤 바가반이 하신 것이다.

"진인은 자신이 진아임을 보며, 스크린으로서의 저 진아 위에서 소위 세계라고 하는 다양한 영화 장면들이 지나갑니다. 그는 그 스크린의 표면에서 일렁이는 그림자들(화면들)에 영향 받지 않고 남아 있습니다."

"'육안(ūnakkaṇ)'으로 보면 그대가 세계를 봅니다. '지안知眼(jnānakkaṇ)'[깨달음의 눈]으로 보면 일체가 '브라만의 성품(brahmamayam)'으로[진아로] 보입니다."

"어둠 속에 있는 대상을 보려면 눈과 등불 둘 다 필요합니다. 빛만 보려면 눈으로 충분합니다. 그러나 해를 보려면 다른 어떤 빛도 필요하지 않습니다. 설사 등불을 들고 간다 해도 그 빛은 햇빛에 묻혀버리겠지요. 우리의 지성(buddhi)은 진아를 깨닫는 데 아무 쓸모가 없습니다. 세계 곧 외부의 대상들을 보려면 마음과, 늘 그것과 함께 일어나는 반사된 빛(chidabhasa)25)이 필요합니다. 진아를 보려면 마음을 안으로 돌리기만 하면 되고 반사된 빛이 필요하지 않습니다."

"만일 우리가 어떤 생각에 집중하다가 그 상태에서 잠이 들면, 잠에서 깨어나자 즉시 그 생각이 우리의 마음 속에서 계속되겠지요. 사람들에게 클로로포름(예전에 마취제로 쓰이던 화학물질)을 주고 '하나, 둘' 세어 보라고 합니다. 어떤 사람이 예컨대 '여섯'이라고 말한 뒤 의식을 잃으면, 의식이 다시 돌아왔을 때 '일곱, 여덟' 하고 세기 시작합니다."

---

25) T. 마음이라는 매개물에서 반사되는 진아인 의식의 빛. 마음 자체는 지각력이 없지만 의식의 빛을 반사하면서 지각, 느낌, 생각 등이 일어나고, 여기서 '나'라는 느낌, 곧 에고도 탄생한다. 그러나 이 '반사된 빛'은 마음이라는 반사 매체가 가진 많은 한계를 갖는다.

"어떤 책에서는 에고가 거머리에 비유됩니다. 그것은 한 몸을 떠나기 전에 다른 몸을 붙듭니다."

1945-11-22 오전

바가반은 어떤 책들에서, 인간이 성취할 수 있는, 혹은 인간보다 더 높은 10단계의―마지막은 브라마(Brahma)와 같은 신들로 끝나는―존재들이 성취할 수 있는 최상의 행복은 진아의 지복이라는 범람하는 홍수 속의 거품과 같다고 어떻게 이야기되는지 설명하셨다.

"건강이 좋은 어떤 사람, 힘이 넘치는 성년의 나이에 비할 바 없는 부와 권력, 지성 기타 모든 자원들을 갖추었고, 아름답고 정숙한 아내와 결혼한 사람을 상상하고, 그 사람의 행복을 생각해 봅시다.

인간 이상의 각 단계들은 바로 아래 단계보다 100배나 더 행복할 수 있습니다. 그러나 존재계의 11단계 전체를 통틀어 최상의 행복도 신적 지복이라는 범람하는 바다 위의 거품일 뿐입니다."

이와 관련하여 바가반은 다음과 같은 이야기를 들려주셨다.

"어느 왕이 온갖 위엄과 화려함을 다 갖추고 자신의 군대와 수행원들을 뒤따르게 하면서 한 숲을 지나가고 있었습니다. 그때 살가리개도 걸치지 않은 한 남자가, 한 다리를 다른 다리 위에 포갠 채 땅에 누워 있는 것을 보았습니다. 그는 극히 행복하고 그 자신과 세상 모든 것에 대해 만족하고 있는 듯, 소리 내어 웃고 있었습니다. 왕의 그 사람의 행복한 상태에 충격을 받아 사람을 시켜 그를 데려오게 했습니다. 그러나 왕의 사람들이 그 나체의 고행자에게 다가가 왕의 메시지를 전했으나 그는 전혀 거들떠보지 않고 자신의 고행적 지복에 계속 잠겨 있었습니다. 그 이야기를 듣고 왕은 직접 그 사람에게 가 보았는데, 그래도 그는 거들떠보지 않았습니다. 그때 왕은 문득 그가 보통 사람이 아니라는 생각이 들어서 이렇게 말했습니다. '스와미, 당신은 분명 지극히 행복합니다.

그런 행복의 비결이 무엇인지, 그리고 당신이 어느 **스승**에게서 그것을 배웠는지 우리가 알 수 있겠습니까?' 그러자 고행자가 왕에게 말했습니다. '저에게는 스물넷의 **스승**이 있었습니다. 일체가, 즉 이 몸, 흙, 새들, 어떤 도구들, 어떤 사람들 등 모두가 저에게 가르침을 주었습니다.' 세상의 모든 것은 좋거나 나쁜 것으로 분류될 수 있습니다. 좋은 것들은 그가 추구해야 할 것을 그에게 가르쳐 주었습니다. 마찬가지로, 나쁜 것들은 그가 회피해야 할 것을 가르쳐 주었습니다. 그 고행자가 바로 아바두따(avadhuta-두타행자)인 **닷따뜨레야였습니다.**"

바가반이 오전 8시경에 아침 산책에서 돌아오신 뒤, 오체투지를 하던 어떤 방문객이 자신이 가지고 있던 코담배 전부를—상당한 양이었는데—쏟은 모양이었다. 시자인 크리슈나스와미(Krishnaswami)가 그것을 보고 그 코담배를 쓸어 모아 내다 버렸다. 이에 **바가반**은 당신 생애에서의 어떤 사건들이 생각났고, 이렇게 말씀하셨다. "담배는 살균제입니다. 제가 비루팍쉬 산굴에 있을 때, 하루는 문득 이빨 하나가 찬밥이 닿으면 찌를 듯이 아파서 더 이상 밥을 먹을 수 없다는 것을 알았습니다. 그래서 먹다 말고 '내가 굶어 죽게 생겼군' 하고 생각했지요. 당시 바수데바 사스뜨리(Vasudeva Sastri)가 저와 함께 살고 있었는데, 마침 밖에 나가고 없었습니다. 그가 산굴로 돌아오자 치통에 대해 이야기했지요. 그는 그런 것쯤은 아무것도 아니라면서, 담배만 조금 있으면 세균을 죽여 그것을 치료할 수 있다고 했습니다. 우리에게는 담배가 없었기 때문에, 코담배를 가지고 있던 어떤 사람이 소량의 코담배를 저에게 주면서 그것을 그 이빨에 대고 누르고 있으라 했습니다. 그러자 통증이 즉시 가셨고, 워낙 효과가 좋아 다음 끼니 식사를 할 수 있었지요. 그 이빨을 살펴보니 그 위에 어떤 점 같은 것이 나타나 있었습니다. 그것이 점차 하나의 구멍이 되었지요. 나중에 띠루꼬일루르(Tirukoilur)의 군 징세관(District Munsiff)이던 어떤 신사가 저를 찾아왔다가 그것을 알게 되자, 마드라스에 있는 치과의사 한 사람을 보냈습니다. 치과의사는 여기 와서 사흘을 머무른 뒤 체류비(출장치료비)로 300루피(당시에는 엄청난 바가지요금)를 청구했는데, 저의 치아들을 청소하고 이빨 하나와 다른 이빨 일부를 뽑은 것 외에 실질적으로 아무것도 하지 않았지요."

"제가 여기 오기 전부터도 담배의 위력을 알고 있었습니다. (띠루쭐리의) 뻬리야르(Periyar) 댐이 축조되어 물이 처음 수로를 지나가게 되었을 때, 그 물이 홍수를 이루어 들어왔고 물속에 물고기가 많았습니다. 어부들은 측면 수로를 이용해 물길을 돌려서 그 물이 한 못으로 들어가게 했는데, 거기에는 담배 줄기, 그러니까 여송연을 만들기 위해 잎을 쓰고 남은 그루터기들의 단을 여러 개 던져두었습니다. 물고기가 그 못으로 들어가는 순간, 담배의 독으로 인해 의식을 잃거나 죽어서 둥둥 떠오르기 시작했습니다. 어부들은 이런 식으로 고기를 무더기로 잡았지요. 나중에 따유마나바르의 시들 중에서 어부들의 그런 방식에 대해 이야기하는 이런 시를 접했습니다.

> *uḷḷatthi nuḷḷē yoḷitthennai yāttukiṉṟa*
> *kaḷḷak karuṇaiyaiyāṉ kāṇun tharamāmō*
> *veḷḷatthai māṟṟi vidakkuṇpār nañsūddum*
> *paḷḷatthiṉ mīnpōṟ pathaitthēṉ parāparamē.*
> ─「띠다무라베(*Thidamuṟave*)」, 4

저는 육식자들이 홍숫물을 옆으로 돌려서 독을 풀어 놓은 못으로 흘러들었다가 잡혀 버린 물고기처럼 버둥거리고 있습니다. 제가 당신의 숨겨진 자상함을 이해할 수 있겠습니까? 오, 제 심장 속에 숨어 계시면서 저를 꼭두각시처럼 움직이게 하시는 **전능자**시여."

그런 다음 스리니바사 라오 박사가 청하자, **바가반**은 따유마나바르의 「수까바리(*sukavāri*)」의 끝에 나오는 "저와, 몸 안에서(*ennaalum udalilē*)"로 시작되는 연과, 「만달라띤(*maṇdalatthiṉ*)」의 마지막 네 연을 설명하셨다.

오전 후반부에 **바가반**은 리쉬께사난다의 청에 따라 마두라의 2층 당신 방에서 처음 **진아**를 체험하신 이야기를 다시 들려주셨다. "제가 사지를 뻗고 누워, 마음 속으로 죽었을 때의 장면을 연출하다가 '이 몸뚱이가 실려가 화장되어도 나는 살아 있을 것이다'라는 것을 깨달았을 때, 어떤 힘이—그것을 진아의 힘이라 하든 다른 뭐라고 하든—저의 내면에서 일어나 저를 사로잡았지요. 그와 함께 저는 거듭났고 새로운 사람이 되었습니다. 그 뒤로는 좋아함도 싫어함도 없이 일체에 무관심해졌습니다." 스리니바사 라오 박사가 **바가반**께 처음에 어떻게 (신에 대한) 헌신을 가지게 되셨는지를 여쭈었다. **바가반**이 답변하셨다. "저의 내면에서 헌신을 불러일으킨 맨 처음 것은 『**베리야뿌라남**(*Periya Puranam*)』26) 책이었습니다. 그것은 이웃사람의 책이었는데, 집에서 그 책을 접하자 독파해 버렸지요. 그러나 매일 사원(미나끄쉬 사원)에 가서 나도 『베리야뿌라남』에 나오는 63인의 성자들 중 한 사람처럼 헌신할 수 있게 해 달라고 기도하곤 했던 것은, 방금 이야기한 그 체험을 한 뒤부터였습니다."

오후

스리니바사 라오 박사가 그 스와미에게 말했다. "제가 어떤 분에게 들었는데, 그는 **바가반**께서 스깐다스라맘에 계실 때 뱀 한 마리가 당신의 몸 위로 기어가는 것을 보았다고 했습니다." **바가반**이 말씀하셨다. "뱀들은 두건을 일으켜 세우고 우리의 눈을 들여다보아 자기가 겁낼 필요가 없는 것이 언제인지를 아는 것 같고, 그런 다음 우리 위로 지나갑니다. 제가 그 뱀을 어떻게 해야겠다는 생각은 들지 않았지요."

나중에 **바가반**이 말씀하셨다. "우리가 **실재**를 보통 **사뜨**(*Sat*-존재) · **찌뜨**(*Chit*-의식) · **아난다**(*Ananda*-지복)라고 말하기는 하지만, 그것조차도 그다지

---

26) *T.* 남인도의 시인-성자 63인의 일대기를 모은 책. 쫄라(Chola) 왕국 시대의 성자인 세낄라르(Sekkizhar)가 지었고, 바가반이 어릴 때 최초로 읽은 영적인 서적이다.

정확한 묘사는 아닙니다. 그것은 실로 묘사할 수 없습니다. 이런 묘사로써 우리가 설명하려고 하는 것은 그것이 비존재(asat)가 아니고, 무無지각(jada)이 아니며, 그것이 모든 고통에서 벗어나 있다는 것이 전부입니다.”

또 바가반이 말씀하셨다. “우리 모두가 실은 **사뜨-찌뜨-아난다**입니다. 그러나 우리는, 우리가 속박되어 있으며 이 모든 고통을 가지고 있다고 상상합니다.”

내가 여쭈었다. “우리는 왜 그렇게 생각합니까? 왜 이런 무지(ajnana)가 우리에게 옵니까?”

바가반이 말씀하셨다. “누구에게 이 무지가 왔는지 탐구하십시오. 그러면 그것이 결코 그대에게 오지 않았고, 그대는 늘 **사뜨-찌뜨-아난다**였다는 것을 발견할 것입니다. 우리는 '이미 우리가 그것'인 어떤 것이 되기 위해 온갖 고행을 합니다. 모든 노력은 단지 우리가 세간연(samsara)의 괴로움에 의해 제한되고 속박되어 있다는 이 망념妄念(viparita buddhi)을 제거하기 위한 것일 뿐입니다.”

나중에 바가반이 말씀하셨다. “진지(jnana)의 불꽃은 모든 창조계를 마치 그것이 면화의 산더미인 양 쉽게 태워버릴 것입니다. 무수한 세계들 전부가 에고라는 약한 (혹은 없는) 기초 위에 건립되어 있어서, 진지의 원자폭탄이 그 위에 떨어지면 모두 무너집니다.” 바가반이 말씀하셨다. “순복에 대한 모든 이야기는 마치 재거리(jaggery-덩어리 형태의 갈색 설탕)로 만든 주主 가네샤(Lord Ganesa)의 상像에서 설탕을 떼어내어 같은 주 가네샤에게 공양물(naivedya)로 바치는 것과 같습니다. 여러분은 자신의 몸, 마음과 일체의 소유물을 신에게 내놓는다고 말합니다. 그것들이 여러분의 것이었기에 내놓을 수 있습니까? 기껏해야 이렇게 말할 수 있겠지요. '저는 이제까지, 당신의[신의] 것인 이 모든 것이 제 것인 줄로 상상했습니다. 이제 그것이 당신 것임을 깨달았습니다. 더 이상 그것들이 제 것인 양 행위하지 않겠습니다.' 신, 곧 진아 외에는 아무것도 없다는 것,

'나'와 '내 것'이란 존재하지 않고 **진아**만이 존재한다는 것을 아는 것이 **지**知(*jnana*)입니다." 당신은 이렇게 덧붙이셨다. "이처럼 헌신(*bhakti*)과 **지**知 사이에는 아무 차이가 없습니다. 헌신은 **지**知의 어머니(*jnana mata*)입니다."

신을 추구하는 다양한 구도자들의 무수한 길들에 대해 이야기하면서 **바가반**은 이렇게 말씀하셨다. "각자가 자기 나름의 길, 즉 그 사람은 거기에만 맞는 길을 가게 해야 합니다. 억지로 다른 길로 바꾸게 하는 것은 도움이 안 될 것입니다. 스승은 제자가 그 나름의 길을 갈 때 함께 가다가, 성숙된 순간에 점차 그를 최고의 길로 들어오게 합니다. 자동차가 최고 속도로 달린다고 합시다. 그 차를 곧바로 멈추거나 급히 방향을 틀게 하면 재앙적 결과가 나오겠지요."

그런 다음 이야기는 신의 이름들로 옮겨갔고, **바가반**이 말씀하셨다. "『브리하다라니야까 우파니샤드(*Brihadaranyaka Upanishad*)』에서는 모든 만트라에 대해 이야기하면서 '아함(AHAM-'나')'이 신의 첫 번째 이름이라고 합니다. 산스크리트어의 첫 글자는 '아(A)'이고, 마지막 글자는 '하(HA)'입니다. 그래서 '아하(Aha)'는 처음부터 끝까지 일체를 포함합니다. '아얌(Ayam)'이라는 말은 스스로 빛나고 스스로 분명한, '존재하는 것'을 뜻합니다.27) '아얌'·'아뜨마(Atma)'·'아함'은 모두 같은 것을 지칭합니다. 『성경』에서도 '내가 있다'가 신의 이름이라고 나옵니다."28)

1945-11-24 오전

바가반은 예전에 당신이 기분이 내킬 때면 언제든 (아루나찰라 산) 정상에 오르시던 방식에 대해 말씀하면서, 어떤 길이든 심지어 전혀 길이 아닌 곳으로도 올라갔다고 하셨다. 당신이 이용하던 길 중의 어떤 것은 풀 베

---

27) T. "이 나가 브라만이다(*ayam atma brahma*)" —『브리하다라니야까 우파니샤드』, 1.4.10.
28) T. "나는 내가 있다는 것이다." —『성경』, '출애굽기', 3:14.

는 사람들만 알았다고 말씀하셨다. "가끔 마드라스나 다른 지역에서 온 사람들이 산 정상에 가려고 나섰다가 스깐다스라맘 근처에서 길을 잃기도 했지요. 제가 거기 앉아 있는 것을 본 그들은 정상으로 가는 길을 묻곤 했습니다. 제가 길은 그들의 오른쪽이고 북쪽을 향한다고 말해 주면, 어떤 사람은 '우리가 누구이며 어디서 왔는지 아세요? 마드라스에서 왔습니다. 당신이 아무리 장난쳐도 우리에게는 소용없어요. 정상은 여기서 곧장 우리 위에 있는데, 당신은 우리를 헤매게 하려는 거지요.' 그러면 저는 침묵을 지켰습니다. 그들은 일직선으로 오르려고 애를 썼지만, 한참이 지난 뒤 정상에 오르려고 아무리 애를 써도 헛수고라는 것을 알고 지쳐서 돌아오곤 했지요. 제 근처에 와서는 부끄러워 머리를 숙이고 저를 피해서 가 버리는 것이었습니다."

1945-11-25

바가반은 당신이 스깐다스라맘에 살고 계실 때 치타들이 당신을 찾아온 이야기를 들려주면서, 그런 두 가지 경우를 언급하셨다. "한번은 치타가 분명히 공격적으로 보이는 무서운 포효를 했지만, 우리에게 어떤 짓도 하지 않고 원숭이들을 쫓아갔습니다. 또 한번은 치타가 천천히 위엄 있게 걸어 올라왔는데, 아스라맘 근처에 오자 크게 한 번 포효했지만 그 소리에는 평안이 깃들어 있었을 뿐 어떤 공격성도 느낄 수 없었습니다. 마치 자신이 왔다는 것을 알리고 싶었을 뿐 그 이상은 아니라는 듯이 말입니다. 그 짐승은 아주 가까이, 지금 스깐다스라맘 안으로 시내가 흐르는 곳에 왔는데, 얼마 후 말하자면 작별을 고하려고 또 한 번 포효한 뒤에 천천히 걸어가 버렸습니다."

조반을 드신 뒤에 **바가반**은 평소처럼 시자 한 명만 대동하고 스깐다스라맘으로 가셨다. 스깐다스라맘은 최근에 수리가 완전히 끝나 완벽한 상태가 되었고, 라마나스라맘 뒤에서 산 위로 거기까지 난 길도 좋게 다듬어져 있었다. 그것도 기념할 겸 **바가반께** 당신의 옛 아스라맘에서 시간을 좀 보내실 기회를 드리려고, 바가반과 당신의 모든 헌신자들이 낮 동안은 거기서 보내고 저녁이 되어서야 여기로 돌아오는 계획이 마련되어 있었다. 당신이 그 기회를 엄청 즐기실 것임을 우리는 알고 있었다. 오전 9시 30분경까지 스깐다스라맘에는 약 200명의 사람이 가득 몰렸고, 우리는 모두 오후에야 내려왔다. 바가반은 오후 4시 15분경에 그곳을 떠나 5시 30분경에 라마나스라맘에 당도하셨다. 스깐다스라맘에서 **바가반**은 즐겁고 쾌활한 기분이셨다. 그러나 날씨가 꽤 구름이 끼고 쌀쌀해서, 거기 있는 대부분의 시간 동안 매서운 찬바람이 불었다. 바가반은 당신이 스깐다스라맘과 비루팍쉬 산굴에 사실 때 일어났던 여러 사건들을 아주 자세히 세부적인 내용까지 들려주셨다. 당신이 설명하기를, 여기에 스깐다스라맘이라는 이름이 붙여진 것은, 이 아스라맘이 원래 오랜 제자인 깐다스와미(Kandaswami)라는 이가 계획하여, 큰 자기희생을 치르며 남의 도움 없이 자기 몸으로 노력해 지은 것이기 때문이라고 하셨다. 당신이 말씀하셨다. "이 산 위에서, 전에는 샘이라고는 없었고 누구도 예상할 수 없던 곳에서, 필요한 때가 되자 물이 솟아난다는 것은 하나의 기적입니다. 그 필요가 없게 되면 물도 사라집니다." 당신은 지금 스깐다스라맘 안을 흐르는 개천의 역사를 거슬러 올라가, 더 위쪽에서 당신이 어떻게 그 수원지를 처음 발견했고, 그 물을 아래로 끌어오기 위해 당시의 제자들과 어떻게 일을 했는지 말씀하셨다. 어느 날 밤에는 엄청난 폭풍우가 몰아쳤는데, 아침에 읍내 사람들이 멀리서 보기에는 밤새 (산 위에) 큰 도로가 하나 만들어진 것 같았다고 한다. 이런 일이 일어나는 동안 빠다 띠르땀(Pada Thirtham)이라는 저수지에는 물이 가득 찼고, 원래 저수지 물이 있던 곳에는 약 15피트(4.5미터) 높이로 진흙과 바위가 쌓였다. (나중에, 그러니까 1945-12-12에 나는 **바가반**을 통해 이 저수지의 절반 혹은 4분의 3은 한 헌신자에 의해 다시 복구되었음을 알게 되었다.)

1945년

바가반은 당신이 비루팍쉬 산굴과 스깐다스라맘에 사신 때와 연관되는 원숭이들의 역사도 자세히 들려주면서, 특히 '논디 빠이얀(noṇḍip paiyan)' ['절름발이 소년', 바가반이 그에게 붙인 애칭]이 어떻게 바가반의 영향 하에 들어왔는지 설명하셨다. 바가반이 비루팍쉬 산굴에 계실 무렵, 한 원숭이가 당시의 왕 원숭이에게 심하게 물려 상처를 입고 산굴 근처에 죽게 내버려져 있었던 모양이다. 바가반은 이 원숭이를 가엾게 여겨 보살펴 주셨고, 원숭이는 회복되었다. 나중에 그는 바가반에게 애착이 생겨 늘 당신 곁에 있으면서 바가반의 아스라맘에서 매일 음식을 얻어먹었다. 다른 원숭이들이 거기 오자 이 절름발이는 그들이 바가반에게 접근하지 못하게 했고, 자신을 절름발이로 만든 그 왕을 바가반께 가리켜 보이기도 했다. 그러나 나중에는 모든 원숭이가 그곳에 자주 왔고 그들의 예전 적이던 절름발이 원숭이에게 존경과 사랑을 보이곤 했다. 세월이 지나 절름발이는 원숭이 왕이 되었다. 하루는 바가반과 당신의 일행이 스깐다스라맘을 떠나 산 오른돌이를 가면서 뒤에 남은 한두 명에게 아스라맘을 맡아 보게 했다. 바가반이 안 계신 사이에 그 절름발이와 다른 일군의 원숭이들이 와서 스깐다스라맘에 있는 모든 나무의 잔가지들을 부러뜨리고, 거기서 그들이 발견한 모든 것을 엉망으로 만들어 버렸다. 바가반은 그들이 왜 그랬는지 의아해하셨다. 다음날 그 원숭이들이 다시 왔는데, 절름발이는 가장 높은 나무 위로 올라가 가장 높은 곳에 도달하자 나무를 흔든 다음 내려왔다. 이것은 원숭이들 중에서 자신이 으뜸가는 왕이라는 표시인 듯하다. 바가반이 평소처럼 절름발이에게 음식을 내놓자, 그는 그것을 받지 않고 음식을 가져간 사람을 다른 원숭이 세 마리가 앉아 있는 곳으로 데려가 그 원숭이들과 함께 음식을 받아먹었다. 그 세 마리 원숭이는 추방된 왕의 비妃들로, 이제는 그들의 관습과 관례에 따라 절름발이의 비妃가 된 것이었다. 그때 바가반은 절름발이가 왕이 되었다는 것과, 전날에는 그들이 바가반의 친존에서 대관식을 갖기 위해 왔다가 바가반이 안 계신 것을 알고 나뭇가지를 부러뜨리는 등의 행위로 실망과 유감을 표현했다는 것을 아셨다. 절름발이는 나중에 세 비妃에게서 여섯 마리의 자식을 보았는데, 여섯 모두 바가반이 매일 식사를 하실 때 당신에게서 한 줌씩 음식을 받아먹곤 했다. 절름발이는 두 번에 걸쳐 잘못된 행동을 하면서 바가반을 때려 상처를 입혔던 듯하다. 그럴 때마다 바가반은 그 원숭이가 당신의 친존에 다가오지 못하게 함으로써 벌을 줄까 생각하셨다. 그러나 당신이 아끼는 녀석이 참회하는 모습을 보시면, 원숭이의 본성상 그럴 수밖에 없었으리라는 것을 알고 용서해 주셨다. 그런 경우 중 한 번은 바가반이 그 원숭이에게 줄 우유가 담긴 쟁반을 들어 우유를 불어서 식히려고 했을 때였다. 원숭이가 마시기에 우유가 너무 뜨거웠기 때문이다. 원숭이는 바가반이 우유를 당신 입 가까이 가져가자 그것을 당신이 마시려 한다고 생각했던 것이다.

바가반이 말씀하시기를, 스깐다스라맘에서는 가끔 공작과 뱀이 당신 앞에서 함께 놀기도 했다고 하셨다. 공작은 꼬리를 펼치고 뱀(코브라)은 두건을 일으켜 세운 상태로 말이다. 이날 수많은 헌신자들 모두에게 식사를 제공한 사람은 바가반의 큰 헌신자들인 T. K. 도라이스와미 아이야르(Doraiswamy Aiyar) 교수와 뱅갈로르의 사따꼬빠 나이두(Satakopa Naidu) 씨였다. 나이두 씨에 대해서는 흥미로운 심리 연구 소재로 다음 일화를 이야기해 볼 만하다.

나이두 씨는 바가반을 알고 지낸 지 어언 35년가량 된다. 바가반을 안 지 몇 년이 지났을 때, 그가 한번은 비루빡쉬 산굴에 와 보니 바가반이 나가고 안 계시기에 어떤 장소에 앉았다. 조금 뒤 바가반은 돌아오셨고, 나이두 씨는 자기가 앉았던 자리가 바로 바가반이 통상 앉으시는 자리라는 것을 발견했다. 여기에 나이두 씨는 워낙 충격을 받아, 당시 그가 거의 아스라맘 상주자常住者나 마찬가지였고 아스라맘 내에 자기만의 방을 가지고 있었음에도, 이후로는 바가반 앞에 결코 나서지 않았고, 회당 안에 앉거나 바가반과 함께 식사하는 일은 더더욱 하지 않았다고 한다. 그 전에도 나이두 씨는 1년에 한두 번 아스라맘을 방문할 때 바가반 앞에 나서는 것을 너무 수줍어했다. 그는 예전의 그 사건에 대해 결코 이야기하지 않는다. 그래서 나는 남들로부터 들은 이야기를 서술하는 것으로 만족해야겠다.

1945-11-27 오전

이곳을 두 번째 방문 중인 사로지니 하티 싱(Sarojini Hathee Singh) 양 [자와할랄 네루의 매제인 하티 싱 씨의 누이]은 바가반의 일상생활을 촬영해 세상 사람들에게 보여주고 싶다는 욕망을 피력했다. 나는 그녀에게 K.K. 남비아르(Nambiar) 씨도 비슷한 생각을 가지고 있고, 몇 달 전에 시네카메라(영화 촬영용 카메라)로 몇 장면을 찍었지만 필름이나 조작자에게 뭔가 문제가 있어서 하나도 나오지 않았다고 말해 주었다. 하티 싱 양은 자기가 이번에 여기서 돌아가면 이 일을 준비해 보겠다고 했다. 식사 시간에는 이달 24일에 자기 어머니와 여타 사람들과 함께 오로빈도를 친견하고 여기 온 인두마띠 양(Miss Indumati)[암발랄 사라바이(Ambalal Sarabhai)[29]의 친척]이 나에게, 바가반의 일상적 삶을 다룬—가벼운 혹은 유머러스한 사건이나 말씀들이 들어 있는—어떤 책이 있느냐고 물었다. 내가 없다고 대답하자 그녀는 그런 책도 하나 있어야 한다고 했다. 그녀는 이렇게 말했다. "여기 오기 전에 우리는 바가반이 그렇게 인간적이시라는 것과, 그렇게 자유롭게 다니시고, 이야기하시고, 유머러스한 말씀까지 하신다는 것을 몰랐습니다. 당신이 영적으로 뛰어나신 것만 알고 있었지요. 한 인간으로서 당신을 우리에게 더 가까이 오게 해주는 이런 모든 면을 보여주는 책이 하나 있어야 합니다."

---

29) *T.* 인도의 기업가, 박애가, 독립운동가(1890-1967).

1945-11-29

나는 27일 저녁에 벨로르(Vellore)에 가서 지방판사인 A. 로보(Lobo) 씨와 그의 부인을 오늘 아침 그들의 집에서 만났다. 두 사람 다 **바가반**에 대해서 물어보았고, 로보 씨는 아스람맘에서의 **바가반의 삶과 행위들**에 대한 어떤 기록이 있어야 한다고 말했다.

나는 로보 씨의 집을 떠나 벨로르에서 야영 중인 자문관(Adviser) 노먼 스트라티 경(Sir Norman Strathie-인도 고등문관이자 당시 마드라스 총독 자문관)을 찾아갔다. 거기서 다시 우리는 자연스럽게 아스람에 대해 이야기하게 되었다. 그는 침묵을 통한 **바가반의 가르침**에 대해 들어 보았다면서, 이렇게 덧붙였다. "우리는 그것을 이해할 수 있습니다."

1945-12-1

나는 어젯밤 이곳으로 돌아왔다. 10월, 11월에 약 20일가량 여기 머무르다가 라메스와람(Rameswaram) 등지로 순례를 떠났던 우타르프라데시 주州정부의 기술청장 마하 비르 쁘라사드 씨가 이곳에 돌아와 있다. 그는 『마하요가』에 나오는 어떤 구절에 대해 이야기한 앞서의 질문에 이어서 바가반께, "나는 누구인가?"라는 내심의 탐구를 하기 전에 자신의 호흡을 지켜보는 것이 필요한 선행조건인지 질문했다.

바가반: 모든 것은 그 사람의 성숙도(pakva), 즉 그의 적성과 근기 나름입니다. 집중하거나 자기 마음을 제어하여 탐구로 향하게 할 마음의 힘이 없는 사람들에게는 자신의 호흡을 지켜보라고 조언해 줍니다. 왜냐하면 그런 지켜보기는 자연스럽게 그리고 당연히 생각의 지멸止滅로 이어지고, 마음을 제어해 주기 때문입니다.

호흡과 마음은 같은 곳에서 일어나며, 그 중의 하나가 제어되면 다른 하나도 제어됩니다. 사실 **탐구**의 방법에서—더 올바르게는 "나는 어디서 오는가?(Whence am I?)"이고 "나는 누구인가?(Who am I?)"만은 아니지만—

우리는 단순히 "우리는 몸이 아니고, 감각기관이 아니고, 뭐가 아니고" 하면서 배제해 나가 **궁극적 실재**로서 남는 것에 도달하려고 노력할 뿐 아니라, 그 에고에게 '나'라는 생각이 우리 안의 어디서 일어나는지를 발견하려고 노력합니다. 그 방법 안에는—명시적으로는 아니어도 암묵적으로—호흡 지켜보기가 포함되어 있습니다. 우리가 모든 생각의 뿌리인 '나'라는 생각이 어디서 솟아나는지를 지켜보면, 필연적으로 호흡의 근원도 지켜보게 됩니다. 왜냐하면 '나'라는 생각과 호흡은 같은 근원에서 일어나기 때문입니다.

쁘라사드 씨는 호흡을 제어하기 위해 숨을 들이쉬고, 멈추고, 내쉬는 비율을 1:4:2로 하게 되어 있는 정규적인 조식調息이 더 낫지 않느냐고 다시 질문했다.

바가반이 답변하셨다. "그런 모든 비율은 어떤 때는 숫자를 세지 않고 **만트라**(*mantras*) 등을 염하면서 조절하는데, 모두 마음을 제어하기 위한 보조수단입니다. 그게 전부지요. 호흡을 지켜보는 것(수식관隨息觀)도 조식의 한 형태입니다. 숨 멈추기 등은 더 격한 방법이며, 어떤 경우에는—예컨대 각 단계마다 그 수행자를 이끌어 줄 적합한 **스승**이 없을 때는—해로울 수도 있습니다. 그러나 단지 호흡을 지켜보는 것은 쉽고, 아무 위험이 없습니다."

딘디걸(Dindigul)의 변호사(Vakil)인 스와미나타 아이야르 씨라는 노신사가 와 있었다. 세 살쯤 되는 라마나라는 사내아이가 함께 있었다. 그 아이는 **바가반**에 대해 많이 듣기는 했어도 그때까지 **바가반**을 본 적이 없었던 모양이다. 그래서 이 소년은 회당 안에서 "라마나를 이제 발견했어(*ramaṇāvaik kaṇḍu pidissuviddēn*)"라고 말했다. 그 소리에 우리는 모두 자연스럽게 웃음을 터뜨렸고, **바가반**도 함께 웃으셨다.

그 노신사가 **바가반**께, 우리가 **본연삼매**本然三昧(*sahaja samadhi*)를 성취하기 전에 먼저 **무상삼매**無相三昧(*nirvikalpa samadhi*)를 거쳐야 하지 않느냐고 질문했다. 바가반이 대답하셨다. "우리에게 망념(*vikalpas*)이 있고 그것을 놓아버리려고 애쓸 때, 즉 우리가 아직 완전해지지 않아서 마음을 일념이나 무념으로 유지하기 위한 의식적인 노력을 해야 할 때, 그것이 **무상삼매**입니다. 수행을 통해 우리가 늘 그 상태에 있게 되어 **삼매**에 들어가고 나옴이 없을 때, 그것이 **본연상태**입니다. **본연삼매**(*sahaja*) 속에 있는 사람은 늘 자기 자신만 봅니다. 그는 세계(*jagat*)를 **스와루빠**(*swarupa*-참된 성품 또는 형상, 즉 진아)나 **브라만**의 형상(*brahmakara*)으로 봅니다. 어떤 방법을 따르든, 명상이든 **지**知든 헌신이든, 한때 수단이었던 것이 결국에는 그 목표(깨달음의 상태)가 됩니다. **삼매**는 우리 자신의, 곧 우리의 참된 상태의 다른 이름입니다."

저녁에 빠라야나(*parayana*-베다 등의 찬송)가 끝난 뒤 바가반은 책 한 권을 들여다보고 계셨다. 바가반이 나를 돌아보며 그것은 B.V. 나라싱하 아이야르(Narasimha Aiyar)가 쓴 『사이 바바 얼핏 보기(*Glimpses of Sai Baba*)』라는 책인데, 쉬로프 씨가 당신에게 보시라고 사온 것이라고 하셨다. 내가 말했다. "예, 오늘 아침 쉬로프 씨 집에서 보았습니다. 거기에, 그가 사이 바바에 대해 먼저 쓴 책에 나오지 않은 뭐가 있는지 모르겠습니다." 바가반은 꾸뿌스와미 아이야르(Kuppuswami Aiyar) 판사가 쓴 그 책의 머리말을 낭독하셨다. 회당 안에 있던 사이에드 박사는 자신이 그 책을 읽어 보았는데 새로운 것은 아무것도 없다고 말했다. 그는 또 말하기를, 나라싱하 아이야르는 사이 바바가 **진아 깨달음**을 가르쳤는가라는 질문을 받았을 때, 그가 누군가에게 **진아 깨달음**을 가르쳤는지 말하지 못했다고 했다. 그러자 거의 즉시, 마치 사이에드 박사의 말을 반박하기라도 하듯, 바가반이 그 책의 머리말에서 사이 바바는 그의 헌신자들에게 물질적 구제를 위한 은택을 베풀었을 뿐 아니라 **진아 깨달음**이라는 그들의 궁극적 목표를 향해 그들을 밀어주었다고 한 문장을 읽어주셨다.

1945-12-2

어젯밤에 아스라맘에 도착한 비지아나가람(Vizianagaram-안드라 북동부의 당시 토후국)의 미망인 라니(Rani-라자의 妃)가 오늘 오전에 다른 사람 두세 명을 데리고 회당에 왔다. 스리니바사 라오 박사가 바가반의 두 발을 안마해 드리고 있었다. 바가반이 그에게 말씀하셨다. "자네는 가서 쉬게. 그러지 않으면 그들이 와서 바가반의 건강에 무슨 문제가 있느냐고 물을 테니까." 의사는 그에 따라 안마하기를 멈추었다. 바가반은 어떤 이유로도 사람들이 당신을 두고 야단하는 것을 좋아하지 않으신다.

오후에 나는 『경이로운 인도(Wonderful India)』라는 책을 바가반께 보여 드렸다. 거기에는 사진이 많이 들어 있었는데, 바가반은 그 사진들을 바라보며 한 시간 이상 그 책을 훑어보셨다.

1945-12-4

지난 달 중순경 회당에서는 바가반의 침상 주위 서쪽과 남쪽으로 난간 하나가 둘러쳐지고 선반들은 모두 회당의 동쪽 절반으로 옮겨지는 등, 일정한 재배치가 이루어졌다. 이 일이 다 끝난 뒤에 나는, 바가반의 침상 가까이에 가구들을 그렇게 밀집시키면 벌레들이 더 많이 꾈 것이라고 말했다. 그런 다음 우리는 여러 살충제와, 전쟁 중에 발견된 가장 효과적인 살충제인 디디티(DDT)에 대해 이야기했다. 오늘 오전에는 쉬로프 중위(Lt. Shroff)가 디디티를 좀 가져와서 회당 안과 바가반의 침상을 포함한 가구들 위에 뿌렸다. 바가반은 그것을 우사에도 뿌려보라고 조언하셨는데, 당신은 가능하다면 지금 소들을 괴롭히는 파리들이 모두 제거되기를 아주 간절히 바라셨다. 쉬로프 중위는 그것을 사용하는 지침과 함께 얼마간의 디디티를 아스라맘에 두고 갔다. 우리는 마우니가 이미 어느 신문에서 디디티 사용법에 관한 자세한 지침을 오려둔 것을 가지고 있는 것을 발견했다.

1945-12-6 오후

G. 숩바 라오 씨가 바가반께 꾸르딸람(Courtallam)의 고故 마우나 스와미(Mauna Swami)에 대해 이야기했다. 그는 원래 1906년에 바가반과 함께 있었다. 당시에 그는 시바이야(Sivayya)라고 불렀다. 오늘 바가반은 당신에게 물주전자(kamandalam)를 처음 준 사람이 시바이야라고 회상하셨다. 시바이야는 1년 남짓 바가반과 함께 머무르다가 꾸르딸람으로 갔고, 1909년인가 1910년에 다시 바가반께 온 듯하다. 이때 그가 코코넛 물주전자를 하나 가져왔는데, 바가반이 최초로 사용하신 물주전자이다. 바가반은 『라마나 비자얌(Ramana vijayam-'라마나의 생애')』이라는 책에 있는 사진 하나를 꺼내셨는데, 이 책에는 바가반이 오른손에 바로 이 물주전자를 들고 왼손은 당신의 왼쪽 허벅지에 놓은 상태로 바위 위에 앉아 계신 사진이 있다. 이 사진에서 바가반은 건강과 힘의 정점에 계셨다.

밤

내가 "실은 불타오르고 있지만(angiyuru vaayumoli)"[『라마나 마하르쉬 저작 전집』의 「스리 아루나찰라 마하뜨미얌」 제3연]이라는 구절에 대해 언급하면서 거기서 말하는 동굴이 신 안에 있는지, 아니면 (아루나찰라) 산[이것도 물론 신이라고 하지만] 안에 있는지를 여쭈었다. 바가반이 대답하셨다. "물론 그 문맥에서 그것은 산 안에 있는 동굴을 뜻하고, 거기 그 동굴 안에 온갖 즐거움이 있다는 거지요." 바가반이 덧붙이셨다. "그 연은 이 산 안에 하나의 동굴이 있는데, 그것은 광휘 그 자체이다, 혹은 빛으로 찬란하다는 것과, 거기서 모든 즐거움을 발견할 수 있다는 것을 여러분이 믿어야 한다고 말합니다." 나는 또 바가반께 여쭈었다. "제가 어디선가 읽기를, 이 곳은 '향유의 들판(bhoga kshetra)'이라고 불린다고 했습니다. 그것이 무슨 의미인지 궁금합니다." 바가반이 대답하셨다. "예, 그렇게 말하지요. 그러나 그것이 무슨 뜻입니까? 만약 이 들판을 생각하는 것 자체가 해탈을 안겨준다면, 이곳이 우리가 욕망할 수 있는 다른 모든 즐거움을 안겨줄 수 있다고 해서 뭐가 이상합니까?" 스리니바사 라오 박사가, "나는 누구인가?" 하는 물음을 자기 자신에게 던진 뒤에 침묵하고 있어야 하는지, 아니면 "나는 이 몸이 아니고, 감각기관이 아니다" 등과 같은 답변을 계속 제시해야 하는지, 또 아니면 "나는 누구인가?" 하는 물음을 계속 염해야 하는지를 여쭈었다.

바가반: 왜 "나는 누구인가?" 하고 마치 그것이 만트라인 것처럼 계속 염해야 합니까? 만일 다른 생각들이 일어나면 "이 생각들이 누구에게 일어나는가?", "이 생각들이 다가오는 '나'는 어디서 일어나는가?" 하고 물어서 다른 생각들을 물리쳐야 합니다. 만트라 염송(*mantra japam*)에서도 그 사람이 그 만트라를 계속 염하지 못하면, 즉 다른 생각들이 마음을 점하기 시작하면, "만트라를 놓쳤어" 하고 자신에게 상기시키고 다시 염하기 시작합니다. 모든 길들의 목표는 신 혹은 진아에 대한 생각을 제외한 다른 모든 생각을 물리치는 것입니다.

이와 관련해 바가반은 또 "그 이름이 신입니다"라고 말씀하시고, "태초에 말씀이 계셨으니 그 말씀은 하느님과 함께 계셨고, 말씀이 곧 하느님이셨다"(요한복음, 1:1)는 『성경』 구절을 인용하셨다. 스와미 람다스(Swami Ramdas)[30]는 명호기억(*Nama smarana*)의 중요성을 종종 설교하는데, 그가 사용하는 명호는 '스리 람 자이 람 자이 자이 람(Sri Ram Jai Ram Jai Jai Ram)'이다. 「비전」 최신호에 스와미 람다스는 "그대가 그것이다(That thou art)"에 대한 글을 썼는데, **바가반**은 나에게 그것을 참조하라고 하셨다.

1945-12-7

「비전」 1937년 9월호에 '남 데브에 따른 신의 이름의 철학'[31]에 관한

---

30) *T.* 남인도 께랄라 주의 성자(1884-1963). 바가반을 방문한 뒤 얼마 후 깨달음을 얻었다.
31) *T.* 이 글은 『라마나 마하르쉬와의 대담』, 대담 441과 448 참조.

글이 실려 있다. **바가반**은 이 글을 높이 평가하면서 빈번히 언급하신다. 오늘도 스리니바사 라오 박사가 그것을 가져왔고 **바가반**은 그에게 그것을 설명해 주셨다. **바가반**이 말씀하셨다. "이것은 모두 남 데브(Nam Dev)가—그의 깨달음을 위해 **비토바**가 찾아가 보라고 했던—비쇼빠께사르(Vishopakesar)의 발을 만지고 나서 완전한 깨달음을 얻은 뒤에 한 말임이 분명합니다." 그런 다음 **바가반**은 다음과 같은 이야기를 들려주셨다.

"**비토바**(Vithoba)[32]는 남 데브가 아직 지고의 **진리**를 깨닫지 못하고 있는 것을 알고 가르침을 주고 싶었습니다. 냐네스와르(Jnaneswar)[33]와 남 데브가 순례 여행에서 돌아오자, 고라 꿈바르(Gora Kumbhar)[34]가 모든 성자들에게 자신의 집에서 잔치를 베풀었는데, 그 중에 냐네스와르와 남 데브도 있었습니다. 잔치 석상에서 냐네스와르는 고라와 짜고 그에게 공개적으로 이렇게 말했습니다. '당신은 옹기장이니 매일 항아리를 만들면서 어느 것이 제대로 구워지고 어느 것이 그렇지 않은지 검사합니다. 당신 앞의 이 항아리들[즉, 성자들]은 **브라마**의 항아리들입니다. 이 중에서 어느 것이 견실하고 어느 것이 그렇지 않은지 살펴보시지요.' 그러자 고라가 '예, 스와미님, 그렇게 해 보겠습니다' 하고는 항아리가 견실한지 검사할 때 항아리를 두들기는 막대기를 집어 들었습니다. 그리고 그것을 손에 높이 든 채 손님 한 사람 한 사람에게 가서 항아리를 두드릴 때 늘 그러듯이 그 사람의 머리를 두드렸습니다. 손님들은 각기 그 두드림을 겸손하게 받았지요. 그러나 고라가 남 데브에게 다가가자 그는 화를 내며 소리쳤습니다. '도공님, 그 막대기로 저를 두드리러 오시는 것은 무슨 의미입니까?' 그러자 고라가 냐네스와르에게 말했습니다. '스와미님, 다른 항아리들은 모두 제대로 구워졌는데 이거 하나[남 데브]만 아직 제대로 구워지지 않았군요.' 좌중의 손님들이 모두 웃음을 터뜨렸습니다.

---

32) *T.* 마하라슈트라, 빤다르뿌르(Pandharpur)에서 숭배되는 신. 빗탈이라고도 한다.
33) *T.* 13세기 마하라슈트라 지방의 성자. 『바가바드 기타』를 주석한 『냐네스와리』를 썼다.
34) *T.* 13세기 마하라슈트라 지방의 옹기장이 성자.

남 데브는 몹시 수모를 당한 느낌이 들었고, 빗탈(Vitthal-비토바)에게 달려 갔습니다. 빗탈은 자신과 함께 놀고, 자신과 함께 식사하고, 자신과 함께 잠을 자는 등 가장 친밀한 사이였습니다. 남 데브는 자신이 당한 수모에 대해 가장 친한 친구이자 단짝인 빗탈에게 하소연했습니다. 빗탈은 (물론 그 모든 일을 알고 있었지만) 그에게 동정하는 척하면서 고라의 집에서 있었던 일을 세세한 모든 점까지 물어보았고, 자초지종을 듣고 나자 말했습니다. '왜 다른 사람들처럼 침묵을 지키면서 두드리는 대로 내맡기지 않았지? 그래서 이 모든 문제가 생겼어.' 그러자 남 데브는 더 울면서 말했습니다. '당신께서도 그들과 같이 저에게 수모를 주시는군요. 제가 왜 다른 사람들처럼 내맡겼어야 합니까? 저는 당신의 가장 친한 친구고, 당신의 자식 아닙니까?' 빗탈이 말했습니다. '자네는 아직 **진리**를 제대로 이해하지 못했어. 그리고 내가 일러주어도 이해하지 못하겠지. 그러니 이러이러한 숲 속의 어느 황폐한 사원에 있는 성자를 찾아가게. 그가 자네에게 깨달음을 베풀어 줄 수 있을 걸세.' 그에 따라 남 데브는 그곳으로 갔고, 그 사원 한 구석에서 두 발을 **시바** 링감(Siva lingam) 위에 걸친 채 자고 있는, 수수해 보이는 한 노인을 발견했습니다. 남 데브는 이 사람이 설마 빗탈의 단짝인 자신에게 깨달음을 얻게 해 줄 사람일까 싶었습니다. 그러나 거기에 다른 사람은 아무도 없었기에 남 데브는 그 사람에게 다가가 손뼉을 쳤습니다. 노인은 깜짝 놀라 일어났고 남 데브를 보자 말했습니다. '오, 자네가 바로 빗탈이 여기로 보낸 남 데브로군. 어서 오게!' 남 데브는 너무 놀라서 '이분은 대단한 사람이 분명해' 하고 생각하기 시작했습니다. 하지만 어떤 사람이 아무리 대단하다 해도 링감 위에 발을 걸치고 있는 것은 무엄하다고 생각했습니다. 그래서 노인에게 물었습니다. '당신은 대단한 분이신 것 같습니다. 그러나 링감 위에 발을 얹고 계신 것이 온당합니까?' 노인이 대답했습니다. '오, 내 발이 링감 위에 있다고? 링감이 어디 있지? 부디 내 발들을 다른 데로 옮겨 주게나.'

남 데브는 그 발을 들어 여러 곳에 놓았습니다. 그러나 어디에 놓아도 거기에 시바 링감이 있었습니다. 결국 그는 그 발들을 자신의 무릎 위에 올려놓았고, 그 자신이 시바 링감이 되었습니다. 이때 그는 진리를 깨달았고, 노인이 말했습니다. '이제 돌아가도 좋네.'" 바가반이 덧붙여 말씀하셨다. "그가 자신을 내맡기고 자기 스승의 발을 만졌을 때야 깨달음이 왔다는 데 유의해야 합니다. 이 최종적 깨달음을 얻은 뒤 남 데브는 집으로 돌아갔고, 며칠간 사원에 있는 빗탈을 찾아가지 않았습니다. 매일 빗탈을 찾아가는 것은 물론이고 대부분의 시간을 사원에서 빗탈과 함께 보내는 것이 그의 습관이었는데도 말입니다. 그래서 며칠 후 빗탈이 남 데브의 집으로 가서 마치 순진한 사람처럼, 왜 자신을 잊고 한 번도 찾아오지 않았는지 물었습니다. 남 데브가 대답했습니다. '더 이상 저를 놀리지 마십시오. 이제는 압니다. 당신이 계시지 않은 곳이 어디 있습니까! 당신과 함께 있기 위해 사원에 가야 합니까? 제가 당신과 별개로 존재합니까?' 그러자 빗탈이 말했습니다. '그래 이제야 진리를 이해하는군. 그래서 자네를 숲으로 보내 이 최종적 가르침을 듣게 한 거지.'"

바가반은 「비전」1945년 12월호의 반야안주자般若安住者(Sthita Prajna)에 관한 글과 그 글에서 인용하는 「실재직견實在直見(Sat Darshana)」35)의 구절들에 대해 언급하셨다. 그러자 사이에드 박사가 바가반께 「실재사십송」 (Reality in Forty Verses)을 언제 지으셨는지 여쭈었다. 바가반이 말씀하셨다. "오래 전은 아니고 1928년쯤입니다. 무루가나르가 어딘가에 여러 날 짜들을 적어두었지요. 하루는 무루가나르가 말하기를, 제가 이런저런 경우에 이따금 지었던 몇 수의 시들이 없어지면 안 되니까 한데 모으고 거기에 몇 수를 더 보태어 총 40연으로 해야 한다면서, 40연 전체에 대해 적절한 제목을 붙여 한 권의 책으로 만들어야 한다고 했습니다. 그에 따라 약 30연이 될까 말까 한 시들을 그가 한데 모아, 저에게 도합 40

---

35) T. 바가반의 「실재사십송」을 까비야깐타 가나빠띠 무니가 산스크리트어로 번역한 것.

연이 되도록 나머지 시들을 지어달라고 했습니다. 그래서 저는 이런저런 계제에 그럴 기분이 날 때마다 몇 수를 더 지었습니다. 그 수가 40연에 도달하자, 무루가나르는 먼저 있던 30연 이하의 시들 중에서 어느 것은 당면한 주제와 별 관련이 없다거나 다른 이유로 적합하지 않다고 하면서 하나씩 삭제해 나가더니, 삭제한 시들 대신 새로운 시들을 지어달라고 청했습니다. 그 과정이 끝나자 무루가나르가 요구한 대로 40연의 시가 나왔는데, 제가 보니 그 40연 가운데 먼저 있던 시들 중에서는 두 수만 남아 있고 나머지는 모두 새로 지은 것이었습니다. 그것은 어떤 정해진 계획에 따라서 지은 것이 아니고, 한 번에 다 지은 것도 아니며, 체계적인 것도 아니었습니다. 이런 저런 계제에 각기 다른 시들을 지었는데, 무루가나르와 다른 사람들이 나중에 그것을 그 시들에 표현된 사상에 따라 다소 정연하게 배열하여, 마치 그것이 그 주제, 즉 **실재**를 서로 연관성 있고 짜임새 있게 다루고 있는 듯한 인상을 주게 된 것입니다." (먼저 모았던 시들 중에서 무루가나르가 삭제한 것은 약 20연이었다. 이것은 나중에 위 저작에 대한 보유補遺로 덧붙여졌는데, 이 「보유」도 이제는 40연으로 되어 있다.)

바가반은 또 이렇게 말씀하셨다. "「문자혼인화만文字婚姻華鬘」은 그 일부를 비루팍쉬 산굴에서 짓고 일부는 제가 산을 돌 때 지은 것입니다. 「가르침의 핵심(*Upadesa Saram*)」만 어떤 계획과 정해진 목적을 가지고 앉은자리에서 한 번에 지은 것입니다. 그것은 무루가나르가 그 시의 전체 주제에 대해 100연의 한도를 정하고 그 안에서 '가르침(*Upadesa*)'이라는 특정한 주제를 30연에 한정하기로 계획해 두었고, 그 중에서도 그가 3개 연을 이미 지어서 27개 연만 남겨둔 터라, 저는 그 얼마 되지 않는 범위 안에서 전체 주제를 다루어야 했기 때문입니다."

오후에 바가반은 스리니바사 라오 박사에게 **라마**(Rama)라는 이름의 의미를 설명해 주셨다. "'라(Ra)'는 진아를, '마(ma)'는 에고를 나타냅니다. 우리가 '라마', '라마'를 염하다 보면 '마'는 사라져 '라'에 합일되는데, 그러면 '라'만 남습니다. 그 상태에서는 명상(dhyana)을 한다는 어떠한 의식적 노력도 없지만 명상이 있습니다. 명상은 우리의 진정한 성품(real nature)이기 때문입니다."

1945-12-8 오전

스리니바사 라오 박사는 이 공책을 집어 들고 어제 날짜 기록을 낭독했다. 그러자 **바가반**은 크리슈나스와미에게 이런저런 시들이 지어진 날짜들을 무루가나르와 여타 사람들이 적어둔 공책을 꺼내오라고 하셨다. 우리가 보니 「실재사십송」이 지어진 것은 불과 1928년이었다.

바가반은 나에게 타밀 신문 「힌두스탄(Hindustan)」에 실린 틸락 사스뜨리(Tilak Sastri)의 기고문을 보여주셨는데, 그것은 1945-11-25에 **바가반**이 스깐다스라맘을 방문하신 일에 대해 쓴 것으로, 무엇보다도 그 이름의 유래를 설명하고 있었다.

오후

내가 **바가반**의 요청으로 산스크리트 책 몇 권을 가지러 학당(Pathasala-라마나스라맘의 베다 학당)에 갔을 때, 회당에서는 아래에 기록하는 사건이 일어났다. 깜딘(Kamdin) 양[현 맥키버 부인]이 한 여성 옆에 앉아 있었는데, 이 여성은 황홀경에 들어가서 **나라야나**(Narayana-비슈누), 곧 **하느님**으로부터 사탕과자를 받았다는 것이다. 그녀는 거기에 전혀 어떤 속임수도 없었고, 그 사탕은 그 여성의 손 안에 불가사의하게 나타났다고 생각한다. 나도 그 사탕을 조금 받았다.

이 사건을 K.A. 마하따니는 이렇게 기록한다:

1945년 12월 8일 오후 3시 45분경, 나는 50세쯤 되어 보이는 한 구자라티(Gujarati) 과부가 여덟 살과 열 살쯤 되어 보이는 계집아이 둘을 데리고 회당에 들어와 여자들이 앉는 쪽의 맨 앞줄에 앉아 있는 것을 보았다. 내가 보기에 그녀는 삼매에 들어 있었다.

몇 분이 지난 뒤 그녀는 삼매 자세로 조용히 드러누웠는데 다리는 펴지 않은 채로였다. 회당에 있던 사람들은 그녀가 히스테리 발작을 일으킨 줄 알았지만, 그 두 소녀는 그녀가 삼매에 들었고 그녀에게는 그런 일이 종종 일어난다고 말했다. 그러더니 두 소녀는 멋진 곡조로 구자라티 바잔(bhajan-헌가) 한 곡을 불렀다. (그 노래는 '이제 내 집은 신적 유희로 가득 차게 되었네(Haji mare gher thaya lila ler)'라는 말로 시작된다.)

바가반은 이 여성을 줄곧 주의 깊게 바라보셨고, 손으로 당신의 무릎을 두드려 장단을 맞추면서 그 노래를 즐기셨다. 나는 이제까지 바가반이 어떤 노래에 이렇게 흥미를 가지시는 모습을 본 적이 없다.

몇 분이 지난 뒤 이 여성은 누구의 도움도 없이 일어나 같은 자세로 앉아 삼매 속에서 구자라트어로 무슨 말인가 중얼거리기 시작했다. 나는 그녀에게 무슨 환영을 보았느냐고 물었다. 그녀는 힌두스탄어(힌디어나 우르두어)로 "예"라고 답한 뒤, **스리 나라얀**(나라야나, 곧 비슈누)이 회당 안의 모든 사람에게 이런 메시지를 전해 주었다고 덧붙였다. "눈을 감고 어떤 활동(pravritti)[즉, 어떤 생각이나 행위]도 없이 가만히 있으면, 너 나 할 것 없이 모두에게 내가 친견을 베풀겠다."

나는 그녀가 한 말을 **바가반**께 통역해 드렸다. 그녀는 2, 3분간 두 손을 꼭 쥔 채 **바가반**을 향해 머리를 숙이고 있었다. 그러더니 가까이 앉아 있던 두 소녀 중 한 명에게 사탕과자 하나를 건네주었.

그러기 전까지 우리는 그녀의 두 손이 그냥 비어 있던 것을 보았다. 나는 그 소녀에게 그 사탕이 웬 것이며, 어떻게 해서 그것이 그녀의 손 안에 나타났느냐고 물었다.

소녀가 대답했다. "이것은 **바가반 나라얀**(Bhagavan Narayan)께서 이분께 주신 **쁘라사드**(prasad-은사물)입니다. 이분은 삼매에 들면 그때마다 여러 가지 물건(과일 · 꽃 · 꽃줄 · 백단향(sandal) · 꿈꿈(kumkum-붉은 가루) · 과자 같은 것)을 받으세요."

이때 그 여성이 자기는 여섯 살 때부터 그런 기분 상태가 되곤 했다고 말했다. 그 소녀는 **바가반**께 그 사탕과자를 드렸다. 당신은 그것을 조금 드셨고, 나머지는 회당 안에 있던 다른 사람들에게 분배되었다.

나는 이것을 아주 기적같이 놀라운 일이라고 말했다. **바가반**은 '그렇다'는 뜻으로 한 손을 움직여 보였을 뿐, 아무 말씀도 하지 않으셨다. 몇 분 뒤 그 여성은 두 소녀와 함께 회당을 떠났는데, 떠나기 전에 **바가반**께 깊이 절을 하고 나서, 축복을 청하고 자신이 봄베이로 돌아가는 것을 허락해 달라고 했다.

내가 알기로 그녀는 이날 오전에 와서 당일 오후에 떠났는데, 사무실에 자신의 이름을 '봄베이, 오페라 하우스 건너편, 뿌르쇼땀 건물, R. G. 라발 방, 마따지 마니벤 사마디왈라(Mataji Maniben Samadhiwallah)'라고 남겼다.

1945-12-9 오전

어제 **바가반**이 「힌두스탄」에 실린 틸락의 글을 언급하실 때 내가 말했다. "우리의 나감마(Nagamma)도 **바가반**께서 지난 11월 25일에 스깐다스라맘을 찾아가신 것과 거기서 있었던 일들에 대해 텔루구어로 써 둔 게 있습니다." 나감마가 앞서 나에게 그에 대해 이야기해 주었다. 오늘 오전에 나감마가 그 글을 가져와서 **바가반**께 보여드렸다. 당신은 조금 읽더니 말씀하셨다. "그녀에게 읽으라 하세요. 우리는 모두 들을 테니까." 그러면서 그 종이를 그녀에게 돌려주셨다. 그런데 그녀가 그것을 채 낭독하기도 전에 **바가반**은 우리에게 다른 일들에 대해 말씀하시기 시작했다. 당신 말씀으로는, 예전의 제자 깐다스와미는 **바가반**을 위해 별도의 아스라맘을 지으려고 노심초사했다. 그는 대지를 선정하기 위해 산 위와 숲 속의 여러 곳을 살펴본 뒤에 마침내 현재의 스깐다스라맘 자리가 어떠냐고 했고, **바가반**도 그것을 승낙했다. 그러자 깐다스와미는 산비탈의 선인장(prickly pear-백년초)이 울창하던 곳에 터를 닦기 시작했다. 당시 그가 누구의 도움도 받지 않고 일한 결과가 지금 우리가 보는 그 아스라맘인 것이다. 당신이 덧붙이셨다. "그 터가 원래 어떤 상태였는지 여러분은 상상할 수 없습니다. 깐다스와미는 거의 초인적 노력으로 네 사람이 힘을 합쳐도 하지 못했을 일을 혼자 자기 손으로 해냈습니다. 선인장을 모두 없애고 돌과 바위 지대를 평지로 만든 다음, 정원을 하나 만들고 아스라맘을 건립했지요. 우리는 정원에 심을 코코넛 나무 네 그루를 구했는데, 깐다스와미는 그것을 제대로 심기 위해 약 열 자(3미터) 깊이의 큰 사각 구덩이들을 팠습니다. 그것만으로도 그가 감당한 그 작업에 들인 노동의 양을 가늠할 수 있을 겁니다. 그는 강건하고 체격이 좋은 사람이었지요." 그런 다음 **바가반**은 우리에게 『진아 깨달음(Self-Realization)』에 실려 있는 사진 한 장을 보여주셨다. 그 사진에서는 깐다스와미, 뻬루말스와미, 빨라니스와미, 시바쁘라까삼 삘라이, 나라야나 레디, 이스와라 스와미 등이 **바가반**과 함께 앉아 있다. 이 사진은 비루빡쉬 산굴 뒤쪽의 한 바위 위에서 찍은 것이었다. 당신은 이렇게 덧붙이셨다. "깐다스와미는 이 사진에서 힘이 없고 여윈 사람처럼 보입니다. 그것은 그가 한 달 이상 우리를 떠나 (산 위의) '엘루 수나이(ēzhu sunai)'[일곱 샘]에 가서 따빠스(tapas)를 하면서 일부러 음식을 적게 먹었기 때문입니다. 그러기 전에는 근육질의 체격 좋은 사람이었지요. 그는 얼마간의 밀가루와 소량의 재거리만 가지고 일곱 샘으로 가서 한 달 반 정도 거기서 이 보잘것없는 식량만 먹고 살았습니다. 어느 날 저녁 7시쯤 되었을 때 저와 뻬루말스와미, 나갑빠 쩨띠(Nagappa Chetti), 그리고 아마 다른 사람 한두 명 해서 깐다스와미를 찾아가 보니, 그는 일곱 샘에 있는 바위들 속에서 잠을 자고 있었습니다. 뻬루말스와미는 안으로 들어가 깐다스와미의 고둥나팔

(conch)을 꺼내왔습니다. 깐다스와미와 뻬루말스와미는 고둥나팔을 오래 끊어지지 않게 부는 데 명수였지요. 뻬루말스와미는 동굴 밖에서 우렁차고 길게 그것을 불었습니다. 깐다스와미는 깨어나, 고둥나팔을 부는 것이 뻬루말스와미인 줄 알고 밖으로 나왔습니다. 저를 보자 그는 오체투지를 했습니다. 우리는 모두 그날 밤을 거기서 보냈지요. 우리는 그가 가지고 있던 밀가루와 재거리 남은 것을 다 먹어치우고 그가 모아 둔 땔나무도 다 때어 그가 그곳에 계속 있을 수 없게 한 다음, 같이 내려가자고 설득했습니다. 이 사진에서 그가 여위게 보이는 것은 그렇게 단식과 따빠스를 했기 때문입니다."

바가반은 더 나아가 뻬루말스와미와 깐다스와미가 고둥나팔을 어떻게 합주로 불곤 했는지, 그리고 바가반이 비루빡쉬 산굴에 계실 때 뻬루말스와미, 깐다스와미, 빨라니스와미가 어떻게 읍내를 돌아다니며 음식을 탁발하여 산 위로 가져 올라왔고, 거기서 모두 그것을 함께 먹었는지를 들려주셨다. 뻬루말스와미가 가담하기 전에는 빨라니스와미, 아이야스와미, 깐다스와미가 한 순례자 숙소(chattram)를 찾아가곤 했는데, 그러면 그 관리자(manigar)가 모두를 위해 음식을 주곤 했다. 그러나 뻬루말스와미도 가담하자 관리자는 음식이 왜 더 필요한지 묻기 시작했다. 그러자 뻬루말스와미는 자기들이 더 이상 그 순례자 숙소를 찾아가거나 그 관리자의 자비심에 기대지 말고, 읍내로 가서 탁발을 해야 한다고 선언했다. 그에 따라 네 명 혹은 그 이상의 인원이 탁발을 하러 산굴을 떠나곤 했다. 그들은 산굴을 떠날 때 자기가 지닌 고둥나팔을 길게 불었는데, 그것은 바가반의 사람들이 탁발을 하기 위해 산굴을 떠났다는 것을 읍내 사람들에게 알리는 것이었다. 산기슭에 도착하면 또 한 번 불었고, 거리 입구에서 세 번째로 고둥나팔을 불었다. 그러면 거리의 모든 주민들은 공양할 준비가 되어 있었고, 그 일행은 시바나마발리(Sivanamavali-시바 이름의 염송)를 좀 노래하면서 거리를 따라 행진하다가 공양물을 받곤 했다.

그렇게 시주 받은 음식은 **바가반** 근처에 모인 사람들 전부와 원숭이들이 다 먹을 수 있을 만큼 넉넉한 양이었다. 「문자혼인화만」은 그 탁발대를 위해서 특별히 지은 것이었다. 바가반은 유머러스하게 덧붙이셨다. "「문자혼인화만」이 우리를 여러 해 먹여 살렸지요."

1945-12-10

어제 아니면 그제 오전에 뱀 한 마리가 아스라맘 경내의 **바가반**의 회당 근처에 있는 것을 찐나스와미(Chinnaswami)와 몇 사람이 발견했다. 우리는 "무슨 뱀이지?" "때려, 때려" 하고 외치는 소리를 들었다. 실제로 때리는 시끄러운 소리를 우리가 듣고 있을 때, 바가반이 소리 지르셨다. "누가 때리지? 누가 때리지?(*yār adikkiṛathu? yār adikkiṛathu?*)." 바가반의 이런 나무람을 그들은 듣지 못한 듯했고, 그 뱀은 죽었다. 바가반이 덧붙이셨다. "이 사람들이 그렇게 맞았다면 그것이 어떤 건지 알 텐데(*ivangaḷai appadi rendu kodutthāl appō theriyum*)."

밤

P.C. 데사이 씨가 회당에서 M. 벤까따라마 아이야르 씨가 마련한 『아루나찰라 마하뜨미얌(*Arunachala Mahatmyam*)』의 원고를 낭독했다.

1945-12-11

오후 6시 30분경에, 몇 달 전 여기 와서 자신의 시네카메라로 바가반의 영상을 좀 찍었던 젊은이인 하이데라바드[데칸], 베감페트(Begampet)의 라마짠드라 레디(Ramachandra Reddi)라는 젊은이가 **바가반**께 말하기를, 자신은 100피트 정도의 필름을 준비해 왔는데, 허락해 주신다면 그것을 바가반 앞에서 상영하겠다고 했다. 바가반은 반대하지 않으셨고, 그는 두 사람으로 하여금 회당의 서쪽 벽에 흰 천을 치게 한 뒤에 그 스크린 위에 자신이 찍은 화면을 영사했다. **바가반**이 회당에서 나와 나라야나 아이어(Narayana Iyer)의 아들인 라마나탄을 만나고, 그들의 막내 아이를 안으시고 당신의 지팡이로 아이를 건드리며 말을 건네는 등의 장면과, **바가반**이 우사에서 나와 산을 오르셨다가 산에서 돌아오시는 장면, 딸레야르칸 여사(Mrs. Taleyarkhan)와 수나 도랍지 양(Miss Soona Dorabji)이 뒤를 따르는 장면과 그 밖의 장면들이 있었다. 우리는 모두 그 화면들을 좋게 평가했다. 그러나 **바가반**은 또렷하게 보지 못하셨다. 그래서 우리는 당신의 시력이 얼마나 약한지 알게 되었다. 그래서 당신을 위해 스크린을 **바가반**의 소파 반대편인 남쪽 창문 근처에 걸고 화면을 다시 영사했는데, 그래도 당신은 또렷하게 보지 못하셨다.

바가반은 이와 관련하여, 언젠가 그란트 더프 씨인가 누군가가 할리우드에서 **바가반**에 대한 어떤 필름 영상을 보았다고 아스라맘에 편지를 보냈다고 말씀하셨다. "우리는 그에 대해 전혀 모르고 있었지요. 그러나 아마 누군가가 와서 산 위를 다니던 저를 즉석 촬영한 모양입니다." **바가반**이 말씀하셨다.

K.K. 남비아르 씨도 6개월쯤 전에 100피트 가량의 필름을 찍었지만, 그것은 실패작이었던 듯하다. 우리의 벤까뚜(Venkatoo-찐나스와미의 아들 벤까따라만)가 회당에서 말하기를 몇 년 전에 자야데블랄(Jayadevlal)의 친구가 시네카메라로 영상을 좀 찍어갔는데, 그에 대해 더는 아무 얘기도 듣지 못했기 때문에 그것도 분명 실패작일 거라고 했다.36)

1945-12-12 오전

데사이 씨가 오전 10시경에 낭독을 계속했다. 약 40년 전 절름발이였

---

36) T. 라마짠드라 레디의 1945년 동영상과 자야데블랄 데이브(Jayadevlal Dave)의 1938년 동영상은 라마나스라맘에서 1991년에 복원해 'Sri Ramana Maharshi: The Archival Films, 1935-1950'라는 CD로 제작했다(인터넷상에서도 볼 수 있다). K.K. 남비아르의 1945년 동영상은 없으나 그의 1947년 동영상은 거기서 볼 수 있다.

다가 나중에 다리를 쓰게 된 꾸빠이야르(Kuppaiyar)라는 사람에 대한 부분을 읽자, **바가반**이 당신도 그 사건을 안다면서 꾸빠이야르가 나은 뒤 그를 본 적이 있다고 말씀하셨다. 그때 내가 말했다. "그것은 **바가반**께서 하신 일입니다. 저희에게 말씀하지는 않으시지만요. 당신의 기만술이 바로 그것입니다(*athu bagavān seithathuthānām. namakku sol̠rathillai. athanudaiya thiruddutthanam thān athu*)." 내가 그렇게 말한 것은 **바가반**의 옛 급우였던 랑가 아이야르(Ranga Aiyar)와 신뢰할 수 있는 적어도 또 한 사람이, 그 사건에 대해 **바가반**이 그들에게 이야기해 주실 때 자신들은 **바가반**만이 그런 기적을 행하실 수 있었다는 것을 확신했다고 나에게 확인해 준 적이 있었기 때문이다. 내가 **바가반**의 친존에서 당신께도 들리게, 내 가까이 있던 사람들에게 위의 말을 했는데도 당신은 내 주장을 부인하지 않으셨다. 언젠가 **바가반**은 당신이 산 위에 사실 때 일어났던 다음과 같은 사건을 나에게 들려주셨다. "어느 날 밤 이 읍에 처음 온 여성이 달구지꾼을 고용하여 어느 거리로 데려다 달라고 했습니다. 달구지꾼은 일부러 그녀를 산 근처의 외진 곳으로 데려가서 그녀의 패물을 빼앗거나 추행하려고 했습니다. 이때 경찰관 두 명이 그 자리에 나타나 달구지꾼을 위협했고, 그 여성을 가려던 목적지로 데려다 주었지요. 그 여성은 경찰관들의 번호를 기억했다가 나중에 그들에 대해 수소문해 보았지만, 인간인 어떤 경찰관도 그날 밤 그런 일을 한 적이 없음이 확인되었습니다." 랑가 아이야르는 이 일도 실은 **바가반**이 하신 것으로 믿고 있다. 나는 이제 그와 의견을 같이한다. **바가반**이 그 사건을 들려주신 방식으로 미루어, 그 이야기를 처음 당신에게서 들었을 때부터 나도 같은 의심을 했기 때문이다. 단, **바가반**은 그 사건이 **아루나찰라**가 한 일이라고 하신다. 우리는 **바가반**이 거짓말을 하신다고 나무랄 수 없다. 당신은 자신이 하신 일도 **아루나찰라**가 한 일이라고 하시는데, 그것은 당신과 **아루나찰라**가 하나이기 때문이다.

오후

내가 오후 2시 50분경에 회당에 들어가자, **바가반**은 타밀어판 『아루나찰라 뿌라남(*Arunachala Puranam*)』에서 **가우리**(Gauri-빠르바띠)가 **아루나찰람**(Arunachalam)의 거리 몇 개를 가로질러 가우따마(Gautama)의 아스라맘에 도착했다는 시구들을 낭독하고 계셨다.37) **가우리**가 자신의 아스라맘에 온 것에 대해 가우따마가 기뻐하는 것을 묘사하는 대목에 이르자, **바가반**은 두 눈에 눈물이 가득 고이고 목이 메어 더 이상 읽지 못하셨다. 그래서 책을 곁으로 치우셨고, 데사이 씨가 자신의 (『아루나찰라 마하뜨미얌』) 원고를 계속 읽어 나갔다. 나는 여기서, **바가반**이 『떼바람(*Thevaram*)』이나 따유마나바르의 헌가獻歌와 같은 타밀어 저작들에서 깊은 헌신을 보여주는 대목을 읽다가 더 이상 나가지 못하시는 경우를 전에도 여러 번 목격했다는 것을 기록해야겠다. 오늘 오후에 내가 **바가반**에게서 위의 『아루나찰라 뿌라남』을 받아 당신을 그토록 깊이 감동시킨 대목을 언급하면서, 당신이 난처함을 우리 모두에게 감추려고 애쓰시는 것을 발견했다는 취지로 말씀드리자, 당신이 말씀하셨다. "저는 깔락셰빰(*kalakshepam*-종교적 담화)을 하면서 그런 구절들을 청중에게 들려주는 분들이 어떻게 울음을 터뜨리지 않을 수 있는지 모르겠군요. 그들은 틀림없이 먼저 자기 심장을 돌같이 단단하게 만든 다음 법문을 시작할 것 같습니다."

데사이 씨가 원고를 낭독하던 중에 이 **성산**聖山은 여덟 개의 얼굴을 가지고 있다는 부분을 읽었다. 이 산이 실제로 여덟 개의 얼굴을 가졌는지에 대한 나의 질문에 **바가반**은 이렇게 대답하셨다. "뿌라나(*puranas*)에서는 **여덟 천신**(*Ashta Vasus*)이 브라마의 면전에서 자만했다가 그들이 쌓은 모든 공덕을 잃었고, 그것을 만회하기 위해 여기 와서 모두 **아루나찰라**

---

37) *T*. 가우리(빠르바띠)는 시바에게 가벼운 장난을 쳤다가 우주를 어둡게 만든 적이 있어, 이를 참회하는 따빠스를 하기 위해 히말라야를 떠나 아루나찰라로 간다. 아루나찰라에 도착하자 이곳에 오래 살고 있는 진인 가우따마를 찾아가서 여러 가지 질문을 하게 된다.

주위에서 따빠스를 했다고 합니다. (그 경전에 따르면) 그들은 이 산에 여덟 개의 얼굴을 띠고 있는 **시바**에 의해 똑같은 시간에 모두 **시바**의 친견을 얻었습니다. 그 여덟 명 천신들(Vasus)은 지금도 이 산 주위의 여덟 군데 돌출부 형태로 있습니다. 그 천신들이 모두 지금도 여기에 언덕으로 있으면서 이 **성산** 주위에서 고행을 하고 있다고 말하는 의미를 이해하기는 쉽지 않습니다. 그것은 그들이 아직도 이 언덕들에 살면서 고행을 한다는 뜻일 뿐입니까, 아니면 그들 자신이 그 언덕들입니까?" 당신이 덧붙이셨다. "그 여덟 방위 수호신들(Ashta Dikpalakas)이 어디서 실제로 보초를 섰는지, 여덟 방위 링감들(Ashta Dik Lingams)이 있는 자리에서였는지, 아니면 그 링감들은 그들이 설치하여 숭배한 것인지, 이제 우리는 판정하기 어렵습니다. 우리는 **가우리**가 정확히 어디서 고행을 했는지, **가우따마**의 아스라맘이 어디 있었는지 확신할 수 없습니다. 그러나 **가우리**는 **빠발라꾼루**(Pavalakunru)·두르가 사원(Durga temple)·**빠짜이암만** 사원(Pachaiamman Koil)이 있는 지역 일대에서 고행을 했고, **가우따마**의 아스라맘도 이 지역 근처에 있었다고 보는 것이 무난할 것입니다."

바가반은 또 빠발라꾼루 언덕 위나 주위에 원래 존재했을 사원이라는 사원들은 아마도 띠뿌(Tippu)[38]의 침략으로 인해 모두 사라진 듯하며, 지금 그곳에 있는 사원은 불과 50년쯤 전에 지어진 것이고, 당신은 언젠가 빠발라꾼루와 큰 사원의 북쪽 벽 사이에서 오래된 대포의 잔해를 발견하신 적이 있다고 말씀하셨다. 띠뿌 술탄은 빠발라꾼루 근처에 대포를 설치하고 당시에 요새로 사용되던 사원의 북쪽 벽을 공격한 듯하다. 그 북벽에는 아직도 대포를 맞은 흔적이 있다. **바가반**이 제공하신 정보는 정부에 전달되었고, 그 대포는 수거되어 하나의 유물로 보관된 듯하다.

---

38) T. '마이소르의 호랑이'로 불렸던 18세기 인도 서남부의 술탄(1749-1799). 프랑스와 손잡고 인도의 영국 세력을 견제하던 그는 당시 영국 동인도회사의 관할 지역이던 띠루반나말라이를 1790년에 공격하여 점령했다. 그러나 나중에 결국 영국군에 패하여 전사했다.

밤

11일 밤에 바가반의 영화를 볼 수 없었던 사람들을 위해 오늘 오후 6시 30분경에 식당에서 그것을 다시 보여주었다. 우리가 식당으로 가기 전에 바가반이 말씀하시기를, 당신의 영상물은 요가난다(Yogananda)도 찍어갔고 미국 여성[노이 부인(Mrs. Noye)]의 스승인 슈클라(Shukla)라는 이도 찍어갔는데, 슈클라의 영상물이 결국 할리우드까지 가서 그란트 더프 등 아스라맘으로 편지를 보낸 사람들의 눈에 띄었을 수 있다고 하셨다.

1945-12-16

1945-12-16자 「선데이타임스」에 실론의 V. F. 구나라뜨나(Gunaratna)가 쓴 "스리 마하르쉬를 말없이 우러르며"라는 제목의 글이 나왔다. 나는 그것을 회당 안에서 정독했다. 바가반이 말씀하셨다. "사이에드 박사는 그걸 읽었는데 밋밋하다고 생각하지요." 그러자 내가 말했다. "여기에 불평할 만한 내용은 전혀 없습니다. 사실 저는 오래 전에 그 글을 읽었는데, 지난 자얀띠(Jayanti-바가반의 탄신일) 무렵인가 콜롬보의 라마짠드라 씨가 그 원고를 저에게 보여주었습니다." 이 글은 바가반의 가르침을 간략하나마 올바르게 서술하고 있지만, 당신과 당신의 가르침을 이미 잘 알고 있는 우리들에게는 전혀 새로울 것이 없다.

1945-12-17 오전

1945-12-16자 「선데이헤럴드」에 사이에드 박사가 기고한 "인간의 삶을 변환시키는 마하르쉬"라는 제목의 글이 회당 안에서 낭독되었다. 사이에드 박사는 자신이 붙인 제목은 그게 아닌데 편집자가 바꾸었다고 말했다. 바가반께서도 1945-12-16자 「자유 인디아(Free India)」에 사이에드 박사가 모후룸(Mohurrum-무슬림들의 설날)의 의미에 관하여 쓴 다른 글 한 편을 정독하셨다.

저녁

사이에드 박사가 자신이 원래 붙인 제목은 "라마나 마하르쉬의 보이지 않는 작업"이라고 했다.

1945-12-19 오후

한 여성이 다른 여성을 바가반께 소개하면서 "숩바(Subba)가 왔습니다" 하고 말했다. 바가반은 이 숩바가 누구인지 알아보지 못하셨다. 그러나 그 여성이 누구라는 설명을 듣자 당신은 "숩부꾸띠(Subbukutti)요?" 하면서, 그녀가 최근 당신을 방문한 띠루쭐리의 쩰람 밧따르(Chellam Bhattar)의 누이동생이라는 것을 알아보셨다. 이 여성은 바가반이 어릴 때 같이 놀던 어린 소녀였던 것 같다. 당신은 우리에게 "이 여사는 숙모님이 한 분 계셨는데 제가 어릴 때 저를 자신의 집에 데려가서 귀여워해 주셨지요" 하셨다. 내가 여쭈었다. "그분은 지금 어디 계십니까?" 바가반이 말씀하셨다. "오래 전에 돌아가셨고, 남편은 재혼하여 자식 일곱 명을 두었습니다."

사이에드 박사는 나이가 많은데다 여러 가지 질환이 있어서, 산을 도는 것이 무척 어렵다. 그러나 그는 바가반이 당신 제자들이 산을 도는 것을 아주 중시하신다는 것을 알고, 부인과 함께 약 한 달 전에 산을 돌아 보기로 했다. 그들은 바가반의 허락을 얻어 산을 돌았고 어떤 어려움이나 곤란한 사건 없이 돌아왔다. 두 사람은 오늘 다시 바가반께 와서 산을 돌겠다고 허락을 구했다. 바가반은 만약 누군가가 산을 한두 번 돌면, 이 산 자체가 그로 하여금 다시 자신을 돌게 끌어당길 것이라고 말씀하시곤 한다. 나는 그것이 사실이라고 본다. 지금 사이에드 박사에게도 그런 일이 일어나고 있다.

나의 두 아들과 며느리들, 손주들 그리고 열 명 남짓한 다른 친척들이 오늘 밤 여기 왔는데, 그들을 소개할 때 바가반은 내가 그들을 위해 적절한 숙소 등을 마련해 줄 수 있었는지 자애롭게 물으셨다. 바가반은 여기 오는 모든 사람의 숙식 편의에 대해 똑같이 염려해 주신다. 어떻게 우리가 당신을 사랑하면서 당신의 두 발에 묶이지 않을 수 있겠는가?

1945-12-21

오늘은 바가반의 자얀띠[65회 탄신일]이다. 몰려든 헌신자들이 여느 때보다 많았고, 그들 중 많은 사람은 먼 지역에서 왔다. 늘 하는 치장(경내 안팎을 꽃 등으로 장식하는 것), 음악, 잔치 그리고 빈자貧者 급식이 있었다. 오후에는 바가반의 친존에서 이 날을 기념하여 특별히 지은 일련의 기원문과 시들이 낭독되었다. (리시케시의) 스와미 시바난다(Swami Sivananda)39)가 보낸 메시지도 낭독되었다.

1945-12-23 오후

쁜디체리(Pondicherry) 지사의 개인비서이자 그곳의 프랑스 정청政廳 내각 수반인 조르주 르 보(Georges Le Bot) 씨가 바가반을 뵈러 왔다. 그는 바닥에 책상다리로 잘 앉지 못했다. 그래서 바가반이 의자 하나를 그에게 갖다 주라고 하셨다. 우리는 그를 위해 바가반 맞은편에 의자를 놓아 주었다. 그는 자신의 요망 사항을 불어로 써 온 것이 있었다. 그는 자신이 데려온 타밀어 통역자들을 통해 바가반께 인사말을 하고 나서 자신이 불어로 쓴 것을 꺼냈다. 우리의 발라람 레디(Balaram Reddi)가 그것을 바가반께 통역하려고 애썼다. 그러나 그 불어가 상당히 고급 문장이어서 꽤 어려워했다. 그래서 우리는 오즈본(Osborne) 씨(그의 부인과 세 자녀는 이곳에 근 5년째 살고 있는데, 그 자신은 약 한 달 전에 태국에서 돌아왔다)를 불러왔고, 그가 와서 그 요지를 다음과 같이 설명했다. "저는 별로

---

39) T. 타밀나두 출신으로 북인도 리시케시에서 '신성한 삶 협회(The Divine Life Society)'를 창설하고, 힌두교를 선양하는 많은 저작을 남긴 스와미(1887-1963).

아는 게 없습니다. 어쩌면 그 정도도 못 됩니다. 그러나 제가 무슨 말을 하고 있는지는 압니다. 저는 언어나 설명 혹은 논변을 원하는 것이 아니라 **마하르쉬**님의 영적 감화력에 의한 적극적 도움을 원합니다. 저는 수행을 좀 했고, 에고가 거의 절멸되는 단계까지 도달했습니다. 그 에고가 절멸되기를 원했습니다. 그러나 동시에 제가 있으면서 그것이 죽는 것을 보고 싶었습니다. 이것은 모순적인 욕망처럼 보였습니다. 부디 **마하르쉬**께서 제가 전적으로 믿는 당신의 감화력으로 뭔가를 하셔서, 제가 최종 단계에 도달하여 에고를 죽일 수 있게 해 주시기 바랍니다. 저는 마음에게 해 주는 한갓 논변이나 설명이 아니라 진정한 도움을 원합니다. **마하르쉬**께서는 부디 저를 위해 그렇게 해 주시겠습니까?"

그는 다른 질문도 하나 써 두었다. "저는 '너 자신을 해방하라'는 좌우명을 가지고 있습니다. 그거면 되겠는지, 아니면 **마하르쉬**께서 저에게 다른 어떤 좌우명이나 이상理想을 말씀해 주시겠습니까?"

바가반은 몇 분간 침묵을 지키셨지만, 그 동안 계속 그 방문객을 찬찬히 바라보셨다. 몇 분 뒤에 방문객이 말했다. "저는 제가 지금 **마하르쉬**께서 기꺼이 보내주실 수 있는 어떤 감화력을 쉽게 받을 수 있는 상태가 아니라고 느낍니다. 얼마 후에 제가 당신의 감화력이나 영적인 도움을 소화할 수 있을 그런 고양된 상태에 있을 때 다시 오겠습니다." 그리고 이렇게 덧붙였다. "이 통역자[오즈본 씨]와 대화를 좀 나눈 뒤 언젠가 다시 와도 되겠습니까?" **바가반**이 말씀하셨다. "예, 얼마든지 가서 이야기를 좀 나누십시오." 두 사람은 밖으로 나갔다. 도감都監(Sarvadhikari-아스라맘의 행정책임자인 쩐나스와미)이 그 방문객에게 얼마간의 과일과 커피를 가져다주었고, 그는 언젠가 여기 오겠다는 바람을 피력하고 작별을 고했다. 그 방문객이 회당을 떠난 뒤 **바가반**이 말씀하셨다. "그는 이런 모든 것에 대한 책을 읽었고 수행도 좀 한 것 같군요. 확실히 초심자는 아닙니다." 어떤 사람이 우리의 장서에 있는 **바가반**의 가르침에 관한 불어책들을 그 방문객에게 보여주면 어떻겠느냐고 했다. 그래서 그 책들을 가져다가 그가 아직 도감과 커피를 마시고 있을 동안 그에게 보여주었다. 그는 그 책들을 보더니 자기가 다 읽은 것이라고 말했다.

수브라마니아 아이어 씨[몇 년째 바가반을 찾아오는 마드라스 공중보건국 부국장]가 앨범을 한 권 가져왔는데, (1945-11-25에 T. N. 크리슈나스와미 박사가 스깐다스라맘에서 찍은) 바가반 사진 41장이 들어 있었고 아스라맘에 증정하는 것이었다. 바가반이 그 사진들을 보셨는데, 햇빛 때문에 약간 잘못 나온 한두 장 외에는 모두 훌륭했다.

1945-12-24 오전

바가반은 T. P. 라마짠드라 아이야르에게, (딘디걸의) 수브라마니아 아이어—우리 비스와나타 브라마짜리(Viswanatha Brahmachari-비스와나타 스와미)의 형제—가 쓴 편지를 낭독해 달라고 하셨다. 그 편지에서는 띠루쭐리에서 지난 21일에 바가반의 자얀띠를 얼마나 성대하게 거행했는지 이야기하고 있었다. 수브라마니아 아이어 씨(공중보건국 부국장)는 S. 도라이스와미 아이어(Doraiswamy Iyer) 씨에게 보내려고, 조르주 르 보 씨와 바가반 사이에 있었던 대화를 설명하는 편지를 쓰고 있었다. 회당의 모든 사람들을 위해 그것을 낭독하게 했다. 나도 같은 사건에 대해 이 일기에 기록한 것을 낭독했다.

한 방문객이, 조식調息과 명상 두 가지를 다 해도 되느냐고 질문했다. 바가반이 말씀하셨다. "하나가 다른 하나의 보조수단입니다. 조식을 할 필요가 있느냐 여부는 그대의 근기根機(pakva) 나름입니다."

저녁

빠라야나가 끝난 뒤에 오즈본 씨가 말하기를, 조르주 르 보 씨가 떠나기 전에 다음과 같은 말을 했다고 했다. "저는 제가 말씀드린 그 체험을 두 번 했는데, 처음은 저 자신의 노력에 의해서였고, 두 번째는 지금은 타계하신 한 프랑스 철학자의 말없는 감화력에 의해서였습니다. 그분은 제 손목을 잡더니 제가 어떤 노력도 하지 않았는데 먼저와 같은 단계로 저를 데려갔습니다. 저는 두 번 다 그 파국점으로 물밀듯이 계속 다가가다가 도로 물러났습니다. 마하르쉬께서 저를 그 지점까지 데려가 주실 수 있을 거라고 판단한 것은 이 두 번째 체험 때문입니다."

조식에 대해 질문한 그 방문객에게 **바가반**이 말씀하셨다. "목표는 마음을 일념으로 만드는 것입니다. 그렇게 하는 데 조식이 하나의 보조수단, 방편이 됩니다. 명상을 위해서 뿐만 아니라 우리가 마음을 일념으로 만들어야 하는 모든 경우에―심지어 순전히 세속적이거나 물질적인 목적을 위해서일 수도 있겠지만―조식을 하고 나서 다른 일을 시작하는 것이 좋습니다. 마음과 생기(prana)는 같은 것이고, 같은 근원을 가지고 있습니다. 하나가 제어되면 다른 하나도 동시에 제어됩니다. 만약 조식의 도움 없이도 마음을 일념으로 만들 수 있으면, 조식은 신경 쓸 필요가 없습니다. 그러나 즉시 마음을 제어할 수 없는 사람들은 호흡을 제어해도 되고, 그것이 마음의 제어로 이어질 것입니다. 그것은 고삐로 말을 끌어서 말이 한 방향으로 가게 하는 것과 비슷합니다."

바가반은 오즈본 씨에게, 르 보가 말한 그 체험을 얻도록 도와준 프랑스 철학자의 이름을 그가 언급했느냐고 물으셨다. 오즈본 씨는 그 이름을 대지 못했지만, 지금은 타계한 그 철학자가 고대 그리스 철학에 따라 수련했고 그것을 따르던 사람인 것 같다고 말했다. **바가반**이 말씀하셨다. "그것은 게농(Guenon)40)일 리가 없군요. 그 철학자는 죽었다고 하니까."

바가반이 계속 말씀하셨다. "그는 '너 자신을 해방하라'를 좌우명으로 삼고 있다고 합니다. 그러나 어떤 좌우명이 왜 있어야 합니까? 해탈은

---

40) *T*. 프랑스의 신비가(1886-1950). 기독교 영지주의, 힌두교, 회교, 도교 등의 밀의를 깊이 연구했고, 1930년대에 이집트로 가서 수피(Sufi)가 되었다.

바로 우리의 성품입니다. 우리가 그것입니다. 우리가 **해탈**을 바란다는 사실 자체가, 모든 속박에서 벗어난 자유로움이 우리의 진정한 성품임을 보여줍니다. 그것을 새로이 얻을 필요는 없습니다. 우리가 속박되어 있다는 거짓된 관념을 버리는 것이 필요한 전부입니다. 우리가 그것을 성취하면 어떤 종류의 욕망이나 생각도 없을 것입니다. 우리가 **해탈**을 욕망하는 한, 단언하건대 그만큼 오래 우리는 속박되어 있을 것입니다."
당신은 또 이렇게 말씀하셨다. "사람들은 에고 곧 마음이 사멸되면 그 결과는 한갓 공백 상태이고 행복이 아닐지 모른다고 두려워합니다. 실제로 일어나는 일은 '생각하는 자, 생각의 대상, 생각하기'가 모두 단 하나의 **근원**—곧 **의식**이자 **지복** 그 자체—안에 합일되는 것이고, 그래서 그 상태는 지각력이 없지도 않고 공백 상태도 아닙니다. 모든 생각이 사라지고 마음이 사멸되는 상태를 사람들이 왜 두려워하는지 모르겠습니다. 잠 속에서 그 상태를 매일 경험하면서 말입니다. 잠 속에서는 마음이나 생각이 없습니다. 그런데도 잠에서 깨어나면 '행복하게 잤다'고 말합니다. 잠은 누구나 아주 소중히 여기는 것이어서, 왕자든 거지든 누구도 잠 없이는 살 수 없습니다. 그리고 사람이 잠을 자고 싶을 때는, 모든 세간적 즐거움들 중에서 더할 나위 없는 그 어떤 즐거움도, 몹시 자고 싶은 그 잠을 자지 않게 그를 유혹하지는 못합니다. 어떤 왕이 잠을 자고 싶어 한다고 합시다. 그가 다른 모든 것보다 더 사랑하는 왕비가 와서 그를 방해합니다. 그러나 왕은 왕비마저 밀쳐내고 잠을 더 선호합니다. 그것은 모든 생각이 그치는 그 상태에서 우리가 지고의 행복을 얻을 수 있음을 말해줍니다. 사람이 잠드는 것을 겁내지 않는다면, 수행(*sadhana*)에 의해 마음 곧 에고를 죽이는 것을 왜 겁내야 하는지 이해할 수 없습니다." **바가반**은 또한 위 말씀을 하시는 가운데, "에고의 구름에 **지**知의 달이 가려지면, **진아**의 연꽃이 활짝 피어나지 않을 것이네.'라는 말로 끝나는 (이 일기에서 이미 인용한) 타밀 시(20쪽 참조)를 인용하셨다.

1945-12-25 오후

내가 바가반께 산을 돌러 가도 좋다는 허락을 얻으러 회당에 들어갔을 때, 우리의 약제사 N. 삐샤로띠(Pisharoti) 씨가 자신이 최근에 말라얄람어로 지은 시 몇 편을 낭독하고 있었다.

찐따 딕쉬뚤루(Chnita Dikshitulu) 씨가 텔루구어로 지은 「라마나 고빨라(Ramana Gopala)」도 회당에서 낭독되었다. 모두 그것을 아주 즐겼다. 바가반께서도 그것이 잘 되었다고 하셨고, 모든 사람에게 낭독할 만한 가치가 있다고 생각하셨다. 그래서 그렇게 한 것이다.

1945-12-26 오후

바가반이 벤까따짤람(Venkatachalam)[몇 년 전 바가반을 처음 찾아왔고 자신의 경험을 친구에게 보내는 편지 형식으로 쓴 글을 텔루구어 잡지 「바라띠」에 기고한 소녀 사우리스(Souris)의 아버지] 씨를 가리키면서 말씀하셨다. "그는 오늘 아침에 왔군요. 저는 즉시 스리니바사 라오 박사도 와서 벤까따짤람 씨 곁에 서 보라고 하여, 두 사람을 모두에게 보여주며 이후로는 누구도 혼동하지 말라고 했습니다. 두 사람은 너무 닮았지요. 2, 3년 전에는 닮은 정도가 한결 더했습니다." 바가반은 최근에 책 한 권을 받으셨는데, 거기에는 벤까따짤람 씨가 1년간(1938년 아니면 1939년?)에 걸쳐 찐따 딕쉬뚤루 씨에게 보낸 편지들이 실려 있다. 벤까따짤람 씨는 그 편지들 중에서 바가반과 관계되는 부분들을 회당에서 낭독했다.

1945-12-27 오전

바가반은 1945-11-25일에 당신이 스깐다스라맘을 찾아가신 일에 대해 나감마가 자신의 오빠에게 써 보낸 이야기를 읽고 계셨다. 바가반이 겨우 조금 읽으셨을 때, 그것을 모든 사람이 들을 수 있게 낭독하게 하면 어떻겠느냐고 내가 제안 드렸다. 그에 따라 나감마가 그것을 읽고 벤까따짤람 씨가 통역했다. 우리는 모두 그것이 잘 써졌다고 평가했다.

밤

에짬말(Echammal)이 3일째 중병을 앓고 있는데 이틀간 의식이 없다고 누군가가 바가반께 보고 드렸다. 바가반은 "이따금 그와 같은 상태로 있었지요. 그처럼 눈을 감은 채로 있겠지요(appappō appadi yirukkirathundu, appadiye kaṇṇai mūdiṇdu irunthiduvā)." 그 말씀을 듣고 나는 바가반이 그녀가 회복될 거라는 뜻으로 말씀하셨나보다고 생각했다.

1945-12-28 오전

에짬말이 새벽 2시 30분경에 타계한 모양인데, 그 사실은 오전 8시 무렵에야 회당 안에서 바가반께 보고되었다. 대화는 자연히 에짬말에 대한, 그리고 그녀가 어떻게 1907년 이후로 한 번도 거르지 않고 꾸준히 당신에게 음식 공양을 올렸는가 하는 이야기였다. 바가반은 또한 당신이 큰 사원의 일루빠이 나무(iluppai tree) 아래 계실 때 음식을 공양한 다른 사람 세 명도 기억하셨다. 한 사람은 다시 라잠발(Dasi Rajambal)인데, 그녀는 바가반께 먼저 음식을 올리기 전에는 자신이 먼저 먹지 않기로 맹세하고 당신이 구루무르땀으로 옮겨갈 때까지 약 두 달 간 당신에게 음식을 올렸던 것 같다. 구루무르땀에도 하루 이틀간은 음식을 보낸 듯하다. 그러나 바가반은 그녀에게 그만 보내라고 하셨다. 이 여사는 아주 최근에 타계한 듯하다. 바가반은 깜말라(Kammala-대장장이·목수·석공 등의 카스트) 여자인 미나끄쉬 암말(Meenakshi Ammal)도 언급하면서 이렇게 말씀하셨다. "그녀는 나찰녀(rakshasi) 같았지요. 매일 산을 돌고 와서는 음식을 만들어 저에게 가져왔습니다. 얼마 후 그녀는 빨라니스와미를 포함한 모든 사람을 통제하기 시작했습니다. 다른 사람들이 음식 등을 가져오면 일부를 저에게 주고 남은 것은 뭐든 자기가 가져갔지요." (바가반은 오후에 "우리 나갑빠(Nagappa-나갑빠 쩨띠)의 모친 라뜨남마도 당시에 음식을 가져오곤 했지요" 하셨다.) 정기적으로 공양하는 음식—바가반은 '정규식 定規食(Kattalai)'으로 표현하셨다—에 대해 당신이 말씀하셨다. "그렇게 정기적으로 공양한다는 것이 얼마나 수고로운 일인지 여러분은 모를 겁니다. 그렇게 하는 사람들은 여러분에 대한 어떤 통제권을 기대합니다. 그것은 또 그들에게 어떤 아함(aham-에고)을 만들어냅니다. 그들 모두가 여러분이 뭔가 받아 주기를 기대하지요. 누가 '이봐요, 당신 손으로 좀 드리세요(adiyē, un kaiyālē koñsam vaiyadi)' 하면 각자가 뭔가를 서빙합니다. 그러면 그 양이 너무 많아지겠지요. 많은 사람들이 별별 것을 다 가져오고, 늘 그런 식인데, 우리는 그것을 받아야 합니다. 어떤 때는 우리가 우유·음식·죽 등 받은 모든 것을 한데 섞었고, 그 혼합물이 액체일 때는 마셨습니다. '스와미 노릇'은 아주 어렵습니다. 여러분은 알 수가 없지요. 저는 50년을 경험해 보고 이야기합니다. 구루무르땀에서 그런 경험을 한 뒤에, 저는 그것을 피하고 싶어서 어느 한 곳에도 오래 머무르지 않으려고 했습니다."

오후

산땀마(Santhamma)가 와서 **바가반께** 보고하기를, 에짬말은 평화롭게 세상을 떠났고, 사람들은 정확히 언제 (그녀의) 생명이 떠났는지도 몰랐다고 했다. 그리고 에짬말이 근 이틀간 의식이 없었지만, 그 이틀 중 한때 약간 의식이 돌아왔을 때 그녀가 했던 한 가지 질문은 "**바가반께** 음식이 보내졌나?"라는 것이었다고 했다. (나중에 나는 나감마에게서 이것은 그다지 정확하지 않다는 것을 알았다. 누군가가 에짬말의 마음 상태가 헤매고 있지 않고 또렷한지 시험해 보려고 "오늘 **바가반께** 음식이 보내졌나요?"라고 물었는데, 에짬말은 즉시 알아듣는 표시를 했던 모양이다.) 그녀의 시신은 화장되었다. 나는 이 점에 대해 **바가반께**, "그런 사람들의 경우에는 화장해서는 안 되고 매장해야 한다던데요"라고 여쭈었다. **바가반**이 대답하셨다. "본인이 자기 몸은 화장해서 뼈만 갖다가 고향에 묻어 달라고 한 모양입니다." 나는 또 **바가반**께 어젯밤 당신이 "그녀는 종종 눈을 감은 상태로 있곤 했다"고 하신 말씀은 무슨 의미인지 여쭈었다. 당신은 이렇게 설명하셨다. "그녀는 머리의 중심에 집중하는 수련을 해서 2, 3일씩이나 호흡을 완전히 제어한 채 황홀경 같은 상태에 들어 있곤 했지요. 저는 그녀에게 그것은 심잠心潛(laya)일 뿐이니 그것에 만족해서는 안 되고, 거기서 나와 그것을 넘어서야 한다고 말해 주었습니다."

우리의 **짜간랄 요기**(Chaganlal Yogi-헌신자들 한 사람)가 소개한 조쉬(Joshi) 씨가 다음과 같은 질문을 했고, **바가반**은 다음과 같은 답변을 하셨다.

질문 1: 제가 "나는 누구인가?"를 생각하면, 그 답은 "나는 죽어 없어질 이 몸이 아니라 **의식**(chaitanya), **진아**(atma) 혹은 **지고아**(paramatma)이다" 입니다. 그리고 문득 다른 질문이 일어납니다. "진아가 왜 **마야**(maya-幻) 속으로 들어왔나?" 달리 말해서, "신은 이 세계를 왜 창조했나?"라는 것입니다.

답변: "나는 누구인가?"를 탐구한다는 것은 실제로는 그 에고, 곧 '나' 라는 생각('I' thought)의 근원을 알아내려고 애쓰는 것을 뜻합니다. "나는 이 몸이 아니고, 무엇 무엇이 아니다" 같은 다른 생각을 해서는 안 됩니다. '나'의 근원을 추구하는 것은 다른 모든 생각을 제거하는 수단이 됩니다. 우리는 그대가 말하는 것과 같은 다른 생각들이 일어날 여지를 주면 안 되고 (한 생각이 일어날 때마다) 그 생각이 누구에게 일어나는지 물어서, 만일 그 답이 "내가 그 생각을 한다"이면 더 나아가 이 '나'는 누구이며 그 근원은 어디냐고 물음으로써, 주의를 그 '나'라는 생각의 근원을 알아내는 데 고정해야 합니다.

질문 2: **진아**(atma)는 깨달음(sakshatkara)의 한 주체입니까?

답변: 진아는 있는 그대로입니다. 그것은 늘 깨달음입니다. 아는 진아

와 알아지는 진아의 두 진아가 있는 것이 아닙니다. 그것을 안다는 것은 그것이 되는 것입니다. 그것은 우리가 다른 어떤 것을 의식하는 상태가 아닙니다. 그것은 의식 그 자체입니다.

질문 3: 저는 "브라만은 실재하고 세계는 실재하지 않는다(brahma satyam jagat mithya)"는 말의 의미가 이해되지 않습니다. 이 세계는 실제적 존재성을 가지고 있습니까, 가지고 있지 않습니까? 진인(jnani)은 세계를 보지 않습니까, 아니면 그것을 다른 어떤 형상으로 봅니까?

답변: 세계의 실재성이나 허위성에 대해서는 세계가 신경 쓰라 하십시오. 먼저 그대 자신의 실재성을 알아내십시오. 그러면 모든 것이 분명해질 것입니다. 진인이 세계를 어떻게 보든 그대가 무얼 걱정합니까? 그대 자신을 깨달으면 그대도 이해할 것입니다. 진인은 이름과 형상들의 세계가 진아를 제한하지 않는다는 것, 그리고 진아는 그런 것들을 넘어서 있다는 것을 봅니다.

질문 4: 저는 숭배를 어떻게 해야 할지 모르겠습니다. 그러니 부디 저에게 숭배하는 길을 일러주십시오.

답변: '숭배하는 자'와 '숭배받는 자'가 있습니까? 그 '나', 곧 '숭배하는 자'를 알아내십시오. 그것이 최선의 길입니다. 늘 '보는 자'를 추적해야 합니다.

1945-12-29 오전

비스와나타 브라마짜리가 C. 딕쉬뚤루 씨의 「라마나 고빨라」의 타밀어 번역본 한 부를 가져왔고, 바가반이 그것을 면밀히 살펴보셨다.

밤

P.C. 데사이 씨가 P.C. 데완지(Dewanji) 씨[은퇴한 판사보]를 소개했는데, 이분은 뜨리반드룸(띠루바난타뿌람)에서 철학회의의 한 분과를 주재하고 돌

아가는 중이다. 데완지 씨가 **바가반**께 질문했다. "마음의 일념집중을 성취하는 가장 쉬운 길은 무엇입니까?" 바가반이 답변하셨다. "최선의 길은 마음의 근원을 보는 것입니다. 마음 같은 것이 과연 있는지 살펴보십시오. 마음이 있어야 그것을 일념이 되게 한다는 문제가 일어나겠지요. 내면을 향하여 탐구하면, 마음 같은 것은 없다는 것을 발견합니다."

그때 P. C. 데사이 씨가 **바가반**의 산스크리트어 「가르침의 핵심(*Upadesa Sara*)」을 인용했는데, 이런 취지였다. "지속적으로 혹은 끊임없이 마음의 성품을 탐구하면 마음 같은 것은 없다는 것을 발견하니, 이것이 모두에게 직접적인 길이라네(제17연)." 방문객이 다시 질문했다. "우리의 경전들에서는 신이 모든 것을 창조하고 유지하고 파괴하며, 그는 모두에게 내재해 있다고 합니다. 만약 그렇다면, 그리고 신이 일체를 행하고, 우리가 하는 모든 것은 신의 법칙(*niyati*)에 따른 것이며 **우주의식** 안에 이미 계획되어 있었다면, 개인적 인격과 그에 대한 (개인의) 책임이 있습니까?"

바가반: 물론 있지요. 같은 경전에서, 사람들이 해야 할 것과 하지 말아야 할 것에 대한 규칙도 정해 놓았습니다. 만약 인간에게 책임이 없다면 그런 규칙들이 왜 정해져 있겠습니까? 그대는 신의 법칙과 그에 따라 일어나는 일들을 이야기합니다. 만일 그대가 신에게 왜 이 창조계와 모든 것이 있느냐고 묻는다면, 그는 오히려 그것이 그대의 업業(*karma*)에 따른 것이라고 말할 것입니다. 그대가 신을 믿고 일체를 이루어내는 그의 법칙을 믿는다면, 그대 자신을 그에게 완전히 내맡기십시오. 그러면 그대에게 어떤 책임도 없을 것입니다. 그게 아니라면 (탐구를 통해) 그대의 진정한 성품을 발견하고, 그리하여 자유를 성취하십시오.

순다레사 아이어(Sundaresa Iyer) 씨가 『깐다르 아누부띠(*Kandar Anubhuti*-성자 아루나기나타르의 찬가집)』 두 권을 **바가반**께 가져와서, 다시 라잠발(Dasi Rajambal)의 아들[이곳의 한 학교 교사인 샨무가 순다람]이 보낸 것이라고 말했다. 그가 자기 어머니 기일을 기념해 이 책 500부를 법보시法布施 용으로 간행했다는 것이었다. 바가반은 이와 관련하여 다시 이렇게 말씀하셨다. "그녀는 비록 젊은 여자였고 그런 카스트(사원의 무용수인 데바다시 신분)로 태어나기는 했지만, 저에게 음식을 공양하기 전에는 자신의 식사를 하지 않겠다는 서원을 세웠지요."

1945-12-30

「라마나 고빨라」를 타밀어로 번역한 최종본이 오늘 오전에 회당에서 낭독되었다.

오후

한 헌신자가 「봄베이 크로니클(The Bombay Chronicle)」에서 오려낸 기사 하나를 가져와 바가반께 드렸다. 거기에 올해 봄베이 마퉁가(Matunga)[41]에서 라마나 삿찌다난다회會(Ramana Satchidananda Sangh)가 라마나 자얀띠(Ramana Jayanti)를 어떻게 기념했으며, 만나르구디(Mannargudi-탄자부르 인근의 읍)의 비자야라가바 바가바따르라는 사람과 그의 무리가 바가반과 당신의 생애 및 가르침에 대한 훌륭한 깔락셰빰(kalakshepam)을 어떻게 열었는가 하는 이야기가 실려 있었다. 모든 사람을 위해 그 기사문이 회당에서 낭독되었다. 거기서는 라마나에 대한 하리까타(harikatha)를 열었다고 했다.[42] 바가반이 말씀하셨다. "라마나에 대한 하리까타는 잘못 붙여진 이름이군요. 깔락셰빰이 더 적절합니다."

틸락 사스뜨리(Tilak Sastri)는 바가반께, 에짬말에 대한 글을 언론사에 보냈으면 한다면서 그녀에 대해 알고 싶다고 했다. 바가반이 말씀하셨다. "그대 좋을 대로 쓰세요. 『비자얌』이나 기타 책에 그녀에 대한 이야기가 들어 있습니다." 또 바가반이 말씀하셨다. "우리 벤까따 크리슈나이아의

---

41) T. 뭄바이 도심의 한 지역. 남인도 출신들이 많이 거주하는 곳이다.
42) T. 깔락셰빰은 노래와 음악을 곁들인 법문을 하는 것이고, 하리까타는 성자나 옛 영웅의 일대기를 들려주면서(스토리텔링) 음악 공연을 하는 것이다. 후자는 공연예술에 가깝다.

모친도 같은 날 밤에 세상을 떠난 것 같습니다. 오늘자 텔루구어 신문 「자민 라이오트(*Zamin Ryot*)」에 나와 있군요."

R. 나라야나 아이어는 **바가반**께 에짬말이 마지막까지 의식이 있었는지 여쭈었다. (나 자신을 포함해서) 사람들은 에짬말이 생존해 있던 마지막 이틀간은 의식이 없어 주위 사람들을 알아보지 못했다고 **바가반**께 말씀드린 바 있었지만, **바가반**은 이렇게 답변하셨다. "예, 의식이 있었지요. 그녀는 삼매에 든 것과 같은 상태에 있다가 세상을 떠났습니다. 생명이 정확히 언제 떠났는지는 사람들이 몰랐다고 합니다." 마이소르의 라마짠드라 라오가 덧붙였다. "시신이 전혀 시신 같지 않았습니다. 여기서 늘 보던 모습 거의 그대로였습니다."

1945-12-31 오전

찐따 딕쉬뚤루 씨가 여기 와 있다. **바가반**이 말씀하셨다. "우리는 어제 찐따 딕쉬뚤루에 대해 이야기했는데, 그가 지금 여기 있습니다." 나중에 다른 신사 한 사람이 도착했다. 펀자브 출신의 무슬림인 그는 태어날 때부터 장님이었지만 아랍어·페르시아어·우르두어와 영어를 배웠고, 『꾸란(*Quran*-코란)』 전체를 암기하고 있다. 그는 어떤 친구에게서 **바가반**에 대한 이야기를 들었는데, 그 친구는 『나는 누구인가?』의 영어판을 우르두어로 그에게 번역도 해 주었다. 그러자 그는 **바가반**을 찾아뵙기로 결심했고, 그래서 펀자브에서 여기까지 혼자 온 것이었다. 누군가 그에게 여기서 **바가반**의 다른 저작들을 좀 들어 보아야 할 거라고 말하자 그가 대답했다. "아니요, 필요 없습니다. 그 한 권이면 충분합니다."

1946-1947년

1946-1-2 오후

조쉬(Joshi) 씨는 **바가반**이 질문지라고 부르는 것을 제출했고, 바가반은 여기에 대해 답변하셨다.

첫째로 진인이 마음 없이 일을 하는 것에 대해서: "그대는 우리가 마음이 죽으면 일을 못 할 거라고 생각합니다. 왜 우리에게 일을 하게 할 수 있는 것이 마음뿐이라고 생각합니까? 활동을 일으킬 수 있는 다른 원인들도 있을 수 있습니다. 예를 들어 이 시계를 보십시오. 이것은 마음 없이도 일을 합니다. 또 우리가 진인이 마음을 가지고 있다고 말한다고 합시다. 그의 마음은 보통 사람의 마음과는 아주 다릅니다. 진인은 누가 하는 이야기를 듣고 있으면서도 멀리 있는 어떤 대상에 마음이 온통 쏠려 있는 사람과 비슷합니다. 원습原習(vasanas)이 제거된 마음은 일을 하고 있다 해도 일을 하고 있지 않습니다. 반면에 마음이 원습으로 충만해 있다면, 몸이 활동하거나 움직이지 않고 있어도 일을 하고 있습니다."

질문 2: 소함(soham-"내가 그다")은 "나는 누구인가?"와 같습니까?

답변: 아함(aham-나)만이 그것들에 공통됩니다. 하나는 소함이고, 하나는 꼬함(koham-"나는 누구인가?")입니다.[1] 그것은 서로 다릅니다. 왜 우리가 계속 소함이라고 말해야 합니까? 진정한 '나'를 알아내야 합니다. "나는 누구인가?" 하는 물음에서 '나'가 뜻하는 것은 에고입니다. 그것을 추적하여 그 근원을 발견하려고 애쓰면, 우리는 그것이 별개의 존재성을 가지고 있지 않고 진정한 '나' 안에 합일된다는 것을 알게 됩니다.

질문 3: 저는 순복(surrender)이 더 쉬운 것 같습니다. 그 길을 택하고 싶습니다.

---

1) T. soham은 sa(그)+aham이고, koham은 ko(누구)+aham이다.

답변: 어떤 길을 가든, 그대는 일자―者(the One) 안에서 그대 자신을 잃어버려야 합니다. 순복은 그대가 "당신이 전부이십니다(Thou art all)"와 "당신의 뜻이 이루어질 것입니다(Thy will be done)"의 단계에 도달할 때에만 완전합니다.

그 상태는 진지(jnana)와 다르지 않습니다. 소함에서는 이원성(dvaita)이 있습니다. 순복에서는 비이원성(advaita)이 있습니다. 실재 안에는 이원성도 없고 비이원성도 없으며, '있는 것(That which is)'이 있습니다. 순복은 쉬워 보입니다. 왜냐하면 사람들은 자신이 입으로 "저는 순복합니다"라고 말하고 자신의 짐을 하느님에게 넘겨주고 나면, 자기 좋을 대로 뭐든 해도 된다고 생각하기 때문입니다. 그러나 실은 그대가 순복한 뒤에는 그대에게 어떤 좋고 싫음도 있을 수 없고, 그대의 의지가 완전히 사라져 하느님의 뜻이 그 자리를 대신할 것입니다. 그런 에고의 죽음은 진지와 전혀 다르지 않습니다. 그래서 어떤 길을 가든, 그대는 진지 혹은 하나됨(oneness)에 이르러야 합니다.

질문 4: 저의 정념을 어떻게 처리해야 합니까? 그것을 억제해야 합니까, 아니면 충족시켜야 합니까? 바가반의 방법을 따라 "이 정념이 누구에게 있나?" 하고 물어도, 그것은 죽지 않고 더 강해지는 것 같습니다.

답변: 그것은 그대가 저의 방법을 제대로 하지 않고 있음을 보여줄 뿐입니다. 올바른 방식은 모든 정념의 뿌리, 곧 그것들이 일어나는 근원을 알아내어 그것을 없애는 것입니다. 정념을 억제하면 그것이 잠시 억압될지 모르지만 다시 나타날 것입니다. 그것을 충족시키면 잠시 동안만 충족될 뿐 다시 충족을 갈구할 것입니다. 욕망을 충족시켜서 그것을 근절하려는 것은 마치 석유를 들이부어 불을 끄려는 것과 같습니다. 유일한 방도는 욕망의 뿌리를 발견하여 그것을 제거하는 것입니다.

다른 방문객이 바가반께 질문했다. "저는 '나는 누구인가?' 하는 탐구를 해 보려고 하면 잠에 떨어집니다. 저는 어떻게 해야 합니까?"

바가반: 깨어 있는 시간 내내 탐구를 지속하십시오. 그것으로 충분할 것입니다. 잠이 들 때까지 계속 탐구하면 그 탐구는 잠을 자는 동안에도 계속될 것입니다. 그리고 잠에서 깨어나자마자 다시 탐구를 붙드십시오.

다른 방문객이 바가반께, 나라가 발전하려면 계급-인생단계(*varnasrama*)의 차별들2)이 사라져야 할 필요가 있지 않느냐고 질문했다.

바가반: 그것이 필요한지 필요하지 않은지 그대가 어떻게 말할 수 있습니까? 저는 그런 주제들에 대해서는 어떤 말도 결코 하지 않습니다. 사람들이 와서 계급-인생단계에 대한 저의 의견을 물을 때가 많습니다. 만일 제가 무슨 말을 하면, 그들은 즉시 가서 "아무개도 이러이러한 의견이다"라고 신문에 내겠지요. 계급-인생단계 규범(*varnasrama dharma*)을 정해 놓은 바로 그 경전들이 모든 생명은 하나이고, 무차별 관념(*abheda buddhi*)이 유일한 **실재**라고 선언했습니다. 모든 생명의 **단일성**(Unity) 혹은 **하나됨**(Oneness)보다 더 높은 진리를 누가 가르칠 수 있습니까? 누구든 그 자신을 개혁하기 전에는 나라나 민족을 개혁하려고 나설 필요가 없습니다. 각자의 첫 번째 임무는 자신의 참된 성품을 깨닫는 것입니다. 만일 그것을 하고 나서 나라나 민족을 개혁하고 싶다면, 얼마든지 그런 개혁을 하라고 하십시오. 람 띠르타(Ram Tirtha)가 광고를 냈습니다. "개혁가들을 구함—단, 먼저 자기 자신을 개혁할 사람일 것." 이 세상에서 두 사람이 똑같이 닮거나 똑같이 행동할 수는 없습니다. 외적인 차이점들은 우리가 그것을 아무리 말살하려 해도 존속하게 되어 있습니다. 계급-인생단계가 만들어낸 그런 계급이나 구분을 없애려는 소위 사회개혁가들의 시도는 성공하지 못했고, 새로운 구분만 만들어내어 기존의 것들에 브라모-사마즈인(Brahmo-Samajists)이나 아리야-사마즈인(Arya-Samajists)3) 같은

---

2) T. 힌두 사회의 카스트 계급(*varna*)과 인생단계(*asrama*)—학습기 · 가주기家住期 · 임서기林棲期 · 유행기遊行期—는 사람의 신분을 다양하게 차별화한다.
3) T. 람 모한 로이가 창립한 브라모-사마즈(1828-)와 다야난다 사라스와띠가 창립한 아리야-사마즈(1875-)는 식민지 시절 사회개혁과 민족주의를 선양하기 위해 조직된 단체들이다.

몇 가지 카스트 곧 계급을 덧붙였을 뿐입니다. 유일한 해법은 각자가 자신의 참된 성품을 깨닫는 것입니다.

다른 방문객이 말했다. "진인들은 보통 활동적인 삶에서 물러나 어떤 세간적 활동에도 관여하지 않습니다."

바가반: 그럴 수도 있고 그러지 않을 수도 있지요. 어떤 이들은 깨닫고 나서도 장사나 사업을 하거나 왕국을 다스립니다. 어떤 이들은 숲속으로 물러나서 몸의 생명을 유지하는 데 절대적으로 필요한 것들 외에는 모든 행위를 그만둡니다. 그래서 우리는 모든 **진인**이 활동을 포기하고 삶에서 물러난다고 말할 수는 없습니다.

방문객: 지금 살아 있고 삶의 평범한 일상 업무를 하고 있는 **진인**들 중에서, 우리의 책들에 나오는 백정 다르마비야다(Dharmavyadha)[4]와 같은 구체적인 예들을 **바가반**께서 들어 주실 수 있는지 알고 싶습니다.

바가반은 답변하지 않으셨다.

방문객: 진아 깨달음을 위해서는 포기가 필요합니까?

바가반: 포기와 깨달음은 같은 것입니다. 그것은 같은 상태의 서로 다른 측면들입니다. 비아非我(non-self)를 놓아버리는 것이 포기입니다. **진아** 안에 내재하는 것이 **진지**(jnana), 곧 **진아** 깨달음입니다. 포기는 같은 단일한 진리의 소극적 측면이고, **진지**는 적극적 측면입니다. **헌신**(bhakti)·**지**知(jnana)·**요가**는 우리의 진정한 성품인 **진아** 깨달음 곧 해탈의 다른 이름들입니다. 처음에는 이런 것들이 수단으로 보입니다. 그것들이 결국에는 그 목표입니다.[5] 우리에게 **헌신**·**요가**·**명상** 등을 계속하려는 의식적인 노력이 필요한 한 이것들은 수단입니다. 우리가 어떤 노력도 하지 않아도 그것들이 계속될 때는, 우리가 그 목표를 달성한 것입니다. 성취해야 할 어떤 깨달음도 없습니다. **실재**는 늘 있는 그대로입니다. (깨달음을

---

4) T. 백정 다르마비야다의 이야기는 『마하바라타』에 나온다. 그가 한 산야신(출가자)에게 베푸는 가르침 부분을 『비야다 기타』라고도 한다.
5) T. 깨달음이라는 목표에 도달하면, 헌신·지知·요가 등이 깨달음과 같은 것임을 알게 된다.

얻었을 때) 우리가 한 일은 비실재, 즉 '실재로 여겨져 온 것'이 비실재임을 깨달은 것입니다. 우리는 그것(비실재)을 포기해야 합니다. 필요한 것은 그것이 전부입니다.

방문객: 비실재가 어떻게 나왔습니까? 실재에서 비실재가 솟아날 수 있습니까?

바가반: 그것이 과연 솟아나왔는지 살펴보십시오. 다른 관점에서 보면 비실재 같은 것은 없습니다. 진아만이 존재합니다. 세계와 만물은 에고 위에서만 존재하지만, 그 에고를 추적해 보면 에고란 전혀 존재하지 않고, 이 모든 창조계도 마찬가지라는 것을 발견합니다.

1946-1-3 오후

내가 회당에 들어섰을 때 **바가반**은 이미 어떤 질문에 답변을 하고 계셨다. 보아하니 그 질문은 "진화론은 참됩니까?"라는 취지였고, **바가반**은 이렇게 답변하셨다. "우리 모두의 문제는 우리가 과거를, 즉 우리가 무엇이었는지를 알고 싶어 하고, 또한 미래에 우리가 무엇이 될 것인지 알고 싶어 한다는 것입니다. 우리는 과거나 미래에 대해서 아무것도 모릅니다. 우리는 현재와, 우리가 지금 존재한다는 것은 알고 있습니다. 어제와 내일 둘 다 오늘과 관련해서만 있습니다. 어제도 그때는 '오늘'이었고, 내일도 내일이 되면 우리가 '오늘'이라고 할 것입니다. 오늘은 항상 존재합니다. 항상 존재하는 것은 순수한 존재(pure existence)입니다. 거기에는 과거도 미래도 없습니다. 왜 '현존하고 항존하는 존재'의 진정한 성품을 알아내려고 하지 않습니까?"

다른 방문객이 질문했다. "현재는 과거의 업業에 기인한다고 합니다. 지금 우리의 자유의지로써 우리가 과거의 업을 초월할 수 있습니까?"

바가반: 제가 여러분에게 말했듯이, 현재가 무엇인지를 보십시오. 그러면 과거나 미래에 의해 영향을 받거나 과거나 미래를 가지고 있는 것

이 무엇인지, 그리고 과거나 미래, 혹은 과거의 어떤 업業에 의해서도 영향을 받지 않고 항상 존재하며 항상 자유로운 것이 무엇인지 이해하게 될 것입니다.

다른 방문객이 질문했다. "한 사람이 다른 사람의 내면에서 어떤 것에 대한 충동을 유발할 수 있습니까? 스승은 제자를 감쪽같이 변환시킬 수 있습니까?"

바가반: 스승에 대한 그대의 관념은 어떤 것입니까? 그대는 인간의 형상을 한 스승을 일정한 크기, 색깔 등을 가진 하나의 몸으로 생각합니다. 한 제자가 깨달음을 얻은 뒤에 자기 스승에게 말했습니다. "저는 이제 당신께서 저의 무수한 생生 동안 저의 가장 깊숙한 심장 속에 단 하나의 **실재**로서 거주하셨고, 이제 제 앞에 인간의 형상으로 오셔서 이 무지의 베일을 걷어주셨다는 것을 깨닫습니다. 이런 크나큰 은혜에 대한 보답으로 제가 무엇을 할 수 있습니까?" 그러자 스승이 말했습니다. "아무것도 할 필요가 없다. 그대의 진정한 상태 안에 그대가 있는 그대로 머무르면 그것으로 족하다." 이것이 스승에 대한 진리입니다.

조쉬 씨가 다섯 가지 질문을 했다. 아래에 그 질문과 **바가반**의 답변들이 있다.

질문 1: "나는 누구인가?"라고, 답을 하지 않고 계속 물어야 합니까? 누가 누구에게 묻습니까? 탐구를 할 때 마음에 어떤 관념상觀念相(bhavana) [태도][6])이 있어야 합니까? '나'가 무엇입니까? 진아입니까, 에고입니까?

답변: "나는 누구인가?" 하는 탐구에서 '나'는 에고입니다. 그 물음이 실제로 의미하는 것은, 이 에고의 근원 혹은 기원이 무엇이냐 하는 것입니다. 마음 속에 어떤 관념상도 가질 필요가 없습니다. 그대가 자신을 이러이러한 특징과 이러이러한 이름 등을 가진 몸이라는 관념상을 포기

---

6) T. bhavana는 명상이나 염송을 할 때 자신을 '어떤 것'으로 여기는 태도('관념상'), 혹은 그러한 태도를 견지하는 '관법'을 말한다.

하는 것이 필요한 전부입니다. 그대의 진정한 성품에 대해서는 어떤 관념상도 가질 필요가 없습니다. 그것은 늘 존재하는 그대로 존재합니다. 그것은 실재하며 어떤 관념도 아닙니다.

질문 2: 제가 늘 이 탐구를 하고 있을 수 없습니다. 해야 할 다른 일이 있으니까요. 그런데 제가 그런 일을 할 때는 이 탐구를 잊어버립니다.

답변: 다른 일을 할 때는 그대가 존재하기를 그칩니까? 그대는 늘 존재합니다. 그렇지 않습니까?

질문 3: 행위자라는 느낌—'내가 일을 하고 있다'는 느낌—없이는 일이 될 수 없습니다.

답변: 될 수 있습니다. 집착 없이 일하십시오. 자신이 행위자라는 느낌을 가지고 일할 때보다 일이 한결 더 잘 진행될 것입니다.

질문 4: 어떤 일을 해야 하고 무엇을 하지 말아야 할지 모르겠습니다.

답변: 신경 쓰지 마십시오. 그대가 이 생에서 해야 할 일로 운명 지워진 것은, 좋든 싫든 그대가 하게 될 것입니다.

질문 5: 왜 제가 깨달으려고 애써야 합니까? 저는 꿈에서 깨어나듯이, 이 환幻의 상태에서도 깨어날 것입니다. 우리는 잠자는 동안 꿈에서 빠져나오려는 어떤 노력도 하지 않습니다.

답변: 꿈속에서 그대는 그것이 꿈인 줄 눈치 채지 못하고, 그래서 그대의 노력으로 거기서 빠져나오려고 애써야 할 의무가 없습니다. 그러나 이 삶 속에서는 잠의 경험에 비추어서나 그대가 듣고 읽은 것에 기초하여 이 삶이 하나의 꿈과 같은 것이라는 얼마간의 통찰을 가지고 있고, 따라서 노력하여 여기서 빠져나가려고 애써야 할 의무가 부과됩니다. 그러나 그대가 바라지 않는다면, 그대가 진아를 깨닫기를 누가 바랍니까? 이 꿈 속에 있는 것이 더 좋으면 그대로 머물러 있으십시오.

질문 4와 관련하여 P. C. 데사이 부인이 『바가바드 기타』를 인용하여 **바가반께** 질문했다. "만약 (아르주나가 들은 대로) 각자가 하도록 운명 지워진 어떤 일이 있고, 우리가 아무리 그것이 하고 싶지 않거나 하지 않으려 해도 결국 하게 될 거라면, 무슨 자유의지가 있습니까?"

바가반이 말씀하셨다. "우리가 하게 되어 있는 일은 하게 될 거라는 것이 사실입니다. 그러나 몸 또는 '그 일을 하는 그것'(행위자로서의 에고)과 우리 자신을 동일시하지 않음으로써 기쁨이나 고통, 곧 그 일의 즐겁거나 즐겁지 않은 결과에서 벗어날 자유가 우리에게 있습니다. 만일 그대의 참된 성품을 깨달아서, 어떤 일을 하는 것은 그대가 아니라는 것을 알면, 그 몸이 운명 혹은 과거업, 또는 신의 계획에 따라서―그것을 뭐라고 부르든 간에―어떤 일을 하게 되든, 그대는 그 결과에 영향 받지 않을 것입니다. 그대는 늘 자유롭고, 그 자유에는 한계가 없습니다."

1946-1-4 오전

수령한 우편물 중에 D. C. 데사이 씨가 쓴 「완전한 자기순복을 통한 신의 은총」이라는 작은 팸플릿이 있었다. 바가반은 거기서 몇 구절을 발췌하여 우리에게 낭독해 주셨는데, 그것은 폴 브런튼의 책에서 인용한 다음 구절이었다. "나는 내가 누구인지 그리고 무슨 일이 일어나는지 고요한 가운데 완전히 자각하고 있다. 자아는 여전히 존재하지만, 그것은 변화된, 빛나는 진아이다. 나의 하찮은 인격보다 훨씬 드높은 어떤 것이 의식 속으로 일어나서 내가 된다. 나는 작렬하는 빛의 바다 한가운데 있다." 또한 다음 구절이었다. "신의 은총은 우주적 자유의지가 작용하여 나타나는 것이다. 그것은 모든 자연법칙보다 우월한 그 자신의 미지의 법칙을 통해 불가사의하게 사건들의 흐름을 바꿀 수 있고, 상호작용으로써 자연법칙을 수정할 수 있다. 그것은 우주에서 가장 강력한 힘이다."

"그 은총은 전적인 순복에 의해 유발될 때에만 내려와 작용한다. 그것은 내면에서 작용하는데, 왜냐하면 신은 모든 존재들의 심장 속에 거주하기 때문이다. 자기순복(self-surrender)과 기도로써 정화된 마음만이 그것의 속삭임을 들을 수 있다."

폴 브런튼은 그것의 본질을 다음과 같이 묘사한다. "합리주의자들은 그것을 비웃고 무신론자들은 그것을 조롱하지만, 그것은 엄연히 존재한다. 그것은 신이 그 영혼의 자각 범위 안으로 들어오는 것이다. 그것은 예기치 않은 그리고 예측할 수 없는 힘의 내방來訪이다. 그것은 우주적 침묵에서 말해지는 하나의 음성이며… 그 자신의 법칙 하에서 진정한 기적을 일으킬 수 있는 우주적 의지이다."

오후

사이에드 박사가 이번 달 「비전」에 실린 한 수피(Sufi)의 이야기를 바가반께 읽어드렸는데, 이 수피의 원칙은 스승의 지침에 대해서는 무조건적이고 아무 의심 없는 믿음과 복종이 있어야 한다는 것이었다.

무함마드 가즈니(Muhammad Ghazni)[7]가 자신의 귀중한 보석을 깨 버리라고 명령했을 때, 다른 모든 사람들은 그 명령에 복종하지 않았으나 한 하인은 주저 없이 그것을 깨버렸고, 다른 사람들이 그 일을 책망하자 이렇게 말했다. "저에게는 주인님의 명령보다 더 소중한 것은 없습니다." 나는 이 이야기를 듣자 라마누자(Ramanuja)의 생애담에 나오는 다음 사건이 생각나서 그것을 사이에드 박사와 여러 사람들에게 들려주었다. 스리랑감(Srirangam)에서 랑가나타 신(God Ranganatha)[8]을 (수레로) 모셔내어 읍내를 행진하고 있었고, 라마누자가 한 제자를 불러 밖으로 나와서 그 행렬을 보라고 한 것 같다. 그 제자는 라마누자의 우유를 끓이고 있었는데, 스승이 아무리 불러도 나오려 하지 않았다. 그리고 나중에 스승에게 이렇게 설명했다. "랑가나타는 당신의 스승이므로 당신께는 중요합니다.

---

7) T. 이란과 아프가니스탄 일대를 지배한 가즈나 제국(Ghaznavid Empire)의 2대 왕인 마흐무드 가즈니(Mahmud Gazni, 998-1041).
8) T. 타밀나두 주 띠루찌라빨리의 강섬인 스리랑감에는 랑가나타(=비슈누) 신을 모신 랑가나타 사원이 있다. 이곳은 라마누자가 오랫동안 주석하면서 한정 비이원론의 가르침을 편 곳이다.

저에게는 당신만이 중요하므로, **랑가나타**를 보러 가기 위해 당신에 대한 봉사, 즉 당신께 우유를 끓여드리는 일을 중단할 수 없었습니다."

1946-1-3의 데사이 부인의 질문에 대한 **바가반**의 답변과 관련하여 내가 당신께 여쭈었다. "한 사람의 삶에서 그의 주된 직업이나 전문직 같은 중요한 사건들만 예정되어 있습니까, 아니면 삶 속의 사소한 행위들, 예컨대 물 한 잔을 방의 한 곳에서 다른 곳으로 옮기는 것도 예정되어 있습니까?"

바가반: 예, 일체가 예정되어 있지요.

나: 그러면 인간은 무슨 책임, 무슨 자유의지를 가지고 있습니까?

바가반: 그러면 그 몸은 뭐 하러 생겨났습니까?

그것은 이 생에 하도록 정해진 여러 가지 일을 하도록 만들어졌습니다. 계획 전체가 정해져 있습니다. "그의 뜻에 의하지 않고는 원자 하나도 움직이지 않는다(*avananṛi ōraṇuvum asaiyāthu*)"는 말이 같은 진리를 표현합니다. "그의 뜻에 의하지 않고는 움직이지 않는다(*avananṛi asaiyāthu*)"고 하든, "업業에 의하지 않고는 움직이지 않는다(*karmaminṛi asaiyāthu*)"고 하든 마찬가지입니다. 인간의 자유로 말하면, 그는 자신을 그 몸과 동일시하지 않음으로써 그 몸이 한 행위들의 결과인 쾌락과 고통에 영향을 받지 않을 자유가 늘 있습니다.

1946-1-5 오후

내가 회당에 들어갔을 때 **바가반**이 어떤 질문에 답변하면서 이렇게 말씀하고 계셨다. "꿈과 생시 상태 간에는 꿈은 짧고 생시는 길다는 것 외에 아무 차이가 없습니다. 둘 다 마음의 결과입니다. 생시 상태가 길기 때문에 우리는 그것이 우리의 진정한 상태라고 생각합니다. 그러나 사실 우리의 진정한 상태는 이따금 우리가 **뚜리야**(*turiya*), 즉 '네 번째' 상태라고 부르는 것인데, 이것은 항상 있는 그대로이며, 생시·꿈·잠의 세 가지 상태(avasthas)를 전혀 알지 못합니다. 우리가 이 세 가지를 상태라고 부르기 때문에 네 번째 상태도 '뚜리야 상태(turiya avastha)'라고 부르기는 합니다. 그러나 그것은 하나의 상태가 아니라, 진아의 진정한 본래적 상태입니다. 이것을 깨달으면 우리는 그것이 뚜리야, 곧 네 번째 상태가 아니라―왜냐하면 네 번째 상태란 (다른 상태에 대해) 상대적일 뿐이므로―뚜리야띠따(turiyatita), 곧 네 번째 상태를 초월한 상태임을 알게 됩니다."

한 방문객이 바가반께 질문했다. "사제들은 여러 가지 의식儀式과 예공(puja)을 하라고 하는데, 사람들은 단식·잔치 등으로 그것을 제대로 준수하지 않으면 죄가 된다는 등의 말을 듣습니다. 그런 의식과 의례적 숭배를 할 어떤 필요가 있습니까?"

바가반: 예, 그런 모든 숭배도 필요하지요. 그대에게는 필요 없을지 모릅니다. 그렇다고 해서 그것이 누구에게도 필요하지 않고 전혀 이익이 없다고 할 수는 없습니다. 유아반에 필요한 것이 대학원생에게 필요하지는 않습니다. 그러나 대학원생도 유아반에서 배운 그 알파벳을 사용해야 합니다. 그는 이제 그 알파벳의 완전한 사용법과 의미를 압니다.

같은 방문객이 질문했다. "저는 '옴' 소리 예공(Omkara puja)을 합니다. '옴 람(Om Ram)'이라고 말합니다. 그것은 좋습니까?"

바가반: 예. 어떤 예공도 좋습니다. '옴 람'이든 다른 어떤 이름이든 다 좋습니다. 핵심은 옴(Om)이나 람(Ram) 혹은 신에 대한 한 생각 외의 다른 모든 생각이 들어오지 못하게 하는 것입니다. 모든 만트라(mantra)와 염송이 그에 도움이 됩니다. 예를 들어 람 염송을 하는 사람은 **라마마야**(Ramamaya―라모 충만한 상태)가 됩니다. '숭배하는 자'가 때가 되면 '숭배받는 자'(염송의 대상인 신)로 되는 것입니다. 그제야 그는 자신이 염하던 옴 소리(Omkar)의 온전한 의미를 알게 될 것입니다.

우리의 진정한 성품은 해탈(mukti)입니다. 그러나 우리는 자신이 속박되어 있다고 생각하면서 자유로워지기 위해 갖가지 힘든 노력을 하고 있습니다. 우리는 내내 자유로운데 말입니다. 이것은 우리가 그 단계에 도달해야만 이해될 것입니다. 우리가 늘 그것이었고 지금도 그것인 어떤 것을 성취하기 위해 우리가 미친 듯이 애쓰고 있었다는 데 놀라게 될 것입니다. 한 가지 비유가 이 점을 분명히 해줄 것입니다. 한 남자가 이 회당에서 잠이 듭니다. 그는 꿈속에서 자신이 세계일주 여행을 떠나 산과 계곡, 숲과 마을, 사막과 바다를 건너 여러 대륙을 전전하다가, 지치고 힘든 여러 해의 여행 끝에 이 나라로 돌아옵니다. 띠루반나말라이에 도착하여 아스라맘으로 들어와 이 회당 안으로 걸어 들어옵니다. 바로 그 순간 그는 깨어나서, 자신이 한 발짝도 움직이지 않은 채 자신이 누운 그 자리에서 잠을 자고 있었다는 것을 발견합니다. 그는 힘들게 고생하여 이 회당으로 돌아온 것이 아니라 회당 안에 계속 있었고, 지금도 있는 것입니다. 이것도 정확히 그와 같습니다. 만일 누가 왜 우리는 자유로운데도 속박되어 있다고 상상하느냐고 묻는다면, 저는 이렇게 대답합니다. "왜 그대는 회당 안에 있으면서 자신이 산과 계곡, 사막과 바다를 건너 세계 모험을 하고 있다고 상상했습니까? 그것은 모두 마음, 곧 **마야**(*maya*)입니다."

스리 오로빈도의 아쉬람에서 왔다는 다른 방문객이 **바가반**께 질문했다. "그러나 우리는 세상에서 고통을 봅니다. 어떤 사람이 굶주리고 있습니다. 그것은 하나의 물리적 현실입니다. 그것은 그에게 아주 실제적입니다. 우리는 그것을 하나의 꿈이라고 하면서 그의 고통에 아랑곳하지 않아야 합니까?"

바가반: 진지 혹은 실재의 관점에서 보자면 그대가 이야기하는 고통은 분명히 하나의 꿈입니다. 그 고통이 그것의 극미한 일부인 이 세상이 꿈이듯이 말입니다. 꿈속에서도 그대는 자신이 배가 고픈 것을 느끼고, 남들이 배고픔으로 고통 받는 것을 봅니다. 그대는 음식을 먹고 나서, 배고픔으로 고통 받는 남들을 보면 동정심이 일어나 그들에게도 음식을 베

품니다. 그 꿈이 계속되던 동안의 그 모든 고통은 지금 그대가 이 세상 속에서 보는 고통만큼이나 현실적이었습니다. 꿈속의 그 고통이 실재하지 않았다는 것을 발견한 것은 그대가 깨어난 뒤였을 뿐입니다. 그대는 배불리 먹고 나서 잠자리에 들었을 수도 있습니다. 그런데 꿈속에서는 그대가 뙤약볕 아래서 하루 종일 열심히 오래 일하느라고 지치고 배가 고파서 많이 먹고 싶습니다. 이때 그대는 잠에서 깨어나, 자신이 배가 부른 상태이고 침상에서 나오지도 않았다는 것을 발견합니다. 그러나 이 모든 것은 그대가 그 꿈속에 있는 동안, 거기서 느끼는 고통이 마치 실재하지 않는 것처럼 그대가 행동할 수 있다는 이야기는 아닙니다. 꿈속의 배고픔은 꿈속의 음식으로 달래주어야 합니다. 꿈속에서 다른 존재가 몹시 배고파하는 것을 보면 그 꿈속의 음식을 주어야 합니다. 두 가지 상태, 곧 꿈의 상태와 생시의 상태를 결코 뒤섞을 수 없습니다. 그대가 진지의 상태에 도달하고 그리하여 이 마야에서 깨어날 때까지는, 남들의 고통을 볼 때마다 그것을 덜어주는 사회적 봉사를 해야 합니다. 그러나 그럴 때에도—우리가 흔히 듣듯이—아상我相(ahankara) 없이, 즉 "내가 행위자다"라는 느낌 없이, "나는 하느님의 도구다"라고 느끼면서 해야 합니다. 마찬가지로, 우쭐해져서 "나는 나보다 못한 사람을 돕고 있다. 그는 도움이 필요하다. 나는 도와줄 수 있는 위치에 있다. 나는 우월하고 그는 열등하다"고 생각해서는 안 됩니다. 그대는 그 사람 안에 있는 신을 숭배하는 방편으로 그를 도와야 합니다. 그런 모든 봉사도 자기(진아)를 위한 것이지 다른 사람을 위한 것이 아닙니다. 그대는 다른 사람을 돕는 것이 아니라 그대 자신을 돕고 있을 뿐입니다.

이와 관련하여 T. P. 라마짠드라 아이야르가 말했다. "에이브러햄 링컨이 도랑에서 돼지 한 마리를 꺼내주다가 그 과정에서 자기 몸과 옷을 더럽힌 고전적 예가 있습니다. 왜 그 많은 수고를 했느냐고 묻자 그는 이렇게 대답했습니다. '저는 돼지의 괴로움을 끝내주려고 했다기보다는,

그 가여운 것이 도랑에서 나오려고 애쓰는 것을 보는 저 자신의 고통을 끝내기 위해서 그랬습니다'라고요."

조쉬 씨가 여쭈었다. "저는 재가자입니다. 딸린 식구들이 있고, 저의 영적 진보를 가로막는 장애물들이 있습니다. 저는 어떻게 해야 합니까?

바가반: 그 딸린 식구들과 장애물들이 그대의 밖에 있는지, 그들이 그대 없이 과연 존재하는지를 보십시오.

조쉬: 저는 초보자입니다. 어떻게 시작해야 합니까?

바가반: 그대는 지금 어디 있습니까? 목표는 어디 있습니까? 가야 할 거리는 얼마나 됩니까? 진아는 도달해야 할 어디 먼 곳에 있지 않습니다. 그대가 늘 그것입니다. 그대 자신을 비아非我와 동일시하는 그대의 습習, 오랜 습習을 버리기만 하면 됩니다. 모든 노력은 그러기 위한 것일 뿐입니다. 그대는 마음을 바깥으로 돌려서 세계, 곧 비非진아(non-Self)를 보아 왔습니다. 마음을 내면으로 돌리면 진아를 보게 될 것입니다.

이 말씀이 있은 뒤 로깜마(Lokamma)가 타밀 노래 한 곡을 부르기 시작했다. **바가반**이 즉시 말씀하셨다. "어머니는 이 노래를 정말 자주 부르셨지요. 이 노래는 우리가 지금 이야기한 바로 그 내용을 다시 들려줍니다." 그러자 내가 **바가반**께 그 노래의 지은이가 누구인지 여쭈었다.

당신이 말씀하셨다. "아부다이 암말(Avudai Ammal)이지요. 그녀는 수많은 노래를 지었는데, 그 지역[마두라와 그 인근 지역]에서 아주 인기가 있었습니다. 그 중의 어떤 것들은 출판되었지만, 아직도 많은 노래가 출판되지 않았습니다. 그 노래들은 대대로, 주로 여성들을 통해 구전되어 내려왔는데, 그들은 이미 그 노래를 알고 있는 사람들이 부르는 것을 듣고 따라하면서 암기합니다." 그때 나는 **바가반**의 어머니가 일자무식이었다는 것을 알게 되었다. 그런데도 어머니는 수많은 노래를 암기하고 있었다고 **바가반**이 나에게 말씀하셨다. (로깜마가 부른) 그 노래와 그 의미는 아래와 같다.

후렴

sacchidā nandamāy thānirunthum maranthavarpōl
eppadi mun niruntha thannamē − ā ā − (sacchi)
존재-자각-지복으로서 늘 있는 진아가, 그것을 잊어버린 듯이
어떻게 이제까지 행동한 것일까? − 아 아 − (삿찌)

소후렴

arputhamī tharputhapī tharputhapī thennidatthil
acchamura idamillaiyē − ā ā − (sacchi)
경이롭고도 경이로워서 이해를 넘어선다네, 그대 안에
두려움은 있을 곳은 없다는 것이! − 아 아 − (삿찌)

시편

1. *manasuṅdō maranthariya vapusuṅdō piranthirakka*
   malamuṅdō nirmalatthilē
   chariperisu chirusuṅdō jātithivarṅa mathiluṅdō
   sakshiyenna sakshiya muṅdō
   nirainthasuka sāgaratthil nikshkaḷam sakaḷamenna
   arputhamī tharputha mithuvē − ā ā − (sacchi)
   마음은 있다가도 없고, 몸도 있다가도 없네.
   　순수한 것이 (그런) 불순한 것들 속에 있겠는가?
   크고 작음, 계급(*jati*)과 직업(*varna*),
   　'봄'과 '보는 자'가 무엇인가?
   충만한 지복의 바다에서, 나뉨 없는 몸은 무엇인가?
   　이것은 실로 기적 중의 기적이라네. − 아 아 − (삿찌)

2. *vāythirakka idamumillai maunasaṅ kalpamilai*
   vanthathillai pōnathu millai
   ādiyantham naduvumillai jōthiyenru pērumillai
   upādiyillai ennidatthilē
   pāthiyenrum pīthiyenrum upādivantha soppanami(thu)
   arputhamī tharputha mithuvē − ā ā − (sacchi)

말을 할 여지도 없고 묵언할 생각도 없고
　　　　오는 것도 없고 가는 것도 없으며,
　　시작도 끝도 중간도 없고, 빛도 소리도 없고
　　　　어떤 부가물도 내게는 없네.
　　분리니 두려움이니 하는 고통은 꿈속의 일
　　　　경이롭고도 경이롭다네! – 아 아 – (삿찌)

3. *utpuṟambu uyaramkīzh dasathikkum pūraṇamāy*
　　oḷiyāgi vaḷiyāgiyē
　nirguna nirādaramāy niṟaivāy upasanthamumāy
　　piraññāna kanamāgiyē
　akshayā nandamāy ahampathalakshi yārtthamumāy
　　aparōksha sukamāgiyē – ā ā – (sacchi)

　　안과 밖, 높고 낮음, 열 가지 방향이 광대廣大한
　　　　빛 속에서 사라지네.
　　성질이 없고 지지물이 없고, 충만하고 고요한
　　　　완전지(*prajnanam*)는 풍요로운
　　불멸의 지복이며 내적 자각인 참된 상태인데,
　　　　직접 체험하니 기쁘다네! – 아아 아아 – (삿찌)

1946-1-6 오전

락슈마나 사르마(Lakshmana Sarma)['누구'(Who)로 알려진] 씨가 왔다. 바가반은 사르마 씨가 그의 『베단타 핵심(*Vedanta Saram*)』[산스크리트어본]을 영역해 놓은 공책을 살펴보고 계셨다. 나는 이 『베단타 핵심』이 무엇을 다루고 있는지 궁금하여 사르마 씨의 아들인 까메스와란(Kameswaran)에게 그에 관해 물어보고 있었다. 바가반이 그것을 듣고 나를 돌아보며 말씀하셨다. "이건 『마하요가(*Maha Yoga*)』와 같은 거지요."9)

---

9) T. 『베단타 핵심』은 1950년대에 *Sri Ramana Paravidyopanishad*로 제목이 바뀌어 저널에 연재되고 2006년에 아스라맘에서 단행본으로 출간된 책의 초기 제목이다. 모두 701연의 운문체로 되어 있고, 그 핵심 취지는 『마하요가』와 별반 다르지 않다.

사르마의 생일에 대한 이야기가 좀 오고갔는데, **바가반**이 "그는 자신이 늘 혹은 매일 태어난다고 말합니다"라고 하셨고, 「실재사십송(*Reality in Forty Verses*)」이란 제목으로 영역된 타밀어본 「울라두 나르빠두(*Ulladu Narpadu*)」의 '보유補遺' 제11송을 말씀하셨다. 이 노래를 찾아보기 위해 당신은 곁에 있는 회전식 서가에서 『저작 전집(*Nuthriraddu*)』[타밀어판]을 뽑으셨는데, 도로 꽂아두기 전에 표지를 나방이 갉아먹은 것을 발견하셨다. 당신이 말씀하셨다. "우리가 이 책들을 공부하지 않았군. 그러니 이런 곤충들이 그것을 소화하고 있었지."

오후

락슈마나 사르마 씨가 와서 내 곁에 앉았다. 오늘 오전에는 내가 그에게서 불과 3피트밖에 떨어져 있지 않았는데도 그는 내가 있는 줄 알지 못했다. 그래서 나는 그에게 백내장 수술을 좀 받아보라고 권하기도 했다. 그는 그 질환의 진행 속도를 늦출 수 있었다고 하면서, 만약 앞으로도 그렇게 할 수 있으면 여생 동안은 수술의 위험을 감수하기보다 부족한 시력으로 견뎌보겠다고 했다. 이때 내가 그에게, 그것은 모두 그가 앞으로 얼마나 더 살 수 있느냐에 달렸다고 말하고 나서, 그와 관련하여 이 문제에서 그의 천궁도가 어떻게 되느냐고 물어 보았다. 그래서 우리는 점성학에 대해 이야기했고, 나는 **바가반**께 점성학에 대한 당신의 견해를 여쭈었다. 당신이 말씀하셨다. "그건 문제없지요(*athu sarithan*). 왜 안 그렇겠습니까? 만일 우리가 업業의 이론을 받아들인다면 점성학과 천궁도의 이론도 받아들여야겠지요." 그리고 나서 사르마, 사이에드 박사, G. 슘바 라오와 나는 점성학에 대해, 그리고 우리의 미래 등에 대해 아는 것이 무슨 소용이나 의미가 있는지에 관해서 이야기했다. 나중에 슘바 라오 씨는 우리에게, 점성학에 관한 책들을 보면 천궁도에 따라 일어나게 되어 있는 일들도 기복적 예공 등에 의해 어느 정도 바뀔 수 있다고 분명하게 서술되어 있다고 말했다. 숩바 라오 씨는 나아가, **바가반** 같은 분들의 발에 묻은 먼지나 이런 분들이 바라보아 주는 것만도 어떻게 우리의 모든 죄악 따위를 태워 없애버릴 수 있는지를 이야기했다. 그러자 내가 물었다. "**삿상**(*sat sang*)의 미덕을 찬양하는 그런 저작들 중 몇 가지는 저도 보았습니다. 저는 이런 저작들이 문자 그대로 참된 것인지, 거기에 다소 과장된 면은 없는지 알고 싶더군요." 숩바 라오 씨는 그것이 문자 그대로 참되지만 우리에게 믿음이 있어야 한다고 말했다. 나는 또 그에게, 만약 그렇다면 왜 **삿상**에 관한 책들을 쓴 분들이 직접 단서를 덧붙이지 않고 숩바 라오 씨 같은 주석자들에게 그것을 덧붙이게 내버려 두었느냐고 물었다. 그래서 우리들 몇 사람이 몇 분간 설왕설래했지만 **바가반**은 그런 경우에 늘 그러시듯 신중하게 침묵을 지키셨다. 그러자 우리도 침묵하게 되었다. 전에 한번은 내가 **바가반**께 직접 「실재사십송 보유補遺」에 있는 **삿상**에 관한 다섯 연(제1~5연)과 관련하여 그런 질문을 드린 적이 있는데, 그때 **바가반**은 이렇게만 말씀하셨다. "어찌하다 보니 저는 (산스크리트 원문으로) 있는 것을 그대로 그냥 옮겼을 뿐입니다 (*athennamō, nān irunthathai appadi thān ezhuthinēn*)."

1946-1-7 오전

마하따니 씨가 **바가반**께 질문했다. "『불이각등(*Advaita Bodha Deepika*)』에서 말하기를, **지고아**至高我(Supreme Self)가 자신을 마음과 동일시하면 변화무쌍하게 보인다고 합니다. 마야 자체가 진아에서 나오는데 **마야**에서 나온 마음이 어떻게 불변의 **진아**를 변경하거나 변화시킬 수 있습니까?" **바가반**이 답변하셨다. "실제로는 어떤 변화도, 어떤 창조도 없습니다. 그러나 '이 창조계가 어떻게 생겨났습니까?' 하고 묻는 사람들을 위해 그런 설명을 해주는 것입니다."

오후

뱅갈로르의 라마짠드라 라오 씨가 자신이 까나라어(Canarese-까르나따까 주 언어인 깐나다어)로 막 준비하고 있는 "내가 아는 라마나"라는 글을 **바가반** 앞에서 읽었다. 그가 읽기를 끝낸 뒤 내가 그에게 언제 **바가반**을 처음 뵈었느냐고 물었더니, '1918년'이라고 했다. 이때 내가 그에게, 그때 이후로 자신이 한 모든 경험들을 기록하고 있는지, 그리고 기록하고 있다면 어떤 기록이나 비망록을 토대로 하는지 물었다. 그는 자신이 1918년 이후로 일어난 모든 일을 적고 있으며, 오직 기억을 토대로 한다고 대답했다. 나는 그런 기억력이 놀라웠다. **바가반**이 말씀하셨다. "나야나(Nayana)[까비야깐타 가나빠띠 무니]라면 자기가 있을 때 일어난 모든 사건을 기억하고 그 날짜와 시간까지 말해 주었을 겁니다."

밤

G. 락슈마나 사르마 씨는 「기타 요지(Gita Saram)」10)에 대한 원고 하나를 준비해 두었던 모양이다. **바가반**은 발라람 레디(Balaram Reddi) 씨에게 그것을 낭독해 달라고 하셨다. 거기에 "완전한 순복이 있을 때에만 **주님**(크리슈나)께서 반응하여 그 헌신자를 완전히 책임질 것이다"라는 말이 있었기 때문에, P. 반너지(Bannerji) 씨[오로빈도 아쉬람에 있다가 최근에 왔다]가 **바가반**께 질문했다. "우리가 완전히 헌신해야 한다는 것이, **주님**께서 은총을 보여주기 위한 선행조건입니까? **주님**께서는 그분의 은총으로, 당신의 자식들이 헌신하든 하지 않든 당연히 그들 모두에게 자애로워야 하지 않습니까?"

바가반: 사람이 어떻게 헌신하지 않을 수 있습니까? 모두가 그 자신을 사랑합니다. 그것은 누구나 경험하는 것입니다. 만약 **자기**(진아)가 그 사

---

10) T. 바가반이 『바가바드 기타』에서 42연을 추려내어 타밀어로 번역한 작품. 그 아래 인용문은 그 제31연에 나온다(『라마나 마하르쉬 저작 전집』, 270쪽 이하 참조).

람의 가장 소중한 대상이 아니라면 사람이 그것을 사랑하겠습니까? 진아 혹은 주님은 어디 다른 데 있지 않고 우리 각자의 안에 있으므로, 자기 자신을 사랑할 때 우리는 진아만을 사랑하는 것입니다.

방문객은 이것이 어떻게 자신의 질문에 대한 답인지 이해하지 못했다. 내가 설명했다. "바가반께서 우리에게 누차 이렇게 말씀하셨지요. '주님의 은총은 늘 흐르고 있다. 은총이 흐르지 않는 시간은 없고, 그것이 흘러가지 않는 사람도 없다. 그러나 은총을 받을 능력을 계발한 사람들만이 그것을 받을 수 있다. 헌신은 주님에게서 은총이 흐르기 위한 선행조건이 아니라, 늘 흐르고 있는 그 은총을 여러분이 받아서 소화할 수 있기 위한 선행조건이다'라고 말입니다."

이와 관련해 사이에드 박사는 『바가바드 기타』에서 주님은 죄인과 성자 모두의 친구이지만, 그를 소중히 여기는 사람들의 심장 속에 특별히 있고, 그런 사람들은 그에게 소중하다는 구절11)을 인용했다.

1946-1-8 오후

마하따니 씨가 바가반께 (1946-1-7자에 기록된) 자신의 질문에 대해 다시 질문했다. 바가반은 이렇게 대답하셨다. "그대가 인용하는 바로 그 문장에서, 마음은 하나의 덧씌움(superimposition)12)이고, 그것은 실재성이 없으며 밧줄에서 보이는 뱀과 같다고 말합니다. 그 문장에서는 또 지고아가 마음과 동일시되면 변화무쌍하게 보인다고 말합니다. 보는 자인 에고에게는 진아가 변화무쌍하게 보입니다. 그러나 진아는 변하지 않고 변할 수 없이 늘 똑같습니다. 그것은 마치 이와 같습니다. 스크린이 하나 있습니다. 그 스크린 위에 먼저 어떤 왕의 모습이 나타납니다. 그가 옥좌에 앉습니다. 그런 다음 스크린 위의 왕의 앞에서 다양한 인물과 사물

---

11) T. 『바가바드 기타』, 9.29.
12) T. 형상 없는 실재 위에 환幻인 몸과 마음, 대상 세계 등을 투사하여 그것을 실재한다고 여기는 것, 혹은 그러한 비실재물들.

들이 있는 하나의 연극이 시작되고, 스크린 위의 왕은 같은 스크린 위의 그 연극을 관람합니다. (여기서) 보는 자와 보이는 것은 그 스크린 위의 그림자들에 불과하고, 스크린이 그 화면들을 지지하는 유일한 실체입니다. 세계 안에서도 보는 자와 보이는 대상이 함께 마음을 구성하는데, 그 마음은 진아에 의해 지지되거나 진아에 기초하고 있습니다."

1946-1-9 오후

P. 반너지 씨가 바가반께 생전해탈(*jivanmukti*)과 무신해탈(*videhamukti*)의 차이가 무엇인지를 여쭈었다.

바가반: 아무 차이가 없습니다. 묻는 이들에게는 "몸을 가지고 있는 진인이 생전해탈자이고, 그가 이 몸을 벗으면 무신해탈을 성취한다"고 말하게 됩니다. 그러나 이 차이는 관찰자에게만 있고, 진인에게는 없습니다. 그의 상태는 몸이 떨어져 나가기 전이나 후나 똑같습니다. 우리는 진인을 한 인간 형상으로, 혹은 그 형상 안에 있는 존재로 생각합니다. 그러나 진인은 자신이 진아, 곧 안팎에 공히 있고 어떤 형태나 모습에 구속되지 않는 단 하나의 실재라는 것을 압니다. 『바가바따(*Bhagavata*)』의 한 연에서 이렇게 말합니다. (여기서 바가반은 그 타밀어 연을 인용하셨다.)[13] "술 취한 사람이 자신의 윗도리가 몸에 걸쳐져 있는지 흘러내렸는지 의식하지 못하듯이, 진인은 자신의 몸을 거의 의식하지 못하며, 그 몸이 남아 있든 떨어져 나가든 그에게는 아무 차이가 없다."[14]

폴 브런튼 씨가 질문했다. "헌신자와 제자의 차이는 무엇입니까? 여기 있는 한 친구가 저에게 말하기를, 제가 자신을 바가반의 제자라고 부르면 안 되고, 저는 헌신자일 수만 있다고 했습니다."

바가반: 우리가 어떤 대상이나 사람을 숭배하면 우리는 헌신자입니다.

---

13) *T*. 『바가바따』 혹은 『바가바땀』은 크리슈나의 생애를 주로 서술한 뿌라나 경전의 하나이다. 여기서는 타밀어로 번역된 책을 가지고 이야기하고 있다.
14) *T*. 이 시를 바가반이 새롭게 타밀어로 번역한 것은 145쪽과 580쪽을 참조하라.

우리가 스승을 갖게 되면 제자들이지요.

나는 그의 친구도 그에게 그렇게 말했을 것이 분명하다고 덧붙였다. 왜냐하면 **바가반**은 제자를 받지 않으시고—즉, 누구도 공식적으로 입문시키지 않으시고—따라서 누가 "나는 바가반의 제자다"라고 말한다면 그것은 잘못이라고 덧붙였다.

브런턴: 그런데 만일 제가 당신의 가르침을 받아들이고, 또 저는 당신의 가르침을 따르려고 노력하기 때문에 저 자신을 당신의 제자로 여긴다면 어떻습니까?

내가 대답했다. "물론 그럴 수도 있겠지요. 마치 **에깔라비야**(Ekalavya)가 드로나(Drona)의 상像을 놓고 궁술을 배웠듯이 말입니다."15)

그때 **바가반**이 덧붙이셨다. "어쨌든 그 경우와 마찬가지로 일체가 내면에서 옵니다. 먼저 인간은 자신이 속박되어 있다고—곧 세간연世間緣(samsara)의 속박 안에 있다고—느끼고, 자신이 약하고 비참하며, 자신을 구해줄 수 있는 전능한 신에게 의지하여 그의 도움을 받지 않으면 속박과 불행에서 벗어날 수 없다고 느낍니다. 그래서 **이스와라**(Ishwara)에게 헌신(bhakti)을 합니다. 이 헌신이 발전하고 헌신의 열렬함이 아주 커져서 그가 자신의 자아 전체를 잊고 **이스와라마야**(Iswaramaya-신으로 충만한 상태)가 되면 완전한 순복이 성취된 것인데, 이때 신은 인간의 형상을 한 스승으로 와서 그 헌신자에게, 단 하나의 **진아**만 있고 그것은 그의 내면에 있다는 것을 가르쳐 줍니다. 그러면 그 헌신자는 자기 내면의 **진아**를 깨달아 **진지**를 얻고, 자신이 숭배하고 헌신했던 **이스와라** 곧 **하느님**과, 인간의 형상으로 온 스승, 그리고 **진아**가 모두 동일함을 이해합니다."

폴 브런튼 씨의 첫 질문으로 인해 **바가반**은 깨달음에 대해서 더 나아가 이렇게 말씀하셨다. "깨달음 혹은 해탈에는 어떤 단계도 없습니다. 진

---

15) T. 『마하바라타』에서 드로나는 궁술의 스승이다. 에깔라비야는 드로나가 자신을 제자로 받아주지 않자, 그의 초상을 앞에 모셔 놓고 궁술을 연마했다.

지에는 어떤 등급도 없습니다. 따라서 몸을 가진 어떤 단계의 진지와 몸이 떨어져 나갔을 때의 또 다른 단계의 진지란 있을 수 없습니다. 진인은 자신이 진아라는 것과, 진아 외에는—자신의 몸이든 다른 무엇이든—아무것도 존재하지 않는다는 것을 압니다. 그런 사람에게 몸의 있고 없음이 무슨 차이를 가져올 수 있겠습니까?"

"깨달음(Realization)을 이야기하는 것도 그릇됩니다. 깨달을 것이 뭐가 있습니까? 실재(the real)는 항상 있는 그대로입니다. 그것을 어떻게 '실재화(real-ize)'할 수 있습니까? 필요한 것은 이것이 전부입니다. 우리는 비실재를 실재화해 왔습니다. 즉, 실재하지 않는 것을 실재한다고 여겨 왔습니다. 우리는 이런 태도를 포기해야 합니다. 우리에게 필요한 것은 진지를 성취하는 것이 전부입니다. 우리가 어떤 새로운 것을 창조하거나 우리가 일찍이 가지고 있지 않던 어떤 것을 성취하는 것이 아닙니다. 책에는 이런 비유가 나옵니다. 우리가 우물을 파서 큰 구덩이를 하나 만듭니다. 그 구덩이 곧 우물 속의 공간은 우리가 창조한 것이 아닙니다. 우리는 그곳의 공간을 메우고 있던 흙을 들어냈을 뿐입니다. 그 공간은 전에도 있었고, 지금도 있습니다. 마찬가지로, 우리 안에 있는 오래된 모든 상습들(samskaras)을 내버리기만 하면 되고, 그것을 모두 버리고 나면 진아가 홀로 빛날 것입니다." 또 이렇게 말씀하셨다. "해탈·진지·명상은 우리의 진정한 성품입니다. 그것은 진아의 다른 이름들입니다."

1946-1-10 오후

바가반은 벤까떼사 사스뜨리갈(Venkatesa Sastrigal)이 지은 타밀어 시詩(kannigal) 몇 수를 찬찬히 읽고 계셨다. 그와 그의 부인[살람말(Salammal)]은 아스라맘에 머무르고 있었다. 그러나 약 2주일 전에 그들은 아디안나말라이(Adiyannamalai-아루나찰라 서쪽의 마을)로 이사하여 거기에 정착했다. 나와 T. P. 라마짠드라 아이야르, 그 밖의 몇 사람이 1월 1일에 산을 돌았는데, 사스뜨리아르 씨와 그의 부인이 노상에서 우리를 만나자 자기네 집으로 우리를 데려갔다. 거기서 우리는 그에게 그 시들을 낭독해 달라고 했던 일이 있었다. 그래서 나는 (바가반께) 그 시들은 우리에게 새로운 것이 아니라고 말씀드렸다. 그러자 사스뜨리아르 씨가 그때는 그 시가 27연이었는데 지금은 108연이라고 말했다. 며칠 전에 벤까뜨라마 아이야르(Venkatrama Aiyar) 씨가 **바가반께** 사스뜨리아르와 그의 부인이 목요일에 이곳에 올 의향이라는 소식을 전했다. **바가반**은 그 말을 듣고 나서, 사스뜨리아르 앞으로 와 있던 어떤 편지와 관련하여 이렇게 말씀하셨다. "그들이 목요일에 여기 올 모양이군. 여기 와서 머무를지 아니면 돌아갈 생각인지 우리는 몰라." 사스뜨리아르가 회당에 왔을 때 나는 **바가반의** 말씀에 대해 그에게 말해 주고 이렇게 덧붙였다. "당신에게 이 말을 하는 것은 저도 당신들이 그리로 옮겨가신 것을 좋아하지 않기 때문입니다." 바가반이 말씀하셨다. "그들이 와서 말하기를, 자기들은 아디안나말라이로 가서 거기 살 거라고 했지요. 저는 아무 말도 하지 않았습니다. 우리가 왜 간섭합니까? 그들은 아쉬람 내에서와 같은 어떤 제약이나 규제도 받지 않고 자유롭게 살고 싶어 합니다. 그들은 어디에 있든 마음의 평안을 가지고 있을 것이 분명합니다."

벤까떼사 사스뜨리갈이 머무르고 있는 아디안나말라이에 대해 이야기하면서 **바가반**이 말씀하셨다. "그곳은 좋은 곳입니다. 저도 가끔 거기 머무르곤 했습니다. 한번은 우리가 산 **오른돌이**(giri-pradakshina)를 하다가 비를 만나, 그곳의 사원에서 하룻밤을 꼬박 머무르기도 했지요. 제가 **싸마베다**(Sama Veda) 찬송을 들은 것이 그때입니다(509쪽 참조)."

1946-1-11 오후

콜롬보(Colombo)에서 온 한 젊은이가 **바가반께** 질문했다. "지두 크리슈나무르티(J. Krishnamurt)는 의도적 집중의 방법과는 판이한 애씀 없고 선택 없는 자각의 방법을 가르칩니다. 스리 바가반께서는 어떻게 하면 명상을 가장 잘 할 수 있는지, 그리고 명상의 대상은 어떤 형상을 취해야 하는지 부디 설명해 주시겠습니까?"

바가반: 애씀 없고 선택 없는 자각은 우리의 진정한 상태입니다. 우리가 그것을 성취하거나 그 상태에 있을 수 있다면 그것은 좋습니다. 그러나 애씀 없이는, 즉 의도적 명상의 노력 없이는 그대가 거기에 도달할 수 없습니다. 오랜 원습들(*vasanas*)은 모두 마음을 밖으로 데려가 외부의 대상들로 향하게 합니다. 그런 모든 생각이 포기되고 마음이 안으로 향해져야 합니다. 그러자면 대다수 사람들에게는 노력이 필요합니다. 물론 모든 사람, 모든 책들은 "숨마 이루(*summā iru*)", 즉 "고요히 있으라"고 말합니다. 그런데 그것이 쉽지 않습니다. 그래서 이런 모든 노력이 필요한 것입니다. 설사 우리가 그 **침묵**(*mauna*)을—곧 "숨마 이루"라는 말이 가리키는 **지고의 상태를**—단박에 성취한 사람을 발견한다 해도, 그는 전생에 이미 그에 필요한 노력을 끝낸 사람이라고 볼 수 있습니다. 그래서 애씀 없고 선택 없는 자각은 의도적 명상 이후에만 성취됩니다. 그 명상은 그대의 마음이 가장 많이 끌리는 어떤 형태도 취할 수 있습니다. 다른 모든 생각을 물리치는 데 어떤 것이 도움이 되는지 살펴보고, 그 방법을 그대의 명상법으로 삼으십시오.

이와 관련해 **바가반**은 성자 따유마나바르(Thayumanavar)의 「우달 뽀이유라부(*Udal poyyuṛavu*)」의 제5연, 52연과 「빠얍뿔리(*Pāyap puli*)」의 제36연을 인용하셨는데,16) 그 연들의 요지는 다음과 같다. "그대가 고요하면 지복이 따르겠지만, 그대가 아무리 마음에게 이 진리에 대해 말해 준다 해도 마음은 침묵하지 않을 것이네. 침묵하지 않으려고 하는 것이 마음

---

16) T. 「빠얍 뿔리」 제36연과 「우달 뽀이유라부」 제52연은 『라마나 마하르쉬와의 대담』, 대담 646 후반부의 앞쪽 두 인용문에서 볼 수 있다. 「우달 뽀이유라부」 제5연의 내용은 이러하다: "마음이여, 일체에 직면하여 고요히 있으라! 너에게 가르친 이 진리를 너는 어디로 놓쳐 버렸나? 씨름에 몰두한 씨름꾼처럼 너는 논변을 제기했지만, 너의 판단력, 너의 지혜는 어디 있는가? 사라져 버렸다!"

이라네. 마음에게 '침묵하라. 그러면 지복을 성취할 것이다'고 말하는 것은 마음이라네. 모든 경전에서 그렇게 말하고 있고, 우리가 매일 위대한 분들로부터 그에 대한 이야기를 들으며, 우리의 **스승님**조차도 그 말씀을 하시지만, 우리는 결코 침묵하지 못하고 **마야**와 감각대상들의 세계 속을 헤맨다네. 그래서 그 침묵의 상태, 곧 고요히 있음의 상태를 성취하려면 의식적이고 의도적인 노력 혹은 명상이 필요하다네."

콜롬보에서 온 다른 젊은이가 **바가반**께 질문했다. "의식의 이 세 가지 상태는 실재성의 정도에서 네 번째보다 얼마나 낮습니까? 이 세 가지 상태와 네 번째 상태 간의 실질적 관계는 무엇입니까?"

바가반: 단 한 가지 상태, 곧 의식 곧 **자각** 혹은 **존재**의 상태만 있습니다. 생시·꿈·잠의 세 가지 상태는 실재할 수 없습니다. 그것들은 그냥 오고 갑니다. **실재**는 늘 존재할 것입니다. 세 가지 상태 모두에서 그것만이 지속되는 '나' 혹은 **존재**는 실재합니다. 다른 세 가지는 실재하지 않고, 따라서 그것들이 이러이러한 정도의 실재성을 갖는다고 말할 수 없습니다. 우리는 그것을 대강 이와 같이 표현할 수 있겠지요. "**존재** 혹은 **의식**이 유일한 **실재**이다. **의식** 더하기 생시를 우리는 생시라 하고, **의식** 더하기 잠을 우리는 잠이라 하며, **의식** 더하기 꿈을 우리는 꿈이라고 한다."고 말입니다. **의식**은 그 위에서 모든 화면들이 오고가는 스크린입니다. 스크린은 실재하고, 화면들은 그 위의 그림자에 불과합니다. 우리는 오랜 습習에 의해 이 세 가지 상태를 실재한다고 여겨 왔기 때문에, 단순한 **자각** 혹은 **의식**의 상태를 '네 번째'라고 부릅니다. 그러나 네 번째 상태란 없고, 단 하나의 상태가 있을 뿐입니다.

이와 관련하여 **바가반**은 따유마나바르의 「빠라아빠락 깐니(*Parāparak kaṇṇi*)」 제386연을 인용하시고, 이 소위 네 번째 상태가 생시 잠(waking sleep) 혹은 생시 속의 잠(sleep in waking)—세상에 대해 잠들어 있고 **진아**에 대해 깨어 있는 상태라는 의미—으로 묘사된다고 말씀하셨다.

O.P. 라마스와미 레디아르(Ramaswami Reddiar)[국민의회 지도자] 씨가 바가반께 질문했다. "그런데 이 세 가지 상태가 왜 실재의 상태, 곧 진아라는 스크린 위를 오고 갑니까?"

바가반: 누가 이 질문을 합니까? 진아가 그 상태들이 오고 간다고 말합니까? 이 상태들이 오고 간다고 말하는 것은 '보는 자'입니다. '보는 자'와 '보이는 것'이 함께 마음을 구성합니다. 마음 같은 것이 과연 있는지 살펴보십시오. 그러면 마음이 진아에 합일되고, '보는 자'도 '보이는 것'도 없습니다. 그래서 그대의 질문에 대한 진정한 답변은 "그것들이 오고 갑니까? 그것들은 오지도 않고 가지도 않습니다"라는 것입니다. 진아만이 항상 있는 그대로 남아 있습니다. 세 가지 상태는 '무無탐구(avichara)'에 그들의 존재성을 의존하며, 탐구가 그것들을 종식시킵니다. 그러나 그것을 아무리 설명해 준다고 해도, 그대가 진아 깨달음을 얻어서 자신이 어떻게 그 자명하고 유일한 존재에 대해 그토록 오래 눈멀어 있었는지 놀라기 전까지는 그 사실이 분명하게 이해되지 않을 것입니다.

다른 방문객이 바가반께 질문했다. "마음과 진아의 차이는 무엇입니까?"

바가반: 아무 차이도 없습니다. 안으로 향해진 마음이 진아입니다. 바깥으로 향해지면 그것이 에고와 전 세계가 됩니다. 면綿이 갖가지 옷으로 만들어지면 우리는 그것을 갖가지 이름으로 부릅니다. 금이 갖가지 장신구로 만들어지면, 우리는 그것을 갖가지 이름으로 부릅니다. 그러나 (면으로 만들어진) 모든 옷이 면이고 (금으로 만들어진) 모든 장신구가 금입니다. 하나가 실재하며, 다수는 이름과 형상들에 불과합니다.

그러나 마음은 진아와 별개로 존재하지 않습니다. 즉, 마음은 독립된 존재성이 없습니다. 진아는 마음 없이 존재하지만, 마음은 진아 없이는 결코 존재하지 않습니다.

1946-1-18 오전

오늘은 '타이 뿌삼(*Thai Poosam*)' 날17)이다. 그래서 나는 왜 이날 라마링가 스와미(Ramalinga Swami)18)를 기념하여 경축하는지, 그가 과연 타이 뿌삼 날에 육신을 벗었는지 여쭈게 되었다. **바가반**은 말씀하실 수 없었다. 나는 또 라마링가 스와미가 정확히 어떻게 지상에서 자신의 삶을 끝냈는지에 대해 뭔가 진상을 아시는지 알고 싶었다. 이 점에 대해서도 **바가반**은 아무 말씀을 하지 않으셨다.

오후

나는 『스리마드 바가바땀(*Srimad Bhagavatam*)』의 영문 축약본에서 쁘리투(Prithu)가 자신의 몸을 그것의 구성 요소인 몇 가지 원소로 해체되게 했다고 말하고 있는 것을 발견했다. 이것은 라마링가 스와미에 대해서 보통 이야기되는 내용과(즉, 그가 한 방에 들어가서 문을 잠갔는데, 며칠 지나서 방을 부숴 열어 보니 방이 비어 있었다는 것과) 아주 흡사했기에, 나는 **바가반**께 '깨달은' 사람들은 자신의 몸을 이처럼 사라지게 할 수 있는지 여쭈어 보았다. 당신이 말씀하셨다. "책에서는 말하기를, 어떤 성자들은 그들을 데려가기 위해 특별히 보내진 코끼리 등을 타고, 자신의 몸을 가지고 천상으로 가 버렸다고 합니다. 또 빛이나 불꽃으로, 허공(*akasa*)으로, 그리고 돌 링감으로 사라지는 성자들에 대해서도 이야기합니다. 그러나 이 모든 것은 그 관찰자의 견지에서 그럴 뿐이라는 것을 기억해야 합니다. 진인은 자신이 몸이라고 생각하지 않습니다. 그는 몸을 보지도 않습니다. 그는 몸에서 **진아**만을 봅니다. 만일 몸이 없고 **진아**만 있다면, 그것이 어떤 형태로 사라진다는 문제는 일어나지 않습니다." 이

---

17) *T.* 주 **무루간**(Lord Murugan)[수브라마니야]이 악마 수라빠드만(Surapadman)을 죽인 것을 기념하는 날. 보통 1월 중순~2월 중순의 보름날과 겹친다.
18) *T.* 타밀 지역의 성자(1823-1874). 아루뜨쁘라까사 발랄라르(Arutprakasa Vallalar)라고도 하며, 그의 가르침을 5,818연의 시로 표현한 『띠루 아루뜨빠(*Thiru Arutpa*)』를 남겼다.

와 관련하여 바가반은 1946-1-9자 기록에서(130쪽) 이미 언급된 『바가바땀』의 타밀어 시를 다시 인용하셨다. 그리고 이때 당신은 우리에게 그 책들에서 그 산스크리트 시와 타밀 시를 베끼게 하셨다. 그 두 시가 아래에 있다(타밀 시—산스크리트 시 순).

chāṟṟiya guṇamu mākkaiyu manamun
 thānala venbathai yuṇarnthāṟ
pōṟṟiya vākkai yudanirup pathuvum
 pōvathu maṟanthidā rāgi
yēṟṟatham puyamēṟ ṟukilkazhi vathuvu
 miruppadum veṇṇaṟai paruki
māṟṟaru mathatthi naṟinthidā thozhuku
 makkaḷaip pōluvar māthō

deham cha nasvaram avasthitam utthitam va
 siddho no pasyati yatodhyagamat svarupam
daivadapetam uta daiva vasad upetam
 vaso yatha parikrtam madira madandhah.
　　　　　　　— 『바가바따』, 제11장, '한사 기타(Hamsa Gita),' 제22절

(이 시구의 의미는 145쪽(셋째 문단)에 나온다.)

바가반이 덧붙이셨다. "죽은 뒤에 몸을 뒤에 남기는 사람은 누구도 진인으로 부르지 않으려고 하는 어떤 학파가 있습니다. 진인이 몸에 그런 중요성을 부여한다는 것은 생각할 수도 없습니다. 그러나 그런 학파가 있는데, 싯다파(Siddha School)입니다. 그들은 뽄디체리에 협회가 있지요." 그 직후에 뽄디체리에서 온 열일곱 살쯤 되는 소년이 바가반께 여쭈었다. "쁘라나바(pranava·'옴') 소리를 듣고 나면 그 너머의 어떤 단계에 저희가 도달해야 합니까?" 바가반이 말씀하셨다. "쁘라나바를 듣거나 그 너머의 단계를 이야기하는 것은 누구입니까? 살펴보고 알아내십시오. 그러면 모든 것이 분명해질 것입니다. 쁘라나바가 무엇이고, 그대가 이야기하는

'쁘라나바를 듣는 것 너머의 단계'가 무엇인가? 그것이 어디 있는가? 그런 모든 것에 대해서는 우리가 모릅니다. 그러나 그대가 있습니다. 그러니 먼저 그대 자신, '보는 자'를 알아내십시오. 그러면 모든 것을 알게 될 것입니다."

소년이 다시 여쭈었다. "저는 해탈에 이르는 길이 무엇인지 알고 싶습니다."

바가반: 그건 좋지요. 그러나 해탈이 무엇입니까? 그것이 어디 있으며, 그대는 어디 있습니까? 그 둘 사이의 거리가 얼마이기에 우리가 어떤 길을 이야기할 수 있습니까? 먼저 그대 자신에 대해, 그리고 그대가 어디 있는지를 알아낸 다음, 이런 질문이 일어나는지 보십시오.

밤

대화는 여러 사람들이 건강 약제(*kaya kalpa*)에 대해 제시하는 다양한 조제법(recipes)으로 쏠렸다. 바가반은 장뇌, 100년 된 님나무(neem tree) 등을 주재료로 한 몇 가지 약제를 언급하시고 이렇게 말씀하셨다. "이 몸에 대해 누가 그런 수고를 하려 들겠습니까? 여러 책에서 설명하듯이 우리가 가진 최대의 질병은 몸, 곧 탄생이라는 병(*bhava nōyi*)인데, 만약 누가 몸을 강화하고 그 수명을 연장하려고 약을 먹는다면 그것은 자신의 병을 강화하고 영구화하기 위해 약을 먹는 것과 같습니다. 몸은 우리가 짊어진 하나의 짐이기 때문에, 우리는 오히려 어떤 짐을 나르도록 고용된 짐꾼처럼 느껴야 합니다. 짐꾼이 목적지에 도착하여 자신의 짐을 벗어 던질 수 있을 때를 노심초사 고대하듯이 말입니다."

1946-1-19 오전

바가반이 나에게, 타이 뿌삼과 라마링가 스와미에 대해 내가 한 질문들이 오늘자 「바라띠 데비(*Bharati Devi*)」에 답변되어 있다고 말씀하셨다.

거기서 말하기를, 이 스와미는 타이 뿌삼 날 그 방에 들어가서 생을 마감했다고 한다. 비스와나타 아이야르 씨가, 이 스와미를 **마하트마 간디**와 비교하면서 주로 그의 『아루뜨빠(*Arutpa*)』에서 인용하고 있는 그 장문의 기고문을 낭독했다.

오후

어제 내가 **바가반**께 『바가바따』 제11장의 그 산스크리트 시를 타밀어로 번역해 보시면 어떠냐고 말씀드렸다. 당신은 그 타밀어 시가 산스크리트 원문을 충실히 따르고 있지 않다고 느끼셨기 때문이다. 그래서 당신은 오늘 회당 안의 무루가나르를 보시고 그 점에 대해 그에게 말씀하시더니, 손에 종이나 펜도 없이 격식 없이 다음과 같은 시를 지으셨다.

thanūnilai yilathē charikkinu mirukkinum
vinaiyinār kūdi vilakidu māyinum
thanaiyari sitthan rānunar kinrilan
punaithuki linaikkal veriyinan pōlavē.

(이 시구의 영어 번역은 145쪽에 나온다.)

밤

바가반은 그 타밀어 번역을 더 낫게 고쳐 산스크리트 원문에 더 가깝게 만들기를 원하신다. 당신은 무루가나르와 몇 가지 고칠 대목을 논의하시고, 나에게는 위 시를 최종적인 것으로 간주하지 말라고 하셨다.

1946-1-20 오전

발라람 레디 씨가 **바가반**께, 「실재사십송 보유」(제10연)에 "몸은 질그릇처럼 지각력이 없어(*dēhaṅgada nigarjadam*)"로 시작하는 당신의 (타밀어) 번역문이 나오는 산스크리트어 원시에 대해 여쭈었다. **바가반**은 (산스크리트어 시에서) 왜 당신은 '없음(Abhavam)'이라는 단어를 더 선호했고 까비야깐타(Kavyakantha-가나빠띠 무니)는 '다르지 않음(Abhedam)'이라는 단어를 더 선호했는지 설명해 주셨다.19) 나아가 **바가반**은 이 연이 두 가지 방식으로 몸은 내가 아니라는 명제를 확립하고자 한다고 말씀하셨다. 먼저 몸은 지각력이 없고(jada) 결코 '나'라고 느끼거나 말할 수 없다고 말함으로써, 그리고 둘째로 우리에게 몸이 없을 때에도, 즉 우리에게 몸에 대한 의식이 없을 때조차도 '나'는 존재한다고 말함으로써 그렇게 한다. 이 연에 대한 이야기는 다음과 같은 상황에서 시작되었다. 모로코의 버나드 듀발(Bernard Duval)이라는 사람이 약 8년 전 보름가량 이곳에 와 있었던 모양이다. 그가 최근에 A.W. 채드윅 소령[아스라맘에 10년째 살고 있는 헌신자]에게 편지를 보내어 말하기를, 자기는 이번 전쟁(제2차 세계대전) 중에 포로였는데 산스크리트어를 배워 **바가반**의 「가르침의 핵심(Upadesa Saram)」을 영어로 번역하기까지 했으나 나중에 그 원고를 다 잃어버렸다고 하면서, **바가반**의 모든 산스크리트 저작을 자기에게 보내주면 좋겠다고 했다. 듀발 씨의 이 요청과 관련하여 발라람은 **바가반**이 산스크리트어로 지으신 저작들이 모두 무엇인지 조사하고 있었고, **바가반**은 발라람에게 위의 시구도 당신이 지은 거라고 말씀하신 듯하다.

비스와나타 아이야르 씨의 어머니가 **바가반**께 와서 말하기를, "나감마가 마뚜 뽕갈(Mattu Pongal) 날20)에 우리 아스라맘의 우사牛舍(goshala)에서 일어난 일들을 텔루구어로 써 두었는데, 아주 훌륭합니다"라고 했다. **바가반**이 말씀하셨다. "그래요? 자기 오빠가 여기서 일어나는 일들을 (편지로) 써서 보내 달라고 했는데. 그녀가 여기 있습니까?" 이에 우리는 나감마에게 그것을 낭독해 달라고 했고, 나감마는 그렇게 했다. **바가반**은 비

---

19) *T.* 「실재사십송 보유」 제10연은 **바가반**이 먼저 산스크리트어로 짓고 다시 타밀어로 번역한 것이다. 산스크리트 시의 둘째 행에서 "몸이 **없는** 잠" 대목을 까비야깐타는 "몸과 **다르지 않은** 잠"으로 표현하기를 선호했다.
20) *T.* 수확기를 경축하는 날. 이 날은 소들을 대접하고 기린다.

스와나타의 어머니에게 「라마나 고빨라(Ramana Gopala)」를 읽어본 적이 있느냐고 물으셨다. 그녀는 "저는 아들이 한 타밀어 번역문만 읽어 보았는데, 텔루구어 원문을 듣고 싶습니다"라고 했다. 이에 우리는 나감마에게 그 텔루구어 원문을 낭독해 달라고 했고, 그녀가 낭독했다.

봄베이의 공인회계사인 고꿀 바이 D. 바뜨(Gokul Bhai D. Bhatt) 씨라는 이가 바가반에 대한 시 몇 수를 지어 그것을 회당에서 낭독했다. 그는 또 내 요청으로 회당에 모인 모든 사람을 위해 그 시들을 (구두로) 번역해 주었다. 찌뚜르(Chitoor)의 토목감리사인 고빈다라마이야(Govindramaiya) 씨는 바가반의 허락을 얻어 진인 앙기라사(Sage Angirasa)[21]의 「구루빠다까(Gurupadaka)」를 낭독했다. 그는 80세가 넘은 아주 연로한 지知 수행자(jnani)인 수브라마니아 사스뜨리라는 분의 권유로 그렇게 한 듯하다. 이 분은 원래 꼰지바람(Conjeevaram-깐찌뿌람) 사람인데, 고빈다라마이야 씨는 이분을 암바뚜르(Ambattur-첸나이의 한 지역)에서 만났다고 한다.

오늘 오전, 내가 10시경에 회당에 돌아오기 전에 바가반이 우사 근처에서 라마스와미 아이엥가(Ramaswami Iyengar)라는 이에게 친견을 베푸셨는데, 그는 꿈바꼬남에서 몇 년간 라마나스라맘이라는 아쉬람을 운영해 온 모양이다. 이제 연로하고 쇠약한 그는 여러 해 만에 바가반을 뵈러 오느라고 고생을 많이 했다. 그 세월 동안 도감은 그가 여러 가지 옳지 못한 일을 했다고 주장하며 그가 바가반을 뵙지 못하게 했다. 이 딱한 사람은 우사 쪽에 끌어다 놓은 차 안에 머물러 있어야 했는데, 바가반이 회당으로 가시는 길에 그 차 근처에 몇 분간 서서 당신의 오랜 제자에게 친견을 베푸신 것이다. 그 제자는 그저 울기만 하고 말이 없었다. 바가반은 그에게, 당신의 잘 알려진 자애로운 표정을 지어 주셨다.

---

21) T. 베다 시대의 진인. 베다를 편찬한 비야사(Vyasa)의 제자로 아타르바 베다를 전수받았다고 하며, 『문다까 우파니샤드』에도 그의 대화가 등장한다.

오후

나는 아주 늦게 회당에 들어갔다. 그러나 **바가반**은 저녁 산책을 나가시기 전에 즐겁게 나에게 "우리가 그 시구를 다듬은 최종본을 보지 못했지요?" 하시며, 나에게 다음과 같은 시를 보여주셨다.

thanūnilai yilathāl thaṅginu mezhinūm
vinaiyinā ladutthu vidutthidu mēnum
punaithuki linukkaḷ veṟikkuru danaippōṟ
ṟanaiyuṇar sitthan ṟanuvuṇar kilanē.

(이 시구의 영어 번역은 145쪽에 있다.)

밤

나는 그 첫 행에서 '엘리눔(ezhinūm)'을 '공중으로 솟아오르는'으로 이해했고, 그래서 바가반께 그것이 적절한지 여쭈어 보았지만 당신은 그것이 '움직이는'을 뜻할 뿐이라고 설명하셨다. 당신은 또 나에게 "산스크리트어로는 그것이 간결하게 되어 있지요. 그러나 『시따 라마 안자네야 삼바담(Sita Rama Anjaneya Samvadam)』22)에서는 그것이 상세하고 정교하게 표현되어 있습니다" 하셨다. 이 말씀을 하신 것은, 어제 **바가반**이 타밀어판 『바가바땀』에서 그 산스크리트 시구에 상응하는 어떤 구절도 발견하지 못하시자 G. 숩바 라오(Subba Rao)가 그 구절이 텔루구어판 『시따 라마 안자네야 삼바담』에 나오는 것을 자기가 본 기억이 있다고 말했기 때문이다. 오늘 그 책이 제출되어 **바가반**께 해당 부분을 보여드리게 되었다. 발라람 레디가 나에게 말하기를, 텔루구인들에게 『시따 라마 안자네야 삼바담』은 타밀인들에게 『해탈정수(Kaivalyam)』와 같은 정도라고 했다.

꾼주스와미(Kunjuswami)가 회당에 왔을 때, **바가반**은 그에게 꿈바꼬남의 라마스와미 아이엥가르가 떠났는지, 그리고 그가 하려던 것이 무엇인

---

22) T. 시따와 라마의 대화를 내용으로 하는 텔루구어 책. 비이원론의 한 교본이다.

지 물으셨다. 꾼주스와미는 라마스와미 아이엥가르가 건강이 회복될 때까지 빨라꼬뚜에 한두 달 머무를 생각이며, 다른 사람들만 다음날 돌아갈 것이라고 말했다.

1946-1-21

고꿀 바이는 구자라트어 『라마나 기타』 제11장을 낭독하고 이어서 구자라트어 「가르침의 핵심」을 낭독했다. P. C. 데사이 씨가 **바가반**께 질문했다. "(「가르침의 핵심」) 제14연에서 그들은 산스크리트 운문의 두 번째 행을 '만약 마음이 진아 등에 대한 명상에 끊임없이 고정되면'이라고 번역했습니다. 원문에는 '끊임없이'나 '진아'가 없는데 이렇게 해도 됩니까?"

바가반: 일념—念(eka chintana)은 끊임없는 생각과 연관됩니다. 다른 어떤 생각도 다가오지 않으면 그 한 생각은 끊임없게 될 수밖에 없습니다. 이 연이 말하려는 것은 다음과 같습니다. 앞의 연들에서는 마음을 제어하는 데 호흡제어, 곧 조식調息이 도움이 될 수 있다고 했습니다. 이 연은 그렇게 해서 제어되었거나 심잠心潛(laya)의 상태가 된 마음을 한갓 심잠—잠과 같은 상태—에 빠져 있게 내버려두면 안 되고 그것을 일념, 곧 한 생각 쪽으로 향하게 해야 한다고 말합니다. 그 한 생각이 진아에 대한 것이든, 애호신愛好神(ishta devata-개인적으로 숭배하는 신)이나 만트라에 대한 것이든 관계없이 말입니다. 그 한 생각이 무엇이냐는 각자의 근기(pakva) 나름이겠지요. 이 연은 그것을 일념으로 남겨둡니다.

데사이 씨는 다음 번 구자라트어 판에서 제14연을 바로잡아야 하는지, 아니면 지금 그대로 두어도 될지 알고 싶어 했다. 바가반은 아무 말씀도 하지 않으셨다. 당신은 그 주제에 대해 충분히 말씀하신 것이다. (나는 그 둘째 행에 '끊임없는'을 도입해도 나쁠 것은 없으나, '진아에 대한 생각'을 도입할 일은 아니라고 결론지었다. 왜냐하면 바가반이 원문에서 말씀하신 것은 심잠에 이른 마음은 일념, 곧 한 생각에 몰두하게 해 주어야 한다는 것이 전부이기 때문이다.)

밤

바가반이 1946-1-20자에 기록된 타밀어 시구를 아직 만들고 계실 때, 발라람 레디 씨가 당신께 텔루구어로도 하나 지어 주시라고 청을 드렸다. 그래서 **바가반**은 그것을 하나 만드시고는 발라람과 함께 몇 가지 대안을 논의하셨다. 나는 다시 그 타밀 시 첫 행의 의미에 대해 **바가반**께 여쭈었다. "'몸이 어느 한 곳에 머물러 있든 돌아다니든 그것은 영원하지 않다'고 말해 봐야 별 의미가 없는 것 같습니다." 그러자 당신은 이 첫 행을 마치 그 전체가 한 문장인 것처럼 읽어서는 안 되고, 첫 문장은 그 행의 절반에서 그친다고 나에게 말씀하셨다. 나는 아래에 그 시구의 정확한 이해를 위해 하나의 문자적 번역을 제시한다.

"몸은 영원하지 않네[실재하지 않네]. 그것이 쉬고 있든 돌아다니든, 발현업 때문에 그것이 그에게 매달려 있든 그에게서 떨어져 나가든, 진아를 깨달은 **싯다**(*siddha*)는 그것을 의식하지 못하네. 마치 술에 취해 눈이 먼 취객이, 자기 옷이 몸에 걸쳐져 있는지 그렇지 않은지 모르듯이."

1946-1-22

아침 일찍, 빠라야나가 끝난 직후에 **바가반**은 발라람에게 그 텔루구어 시를 주면서 더 낫게 다듬도록 의견을 말해 달라고 하셨다. 발라람이 대답했다. "제가 무슨 의견을 낼 것이 있겠습니까?" **바가반**이 말씀하셨다. "모르지. 나는 자네 같은 사람들에게 물어 봐야지." 그러고는 그 시를 회전식 서가에 얹어 두셨다.

1946-1-23 밤

스리니바사 라오 박사가 질문하기를, 「실재사십송 보유」의 제10연에서 바가반은 우리에게 소함(soham)을 긍정하라고 가르치시지 않느냐고 했다. 바가반은 그것을 다음과 같이 설명하셨다.

"베단타 전체가 '데함(deham)·나함(naham)·꼬함(koham)·소함(soham)' 이 네 단어로 압축될 수 있다고 합니다.23) 이 시도 같은 취지를 말합니다. 첫 두 행에서는 왜 데함이 나함인지, 즉 왜 몸이 '나'가 아닌지(na aham)가 설명됩니다. 그 다음 두 행에서는 '만약 우리가 나는 누구인가?(ko aham)를 탐구하면, 즉 이 '나'가 어디서 솟아나는지를 탐구하여 그것을 깨달으면, 그런 사람의 심장 속에서는 도처에 편재하는 신 아루나찰라가 '나'로서—'그것이 나다(sa aham)' 곧 소함(soham)으로서—빛나게 될 것이고, 그는 '내가 그것이다(That I am)', 즉 '그것이 나다'를 알게 될 것이라고 말합니다."

이와 관련하여 바가반은 두 개 연, 곧 따유마나바르의 시 한 연과 남말와르(Nammalvar)24)의 시 한 연도 인용하셨는데, 둘 다 요지는 "나는 자신이 별개의 한 개체라고 생각하여 '나'와 '내 것'을 이야기해 왔지만, 이 '나'에 대해서 탐구하기 시작하자 당신만이 존재한다는 것을 알았습니다"라는 것이다. 이 두 시구와 그 의미는 아래와 같다.

1. nānāna thanmaiyenṟu nādāmal nādavinpa
   vānāki ninṟanai nī vāzhi parāparamē   - 따유마나바르
   '나'라고 하는 이것이 누구인지 찾아보고 이내 알았습니다.
   지복의 하늘로서만 서 계신, 복되신 주님이시여!

2. yānē yennai yaṟiya kilāthē
   yānē yenṟana thēyen ṟirunthēn
   yānē nīen nudaimaiyu nīyē
   vānē yētthumem vānava rēṟē.   - 남말와르

---

23) T. deham은 "몸", naham은 "내가 아니다", koham은 "나는 누구인가?", soham은 "내가 그다"이다.
24) T. 12인의 알와르(Alwars), 곧 남인도 비슈누파의 성자들 중 한 사람(9세기 후반)이다.

제가 누구인지도 모른 채
저는 '나'와 '내 것'을 이야기하곤 했습니다.
제가 곧 당신이고, 제 것이 곧 당신입니다.
모든 신들이 공경하는 주님이시여!

1946-1-24 오전

바가반은 나를 위해 위 두 연을 골라내셨고, 또한 따유마나바르의 「아난다마나바람(Ānandamānabaram)」 제7연에서 다음 두 행을 인용하셨다.

> nānāki ninṟavanu nīyāki ninṟidavu nānenpa thaṟṟi dāthē
> nānnān enakkulaṟi nānā vikāriyāy nānaṟin thaṟiyā maiyāy
>
> 제가 당신이 되고 나니 당신만 존재하지만, '나'는 지속됩니다.
> 저는 '나'로서 저에게 존재하면서, 제가 알거나 알지 못하는 다양한 변상變相들로서도 존재합니다.25)

바가반은 알와르(Alwar)의 노래들 중 다른 데서도 그 비슷한 많은 인용구를 발견할 수 있을 거라고 덧붙이셨다. 스리니바사 라오 박사는 바가반에게서 『띠루바이몰리(Tiruvāymozhi)』26)를 건네받고 "주석서도 하나 있군요"라고 했다. "제가 곧 당신이고, 제가 '내 것'이라고 부르던 모든 것이 곧 당신임을 발견합니다"라는 이 시구에 대해 한정비이원론(Visishtadvaita)의 주석자는 "내가 신에게 워낙 가까이 다가가서 '나'와 '내 것'을 신 그 자신으로 간주하는 것이다"라고 했다.

S. 라오 박사가 말했다. "진아를 깨달은 분들은 그들 자신과 여러 학파의 지도자들을 도저히 구분할 수 없을 것이고, 만일 그들이 진아를 깨달은 사람들이라면 서로의 가르침에 모순되는 그 무엇도 말할 수 없을

---

25) T. '알거나 알지 못하는 다양한 변상들'은 현상계의 다양한 대상들을 가리킨다. 바깥의 모든 대상들은 '나'의 현현이지만, 그럼에도 '나'는 '나'로서 존재한다.
26) T. 남말와르(8세기)의 시들을 모은 책들 중 하나. 남말와르는 12명의 알와르(Alwars), 즉 남인도 비슈누파 성자들 중 한 사람이다.

것입니다. 그러나 그들의 추종자들이 그들의 가르침을 오해하거나 잘못 해석한 탓에 그런 모든 분열과 후대의 논쟁이 야기되었음이 분명합니다." S. 라오 박사는 자신이 살렘(Salem)에 있을 때 한 신사가 종종 그에게 성자 남말와르(Nammalvar)의 시구 하나를 인용해 주곤 했는데, 그 시에서 이 알와르는 띠루빠띠(Tirupati)의 신[27]을 비슈누(Vishnu)와 시바(Siva) 둘 다로 묘사하고 있다고 말했다.

1945-11-25에 바가반이 스칸다스라맘에 올라가셨던 일에 관해 자기 누이(나감마)가 써 보낸 텔루구어 편지들을 D.S. 사스뜨리가 영어로 번역한 것이 우편으로 왔는데, 그것을 비스와나타 아이야르 씨가 회당에서 낭독했다. 학당(pathasala) 소년들이 바가반께 "토끼 네 마리가 큰 지도자를 만들다"라는 인쇄된 그림 하나를 보여드렸다. 내가 10시 15분경에 회당에 가자 바가반은 나에게 그것을 보았느냐고 물으셨다. 나는 "아니요"라고 했다. 그러자 당신은 그것을 가져오라고 하여 나에게 보여주셨다. 바가반이 말씀하셨다. "먼저 네 마리 토끼를 보고 나서, 그것들이 어떻게 간디의 모습이 되는지 보세요."

오후

내가 오후 3시에 회당에 들어갔을 때 바가반은 이미 S. 박사가 말한 그 시구를 찾고 계셨다. 조금 뒤 우리는 그 시를 찾아냈다. 그것은 "아랫도리옷과(thāzhsadaiyum)"라는 구절로 시작되는데, 뻬이알와르(Peyazhvar)가 띠루빠띠의 신을 보고 나서 지었다고 한다.

밤

시자인 크리슈나스와미가 바가반께 자신이 마드라스에 가서 마하트마 간디를 뵙고 싶다며 일요일에 돌아오겠다고 말씀드렸다. 바가반이 말씀

---

[27] T. 띠루빠띠 스리 벤까떼스와라 사원(Sri Venkatesvara Temple)의 벤까떼스와라 신상.

하셨다. "도감에게 물어 보게. 나중에 내가 자네에게 가는 것을 허락했다고 말하지 말고." 그리고 덧붙이셨다. "만일 그가 지금 가면 돌아왔을 때 도감이 그를 들여놓지 않을 수도 있지요. 그가 마드라스에서 돌아왔을 때 도감이 받아들이는 것을 반대하면 제가 어떻게 할 수 있습니까? 여기서 제가 무슨 권한이 있습니까?" 이런 모든 말씀에도 불구하고 크리슈나스와미는 갔다 오겠다고 바가반께 말씀드리고 떠났다.

1946-1-25 오후

로깜말(Lokammal)이 『띠루바짜감(Tiruvachagam)』28)에 나오는 「띠루깔루꾼드라 빠띠감(Tirukkazhukkunra Pathigam)」을 노래했다. 이에 무루가나르가 (그 노래에서) '부끄러워함 없이 부끄러워(nāṇōṇathathōr nāṇameythi)'라는 말의 의미가 무엇인지를 여쭈었다. 바가반은 그것이 '찾음이 없이 찾은, 생각함이 없이 생각한(nādāmal nādi; nilaiyāmal ninainthu)'과 '생각함 없이 어떻게 생각할 수 있는가? 이것은 모두 말하는(표현하는) 방식이다. 달리 말할 길이 없다(ninaiyāmal eppadi ninaikkirathu. idellām ennamō solrathu. vērē solla vazhiyillai)'와 같은 표현의 하나일 수 있다고 말씀하셨다. 마찬가지로 무루가나르는 '야차夜叉(Yakshas-악한 중생의 한 부류) 64명에게 8가지 영적인 성취를 하사하신 하느님이시여(iyakki māṛarupatthu nālvarai en gunam konda Īsaṉē)'라고 하는 것은 무엇을 말하는지 여쭈었다. 바가반은 자신하지는 못하셨지만, 그것은 『띠루빌라이야달 뿌라남(Tiruvilaiyadal Puranam)』29)에 나오는 이야기들 중 하나일 거라고 생각하셨다. 나는 가서 내가 가지고 있던 『띠루바짜감』을 가져왔는데, 수브라마니암 삘라이의 주석이 있는 것이었다. 그 책에는 '부끄러워함 없이' 등에 대한 어떤 설명도 없었다. 후자의 문구에 대해서는 그것이 웃뜨라꼬사망가이(Uttrakosamangai-타밀나두

---

28) T. 9세기의 타밀 성자 마니까바짜가르(Saint Manikkavachagar)의 저작.
29) T. 마두라이에서 시바가 행한 64가지 '신의 유희'(기적)를 기술한 책.

남동부의 한 시바 사원)의 이야기를 말한 것으로 되어 있었다. **바가반**은 『띠루빌라이야달 뿌라남』을 받으셨지만 거기서 그 이야기를 발견하지 못하셨다. 거기 있는 이야기는 여섯 명의 '야차(iyakkar)'에 관한 것이기는 해도 다른 이야기였다. 무루가나르가 말했다. "이 웃뜨라꼬사망가이 이야기는 출판된 적이 없는 듯합니다. 우리가 그 책을 구할 수 있으면, 성자 마니까바짜가르(Manikkavachagar)의 일대기에 나오는 많은 이야기와 그의 많은 말씀이나 노래에 대해 더 잘 이해할 수 있게 될 겁니다. 그 책을 구할 수 있는지 우리가 알아봐야겠습니다."

밤

빠라야나가 끝난 뒤 **바가반**이 비스와나타 아이어에게 물으셨다. "자네들은 (산 위의) 어떤 곳들을 가 보았나?" 비스와나타가 대답했다. "저희는 구하 나마시바야르 산굴(Guha Namasivayar's Cave)30), 망고나무 산굴, 비루팍쉬 산굴과 스깐다스라맘을 갔습니다. (아스라맘으로 내려오는) 새 길로 해서 돌아왔는데 길이 워낙 잘 만들어져서 힘들지 않게 돌아올 수 있었습니다. 멋진 경사로입니다." **바가반**은 그들에게 물라이빨 띠르탐(Mulaipal Thirtham)31)에서 지름길로 질러갔느냐고 물으셨고, 비스와나타는 "예"라고 했다. **바가반**이 말씀하셨다. "내가 지금 그런 장소들을 보면, 당시에 온통 바위고 돌이고 가시였던 그런 곳에서 우리가 어떻게 살았는지 놀라워. 그러나 그 당시 우리는 아주 안락하고 편안했지. 어떤 불편도 느끼지 않았어. 불빛이 없을 때가 많았는데, 우리는 어둠 속에서도 그 모든 바위와 덤불 사이로 다니곤 했지. 누가 말했듯이 우리는 두 발에 불빛과 눈을 달고 살았어." 내가 회당을 나왔을 때 수나 도랍지 양(Miss Soona Dorabji)[그녀와 그 부친은 바가반의 열성 헌신자들로 아스라맘을 자주 방문한다]이 나

---

30) *T.* 아루나찰라 산의 동남쪽 기슭에 있는 옛 성자 구하 나마시바야의 산굴.
31) *T.* 망고나무 산굴 근처의 작은 저수지.

에게, 비스와나타 씨의 호위를 받으며 위의 모든 산굴을 둘러본 사람은 자기였다고 말했다.

1946-1-26 오전

바가반은 마다바 학파(Madhava school)32)에 대한 책 하나를 언급하셨다. S. 라오 박사가 선반에서 소책자 두 권을 꺼내서 나에게 주었는데, 그것은 예전에 안나말라이 대학교(Annamalai University)33)의 B. N. 크리슈나무르티 사르마라는 사람이 지은 "마다바의 유신론적 실재론의 몇 가지 철학적 기초"에 관한 것이었다. 바가반은 그 신사가 엊그제 와서 이 소책자들을 직접 주었다고 말씀하셨다. "그는 와서 산스크리트어로 이야기했지요. 그는 띠루바이야르(Tiruvaiyar)의 산스크리트 대학 학장인데, 누구나 산스크리트로 이야기해야 한다고 말합니다. 자신은 책을 많이 읽었는데도 진리를 깨닫지 못했다고 합니다. 우리는 그에게 우리 책들을 읽어 보고 나서 그것이 도움이 되는지 보라고 조언했지요. 그는 여기서 책 몇 권을 가져갔습니다."

바가반은 그 소책자들을 몇 분간 여기저기 살펴보셨다. 그러나 흥미가 없으셨고, 이렇게 말씀하셨다. "이건 모두 학자들을 위한 거로군." S. 박사는 해탈을 다루는 몇 구절을 지적했는데, 해탈을 이룬 뒤에도 각 개아(jiva)가 개인성을 보유한다든가, 해탈을 이룬 사람들 가운데에도 몇 가지 등급이 있어서 개아들의 한 위계구조를 이룬다는 등으로 이야기하는 부분들이었다. 스리니바사 박사가 말했다. "타인들이 있는 한 그 사람에게는 두려움이 있을 겁니다. 더 높은 단계들이 있는 한 그 사람은 거기에 도달하려는 욕망이 있을 겁니다. 그러니 이것은 두려움이나 욕망이 없는 단계일 수 없고, 그런 단계만이 완전한 평안을 가져다 줄 수 있습니다."

---

32) *T.* 베단타 철학 중 유신론의 성격이 강한 이원론파. 13세기의 마다바(마드바)가 창립했다.
33) *T.* 찌담바람(Chidambaram)에 있는 사립 대학교. 1929년에 창립되었다.

바가반은 그 말을 승인하시고 두려움이나 욕망이 없는 **지고의 상태**에 대한 어느 산스크리트 구절을 인용하셨다.

(앞서 말한) 펀자브에서 온 그 장님 무슬림이 오늘 회당에 다시 왔다. 바가반은 불과 몇 분 전에 「스와데사미뜨란(Swadesamitran)」[34]에서 넬로르의 한 장님에 관한 이야기를 읽으셨다. 그는 41세로, 마드라스에서 마하트마 간디를 친견했으며, 『기타』를 샹까라의 주석과 함께 전부 암송할 수 있었다. 그리하여 우리는 이 두 경우의 유사성에 대해 이야기하게 되었다. 왜냐하면 이 무슬림도 『꾸란』을 전부 암송할 수 있기 때문이다. 바가반은 텔루구어 신문인 「자민 라이오트(Zamin Ryot)」를 읽으시다가 까나깜마(Kanakamma)와 넬로르의 락슈미 바이(Lakshmi Bai)[이들은 바가반의 헌신자들로 이곳을 자주 방문한다]가 텔루구어로 쓴 시 몇 편을 접하셨다. 당신은 발라람에게 그 시들을 잘라서 파일 책에 붙여두라고 하셨다. "이 시들은 지난번 **자얀띠** 때 지어서 여기서 낭독했던 건데 이제 신문에 실렸군요." 바가반이 우리에게 말씀하셨다. 오늘은 딸레야르칸 여사의 요청에 따라 나감마가 그 시들을 회당에서 낭독했다. 점심 식사종이 울리자 바가반은 장님 무슬림에 대해 말씀하시기를 "그가 남아서 점심을 먹는지 보세요. 만약 먹는다면 힌디어를 아는 누군가가 그를 책임지고 보살피며 함께 있어야 합니다."라고 하셨고, 우리가 그를 세심하게 보살피겠다고 말한 뒤에야 만족하셨다.

오후

딸레야르칸 여사의 요청으로, 나감마가 마뚜 뽕갈 날 이곳에서 일어난 일을 자신이 기록한 것을 낭독했고 발라람이 영어로 통역했다. 또한 9월 어느 날 뱅갈로르 헌신자 몇 명이 비둘기 두 마리를 가져와 그것을 아스라맘에 두어 달라고 **바가반**께 청했을 때 일어난 일에 대한 이야기도

---

34) T. 1881년에 첸나이에서 창간된 최초의 타밀어 신문. 1985년에 폐간되었다.

낭독했는데, 그 비둘기들이 어떻게 큰 복이 있어서 **바가반**이 그들을 쓰다듬고 당신의 무릎에 앉혔으며, 그들이 어떻게 한 시간 가까이 마치 삼매에 든 것처럼 고요히 있었는지를 나감마가 모두 아름답게 기록해 둔 것이다. 발라람은 이것도 통역했다.

나는 마다바의 철학에 대한 그 소책자를 손에 들고 있었는데, **바가반**이 내게 물으셨다. "그것을 읽어 보았습니까?" 내가 말했다. "제 흥미를 끌지 못합니다. **바가반**께서 말씀하셨듯이, 큰 학자들의 흥미를 끌지는 모르겠습니다. 그러나 제가 가끔 느끼듯이 이 저자도 '어떤 것이 늘 존재하지는 않는다면, 우리는 왜 그것을 실재하지 않는 것으로 취급해야 하는가?'라고 묻습니다." **바가반**이 말씀하셨다. "지나가는 연극일 뿐인 것을 어떻게 실재한다고 말할 수 있습니까?" 회당 안의 어떤 사람이 말했다. "이런 모든 어려움은 영어 번역 때문에 일어납니다. 그 산스크리트 말은 사띠얌(*satyam*)인데, 그것은 실재가 아니라 늘 존재하는 것이란 뜻입니다." 발라람도 『바가바드 기타』에서 "존재하는 것은 결코 소멸하지 않고, 존재하지 않는 것은 (어느 때에도) 존재성이 없다(*illāthathanukkiruppillai, uḷḷathanuk killāmai yenbathilai*)"고 하는 말을 인용했다. 얼마 후 숩부 락슈미 암말(Subbu Lakshmi Ammal)[이곳의 주방에서 오래 일하고 있는 브라민 과부]이 **바가반**께 말씀드렸다. "저는 끼라이 빠띠(Keerai Patti-'푸성귀 할머니')가 살던 산굴을 여태 보지 못했습니다. 그래서 어제 그곳에 가 보았습니다." **바가반**이 물으셨다. "그대가 본 산굴이 어느 거지요?" 그녀가 말했다. "알라마라뚜 산굴(Alamarathu Guhai)이라는 데입니다. 거기를 봤습니다. 우리가 스깐다스라맘에서 모두 돌아오던 날 **바가반**께서 '끼라이 빠띠가 살던 곳이 여기'라고 하셨습니다. 그래서 그것이 그 산굴이라고 생각했습니다." **바가반**이 말씀하셨다. "아니요, 그것은 그녀가 살던 산굴이 아닙니다. 그녀는 인근의 구하이 나마시바야르 사원 안의 만따빰(*mantapam*-벽이 없이 기둥과 천정만 있는 석조 건물)에서만 살았고, 지금 알라마라뚜 산굴(반얀나무 산굴)

이라고 하는 데는 제가 한동안 살았지요. 당시에는 반얀나무가 하나도 없었습니다. 그 나무와 비루팍쉬 산굴로 올라가는 길 양편의 나무들은 모두 깐다스와미가 심고 물을 주었는데, 그가 나중에 스깐다스라맘을 계획하고 창건했지요." 그런 다음 바가반은 회상적 기분으로 이렇게 덧붙이셨다. "이 끼라이 빠띠는 제가 처음 와서 큰 사원의 수브라마니야르 사원(아루나찰레스와라 큰 사원 내 사당의 하나)에 앉아 있을 때만 해도 큰 사원에 있었습니다. 그녀는 사원 내의 사두들(sadhus)에게 음식을 공양하곤 했는데, 나중에는 한 깜말라(Kammala)[대장장이] 여인이 보내주던 음식을 받아 저에게도 가져오기 시작했지요. 얼마 후에는 그 깜말라 여인이 끼라이 빠띠를 통하지 않고 직접 저에게 음식을 가져오기 시작했습니다. 그 무렵 끼라이 빠띠는 큰 헝클머리(jata)를 하고 다녔습니다. 제가 나중에 비루팍쉬 산굴로 살러 갔을 때 그녀는 (더 아래쪽의) 구하이 나마시바야르 사원(Guhai Namasivayar Temple)에 살고 있었는데, 이때는 머리를 다 삭발한 뒤였습니다. 그녀는 그곳의 만따빰에 살면서 만따빰의 벽과 기둥에 새겨진 나마시바야르 등의 상像에 예배를 하곤 했지요. 승려가 와서 만따빰 안의 신상에 예배를 하기도 했지만, 그녀는 자기가 사는 만따빰의 벽에 있는 상들에만 공양을 올렸습니다. 그녀는 아침에 일어나면 작은 산(구하이 나마시바야르 사원 뒤쪽의 작은 산)으로 산책을 나가서 지금 우리 아스라맘이 있는 곳 쪽으로 왔다가, 스깐다스라맘이 있는 곳으로 돌아가서 자기 처소로 내려갔습니다. 그때쯤이면 땔나무, 소똥 등을 모아 단으로 묶어서 등에 지고, 무릎에는 요리할 온갖 푸른 잎들을 많이 모아놓고 있었지요. 그녀는 솥이 하나밖에 없었습니다. 먼저 그 솥에 물을 끓여 목욕을 했고, 같은 솥으로 차례대로 밥을 하고, 소스(sauce)를 만들고, 자기가 따온 잎 같은 것으로 다른 반찬을 만들어, 그 음식을 벽이나 기둥의 상像 앞에 공양 올리고, 저에게 갖다 준 다음 가서 자신도 식사를 하는 식이었습니다. 오후에는 읍내로 내려가곤 했지요. 읍내에는 그녀가 모르는 집이 하나도 없었습니다. 그녀는 여러 가지를 탁발하여 얻으면 돌아와서 저에게 곧잘 이렇게 말했습니다. '어떤 착한 사람이 싸라기를 한 움큼 주었어요. 그걸로 죽을 끓였지요.'"

"그러나 누가 가서 보면 그녀의 처소에는 온갖 식품이 있고 싸라기도 큰 솥 하나 가득 있었습니다. 그녀는 그런 여자였지요. 저를 아주 좋아했습니다. 저도 이따금 그녀를 찾아갔는데, 어떤 때에는 그녀가 푸른 잎, 예컨대 드럼스틱 나무(drumstick tree-모링가) 잎 따는 것을 도와주기도 했습니다. 또 어떤 때는 요리하기 전에 그 잎들을 씻고 뜯는 것도 도와주었고, 가끔은 거기서 그녀와 함께 식사를 하기도 했습니다." 나는 **바가반**께 그녀가 언제 타계했는지 여쭈었다. 당신이 말씀하셨다. "우리가 여기로 오기 전이지요. 그녀는 바로 여기 다끄쉬나무르띠 사원(라마나스라맘 앞의 작은 사당) 앞 반대편의 한 타마린드 나무 밑에 묻혔습니다."

빠라야나가 끝난 직후인 오후 6시 15분경, 원숭이들이 (자기들이 늘 와서 과일과 견과를 달라고 하던 **바가반** 곁의 창문이 닫힌 것을 보고) 같은 쪽의 문간 근처로 왔는데, 그 문간으로 회당을 나가려고 하던 여자들과 아이들이 놀랐다. 이와 관련해 비스와나타 아이야르 씨가 만띠(*manthi*)라는 단어를 쓰면서 그것은 수컷 원숭이를 뜻한다고 했다. 내가 말했다. "저는 그것이 정반대의 의미라고 믿습니다. 여기 삘라이 뻬루말 아이앵가르(Pillai Perumal Aiyangar)가 지은 '만띠가 그녀의 짝에게, 자기가 땅에서 캔 뿌리를 달라고 했다(*manmūlan thāvenṛu manthi kaduvaṛkuraippa*)'고 한 것을 보십시오." 이에 무루가나르가 만띠는 보통 암수 원숭이를 모두 뜻하는 것으로 쓰이는데, 특히 암컷을 뜻한다고 말했다. **바가반**은 성자 빠띠나따르(Saint Pattinathar)[35]의 '나는 원숭이의 새끼와는 같지 않다네 (*manthikuṛalai yotthēnillai*)'라는 구절을 인용하면서 "거기서 그것은 분명히 엄마 원숭이를 가리킬 것"이라고 말씀하시고, 나아가 만띠라는 단어가

---

35) *T*. 9세기의 타밀 시인이자 성자.

나오는 『띠루뿌갈(Thiruppugazh)』[36])의 노래 하나와 빠띠나따르의 『우다르꾸뜨루 반남(Udarkūṟṟu vaṇṇam)』에 있는 노래 하나를 기억해 내셨다. 이 두 노래를 (책장에서) 즉시 골라내 왔다. 앞의 노래는 「빨라니 바굽뿌(Palani Vaguppu)」라는 것이었는데, 그 중에서 해당 부분을 **바가반**이 낭독하시고 그것을 우리에게 설명해 주셨다. 그것은 빨라니(Palani)의 다산성多產性을 찬양하면서 이렇게 말하는 내용이었다. "빈랑나무 위에 앉아 있던 만띠는 근처의 백단목에 핀 꽃들을 보다가 그것이 뱀(코브라)들의 두건이라 생각하고 겁에 질려 다른 나무로 훌쩍 뛰는데, 그 바람에 그 나뭇가지들은 아래로 휘었다가 위로 솟구쳐 근처의 바나나나무 덤불 속에 송이로 매달려 있던 잘 익은 바나나들을 후려쳐 흩뜨리고, 그것이 이번에는 밑에 있던 잭프루트(jackfruits)들 위에 떨어져 그 속에 고여 있던 꿀을 흐르게 하니, 이 꿀이 줄줄 흘러나와 인접한 샴바가 나무들(shambaga trees)을 적신다네." **바가반**이 이 모든 것을 설명해 주셨다. 이전에도 나는 **바가반**이 이것을 우리네 시인들이 한 나라의 다산성을 과장하는 하나의 사례로 설명하시는 것을 들은 적이 있다. 빠띠나따르가 지은 다른 시구들도 골라내셨는데, 그것은 이러했다. "청력도 잃고 생각하는 능력도 잃고 여기저기 헤매는 것은 늙은 한 곱사등이 원숭이라네. 마음에 떠오르는 대로 아무 소리나 지껄이며 여기저기 헤매고 있네(varuvathu pōva thorumuthu kūnu manthi yenumpadi kunthu nadanthu, mathiyu mizhanthu sevi thimir vanthu)." **바가반**은 이 노래를 끝까지, 그것을 운에 맞추어서 읽으셨다.

1946-1-27 오전

크리슈나스와미가 자신이 다짐한 대로 오늘 오전에 돌아왔다. **바가반**은 그가 마드라스로 **간디**를 보러 갔던 일에 대해 자상한 질문을 하고 계셨다. 크리슈나스와미는 기차에 사람이 너무 많아 자신은 여기서 마드라

---

36) T. 아루나기리나타르(Arunagirinathar)가 지은 주 **무루간**에 대한 찬가 선집(14세기).

스까지 서서 가야 했고, 거기에도 10만 명이 넘는 군중이 있었으며, 한쪽 구석에 주차해 놓은 차들이 바다를 이루었다고 했다. 자신은 우리의 친구들 중 일부의 주선으로 6루피짜리 표를 가지고 어찌어찌 **마하트마 간디** 아주 가까이 앉았는데, 나중에는 군중이 모두 게이트를 부수고 밀고 들어왔고, 간디는 힌디어 외에는 어떤 언어로도 연설하기를 거부했다는 등의 이야기를 했다. **바가반**이 말씀하셨다. "자네는 **간디**를 뵈었군. 이제 자네는 그런 여행에서 얻는 즐거움을 알고 그것을 누렸어." 그렇게 말씀하시고 그 표를 돌려주면서 "잘 간수하게. 6루피나 하니까"라고 하셨다. 크리슈나스와미는 T.N. 크리슈나스와미 박사가 준 크고 작은 사진도 여러 장 가져왔는데, 그 중의 많은 사진에 그와 **바가반**이 함께 나와 있다. 이와 관련하여 나감마가 **바가반**께 비스와나타 아이어의 모친이 최근에 스깐다스라맘에서 찍은 **바가반**의 사진들을 보고 싶어 한다고 말씀드렸다. 당신은 앨범을 가져와서 그 여사에게 보여주라고 명하셨고, 우리는 그렇게 했다.

크리슈나스와미가 **바가반**께 말씀드렸다. "T.N. 크리슈나스와미 박사가 제 편에 **바가반**께 약을 좀 보내드린다고 했지만, 그를 다시 만나 약을 가져올 시간이 없었습니다. T.P. 라마짠드라 아이야르가 가져올 겁니다." **바가반**이 말씀하셨다. "약을 왜? 지금 나에게 무슨 문제가 있지? 나는 괜찮아. 이런 건 다 불필요한 소동이야. 왜 그에게 가서 나에게 약을 보내달라고 했나?" 크리슈나스와미가 말했다. "제가 부탁하지 않았습니다. 본인이 보내겠다고 한 겁니다. 그는 **바가반**을 뵈러 올 계획까지 하고 있습니다." **바가반**이 말씀하셨다. "그가 자네에게 '**바가반**은 어떠신가?' 하고 물었을 테고, 자네는 무슨 말을 했겠지. 그러지 않고서야 약을 왜 보내겠나?" 크리슈나스와미가 말했다. "그렇게 물어보는데 어떻게 침묵할 수 있습니까? 우리가 말을 해야지요." 그는 **바가반**께 또 이렇게 말했다. "우리의 친구들(바가반의 헌신자들) 몇 분이 **마하트마 간디**에게 우리 아스라맘을 방문하도록 제안하고 싶어 했습니다. 그러나 그들이 O.P. 라마스와미 레디와 상의하자 그가 말하기를, '여기서는 우리 중의 누구도 마하트마 간디에게 전혀 접근하지 못합니다. 라자지(Rajaji)37)만 영향력이 있습니다' 하더군요." 그러자 바가반이 말씀하셨다. "그는 여기 도무지 올 형편이 안 되겠지(avāyellām ingge yellām varavidamāddā)." 약 1주일 전에 바가반이 말씀하시기를, 마하트마가 한 번 이곳에 와서 (우리 아스라맘에서 200미터도 채 되지 않는) 우시장 근처에 있다가, 예정했던 시간보다 일찍 용무를 끝낸 뒤 기부금을 모아 그곳을 떠났다는 말씀을 하셨다. 크리슈나 스와미는 또한 마하트마가 사람들에게, 자신은 바가반을 자주 생각하고 있으며 바가반에 대해 큰 존경심을 가지고 있다고 말했다는 소식도 전했다. 바가반이 말씀하셨다. "그래, 그래. 그럴 수도 있지. 누가 마음의 평안이 없다는 말을 할 때마다 그는 그런 사람을 여기로 보내면서 '라마나스라맘에 가서 한동안 있어 보라'고 하니까. 그들이 와서 우리에게 이야기를 하지."

나중에 오전 10시가 지나 바가반은 「디나마니(Dinamani)」(타밀어 일간지)를 읽고 계셨는데, 거기서 뻬루르(Perur)[코임바토르 인근]의 사원에 대한 글 한 편이 있는 것을 접하시자 그것을 우리에게 읽어주고 이렇게 말씀하셨다. "이건 처음 듣는 이야기군요. 순다라무르띠(Sundaramurti)의 생애담이나 『뻬리야뿌라남』에서 우리는 이런 이야기를 듣지 못하는데. 하지만 『스탈라뿌라남(Sthalapuranam)』에는 있을지 모르지요." 그 이야기는 이러하다: "한 해의 어느 특정한 날, 신과 여신(사원 안의 신과 여신의 상)을 인근의 들판으로 모셔내어 신과 여신이 한 헌신자를 위해 모내기를 하는 축제를 벌이는데, 이는 (예전에) 순다라무르띠 스와미가 하루는 그 사원에 들어가 보니 놀랍게도 신도 없고 여신도 없어서 찾아보았고, 그들이 하리잔(harijan-불가촉천민)인 이 헌신자를 위해 모내기 일을 하고 있는 것을

---

37) T. 인도 독립 후 마지막 총독을 지낸 라자고빨라짜리(Rajagopalachari, 1878-1972).

발견했다는 사실을 기념하기 위한 것이다."

1946-1-28 오전

여기 머무른 지 이제 한 달가량 된 P.B. 레이(Ray) 씨는 **바가반**에 대한 벵골어 전기의 저술을 끝냈다. 그는 자신의 영어로 번역된 이 봉헌물을 **바가반** 앞에서 읽었다. 그는 몇 년 전 마드라스에서 어떤 사람에게서 **바가반**의 이야기를 처음 들었고, 그 직후에 이 전기를 쓰기 시작했으며, 이것을 완성하는 데 4년이 걸렸다고 말했다. **바가반**은 오래 전에 어느 벵골인이 당신의 약전略傳을 한 벵골어 저널에 썼고, 당신에 대한 다른 글들도 벵골어 신문이나 잡지들에 몇 편 실렸다고 말씀하셨다. 레이 씨는 방금 **바가반**이 말씀하신 글들 중 두 편은 자기가 쓴 것이라고 했다. 이에 **바가반**은 그 다른 벵골어 글(약전)을 찾으셨고, 그것을 찾아내자 이를 레이 씨에게 주며 잘 살펴보라고 하셨다. 그것은 1934년에 간행된 「암루뜨(Amrut)」라는 잡지에 실린 것이었고, 글을 쓴 이는 라마크리슈나 교단(Ramakrishna Mission)의 자가디샤난다 스와미(Jagadishananda Swami)였다. 레이 씨는 그것을 자세히 살펴본 뒤 저녁에 나에게 말하기를, 그 글은 중요한 사실들을 모두 다루고 있지만 어찌된 셈인지 **바가반**이 이곳에 오시기 전에 마두라에서 했던 체험, 즉 죽음에 대한 생각에서 비롯되어 당신의 **진아 깨달음**을 가져온 그 체험에 대해서는 어떤 언급도 하지 않고 있다고 말했다.

최근에 여기 왔던 고꿀 바이(Gokul Bhai)라는 이가 (아스람으로) 편지를 보내어 말하기를, 자신은 **간디지**(Gandhiji-간디의 존칭)를 이곳에 모셔오려고 애썼지만 간디지가 이미 빡빡한 자신의 일정에 더 이상 아무것도 추가해서는 안 된다고 단호히 명령했다는 것을 알았다고 했다. **바가반**이 덧붙이셨다. "그들은 이런 일까지 다 할 시간이 없지."

1946-1-29 오후

바가반이 『라마나 릴라(Ramana Lila)』[바가반의 텔루구어 전기]의 신간을 집어 들어 별 생각 없이 펼쳤다가 당신이 지은 별개 시들[식사 전, 식사 도중 그리고 식사 후에 물을 마시는 일에 대한 것, 싯디(siddhis-초능력)를 추구하는 사람들은 마법사들보다도 못하다는 것 등]을 보시고는 놀라움을 표시하셨다. "그가 이번 판에 이 모든 걸 덧붙였군. 이제까지 본 적이 없는데. 언제 이런 걸 구해서 이 판에 추가했지?"

바가반이 여전히 이 신판을 들여다보고 계실 때 한 방문객이 질문했다. "저는 약 1년 전에 여기 왔는데 그때부터 바가반의 가르침을 따르려고 노력해 왔습니다. 그렇지만 별로 성공하지 못하고 있습니다. 저는 모든 여자들을 어머니로 보려고 애씁니다. 그러나 잘 안 됩니다." 바가반은 답변하지 않았고 방문객은 말을 이어갔다. "집에 있을 때는 괜찮습니다. 그러나 밖으로 나가서 여자들을 보면 제 마음을 제어하지 못하고 정신을 빼앗깁니다. 저는 어떻게 해야 합니까?" 그는 또 이렇게 덧붙였다. "저는 **진아 깨달음**(atma sakshatkaram)을 원합니다. 어떻게 해야 합니까? 저는 바가반의 은총을 기원합니다." 잠시 뜸을 들인 뒤에 바가반이 답변하셨다. "그대는 집에 있을 때는 괜찮다고 말합니다. 집에, 마음 속의 집에 있으십시오. 마음을 밖으로 나가지 못하게 하고 내면으로 돌려서 그곳의 집에 붙들어 두십시오. 그러면 모든 일이 잘 될 것이고, 그대가 **진아 깨달음**을 갖게 될 것입니다. 문제는 우리가 자신을 마음이라고 생각한다는 것입니다. 우리가 과연 마음인지 살펴보십시오."

그 방문객이 말했다. "저는 재가자(grihasta)입니다. 하지만 아내가 있음에도 브라마짜리야(독신생활)를 실천하고 싶습니다. 그러나 그것이 안 됩니다. 어떻게 해야 합니까?" 바가반이 답변하셨다. "그것(성적 욕망)은 오랜 원습(vasanas) 때문입니다. 산깔빠(sankalpas-욕망이나 의도)가 너무 오래 존재해 왔기 때문에 그것이 아주 강합니다. 그러나 그것도 사라지겠지요."

1946-1-30 오후

바가반은 압뿌 사스뜨리(Appu Sastri) 씨에게서 온 편지를 읽고 계셨는데, 그는 베나레스(Benares-바라나시)에서 갠지스 강 위의 배 안에 살고 있는 하리디얄 마하라지(Haridyal Maharaj)라는 사람을 방문한 적이 있다고 했다. 이 마하라지[스와미]는 2백 살로 알려져 있다. 이와 관련하여 바가반이 말씀하셨다. "제가 구루무르땀(Gurumurtham)에 있을 때는 손톱이 자라서 1인치나 되었고 길게 흘러내린 헝클머리(jata)를 하고 있어서, 사람들은 제가 용모는 어리지만 아주 나이가 많을 것이고, 그와 같이 수백 년을 살았을 거라고 이야기하곤 했지요!"

(어제 날짜에서 언급한) 그 방문객이 바가반께 말했다. "저는 오늘밤 집으로 돌아갑니다. 제 어려움은 말씀드린 바 있습니다."

바가반: 예. 그런 것들은 점차 사라질 것입니다.

붓 문객: 바가반의 은견恩見(kripa drishti-은총으로 바라보심)을 기원합니다.

바가반은 답변하지 않으셨다. 불과 몇 분 전에 콜롬보 라마짠드라의 어린 두 소녀가 노래하기를 끝냈는데, 거의 마지막 노래에 (열렬한 오랜 헌신자인 그들의 아버지가 지은) 이 구절이 있었다. "(당신의) 눈길을 받은 이들은 슬픔이 소멸하니, **안나말라이**(아루나찰라)에 은총의 **스승**으로 계시는 **라마나**께 기원하고 기원하네(kaṇṇālē pārtthavargaḷ kavalakaṟṟik kathikāddum, aṇṇāmalai ramaṇa arud guruvā yiruppavaṟku, mangaḷam mangaḷamē)."

밤

아난다 스와미라는 방문객이 1940년 어느 날짜의 「힌두(The Hindu)」 복사물을 한 부 가져왔는데, 거기서는 모리스 프리드먼(Maurice Frydman) [지난 10년간 바가반의 헌신자였다]이 어떤 현상을 설명하고 있다. 즉, 사기라고 의심할 수 없는 상황에서 여자 두 명이 기도를 하다가 일종의 무아경에 들었는데, 불가사의하게도 그들의 손에 사탕 몇 개와 아몬드가 난

데없이 나타났다는 것이다. 그 스와미는 자기도 이와 같이 사람들이 과일 등을 받는 경우들을 직접 보았다면서, 이런 현상을 어떻게 설명할 수 있느냐고 **바가반**께 여쭈었다. **바가반**이 답변하셨다. "우리는 수많은 이야기들을 듣습니다. 그런 것을 얻으려고 애쓰는 어떤 교파들이 있지요. 그들은 그런 것을 보거나 얻을지 모릅니다. 그러나 누가 그것을 보거나 얻습니까? 그것을 봐야 합니다. 『뻬리야뿌라남』에서도 비슷한 현상을 이야기합니다. 한 상인이 아내에게 망고 두 개를 보내면서 나중에 식사하면서 그것을 먹겠다고 했습니다. 그런데 그가 일을 끝내고 돌아오기 전에 한 사두가 (탁발하러) 와서 배가 아주 고프다고 말했고, 상인의 아내는 사두를 가엾게 여겨 그에게 밥을 좀 주고, 반찬으로 달리 준비된 것이 없어 망고 중의 하나를 주었습니다. 그녀는 남편이 망고 하나로 만족해 주기를 바랐습니다. 나중에 남편이 돌아와 식사를 하다가 망고를 갖다 달라고 했고, 하나를 먹고 나서 그것이 아주 맛있자 나머지 하나도 달라고 했습니다. 아내는 남편이 화낼 것이 두려워 곤혹스러워하면서 그 과일을 두었던 방으로 들어가, 이런 상황이니 도움을 달라고 **신**께 기도했습니다. 그런데 웬일입니까! 망고 두 개를 두었던 곳에 하나가 더 있었고, 그래서 그녀는 그것을 가져다 남편에게 주었습니다. 그가 먹어 보니 그것이 훨씬 더 맛있고, 일찍이 알지 못한 황홀경과 평안(shanti)을 안겨주었습니다. 그래서 아내에게 이 과일에 대한 진상을 캐물어 그 경위를 알게 되었습니다. 그는 놀랍기도 하고 다소 미심쩍기도 하여 아내에게 기도하여 하나를 더 청해 보라고 했습니다. 아내는 해 보겠다고 했고, 신의 은총으로 망고를 또 하나 얻었습니다. 이때 그는 그녀가 성자라는 생각이 들어 그녀 앞에 엎드려 절을 했습니다. 그리고 그녀를 더 이상 아내로 대하는 것은 신성모독이라 생각하고, 집을 떠나 어느 다른 마을로 가서 살았습니다. 얼마 후 아내가 그가 어디 있는지 알아냈습니다. 그리고 남편이 자신의 **주님**이니 그에게 가는 것이 자신의 의무이고, 그는 자신을 마음대로 대해도 된다고 생각하고 그 마을을 찾아 갔습니다. 그 낌새를 챈 남편이 마을 사람들에게 말했습니다. '대단한 성자 한 분이 오고 있습니다. 우리는 합당한 예우와 함께, 가마를 내오고 북을 치며 음악을 연주하는 등의 격식 있는 의례를 갖춰 그녀를 맞아야 합니다.' 그래서 그는 성대한 환영식을 준비하고 영접단의 선두에서 행진하여 자신의 아내 앞에 먼저 엎드려 절을 했습니다."

"아내는 어떻게 해야 할지 몰랐습니다. 그녀는 육신을 벗고 아스트랄체(astral body)로 살았고, 결국 천상으로 가면서 남편도 함께 데려갔습니다. 이 여류 성자가 까라이깔 암마이야르(Karaikkal Ammaiyar)인데, 그녀의 이야기는 『뻬리야뿌라남』에 나옵니다."

우리는 또한 프리드먼과 이 아난나 스와미가 들려준 것과 비슷한, 불과 몇 달 전 **바가반**의 회당에서 일어난 사건 하나를 상기했는데, 그것은 이 일기에 기록되어 있다(85-6쪽). 그때는 한 구자라트 여성이 기도한 뒤에 손바닥 안에 사탕을 얻었다. 발라람 씨의 요청으로 이 일기의 앞 권을 가져왔고, 발라람 씨는 그 사건이 일어난 경위를 기록한 부분과 이 기적을 일으킨 여성의 이름과 주소를 낭독했다. 아스라맘의 오랜 상주자인 라마스와미 뻴라이는 그런 일에 의미를 부여하는 것을 힐난했다. 그가 말했다. "저는 그보다 더 놀라운 일들, 예컨대 어떤 사람을 상자 안에 집어넣고 상자를 톱으로 썰었는데도 멀쩡하게 나오는 그런 경우도 보았습니다. 그런 기적들을 보고 제가 배운 것은, 우리가 자신의 눈을 믿어서는 안 된다는 것, 우리 눈이 그렇게 말한다고 해서 어떤 것을 실재한다고 믿어서는 결코 안 된다는 것이 전부였습니다." **바가반**도 덧붙여 이렇게 말씀하셨다. "우리는 수많은 놀라운 일들이 일어나는 것을 봅니다. 요술사가 소녀를 단단히 묶어서 마대자루에 넣고 바구니 밑에 둔 다음 소녀를 부르면, 그 소녀가 다른 곳에서 나타납니다. 마법이라는 것도 있지요."

이때쯤이 되자 우리가 타밀 빠라야나를 할 시간이 되었다. 우리는 (시바쁘라까삼 삘라이의)「라마나 데바 말라이(Ramana Deva Malai)」 중의 제29연으로 시작했는데, 희한한 우연의 일치로 그 구절은 "**지성**(buddhi)은 **마야** 때문에 **실재**를 보지 못하네"였다. (빠라야나가 끝난 뒤) **바가반**은 우리가 하던 대화를 이어서, 시바쁘라까삼 삘라이의 말을 인용하여 "모든 것은 마야가 하는 일일 뿐(ellām māyaiyin seyalē)"이라고 덧붙이셨다.

1946-1-31 오전

오전 8시 30분경, 즉 S. 라오 박사가 **바가반**의 다리를 안마해 드리고 근 반시간 뒤에 **바가반**이 말씀하셨다. "누르는 것 같기는 한데, 바라보면 사람이 보이지 않아(pidissundirukkirap pōlirukkuthu, partthāl āḷaikkāṇōm)."

오전 11시경에 한 방문객이 질문했다. "바가반께서는 오늘 아침 저에게 '**실재**(yathartham)를 모르면 평안(shanti)을 얻지 못한다'고 말씀하셨습니다. 그 실재가 무엇입니까?"

바가반: 늘 있는 것이 **실재**입니다. 그것이 평안입니다. 평안은 실재의 다른 이름입니다.

방문객: 그것에 어떻게 도달하며, 평안을 어떻게 얻습니까?

바가반: 이미 말했듯이 '있는 것'이 평안입니다. 우리가 해야 할 일은 침묵을 지키는 것뿐입니다. 평안은 우리의 진정한 성품입니다. 우리가 그것을 망칩니다. 우리에게 필요한 것은 그것을 더는 망치지 않는 것입니다. 우리가 평안을 새로 만들어내지는 않을 것입니다. 예컨대 어떤 회당 안에 공간이 있습니다. 우리는 그 장소를 다양한 물품들로 채웁니다. 만약 공간을 원한다면 우리가 해야 할 일은 그 모든 물품들을 치우는 것이 전부이고, 그러면 우리가 공간을 얻습니다. 마찬가지로 우리의 마음에서 모든 쓰레기, 곧 모든 생각들을 없애면 평안이 드러날 것입니다. 평안을 가로막고 있는 것을 없애야 합니다. 평안이 유일한 **실재**입니다.

오후

바가반은 『라마나 릴라』의 신판을 훑어보고 계셨다. 당신은 이 판에 많은 오류가 포함되어 있다고 느끼신다. 어떤 것들은 교정쇄를 제대로 살펴보지 않았기 때문인데, 당시에 벤까따 크리슈나이아 씨가 시력이 나쁜 상태였기 때문이다. 그러나 어떤 오류들은 사실을 확인하는 데 충분히 주의하지 않은 데 따른 것이었다. 바가반은 이런 것들을 고치려고 하셨다. 예컨대 그 책에서 말하는 바가반의 천궁도와 관련하여 15년을 5년으로 고치셨다. 당신은 빠빠하라나디(Papaharanadi) 강38)의 방향과 위치가 정확하지 않은 것을 발견하셨다. 이런 실수들은 바가반의 심기에 거슬리므로, 당신은 책 전체를 인내심 있게 훑어보면서 그것들을 찾아내셨다. 그것은 특히 시력이 좋지 않으신 당신에게 너무 과한 노고이다.

1946-2-1 오전

라디오 뉴스에서 꼬친(Cochin-인도 남서부의 토후국)의 마하라자가 사망했다고 발표했다. 바가반이 말씀하셨다. "그가 갔어? 병이 났다는 기사를 읽었는데!" 내가 말했다. "연세가 많았던 것이 분명합니다!" 바가반이 말씀하셨다. "그래요. 이제 다른 노인이 왕좌에 오를지 모르겠군요. 타계한 분도 불과 몇 년 전에 즉위했는데. 아빤 땀비란(Appan Thambiran)[그는 바가반을 찾아온 적이 있고, 바가반에 대한 글도 썼다], 그가 만약 살아 있다면 왕위를 얻었을 텐데 말입니다. 거기는 왕위 계승을 기다리는 왕자들이 줄을 서 있습니다." 내가 말했다. "그들은 대개 나이가 많을 뿐 아니라 아주 학식이 있고 경건합니다. 꼬친의 이 라자들은 말입니다." 바가반이 말씀하셨다. "그렇지요. 그들은 대개 산스크리트어에 해박합니다. 뜨라반꼬르(Travancore)39)에서 하리잔들(계급외인)에게 사원들의 문을 개방했을 때에도

---

38) *T.* 바가반의 고향인 띠루쭐리에 있는 작은 강. 빠빠하리(Papahari) 강이라고도 부른다.
39) *T.* 인도 남서부의 다른 토후국. 인도 독립 후 꼬친 등과 합쳐져 께랄라 주가 된다.

꼬친은 그러지 않았지요." 발라람이 말했다. "제가 대학에서 공부할 때, 꼬친의 (후계 서열) 42번째 왕자가 저와 함께 공부했습니다. 그들은 왕위 계승자들의 긴 목록을 가지고 있습니다." 시자 크리슈나스와미가 바가반께 꼬친이 큰 왕국(State)인지 여쭈었다. 이에 우리는 꼬친은 작지만 뿌두꼬따(Pudukottah)가 더 작다고 이야기했다. 어떤 사람이 말하기를, 뿌두꼬따는 원 소유주가 자기 주인을 배반하고 영국인들을 도왔기 때문에 하나의 왕국이 되었다고 말했다. 여기서 이야기는 당시 영국인들에게 공포의 존재였던 우마이얀(Oomaiyan) 쪽으로 흘러갔다. 영국인들은 그를 오랫동안 체포하지 못했는데, 결국 뿌두꼬따의 빨리아가르(Paliagar)의 협조로 체포했다고 한다.40) 이때 바가반이 말씀하셨다. "딘디걸(Dindigul)에 요새가 하나 있습니다. 그 정문 입구를 경비원이 지키고 있어 우리 소년들은 들어갈 수 없었지요. 우리는 벽의 맨 끝으로 가서 벽을 타고 올라가 요새 안으로 뛰어내렸다가 요새 뒤쪽 벽에 난 구멍으로 빠져나오곤 했는데, 우마이얀이 그 구멍을 통해 영국인들로부터 도망쳤다고 했습니다. 만일 우리가 지금 그 벽들을 보게 되면 어떻게 우리가 거기를 기어올라 거기서 뛰어내렸는지 놀랍니다." 바가반은 『라마나 릴라』를 계속 보시다가 오류들을 더 발견하셨다.

오후

G. 숩바 라오 씨가 『라마나 릴라』에서, (깐찌뿌람의) 샹까라짜리야가 그의 제자들 중 한 사람에게 바가반은 수브라마니야(Subramanya)의 세 번째 화신인데, 첫 번째는 꾸마릴라 바따르(Kumarila Bhattar)41)였고, 둘째는 냐

---

40) T. 18세기 후반 영국 동인도회사는 남인도 타밀 지역에서 힘을 키워 빨리아가르라는 지방 토후들로부터 세금을 징수했다. 그 중 비라빤디야 까따봄만(Veerapandya Kattabomman)이라는 토후국 왕은 영국인들의 징세권을 부정하고 그들과 맞서 싸우다 1799년에 성이 함락당해 도피했으나, 영국인들에게 협력한 뿌두꼬따 빨리아가르로 인해 체포되어 처형당했다. 이후 그의 동생 우마이얀이 2년간 영국인들에게 항전하다가 역시 체포되어 죽었다.
41) T. 베다의 무오류성을 주장한 미맘사(Mimamsa) 학파의 힌두 철학자(7세기).

나 삼반다르(Jnana Sambandhar)였다고 말했다는 구절을 읽고, **바가반께** 샹까라짜리야가 누구에게 그렇게 말했느냐고 여쭈었다. **바가반**은 모르겠다고 하셨다. 그러나 당신은 그것이 전전前前 샹까라짜리야, 즉 현 샹까라짜리야보다 2대 앞의 샹까라짜리야임이 분명하다고 말씀하셨다. 그리고 덧붙이셨다. "그 샹까라짜리야는 스깐다스라맘에 있는 저를 만나러 왔지요. 그는 들은 말을 되풀이했을 것이 분명합니다. 그런 말을 처음 하기 시작한 것은 다름 아닌 나야나(Nayana)인데, 그 전에는 누구도 그런 말을 하지 않았지요." 바가반은 『라마나 릴라』에서, 마두라에서 시작된 **바가반의 여행**에 대한 벤까따 크리슈나야(Venkata Krishnayya)의 시적 묘사, 곧 당신은 몸이라는 비행기(vimanam)를 타고 심장허공(daharakasha) 혹은 의식허공(chit akasha)을 가로지르고 계셨다고 한 부분을 우리에게 낭독해 주셨다. 이에 당신은 과거에 이곳에서 일어난 몇 가지 사건이 생각나서 이렇게 말씀하셨다. "우리가 타이 달(Thai month-1, 2월경)에 스깐다스라맘에 있을 때, 한 번은 4, 50명이 무리를 지어 밤에 산을 돌러 갔지요. 우리는 떠나기 전에 모두 뿌리(puri-기름에 튀긴 인도식 빵) 등을 배불리 먹은 데다 차까지 마셨습니다. 거기다 그들은 마룬두(marundhu)[아편 성분이 들어간 대마초(lehiyam)]까지 챙겨 갔습니다. 우리가 이 근처에 왔을 때 남부드리(Namboodri-께랄라의 귀족 브라민 계급)인 아뜨마난다 스와미(Atmananda Swami)가 이런 말을 하기 시작했습니다. '저는 우유의 바다(kshira sagara) 위에 둥둥 떠 있고, 어떤 배가 저를 그 바다 위로 데려가는 것 같은 느낌이 듭니다.' 또 어떤 사람은 비행기를 타고 공중을 날고 있는 느낌이라고 했습니다. 그와 같이 벤까따 크리슈나야는 제가 심장허공을 여행하고 있었다고 말하는군요!" 그러는 사이에 라마나타 딕쉬따르(Ramanatha Dikshitar-라마나타 브라마짜리)가 회당에 들어왔고(그는 1912년부터 **바가반과 함께 지내왔다**), **바가반**은 그를 보시자 이렇게 말씀하셨다. "그도 그때 우리와 함께 있었을 것이 분명합니다. 또 한번은 우리가 비루팍쉬 산굴에 있을 때 우리가 산을 돌러 나갔었는데, 찌담바람의 수브라마니야 사스뜨리(Subrahmanya Sastri)가 일행의 리더였지요. 우리가 이 근방 어디쯤 왔을 때 그가 제안하기를, 우리가 산을 돌면서 각자 한 시간씩 구루 박띠(Guru bhakti-스승에 대한 헌신)에 대해 강설을 하자고 했고, 라마나타가 첫 순서로 하게 되었습니다. 그들은 모두 마룬두[간자(ganja-대마초)]를 먹은 상태였습니다. 라마나타는 강설을 시작하더니, 띠루반나말라이와 라마나, 찌담바람과 **나따라자**(Nataraja-찌담바람에서 춤추는 시바), 그리고 몸과 진아가 동일하다는 자신의 주제를 논한 다음, 계속 그 주제를 상론하고 그것을 뒷받침하는 독창적 논변들을 설했는데, 열의와 기분이 워낙 넘쳐서 자신의 제한 시간을 훨씬 초과했습니다. 그만하라고 하자 그는 조금만 더 시간을 달라고 애원했습니다. 그래서 계속해 보라는 허락을 받았지요. 그런데 두 시간이 지나도 끝내지 않자, 부득이 그의 이야기를 중단시키고 다른 사람에게 이야기하도록 했습니다. 라마나타가 이야기하는 방식은 놀라웠습니다. 그가 그렇게 말을 잘하리라고는 아무도 예상하지 못했겠지요. 그가 「띠루쭐리에서 나신 주님(Thiruchuzhi nāthanaik kaṇdēnē)」[42]을 지은 것은 그 다음날이었습니다." 발라람 씨는 『라마나 릴라』에서, 바가반이 한번은 비루팍쉬 산굴에 혼자 계시면서 작은 벽 하나를 쌓고 계셨는데 한 방문객이 거기 와서 바가반께 스와미(바가반)가 어디 계시냐고 묻자 바가반은 그에게 "스와미는 나갔습니다"라고 대답했다는 구절을 읽게 되었다. 발라람이 바가반께 여쭈었다. "그것이 사실입니까?" 바가반은 "예." 하셨다. 발라람이 계속 읽어 보니 이렇게 서술되어 있었다. 즉, 그 남자는 잠시 머물러 있다가 돌아오는 스와미가 없자 가 버렸고, 세 번째 날에도 다시 왔지만 그때도 잠시 머물러 있다가 바가반 외에는 아무도 없자 돌아갔다. 돌아가다가 그는 에쨤마(Echamma-에쨤말)를 만났고, 그녀

---

[42] T. 이 제목은 후렴구, 소후렴구 및 본문 4개 연으로 된 이 노래의 맨 첫 구절을 따온 것이다. 그 내용은 『라마나스라맘에서 보낸 편지』, 1946년 12월 20일, 편지 78에 나온다.

에게서 그가 찾는 **스와미**는 다름 아닌 비루팍쉬 산굴에서 자신이 그날과 그 앞전 날에 본 사람이라는 말을 들었다. 에짬마가 나중에 **바가반께** 그 사람을 그렇게 오도誤導하신 것이 과연 옳았는지 여쭤자 **바가반**은 그녀에게 이렇게 대답하셨다. "그러면 제가 목에 방울이라도 달고 '내가 **스와미**요' 하면서 돌아다니거나, 이마에 제가 **스와미**라는 표식을 붙이고 있기를 바랍니까?"

이 이야기가 나오자 **바가반**은 당신의 초년 시절 이야기를 들려주면서, 당시에는 샅가리개 하나와 해어진 작은 수건 하나만 걸치고 다녔기 때문에, 당연히 누구도 당신을 **스와미**로 생각하기가 쉽지 않았다고 하셨다. 당신이 말씀하셨다. "제가 빠짜이암만 사원(Pachaiamman Koil)에 있을 때, 해어지고 떨어진데다 대부분의 곳에서 올이 튀어나와 거의 누더기가 된 수건을 하나 가지고 있었지요. 한번은 한 목동 소년이 이 떨어진 누더기를 놀리면서 '총독이 이 수건을 달라는데요' 했습니다. 저는 '주지 않겠다 하더라고 전해라!'고 대답했습니다. 저는 그것을 사람들 보는 데서 결코 펴지 않았지요. 그것을 동그랗게 말아서 가지고 있다가 필요할 때마다 그 수건으로 제 몸과 손, 혹은 입을 닦고 나서 다시 동그랗게 말아 두었습니다. 그것을 세탁해서 두 바위 사이에서 말리곤 했는데, 그곳은 저와 함께 있던 어느 누구도 가지 않는 곳이었지요. 제 샅가리개마저 해어지곤 했습니다. 맨 윗부분이 곧잘 해어지면 그 샅가리개를 뒤집어 맨 아랫부분이 맨 위로 가게 하여 사용했습니다. 숲 속으로 들어가면 샅가리개에서 뽑은 실로 선인장 가시를 바늘 삼아 그것을 몰래 깁곤 했습니다. 그래서 제 수건과 샅가리개가 얼마나 엉망인 상태인지 아무도 몰랐고 의심하지 않았지요. 하루는 당시 저와 함께 지내곤 하던 사람들 중 하나가 어쩌다 제가 옷을 말리던 곳에 갔다가 우연히 제 옷들의 상태가 어떤지 발견했습니다. 그들은 이때, 그런 상태가 되도록 자기들이 모르고 있었고, 자기들은 변명의 여지가 없는 신성모독(apachara)을 저질렀다는 등의 말을 하면서 울었습니다. 그들은 옷감 한 보따리와 많은 수건 등을 몇 트렁크 가지고 있었는데, 모두 제가 쓰도록 하기 위한 것이었습니다. 제 수건과 샅가리개가 얼마나 심하게 해어졌는지 몰랐으니 그랬지, 안 그랬으면 오래 전에 그것을 바꾸어 주었겠지요." 당신은 이렇게 덧붙이셨다. "우리의 무루가나르가 자신이 지은 노래에서 이 사실을 이야기하면서, 제가 수건에 인드라(Indra-천신들의 왕)를 가지고 있었고[즉, 천 개의 눈 혹은 구멍이 있었고], 선인장 가시를 이용해 기운 샅가리개를 가지고 있었다고 묘사하고 있습니다. 그러나 그 사실을 모르는 사람들은 이 시인이 무슨 말을 하는지 정확히 이해하지 못할 수도 있습니다." 당신은 또 우리에게 성자 순다라무르띠의 생애담에 나오는 이야기 두 가지를 들려주셨다. 한 이야기에서 이 성자는 덩굴가지(climbing brinjal, *thūthuvalai*) 잎을 가지고 숭배를 하고 있었는데, 남들은 그가 음식을 요리하기 위해 그것을 준비하고 있다고 여겼다. 또 한 이야기에서는 소마야줄루(Somayajulu)라는 사람이 그 잎들을 통해 이 성자의 도움을 받고 나서 자신의 예배의식(*yajna*) 때 시바의 친존을 얻었다.

1946-2-2 오전

한 방문객이 바가반께 자신은 하리잔들의 지위 향상을 위해 일하고 있는데, 자신과 그 대의에 동참한 동료들은 **마하트마 간디**를 친견하고 그의 축복을 얻었다고 했다. 그는 **마하트마 간디**가 그들에게, 만일 그들이 하리잔 처녀들과 그보다 높은 카스트의 총각들을 결혼시킬 수 있으면 그런 결혼들은 자신의 축복을 얻을 것이라고 말했다면서, 그 문제에 관한 **바가반**의 견해를 듣고 싶어 했다. 바가반이 말씀하셨다. "마하트마 간디가 그렇게 말했다면, 우리는 모두 그가 한 말을 듣겠지요. 우리가 더 할 일이 뭐가 있습니까? 그는 저명인사이고 그 분야에서 일하고 있습니다. 우리가 그것과 무슨 관계가 있습니까?" 바가반은 우리를 돌아보며 이렇게 덧붙이셨다. "제가 입을 열면, 아무개가 이러이러한 말을 했다고 신문에 나겠지요. 그 다음날은 그것을 비난하는 사람들이 나올 것입니다. 우리가 할 일은 침묵을 지키는 것입니다. 우리가 이런 모든 일에 개입하면 사람들은 의당 '그가 왜 침묵을 지키지 않고 이런 모든 일에 간섭하지?' 하고 묻겠지요. 마찬가지로 **마하트마 간디**가 자신의 모든 활동을 젖혀두고 침묵을 지키면, 그들은 '왜 그는 이런 활동을 하지 않고 침묵을 지키지?' 하고 물을 것입니다. 그는 자신에게 운명 지워진 일들을 해야 합니다. 우리는 우리에게 운명 지워진 일들을 해야 하고."

아부 산山(Mount Abu)에서 온 아난다 스와미란 사람이 질문을 던지고 다음과 같은 답변들을 얻었다.

질문: 책들은 **뿌루샤**(*purusha*-지고의 영靈. 의식인 진아)가 엄지손가락 크기(*angushtha pramana*)라고 합니다. 그것이 의미하는 바가 무엇입니까?

답변: 분명히 그 책들은 **뿌루샤**가 그 안에서 현현되는 부가물(*upadhi*)을 지칭하는 것이겠지요. 일체에 편재하는 **뿌루샤**가 엄지손가락 크기라는 의미일 수는 없습니다.

질문: 그 **뿌루샤**는 심장 안에 있습니까?

답변: 그대가 신체적 심장의 의미로 그렇게 말한다면, 그럴 수 없지요. 그러나 그 책들은 거꾸로 된 연꽃 모양에, 그 안에 하나의 공동空洞이 있고, 그 공동 안에 하나의 불꽃과 그 모든 것이 들어 있는 하나의 심장을 묘사합니다. 그러한 영적인 심장 안에 **뿌루샤**가 거주하고 있다고 하는데, 그 불꽃은 그런 엄지손가락 크기일 수도 있겠지요.

질문: 그 빛을 보는 것이 **진아 깨달음**입니까?

답변: 그것을 보는 것이 아니라, 그 안에 안주하고 그것이 되는 것이 **진아 깨달음**입니다.

질문: **무상삼매**(*nirvikalpa samadhi*)에서는 쁘라나(*prana*-생기)에 어떤 일이 일어납니까?

답변: 그것이 일어난 곳으로 가서 거기에 합일됩니다.

질문: 그때 호흡이 있을지 알고 싶습니다.

답변: 그때는 호흡의 형태가 아니라 어떤 미세한 형태일 수 있습니다. 사람들은 **마하 쁘라나**(maha prana-큰 생기)를 이야기하지요.

질문: 본연삼매(sahaja samadhi)가 무엇입니까?

답변: 그것은 우리의 자성自性 상태(svabhava sthiti)입니다. 그것은 우리의 본래적 상태 안에 있는 것입니다. **무상삼매**도 우리의 분별(vikalpas-마음속에서 저절로 일어나는 생각들)을 포기한다는 의미일 뿐입니다. 삼매는 우리가 분별을 포기했을 때의 우리의 본래적 상태입니다.

질문: 깊은 잠의 지복(sushupti ananda)과 **뚜리야**의 지복(turiya ananda)은 어떤 차이가 있습니까?

답변: 여러 가지 지복이 있는 것이 아닙니다. 생시 상태에서 향유되는 지복을 포함한 단 하나의 **지복**이 있을 뿐인데, 그것은 가장 낮은 동물에서 가장 높은 **브라마**에 이르기까지 모든 존재들이 다 가진 지복, 곧 **진아**의 **지복**입니다. 잠 속에서 무의식적으로 향유하는 지복을 **뚜리야**에서는 의식적으로 향유합니다. 그것이 차이입니다. 생시에 향유하는 지복은 조건적 지복(upadhi ananda)입니다.

바가반은 오후 시간의 대부분을, 벤까떼사 사스뜨리아르가 **우파니샤드**에 나오는 리부(Ribhu-고대의 진인)의 말들을 수집해 둔 공책을 자세히 살펴 보셨다.

1946-2-3 오전

라디오 뉴스에서 4~50만 명의 사람들이 **마하트마 간디**를 보기 위해 마두라에 모였다고 방송했다. **바가반**이 말씀하셨다. "그런 군중이 들어갈 만한 곳이 어디지? 아마 알라가르 사원(Alagar temple-마두라 시내에 있는 사원) 가는 길 위겠군." 이것을 계기로 **바가반**은 당신이 예전 마두라에서 보낸 시절을 생각하시고 이렇게 말씀하셨다. "저의 아저씨뻘 되는 친척 한 분이 그 사원의 장長(manigar)이었지요. 그래서 제가 가끔 그 사원에 갔는데, 거기서 우리를 아주 존중하며 보살펴 주었습니다. 거기서 그들은 기(ghee-정제 버터)를 듬뿍 써서 아주 맛있는 뽕갈 쁘라사드(pongal prasad)[43]를 만들곤 했습니다. 한번은 그런 쁘라사드를 큰 놋쇠 쟁반에 담아 주었는데, 나눠 먹을 사람이 아무도 없었기 때문에 저는 그것을 그 아저씨의 마을까지 근 2마일이나 들고 갔습니다. 그러나 그 집 사람들이 그것에 별로 신경 쓰지 않는 것을 보고, 그 대부분을 그들의 하인들에게 주었지요. 그 집 사람들은 늘 먹는 거여서 별 흥미가 없었습니다. 저는 그 사원에 가서 경내에서 놀곤 했습니다. 사원 주위에는 다양한 건물들이 있는데, 지금은 돌보지 않아 황폐해졌지만 나야크 왕들(Nayak Kings)이 사용하던 것이었습니다. 띠루말 나야크(Tirumal Nayak)도 거기서 살았다고 합니다.[44] 당시에 이런 라자들(Rajas)은 야산에 성을 쌓고 거기서 살곤 했습니다. 예컨대 씬지(Ginjee)[45]를 보십시오. 씬지 요새는 세 개의 야산 위에 지어졌는데 모두 폐허가 되었습니다. 이 군郡[46] 인근의 빠다이비두(Padaiveedu)도 한때 큰 도시였습니다. 함삐(Hampi)는 큰 도시였고 한 제국의 수도였습니다. 그 읍은 스리 차크라(Sri Chakra)[47]를 본떠 건설되었다고 하는데, 어딘가 약간의 어떤 실수가 있었다고 합니다. 그래서 이 제국이 한동안 잘 번영했지만 오래 가지 못하고 망했다는 것입니다. 소문에 의하면 함삐 제국의 총리대신(Dewan)이었다가 나중에 샹까라짜리야

---

[43] T. 뽕갈은 쌀, 우유 등으로 만드는 달콤한 음식인데, 여기서는 이것을 신께 올린 뒤 헌신자들에게 쁘라사드로 나눠주려고 만든 것이다.
[44] T. 마두라 등 남인도 일대는 14세기 중엽 이후 함삐(Hampi)에 도읍한 비자야나가르 제국에 복속되었는데, 각지에 파견된 총독이 나야크(Nayak)였다. 1565년 제국이 망한 뒤 나야크들은 독립을 선언했고, 마두라는 띠루말 나야크(1622-1655)의 지배하에 번영했다.
[45] T. 띠루반나말라이 동쪽에 있는 도시. 근처의 바위산들에 옛 요새들이 있다. 시바지의 아들인 라자람(17세기 후반)이 이곳을 근거로 아우랑제브의 군대와 20년 전쟁을 벌였다.
[46] T. 식민지 시절, 띠루반나말라이는 사우스 아르코트 군(South Arcot District)에 속했다.
[47] T. 신의 창조력을 상징하는 성물聖物. 네모 난 바탕에 둥근 원이 있고 그 안에 크고 작은 여러 개의 삼각형들이 배치되어 있는 모양이다.

가 된 비디야라니야(Vidyaranya)가 한 예언에서, 그 제국의 후손이나 자기 사원(mutt)의 후계자가 스리 차크라를 본떠 도시 하나를 다시 건설하면 그 도시를 수도로 하는 큰 제국이 다시 번영할 거라고 선언했다고 합니다. 어떤 사람들은 현재의 샹까라짜리야가 그런 운명을 실현할 인물일 거라는 생각까지 하고 있지요. 우리의 나야나는, 이 읍(띠루반나말라이)은 본래 신들이 직접 스리 차크라 위에 건설한 곳이니 우리가 산 주위로 온통 집들을 지어 그것을 도시로 만들면, 이곳이 큰 제국의 수도가 될 거라고 느끼곤 했습니다. 그는 늘 스와라지(swaraj-인도의 독립)를 생각하고 이야기했고, 그것을 꿈꾸고 계획하면서 스와라지가 성취되면 자신이 무엇을 하겠다고 말하곤 했습니다. 사람들은 아주 멀고 먼 옛날 이 산(아루나찰라) 남쪽의 여기 어딘가에 읍이 하나 있었다고 말합니다. 앞으로 무슨 일이 일어날지 누가 알겠습니까? 지금 이 모든 건물들이 지어질 거라고 우리가 상상이나 했습니까?"

바가반은 또 시바교도들은 알라가르 사원을 하나의 **무루가**(Muruga)[주主 수브라마니아] 사원으로, 심지어 띠루빠띠 사원으로 간주하며, 그것이 **무루가**의 여섯 숙영지(padai veedus)48) 중의 하나라고 말씀하셨다.

오후

바가반은 띠루쭐리의 『스탈라 뿌라나(sthala purana)』(전설담)를 읽으면서, 성자 순다라무르띠를 그곳의 사당과 결부시키는 부분을 어떻게 다루고 있는지 살펴보셨다. 당신은 (책의) 여기저기서 그것을 우리에게 설명하셨고, 이 성자를 찬양하는 여러 구절을 읽으실 때는 감동으로 목이 메어 거의 읽어 나가지 못하셨다. 너무 목이 메어서, 마음을 추스르고 다시 읽어 나가시기를 적어도 열두어 번은 하셨다.

---

48) T. 힌두 신화에서 **무루가**는 천신들의 군대를 이끌고 악마들과 싸웠다. 그의 군대가 주둔한 곳을 *padai veedu*라고 하는데, 사원이 건립된 여섯 곳이 *padai veedu* 사원으로 불린다.

1946-2-4

어젯밤 바가반은 띠루쭐리의 『스탈라 뿌라나』에서, 하느님(시바)이 띠루쭐리에서 순다라무르띠 앞에 깔라이야르(Kalaiyar)로서 나타나 그에게 까나뻬루르(Kanaperur)로 오라고 했다는 부분을 읽으셨다. 이 '깔라이(kalai)'라는 말은 황소를 뜻할 수도 있고, 비유적으로 젊고 힘 있는 남자를 뜻할 수도 있다. 책에서는 나아가 깔라이야르가 손에 꽃다발 하나와 쭐리얌(chuzhiyam)[삼지창]이라는 무기를 들고 나타났다고 했다. 바가반은 ('깔라이야르'의 의미에 대한) 의문을 해소하기 위해, 만일 구할 수 있으면 그 까나뻬루르의 『스탈라 뿌라나』를 찾아보는 것이 좋을 거라고 하셨다. 무루가나르가 자신이 그 책 한 권을 우리 장서에 기증한 적이 있다고 말했다. 그래서 즉시 그것을 뽑아 와서 바가반께 드렸고, 당신은 그 책을 훑어보셨다. 오늘 오후에도 당신은 그것을 읽고 계셨다. 이 책에서도 거의 같은 말을 하고 있었기에 그 의문을 해소할 수 없었다. 당신은 우리에게 몇 부분을 읽어주셨는데, 특히 '순다라무르띠 장章'에는 사람들이 잘 모르는 다음과 같은 사건도 나와 있다. 시바가 '깔라이야르'로서 나타나 성자 순다라르(순다라무르띠)에게 물었다. "왜 그대는 우리에 대해 노래를 부르지 않았나? 우리는 까나뻬루르에 살고 있다." 성자는 그때 머무르고 있던 띠루쭐리에서부터 그 노래를 부르면서 까나뻬루르로 갔다. 도중에 띠루뿌나이바살(Tirupunaivasal)에 잠시 멈추었다. 여기서 신과 여신은 노인과 그의 부인의 모습으로 순다라무르띠에게 다가가 배가 몹시 고프니 음식을 좀 달라고 했다. 그는 그들을 위해 급히 음식을 좀 요리했지만, 음식이 준비되자 손님들이 어디 있는지 찾을 수 없었다. 순다라무르띠는 마을 안에서 찾아보았으나 찾지 못했다. 집으로 돌아와 보니 준비해 두었던 음식도 사라지고 없었다. 이때 순다라무르띠는 이것이 하느님의 장난(lila)이라고 생각했다. 그러자 "그대는 까나뻬루르에 있는 우리를 찾아오지 않고 여기서 무엇을 하고 있는가?" 하는 목소리가 들렸다. 순다라무르띠가 대답했다. "제가 어떻게 합니까? 당신께서 어딘가 숲 속에 가서 사시니, 제대로 찾아가는 길을 모르겠습니다." 그 목소리가 덧붙였다. "내가 황소를 타고 앞에서 가겠다. 황소 발자국을 따라 오라." 그래서 순다라무르띠는 그 발자국을 따라 한동안 갔다. 얼마 후 그 발자국들을 찾을 수 없었다. 순다라무르띠는 다시 기도했고, 발자국들이 다시 보여 그것을 따라갔다. 얼마쯤 간 뒤 발자국이 그쳤는데, 바라보는 어디에나 링감(lingams)이 있었다. 일체가 링가마야(linga maya-링감으로 충만한 것)였고, 죠띠마야(jyoti maya-빛으로 충만한 것)였다. 그러나 순다라무르띠는 한 방향으로 나아갔고, 그러다가 그 사원의 비마나(vimanam)49)를 보았다.

그와 일행은 바깥의 성수지에서 몸을 씻고 사원에 들어가려 했는데, 웬걸! 사원이 사라져 버렸다. 이때 순다라무르띠는 속으로 '내가 여기를 먼저 오지 않았기 때문에 하느님께서 나를 언짢아하시나?' 생각하고 기도하기 시작했다. 그러자 비마나의 윤곽이 하나하나 나타났고, 사원이 그곳에 있었다. **바가반**은 이 이야기를 우리에게 다 해 주시고, 마지막에 언급된 감정과 기도가 나오는지 알아보려고 이 사원에 대한 성자 순다라르의 『떼바람(Thevaram)』50)을 찾아보셨지만 그런 것은 나오지 않았다. 그러나 **바가반**은 그 『떼바람』을 낭독해 주셨고, 그 노래들의 감정(bhava)과 당신 자신을 동일시하여 크게 감동 받고 목이 메신 것이 한두 번이 아니었다. 그러나 감정에 압도될 때 가끔 그러시듯이 책을 옆으로 치우지 않고, 힘들게 애써 스스로를 제어하신 다음 『떼바람』을 전부 다 읽으셨다. 당신은 특히 이 성자가, 자신의 심장 안에서 실제로 모든 감정을 뛰어넘어(bhavanātitam) 신에 대해 명상하는 사람들에게는 신이 감로수와 같다고 말한 구절과, 신을 자신의 친구, 주인 그리고 스승으로 부르는 구절들을 지적하셨다. 당신이 책을 옆으로 치우고 난 직후에 무루가나르가

---

49) T. 남인도 사원의 지성소(sanctum sanctorum) 건물 꼭대기의 작은 탑 모양의 구조물.
50) T. 냐나 삼반다르, 아빠르, 순다라르의 시바에 대한 찬가들을 모은 책. 전 7권 중 제7권의 100연이 순다라르의 찬가들이며, 여기서는 그 찬가집을 의미한다.

회당에 들어오자 바가반은 "그가 이제 오는군" 하셨다. 나는 무루가나르에게 바가반이 왜 그렇게 말씀하셨는지 설명해 주었다. 이내 바가반은 무루가나르에게 내가 위에 기록한 이야기의 거의 전체를 들려주셨다.

오늘 오후에 딸레야르칸 여사가 말했다. "바가반, 띠루꼬일루르에서 제가 경험한 것을 보고 드려야겠습니다. 전에도 띠루꼬일루르에 여러 번 갔지만 바가반께서 들르셨던 사원 등지는 아직 가보지 않고 있었습니다. 그래서 이번에 반드시 그곳들을 다 방문하기로 마음먹고 우리의 비스와나타를 일부러 대동하여 저에게 모든 곳을 보여 달라고 했습니다. 저희는 먼저 아라이야니 날루르 사원(Araiyani Nallur temple)에 갔습니다. 저희가 2월 2일 사원에 도착했을 때는 오전 8시경이었습니다. 그런데 당황스럽게도 사원의 거대한 문들이 큰 자물쇠로 잠겨 있었습니다. 사원 안팎의 어디에도 사람이 전혀 안 보였고, 어떻게 해야 할지 모르겠더군요. 그래서 저는 어떻게든 바가반의 첫 여행과 관련 있는 모든 사원과 몇 군데의 장소를 봐야겠다고 바가반께 열심히 기도를 올렸습니다. 비스와나타가 저에게 말했습니다. '바깥 길(prakara)을 돌면서 어떻게 해야 될지를 보죠.' 그래서 그와 함께 사원을 돌기 시작했습니다. 그러나 마음속으로는 계속, 제가 실망하고 돌아가면 안 되고 이곳을 방문한 목적을 이루어야 한다고 바가반께 열심히 기도하고 있었습니다. 우리가 돌 때 제가 한 곳에서 사원 안쪽으로부터 물과 우유가 똑똑 떨어지는 것을 보고, 비스와나타에게 사원 안에 누가 있는 것이 분명하다고 말했습니다. 그러나 비스와나타는 그것이 관수식灌水式(abishekam) 물이 떨어지는 것일 수도 있다고 했습니다. 제가 네 번째 모퉁이를 돌아갈 때 놀랍게도 문이 조금 열려 있는 것을 발견했습니다. 마치 누군가가 저희에게 몰래 조용히 들어오라고 하는 것처럼 말입니다. 저희는 한 바퀴를 다 돌고 사원 안으로 들어갔습니다. 아름다운 얼굴의 나이 든 승려 한 분이 안에 계시더군요. 그러나 그분은 저희가 거기 있는 동안 저희에게 한 마디 말도 하지 않앉습니다. 그분은 저희를 위해 아라띠(arathi), 아르짜나(archana) 등 일체를 해 주었고, 저희의 청에 따라 등불을 켜서 모든 곳을 보여 주었습니다. 그곳은 어두웠으니까요. 저희는 나와서 사원을 다시 한 번 돌았습니다. 다 돌고 났을 무렵에는 그 문이 다시 잠겨 있고 그 노인은 가고 없었습니다. 그날 그 문을 열어주고 저희들에게 친견(darshan)을 베풀어 주신 것은 오로지 바가반의 은총이었다고 느낍니다." 바가반이 비스와나타에게 물으셨다. "그 노인이 누구인지 물어서 알아냈나?" 비스와나타가 대답했다. "아니요. 그러지 않았습니다."

1946-2-5

바가반은 오전과 오후에 『깔라이야르꼬일 뿌라남(Kalaiyarkoil Puranam)』을 읽으면서 우리에게 그 책의 여러 부분을 설명해 주셨다. 당신은 그 노래들과 이야기에 워낙 몰입하여 오늘 오전에는 신문이 오고 난 뒤에도 계속 우리에게 설명을 하셨다. 늘 듣던 아침 라디오를 듣지 못하게 되자 약이 오른 시자 크리슈나스와미가 말했다. "그런 이야기를 만일 바가반께서 시작하시면, 도무지 끝이 없을 겁니다." 그는 경청하고 있던 우리를 나무란답시고 말했지만, 그렇게 해서 어느 면에서는 바가반이 말씀을 계속하시도록 부추긴 것이었다. 그는 바가반이 하고 계신, 그리고 우리가 남들과 함께 나누고 싶은 문학적 소풍의 즐거움이 어떤 것인지 몰랐다. 바가반은 그 시인이 어떻게 자신의 솜씨를 보여주는지, 그리고 단 한 구절을 얻기 위해 그 시인이 어떻게 여러 날 고심했을 수 있는지를 우리에게 설명해 주셨다.

1946-2-6 오전

이곳의 부副징세관이었던 라자라뜨나 무달리아르(Rajaratna Mudaliar)가 쿠달로르(Cuddalore)로 전근 가게 되어, 간밤에 하직인사를 하러 바가반을 찾아왔다. 그는 나의 요청으로, 사원(아루나찰레스와라 사원)의 승려들이 신과 여신 간의 사랑싸움(ūdal)—이곳에서 우달 우르싸밤(ūdal uṛsavam)이라고 부르는 축제 때 이 사건을 기린다—과 관련해서 사용하는 노래, 대화 등의 사본 한 부를 구해 와서 나에게 주었다. 나는 어젯밤 그것을 **바가반**께 살펴보시라고 드렸다. 내가 오전 7시 45분경에 회당에 들어가자 **바가반**은 그 사본을 읽으면서 그 내용을 가까이 있는 사람들에게 설명하고 계셨다. 내가 들어오는 것을 보시고 **바가반**이 말씀하셨다. "이제야 오나요?" 바로 그때 설명하시던 사항을 다 마친 뒤 당신은 나를 위해 처음부터 다시 읽고 설명하시고, 끝까지 읽으셨다. 우리는 라자라프남(라자라프나 무달리아르) 씨가 구해 온 사본이 완전하지 않다는 것을 알았다. 나는 내가 받은 사본에 들어 있지 않은 내용이 더 있는지 사원의 승려들에게 알아보겠다고 약속했다.

오늘 오전 10시와 11시 사이에 사원(어머니 사원) 앞에 **바가반**의 신회당(new hall)을 짓기 위한 초석을 놓았는데, **바가반**이 그 행사에 참석하셨다. 공사를 담당한 도편수(*sthapathi*)[스리 바이디야나타(Sri Vaidyanatha) 도편수]는, 전체 공사를 1년 안에 끝내는 것이 자신의 목표이고 그렇게 하도록 노력하겠으며, **바가반**의 모든 헌신자들의 협조와 성원을 바란다는 짤막한 연설을 했다. 몇 명의 헌신자도 다양한 금액을 기부했다. 먼저 미망인 한 사람이 와서 도감(*Sarvadhikari*)에게 얼마간의 시주를 했다. 그는 그것을 받아 땅바닥의 접시 위에 놓고, "이 금액은 이 여사가 시주금으로 내는 것입니다" 하였다. 이에 여러 헌신자들이 제각기 돈을 놓기 시작했다. 나는 즉석에서 사람들이 낸 액수가 2,000루피 이하였을 수는 없다고 본다. 띠루꼬일루르 출신의 한 라디오 가수는 **바가반**을 찬양하는 노래를 몇 곡 불렀고, 행사는 우리들, 곧 아스라맘 상주자들을 위한 잔치로 끝이 났다.

오후

바가반은 이제까지 깔라이야르꼬일 사원51)에 관한 그 책(『깔라이야르꼬일 뿌라남』)의 대부분을 읽으셨고, '깔라이야르'는 황소가 아니라 건장한 젊은이를 의미할 뿐이라는 의견을 말씀하셨다. 즉, 깔라이야르는 띠루쭐리 근처에서 한 젊은이로서 성자 순다라(순다라무르띠) 앞에 나타났던 것이다.

밤

빠라야나가 끝나고 한 사람이 와서 **바가반**께 말했다. "저희는 내일 아침 저희 마을로 돌아갑니다." **바가반**은 "예" 하셨고 그 사람은 떠났다. **바가반**은 시자를 돌아보고 "그들에게 주었나(avargalukuk kodutthāssā)?" 하셨다. 시자가 밖에 나가 물어보고 돌아와서 보고했다. "아직 주지 않았지만, 그들에게 줄 것들이 따로 마련되어 있습니다." 나는 그것이 대체 무슨 일인지 궁금했다. **바가반**이 나에게 말씀하셨다. "내가 산 위의 아스라맘[스깐다스라맘]에 살 때 안나말라이 스와미라는 사람이 있었지요. 그는 1922년의 타이(Thai) 달에 죽었고 이사니야 정사(Easanya math) 근처에 묻혔습니다. 오늘이 그의 구루 뿌자(Guru puja)[기일]인데, 매년 그의 친족들이 와서 그것을 기립니다. 그들은 거기서(이사니야 정사 근처에서) 빈민들에게 음식을 베푼 다음 밥 같은 것을 여기에 좀 남겨두지요. 우리는 그들에게 우리의 쁘라사담(prasadam)[바다이(vadai)·뽕갈(pongal) 등]을 줍니다. 보통 그런 구루 뿌자 날에는 우리의 타밀 빠라야나와 함께 그 안나말라이 스와미가 지은 노래들을 부릅니다. 오늘은 그들이 무엇을 하자고 할지 모르겠군요." 내가 말했다. "그것이 관례였다면 우리도 오늘 분명히 그렇게 하겠지요. 그에 대해 무슨 의문이 있겠습니까?" 그러는 사이 발라람이 **바가반**께 안나말라이 스와미가 누구였느냐고 여쭈었다. 이에 **바가반**은

---

51) T. 띠루쭐리의 빠빠하리 강변에 위치한 작은 사원(암자). 성자 순다라무르띠와 관련되는 전설을 간직하고 있다. koil은 타밀어로 작은 사원을 뜻한다.

까마트(Kamath)가 편집한 **바가반**의 전기52)를 끄집어내셨다. 거기에 111장의 사진이 있는데, 당신은 그 중에서 안나말라이 스와미가 사진 오른편 끝에 서 있는 단체사진53) 하나를 우리에게 보여주셨다. **바가반**이 말씀하셨다. "어머니는 그를 아주 좋아하셨지요. 그는 타이 달에 죽었습니다. 어머니는 바이까시(Vaikasi) 달에 돌아가셨고." 그 사진을 본 우리는 모두 그 사진에서 **바가반**이 아주 여위고 마르셨다고 말했다. **바가반**이 말씀하셨다. "그것은 그때 제가 하루에 한 끼만 먹고 살았기 때문입니다. 1년 정도인가 하루에 한 끼만 먹었지요. 그러나 이 사진 속의 저의 상태는 아무것도 아닙니다. 구루무르땀에 있을 때의 제 모습을 여러분이 보았어야 하는데. 그때는 뼈와 가죽뿐이고 어디도 살이라고는 없었습니다. 빗장뼈, 갈비뼈, 볼기뼈(엉덩이뼈) 등 뼈란 뼈는 다 튀어나와 있었지요. 배는 보이지도 않았습니다. 등 쪽으로 달라붙어 아주 쑥 들어가 있었습니다. 그러니 이 사진에서의 상태는 실은 그리 나쁜 것도 아닙니다." 우리는 **바가반**께 그 사진은 언제 찍은 것인지 여쭈었다. 당신은 그것이 대략 1921년 **자얀띠** 때였다고 말씀하셨다. 여기서 이야기는 **바가반**이 이곳(띠루반나말라이)에서 언제 처음 사진을 찍으셨는가 하는 데로 옮겨갔다. 이에 당신이 말씀하셨다. "1900년인가 1901년입니다. 정부에서 이곳의 죄수 몇 명의 사진을 찍으려고 사진사를 데려왔지요. 그때 여기는 사진사가 없었습니다. 이 사진사는 꿈바꼬남의 마우나 스와미(Mauna Swami)의 제자였는데, 제 이야기를 들었나 봅니다. 그래서 이곳에 온 기회를 이용해 저를 찾아왔습니다. 그는 꿈바꼬남의 마우나 스와미 사진 한 장을 우리에게 주고 제 사진을 찍었습니다. 첫 단체사진은 1906년 무렵에 찍었지요. 그 사진에서 우리는 여섯 명이었습니다. 저, 빨라니스와미, 시바야(Sivayya)(그때는 아직 꾸뜨랄람의 묵언 스와미가 되지 않았고), 빠짜이 벨라

---

52) T. 『스리 마하르쉬(Sri Maharshi—A Short Life Sketch)』가 그 책이다.
53) T. 위 책의 37쪽 참조.

이(당시 이곳의 위생검사관), 랑가스와미 아이엥가르(베스트 출판사의 대리인), 그리고 감독관 세샤 아이어(Sesha Iyer)였습니다. 이 사진은 하나도 찾을 수 없습니다. 아이엥가르 가족이 하나 가지고 있을지 모르겠군요. 우리는 찾아내지 못했습니다." 이 단계에서 딸레야르칸 여사가 바가반께 여쭈었다. "바가반의 어릴 때 사진은 없습니까?" 바가반이 말씀하셨다. "당시 띠루쭐리 같은 곳에는 사진사가 없었지요. 그러나 제가 일고여덟 살쯤이었을 때 한 유럽인 사진사가 와서 부副행정관(Sub-Magistrate)[54]과 띠루쭐리 사람 몇 명의 단체사진 하나를 찍었습니다. 사진사는 병원 뒤에 머무르고 있었지요. 그가 부행정관의 단체사진을 찍은 뒤 저의 숙부 넬리아빠 아이야르(Nelliappa Aiyar)가 본인 사진을 한 장 찍고 싶어 했습니다. 숙부는 저를 옆에 데리고 이 사진을 찍고 싶어서, 학교로 사람을 보내 저를 불렀습니다."

"저는 차린 행색 그대로 급히 왔는데, 바로 얼마 전에 머리를 박박 깎아서 높다란 이마에(즉, 제 머리가 위로 불쑥 튀어 나왔고) 뒷머리숱은 거의 숨겨진 데다, 제 집바(jibba-긴 셔츠)는 단추도 없이 헐렁하게 늘어져 있어 사진을 찍기에는 대체로 모든 게 준비되지 않은 상태였습니다. 제가 와 보니 숙부는 병원 구내에서 의자에 앉아 있었습니다. 거기에는 좋은 배경이 되어 줄 파두巴豆(crotons-열대산 관엽식물) 몇 그루가 있었고, 사진사는 카메라를 조정하느라 바빴지요. 저는 오른손을 숙부 의자의 왼쪽 팔걸이에 얹고 숙부의 왼쪽에 서게 되었습니다. 병원에서 큰 책을 한 권 가져왔는데, 저에게 그것을 왼쪽 겨드랑이에 끼고 있으라고 했습니다. 그렇게 하고 사진을 찍게 되었습니다. 그런데 운이 나쁘게도 막 사진을 찍으려고 할 때 파리 한 마리가 제 얼굴에 앉았습니다. 그래서 파리를 쫓으려고 손을 들었고, 그 결과로 사진에서는 제가 오른손을 공중에 휘두르는 것을 볼 수 있었지요. 우리는 이 사진도 입수하지 못했습니다.

---

54) T. 인도의 군 단위 이하 지역의 징세, 사법 등을 관장하는 행정 책임자.

제가 아주 어릴 때나 소년 시절에 찍은 다른 사진은 없습니다."

1946-2-10

오전 10시 30분경에 T.K. 도라이스와미 아이어(Doraiswamy Iyer)[바가반을 위해 이곳에 정착해 살고 있는 은퇴한 교수]가 S. 라다크리슈난 경卿에게서 받은 편지 한 통을 (바가반께) 보여드렸다. 그것은 **바가반**의 띠루반나말라이 도래到來 50주년을 기념하여 발간될 예정인 『기념집(Souvenir)』에 실을 기고문 하나를 청탁했던 그의 편지에 대한 답장이었다. 그는 라다크리슈난 경에게 에번스 웬츠(Evans Wentz) 씨에게도 연락하여 『기념집』을 위한 기고문을 대신 청해 달라는 부탁도 했는데, 그 답장에서 라다크리슈난 경은 자신이 그 요청도 하겠다고 했다. **바가반**은 『진아 깨달음』 안의 한 단체사진에 있는 에번스 웬츠를 발라람에게 보여주셨다. 이 사진에서는 그란트 더프(Grant Duff)가 **바가반**의 왼쪽에, 에번스 웬츠가 오른쪽에 앉아 있다.

바가반은 그란트 더프를 여기로 보낸 사람이 바로 S. 라다크리슈난이라고 말씀하셨다. 그란트 더프는 『다섯 찬가』에 대한 그의 서문에서, 라다크리슈난의 이름은 언급하지는 않았지만 그 사실을 확인해 주고 있다.

오후

나는 날라스와미 삘라이의 『시바냐나보담(Sivajnanabhodam)』을 읽다가, 누구든 **시바**가 어디서 어떤 화신(avatar)으로 태어났다는 어떤 **뿌라나**도 제시할 수 있으면 해 보라는 문장을 만났다. 나는 **바가반**께, **시바**는 이곳에서 발랄라 마하라자(Vallala Maharaja)의 아들로 태어났다 하고 매년 발랄라 마하라자의 제사도 지내게 되어 있지 않은지 여쭈었다. 그러자 **바가반**은 그 이야기를 따른다 하더라도 **시바**는 한 여자의 자궁에서 태어난 것이 아니며, 남편의 명에 따라 발랄라의 아내가 한 노인으로 온 **시바**에게 다가갔을 때 그 노인이 홀연히 사내아이로 변신한 것을 발견했고, 그녀가 남편을 불러 두 사람이 함께 그 아이를 데려가려 하자 아이는 사라졌으며, 그런 다음 하느님(시바)이 (자식이 없는) 발랄라에게, 당신이 직접 그를 위해 장례와 제사를 지내 주겠다고 안심시켰다고 설명하셨다. 이와 관련해 바가반은 『띠루빌라이야달 뿌라남(Tiruvilaiyadal Puranam)』에 나오는 다른 이야기도 들려주셨는데, 거기서 하느님은 먼저 한 노인으로 나타났다가 젊은이로 변신했고, 마지막에는 아이로 변신했다. 그 이야기는 (그 책의) '노인, 청년, 소년 장章(Vriddha, Kumara, Bala Padalam)'에서 찾을 수 있다.

바가반의 오랜 헌신자인 방문객이 탕가벨루 나다르(Thangavelu Nadar)라는 사람이 쓴 『라마노빠키야남(Ramanopakhyanam)』이라는 책을 가져왔다. 나는 제목을 보고 그 책이 바가반의 생애와 가르침을 다루고 있으려니 생각했다. 그러나 바가반은 그 책의 내용이 바가반의 몇 가지 나디 천궁도(nadi horoscope)[55]에 나오는 시구들과, 여기에 당시 한 타밀 신문을 편집하던 신사가 붙인 주註 내지 주석일 뿐이라고 하셨다. 당신은 이 책 외에도 당신의 천궁도에 대한 몇 가지 나디 버전들이 있는데, 여러 헌신자들이 구해서 아스라맘으로 보내왔다고 덧붙이셨다. 이에 내가 말했다. "그런데 이 소위 나디 천궁도들이 모든 점에서 다 그다지 정확하지는 않다는데요!" 바가반이 말씀하셨다. "각지의 여러 사람이 다양한 나디(nadis)를 가지고 있다고 주장합니다. 우리야 모르지요. 이 탕가벨루 나다르는 원래 꿈바꼬남에 있었습니다. 띤디바남(Tindivanam)에도 그런 사람이 있었는데, 누구든 그를 찾아가면 그는 이렇게 말하곤 했습니다. '당신은 이러이러한 시간에 라마나 마하르쉬를 찾아가서 친견해야 합니다. 나디 천궁도에 그렇게 나와 있습니다.' 그러면 그들은 여기 와서 그 이야기를 저

---

[55] T. 인도 고대의 나디 점성학(Nadi astrology)에 기초한 천궁도. 고대의 진인들이 고대 문자로 사람들의 과거·현재·미래의 운명을 야자수 잎에 시의 형태로 기록해 둔 것을 '나디'라고 하며, 이 텍스트를 판독하여 개인들의 운명을 예언하는 방식이 나디 점성학이다.

에게 하곤 했지요. 제가 스깐다스라맘에 있을 때 자다스와미(Jadaswami)가 어떤 사람을 만났는데, 그는 사람의 손바닥을 보고 그 사람의 천궁도를 알아내는 대단한 전문가였다고 합니다. 그는 그런 식으로 자다스와미의 천궁도를 읽었고, 자다스와미는 깊은 인상을 받은 것 같습니다. 그래서 자다스와미가 그 손금장이를 저에게 데려와서 말했습니다. '이 사람은 이 방면의 대단한 전문가라네. 우리가 거액의 돈을 쓴다 해도 그의 서비스를 얻을 수 없을 것이네. 이 사람의 판독은 모두 정확하네. 그가 우리 있는 데로 왔으니 천행이지. 그를 데려왔으니 부디 손바닥을 보여주게. 그가 자네의 미래를 다 말해줄 걸세.' 저는 거절했지요. 그는 저를 설득하려고 했습니다. 저는 손바닥을 결코 보여주지 않았고, 그에게 이렇게 말했습니다. '우리는 현재도 모르고 있습니다. 왜 미래를 알려고 해야 합니까?'"

1946-2-11 오전

내 예전 하인이던 디바까란(Divakaran)이 나와 함께 왔다. **바가반**이 그를 알아보지 못하시는 듯해서, 내가 **바가반**께 그에 대해 상기시켜 드리면서 그는 이제 자기 고향 마을에서 가까운 꼬친에서 일하고 있다고 말씀드렸다. 그리하여 꼬친 왕국(Cochin State)에 대한 이야기가 나왔고, **바가반**은 마다비 암마(Madhavi Amma)[P. C. 남비아르(Nambiar) 박사의 부인]가 보내온 편지에서, (꼬친의) 현재의 마하라자는 자기 딸 자나끼의 시아버지라고 했다고 말씀하셨다. 내가 덧붙였다. "쁘라브하바띠(Prabhavati)[여기 살았던 데바스(Devas)의 공주. 지금은 빤달라이 박사(Dr. Pandalai) 가문의 세카란 씨라는 사람과 결혼했다]는 뜨라반꼬르 왕국(Travancore State)과 연결되어 있습니다. 그러니 우리는 이제 두 왕국과 모두 연결되어 있는 셈입니다."

바가반이 말씀하셨다. "예, 예. 이 결혼 전에도 빤달라이 여사를 통해서 그랬고, 이제는 쁘라브하바띠를 통해서도 그렇군요."

오후

바가반은 『깔라이야르꼬일 뿌라남』을 계속 읽다가 우리에게 말씀하셨다. "신과 여신이 성자 순다라르에게 노인과 그 부인으로 나타난 것은 띠루뿌나이바살(Tirupunaivasal)에서가 아니군요. 이제 보니 바로 띠루쭐리였습니다. 성자 순다라르는 신에게서 까나뻬루르(Kanaperur)로 오라는 말을 듣고 나서 띠루뿌나이바살로 가려고 생각했던 것 같은데, 그것은 아마 그 길로 가야 까나뻬루르에 갈 수 있다고 생각했기 때문일 것입니다. 그럴 때 순다라르가 그 노인과 부인을 만났는데, 그들은 불가사의하게 사라졌고, 그가 그 **목소리**(*asariri*)를 들은 것입니다." 바가반은 또한 모든 순례지 등이 나와 있는 지도가 든 책을 장서에서 가져오게 하여, 띠루뿌나이바살은 까나뻬루르의 동쪽, 해변에 위치하고 있는 것을 발견하셨다. **바가반**은 비스와나타에게 그의 『띠루쭐리의 으뜸가는 위대함(*Tiruchuzhi Thala Mahimai*)』 원고에 (『깔라이야르꼬일 뿌라남』에 있는) '순다라무르띠 장후(*Sundaramurti Padalam*)' 이야기를 추가해 달라고 하신 적이 있었다. 비스와나타 씨는 그에 따라 원고에 추가할 이야기를 써 두었다. 바가반은 그것을 자세히 살펴보시고 몇 가지 고칠 점을 제안하셨다.

1946-2-12

꼬까나다(Cocanada)의 삿찌다난다 아쉬람(Satchidananda Ashram) 소속이라는 50명쯤 되는 일행이 그들의 스승 라마 락슈맘마(Rama Lakshmamma)와 함께 도착하여 아침 빠라야나에 참석했는데, 대부분 황색 사리를 입은 여성들이었다.

오후

나감마가 '순다라무르띠 장후'에 나오는 깔라이야르꼬일 이야기를 자신이 텔루구어 버전으로 읽었고, 바가반은 경청하다가 필요한 곳에서 고쳐

주셨다. 그것이 낭독된 뒤 비스와나타가 들어오자 **바가반**은 위 장(章)에 나오는 시들의 필사본을 만들어 『띠루쭐리 뿌라남(*Tiruchuzhi Puranam*)』 안에 참고할 수 있게 넣어두어야 할 거라고 말씀하셨다. **바가반**은 시 몇 수를 이미 필사해 두셨다. 비스와나타는 자신이 그것을 완성하겠다고 말했다.

저녁

꼬까나다 일행이 회당에서 다시 빠라야나에 참석한 뒤에 「시바 송찬(*Siva Stotra*)」과 「시바 마히마 송찬(*Siva Mahima Stotra*)」[56]를 창송했다.

1946-2-13 오전

빠라야나가 끝난 뒤 **바가반**은 수염 난 신사 한 사람과 이야기를 나누고 계셨다. 그는 중년을 지났지만 억세고 튼튼하게 보이는 사람이었다. 나는 방문객의 옆에 가서 앉았다. **바가반**이 나에게 말씀하셨다. "이 양반이 가자난(Gajanan), 일명 다이바라따(Daivarata)인데, 그의 질문들에 대한 답변이 『라마나 기타』 제3장에 기록되어 있지요. 그는 1917년에 스깐다스라맘에서 우리와 함께 있었습니다." 이에 내가 말했다. "압니다. 네팔에 계셨고, 언젠가 **바가반**께서 이분에 관해 몇 가지 물어본 직후에 그의 사진과 편지가 도착했던 분이지요." 그 사건을 모르고 있을 사람들을 위해 **바가반**이 말씀하셨다. "몇 년 전 나야나의 아들 마하데반(Mahadevan)이 여기 왔을 때, 저는 이 가자난에 대해 몇 가지 물어보고 있었습니다. 우리가 근 10년간 그의 소식을 듣지 못했기 때문입니다. 그래서 물어보고 있었지요. 우리가 이야기를 하고 있는데 우편물이 한 꾸러미의 책들과 함께 도착했습니다. 먼저 편지들을 살펴보고 소포는 제 옆으로 밀어두었습니다. 우리가 이 가자난에 대해 이야기하고 있을 때 그 소포는 제

---

56) *T.* 이 두 작품은 **샹까라**가 지은 **시바**에 대한 찬가이다.

옆에 있었지요. 마하데반과 이야기를 하고 나서 소포를 열어보니 가자난의 편지와 사진과 책들이 들어 있었고, 편지에서 그는 자신이 비록 네팔에 있지만 늘 저의 발아래 있다고 썼습니다. 그것은 마치 제가 마하데반에게 가자난이 어디 있느냐고 물은 데 대해 가자난이 '저는 여기[즉, 그 사진에 담겨] 바로 당신의 발아래 있습니다'라고 답변하는 것 같았지요."

꼬까나다 일행이 바가반께 자기들에게 안수전수按手傳授(hasta diksha)를 해 주시거나 아니면 당신의 발을 접촉하게 허락해 달라고 청했다. 바가반은 평소처럼 "여러분의 마음으로 접촉하십시오"라고만 대답하셨다.

아침 식사 때 바가반은 가자난이 어디에 머무르고 있고 무엇을 먹을 것인지 물어보셨다. 가자난은 목욕하러 가고 없다고 보고 드리자, 바가반이 말씀하셨다. "뭔가를 먹겠지요. 그에게 어느 정도 양의 부드러운 마르고사(margosa-님나무) 잎과 소 오줌 한 그릇(chembu-금속제 물단지)을 주면 그걸로 아침 식사를 할 겁니다. 그는 그런 것을 먹고 살았지요."

오전 10시 30분 경 가자난이 회당에서 네팔에 있는 빠슈빠띠(Pasupati) 신상의 사진 한 장을 보여주며 그 비밀스러운 의미를 설명하고 있었다. 오렌지색 승복의 자가디스와라난다(Jagadiswarananda)라고 하는 스와미가 웃자인(Ujjain)에서 오늘 오전에 도착했는데, 조금 뒤 그가 여기 온다는 편지가 바가반께 왔다. 사람이 편지보다 먼저 온 것이었다.

그날 밤에도 가자난은 바가반께 네팔에 대한 이야기를 하고 있었다. 무엇보다 그는 이렇게 말했다. "네팔에는 중요한 사원이 세 군데 있고 모두 아주 신성합니다. 왕은 아주 경건한 사람인데, 거기서는 왕이 먼저 이들 사원에 가서 신들의 허락을 얻지 않고는 어떤 일도 하지 않고 어디도 가지 않는 것이 관례이자 전통입니다. 그 나라에서는 소를 죽이면 사형의 벌을 받곤 했습니다. 지금은 그 선고가 종신 유형流刑으로 바뀌었습니다. 만일 황소가 맞아서 피가 나오면 그 때린 자는 3개월 정도의 징역형을 받게 됩니다. 그 나라는 고유의 주화鑄貨가 있습니다." 여기서 가자난은 **바가반**께 주화 몇 개를 보여드렸다. 발라람 씨가 말했다. "이분은 대단한 기상과 열정으로 바잔(*bhajan*)을 합니다. 우리도 언제 여기서 한 번 보았으면 합니다." 가자난이 말했다. "아, 예. 지금도 할 수 있습니다. 겁날 것도 없고 사릴 것도 없습니다. 그러니 노래할 수 있습니다. 발목에 달 요령(*kajjai*)과 반주 악기를 좀 구할 수 있습니까?" **바가반**도 말씀하셨다. "그는 하모늄 같은 스루띠(*sruti*)57)를 좀 가지고 있거나 아니면, 므리당감(*mridangam*)이나 간지라(*ganjira*)58) 같은 반주 악기와 약간의 심벌즈(*jalra*)를 분명히 가지고 있을 겁니다." 그러자 화제는 **바가반**과 당신의 일행이 당시에 산을 돌던 일로 옮겨갔다. 발라람은 가자난이 그런 바잔을 걷는 도중에 쉴 때 했는지 걸으면서 했는지 여쭈었다. **바가반**이 대답하셨다. "오, 그는 걸으면서 바잔을 하곤 했지요. 길의 이쪽에서 저쪽으로 뛰기도 했는데, 아주 생기와 열정에 넘쳐 있었습니다." 가자난이 말했다. "그때는 제가 훨씬 젊었습니다. 그러나 지금도 할 수 있습니다." 우리는 언제 어디서 가자난의 그런 바잔 자리를 마련할까 의논하다가, 그가 춤추고 노래하는 데 큰 공간이 필요하고, 식당에서 하게 하는 것이 나을 거라는 것을 알았다.

1946-2-14

오전에 불어로 쓰인 편지 한 통이 왔다. 발라람 씨가 **바가반**을 위해 그것을 영어로 통역했다. 그것은 「영성(*Spirituality*)」이라는 저널의 편집자들이 보낸 것인데, 이 저널은 전쟁 기간 중 독일내의 모든 포로수용소에 밀반입되었던 것이다. 그들은 『인간의 재구성(*Reconstruction of Man*)』이라는 약 600쪽짜리 책을 출간했다. 그들은 자신들의 견해가 **바가반**의 견해와 비슷하다고 했다. 즉, 그들도 에고 없는 상태(egoless state)의 인간은

---

57) *T*. 음악 연주에서 낮은 배경음을 만드는 악기.
58) *T*. 므리당감은 좌우 양쪽을 두드리는 북통이 긴 북이고, 간지라는 한 손으로 잡고 다른 손으로 두드리는 탬버린 모양의 작은 북이다.

공空에 빠지기는커녕 자신의 가장 심오한 깊이에서 늘 그러했던 것과 같은 자신을 발견한다고 여긴다. 그들은 자신들이 쁘라자빠띠 베다 형제단(Vedic brotherhood of Prajapatis)[59] 소속이라고 한다. 내년에 인도에 오고 싶으며, 띠루반나말라이와 쁜디체리를 방문하고 싶다고 했다.

오후에 한 방문객이 몇 곡의 타밀어 떼바람(Thevarams) 등을 불렀다. 저녁에 빠라야나가 끝난 뒤 **바가반**의 오랜 제자인 가자난이 식당에서 오후 6시 30분부터 7시 30분까지 우리에게 바잔 공연을 베풀었다. **바가반**은 당신이 늘 앉으시는 자리에 앉으셨다. 그 바잔은 북인도 스타일이었는데, 그가 내달리고 이리저리 솟구치는 모습은 최소한 50세는 된 사람이 하는 것으로는 놀라운 것이었다.

1946-2-15

빨라꼬뚜에 머무르던 꿈바꼬남의 라마스와미 아이엥가르(Ramaswami Iyengar)가 오늘 새벽 2시경에 타계했다. 꾼주스와미가 **바가반**께 이 사실을 즉시 알렸다. 라마스와미는 **바가반**의 이름을 염하며 세상을 떠났다.

바가반은 콜롬보 라마짠드라의 건강에 대해 친절하게 물어보셨다. 그가 약 1주일째 좌골신경통으로 고생하고 있었고, 어제 저녁 정부 병원의 의사에게 치료를 받으러 갔기 때문이다. 오늘 온 편지들 중에 까메스와람마(Kameswaramma)라는 한 여성에게서 온 것이 있었는데, 거기서 그녀는 몸을 산 채로 영원히 보존할 수 있는가 하는 문제에 대한 **바가반**의 의견을 여쭈었다. **바가반**이 그 편지를 자세히 살펴보다가 몇 말씀을 하셨고, 이를 계기로 방문객들이 질문을 했다. **바가반**은 이 주제에 대한 당신의 잘 알려진 견해를 되풀이하셨는데, 대체로 다음과 같은 취지였다. "이 여성이 썼듯이, 어떤 사람들은 몸을 불멸로 만들 수 있다고 주장하

---

59) T. 구자라트 지방 사람들을 중심으로 베다의 전통을 잇는다고 자처하는 단체인 쁘라자빠띠 사마즈(prajapati samaj)가 있는데, 이 형제단은 그 계열의 한 단체로 보인다.

면서, 이 몸을 완전하게 하여 죽음을 극복하게 하기 위한 의학적 혹은 기타 요법을 제시합니다. 싯다파(Siddha school)(남부에서는 그렇게 알려져 있지만)가 그런 교의를 신봉하고 있습니다. 꿈바꼬남의 벤까스와미 라오(Venkaswami Rao)가 그 교의를 신봉하는 학파를 창설했지요. 뽄디체리에도 협회가 하나 있습니다. 이 편지에서도 말하듯이, **신력**神力(Divine Power)의 하강에 의해 인간이 초인으로 변모된다고 믿는 학파도 있습니다. 그러나 모든 사람들이, 자신들의 몸이 파괴 불가능하다는 것에 대한 긴 논설들을 쓰고, 그 몸을 완전하게 하여 영원히 살아 있게 하기 위한 의학적 요법과 요가 수련법을 제시한 뒤에 어느 날 세상을 떠납니다!" 어떤 사람이 이런 질문을 했다. "그러면 우리의 책들에서 찌란지비(chiranjivis-불사의 존재들)라고 이야기하는 사람들은 어떻습니까?" **바가반**이 대답하셨다. "그러나 그들이 육신으로 나타납니까? 그들은 그대의 명상 속에서만 그대에게 나타납니다." 여기서 이야기는 그들에게 개인성이 있느냐는 데로 옮겨갔고, **바가반**이 말씀하셨다. "여러분이 개인성을 가지고 있는 한 그들에게서 개인성을 볼 수 있지만, 나중에는 그렇지 않지요!"

밤에 가자난[다이바라따]이 **바가반**께 말씀드렸다. "나야나가 고까르남(Gokarnam)에 갔을 때 그는 거의 집집마다 찾아가 자신의 탁월한 지知(vidya)를 모두에게 전해주겠다고 했습니다. 그때는 누구도 그에 관심을 갖지 않았습니다. 그러나 지금은 그들이 그의 시편 하나를 만나면 열광하면서 '얼마나 대단한 시적 재능인가!' 하고 외칩니다. 그리고 그의 사진을 얻으면 그것을 **신**으로 숭배합니다. 세상일은 늘 이런 식이었던 것 같습니다. 마스쩬드라 나트(Maschendra Nath)[60]에 대한 이야기가 하나 있습니다. 그는 '뿌란 뽈리(pooran polies) 두 개를 주면 내가 여러분에게 **브라맘**(Brahmam-브라만), 곧 **진지**(jnana)를 주겠다'고 말하며 다녔지만, 아무도

---

60) *T.* 인도 후기불교에서 싯다의 한 사람으로 간주되고, 마하라지들의 나바나트(Navanath) 계열의 첫 번째 구루로도 간주되는 진인(10세기). 마뜨시옌드라나트로도 불린다.

관심 두지 않았다고 합니다. 마침내 고라끄나트(Goraknath)[61]가 왔는데, 그는 마스쩬드라 나트의 그 제안에 대한 이야기를 듣자 자기가 그 뽈리를 가져가겠다고 했습니다. 그는 시내로 들어가서 높은 나무 위로 올라가 그 가지 하나에 거꾸로 매달린 채, 밑에 작은 불을 피우고, 자신의 제자 한 명이 자기 곁에 앉아 있게 했습니다. 온 도시 사람들이 몰려나와 주변에 모여서 '얼마나 대단한 고행(tapasya)인가! 어떤 대단한 **마하트마**가 우리 동네에 오셨어!' 하고 말했습니다. 사람들은 이 대단한 고행자(tapasvi)에게 온갖 예배를 하고 많은 물건들을 선뜻 바쳤습니다. 제자는 자기 스승님이 오직, 최고의 뿌란 뽈리로 천 명의 사람들을 다 먹이는 대중공양(bhiksha)만 받을 것이라고 설명했습니다. 이것은 쉽게 준비되었고, 고라끄나트는 사람들에게 '여러분은 천 명의 사람들을 먹이시오. 나는 갠지스 강으로 가서 이 뽈리들을 **강가**(Ganga-갠지스 강의 여신)께 바치겠소' 하고는 뽈리 두 개를 가지고 마스쩬드라 나트에게 달려갔습니다. 고라끄나트가 마스쩬드라 나트에게 말했습니다. '선생님, 여기 뽈리 두 개를 가져왔습니다. 이제 저에게 **브라맘**을 주십시오!' 마스쩬드라 나트는 뽈리 두 개를 받자 그것을 여기저기 깨물더니 그 조각들을 새들, 개들, 그리고 강에게 던져주었고, 그런 다음 마스쩬드라 나트와 고라끄나트 둘 다 사라져버렸습니다. 마스쩬드라 나트는 고라끄나트에게 **브라맘**을 주었던 것입니다."

"세상일이 늘 그랬던 것 같습니다. 위인들은 살아생전에 별 존경도 받지 못하고 그 진가를 인정받지도 못합니다. **샹까라**조차도 생전에는 마야 아수라(maya asura-마야를 가르치는 악마)라고 심하게 공격받았습니다. 그러나 지금 그는 여기서 뿐만 아니라 전 세계적으로, 이 세계가 낳은 가장 위대한 종교적·철학적 사상가로 간주됩니다!" 바가반이 말씀하셨다. "샹까라와 마스쩬드라 나트 사이에는 또 하나 유사점이 있지요. 마스쩬드라도

---

61) T. 마스쩬드라 나트의 제자. 바르뜨루하리 왕(378쪽 참조)의 스승이었다.

한 여자와 어울리는 것을 즐겨, 자신이 정한 기한이 끝났는데도 돌아가는 것을 잊었고, 이에 제자 고라끄나트가 가서 노래를 불러 그를 일깨워주어 다시 돌아오게 했다는 것입니다.62) 마치 **샹까라**의 제자들이 「구루찬가(Guru stuti)」를 불러서 **샹까라**를 다시 돌아오게 했듯이 말입니다." 이어서 가자난이 이야기하기를, 네팔에서는 왕에서부터 일반 백성에 이르기까지 고라끄나트를 크게 존경하며, 나라의 주화에도 고라끄나트의 이름이 새겨져 있다고 했다. 그가 말했다. "당시 네팔의 왕이 고라끄나트를 찾아갔을 때 그는 생존해 있었던가 봅니다. 사람들이 왕의 도착을 알리자 고라끄나트는 왕에게 침을 뱉었을 뿐입니다. 왕은 침이 자신의 왕관에 떨어지는 것을 피하기 위해 약간 물러섰고, 침은 그의 발에 떨어졌습니다. 이때 고라끄나트가 왕에게 이렇게 말했다고 합니다. '당신은 그 침이 머리에 떨어지지 않게 했소. 만약 머리에 떨어졌으면 당신은 큰 제국의 우두머리가 되었을 수도 있소. 그러나 그것이 발에 떨어졌으니, 그대는 작은 왕국의 주인이 될 것이오.'"

그런 다음 이야기는 여러 성자들이 행한 기적으로 옮겨갔다. 가자난은 바수데바 사라스와띠(Vasudava Saraswati)라는 사람을 언급하면서 이렇게 이야기했다. "그는 인도 전역을 다 다녔습니다. **바가반**께서도 그 사람을 아십니다. 여기에도 왔으니까요. 그는 여러 가지 기적을 행했습니다. 어느 날 아침 그가 크리슈나 강에서 목욕하면 낮에는 베나레스의 갠지스 강에서 목욕하고, 저녁에는 제3의 장소에서 목욕하는 것이 목격되곤 했습니다!" 그런 다음 가자난은 사마르타 라마 다스(Samartha Rama Das)63)와 그의 기적에 대해 이야기하면서 다음과 같은 이야기를 들려주었다. "그에게 대단히 헌신하던 제자들 중 한 명이 베틀후추 잎(betel leaves)과 (빈랑檳榔) 열매를 먼저 자기 입 안에서 간 다음 람다스(라마 다스)에게 드리

---

62) *T.* 마스젠드라 나트는 하누만의 지시로, 갓 죽은 왕의 몸에 들어가(그 왕으로 되살아나) 어느 비妃를 통해 자식 하나를 보기로 했는데, 나중에 돌아오는 것을 잊어버렸다고 한다.
63) *T.* 시바지의 스승이었던 마하라슈트라 지방의 유명한 성자(1608-1682).

곤 했습니다. 몇몇 동료 제자들은 이것을 불경스럽게 생각하여 람다스에게 가서 말했습니다. '부디 그에게 당신을 위해 매일 베틀후추 잎을 가는 막자와 막자사발을 가져오라 하십시오.' 그러자 람다스가 제자들에게 말했습니다. '그러지. 그에게 막자사발을 가져오라고 하게.' 그 말에 따라 그들은 그 제자에게 가서 말했습니다. '스승님께서 우리에게, 자네가 스승님을 위해 매일 베틀후추 잎을 갈아 드리는 막자사발을 가져오라 하셨네!' 그 제자가 말했습니다. '잠시만요. 지금 드리겠습니다.' 그렇게 말하고 그는 칼을 뽑아서 자신의 머리를 잘라 다른 제자들에게 주었습니다! 제자들이 그 머리를 스승에게 가져가자 스승이 말했습니다. '이제 자네들이 오해하고 비방했던 이 사람의 헌신을 알겠는가? 가서 그의 머리를 몸통에 도로 붙여 놓게.' 제자들은 그렇게 했고, 그 사람은 소생했습니다." 가자난이 이어서 말했다. "람다스는 '브하바니(Bhavani)'란 그 칼을 시바지(Shivaji)[64]에게 하사했습니다. 그 칼을 다루는 데는 네 사람이 필요했는데, 시바지가 (혼자서) 그것을 다루었습니다. 지금은 영국 정부가 그 칼을 보관하고 있습니다."

1946-2-16 오전

가자난이 스깐다스라맘을 보러 가겠다고 바가반의 허락을 구했다. 바가반은 그에게 "그러세요" 하시고는 우리를 돌아보며 말씀하셨다. "그 당시 그의 상태와 지금의 상태가 얼마나 차이 나는지 모릅니다! 그는 멜라스라맘(Melasramam)[스깐다스라맘]에 여섯 달 이상, 어쩌면 1년가량 우리와 함께 살았지요. 그는 읍내에서 탁발(bhiksha)을 해다 소금도 없이 밥을 먹었습니다." 그러는 사이에 다른 구참 제자가 바가반께 말씀드렸다. "당시에는 뒤편 바위 쪽으로 방이 하나도 없었습니다. 이제 보니 바위를 서쪽 벽으로 삼은 방이 하나 있더군요. 거기는 좁은 통로 하나밖에 없었는

---

64) *T.* 마라타 제국을 창건한 마하라슈트라 지방의 유명한 왕(1630-1680).

데 말입니다." 바가반이 말씀하셨다. "그렇지요. 그 방은 새것입니다. 제가 거기 살던 후반기에 띠루반나말라이의 브릿다짤라 구루깔(Vriddhachala Gurukkal)이 그 방을 만들었는데, 그는 거기에 암비까(Ambika-여신 빠르바띠)상을 봉안하여 그 신상에 예공을 올리곤 했습니다. 그는 싯디(초능력)에 열중하여 성회聖灰(sacred ash-비부띠)·설탕·동전 등을 얻는 여러 가지 능력을 보여주었습니다. 가끔 40일씩 삼매에 들어 앉아 있기도 했지요. 그러나 나중에는 이런 싯디들 때문에 엉뚱한 길로 빠졌습니다."

오전 10시경에 바가반은 타계한 라마스와미 아이엥가르에 대해 물어보면서 시신 처리를 어떻게 하고 있느냐고 물으셨다. 누군가가 그 시신은 여기서 화장하여 유골을 꿈바꼬남으로 가져가 묻으려 한다고 말씀드렸다. 그러자 바가반이 말씀하셨다. "그러면 좋지요. 고인이 원했던 대로 하려는 것 같군요." 또 말씀하셨다. "그도, 그러니까 라마스와미 아이엥가르도 그 단체사진 중의 하나에 분명히 있을 겁니다. 그때는 그가 쾌활하게 서 있었지요(appō jōrāy ninṟu kondirunthār)." 그렇게 말씀하시면서 당신은 111장의 사진이 나오는 그 책(까마트의『스리 마하르쉬』)과『진아 깨달음』을 뒤져 보셨지만 당신이 염두에 둔 그 사진은 찾지 못하셨다. 이에 당신이 말씀하셨다. "어딘가에 분명히 있을 겁니다. 초기 판본이나 아니면 식당에 걸려 있는 사진들 중에 있든지."

저녁

빠라야나가 끝난 뒤 바가반은 가자난을 이곳의 산스크리트 빤디뜨(전통학자)인 라주 사스뜨리(Raju Sastri)에게 소개하고 나서 말씀하셨다. "이 사람(가자난)은『빠슈빠띠 흐리다얌(Pasupati Hridayam)』이란 책을 썼다오." 사스뜨리에게 그 책을 보여주었고, 가자난은 거기서 몇 연을 낭독했다. 가자난은 또한 우리에게, 네팔에 있는 빠슈빠띠 신상은 얼굴이 다섯인데 네 얼굴은 사방을 향하고 다섯째 얼굴은 맨 꼭대기에 있으며, 그 신상은 팔 두 개가 양쪽으로 나 있다고 말했다. 바가반이 사스뜨리에게 말씀하셨다. "네팔에는 웃따라 고까르남(Uttara Gokarnam)이라는 곳이 있는 모양인데, 중요한 사원이라고 합니다. 네팔의 마하라자는 가자난에게 친절하고, 그가 그곳에서 승려의 우두머리나 뭐 그런 것을 하며 머물러 있어 주기를 바라고 있습니다." 가자난이 말했다. "예, 그 마하라자는 저에게 아주 친절합니다. 그는 제가 거기 있기를 바라는데, 무엇으로 있기를 바라는지는 저도 아직 모릅니다. 그가 염두에 무슨 생각이 있겠지요."

40명의 여성들인 한 일행이 빨라니의 단다빠니 스와미 둘째아들의 인솔로 회당으로 들어왔다. 그들은 (안드라 지역) 군뚜르(Guntur) 군郡의 메띠바리빨렘(Mettivaripalem)에 있는 수브라마니야 사스뜨리 아스라맘의 현 암주庵主인 까시암마(Kasiamma)와 그녀의 제자들이었다. 그들은 바가반 앞에서 노래 몇 곡을 부른 뒤에 떠났다.

1946-2-17 오전

P.D. 쉬로프(Shroff) 씨가 오늘 아침에 델리에서 왔다. 그가 바가반에게 말했다. "제가 당신에게서 떨어져 있을 때는 아주 비참한 느낌이 듭니다. 멀리 델리에 있을 때는 마치 당신께서 저를 멀리하시는 잔인한 연인 같은 그런 끌어당김을 느낍니다. 그러면 제가 무슨 수를 써서라도 여기를 와야 합니다. 그러나 여기 오면 당신께서는 보통 사람 같으십니다. 이것이 무엇입니까?" 바가반이 말씀하셨다. "늘 그와 같지요. 떨어져 있으면 오고 싶은 법입니다."

오후

한 방문객이 바가반께 질문했다. "창조(srishti)는 어떻게 일어났습니까? 어떤 사람들은 그것이 업業(karma) 때문이라 하고, 어떤 사람들은 그것이 하느님의 유희(lila)라고 합니다. 무엇이 진실입니까?"

바가반: 책에는 여러 가지 설명이 나옵니다. 그러나 창조라는 것이 있습니까? 창조가 있어야 그것이 어떻게 일어났는지 설명할 수 있습니다. 그 모든 이론은 우리가 모를 수도 있습니다. 그러나 우리가 지금 존재한다는 것은 확실합니다. 왜, 그 '나'와 현재를 알고 나서 창조가 과연 있는지 알아보려 하지 않습니까?

마드라스 라마크리슈나 교단의 소개장을 가지고 와 있던 몇 명의 젊은이가 바가반께 질문했다. "저희가 따라야 할 적합한 길은 무엇입니까?"

바가반: 어떤 길을 이야기할 때, 여러분은 지금 어디 있습니까? 그리고 어디로 가고 싶습니까? 그것을 안다면 우리가 길에 대해 이야기해 볼 수 있지요. 먼저 여러분이 어디 있고, 여러분이 무엇인지를 아십시오. 도달해야 할 그 무엇도 없습니다. 여러분은 늘 실제 있는 그대로 있습니다. 그러나 여러분은 그것을 깨닫지 못하지요. 그뿐입니다.

조금 뒤에 방문객들 중 한 사람이 바가반께 질문했다. "저는 지금 염송(japa)의 길을 따르고 있습니다. 그것은 괜찮습니까?"

바가반: 예. 아주 좋지요. 그것을 계속해도 됩니다.

창조에 대해 질문했던 신사가 말했다. "저는 바가반을 찾아뵙는 행운이 올 거라고는 전혀 생각하지 못했습니다. 그러나 여건이 저를 여기 오게 해주었고, 저는 아무 노력도 하지 않았는데 당신의 친존에 있습니다. 그리고 샨띠(santi-평안)를 얻고 있습니다. 외관상, 평안을 얻는 것은 우리의 노력에 달려 있지 않습니다. 그것은 은총의 결과로서만 오는 것 같습니다!" 바가반은 침묵하셨다. 그 사이 다른 방문객이 말했다. "아닙니다. 은총 없이는 누구도 해낼 수 없지만, 우리의 노력도 필요합니다." 얼마 후 바가반이 말씀하셨다. "만트라 염송(mantra japa)을 어느 정도 하고 나면 여러분이 만트라마야(mantra maya-만트라로 충만한 상태)가 되는 단계, 즉 여러분이 그의 이름을 염하거나 찬송했던 그것이 되는 때가 옵니다. 먼저 여러분은 입으로 만트라를 염합니다. 나중에는 마음속으로 염합니다.

먼저 여러분은 끊어짐이 있는 상태로 이 명상을 합니다. 나중에는 어떤 끊어짐도 없이 그것을 합니다. 그 단계에서는 아무 노력을 하지 않아도 자신이 명상을 하고 있다는 것을 깨닫게 되는데, 그런 명상이 여러분의 진정한 성품입니다. 그때까지는 노력이 필요합니다."

저녁에 까시암마의 일행이 **바가반**께 다시 왔고, 빠라야나가 끝난 뒤 송찬頌讚(stotras)을 몇 곡 불렀다. 떠나기 전에 까시암마가 **바가반**께 다가가더니 당신 앞에 몇 분간 서 있었다. 그동안 **바가반**은 바라보셨지만 그녀를 바라보지는 않으셨다. (이 말은, 평소와는 다른 모습인 예의 텅 빈 듯한 표정들 중의 하나를 그녀에게 보내고 계셨다는 뜻이다). 그런 다음 이 여사가 **바가반**께 여쭈었다. "**바가반**의 입으로 자기체험(svanubhava), 그러니까 **진아 깨달음**의 개인적 체험에 관해 몇 말씀 들을 수 있겠습니까?" **바가반**은 침묵을 지키셨고, 몇 분 뒤 까시암마와 그녀의 일행은 작별을 고하고 떠났다. 그녀가 가고 난 뒤 **바가반**이 말씀하셨다. "그녀 자신이 지금까지 자기체험에 대해 노래하고 있었지요. 그녀가 몰라서가 아닙니다. 저한테서 그것을 듣고 싶은 거지요."

1946-2-18 오전

바가반은 비스와나타의 타밀어 이야기를 나감마가 옮긴 『띠루쭐리 스탈라 뿌라남(Tiruchuli Sthala Puranam)』의 텔루구어 버전을 자세히 살펴보고 계셨다.

오후

예전 시자이자 사서였던 T.S. 라자고빨(Rajagopal)이 방문하자 **바가반**이 나에게 말씀하셨다. "그는 감사監査를 다니고 있는 중입니다[라자고빨은 최근에 뜨리찌에 본부가 있는 「마드라스 메일(Madras Mail)」의 감사가 되었다]. 이제 우리를 감사하는군요. 우리는 지금 매일 「메일」지紙를 받아봅니다. 보급

소장의 말로는, 자기는 이 감사의 명으로 우리에게 신문 한 부씩을 보낸다고 합니다."

1946-2-24 오전

오전 10시 30분경에 딸레야르칸 여사가 **바가반께** 다가가 당신의 발 앞에 서서 "몇 말씀 드려도 되겠습니까, **바가반?**" 하고 여쭈더니 이렇게 말을 계속했다. "저는 W. 부인이라는 막역한 친구가 있는데, 로스앤젤레스의 저명한 한 관리의 부인입니다. 1942년에 제가 여기 있을 때, 이 회당에 앉아 있다가 그녀에게서 편지 한 통을 받았습니다. 그것은 자기 남편이 어떻게 다른 여자와 사랑에 빠졌고, 이혼 판결을 얻어 그 새 여자와 결혼했는지 등을 상세히 이야기한 가슴 아픈 편지였습니다. 그녀는 더없는 미인인데요, **바가반**, 그들은 이미 열일곱 살쯤 된 딸이 있었습니다. 제 친구는 대단한 사교계 여성이어서 중요한 어떤 사교 행사도 그녀 없이 벌어지는 일은 있을 수 없었습니다. 그래서 극도로 슬픔을 느껴 그런 이야기를 다 쓴 것입니다. 저는 그녀에 대해 너무 가슴이 아프고 안쓰러워서 마음속으로 **바가반께** 그녀를 위무해 주십사고 기도를 드렸습니다. 제가 답장을 썼는데, **바가반**의 작은 사진 한 장을 그녀에게 보내면서 이렇게 말했습니다. '낙심하지 마세요. 남편은 당신에게 돌아올 겁니다. 저는 지금 이러이러한 위대한 분과 함께 있답니다. 그분의 작은 사진을 보내드립니다. 이것을 책상 위에 얹어 두세요. 당신을 위해 제가 매일 그분께 기도할게요. 당신도 그분께 기도하세요. 그러면 마음이 편안해지는 걸 느끼실 거예요.' 그러나 그 친구는—그들이 **바가반**에 대해서나 그런 것들(사진과 기도)에 대해서 뭘 알겠습니까마는—슬픔을 가누지 못했습니다. 그녀가 답장을 보냈는데, '당신이 말한 일은 불가능합니다. 그는 돌아오지 않을 겁니다'라고 했습니다. 제가 다시 편지를 보냈습니다. '우리 **바가반께**는 불가능한 일이 없답니다. 그러니 그저 제가 조언한 대로 해 보세요.' 그런데 이제 **바가반**, 오늘 항공우편으로 그녀의 남편이 돌아왔고, 자기는 다시 새 가정을 꾸리려고 한다는 편지를 받았습니다. 그녀는 이렇게 썼습니다. '불가능한 일이 일어났습니다. 당신의 "신사"(**바가반**을 뜻합니다만)가 정말 기적을 일으켰어요. 이제 저와 남편은 그분을 뵈러 가야겠군요. 우리는 비행기로 당신의 **스승**을 찾아뵙고 싶습니다. 그 여정은 돈이 많이 들지만요. 거기에 우리가 가서 머무를 수 있는 호텔이 있는지 부디 알려주십시오.'라고 말입니다. 저는 이 친구를 위해 늘 **바가반**께 기도했는데, **바가반**께서 그녀를 위해 이렇게 해주셔서 기쁩니다. 너무 감사하여 지금 여기서 편지를 읽으니 눈물이 납니다."

내가 덧붙였다. "**바가반**께 무슨 불가능한 일이 있습니까?" 그리고 **바가반**께 말씀드렸다. "바로 간밤에 쉬로프가 저에게 자신은 델리로 가야 한다고 불평하더군요. 그가 말했습니다. '가장 고통스러운 것은 이 상황이 아무 희망이 없다는 것입니다. 제가 여기 다시 올 가능성이 전혀 없어 보입니다. 6개월에 한 번이나 1년에 한 번만 올 수 있어도 떨어짐을 이토록 애달파하지 않을 텐데요. 그것이 모두 불가능하다는 것 때문에 제가 근심하는 것입니다.'" 그래서 저는 딸레야르칸 여사가 친구에게 말한 것과 같은 말을 쉬로프에게 해 주었습니다. "**바가반**과 관계되는 곳에서는 그 무엇도 전혀 불가능하지 않습니다. 당신이 (가까운) 마드라스로 전근을 올지도 모르고, 갑자기 아주 부자가 되어 작은 비행기를 소유하게 될지도 모릅니다. **바가반**의 은총으로 일어날 수 없는 일이 뭐가 있습니까?"라고 말입니다.

오즈본 여사(Mrs. Osborne)가 **바가반**께 말씀드렸다. "키티(Kitty)[65]가 편지를 보내어 **바가반**께 사랑을 드린다고 했습니다." **바가반**이 나를 돌아보며 말씀하셨다. "그녀도 이제 수줍어졌군요. 갈 때는 자기 아버지를 저한테 보내어 '**바가반**께서 저를 잊지 않으시기 바랍니다'라는 말을 전하게

---

[65] T. 아서 오즈본(Arthur Osborne)의 막내딸인 키티 오즈본.

했습니다. 내가 (전갈로) 그녀에게 말했지요. '네가 **바가반**을 잊지 않으면 **바가반**도 널 잊지 않을 거야'라고 말입니다."

1946-2-25 오후

딸레야르칸 여사가 한 그룹을 소개했는데, 센 양(Miss Sen)과 그 자매 리타의 친구들인 다른 사람들(이 센 양과 결혼 예정인 라오 대위 혹은 소령과, 인도르에서 온 다른 여성)이었다. 그때 내가 **바가반**께 이 리타는 삶속에서 기적을 한 번 만난 적이 있다고 말씀드리고, 딸레야르칸 여사에게 그 이야기를 하게 했다. 이에 딸레야르칸 여사가 **바가반**께 다음과 같은 이야기를 들려드렸다. "**바가반**, 저희가 이 리타에게―당시 이곳의 총독 부인이던 윌링던 여사(Lady Willingdon)의 주선으로―런던에 있는 한 의과대학과 병원에서 간호사 훈련을 받게 자리를 마련해 주었습니다. 그러나 그 병원의 수간호사가 처음부터 우리 누이(리타)를 피부색 때문에 싫어하여 그녀를 흙같이 취급했습니다. 누이는 이런 대우를 모두 참아내면서 자신이 큰 믿음을 가지고 있던 성^聖 테레사에게 늘 기도했습니다. 이런 식으로 하다가 그녀의 곤경이 정점에 이르렀습니다. 시험을 한 달 남짓 앞두고 실험실에서 산^酸이 든 병을 열다가 그만 산이 뿜어져 나오는 바람에 눈을 다쳤습니다. 며칠 동안 눈을 붕대로 감고 있어야 했는데, 시험이 임박해서도 아직 낫지 않고 있었습니다. 그러나 시험 전날 밤 잠자리에 든 뒤에 누이는 다음과 같은 이상한 체험을 했습니다. 어떤 가벼운 발자국 소리가 난다 싶더니 누군가가 문을 열고 들어와 그녀 쪽으로 부드럽게 다가왔습니다. 방문객이 다가올 때 그 옷이 바스락거리고 사각대는 소리까지 들을 수 있었습니다. 방문객은 침대 곁으로 와서 누이의 붕대를 풀어주었습니다. 누이가 눈을 뜨자 자신이 사랑하던 성^聖 테레사가 손에 두루마리 하나를 들고 서 있었습니다. 이내 성녀가 두루마리를 펼치자, 거기에 다음날 그녀가 시험에서 답해야 할 문제들이 다

적혀 있었습니다. 누이가 그 문제들을 하나하나 살펴보며 기억하기에 충분한 시간이 지나자 그 환영幻影은 사라졌고, 누이는 일어나서 옆방에 있던 친구를 깨워 필요한 답들이 모두 나오는 책들을 찾아서 그것을 읽어달라고 했습니다. 다음날 누이도 시험을 보았는데, 모든 문제가 바로 전날 밤 보았던 문제들이었고 누이는 그 답변을 썼습니다. 결국 수간호사의 예상과 달리 그녀는 시험에 합격했을 뿐 아니라, 그해에 우수한 성적으로 금메달까지 받았습니다."

딸레야르칸 여사가 이 이야기를 끝내자 내가 말했다. "기적은 늘 일어나고 있습니다. 기도를 하고 믿음이 있는 사람들에게는 지금도 기적이 일어납니다."

1946-2-26 오전

한 방문객이 **바가반**께 말했다. "저는 꿈을 꿀 때도 가끔 제가 꿈을 꾸고 있다는 것을 느낍니다. 즉, 그것이 꿈이라는 것과, 예를 들어 어디서 떨어져도 다치지 않는다는 것 등을 의식합니다. 어째서 그렇습니까?"

바가반: 어떻게 그럴 수 있습니까? 꿈속에서도 떨어지면 다칠 수밖에 없습니다. 반면에 그것이 꿈인 것을 자각하고 있다면, 그대는 더 이상 꿈을 꾸고 있지 않은 것입니다. 기껏해야 그것은 꿈의 상태에서 생시의 상태로 넘어가는 과도 단계이겠지요.

다른 방문객이 **바가반**께 말하기를, 자신이 꿈속에서 하는 어떤 경험은 자기 마음속에 아주 확고하게 뿌리를 내리는 반면 어떤 경험들은 전혀 기억나지 않는다고 했다. **바가반**이 말씀하셨다. "우리가 그것을 꿈의 상태에서 보든 생시 상태에서 보든, 우리가 보는 모든 것은 하나의 꿈입니다. 그러나 그 경험의 지속 등에 대한 어떤 자의적 기준으로 인해, 어떤 경험은 우리가 꿈의 경험이라 하고 어떤 경험은 생시의 경험이라고 합니다. **실재**와 관련해서는 두 가지 경험 모두 실재하지 않습니다. 어떤 사람은 꿈속에서 은총(anugraha)을 얻는 것과 같은 경험을 할 수도 있는데, 그것이 이후 그의 삶 전체에 미치는 효과와 영향이 아주 심대하고 지속적일 수도 있습니다. 우리가 그런 것은 실재하지 않는다고 하면서, 생시의 삶 속에서 그냥 획 지나가 버리는, 우연적이고 전혀 중요성이 없어 금방 잊히는 사소한 사건들이 실재한다고 말할 수는 없습니다. 한번은 제가 어떤 경험을 했는데, 환영·꿈 혹은 뭐라고 해도 좋은 그런 것이었지요. 저와―채드윅을 포함한―몇 사람이 산 위를 걷고 있었습니다. 돌아올 때는 우리가 길 양편에 큰 건물들이 있는 거대한 거리를 따라 걷고 있었습니다. 제가 그 거리와 건물들을 보여주면서 채드윅과 여타 사람들에게 우리가 보고 있는 것이 하나의 꿈이라고 누가 말할 수 있겠느냐고 물었더니, 다들 '어느 바보가 그렇게 말하겠습니까?'라고 대답했습니다. 우리가 계속 걸어서 회당에 들어서자 그 환영 혹은 꿈은 그쳤고 저는 깨어났습니다. 우리는 이것을 뭐라고 불러야 합니까?"

다음은 **진아**가 '자명하다(pratyaksha)'는 데로 이야기가 옮겨갔고, **바가반**은 이때 「진아지(Atma Vidya)」 노래가 지어진 경위를 들려주셨다. 당신이 말씀하셨다. "어떤 지知(vidya)든 그것은 무엇을 알기 위한 것입니다. 만일 그것이 워낙 자명하여, 무루가나르의 표현한 대로 '손바닥의 암라 열매(hastamalakam)'라는 잘 알려진 고전적 비유마저 그릇된 비유로 만들 정도라면, 여러분이 그것을 쉽다고 하든 않든, **진아지**를 얻어야 할 필요가 어디 있습니까? 무루가나르가 말하고자 한 취지는 이것입니다. 즉, '그 고전적 비유에서는 하나의 손, 즉 그 위에 놓인 과일을 감촉하려 하고 감촉할 수 있는 손이 필요하고, 볼 수 있는 눈, 그것이 무슨 과일인지 이미 알고 있는 사람 기타 등등이 필요하다. 그러나 **자기(진아)**를 아는 데는 **자기** 외에는 전혀 아무것도 필요치 않다'는 것입니다. 예컨대 잠 속에서는 우리에게 우리 자신 외에는 전혀 아무것도 존재하지 않는데, 그 잠을 자는 동안 우리가 존재했다는 것을 우리는 인정합니다. 깨어나면 우리는 '내가 잠을 잤다'고 말합니다. 잠을 잔 사람과 지금 깨어 있는 사람이라는 두 개의 '나'가 있다고 믿는 사람은 아무도 없습니다. 그 고전적 비유에서 그 열매가 자명하려면 이 모든 것이 존재해야 합니다. 그것들은 모두 **자기**에 의존해 있거나 **자기**에서 유래하고, (그래서) 그 열매를 자명하게 만듭니다. **자기** 자체는 얼마나 더 자명해야 합니까? 어쨌든 그건 그랬고, 무루가나르는 후렴구(*pallavi*)와 소후렴구(*anupallavi*)를 써놓고 나서 본문(*charanams*)을 쓰려고 했습니다. 그런데 어찌된 셈인지 더 이상 시구가 떠오르지 않아 도저히 노래를 완성할 수 없다면서 저에게 그것을 완성해 달라고 했습니다. 그래서 제가 이 노래를 지은 것입니다. 먼저 1연만 지었는데, 무루가나르가 적어도 4연은 되어야 한다고 해서 세 연을 더 지었지요. 마지막으로, 제가 **안나말라이**(Annamalai-아루나찰라)를 전혀 언급하지 않았다는 것을 상기하고 제5연도 만들어 거기서 **안나말라이**를 언급한 것입니다. 난다나르(Nandanar)의 이야기에 나오는 노래—우리의 노래가 그것을 본떠 지어졌지만—의 시구들에서 **뽄남발람**(Ponnambalam)을 언급하듯이 말입니다.66)

다람쥐 한 마리가 **바가반**에게 오자 당신은 평소처럼 캐슈너트 조각들을 먹여주셨다. 당신이 나를 돌아보며 말씀하셨다. "쉬로프가 어제 캐슈너트를 좀 보내면서 '이것은 저의 말 못하는 친구들(다람쥐들)에게 주셨으면 합니다'라고 했지요." 내가 말했다. "아마 **바가반**께서는 저희가 이 다람쥐들을 '말 못한다'고 부르는 데 반대하시겠지요." **바가반**이 말씀하셨다. "저와는 의사소통을 합니다. 가끔 제가 낮잠이 들어 있으면 그들이 와서 자기들이 있다고 제 손가락 끝을 가볍게 물면서 주의를 끕니다. 게다가 그들은 그들 나름의 많은 언어가 있지요. 이 다람쥐들은 한 가지 대단한 점이 있습니다. 그들 앞에 어느 정도 분량의 음식을 놓아줘 보십

---

66) *T*. 난다나르는 시바파의 63인 타밀 성자 중 한 사람인데, 찌담바람(Chidambaram)의 시바 사원에서 주 나따라자(Lord Nataraja-시바)를 숭배하다가 빛으로 화하여 사라졌다. 뽄남발람('황금빛 전당')은 찌담바람의 시바 사원을 가리킨다.

시오. 그들은 필요할 만큼만 먹고 나머지는 뒤에 남겨둘 것입니다. 예컨대 쥐는 그렇지 않습니다. 쥐는 자기가 발견하는 것은 다 가져가서 자신의 구멍 속에 저장해 둡니다."

내가 말했다. "아마 다람쥐는 쥐보다 덜 영리한 짐승이라고 해야겠지요. 왜냐하면 미래에 대한 계획을 세우거나 대비하지 않고 현재에 살고 있으니 말입니다." 바가반이 말씀하셨다. "예, 예. 우리는 계획을 세우고 이와 같이 비참하게 사는 것을 지능이라고 생각합니다. 이 세상의 얼마나 많은 짐승과 새들이 계획을 세우거나 저장함이 없이 사는지 보십시오. 그들이 다 죽습니까?"

그런 다음 바가반은 원숭이들에 대한 이야기를 시작하여 이렇게 말씀하셨다. "그들도 둥지를 짓거나 물건을 저장하지 않습니다. 그들은 자기가 찾아낼 수 있는 것을 먹고, 밤이 되면 나무에 올라가서 잠을 잡니다. 그들은 아주 행복하지요. 저는 그들의 조직, 그들의 왕들, 법률과 규칙도 좀 알고 있는데, 일체가 아주 완벽하고 잘 조직되어 있습니다. 그 모든 것의 이면에 상당한 지성이 있습니다. 저는 심지어 원숭이들이 따빠스도 알고 있다는 것을 압니다. 우리가 모따이빠이얀(Mottaipaiyan-'대머리 소년')이라고 부르던 원숭이는 한때 한 무리에 의해 억압받고 학대당하자, 며칠간 숲 속으로 사라졌고, 따빠스를 하여 힘을 얻은 다음 돌아왔습니다. 그가 와서 한 나뭇가지 위에 앉아 그것을 흔들자, 앞서 그를 학대했고 이전에 그가 죽도록 무서워하던 다른 원숭이들이 이제는 그의 앞에서 떨었습니다. 그래요. 저는 원숭이들도 따빠스를 잘 알고 있다는 것을 분명히 압니다."

1946-2-27 오전

우편물과 함께 찐따 딕쉬뚤루가 텔루구어로 지은 '무엇보다도 당신은 누구십니까, 라마나?'라는 제목의 글 한 편이 도착했다. 바가반은 그 편지들을 자세히 살펴보신 뒤 발라람에게 그 글을 회당에서 낭독해 달라 하셨고, 발라람이 낭독했다. 그 글의 요지는 이렇다: "당신께서는 질문을 하는 모든 사람에게 '이 질문을 하는 그대는 누구인가?'라고 물으십니다. 그런데 당신은 누구십니까? 저희는 당신을 **크리슈나**, **스깐다**(Skanda-수브라마니아), 혹은 **아르다나리스와라**(Ardhanariswara)로서 아루나찰라에 합일되신 **여신**[67]이나, **다끄쉬나무르띠**로 간주할 만한 충분한 근거들이 있습니다. 사실 저희는 (당신을) 수많은 다른 신들로도 상상해 볼 수 있습니다. 또 당신께서 곁에 있는 불에 손바닥을 쬐며 앉아 계신 것을 볼 때는, 무외無畏(abhaya)[두려움이 없게 보호함]를 베풀고 계신 것처럼 보입니다. 그러면 당신께서는 회당 안의 사람들에게만 무외無畏를 베푸십니까, 아니면 세상의 모든 사람들에게 베푸십니까? 그것은 후자일 수밖에 없습니다. 왜냐하면 당신께서는 모든 이에게 무외를 베푸시기 위해 이 세상에 오셨기 때문입니다."

1946-3-1 오전

오즈본 씨가 말했다. "바가반, 어제 저녁에 누나(Nuna)[4살쯤 되는 그의 딸]가 저희에게 말했습니다. '사이에드 박사는 세상에 둘도 없는 내 친구야.' 그 말에 저희가 물어보았습니다. '바가반은 어떠니?' 그러자 아이가 대답했습니다. '바가반은 이 세상에 안 계셔요.'"

바가반은 아이의 이 말에 놀라 자신도 모르게 손가락을 당신 코에 갖다 대셨고, 손가락을 거기 두신 채 말씀하셨다. "아이가 하는 말로서는 얼마나 지혜로운 말인가요! 위대한 사람들조차 그 말이 무엇을 의미하는지 이해하지 못합니다. 사람들은 분명히 이렇게 물었겠지요. '이 세상에 안 계시면 바가반은 어디 계시니?'라고." 그러자 오즈본 씨가 말했다.

---

67) T. 시바의 반려자인 빠르바띠는 아루나찰라에서 따빠스를 하고 나서, 시바와 영원히 하나로 합일되기를 기원했다. 이에 시바는 아루나찰라의 절반을 그녀에게 내주었다고 한다.

"예, 저희가 그렇게 물었습니다. 아이가 말하기를 '바가반은 이 세상 밖에 계셔요' 했습니다."

사이에드 박사가 **바가반**께 여쭈었다. "전적인 혹은 완전한 순복이 되기 위해서는 사람이 그의 내면에 해탈이나 신에 대한 욕망조차도 남겨두지 않아야 하지 않습니까?"

바가반: 완전한 순복이 되기 위해서는 그대 자신의 어떤 욕망도 없어야 합니다. 신의 욕망만이 그대의 욕망이고 그대 자신의 욕망은 없어야지요.

사이에드 박사: 저는 그 점에 대해서는 만족했으니, 제가 순복을 성취할 수 있는 단계들은 어떤 것인지 알고 싶습니다.

바가반: 두 가지 길이 있습니다. 하나는 '나'의 근원을 탐색하여 그 근원에 합일되는 것입니다. 다른 하나는 "나 혼자서는 아무것도 할 수 없다. 신만이 전능하며, 나 자신을 그에게 완전히 던지는 것 외에는 내가 안전할 다른 어떤 수단도 없다"고 느끼고, 그리하여 신만이 존재하며 에고는 중요하지 않다는 확신을 점진적으로 계발하는 것입니다. 두 방법 모두 같은 목표로 이끌어줍니다. 완전한 순복은 **진지**(*Jnana*) 곧 해탈의 다른 이름입니다.

1946-3-3 오전

한 방문객이 『바가바드 기타』의 제3장 33절[68]을 인용하면서 **바가반**께 질문했다. "그러면 우리는 아무것도 하지 않고 감각기관들이 자기 마음대로 하게 그냥 내버려 두어야 합니까?"

바가반: 그것은 행위들이 그 사람의 **구나**(*gunas*)나 **쁘라끄리띠**(*prakriti*-성품)에 따라 계속될 것이라는 의미일 뿐입니다. 그 행위들을 막을 수는

---

[68] T. "지知를 가진 사람도 자신의 성품(*prakriti*)에 따라 행위한다. 존재들은 그들의 성품을 따른다. 억압한들 무엇을 얻을 수 있겠는가?" 여기서 *prakriti*는 우주의 물질적 에너지이며, 사뜨와·라자스·따마스의 세 가지 구나, 곧 성질을 포함한다.

없습니다. 그러나 바로 그 이유 때문에, 인간은 **진지**를 얻어서 그런 행위의 결과에 의해 영향 받지 않아야 하는 것입니다. 그 시구에서는 "진지를 얻어서 행위들과 그 결과에 집착하지 말라"고 하지요.

바가반은 "그 시구가 어떤 맥락에서 나왔는지 살펴봅시다"고 말하고 문제의 그 시구를 찾아보시고는 그 말씀을 하셨다. 그러자 나는, 전에 언젠가 내가 **바가반**께 바로 이 시구에 대해 질문한 적이 있고, **바가반**께서 우리가 감각기관에 굴복해서는 안 된다고 하는 바로 그 다음 시구를 나에게 가리켜 주셨다는 것을 기억해냈다. 나는 그 방문객이 도움을 받을 수 있게 이 이야기를 했다. 당시 **바가반**은 나에게, 이 두 시구를 함께 보게 되면 『기타』에서 "감각기관을 억제하거나 억제하려고 시도하지 말 것이니, 억제가 무슨 소용 있겠는가?"라고 가르친다는 것을 부정할 수 없을 거라고 말씀하셨다.

저녁

한 방문객이 **바가반**께 질문했다. "우리가 꿈을 꿀 때는 아무 노력을 하지 않아도 꿈에서 나오게 됩니다. 흔히 이야기하듯이 만일 우리의 이 삶이 하나의 꿈이라면, 어째서 우리가 노력을 해야 하여, 이 꿈을 끝내고 **진지**로 깨어나기 위해 노력하라는 말을 듣게 됩니까?"

바가반: 우리는 잠이나 꿈에 대해서는 모릅니다. 그러나 우리는 현재의 상태, 곧 생시 상태에 대해서는 압니다. 그것을 이해하도록 노력합시다. 그러면 모든 것이 우리에게 분명해질 것입니다. 잠, 꿈 그리고 생시의 상태를 겪는 것은 누구입니까? 그대는 우리가 무지에서 벗어나 **진지**로 깨어나야 한다고 말합니다. 그 무지를 가지고 있는 것은 누구이며, 무엇에 대한 무지입니까? 그대가 '나'의 근원을 탐색해 들어가면, 모든 의문이 해결될 것입니다.

1946-3-5 오전

어제 **바가반**은 누나(Nuna)가 (며칠 전에) "**바가반**은 이 세상에 안 계시고 세상 밖에 계셔요"라고 한 것은 무슨 의미로 한 말인지 누가 알아낼 수 있으면 좋을 거라고 말씀하신 듯하다. 그래서 오즈본 씨가 오늘 다음과 같은 글을 가지고 와 **바가반**께 건네 드렸다.

"제가 누나에게 '**바가반**은 이 세상에 안 계시다'고 한 말은 무슨 뜻이냐고 물었습니다. 처음에는 너무 수줍어서 말을 안 하더군요. 제가 '사이 에드 박사는 이 세상에 있다고 생각하는 거지?'라고 하자, 누나는 '예'라고 했습니다. '만일 **바가반**이 이 세상에 안 계시다면, **바가반**은 어디 계시니?' 하고 제가 물었습니다. 누나는 '아스라맘 안에도 계시고 하늘에도 계셔요' 하더니 잠시 후에 이렇게 덧붙였습니다. '우리가 볼 수 없는 **바가반**은 어디에나 계셔요. 우리가 아주 훌륭하면 당신을 볼 수 있어요. 누구나 **바가반**이지만, **바가반**만큼 훌륭하지는 않아요.' 얼마만큼이 순수한 통찰이고 얼마만큼이 가끔 들은 말을 이해했다가 기억하는 것인지는 단언하기 어렵지만, 때로는 그것이 단순한 통찰이라는 데 의심의 여지가 없습니다. 예컨대 한번은 꼬다이까날(Kodaikanal)에서 제가 '잘 자' 하면서 아이에게 기도를 했느냐고 물었더니, 아이는 '이제 자고 싶어요. 자는 것이 기도예요'라고 했습니다." 이 글을 보신 뒤 **바가반**과 발라람은 이구동성으로 '자는 것이 기도라는 것은 아주 분별 있는 말'이라고 했다. 나는 이해가 잘 되지 않아 그에 대해 **바가반**께 여쭈었다. 당신께서 설명하기를, 그것은 잠을 자는 것 혹은 마음을 가라앉히는 것이 진정한 기도라는 뜻으로 한 말이라고 하셨다. '잠'이라는 것은 타밀어 책들에 흔히 나오는 '잠 없는 잠'—예컨대 "잠자지 않으면서 잠을 자는 지복을 얻는 것은 언제일까?(*thūngāmal thūngis sukam peruva thekkālam*)"와 같은 것—으로 이해해야 한다고 당신은 나에게 말씀하셨다.

저녁

내가 회당에 들어가자 **바가반**은 우리 벤까뚜(Venkattoo)의 자식인 락슈미에게 이야기를 하고 계셨는데, 내가 아주 좋아하는 아이이다. 내가 바가반께 말씀드렸다. "얼마 전에 락슈미를 에루꾸르(Erukoor)에 있는 자기 이모에게 맡겨두자는 이야기가 있었습니다. 여기 있으면 여러 아이들 중의 한 명일 뿐이겠지만, 거기서는 귀여워하면서 키울 계집아이가 절실히 필요하니 이 아이가 거기 있는 것이 더 나을 거라고 생각한 모양입니다. 그러나 저는 그 아이디어가 전혀 마음에 들지 않았습니다. 폴란드나 어디 다른 나라에서 태어난 아이들도 여기 오면 우리 아스라맘의 분위기 속에서 자라는데, 여기서 태어난 우리 락슈미가 다른 곳에서 양육된다는 아이디어는 도저히 받아들일 수 없었습니다."

바가반이 말씀하셨다. "타타(Thatha)[할아버지, 곧 삐쭈 아이야르(Pichu Aiyar)]가 에루꾸르에 갔는데, 이 아이가 자기 타타(외할아버지)를 보고 나서 거기 있으려고 할 것 같은가요? 타타가 거기 있다면야 아이도 거기 있으려고 하겠지요." 이에 대해 발라람이 『샤쿤탈라(Shakuntala)』69)에 나오는 구절들을 인용했는데, 거기서 샤쿤탈라가 깐와 마하르쉬(Kanva Maharshi)의 암자에서 작별을 고할 때 마하르쉬가 꽃들에게 이렇게 말한다. "자기 음식을 먹기 전에 먼저 너희들에게 물을 주곤 하던 그녀가, 꽃들을 아무리 애틋이 사랑하고 꽃을 몸에 두르기 좋아했어도 너희를 꺾지 않던 그녀가, 이제 남편 집에 가려고 너희를 떠나는구나. 그녀를 축복해 주렴."

발라람은 또 다른 책에서 이런 구절을 인용했다. "세속인인 우리는 마음을 감각대상들로부터 혹은 세상으로부터 거두어들여 그것을 심장 안에서 신에게 고정하기 위해 대단한 노력을 해야 합니다. 그러나 심장 안에서 신을 완전히 붙든 라다(Radha-크리슈나의 연인이던 목녀牧女) 당신은, 신에

---

69) *T.* 깔리다사(Kalidasa)가 지은 인도의 유명한 극시劇詩. 샤쿤탈라는 깐와 마하르쉬의 딸로, 우여곡절 끝에 두쉬얀따 왕에게 시집을 가게 된다.

게서 떨어지려면 노력을 해야 합니다."

이에 대해 **바가반**이 말씀하셨다. "그것이 진인의 단계입니다. 그는 진아에서 도망가거나 거기서 떨어질 수가 없습니다. 그가 아는 모든 것이 바로 그 자신인 **진아**인데, 달리 어디로 갑니까?"

데사이(Desai) 씨가 **바가반**께 여쭈었다. "역시 **진아**를 깨달았음이 분명한 어떤 성자들이, 우리가 **진아**에 합일되는 것은 바람직하지 않으며, 마치 파리가 꿀을 즐기려면 꿀에 빠져 그 속으로 사라지면 안 되고 가장자리에 앉아서 꿀을 계속 빨아야 하듯이, 우리도 약간의 개인성을 가지고 있으면서 **진아**의 지복을 즐겨야 한다고 말하는 것은 어째서입니까?" 이에 내가 데사이 씨에게 말했다. "**바가반**께서는 그 비유는 틀린 것이고 사람을 오도한다고 우리에게 말씀하셨습니다. 꿀은 지각력이 없고 의식이 없는 것이어서 그것을 맛보고 즐기려면 의식하는 존재가 필요합니다. 반면에 **진아**는 의식이자 **지복** 그 자체이고, 우리가 그것, 즉 **진아**가 될 때 우리는 지복을 즐길 수 없을 것이고 별개로 남아서 그것을 즐겨야 한다고 주장하는 것은 말이 안 됩니다." 데사이 씨가 물었다. "그러면 왜 어떤 성자들은 그렇게 말했습니까? 그것이 우리의 난점입니다." 내가 대답했다. "그 성자들에게 물어야지요. **바가반**께서는 아주 분명하게 당신의 의견을 우리에게 제시하셨습니다. 즉, 완전한 **지복**을 즐기기 위해서 분리되어 있어야 할 필요는 없으며, 오히려 진아 속에서의 합일이 완전해지기 전에는 그 지복이 완전할 수 없다고 말입니다."

1946-3-6 오후

내가 회당에 들어가자 **바가반**께서 발라람에게 말씀하고 계셨다. "여러 책과 여러 학파들은 꾼달리니(kundalini)가 있는 몸 안의 중심(차크라)을 서로 달리 말하고 있지요. 그것과 연관된 중심은 보통 물라다라(muladhara-미저골에 있는 차크라)인데, 그것이 심장에 있다고 하는 책들도 있고, 두뇌 안에 있다고 하는 책들도 있습니다." 이에 내가 **바가반께** 여쭈었다. "당신께서는 이 문제에 대해 사람과 학파에 따라 견해가 다르다고 말씀하십니다. 그러나 어제 데사이 씨가 **바가반께** 여쭈었듯이, 저희가 느끼는 어려움이 바로 이것입니다. 만약 순전히 책 지식이나 이론적 지식만 가진 사람들이 그런 모순된 말을 한다면 그것을 그냥 무시해 버릴 수 있겠지요. 그러나 우리가 **진아**를 깨달은 성자라고 보는 사람들, 즉 직접적인 또는 무無매개적(immediate)인 **진아지**眞我知를 가지고 있는 분들에게서 그런 말이 나오면, '왜 성자들 간에 그런 의견 차이가 있을까?'라는 의문이 저희를 사로잡습니다. 어제 저는 데사이 씨에게 '만일 다른 사람들이 **바가반**과 다른 견해를 제시했다면 그들에게 왜 그런 견해를 제시했는지 물어야지, **바가반께** 여쭐 일은 아니다. **바가반**은 올바른 견해를 우리에게 말씀해 주셨다'고 말하여 그를 침묵시키려 했습니다. 그러나 이제는 저도 왜 그런 중요한 사항에 대해 성자들 간의 견해가 다른지 알고 싶습니다." 이에 **바가반**은 즐거이 이렇게 말씀하셨다. "그들은 **진아**를 깨달은 성자들일 수 있고, 진리를 알고 있을 수도 있습니다. 그러나 그들은 가르침을 청하는 사람들에 맞추어 자신의 가르침을 베풀어야 하고, 그 가르침들의 차이는 그런 가르침을 받는 사람들의 근기根機(pakva)의 차이로 설명될 수 있습니다."

발라람은 우파니샤드의 한 선집을 읽고 있다가 **본연삼매**(sahaja samadhi) 혹은 **본연상태**(sahaja sthiti)를 다룬 구절을 만나자 나에게 물었다. "언젠가 K. S. 라마스와미 사스뜨리(Ramaswami Sastri)가 당신에게 자기는 **본연상태**를 믿지 않으며, **본연상태**는 초기 경전들에 나오지 않고 후기에 새로 나온 거라고 말했다고 하시지 않았습니까? 여기 보니 『바라하 우파니샤드(Varaha Upanishads)』 자체에 그것(본연상태)이 언급되어 있군요." 내가 말했다. "예. 그는 그렇게 생각했지요. 그는 '어떻게 사람이 동시에 두 차원에 있을 수 있습니까? 절대자를 보고 달리 아무것도 보지 않거나,

아니면 세계를 보고 절대자를 보지 않거나입니다'라면서 저와 다투었습니다. 그리고 그는 본연상태가 초기 경전들에는 나오지 않고 후기의 저작들에서만 발견된다고 했지요." 발라람이 말했다. "진인에게 그런 두 차원이 어디 있습니까? 그는 오직 한 차원에 있을 뿐이고, 따라서 사람이 동시에 두 차원에 있을 수 없다고 하는 사스뜨리 씨의 주장은 의미가 없습니다." 내가 말했다. "진인이 두 차원 안에 있지 않다고 어떻게 우리가 말할 수 있습니까? 그도 우리처럼 세상 속에서 우리와 함께 다니고 우리가 보는 온갖 대상들을 봅니다. 진인이 그런 것들을 보지 않는 것이 아니지요. 예컨대 그가 길을 걸어갑니다. 그는 자신이 걷는 그 길을 봅니다. 그 길에 의자나 탁자가 가로놓여 있다고 합시다. 그는 그것을 보고 피해 돌아갑니다. 그러니 우리는 그가 진아를 보는 것은 물론이고 세계와 세계 안의 대상들도 본다고 인정해야 하지 않을까요?" 이에 대해 바가반이 말씀하셨다. "그대는 진인이 길을 보고, 길을 걷고, 장애물을 만나면 그것을 피해 간다는 등의 말을 합니다. 그 모든 것은 누구의 시각입니까? 진인의 시각입니까, 그대의 시각입니까?" 당신이 말씀을 계속하셨다. "그는 진아만을 보며, 모든 것을 진아 안에서 봅니다." 이에 대해 내가 바가반께 여쭈었다. "우리의 책에는 이 본연상태를 우리에게 분명하게 설명해 주는 비유들이 없습니까?"

바가반: 왜 없겠습니까? 있지요. 예컨대 그대가 거울에 비친 상像과 그 거울을 봅니다. 그대는 거울이 실체이고 거기에 비친 모습은 하나의 반영反影일 뿐이라는 것을 압니다. 우리가 거울을 보기 위해, 거울에 비친 반영을 보지 말아야 할 필요가 있습니까? 아니면 스크린 비유를 들어봅시다. 스크린이 하나 있습니다. 그 스크린 위에 먼저 한 인물이 나타납니다. 그 인물 앞의 같은 스크린 상에 다른 화면들이 나타나고, 먼저 인물이 그 다른 화면들을 계속 지켜봅니다. 만일 그대가 스크린인데 그대 자신이 스크린임을 안다면, 먼저의 인물과 후속하는 화면들을 보지

말아야 할 필요가 있습니까? 그대가 그 스크린을 모를 때는 그 인물과 화면들이 실재한다고 생각합니다. 그러나 그대가 스크린을 알고, 그것이 유일한 **실재**이자 그 인물과 화면들의 그림자가 비추어지는 바탕이라는 것을 깨달으면 그런 것들이 그림자에 불과하다는 것을 압니다. 그대는 그 그림자들을 그것이 그림자인 줄 알면서, 그리고 그대 자신이 그 모든 것들의 기반인 스크린이라는 것을 알면서 볼 수도 있습니다.

1946-3-9 오전

이제 여기에 한 달 이상 머무르고 있고 지금은 시바 라오 박사가 없는 동안 아스라맘 병원(시약소)도 임시로 맡고 있는, 보팔(Bhopal)의 은퇴한 의무감(Chief Medical Officer) 마살라왈라(Masalawala) 박사가 **바가반**께 다음과 같은 질문을 하고 다음과 같은 답변들을 얻었다.

질문: 바가반께서는 "진인의 감화력은 침묵 속에서 헌신자에게로 은연중 흘러든다"고 말씀하십니다. 바가반께서는 또 "위대한 분들, 드높은 영혼들과의 접촉은 자신의 참된 존재를 깨닫는 단 하나 효과적인 수단이다"라고도 말씀하십니다.

바가반: 그렇지요. 무슨 모순이 있습니까? 진인, 위대한 분들, 드높은 영혼들—그는[박사는] 이들을 구별합니까?

이에 대해 내가 "아닙니다"라고 대답했다.

바가반: 그들과의 접촉은 좋습니다. 그들은 침묵을 통해 작업할 것입니다. 말하는 것으로는 그들의 힘이 감소됩니다. 침묵은 더없이 강력합니다. 말은 늘 침묵보다 약합니다. 그래서 정신적 접촉이 최선입니다.

질문: 그것은 진인의 육신이 해체된 뒤에도 유효합니까, 아니면 그가 육신으로 있는 동안만 참됩니까?

바가반: 스승은 그 신체적 형상이 아닙니다. 그래서 그 접촉은 스승의 신체적 형상이 사라진 뒤에도 남을 것입니다.

질문: 마찬가지로, 한 헌신자가 그의 스승과 갖는 접촉은 그 스승이 세상을 떠난 뒤에도 지속됩니까, 아니면 중단됩니까? 스승이 타계한 뒤 성숙한 영혼에게는 그의 진아가 스승 역할을 할지도 모르지만, 미성숙한 영혼은 어떻게 해야 합니까? 바가반께서는 헌신자의 마음을 진아 쪽으로 밀어주려면 외적인 스승도 필요하다고 말씀하셨습니다. 헌신자가 다른 달인達人(adept-스승)과 접촉할 수 있습니까? 이런 접촉은 반드시 신체적이어야 합니까, 아니면 정신적 접촉으로도 됩니까? 어느 쪽이 낫습니까?

바가반: 이미 설명했듯이 스승은 신체적 형상이 아니기 때문에, 그의 형상이 사라진 뒤에도 그와의 접촉은 계속될 것입니다. 만일 한 진인이 세상에 존재하면, 세상의 모든 사람들이 그의 감화력을 느끼거나 이익을 얻을 것이고, 그의 직제자들만 그런 것은 아닙니다. 세상의 모든 사람은 그의 제자들, 헌신자들, 그에게 무관심한 사람들, 그리고 그에게 적대적인 사람들로 나뉘는데, 다음 시구에서는 이 모든 부류가 진인의 존재에 의해 이익을 얻는다고 합니다. 『베단타 쭈다마니(Vedanta Chudamani)』에 나오는 거지요.

> nerimaruvu chīdarōdu pattharuthāchīnar nilaiyil pāvi kalenru
> nālvagai yōridatthu muraiyinanukkiragam vanthuru marulkol
> chīvanmutthanā lenpavaravaimurai yinedutthuraippām.

바가반은 다음 시구도 인용하셨다.

> therivariya jīvanmukthanthanai nampuma thanār chīdarkku
> mutthiyu manpodu vazhipādathanaip puriyu muyarpattharkku
> nalvinaiyu mavanran punithamuru charithamathu kanda yuthā-
> chīnarkkuriya punniya liruppu mavanran vadivinaik kannuruthan
> muthalānavarrul pāvikadku pāva virivu murumenpar.

그 요지는 다음과 같다: '네 부류의 사람들이 **생전해탈자**(jivanmukta)에 의해 이익을 얻는다. 제자는 **생전해탈자**에 대한 믿음에 의해 해탈을 얻고, 자신의 **스승**을 숭배하는 헌신자는 공덕을 얻으며, 무관심한 사람도 **생전해탈자**의 신성한 삶을 보면 덕스러움에 대한 욕구를 얻고, 죄인들[적대적인 사람들]조차도 그런 성자들을 친견한 것만으로도 죄가 없어진다.'

신·**스승**·**진아**는 동일합니다. 신에 대한 그대의 헌신이 그대를 성숙시키고 나면 신이 **스승**의 형상으로 와서 바깥에서 그대의 마음을 안으로 밀어 넣는 한편, 그대 안에 **진아**로 있으면서 내면에서 그대를 안으로 끌어당깁니다. 그런 **스승**은 일반적으로 필요합니다. 다만 아주 드물지만 진보된 영혼들에게는 그렇지 않지요. 사람은 자신의 **스승**이 세상을 떠난 뒤에 다른 **스승**을 찾아갈 수도 있습니다. 그러나 모든 **스승**들은 하나입니다. 그들 중 누구도 그 형상이 아니기 때문입니다. 늘 정신적 접촉이 최선입니다.

질문: 저의 수행은 들이쉬는 숨에 신의 이름들을 외고, 내쉬는 숨에 바바(Baba)[즉, 우빠사니 바바(Upasani Baba) 혹은 사이 바바(Sai Baba)]의 이름을 끊임없이 염송(*japa*)하는 것입니다. 이와 동시에 저는 바바의 형상을 늘 봅니다. **바가반**에게서조차도, 저는 바바를 봅니다. 겉모습도 아주 흡사한데, **바가반**은 마른 편이시고 바바는 조금 뚱뚱합니다. 그런데 제 내면의 뭔가가 '만약 내가 이름과 형상에 집착하면 결코 이름과 형상을 넘어서지 못할 것'이라고 말하고 있습니다. 제가 이 방법을 계속해야 합니까, 아니면 바꾸어야 합니까? 그러나 이름과 형상을 포기하고 나면 앞으로 어떻게 해야 할지 모르겠습니다. 이 점에 관해 **바가반**께서 저를 좀 일깨워 주시겠습니까?

바가반: 그대가 현재 하는 방법을 계속해도 됩니다. 그 염송이 끊임이 없게 되면 다른 모든 생각들이 그치고 그대가 자신의 진정한 성품 안에 머무르게 되는데, 그것이 곧 염송 또는 명상(*dhyana*)입니다. 우리는 마음을 바깥으로 돌려 세상의 사물들을 향하고 있고, 그래서 우리의 진정한 성품이 늘 염송임을 자각하지 못합니다. 의식적인 노력, 곧 우리가 말하

는 염송 또는 명상에 의해 우리의 마음이 다른 것들을 생각하지 못하게 하면, 남는 것은 우리의 진정한 성품, 즉 염송입니다.

그대가 자신을 이름과 형상이라고 생각하는 한, 염송에서도 이름과 형상을 피할 수 없습니다. 그대가 이름과 형상이 아님을 깨달을 때, 이름과 형상 자체가 떨어져 나갈 것입니다. 다른 어떤 노력도 필요 없습니다. 염송이나 명상은 자연히 그리고 당연히 그 상태로 이어질 것입니다. 지금 수단으로 간주되는 염송이 그때는 그 목표임을 알게 됩니다. 이름과 신은 다르지 않습니다. 신의 이름의 의미에 관해서는 「비전」 1937년 9월호에서 발췌한 나마 데브(Nama Dev)의 가르침을 보십시오. (이것이 회당에서 낭독되었다.)

바가반은 "태초에 말씀이 계셨으니, 그 말씀은 하느님과 같이 계셨고, 말씀이 곧 하느님이셨다"고 하는 『성경』 구절도 인용하셨다.

질문: 해탈은 몸이 해체되기 전에 성취해야 합니까, 아니면 죽은 뒤에도 그것을 얻을 수 있습니까? 『기타』 제2장 72절이나 제8장 6절과 같은 시구의 의미는 무엇입니까?[70]

바가반: 그대에게 죽음이 있습니까? 누구에게 죽음이 있습니까? 죽는 그 몸을, 잠 속에서 그대가 지각했습니까? 그것을 가지고 있었습니까? 그대가 잠들었을 때는 그 몸이 없었지만, 그때도 그대는 존재했습니다. 깨어났을 때 그대는 그 몸을 얻었는데, 생시 상태에서도 그대는 존재합니다. 그대는 잠 속에서도 존재했고 생시에도 존재했습니다. 그러나 그 몸은 잠 속에서 존재하지 않았고 생시에만 존재합니다. 늘 존재하지는 않고, 한때는 존재하고 다른 때에는 존재하지 않는 것은 실재할 수 없습니다. 그대는 늘 존재하고, 따라서 그대야말로 실재합니다.

---

[70] T. 제2장 72절 : "이것이 신의 상태이니, 오 빠르타여, 이곳에 도달하고 나면 (다시는) 미혹되지 않는다. 그 상태에 고정되어 있으면, 최후에 신의 지복을 성취할 수 있다."
제8장 6절 : "최후에 어떤 생각을 하면서 몸을 버리든 그는 그 존재를 얻는다. 오 꾼띠의 아들이여, 그것에 대한 생각에 몰입하여."

해탈은 그대의 또 다른 이름입니다. 그것은 늘 지금 여기 그대와 함께 있습니다. 그것은 앞으로 혹은 어디에선가 얻거나 도달해야 하는 것이 아닙니다. 그리스도가 말했지요. "하느님의 나라는 그대 안에 있다"—지금 여기에. 그대에게 죽음은 없습니다. 따유마나바르는 노래했습니다. "늘 베다에서 하는 말씀이지만, 비록 세간에 있다 해도 늘 안주(nishta) 속에 있는 이들은 죽음이 있다고 생각하지 않네(santhathamum vēdamozhi—jaga mīthirunthālum maraṇamuṇdenpathu sathānishtar ninaivathillai)."

그 『기타』 시구는 『기타』의 전체 맥락(예컨대 제2장)에서 볼 때, 그대의 생전에 해탈을 성취해야 한다는 의미일 뿐입니다. 설사 평생 동안 그렇게 하지 못한다 해도 최소한 죽을 때는 그대가 신을 생각해야 합니다. 왜냐하면 사람은 자신이 죽을 때 생각한 그것이 되기 때문입니다. 그러나 평생 동안 신을 생각해 오지 않았다면, 살면서 늘 신에 대한 명상에 익숙해져 있지 않았다면, 죽을 때 그대가 신을 생각하기가 전혀 불가능하겠지요.

1946-3-14

나는 11일 오후부터 13일 밤까지 벨로르에 가 있었다. 내가 없는 동안 둘리아(Dhulia-마하라슈트라 주의 도시인 둘레(Dhule))에서 온 상까라 데브(Sankara Dev) 씨라는 이가 여기 왔다가 떠났다. 그는 마라티어로 사마르타 람다스의 전기를 쓰고 있는데, 그 중 일부는 출간되기도 했다. 람다스의 제자로 아난타 마우니(Ananta Mauni)라는 이가 있었던 모양인데, 그는 원래 이곳(띠루반나말라이) 사람으로, 람다스와 함께 남인도 여행을 한 것으로 믿어진다. 그래서 이 전기 작가는 이 아난타 마우니에 관해 얻을 수 있는 모든 정보를 수집하려고 애썼다. **바가반**은 어떤 정보도 주실 수 없었고, 그래서 이 방문객에게 아스라맘 사람을 안내자로 삼아 읍내에 들어가서 정보를 수집해 보라고 조언하셨다.

오늘 오전에 시바쁘라까삼 삘라이의 제자인 마니깜(Manickam) 씨가 S. 삘라이 씨의 공책 두 권을 가지고 왔는데, 공책에는 「실재사십송」「보유」는 포함되어 있지 않다]에 대해 타밀어로 가득 쓴 주註들과, **바가반**의 「데비깔롯따람(*Devikalottaram*)」과 「진아 깨달음 장章(*Atmasakshatkaram*)」71)의 일반적 의미만 서술한 것이 들어 있었다.

1946-3-15

뿌나(Poona)에서 온 한 방문객이 지난 2, 3일간 이곳에 머무르고 있다. 그가 몇 가지 질문을 했고, **바가반**은 그에게 이렇게 말씀하셨다. "**해탈**(*mukti*)은 우리의 성품입니다. 그것은 우리의 또 다른 이름입니다. 우리가 **해탈**을 바란다는 것은 아주 우스운 일입니다. 그것은 마치 그늘에 있던 사람이 자발적으로 그늘을 나와 햇볕 속으로 들어갔다가 그곳의 열기가 너무 뜨겁다고 느끼자 아주 애써서 다시 그늘로 들어와 기뻐하면서 '그늘이 얼마나 좋아! 어쨌든 그늘로 들어왔어!'라고 외치는 것과 같습니다. 우리는 모두 바로 그와 같이 하고 있습니다. 우리는 **실재**와 다르지 않습니다. 우리는 자신이 (실재와) 다르다고 생각하고—즉, **분리감**(*bheda bhava*)[다르다는 느낌]을 창조하고—그런 다음 그 분리감을 없애고 (실재와) 하나임을 깨닫기 위해 대단한 **수행**(*sadhana*)을 합니다. 왜 분리감을 상상하거나 창조하고 나서 그것을 없애려고 합니까?"

오후

마살라왈라 박사는, 자신의 친구이며 28세 때 **진지**를 성취했다고 하는 35세가량의 신사인 V. K. 아즈가온까르(Ajgaonkar)[냐네스와르 마하라지(Janeswar Maharaj)의 헌신자]에게서 받은 편지를 **바가반**의 손 안에 놓아 드렸다. 그 편지에서 말하기를, "당신은 저를 **뿌르나**(*purna*-완전한 존재)라고

---

71) T. 「데비깔롯따람」과 「진아 깨달음 장」은 『라마나 마하르쉬 저작 전집』, 230쪽 이하 참조.

부르는군요. 이 세상에서 **뿌르나** 아닌 사람이 누구입니까?"라고 했다. 바가반은 동의하시고, 당신이 오늘 오전에 말씀하신 것과 같은 취지로 말씀을 계속하셨다. "우리는 먼저 우리 자신을 한정하고 나서, 우리가 늘 그것인 **무한자**를 추구합니다. (우리의) 모든 노력은 우리가 제한되어 있다는 관념을 포기하기 위한 것일 뿐입니다." 편지에서는 나아가 이렇게 말했다. "『이사바시야 우파니샤드(Isavasyopanishad)』의 첫째 연에서는 세계가 **뿌르나**라고 말합니다. 세계는 결코 다른 어떤 것일 수 없습니다. 왜냐하면 그것의 존재성 자체가 **뿌르나** 위에 건립되기 때문입니다." 바가반은 이것도 승인하시고 이렇게 말씀하셨다. "예컨대 이 타자된 편지가 있습니다. 세계만 보고 **뿌르나**, 즉 **진아**를 보지 않는 것은 '나는 편지를 보지만 종이는 보지 않는다'라고 말하는 것과 비슷하겠지요. 종이가 존재해야 편지가 존재할 수 있는데 말입니다!" 마살라왈라 박사가 말했다. "편지에서는 우리가 종이를 봅니다. 그러나 (세계의 경우) 우리는 세계만 볼 수 있고 신을 보지 못합니다!" 바가반이 대답하셨다. "잠 속에서는 어떻게 됩니까? 그때는 세계가 어디로 갔습니까? 그때는 그대만, 곧 **진아**만이 존재합니다."

그 편지에서 또 이렇게 말했다. "냐네스와르 마하라지님은 **신은 그에 대한 오롯한 사랑을 가지고 있는 헌신자를 결코 버리지 않을 것**이라고 말씀하셨지요." 바가반이 말씀하셨다. "모든 성자들이, 모든 책이 그렇게 말합니다. 저는 람 다스(Ram Dass)의 저작들을 읽고 있는데, 여기에서도 수많은 시구들이 '라마짠드라(Ramachandra-라마)는 당신의 헌신자를 결코 버리지 않으실 것이네'라는 말로 끝납니다." 그렇게 말씀하시고, 바가반은 그 시 몇 연을 낭독하셨다.

편지는 계속 이렇게 말하고 있었다. "**라마나 마하르쉬님은 아드바이타 베단타의 불생론**不生論(ajata doctrine)을 주장하시는 분입니다. 물론 그것은 약간 어렵지요." 바가반이 이에 대해 말씀하셨다. "어떤 사람이 그에게 그렇게 말한 거지요. 저는 불생론만 가르치지는 않습니다. 저는 모든 학파를 인정합니다. 같은 진리도 듣는 사람의 근기에 맞추어 여러 가지 방식으로 표현해야 합니다. 불생론에서는 말합니다. '단 하나의 **실재** 외에는 아무것도 존재하지 않는다. 탄생이나 죽음도 없고, 투사投射도 거둬들임도 없으며, 수행자(sadhaka)도 해탈열망자(mumukshu)도 해탈자(mukta)도 없고, 속박도 해탈도 없다. 단 하나의 **단일성**만이 늘 존재한다.'72) 이런 진리를 잘 이해하지 못하고 '우리 주위에 온통 보이는 이 확고한 세계를 우리가 어떻게 없다고 할 수 있습니까?' 하고 묻는 이들에게는 꿈속의 경험을 환기시키고 이렇게 말해줍니다. '그대가 보는 모든 것은 보는 자에게 의존하고 있습니다. 보는 자를 떠나서는 보이는 것도 없습니다.' 이것을 견현론見現論(drishti-srishti vada)이라고 하는데, 이는 사람이 먼저 자신의 마음으로부터 (현상계를) 창조한 다음, 자기 마음 자체가 창조한 것을 자기가 본다는 논변입니다. 이것조차도 이해하지 못하고 계속 '꿈속의 경험은 아주 짧지만 세계는 늘 존재합니다. 꿈속의 경험은 저에게 국한되었지만 세계는 저뿐만 아니라 수많은 사람들도 느끼고 보는데, 그런 세계를 존재하지 않는다고 할 수는 없습니다.'라고 따지는 사람들에게는 현견론現見論(srishti-drishti vada)이라는 논변을 제시하고 이렇게 말해줍니다. '신이 이러이러한 원소에서 먼저 이러이러한 것을 창조한 다음, 다른 어떤 것을 창조하고 또 어떻게 했습니다.' 그것만이 이런 부류를 만족시킬 것입니다. 그러지 않으면 그들의 마음이 만족하지 않고, 이렇게 자문自問합니다. '어떻게 모든 산하대지와 모든 지도(maps), 모든 학문과, 별과 행성들, 그리고 그것들을 지배하는 혹은 그에 관계되는 법칙들과, 모든 지식이 총체적으로 참되지 않을 수 있는가?' 그런 사람들에게는 이렇게 말하는 것이 최선입니다. '예, 신이 이 모든 것을 창조했고 그래서 그대

---

72) T. 이 문장은 가우다빠다의 『만두꺄 주석송(Mandukya Karika)』, 2.32를 인용한 것이다. 여기서 '투사(projection)'란 우리가 잠에서 깨어날 때 의식이 바깥으로 현상계를 창조하는 것이고, '거둬들임'이란 다시 잠이 들 때 그것이 내면으로 거둬들여지는 것이다.

가 그것을 봅니다.'" 마살라발라 박사가 말했다. "그러나 이 모든 것이 참될 수는 없습니다. 단 하나의 교의만이 참될 수 있습니다." **바가반**이 말씀하셨다. "이 모든 것은 배우는 이의 근기에 맞추기 위한 것일 뿐입니다. 절대자는 단 하나일 수밖에 없지요."

편지는 나아가 이렇게 말했다. "오직 하나 필요한 것은 무루헌신無漏獻身(avyabhicharini bhakti)입니다." 마살라발라 박사는 무루헌신이 무슨 뜻인지 몰랐고, 바가반은 그것이 마음에 다른 어떤 생각도 없이 신에게 헌신하는 것을 뜻할 뿐이라고 설명해 주셨다. **바가반**이 말씀하셨다. "이 말과 비타자非他者헌신(ananya bhakti), 일념헌신(ekagrata bhakti)은 모두 같은 의미입니다." 편지는 이렇게 계속되었다. "마음 속에 두 가지 사물이 동시에 존재할 수는 없습니다. 신 아니면 세간연世間緣(samsar)입니다. 세간연은 이미 있습니다. 그것이 조금씩 줄어들어야 하고, 그 대신 신이 들어와야 합니다." 이에 대해 **바가반**이 말씀하셨다. "세간연이 아니라 신이 이미 있습니다. 여러분이 마음에 가득 채워 놓은 세간연의 쓰레기 때문에 그것을 보지 못할 뿐입니다. 그 쓰레기를 치우십시오. 그러면 신을 볼 것입니다. 방에 온갖 물건이 가득 차 있다 해도 방 안의 공간은 어디로 사라지지 않았습니다. 공간을 얻기 위해 그것을 만들어낼 필요는 없고, 방 안에 쌓인 물건들만 치우면 됩니다. 그럼에도 신은 있습니다. 여러분이 마음을 바깥의 사물들이 아니라 내면을 향하게 하면, 유일하게 존재하는 단 하나의 **단일성**(실재)에 마음이 합일되는 것을 보게 됩니다."

바가반은 편지를 쓴 이가, 신을 보려면 스승의 은총이 필요하고, 그것을 위해서는 다시 신의 은총이 필요하며, 그것은 다시 관상觀想(upasana-명상 수행)에 의해서만 얻을 수 있다고 말한 것에 대해서도 동의하셨다.

편지에서는 글쓴이가 **바가반**께 절(namaskar)을 올린다고 했다. 이에 대해 **바가반**이 말씀하셨다. "마음이 그 근원, 곧 단 하나인 **단일성**에 합일되는 것이 유일하게 참된 절입니다."

1946-3-16

실론의 라마짠드라가 **바가반**과—이번에 자신이 그 모든 중병을 앓을 때 그를 구해 주면서 베풀어 주신—당신의 은총에 대해 자기가 최근에 타밀어로 지은 노래 다섯 수를 나에게 보내면서, **바가반** 앞에서 내가 그 노래를 읽어주기 바란다는 전갈을 보냈다. 그래서 오전 10시 30분경에 라마짠드라를 대신하여 그 다섯 노래 전부를 낭독했는데, 온전한 감정(*bhava*)을 실어서 전달하려고 애썼다. 전날은 이 노래들 중 2수만이 준비되어 라마짠드라 부인이 **바가반**께 보여드렸다. 비스와나타 씨는 그것을 찬가책에 이미 써 두었다. **바가반**은 몇 군데를 수정하고 각운(*sīr*)을 적절히 나누어, 산디(*sandhi*-음절 간의 연결)가 라마짠드라가 쓴 것처럼 분리되지 않고 제대로 결합되게 하셨다. 저녁에 비스와나타 씨는 나머지 세 수도 회당 안에 보관된 찬가책에 적어 넣었다.

1946-3-17 오후

내보내는 우편물을 보면서 **바가반**이 말씀하셨다. "에끄나트의 모친이 돌아가셨군. 알고 있습니까?" R. 나라야나 아이야르 씨가 대답했다. "예. 「더 메일」에 그런 내용이 공고된 것을 보았습니다." 이때 **바가반**이 말씀하셨다. "그녀와 남편인 고故 난준다 라오(Nanjunda Rao) 박사는 제가 비루팍쉬 산굴에 있을 때 저를 찾아왔지요. 그 뒤에도 한두 번 왔고, 마지막으로 짜까라이 암말(Chakkarai Ammal)이라는 사람과 함께 왔습니다. 이 여성은 뭔가를 배운 사람으로 자신의 추종자들이 있었는데, 이 박사도 그녀를 일종의 **구루**로 간주했습니다. 그들은 베나레스 등지를 순례하고 돌아오는 길이었다고 생각됩니다."

1946-3-18

오로빈도 아쉬람의 오랜 상주자인 기르다리 랄(Girdhari Lal) 씨라는 사람이 어제 저녁에 여기 와서 아스라맘에 머무르고 있다. 그는 오늘 아침 **바가반**께 이렇게 질문했다. "**뿌라나**에서는 깔리유가(kaliyuga)가 수십만 년으로 이루어지며, 그 중 얼마나 많은 햇수가 지났고 아직 얼마나 많이 남았다는 등의 이야기가 나옵니다. 이 유가가 언제 끝나는지 제가 알 수 있겠습니까?"

바가반: 저는 시간이 실재한다고 보지 않습니다. 그래서 그런 문제에는 관심이 없습니다. 우리는 과거나, 과거에 존재했던 유가들에 대해서 아무것도 모릅니다. 미래에 대해서도 우리는 알지 못합니다. 그러나 우리는 현재가 존재한다는 것을 압니다. 먼저 그것에 대해 알도록 합시다. 그러면 다른 모든 의문이 사라질 것입니다. (잠시 말씀이 없다가 덧붙이셨다.) 시간과 공간은 늘 변합니다. 그러나 영원하고 변치 않는 어떤 것이 있습니다. 예를 들어 세계와 시간, 과거나 미래, 그 무엇도 잠자는 동안에는 우리에게 존재하지 않습니다. 그러나 우리는 존재합니다. 변치 않고 늘 존재하는 것을 알아내도록 노력합시다. 깔리유가가 이러이러한 해에 시작되었고 지금부터 수많은 햇수가 지나서 끝날 거라는 것을 아는 것이 우리에게 어떤 이익이 있습니까?

기르달리 랄: 의식 수준이 시간과 공간을 넘어서 있는 사람의 견지에서는 그런 질문들이 아무 쓸데없다는 것을 압니다. 그러나 분투하는 영혼들인 저희에게는 이런 것도 중요할 수 있습니다. 과거의 유가, 예컨대 사띠야 유가(satya yuga) 때는 인간이 지금 이 깔리 유가에서와 같이 낮은 수준으로 떨어지지 않았고, 당시에는 지금보다 해탈을 성취하기가 훨씬 쉬웠다고 합니다.

바가반: 반면에 이 유가에서는 사띠야 유가에서보다 구원을 얻기가 훨씬 쉽다고 하지요. 이 유가에서는 며칠이나 몇 시간만 고행을 해도 그런 유가들 때 몇 년 고행해야 얻을 수 있었던 것을 얻을 거라는 것입니다. 책에서 그렇게 말합니다. 더욱이 성취해야 할 것도 없고, 그 안에서 (무엇

을) 성취해야 할 시간이란 것도 없습니다. 그대가 늘 **그것**입니다. 무엇을 성취할 필요가 없습니다. 그대가 제한되어 있다는 생각을 포기하고, 그대가 그 부가물(*upadhi*), 곧 몸이라는 생각을 포기하기만 하면 됩니다.

기르달리 랄: 그러면 왜 그런 **뿌라나**들은 각 유가의 정확한 기간을 수많은 햇수로 말하고 있습니까?

바가반: 각 유가에 대해 언급되는 그 기간에는 어떤 비유적 의미가 있을 수 있지요. 혹은 각 유가에 할당된 그 기간의 광대함은 사람에게 자신이 비록 백 살의 천수를 누린다 해도 그의 수명은 우주의 전체 수명 안에서는 아주 하찮고 미미한 일부라는 것과, 따라서 전체의 틀 속에서 그 자신의 하잘것없는 위치를 제대로 보아야지, 자신을 아주 중요한 인물로 여기면서 자만심에 차서 돌아다녀서는 안 된다는 사실에 주목하게 하기 위한 하나의 장치에 불과할 수도 있습니다. **뿌라나**들은 "영원에 비할 때 인간의 삶이 무엇인가?"라고 묻는 대신, 사람들에게 자신의 수명이 얼마나 짧은지 생각해 보라고 가르친 것입니다. 더욱이 그런 유가들의 규칙적인 순환 주기가 있다고 합니다. 그런데 그런 순환 주기가 얼마나 많이 오고 갔는지 아무도 모릅니다. 또, 각 유가는 네 개의 소小유가로 나누어집니다. 그런 모든 계산에는 끝이 없고, 현재의 깔리유가가 언제 끝날 것이냐에 대해서도 학파들마다 이론이 다릅니다. 예컨대 잠속에서는 시간 자체가 존재하지 않는데, 그런 모든 문제들에 신경 쓰는 것이 무슨 소용 있습니까?

1946-3-20 오전

내가 오전 11시 15분경에 식당을 나온 뒤 **바가반**이 식당으로 사람을 보내 나를 찾으셨다. 나는 놀랐다. 당신이 나를 찾으시는 일은 좀처럼 없기 때문이다. 내가 가자 당신이 내게 말씀하셨다. "딱한 비라바드라이야(Virabhadrayya) 씨[한때 찌뚜르의 부副징세관이었고, 마지막으로 벨라리(Bellary)의 부징세관이었다]가 세상을 떠났군요. 오늘 아침 누가 편지를 보여주었을 때 말해주려고 당신을 회당에서 찾았습니다. 그런데 당신이 거기 없었지요. 그 아들이 편지를 보냈습니다. 작은 수술이 있었던 것 같군요. 그게 뭐였는지 우리는 모르지만."

또 오후에는 바가반이 나에게 비라바드라이야 씨의 아들에게 편지를 쓰고 있지 않느냐고 물으셨다. 내가 대답했다. "아들은 저를 기억하지 못할지도 모릅니다. 그들은 저에게서 어떤 편지도 기대하지 않을 겁니다." 나는 바로 그때 스와미 시바난다 사라스와띠(Swami Sivananda Saraswati)가 지은 『우파니샤드에서 뽑은 대화들』을 읽고 있었는데, 거의 처음에 나오는 이야기는 나찌께따스(Nachiketas·『까타 우파니샤드』에서 야마에게 질문하는 소년)의 이야기였다. 그래서 바가반께, 비라바드라이야 씨가 찌뚜르에서 처음으로 바가반을 찾아온 직후에 그가 바가반을 나찌께따스에 비유하는 글을 썼다는 것을 상기시켜 드렸다. 그는 바가반이 나찌께따스의 한 화신이라는 생각을 가지고 있었다. 바가반이 말씀하셨다. "예. 그 글을 기억합니다. 그는 그 외에도 한두 편의 글을 더 썼지요."

저녁

몇 명의 신사가 와서 바가반 앞에서 싸마베다(Sama Veda)를 암송했다. 듣기에 아주 즐겁고 감동적이었다.

1946-3-21 오전

발라람은 마두라 인근의 '아나이 말라이(Anai Malai)'[코끼리 산]라는 산에 대해 언급하는 산스크리트 시 한 수를 접했다. 그가 그것을 바가반께 말씀드리자 바가반이 말씀하셨다. "예, 마두라 근처에 그런 산이 있습니다. 멀리서 보면 큰 코끼리가 누워 있는 것같이 보이지요." '아나이말라이'라는 말에 바가반은 띠루냐나 삼반다르(Tirujnana Sambandhar)의 노래들 중

'아나이말라이'를 언급하는 (「마두라 11연시」의) 제1연을 상기하고 그 노래를 인용하셨다. 그것은 "아름다운 눈을 가지신(*mānin nēr vizhi*)"이라는 말로 시작되는데, **바가반**은 이렇게 설명하셨다. "마두라의 왕 **빤디얀**(Pandyan)은 자이나교에 경도되어 있었지요. 그의 비妃는 쫄라 왕(Chola King)의 딸이었고 **시바교**(*Saivism*)를 신봉했습니다. 빤디얀 왕비는 위대한 **성자** 냐나 삼반다르와 그가 행한 일들, 그리고 그가 베다라니얌(Vedaranyam)에서 캠프에 머무르고 있다는 것을 듣자, 역시 **시바교**를 신봉하던 한 신하의 도움으로 이 성자에게 마두라를 방문하여 빤디야 국을 **시바교**로 개종시켜 달라는 초청장을 보냈습니다. 그에 따라 **성자**가 왔습니다. 그러나 왕비는 그가 10살이 될까 말까한 어린아이에 지나지 않은 것을 보고, 그가 왕을 에워싸고 있는 저 큰 자이나교 우두머리들의 상대가 될 수 있을지, 이 아이를 불러와서 그를 위험에 빠뜨리는 건 아닐지 큰 걱정이 되었습니다. **성자**는 이것을 보자 이 노래들을 부르고, 왕비를 안심시키기 위해 이렇게 말했습니다. '저는 이 자이나교도들보다 결코 못하지 않습니다. **하느님**(시바)이 제 안에 계십니다. 그러니 두려워하지 마십시오.'"73)

"이어지는 노래들은 자이나교 우두머리들 이름을 언급하는데, 그들을 경멸적으로 지칭하면서 '저는 이들 모두보다 못하지 않습니다. **하느님**이 제 안에 계시니까요'라고 했습니다. 그 노래들을 읽으면 재미있습니다."

바가반은 이렇게 덧붙이셨다. "이것은 이 **성자**가 마두라에 오고 난 뒤입니다. 그 초청장이 베다라니얌에 도착하자 냐나 삼반다르는 마두라를 향해 출발하고 싶었지만, 삼반다르와 함께 있던 아빠르(Appar)[띠루나부까라사르(Tirunavukkarasar)]74)가 '오늘은 떠나지 마라. 날이 너에게 길하지 않아. 그들 자이나 교도들은 무섭고 힘이 센 사람들이야'라고 말했습니다. 이에 대해 냐나 삼반다르는 '대[竹] 같은 어깨의 여성(빠르바띠)을 벗하시는

---

73) *T.* 또한 492쪽을 보라.
74) *T.* 아빠르(570-650)는 냐나 삼반다르와 동시대의 성자이며, 신에 대한 그의 찬가들이 『떼바람』 제4~6권에 실려 있다.

분(vēyuṛuthōli paṅgan)'으로 시작하는 「꼴라루 빠디깜(Kolaru Padhikam)」75)을 노래했는데, 여기서 그는 또 '하느님께서 제 심장 안에 계시니, 어떤 날, 어떤 행성도 저에게 나쁘게 작용할 수 없고, 모든 날들이 똑같이 길합니다'라고 했습니다." 오후에 나는 참고하려고 『떼바람(Thevaram)』을 가져와 위의 두 노래를 찾아냈고, 바가반이 그것을 읽으셨는데 그 중의 몇 연은 큰 소리로 읽으셨다. 그 마두라 시 중에서 바가반은 마지막 연을 언급하며 말씀하셨다. "오전에 제가 첫째 연을 설명할 때, 문자상으로는 '하느님께서 계시기 때문에'라는 뜻일 뿐인데도 그 의미를 '하느님께서 제 안에 계시기 때문에'라고 했습니다. 제 해석이 맞을지 궁금했는데 마지막 연에서 성자 자신이 뜻하고자 한 것이 '하느님께서 제 안에 계시기 때문에'임을 분명하게 말하고 있군요. 게다가 「꼴라루 빠디깜」 전체에서 그것이 분명합니다. 「마두라 11연시」의 마지막 구절을 보십시오. 그는 무슨 권위로 '쉬얄리(Shiyali)의 왕이자 타밀의 주인(타밀 지역의 지배자)이신 분의 이 노래들을 부르는 이들에게는 어떤 해도 닥쳐올 수 없다'고 노래합니까? 마찬가지로 「꼴라루 빠디깜」의 마지막 노래에서도 그는 '저의 명에 의해, 이것을 읽는 이들은 구원받을 것입니다'라고 말합니다."

오늘 저녁에도 싸마베다의 찬송이 있었다.

1946-3-22 오후

어젯밤 보즈(Bose) 씨, 그의 모친, C.V. 라만(Raman) 여사, 봄베이 라마크리슈나 교단의 스와미 삼붓다난다(Swami Sambuddhananda)가 여기 왔다. 스와미는 『바가바드 기타』에서 "천 명 중에 한 명이 진정 실재(tattva)를 안다"고 하는 연76)을 인용했다. 바가반은 한동안 침묵을 지키셨다. 스와미가 답변을 듣고 싶어 하자 우리들 중 일부는 "당신의 질문이 무엇입니

---

75) T. "행성들(kol)의 나쁜 영향을 차단하는(aru) 11연시"라는 뜻이다.
76) T. 『기타』, 7.3.

까? 어떤 답변을 기대하십니까?"라고 묻지 않을 수 없었다. 마살라왈라 박사는 심지어 날카롭게 "그 질문 이면의 의도는 무엇입니까?"라고 물었다. 이에 대해 스와미가 말했다. "저는 우리의 **바가반**께서 **진아 깨달음**을 성취하셨다고 생각합니다. 그러한 존재들은 걸어 다니는 **우파니샤드**입니다. 그래서 당신의 입으로 직접 당신의 **진아 깨달음**의 체험을 듣고 싶습니다. 왜 당신들이 다들 끼어들어 제 질문의 핵심과 목적에서 우리의 주의를 벗어나게 합니까?"

이런 설왕설래가 끝난 뒤에 **바가반**이 말씀하셨다. "그대는 제가 **진아 깨달음**을 성취했다고 생각한다고 말했습니다. 그대가 **진아 깨달음**이라고 하는 것이 무슨 의미인지 알아야겠군요. 그것에 대해 그대는 마음 속에 어떤 관념을 가지고 있습니까?" 스와미는 이 반문이 달갑지 않았지만, 얼마 후 덧붙였다. "제 말은 **아뜨만**(*atman*)이 **빠라마뜨만**(*paramatman*)에 합일되는 것을 뜻합니다." 그러자 **바가반**이 말씀하셨다. "우리는 **빠라마뜨만**—**보편적 영혼**(Universal Soul)—등에 대해서는 모릅니다. 그러나 우리가 존재한다는 것은 압니다. 신의 존재를 의심할지언정, 누구도 자기가 존재한다는 것을 의심하지 않습니다. 그래서 만약 우리가 자기 자신의 진리 혹은 근원에 대해서 알아낸다면, 그것이 우리에게 필요한 전부입니다." 이에 스와미가 말했다. "그래서 **바가반**께서는 '너 자신을 알라'고 말씀하시는군요." **바가반**이 말씀하셨다. "그조차도 맞지 않습니다. 우리가 **자기**를 아는 것에 대해 이야기한다면, 두 개의 **자기**, 즉, '아는 **자기**'와 '알려지는 **자기**', 그리고 '아는 과정'이 있어야 하기 때문입니다. 우리가 **깨달음**이라고 부르는 상태는 그저 자기 자신으로 있는 것이지, 무엇을 알거나 무엇이 되는 것이 아닙니다. 만일 어떤 사람이 깨달았다면, 그는 유일하게 존재하고 있고 유일하게 존재해 온 바로 그것입니다. 그는 그 상태를 묘사할 수 없습니다. 그것이 될 수 있을 뿐입니다. 물론 더 나은 용어가 없기 때문에 우리는 느슨하게 **진아 깨달음**을 이야기합니다. 유일하게 실재하는(real) 것을 어떻게 실재화하거나(real-ise) 실재하게(make real) 할 수 있습니까? 우리 모두가 하고 있는 일은 실재하지 않는 것을 '실재화한(realised)' 것, 곧 실재하는 것으로 간주하는 것입니다. 우리의 이 습관을 포기해야 합니다. 모든 사상 체계의 모든 수행법(sadhana)은 오직 이 목적을 위한 것입니다. 실재하지 않는 것을 실재한다고 여기는 것을 포기하면 실재만이 남을 것이고, 우리가 그것일 것입니다."

스와미가 대답했다. "그런 설명은 비이원론(Advaita)의 견지에서는 맞습니다만, 3요소(triputi)[앎의 세 요소('아는 자·앎·알려지는 것')]가 사라지는 것이 진아 깨달음의 조건이라고 주장하지 않는 다른 학파들도 있습니다. 두 가지 혹은 심지어 세 가지 영원한 실체가 있다고 믿는 학파들도 있습니다. 예컨대 헌신가(bhakta)가 있습니다. 그가 숭배를 하려면 어떤 신이 있어야 합니다." 바가반이 답변하셨다. "어떤 사람이 그런 별개의 신을 필요로 한다면, 그가 숭배할 신을 가지고 있다고 해서 누가 반대합니까? 그는 헌신을 통해 자신을 계발하고, 신만이 존재하며 헌신자인 자신은 중요하지 않다는 것을 느끼게 됩니다. 그리하여 '제가 아니라 당신이고, 제 의지가 아니라 당신의 의지입니다'라고 말하는 단계에 도달합니다. 헌신의 길(bhakti marga)에서 완전한 순복이라고 하는 그 단계에 도달하면, 에고의 소멸이 곧 진아의 성취라는 것을 발견합니다. 두 개의 실체가 있든, 그 이상이 있든, 아니면 오직 하나뿐이든, 우리는 다툴 필요가 없습니다. 이원론자들(Dvaitis)에 따르거나 헌신의 길에 따르더라도 완전한 순복을 하라고 합니다. 먼저 그렇게 하고 나서, 단 하나의 진아만 존재하는지, 둘 이상의 실체가 있는지 그대 스스로 살펴보십시오."

바가반은 또 이렇게 덧붙이셨다. "온갖 사람들의 온갖 근기에 맞춰 주기 위해 어떤 이야기를 하든, 실은 진아 깨달음의 상태는 3요소를 넘어설 수밖에 없습니다. 진아는 지(jnana)나 무지(ajnana)를 그 속성으로 이야기할 수 있는 것이 아닙니다. 그것은 무지와 지를 넘어서 있습니다.

진아는 진아다, 그것이 그에 대해 말할 수 있는 전부입니다."

그러자 스와미는 진아 깨달음을 성취한 뒤에도 진인이 몸을 보유할 수 있는지 질문했다. 그가 말했다. "진아 깨달음의 충격은 워낙 강력해서 이 약한 육신은 길어야 21일 이상을 버틸 수 없다고 합니다." 바가반이 말씀하셨다. "진인에 대한 그대의 관념은 무엇입니까? 그는 그 몸입니까, 아니면 다른 어떤 것입니까? 만약 그가 몸과 별개의 어떤 존재라면, 그가 어떻게 몸에 의해 영향을 받겠습니까? 책에서는 서로 다른 해탈, 곧 무신해탈無身解脫(*videhamukti*)[몸이 없는 해탈]과 생전해탈生前解脫(*jivanmukti*)[몸이 있는 해탈]을 이야기합니다. 수행에는 여러 단계가 있을 수 있어도 해탈에는 등급이 없습니다."

그러자 스와미가 질문했다. "진아 깨달음을 위한 최선의 수단은 무엇입니까?"

바가반: "나는 존재한다"가 모든 사람의 단 하나 영구적이고 자명한 경험입니다. 달리 무엇도 "내가 있다"만큼 그렇게 자명하지(*pratyaksha*) 않습니다. 사람들이 자명하다고 하는 것, 예컨대 그들이 감각기관을 통해서 얻는 경험은 결코 자명하지 않습니다. 자기야말로 자명합니다. 쁘라띠야샤(*pratyaksha*-자명한 직접지각)는 진아의 다른 이름입니다. 따라서 자기 분석을 하여 "내가 있다"로 있는 것이 우리가 해야 할 유일한 일입니다. "내가 있다"가 실재입니다. "나는 이것이나 저것이다"는 실재하지 않습니다. "내가 있다"가 진리이며, 진아의 다른 이름입니다. "나는 신이다"는 참되지 않습니다.

이에 스와미가 말했다. "우파니샤드 자체에서 '나는 브라만이다'라고 말하고 있습니다." 바가반이 대답하셨다. "그 구절을 그렇게 이해해서는 안 됩니다. 그것은 단순히 브라만은 '나'로서 존재한다는 의미이지, '내가 브라만이다'라는 의미가 아닙니다.77) 그것을 '나는 브라만이다, 나는 브라만

---

77) T. '나'의 내적 본질이 브라만이지, 에고인 개별적인 '나'가 브라만은 아니라는 뜻이다.

이다' 하고 명상하라는 조언으로 여기면 안 됩니다. 사람이 계속 '나는 사람이다, 나는 사람이다'라고 생각합니까? 사람은 사람이고, 자기가 혹시 동물이나 나무일까 하는 의심이 들 때가 아니고는 '나는 사람이다'라고 주장할 필요가 없습니다. 마찬가지로 진아는 진아이고, 브라만은 '내가 있다'로서 모든 사물과 모든 존재 안에 존재합니다."

스와미가 말했다. "헌신가는 자기가 헌신(bhakti)을 할 수 있는 신을 필요로 합니다. 그런 사람에게, 오직 진아가 있을 뿐 숭배하는 자와 숭배받는 자는 없다고 가르쳐 주어야 합니까?"

바가반: 물론 수행을 위해서는 신이 필요하지요. 그러나 그 수행의 목적은 헌신의 길에서조차도 완전한 순복을 한 뒤라야 성취됩니다. 에고가 소멸되면 진아가 늘 그렇게 존재해 온 대로 남는다는 것 외에, 그것이 어떤 의미이겠습니까? 우리가 어떤 길을 택하든 '나'를 피할 수는 없습니다. 사심 없는 행위(nishkama karma)를 하는 '나', 자신이 그와 분리되어 있다고 느끼는 하느님과 결합하기를 열망하는 '나', 자기가 자신의 진정한 성품에서 전락했다고 느끼는 '나' 등등 말입니다. 이 '나'의 근원을 알아내야 합니다. 그러면 모든 질문이 해결될 것입니다. 한편 『바가바드 기타』에서는 모든 길을 승인하면서, 진인이 최상의 행위 요기(karma yogi)이자 최상의 헌신가이며 최고의 요기라는 등으로 말하고 있습니다.

스와미는 그래도 계속 질문했다. "자기분석이 우리가 해야 할 최선의 일이라고 하시는 것은 타당합니다. 그러나 실제로는 대다수 사람들에게 신이 필요하다고 저희는 느낍니다."

바가반: 물론 대다수 사람에게는 신이 필요하지요. 한 신을 가지고 해 나가도 되고, 그러다 보면 자신이 신과 다르지 않음을 발견하게 됩니다.

스와미가 계속 말했다. "실제 수행에서는 수행자들, 심지어 진지한 이들도 때로는 낙담하고 신에 대한 믿음을 잃습니다. 그들의 믿음을 어떻게 회복시킬 수 있습니까? 그들을 위해 우리는 무엇을 해야 합니까?"

바가반: 설사 누가 신을 믿을 수 없다 해도 그것은 상관없습니다. 저는 그가 그 자신을, 그 자신의 존재를 믿는다고 봅니다. 그에게 자기가 온 근원을 발견하라고 하십시오.

스와미: 그런 사람은 자신이 나온 근원이 자기 부모라는 말만 할 것입니다.

바가반: 그렇게 무지한 사람일 리는 없겠지요. 그대는 이미 그가 이 방면의 수행자라는 말로 시작했으니 말입니다.

1946-3-23 오후

바가반은 『띠루꼬발루르 뿌라남(*Thirukovalur Puranam*)』을 정독하면서 박애가인 빠리(Pari)의 이야기와, 압바이(Avvai)가 자기 딸들을 어느 왕에게 시집보낸 데 대해 말씀하고 계셨다. **바가반**이 말씀하시기를, 이 책에서는 빠리가 실론 출신이라 하지만 다른 책들에는 빠리가 이쪽(타밀) 지역에서 살았고, 그 관대함으로 쩨라(Chera)·쫄라(Chola)·빤디야(Pandya)[78]의 세 나라 왕들을 능가했다고 되어 있다고 하셨다.

1946-3-24

나는 스와미 삼붓다난다의 마지막 질문, 즉 신에 대한 믿음을 잃었고, 자신의 근원을 알아내라고 하면 "우리 부모가 우리가 나온 근원"이라고 말할지 모르는 사람들을 어떻게 해야 하는가 하는 질문을 거론했다.

바가반: (그 반대로) 우리의 근원(진아 혹은 심장)이 우리의 부모라고 말하는 사람을 상상해 보십시오.

내가 여쭈었다. "그러나 신을 믿지 않는 순수한 유물론자라면 어떻습니까? 그런 사람을 어떻게 대해야 합니까?"

---

[78] *T*. 오래 함께 공존한 고대의 타밀 국가들(기원전 3-4세기~기원후 13세기경). **쩨라**는 지금의 까르나따까 주 남부와 께랄라 지역, **쫄라**는 안드라프라데시 주 남부와 타밀나두 주 동북부, **빤디야**는 마두라이를 중심으로 한 타밀나두 중부와 남서부 지역에 걸쳐 있었다.

바가반: 그런 사람도 단계적으로 조금씩 '나'의 근원을 발견하겠지요. 먼저, 그가 역경을 겪게 되면 자신이 통제할 수 없는 어떤 힘이 있어서 자신의 계획을 뒤집어 놓는다고 느끼게 될 것입니다. 그러면 의식儀式과 예배를 시작할 것이고, 염송·찬가(kirtan)·명상을 통해서 탐구(vihcara)에까지 이르게 됩니다.

내가 바가반께 여쭈었다. "『까타 우파니샤드(Kathopanishad)』에서 나찌께따 불(Nachiketa fire)이라고 하는 불은 무엇입니까?"

바가반: 그게 정확히 뭔지 모르겠군요. 틀림없이 어떤 불 의식儀式을 가리킬 겁니다. 이런 용어들은 보통 상징적이지요. 저는 오늘에야 「라마 크리슈나 비자얌」의 금월호에 실린 다섯 가지 불(Five Fires)에 관한 글을 보았습니다.

그러면서 당신은 그 저널을 집어 들어 그 글 거의 전부를 우리에게 읽어주셨다. 그 글은 천상계(svarga loka), 구름 봉우리(megha mandala), 지구, 남자와 여자를 다섯 가지 불로 지칭하는데, 모든 세부 사항에 대해 비유적 해석을 하고 있다.

1946-3-25 오후

나는 다시 바가반께 나찌께따 불에 대해 여쭈었다. "『까타 우파니샤드』를 보니 이미 불 희생제가 있었는데, 그것이 사람을 천상으로 이끌어준다고 여겨졌습니다. 야마(Yama)는 나찌께따스에게 두 번째 은택으로서 그것을 설명한 뒤 자진해서 이렇게 말했습니다. '이제부터 이 불은 네 이름을 따서 나찌께따 불이라고 불릴 것이다.' 그러나 나중에는 나찌께따 불이 세 가지 불로 언급됩니다. 저는 이 불이 무엇인지, 왜 세 가지 불이라고 하는지 모르겠습니다." 이에 바가반은 나에게 주석서를 찾아보라고 하셨다. 우리는 크리슈나 쁘렘(Krishna Prem)의 『까타 우파니샤드』를 꺼냈고, 바가반은 해당 부분을 낭독하셨다. 당신이 덧붙이셨다. "일체가 비유적입니다. 그들은 진리들을 이런 식으로만 드러냈지 결코 단순하고 직접적인 방식으로 솔직하게 드러내지 않았지요. 같은 불이 세 가지 갈래 혹은 불길을 가지고 있고, 그래서 한 가지 불이라고도 하고 세 가지 불이라고도 합니다. 그러나 둘 다 한 가지 불이고 세 가지 갈래란 비유적인데, 불이 어떤 것을 나타낸다면 갈래들은 다른 어떤 것을 나타냅니다. 그 주석에서 말하기를, 단 하나의 중심적 불은 세 가지 차원인 브후(bhu)·브후바르(bhuvar)·수바르(suvar)79) 위에서, 곧 신체적 차원, 아스트랄(astral) 차원, 멘탈(mental) 차원 위에서 켜져야 한다고 말합니다."

콜롬보의 라마짠드라가 자신이 지은 '띠루딴다감(Tiruttandagam)' 두 개 연을 더 보내왔다. 바가반은 오늘 오전에 그것을 보시고 무루가나르에게 넘겨주면서, 그것을 훑어보는 한편 라마짠드라가 먼저 지었고 송찬집에 기록한 다른 6개 연도 살펴보라고 하셨다. 무루가나르는 8개 연 모두를 면밀히 살펴보았는데 바꾸거나 고치자고 제안한 것은 없었다. 그래서 다시 바가반의 허락 하에 비스와나타 씨가 그 두 연을 송찬집에 기록했다.

1946-3-26

오전 10시 30분 경에 잔시(Jhansi)에서 온 한 신사가 여기 도착했는데, 그는 어느 공주에게 음악을 가르치는 사람인 듯하다. 그는 최근에 바가반에 대한 글을 읽고 나서 큰 흥분과 감동의 상태에서 당신에게 어떻게든 달려가야겠다고 결심했다고 한다. 어제 저녁에 그는 바가반께 이렇게 말했다. "바가반, 저는 이틀 낮과 이틀 밤이 걸려서 먼 거리를 왔습니다. 과연 바가반을 뵙는 데 성공할지 자신하지 못했습니다. 심지어 제 고용주에게 허락도 얻지 않았습니다. 여기 오는 데 열중하여 달리 무엇도 머리에 들어오지 않았습니다. 이제 도착하여 바가반을 뵙고 보니 제 마음

---

79) T. 조물주 쁘라자빠띠가 만들었다는 세 마디 말. 각기 인간계·허공계·천상계를 나타낸다. 유명한 가야뜨리 진언은 후렴구 '옴, 브후, 브후바르, 수바르'로 시작된다.

은 제가 표현할 수 없는 지복으로 가득합니다." 그리고 그는 노래 몇 곡을 불렀다. 그러나 감정에 북받쳐 계속할 수 없었다. **바가반**은 몇 분간 자상하게 그를 바라보면서 이 복 많은 헌신자에게 은총을 쏟아주셨다.

1946-3-26 오후

마두라 주민인 시땀마(Sitamma)라는 여성 헌신자가 마두라의 라마나 만디람(Ramana Mandiram)[80] 개원을 기념하여 자신이 지은 꿈미(*kummi*) 시 한 수를 낭독한 뒤 **바가반**께 드렸다. 타밀력 빠르티바(Parthiva) 해의 마시(Masi) 달 10일에 있었던 이 개원식 날에는 **바가반**의 초상을 실은 행렬이 시내를 행진했다. 찐나스와미가 우리에게 말하기를, 이 여성은 여태 한 번도 본 적이 없던 그런 행렬을 만나자 기쁨에 워낙 압도되어 황홀경에 들었고, 약 15분간 일종의 무아경 상태에 있었다고 했다.

1946-3-27 오후

봄베이의 나나바띠(Nanavati) 씨가 **바가반**께 『까타 우파니샤드』에 나오는 마드와다(*madhvada*)라는 단어의 뜻을 여쭈었다. 몇 권의 책을 찾아본 뒤 그것은 마두(*madhu*), 곧 세간의 모든 즐거움을 향유하는 자인 에고 곧 개아를 뜻하는 표현이라는 것이 밝혀졌다. 이와 관련하여 **바가반**이 말씀하셨다. "우파니샤드에서 언급되는 수많은 이론들(*vidyas*)이 있습니다. 그 중 하나가 마두론論(*madhu vidya*)입니다. 이런 이론들에 대해 각기 정교한 세부 설명과 원칙들이 제시됩니다. 그런데 이 모든 이론이 무슨 소용 있습니까? 하지만 마음이 그런 이론들에만 흥미를 갖게 타고난 사람들도 있다는 것을 우리는 유념해야 합니다. 그러나 진실은, 모든 행위(karma)[81]는 그것이 어떤 종류건 새로운 속박을 가져올 거라는 것입니다.

---

80) *T.* 바가반이 진아 깨달음을 얻었던 마두라의 숙부댁. 나중에 스리 라마나스라맘이 이 집을 매입하고 개수하여 '라마나 만디람'이라 이름 붙이고 마두라 헌신자들의 중심지로 삼았다.
81) *T.* 외적 행위를 통해 신과 접촉하려는 수단, 특히 베다 전통의 각종 의식이나 제사 행위.

그래서 『올리빌 오두깜(Ozhivil Odukkam)』[82])에서, 갖가지 행위들을 다 해본 뒤에 평안을 구해 스승을 찾아온 사람에게, 의식이든 희생제든 어떤 종류의 새로운 행위를 하라고 하는 스승은 그 제자에게 브라마(Brahma)이거나 야마(Yama)라고—즉, 그런 스승은 새로운 탄생과 죽음을 창조한다고—한 것입니다." 그리고 그렇게 말하는 다음 시구를 인용하셨다.

kiriyaik kiḷaitthuvanthu kēddavarkkus summa
thiriyas sukamviḷaittha chīmān— guruvanṟis
saṟṟē pathaipput tharinuñ sakampadaikkak
kaṟṟunung kālanumāng kāṇ.

행위에 지쳐 찾아와서 가르침을 청하는 이들에게 지복을 베풀어
그들이 침묵 속에 머무르게 하는 복된 존재(*chīmān*)가 참된 스승이며,
제자들의 마음 속에 조금이라도 움직임을 야기하는 사람들은
브라마나 야마와 같을 거라는 것을 알라.[83])

1946-3-28 오전

S. 라오 박사가 시바 다스(Siva Das)가 준비한 따일라(*taila*-약용 기름)를 가지고 바가반의 다리를 안마해 드리고 있었는데, 오늘 사용하면서 그것이 다 떨어져 가고 있었다. 그래서 아스라맘은 따일라를 새로 하나 준비하려고 생각 중인데, 바가반은 그들을 돕기 위해 그 조제법이 나와 있는 텔루구어 책 한 권을 집어 드셨다. 당신이 책을 펼친 순간 장뇌 연고를 다룬 페이지가 나왔다. 그 우연의 일치가 놀라웠다. 그 조제법에는 아스라맘이 쓰려고 한 거의 모든 재료가 들어가고, 덧붙여 툴시(*tulsi*-약용 식물) 잎과 다른 것도 포함되었다. 바가반은 시바 다스가 따일라를 담아서 보냈던 병을 그에게 돌려줘야 한다고 아주 각별히 말씀하시고, 그런 취지

---

82) *T.* 깐누다이야 발랄라르(Kannudaiya Vallar, 15세기)가 253연의 타밀어 벤바 운으로 지은 **비이원론** 저작.
83) *T.* 『올리빌 오두깜』, 제123연. 『진어화만』, 제271연도 같은 취지의 다른 버전이다.

로 시자 크리슈나스와미에게 지시하셨다. 또 시바 다스가 그날 늦게 회당에 들어오자 **바가반**은 그와 크리슈나스와미에게 그 병을 돌려주었느냐고 물으셨고, 돌려주었다는 것을 아시고서야 만족해 하셨다.

오후

바가반은 『아루나찰라 스탈라뿌라남(Arunachala Sthalapuranam)』을 들여다보시다가 빠리(Pari)의 딸들이 압바이에 의해 시집가게 되는 이야기가 간략하게 나오는 「아루나찰라 사따깜(Arunachala Satakam)」을 읽으시고, 그것을 『띠루꼬발루르 스탈라뿌라남(Tirukovalur Sthalapuranam)』에 나오는 이야기와 비교하셨다. 그 이야기들은 다소간 서로 부합된다. 그러나 **바가반**은 대단한 기부자 혹은 박애가로 알려졌던 빠리가 마두라 근처인 삐란말라이(Piranmalai) 등지에서 살았고, 그의 명성을 시기한 쩨라·쫄라·빤디야 세 나라 왕들의 음모로 죽임을 당한 것으로 생각된다고 우리에게 말씀하셨다. 반면에 이 두 권의 책은 빠리가 실론에서 통치했다고 말하고 있다.

1946-3-29 오후

한 방문객이 타밀어로 몇 가지 질문을 써서 **바가반**께 드렸다. 바가반이 말씀하셨다. "그는 어떻게 하면 마음을 감각기관들로부터 돌려서 그토록 감각 쾌락을 초월해 있다고 하는 저 **지복**을 깨달을 수 있는지 알고 싶어 하는군요. 단 한 가지 방법이 있는데, 그것은 감각 쾌락이 아닌 그것(That) 안에 마음을 합일시키는 것입니다. 그것에 집중하면 감각적 끌림 요소들은 저절로 떨어져 나갈 것입니다. 또 그는 '그 **지복**을 제가 언제 성취할 수 있습니까?'라고 묻는군요. 그는 잠 속에서 그 **지복**을 매일 경험하고 있습니다. 잠 속에는 어떤 감각대상도 없지만 그가 큰 **지복**을 즐깁니다. 우리가 **지복**을 성취할 필요는 없습니다. 우리가 곧 **지복**입니다.

지복은 우리의 다른 이름입니다. 그것은 우리의 성품입니다. 우리가 해야 할 일은 마음이 감각대상들 쪽으로 갈 때마다 그것을 되돌려 진아 안에 고정하는 것이 전부입니다. 그는 자신이 죽은 뒤 **지복**을 성취할 수 있겠느냐고 묻습니다. **지복**을 성취하기 위해 죽을 필요는 없지요. 마음을 합일시키기만 하면 됩니다. 죽음도 우리의 다른 이름입니다. 그도 그럴 것이, 죽음이 몸을 포기하는 것 이외에 무엇입니까? 우리의 진정한 성품은 몸 없이 있는 것(to be without the body)입니다."

바가반은 잠시 말씀을 그쳤다가 이렇게 덧붙이셨다. "『요가 바시슈타』에 나오는 인드라(Indra)와 아할리야(Ahalya)의 이야기는, 한 가지 일에 합일된 마음의 힘이 있으면 다른 모든 것이 우리에게 영향을 주지 못한다는 것을 강력히 보여줍니다. 거기서 어느 왕의 비妃인 아할리야는 인드라라는 난봉꾼과 사랑에 빠졌고, 둘은 서로 열렬히 사랑합니다. 그 일이 왕의 귀에 들어갔고, 그 사건은 세간에 큰 스캔들이 되기에 이릅니다. 그러자 왕은 두 사람에게 갖가지 잔혹한 고문을 가하라고 명령합니다. 그러나 두 사람은 고문에도 전혀 영향을 받지 않았습니다. 그들의 얼굴은 고통으로 인한 일그러짐조차 보이지 않고 서로에게 지복스런 웃음을 지어보입니다. 이 모든 것에 당혹한 왕은 그들의 힘과 저항력의 비결이 무엇이냐고 묻습니다. 그들이 말했습니다. '뭐라고요! 모르십니까? 저희는 서로를 바라보면서 서로에 너무나 몰입되어 있어 마음 속에 다른 어떤 생각도 들어올 여지가 없습니다. 저희에 관한 한, 저희 둘만 각자 서로에 대해 존재할 뿐 달리 아무것도 존재하지 않습니다. 그런데 어떻게 저희가 다른 것들에 영향을 받을 수 있습니까?' 합일된 마음의 힘이 그와 같습니다."

밤

무루가나르가 유명한 타밀 학자인 라가바 아이엥가르(Raghava Iyengar)

의 책 한 권을 가져와서 『띠루꼬발루르 뿌라나』 같은 뿌라나들이 무슨 이야기를 하든, 타밀 문헌에서 박애가로 알려진 빠리는 삐란말라이 인근에 살면서 활약한 사람이었다는 것이 의심의 여지 없이 확립되어 있고, 실론에서 산 사람이 아니라는 것을 증명하는 전거를 인용했다.

오후에 보즈 씨가 **바가반**께 자신이 폴 브런튼에게서 받은 편지 한 통을 보여드렸다. 이 편지에서 브런튼은 자신이 미국으로 돌아간다면서, 지난 6년 동안 자기는 **바가반**을 뵙는 것을 아주 좋아했지만 (자신을 규제하는) 아스라맘의(집행부의) 태도 때문에 그것이 불가능해졌고, 그래서 이 문제에서 운명을 받아들이게 되었으며, 자신은 여전히 **바가반**이 계신 자기 심장의 깊은 곳에서 **바가반**을 만나 뵙고 있다고 말한다.

1946-4-7 밤

한 방문객이 말했다. "뽄디체리의 오로빈도 아쉬람에서는 영적인 진보의 최종 단계는 **뿌루쇼따마**(*purushottama*)가 되는 것이라고 하는데, 그 **뿌루쇼따마**는 활동을 속성으로 하는 듯합니다. 즉, 어떤 상相(*vritti*)이 그 상태와 연관되는 것 같습니다. 반면에 다른 학파들은 모든 상相의 지멸止滅이 해탈이라고 믿습니다."

바가반이 말씀하셨다. "그대의 말인즉, 모든 학파는 그대가 최종 목표에 도달하려면―그것이 **뿌루쇼따마**가 되는 것이든 뭐가 되는 것이든― 모든 상相을 포기하라고 그대에게 조언합니다. 그대는 세 가지 부류의 보통 인간(*purusha*), 즉 아다마(*adhama*-하급인), 마디야마(*madhyama*-중급인), 웃따마(*uttama*-상급인)이기를 그치고 저 **뿌루쇼따마**(최상급인)가 되어야 합니다. 이것은 받아들여집니다. 그대가 이 세 부류를 초월하여 보통 인간이기를 그칠 때 여전히 어떤 상相이 남아 있을지 여부는 지금 그대가 신경 쓸 필요가 없는 문제입니다. 그 상태를 성취하고 나서, 그 상태가 무엇이며 그 안에 어떤 상相이 여전히 남아 있는지 직접 보십시오. 우리가 가끔 그러듯이, '브라만 형상의 상相(Brahmakara vritti)'을 이야기하는 것조차도 정확하지 않습니다. 만일 우리가 바다에 합쳐진 강을 여전히 강이라고 하면서 그것을 '바다 형상의 강'이라고 이야기할 수 있다면, 영적인 성장의 최종 단계가 '브라만 형상의 상相'을 갖는다고 이야기할 수도 있겠지요. 스리 오로빈도 아쉬람 출신 사람들이 여기 와서 우리 파派와 그들 간의 차이점에 대해 물으면 저는 그들에게 늘 이렇게 말합니다. '그쪽에서는 더 이상 무엇을 바라거나 성취하기 전에 완전한 순복을 하라고 권장하고 그렇게 주장합니다. 그러니 먼저 그것을 하십시오. 저도 그것을 조언합니다. 그런 순복, 즉 어떤 부분적 순복이나 조건적 순복이 아닌 완전한 순복을 하고 나면, 두 부류 인간(보통 인간과 최상급 인간)이 과연 있는지, 힘이 어디서 와서 어디로 들어가는지 등을 스스로 볼 수 있을 것입니다'라고 말입니다. 왜냐하면 우리는 신이나, 우리 안으로 들어오는 힘의 어떤 원천에 대해서 아무것도 모르기 때문입니다. 그 모든 것은 알려져 있지 않습니다. 그러나 '내가 존재한다(I exist)'는 것은 논쟁의 여지 없이 모든 사람에게 알려져 있습니다. 그러니 그 '나'가 누구인지 알도록 합시다. 만일 그것을 알고 나서도 여전히 지금 제기한 것과 같은 어떤 의문이 있다면, 그때 가서 그런 의문을 해소할 수 있는 충분한 시간이 있을 것입니다."

이 시점부터 이야기는 여러 사상 학파들로 옮겨갔는데, 어떤 학파는 단 하나의 **실재**가 있다 하고, 어떤 학파는 세계(jagat)·개아(jiva)·**이스와라**(Ishwara) 혹은 빠띠(pati)·빠수(pasu)·빠삼(pasam)[84]과 같은 세 가지 영원한 실체가 있다고 한다. 이와 관련하여 **바가반**은 익살스럽게 이렇게 말씀하셨다. "비이원론자들(Advaitins) 곧 샹까라 학파가 세계의 존재성을 부인한다거나 세계를 실재하지 않는다고 주장했다고 말하는 것은 전혀

---

[84] T. 힌두교 시바교의 일파인 샤이바 싯단타(Shaiva Siddhanta)의 기본 개념. '빠띠'는 절대적 존재인 신, '빠수'는 개인적 영혼, '빠사' 혹은 '빠삼'은 무지의 속박이다.

타당하지 않습니다. 오히려 남들보다 그들에게 세계가 더 실재합니다. 그들의 세계는 늘 존재하겠지만, 다른 학파들의 세계는 시작과 성장, 쇠퇴가 있을 것이고 그런 것은 실재할 수 없습니다. 다만 그들(샹까라 학파)은 세계로서의 세계(독립적 존재성을 가진 세계)는 실재하지 않고, **브라만**으로서의 세계는 실재한다고 말합니다. 일체가 **브라만**이고 **브라만** 외에는 아무것도 존재하지 않으니, **브라만**으로서의 세계는 실재하는 것입니다. 이렇게 해서 그들은 자신들이 다른 학파들보다 세계에 더 많은 실재성을 부여한다고 주장합니다. 예를 들어 세 가지 실체가 있다고 믿는 학파들에 따르면 세계는 3분의 1의 실재성만 있지만, **비이원론**(*Advaita*)에 따르면 브라만으로서의 세계는 **실재**이고, 세계와 **실재**는 다르지 않습니다. 마찬가지로 신 혹은 브라만에게도 다른 학파들은 3분의 1의 지배권만 줍니다. 다른 두 가지 실체는 필연적으로 신의 실재성을 한정합니다. 따라서 **샹까라**를 마야론자(*mayavadi*)라고 부를 때는 이런 반박을 당할 수 있습니다. 즉, '샹까라는 **마야**(*maya*)가 존재하지 않는다고 말한다. 마야의 존재성을 부인하고 그것을 비실재(*mithya*)라고 하는 사람을 마야론자라고 부를 수는 없다. 마야의 존재성을 인정하고 그것의 소산인 세계를 **실재**라고 부르는 사람들을 마야론자라고 부르는 것이 옳다. 이스와라를 부인하는 사람은 이스와라론자(*Ishwaravadi*)로 불리지 않고, 이스와라의 존재성을 긍정하는 사람만이 그렇게 불린다'고 말입니다." **바가반**은 나아가 이렇게 덧붙이셨다. "물론 이런 것은 다 공허한 논쟁입니다. 그런 논쟁에는 끝이 있을 수 없습니다. 정작 해야 할 일은 그 '나'를—곧 그것의 존재에 대해서는 누구도 아무 의심을 갖지 않고, 잠 속에서와 같이 다른 모든 것이 사라질 때도 그것만은 존속하는 그 '나'를—알아내는 것입니다. 그런 다음 그런 의문이나 논쟁들이 일어날 여지가 있는지를 살펴보십시오."

1946-4-8

오늘 바가반은 벤까뜨라마 아이야르(Ventatrama Aiyar) 씨가 영어로 편집한 『아루나찰라 마하뜨미얌』을 듣는 데 대부분의 시간을 쓰셨다. 이것은 『스깐다 뿌라남』 기타의 책들에서 발췌한 내용이다.

1946-4-9

위의 저작을 읽는 일이 계속되었고, 오늘 오전에 끝났다.

오늘은 체코어 책 두 권을 우편물로 받았는데 하나는 『라마나 마하르쉬의 생애와 가르침』이었고, 또 하나는 바가반의 중요한 저작들을 번역한 것이었다. 처음에 우리는 그 책들이 어떤 언어로 쓰였는지 몰랐다. 그런데 오즈본 씨가 그것은 체코어라고 우리에게 말해 주었다. 바가반은 그 책들을 들여다보면서 책에 실려 있는 당신 사진과 구름이 걸려 있는 아루나찰라 사진들을 보셨다.

오후

바가반은 위의 책들 중 한 권의 일부 페이지가 재단되지 않은 것을 보셨다. 그래서 당신은 작은 접칼로 몇 페이지를 자르셨다. 그러면서 그 책이 바느질조차 되어 있지 않고 제본이 제대로 되지 않은 것을 발견하셨다. 그래서 당신은 그것을 현지 제본업자에게 보내기로 하셨는데, 그가 재단 등도 다듬어 줄 것이다.

쉬로프 부인(Mrs. Shroff)이 외관상 은으로 된 작은 장식함 하나와, 과자를 좀 넣은 작은 구리 쟁반 하나를 가져와 자기 남편이 보냈다면서 바가반께 올렸다. 바가반은 시자들에게 과자를 받고 그 함과 과자 한두 개를 곁들인 쟁반을 쉬로프 부인에게 돌려주라고 하셨다. 그러나 그것을 돌려주자 쉬로프 부인은 과자뿐 아니라 그것도 모두 바가반께 드린 것이라고 했다. 이에 바가반이 말씀하셨다. "그것을 우리가 어떻게 하지? 사무실에 보내 그것은 쉬로프가 보낸 거라고 하세요." 이 일로 **바가반**은 회상적인 기분이 되어 이렇게 말씀하셨다. "제가 산 위에 있을 때는 여러 해 동안 옹기 한두 개 외에는 아무것도 없었고, 어떤 종류의 그릇도 전혀 없었습니다. 여러 해가 지난 어느 날 한 여자가 작은 그릇에 먹을 것을 좀 담아서 가져왔는데, 아주 낡고 찌그러지고 여러 군데 기운 것이었지요. 우리가 먹을 것을 받고 그 녹슬고 낡은 그릇을 돌려주자 그녀는 그 그릇도 우리가 가지고 있어야 한다고 고집하면서, '물 같은 것을 마시러 여기 오는 사람들에게 그것이 쓸모가 좀 있을지 모릅니다. 그러니 제발 여기 두십시오'라고 했습니다. 그것이 우리가 그릇이라는 것을 갖게 된 시초였습니다. 그 뒤로 점차 그릇이 하나둘 아스라맘으로 왔고, 지금은 이 함과 쟁반처럼 사람들이 여기 가져온 온갖 것을 우리가 다 가지고 있습니다. 그런 것들을 제가 어떻게 합니까?" 이에 내가 말했다. "그렇지요. **바가반**께서 이런 것들을 어떻게 하시겠습니까? 그러나 사람들이 그런 멋진 것들을 만났을 때 자기 마음에 들면, 그것을 자신들이 가장 사랑하는 사람에게 드리고 싶은 겁니다. 지극히 자연스러운 일입니다."

1946-4-10 오전

마살라왈라 박사가 **바가반**께 자신의 친구가 자기 앞으로 보낸 편지 한 통을 드렸다. **바가반**은 그것을 면밀히 살펴보셨다. 편지 중 어떤 부분은 설득력이 없었지만 다른 부분들은 문제 삼을 여지가 없었다. 그 편지에서는 모든 것이 아스띠(*asti*)[존재] · 바띠(*bhati*)[의식] · 쁘리야(*priya*)[지복] · 이름(*nam*) 및 형상(*rup*) 안에 들어 있고, 앞의 세 가지는 **실재**를 구성하고 나머지는 찰나적이고 비실재적인 것을 구성하며, **진지**(*jnana*)는 **실재만**을 보고 명상名相(*nam-rup*-이름과 형상)을 보지 않는 것이고, 앞의 세 가지는 아함(*aham*-'나')을 구성하고 뒤의 두 가지는 이담(*idam*)[이것]을 구성한다고 했다. **바가반**은 동의하면서 "'나'와 '이것'은 그들 사이에서 일체를 소진하지요"라고 하셨다. 그 편지는 또 모든 것과 모든 곳에서 **브라만**만을 보는 것이 무상지無上知 헌신(*jnanottarabhakti*)이라고 말했다. 이와 관련하여 **바가반**이 말씀하셨다. "**브라만**만을 보는 단계를 무상지 헌신이라 하든, 무상헌신 지知(*bhakti-uttara jnana*)라 하든, 그것은 말의 문제일 뿐입니다. 실은 '우리는 모든 것과 모든 곳에서 **브라만**을 보아야 한다'고 말하는 것도 그다지 맞지 않습니다. 봄이 없고 시간도 공간도 없을 때가 최종 단계입니다. (그 단계에서는) 보는 자, 봄 그리고 보는 대상이 없을 것입니다. 그때 존재하는 것은 오직 **무한한 눈**입니다."

오후에는 우리의 순다레사 아이야르(Sundaresa Aiyar)의 아들에게 시집 간 나라야나스와미 아이야르(Narayanaswamy Aiyar)의 딸이 노래 몇 곡을 부르고 나서 다음과 같은 기적을 이야기했다.

"저희는 콘뽀르(Cawnpore)에서 어느 집 4층에 살고 있고, 그 층에 사는 사람은 저희뿐입니다. 거기 수도꼭지가 하나 있는데 물이 그 높이까지 잘 올라오지 못해서 저희는 매일 계단을 몇 층씩 내려갔다가 밑에서 필요한 물을 다 가지고 올라와야 합니다. 남편이 저를 위해 매일 이 일을 해 주었는데, 그에게 너무 힘든 일이었습니다. 그리고 저는 남편이 매일 하는 그 일을 돕기에 너무 약했고요. 하루는 저만 집에 있고 남편은 사무실에 가 있을 때 저는 이 난감한 상황에 대해, 그리고 어떻게 하면 이에 대한 해법을 찾을지를 곰곰이 생각했습니다. 저는 수도꼭지 밑에 빈 그릇을 놓아둔 채 명상적 기분으로 노래를 불렀습니다. 그러다가 「사라나가띠(*Saranagati*-'순복')」 노래를 부르기 시작했습니다. (이것은 **바가반**의 헌신자들 사이에서 잘 알려진 노래이다. 이 노래는 M. V. 라마스와미 아이야르(Ramaswami Aiyar) 씨가 지었는데, 그와 그의 가족이 액난을 피하고 복을 받을 수 있도록 **바가반**이 개입해 주기를 바랄 때 부르는 것이다.) 이 노래는 간단히 말해서 이렇습니다. '저희는 당신 아래서 보호처를 구하니 당신은 저희의 유일한 피난처이십니다. 달리 누가 있어 저희가 의지하겠습니까? 당신께서 빨리 와서 구해주지 않으시면 저희는 더 이상 견디기 어렵습니다. 그러니 즉시 오셔서 저의 불행을 끝내주시고, 저에게 행복을 주십시오!' 그때 수도꼭지에서 물이 똑똑 떨어지기 시작하더니 그 노래를 계속 부르자 물이 계속 더 흐르기 시작했습니다. 그래서 저희 집의 모든 그릇에 물이 찰 때까지 계속 노래를 불렀습니다. 남편이 집에 돌아오더니 물이 너무 많은 것을 보고 깜짝 놀라면서 제가 어떻게 그 많은 물을 길어 놓았는지 영문을 몰랐습니다. 그때 제가 그에게 말했습니다. '이제 물을 얻는 비방을 발견했어요.「사라나가띠」노래를 부르면 물이 나와요.' 남편은 당연히 그것을 믿을 수 없었습니다. 그래서 그가 보는 앞에서 다시 같은 노래를 불렀고, 수도꼭지에서 물이 흘러나왔습니다. 그때 이후로는 저의 물 문제가 해소되었습니다.「사라나가띠」노래만 부르면 물이 수도꼭지에서 흐를 테니 말입니다. 다른 노래들도 해 보았습니다. 그러나 같은 결과가 나오지는 않습니다. 나중에 제가 병이 나서 아버지가 저를 보러 왔을 때 이 이야기를 했더니 당신도 믿지 못했는데, 제가 아버지 앞에서 그 실험을 다시 하여 성공하는 것을 보자 비로소 믿었습니다. 아버지는 다른 노래도 해 보라고 했습니다. 그래서 했지만, 어떤 노래도 같은 결과를 가져다주지 않았습니다." 이 새댁은 대단한 환희심으로 이 모든 이야기를 했는데, 전체 이야기에 워낙 진실성이 느껴져서 나는 그 경험의 진실성을 의심하는 것은 터무니없을 거라고 생각한다.

밤에 **바가반**은 시자인 바이꾼타 바사르에게 정오에 원숭이들을 제대로 먹였는지, 원숭이들이 많이 왔는지 물으셨다. 이날은 '**스리 라마 나바미** (Sri Rama Navami)'여서, 앞서 **바가반**이 "오늘은 그들의[원숭이들의] 날이야. 그들에게 음식을 줘야 돼."[85]라고 말씀하신 것이다. 그래서 오전 11시경

---

85) *T.* 이날은 스리 라마의 탄신일이다. 『라마야나』에서 원숭이 왕 하누만과 원숭이들이 스리 라마를 도왔으므로, 오늘날도 이날은 원숭이들이 음식 대접을 받을 자격이 있다는 것이다. ('Navami'는 '아흐레'라는 뜻으로, 달이 차거나 기울기 시작할 때부터 9일째를 말한다.)

우리가 모두 음식을 먹고 있을 때, 바이꾼타 바사르는 음식·야채·바다이(*vadai*)·빠야삼(*payasam*) 등, 그러니까 우리가 먹고 있던 모든 음식을 넉넉히 가져가서 모두 한데 버무려, 원숭이들을 위해 아스라맘 뒤쪽의 계단에 가져다 둔 것 같다. **바가반**의 질문은 이 일을 말씀하신 것이다. 바이꾼타 바사르가 대답했다. "제가 갔을 때는 원숭이 두세 마리밖에 없었는데, 얼마 후 모두 다 와서 모두 잘 먹었습니다. 서로 싸우거나 서로 물지도 않았습니다." **바가반**이 말씀하셨다. "다 먹을 만큼 많이 있으면 싸우지 않지. 모든 문제는 부족할 때만 일어나. 그들은 또 먹을 것이 많을 때는 기쁨의 표시로 큰 소리를 내지르기도 하지. 내가 산 위에 있을 때 우리가 그런 경험들을 했어. 거기서도 원숭이들에게 음식을 주곤 했거든."

1946-4-11 오전

아침 8시경에 **바가반**이 당신이 '우리(cage)'라고 부르시는 곳, 즉 당신의 소파 주위에 새로 두른 난간 안으로 들어가실 때, 소파 남쪽의 내 곁에 서 있던 스리니바사 라오 박사를 뚫어지게 쳐다보셨다. 나는 **바가반**이 왜 그러실까 의아했다. 그런데 몇 분 뒤 **바가반**은 이렇게 설명하셨다. "저에게는 그대가 마치 반바지를 입고 있는 것처럼 보였고, 그래서 어디 나가려는 건가 궁금했지요. 무달리아르가 바지를 입고 들어올 때마다 저는 그가 어디 나가려고 한다는 것을 압니다. 그래서 그대도 나가려고 준비하는 줄 알았지요. 그런데 이제 보니 그대는 도띠(*dhoti*)만 말아 올렸는데 그것이 꼭 반바지를 입은 것처럼 보이는군요." 박사가 말했다. "아니요, 저는 이제 바지 입는 것을 그만두었습니다."

오전 11시경에 평소처럼 점심 식사종이 울린 뒤 **바가반**이 당신의 소파에서 일어나려 하고 계셨다. 여느 때처럼 당신은 두 다리와 무릎을 부비고 그것을 부드럽게 안마하신 다음 일어나셨다. 그리고 S. 도라이스와미 아이어(Doraiswamy Iyer)[어제 저녁에 여기 도착했다]를 돌아보시고 그에게 말씀하셨다. "그대의 친구[S. 라오 박사]가 이 통증에 너무 신경을 써 주어서 이것이 나를 떠나려 하지 않는다오. 온갖 환대를 해 주고 갖은 보살핌을 받는 곳에서 누가 떠나고 싶겠소?" S. 도라이스와미가 대답했다. "보아하니 **바가반**께서는 오로지 그 의사의 이익을 위해 그 통증을 유지하고 계신 듯합니다."

오후에 회당에 들어가자 **바가반**은 최근에 받은 그 체코 책 두 권을 살펴보고 계셨는데, 책들을 바라보며 이 지역에서 한 제본을 승인하신 다음 그것을 나에게 돌려주셨다. 나는 그것을 S. 도라이스와미 씨에게 보여주었다. 그러자 **바가반**은 그에게 짐머(Zimmer)가 당신에 관해 독일어로 쓴 책86)을 본 적 있느냐고 물으셨다. 도라이스와미 씨는 보지 못했다고 대답했다. 그래서 내가 가서 그 책을 가져와 그에게 보여주었다.

1946-4-12 오전

내가 **바가반**께 말씀드렸다. "어제 저녁에 제가 읍내에 들어갔을 때 길에서 만난 한 여사가 저에게 다가와 말을 걸면서 저에게 잘 지내고 있느냐고 물었습니다. 저는 그녀를 알아보지 못했습니다. 그녀는 자존심이 상했고, 자기도 **바가반**과 인연이 있다고 하더군요. **바가반**께서 자다스와미(Jadaswami)의 처소에 자주 가실 때 운나물라이 암말이라고 하는 그녀의 모친이 자다스와미에게 정기적으로 우유를 가져다 준 모양입니다. 당시 운나물라이 암말은 **바가반**께도 우유를 드리곤 했고, 자기 부친은 **바가반**께 더러 부채질을 해 드렸는데, 두세 살 난 아이였던 자기는 **바가반**의 등에 업히기도 했다는 것입니다. 그녀의 이름 루끄마니(Rukmani)는 **바가반**께서 지어주셨고, 바로 지금도 자기가 아스라맘에 가면 **바가반**께서

---

86) T. 독일 출신의 인도학자 하인리히 짐머(Heinrich Zimmer, 1890-1943)가 쓴 바가반에 대한 최초의 독일어 전기인 『진아로 난 길(Der Weg zum Selbst)』을 가리킨다.

자기에 대해 물어보신다는 등의 이야기를 했습니다. 저는 그 말이 모두 사실인지 궁금합니다." 바가반이 말씀하셨다. "예, 예. 자다스와미의 시중을 들어주던 그 모친을 알지요. 이 여사는 어릴 때부터 제가 아는데 여기도 자주 옵니다. 그들은 꼬무띠(Komutti) 집안이라고 합니다. 그 부친은 오래 전에 죽었지요."

오후

한 방문객이 **바가반**께 자신이 연필로 몇 가지 질문을 적은 종이 한 장을 드렸다. 내가 오후 3시경에 회당에 들어갔을 때 **바가반**은 그 질문들을 판독하려고 애쓰시다가 나를 돌아보고 말씀하셨다. "여기 질문지가 하나 있군요."

질문 1: 어떻게 하면 남의 말을 잘 믿는 버릇을 없앨 수 있습니까?

이 방문객의 문제는 권유 받은 어떤 이상理想을 추구하기 시작하다가, 남들이 와서 다른 이상을 권하면 그들의 말을 믿게 되어 먼저 하던 이상을 포기한다는 것이었다.

바가반: 예, 그렇지요. 우리에게 문제가 있다면 남의 말을 쉽게 믿는다는 것입니다. 우리는 **실재**를 제외한 모든 것을 믿습니다. 우리의 모든 거짓된 믿음을 포기해야 하는데, 우리가 해야 할 일이라고는 그것뿐입니다. 그러면 **실재**가 저절로 빛날 것입니다.

질문 2: 저는 어떤 이상理想에 대한 큰 열망을 가지고 시작합니다. 그러나 점차 느슨해집니다. 그것을 막으려면 어떻게 해야 되며, 그런 일이 일어나는 이유는 무엇입니까?

바가반: 한때 그대의 열망에 어떤 이유가 분명히 있었듯이, 나중에 느슨해지는 데도 분명히 어떤 이유가 있겠지요.

질문 3: 다양한 길들을 가르치는 다수의 영적인 **스승**들이 있습니다. 누구를 제 **스승**으로 삼아야 합니까?

바가반: 그대가 그에게서 평안을 얻는 사람을 스승으로 선택하십시오.

질문 4: 욕망들에 대처하는 최선의 방도는 무엇입니까? 그것을 없애려고 한다면 그것을 충족시켜야 합니까, 억눌러야 합니까?

바가반: 만일 욕망을 충족시켜서 없앨 수 있다면 그런 욕망을 충족시킨다고 해서 해로울 것은 없겠지요. 그러나 욕망은 일반적으로 충족시켜서 근절되지 않습니다. 그런 식으로 욕망을 뿌리 뽑겠다는 것은 불을 끄려고 화주火酒(도수가 높은 술)를 들이붓는 것과 같습니다. 그렇다고 강제적 억압도 적합한 방법은 아닙니다. 그런 억압은 조만간 반작용으로 강하게 솟구쳐 올라 바람직하지 않은 결과를 초래하게 되어 있기 때문입니다. 욕망을 없애는 적합한 방도는 '욕망을 가지고 있는 것은 누구인가? 그 근원은 무엇인가?'를 알아내는 것입니다. 그것을 발견하면 욕망은 뿌리 뽑히고 두 번 다시 나타나거나 자라지 않을 것입니다. 먹고 마시고 잠자고 용변을 보고 싶어 하는 것과 같은 사소한 욕망들은—이런 것도 욕망으로 분류될 수는 있겠지만—안심하고 충족해도 됩니다. 그런 것은 그대의 마음 속에, 또 태어날 필요가 있게 하는 원습(*vasanas*)을 심지 않을 것입니다. 그런 활동들은 생명을 유지하는 데 필요할 뿐이고, 원습을 계발하거나 뒤에 남길 가능성이 적습니다. 따라서 일반적으로, 그것을 충족해도 마음 속에 원습이 형성되어 또 다른 욕망으로 이어지지 않을 욕망은 충족해도 해로울 것이 없습니다.

질문 5: '옴(*Om*)'의 의미는 무엇입니까?

바가반: '옴'은 모든 것입니다. 그것은 브라만의 다른 이름입니다.

나는 「비전」 1월호를 보다가 꿀라세카라 알와르(Kulasekhara Alwar)[87]에 대한 이야기를 접했다. 꿀라세카라는 깔락셰빰(*kalakshepam*)[88]이 진행

---

87) T. 남인도 비슈누파 시인-성자들을 일컫는 12인의 '알와르' 중 한 사람(서기 800년 전후). 쩨라 국의 왕이었던 그는 스리 라마의 헌신자여서 학자들을 시켜 궁정에서 『라마야나』를 낭송하게 하곤 했는데, 나중에 아들에게 왕위를 물려주고 성지순례를 떠났다.
88) T. 승려나 빤디뜨에 의한 영적인 담화. 여기서는 『라마야나』를 읽으면서 해설하는 것이다.

되던 도중 라바나(Ravana)가 **시따**(Sita)를 납치해 갔다는 대목을 듣자,[89] 그 이야기의 상황과 자신을 워낙 동일시한 나머지 즉시 랑카(스리랑카)로 달려가서 **시따**를 구해내는 것이 **라마**(Rama)의 숭배자인 자신의 임무라고 생각하고 그대로 달려 나가 랑카로 건너가기 위해 바다로 뛰어들었다고 한다. 그때 **라마**가 **시따**, 락슈마나(Lakshmana)와 함께 나타나 은총을 그에게 쏟아주었다는 것이다. 나는 다른 버전도 기억해 냈는데, 거기서는 꿀라세카라가 (깔락셰빰 도중) **라마**를 구하기 위해 자신의 군대를 이끌고 전쟁을 벌이려 했는데, 그 사이 깔락셰빰을 진행하던 바가바따르(Bhagavatar)가 상황을 감지하고, **라마**가 전투에서 승리하여 적들을 모두 죽였다는 등의 내용으로 얼른 넘어갔다. **바가반** 역시 내가 염두에 두고 있던 버전이 옳은 것이고, 거기서 말하는 일은 **라마**가 **시따**를 구하려고 라바나와 싸운 전쟁이 아니라, (다른 나찰들인) 카라(Khara)와 두샤나(Dushana) 무리와 벌인 전쟁을 가리킨다고 생각하셨다. **바가반**은 알와르들(Alwars)의 역사를 찾아보신 뒤 우리에게 그 두 사건은 꿀라세카라의 생애담에 나온다고 말씀하셨다. 그 말씀에 내가 이런 말을 했다. "어느 마라타 성자의 경우에도 그와 비슷한 일이 있었습니다. 그는 지붕을 뚫고 올라갔다고 생각됩니다." 그러자 S. 라오 박사가 **바가반**께 여쭈었다. "저는 그 이야기는 모르겠습니다. 그건 무슨 이야기입니까?" 이에 **바가반**이 말씀하셨다. "에까나트(Ekanath)는 (마라티어로) 『라마야나』를 쓰고 있었는데, 하누만이 바다를 건너 뛰어 랑카로 들어가는 장면을 생생하게 묘사하는 부분에 이르러 스스로를 자신의 영웅인 하누만과 워낙 동일시한 나머지 자기도 모르게 허공으로 뛰어올라 이웃집 지붕 위에 내려앉았습니다. 이 이웃은 에까나트를 늘 하찮게 보면서 그를 엉터리에 종교적 위선자로 여기고 있었습니다. 그는 자기 지붕 위에 무엇이 쿵 떨어지는 소리를 듣자 무슨

---

89) T. 『라마야나』에서 나찰왕 라바나는 **라마**의 아내인 **시따**를 납치해 (스리)랑카로 데려갔다. **라마**는 동생인 락슈마나, 원숭이 왕 하누만과 함께 그녀를 구하러 랑카로 건너간다.

일인지 알아보려고 밖으로 나왔다가, 에까나트가 한 손에는 코코야자 잎(cadjan leaf-종이 대용품)을 들고 또 한 손에는 철필鐵筆을 든 채 지붕 위에 누워 있는 것을 발견했습니다. 코코야자 잎에는 하누만이 바다를 어떻게 뛰어 건너는지 묘사하는 시구들이 적혀 있었습니다. 이 사건은 그 이웃사람에게 에까나트가 진짜 헌신가임을 증명해 주었고, 그래서 그는 에까나트의 제자가 되었습니다."

잠시 말씀을 그쳤다가 바가반은 이런 이야기도 하셨다. "신이 에까나트의 꿈에 나타나서 그에게, 냐네스와르의 무덤90)으로 가서 그것을 수리해 달라고 했습니다. 그에 따라 에까나트가 그곳에 가 보니, 한 공사업자가 공사비는 일이 끝나면 받기로 하고 모든 일을 할 준비를 갖추고 있었습니다. 이 업자는 큰 출납계산서를 마련했고, 거기에 모든 경비들을 기록하고, 모든 일꾼의 이름과 그들에게 지급되는 품삯을 적었습니다. 모든 일이 체계적으로 진행되었습니다. 그리고 수리 공사가 끝나서 출납계산서를 들여다봐야 했는데, 공사업자가 자신이 주어야 할 돈들을 지불했을 때, 공사업자와 그의 큰 출납계산서가 감쪽같이 사라져 버렸습니다. 그제야 에까나트는 신이 자신의 공사업자가 되어 그 일을 했다는 것을 알게 되었습니다. 그런 일들도 있었지요."

1946-4-13

오늘은 타밀 설날이다. 오후에 바가반의 친존에서 우리의 사스뜨리아르(Sastriar)가 새해의 빤짱감(*panchangam*)91)을 낭독했다.

---

90) *T.* 냐네스와르는 20세의 나이에 돌무덤을 만들고 들어가서 자신이 지은 『냐네스와리』를 앞에 놓고 앉아 영원한 삼매에 들었다고 한다. 이 무덤은 마하라슈트라 주 알란디(Alandi)에 있는데, 이 무덤을 중심으로 사원이 건립되어 있다.
91) *T.* 다음 다섯 가지 항목들을 포함하는 힌두 책력. 1) 음력 날짜. 2) 양력 날짜. 3) 별자리 주기. 4) 27가지 황도 구분(24절기와 비슷한 것). 5) 11가지 동물로 대표되는 시간 구분(12지와 비슷한 것).

1946-4-14 오후

시자 시바난다(Sivananda)가 『띠루 아룰 몰리(Tiru Arul Mozhi』('은총의 말씀')의 말미에서 발견된 타밀어 「시바 사하스라나마(Siva Sahasranama)」('시바의 1천 명호')를 낭독하고 있었다. 내가 오후 3시경 회당에 들어갔을 때 **바가반**은 시바난다가 낭독을 계속하는 중에 그의 실수를 바로잡아 주려고 애쓰고 계셨다. 그래서 내 방으로 달려가 내가 보던 같은 책을 가져다 **바가반**께 드렸다. 그러면 당신이 시바난다의 낭독을 더 쉽게 따라가며 고쳐주실 수 있을 터였다. 그러나 **바가반**은 "아닙니다. 그를 고쳐주기는 불가능해요. 실수를 너무 많이 하니까." 하셨다. 그래서 내가 시바난다를 도와주겠다고 자청했지만 낭독은 한동안 계속되었다. 나는 그것이 낭독되는 과정에서 시들이 '씨르(sīr)'[작시법상의 각운]에 따라, 그리고 각 연의 종류별로 그것이 읽혀야 하는 적합한 방식으로 낭독되지 않거나 실수가 있으면, **바가반**이 얼마나 거슬려 하시는지 알았다. 얼마 후 시바난다 스스로 읽기를 그만두어야겠다고 생각하고 그만두었다.

나감마가 텔루구어 저널 「바라띠」를 반납했는데, **바가반**은 나에게 그 저널에 나온 찐따 딕쉬뚤루의 「실제로 당신은 누구십니까?(Asal Neevu Evaru)」라는 시를 읽어보았는지 물으셨다. 나는 "예"라고 대답했다. **바가반**은 그 영역본이 유용할지 모른다고 말씀하셨다. 나는 마우니가 그것을 이미 영어로 번역했다고 알고 있었다. 왜냐하면 발라람이 회당에서 '아살(Asal)'을 '실제로'로 번역했고 나중에 마우니가 그것을 '무엇보다도'로 번역했는데, 내가 후자를 선호했던 것을 기억했기 때문이다. 그래서 마우니에게 달려가 영역본을 하나 만들지 않았느냐고 물었더니 그는 그 글의 제목만 번역했다고 했다. 그래서 내가 **바가반**께 직접 그것을 번역해 보겠다고 말씀드렸다. 한편 우리는 비스와나타에게 숩바 라오의 도움을 받아 그것을 타밀어로 번역해 달라고 부탁했다.

1946-4-15 오전

아침 8시경에 나감마가 회당을 몇 바퀴 돌고 나서 회당에 들어와 바가반 앞에 엎드려 절을 했다. 바가반이 말씀하셨다. "아! 자네도 돌기 시작했군. 라바남마(Ravanamma)한테서 배웠나? 그녀가 그렇게 계속 돌다가 일전에 내가 이야기하자 그만두었는데. 누가 그렇게 돌면 여기 오는 사람들이 다들 '여기서는 저렇게 도는 것이 법식인가보다' 생각하고 돌기 시작하겠지. 그래서 모든 사람이 돌게 되지. 어쨌거나 올바른 오른돌이(pradakshina)는 진아를 도는 것이고, 더 정확히는 우리가 바로 진아라는 것, 우리의 내면에서 무수한 천체들이 마치 저 『리부 기타(Ribhu Gita)』의 시구에서 말하는 것처럼 빙빙 돈다는 것을 깨닫는 것이지."

『리부 기타』[제3장, 39절]의 그 시구는 다음과 같다.[92]

> *pūraṇavā nanthānmā vagamen ṟeṇṇal*
> *pugazhpudpāñ saliyāgu manantha kōdi*
> *kāriyamām piramāṇda menni datthē*
> *kaṟpithamāys suzhalumenan thiyānan thānē*
> *nērathuvāy valamvaralā menṟu mennai*
> *nikilarumē vanthippār nānep pōthu*
> *māraiyumē vanthikkē nennūn thiyāna*
> *mānmamagā liṅgatthinai vaṇankalāmē.*

이 연의 영어 번역은 다음과 같다.

> '나는 지복에 찬 **진아다**'를 내관하는 것이
> 말과 꽃으로 숭배하는 것이네.
> '내 안에서 무수한 우주가 돌아가고 있다'는
> 생각이 참된 오른돌이 명상 그 자체라네.
> 모든 존재들이 자기에게 절하고

---

[92] T. 여기에 인용된 시구는 『리부 기타』의 타밀어판에서 가져온 것이며, 산스크리트어에서 번역된 영어판과 이 시구를 비교하면 장과 절의 내용이 일치하지 않는다.

자기는 누구에게도 절하지 않음을
아는 이, 그는 **마하링가**(Mahalinga)인
진아 앞에서 절한다네.

"어떤 사람들은 절(*namaskarams*)을 몇 번이고 계속 합니다. 예를 들어 저 자나끼(Janaki)로 말하면, 절을 하면서 머리를 수도 없이 계속 바닥에 부딪칩니다. 그녀는 회당도 몇 바퀴나 도는데, 지나치는 창문마다 엎드려서 몇 번씩 절을 합니다. 제가 아무리 말을 해도 그녀는 그런 습관을 버리려 하지 않지요." 여기서 어떤 사람이 끼어들었다. "**바가반**께서는 그녀가 어릴 때부터 그녀가 어떤지 알고 계신 것 같습니다." 바가반은 "예, 그렇지요" 하시고, 말씀을 계속하셨다. "제가 움직이고 있을 때 제 앞에 와서 엎드리는 사람들도 있습니다. 그들은 몇 분간씩 엎드려 있는데, 저는 몸이 약하기 때문에 그들을 위해 서 있을 수 없습니다. 그래서 저는 속으로 '절만 해도 우리는 이익을 얻게 되지. 어쨌거나 참된 절은 '나'라는 느낌('I-sense')을 포기하는 것, 곧 에고를 죽이는 것뿐인데 말이야' 하면서 계속 걸어갑니다."

내가 말했다. "**바가반**께서는 직접 저희에게, 예를 들면 산을 돌러 가라고 조언하시기도 합니다. (저희가) 어떤 사원의 신상을 도는 것에도 **바가반**께서 반대하시지 않는다는 것을 저는 압니다. 여기에는 **바가반**을 도는 것도 사원의 신상이나 이 산을 도는 것만큼이나 좋다는 믿음을 가진 사람들이 있습니다. 어떻게 우리가 그것에 반대할 수 있겠습니까?" 바가반이 말씀하셨다. "저는 그런 것을 해서는 안 된다고 말하지 않습니다. 그러나 최상의 오른돌이는 여러분 자신을 도는 것, 즉 그 시구에서 표현하는 그런 감정(*bhava*)입니다. 다른 오른돌이라고 해서 비난하는 것이 아닙니다. 진인은 진아에 대한 명상이 최상의 숭배라는 것을 알면서도 남들의 이익을 위해, 그리고 그들에 대한 한 모범으로 다른 종류의 숭배에도 동참하겠지요. 사실 그는 다른 모든 방법들을, 그런 길만 따르고 지知에 대해 아무것도 모르는 이들보다 더 정확하게, 더 확고하게 준수할지도 모릅니다. 역시 『리부 기타』에 나오는 이런 시구에서 그것을 이야기하고 있습니다."

> thanthaimuthan maranatthir panthu vinrit
> thalarthanayan riraviyamē thantha zhaitthu
> vanthachcana mazhukinra nīthi yannēn
> vazhankuthanap poruddanri yunmai yanrē
> yanthavitha māsiriyan sīda nukkin
> katthuvitham pugalunkār ruthavitha mōthal;
> mainthavithi laiyamilai yathanār rertha
> maranthenru matthuvitha vadivē yāvāy.

그 요지는 이렇다: "설사 스승이 제자에게 비이원론(advaita)을 가르칠 때 이원론(dvaita)을 이야기한다 하더라도 그것을 그의 진정한 가르침으로 여기면 안 되네. 마치 돈을 받고 곡을 하는 사람의 슬픔을 진짜 슬픔으로 여기면 안 되듯이."

바가반이 위에 발췌한 첫 번째 연을 말씀하셨을 때, 나는 그 책을 가져와 당신이 참조하시게 했다. 바가반은 그것을 손에 놓고 펼치셨는데, 정확히 그 시구가 있는 곳이 펼쳐졌다. 이런 일은 다른 때에도 여러 번 있었다.

오후에 나는 「쁘라붓다 바라따(Prabuddha Bharata)」[93]의 최근호를 읽고 있었다. 거기서 나는 한 제자가 시바난다(Shivananda)—스리 라마크리슈나 빠라마한사의 직제자—에게 이렇게 질문하는 것을 발견했다. "언젠가 빠라마한사께서 '여기에 오는 사람들은 더 이상 태어나지 않을 것이다'라고 말씀하셨다는데, 그렇게 말씀하시는 것을 들으셨습니까? 그것은 무슨 뜻

---

93) T. 라마크리슈나 교단에서 발행하는 저널. 1896년에 창간되었다.

입니까? 그분을 찾아가서 그분을 직접 뵈었고 그분을 숭배한 사람들만 구원되겠습니까, 아니면 그분에 대한 이야기만 듣고 그분을 숭배한 사람들도 구원되겠습니까?" 시바난다는 이렇게 대답했다고 한다. "빠라마한사의 그 말씀은 모든 책에 다 나오는데, 그것은 그 두 부류의 사람들이 다 구원될 거라는 의미라네. 단, 그분께 순복한 사람들만 말일세."

내가 지적했다. "빠라마한사가 한 말은 '여기 온 사람들은 구원을 얻을 것이다'가 전부였습니다. 왜 이 사람들은 '단 그분께 순복한 사람들만'이라는 말을 덧붙입니까? 만일 어떤 사람이 신, 진아 혹은 스승에게 완전히 순복하면 그는 물론 구원됩니다. 그것은 누구나 압니다. 완전한 순복을 할 수 있는 사람에게 삿상(*sat sang*)은 군더더기입니다." 바가반이 말씀하셨다. "빠라마한사가 '여기 오는 사람들'이라고 할 때 그 말은 실제로는 '여기 와서 순복한 사람들'이라는 의미입니다." 내가 말했다. "그런 뜻으로 한 말이었다면 (처음부터) 그렇게 말하지 않았겠습니까? 우리가 완전히 순복할 수 있든 없든, 그분에게 다가가는 것이 구원을 얻는 것과 같은 그런 사람들도 있다고 저는 믿습니다. 성자 삼반다르의 결혼식에 참석하러 간 사람들은 피리 부는 사람과 북치기들을 포함해 모두 구원을 얻지 않았습니까?94) 그 북치기와 피리 부는 사람들은 완전한 순복을 한다는 생각이 없었는데도 말입니다." 바가반은 말씀이 없으셨다. 그런 다음 이렇게 말씀하셨다. "순다라르가 비마나(*vimana*-신들의 탈것)를 타고 천상으로 갈 때 다른 사람들에게도 같이 가자고 권했지만 아무도 나서지 않았다고 하지요. 그러나 뚜까람(Tukaram)95)의 생애담에서는 그가 몸을 가지고 천상으로 갈 때 21명의 사람을 데려갔다고 합니다." 나는 이 마지막 말씀의 전거를 찾아보려고 타밀어판 『박따 비자얌(*Bhakta Vijayam*)』을 가져왔고, 바가반은 뚜까람이 몸을 가지고 천상으로 올라가기 전에 모두에게

---

94) *T.* 이 이야기는 『라마나 마하르쉬와의 대담』, 569쪽 참조.
95) *T.* 17세기 전반 마하라슈트라 지방의 성자. 『아방가(*Abhangas*)』라는 헌가집을 남겼다.

자신과 함께 가자고 권했고, 7일 뒤에 22명의 사람들과 함께 천상으로 갔다는 이야기를 읽으셨다.

이와 관련해 내가 바가반께 말씀드렸다. "그것은 일종의 전설로 전해 내려 왔는데, 저도 바가반께서 언젠가 제자 몇 사람에게 이렇게 말씀하셨다는 것을 들은 적이 있습니다. 즉, '이곳에 있는[바가반과 함께 있는] 사람들은 구원받는 일에 대해 걱정할 필요가 없는 것이, 마치 1등석 승객들은 차장에게 이야기해 두고 침대로 조용히 들어가 잠을 자도 목적지에서 차장이 깨워 줄 테니 내리면 되는 것과 같다'고 말입니다. 바가반께서 언제 어디서 누구에게 그런 취지의 말씀을 하셨는지는 제가 알아내지 못했습니다." 바가반은 아무 대답도 하지 않으셨다. 그러나 내가 보기에는 당신이 그것을 말씀으로나 얼굴 표정으로 부인하지 않으셨다는 사실 자체만으로도, 바가반이 격의 없이 사람들에게 이야기하시던 어느 순간에 (나처럼 게으른 사람에게 큰 희망을 안겨주는) 그런 말씀을 하신 것이 분명하다고 충분히 확신할 수 있다.

1946-4-16

저녁에 빠라야나가 끝난 뒤 무루가나르가 타밀어 책 한 권을 가져와 바가반께 드리면서, 그 저자가 빠다난다(Padananda)를 통해 그 책 두 권을 보내왔다고 말씀드렸다. 그러자 바가반이 무루가나르에게 물으셨다. "빠다난다는 언제 도착했나?" 그가 대답했다. "어젯밤입니다." 어떤 책이냐고 내가 물어보자 무루가나르는 그것이 띠루따니 쩽갈로야 삘라이(Tiruttani Chengalroya Pillai)가 쓴 것인데, 유명한 시인-성자들인 띠루물라르(Tirumoolar)와 아루나기리나타르(Arunagirinathar)를 비교하는 내용이라고 했다. 바가반이 말씀하셨다. "그것은 짤막한 책이니 지금 그대나 비스와나타가 낭독해도 되겠군요." 비스와나타는 바가반 맨 앞줄에 앉아 있었다. 나는 첫째 줄 근처에 서서 뒷줄들을 다 살펴본 뒤 바가반께 "비스와나타가 여기 없습니다" 했다. 그러자 바가반이 나에게 비스와나타를 가리켜 보이고 웃으면서 "아니, 여기 있는데." 하셨다. 내가 말했다. "그러면 그에게 그것을 읽어 달라고 하지요. 저는 안경을 가져오지 않았습니다." 바가반이 말씀하셨다. "그래서 비스와나탄을 못 본 거군요." 그런 다음 비스와나타가 그 소책자를 낭독했고 우리는 모두 그것을 들었다. 어떤 텔루구 방문객이 일어서서 바가반께 그 문건을 텔루구어로 번역하거나 요약해 주시면 좋겠다고 했다. 그러나 그런 번역은 필요하지도 않고 타당하지도 않은 듯했다. 우리 누구에게도, 그 책은 그런 모든 수고를 할 만한 가치가 있다고 여겨지지 않았다.

1946-4-17

바로 어제 오전에 비스와나탄이 바가반께 「실제로 당신은 누구십니까, 라마나 바가반?」의 타밀어 번역본 한 부를 드렸다. 바가반은 어제 오후 나에게 그것을 영어로 번역했는지 물으셨다. 나는 "아니요"라고 할 수밖에 없었다. 그래서 나는 어젯밤 앉아서 시따라마 라오(Sitarama Rao) 씨가 우리를 위해 그것을 영역하여 나에게 맡겨둔 번역본을 수정했다. 그 수정한 초고를 정서해서 오늘 오전 10시 30분에 바가반께 드렸다. 당신이 그것을 정독하시기 시작한 직후 두 번째 우편물이 도착해서, 당신은 그것을 살펴보셔야 했다. 그것을 끝내신 바가반은 11시 5분전이었음에도 불구하고 그 영역본을 다시 집어 들어 11시에 점심식사 종이 울릴 때까지 계속 살펴보셨다.

오후

바가반은 그 영역본을 계속 읽으셨고, 대여섯 군데 고칠 것을 제안하신 뒤에 끝내셨다.

1946-4-18 오후

봄베이의 나나바띠(Nanavati) 씨가 바가반께 여쭈었다. "「아루나찰라 5보송五寶頌(Arunachala Pancharatna)」 제5연에서 '모든 것에서 당신의 형상을' 본다고 하셨는데, 그 형상은 무엇을 가리킵니까?" 바가반이 말씀하셨다. "그 연에서는 그대가 자신의 마음을 완전히 순복시키고 그것을 내면으로 돌려 내면의 진아인 '그대'를 보고, 그런 다음 모든 것에서 '그대' 안의 진아를 보아야 한다고 말합니다. 내면의 진아를 본 뒤에야 모든 것 안에서 진아를 볼 수 있습니다. 그대는 먼저 진아 외에는 아무것도 없고, 자신이 그 진아라는 것을 깨달아야 합니다. 그런 다음에야 일체를 진아의 형상으로 볼 수 있습니다. 그것이 『기타』와 여타 책에서 설하는 '모든 것에서 진아를 보고 진아 안에서 모든 것을 보라'는 말의 의미입니다. 「실재사십송」 제4연에서 가르치는 것도 같은 진리입니다. 만일 그대가 자신은 형상을 가진 어떤 것이고, 그 몸에 의해 한정되어 있으며, 그 몸 안에 있기 때문에 그 눈을 통해서 보아야 한다는 관념을 가지고 있으면, 신과 세계도 그대에게 형상으로 나타날 것입니다. 그대에게 형상이 없다는 것, 그대는 무한하고 그대만이 존재한다는 것, 그대가 눈, 무한한 눈(infinite eye)이라는 것을 깨달으면 그 무한한 눈과 별개로 보여야 할 것이 뭐가 있겠습니까? 그 눈과 별개로는 보여야 할 것이 아무것도 없습니다. 어떤 대상이 보이려면 보는 자가 있어야 하고 공간·시간 등도 있어야 합니다. 그러나 진아만이 존재한다면, 그것은 보는 자이기도 하고 보이는 것이기도 하며, 봄이나 보임을 넘어서 있습니다."

1946-4-19 오전

크리슈나스와미가 7, 8분 동안 안마를 해 드린 뒤 바가반이 말씀하셨다. "자네는 나를 안마했지. 나는 안마를 받는 것 같지도 않은데." 그리고 나를 돌아보며 말씀하셨다. "가끔은 그들이 저를 안마하지 않을 때,

마치 안마를 받고 있는 듯한 느낌이 들기도 합니다. 뭐라고 말하지요?"

쿠달로르의 소마순다람 삘라이(Somasundaram Pillai)가 띠루쭐리·마두라 등지를 방문하고 돌아와 **바가반**께 말씀드리기를, 자신이 마두라에 있던 날이 마침 뿌나르바수 나끄샤뜨라(Punarvasu Nakshatra)96)여서 헌신자들이 라마나 만디람에 모여 헌가(獻歌) 찬송 등을 했는데, 우유와 바다이가 공양물(naivedyam)로 나왔고 나중에 그 의식에 참석한 모든 사람에게 분배되었다고 했다. 그가 막 이 말을 하고 있을 때 산땀마(Santhamma)가 공양물로 올리고 사람들에게 나눠줄 우유를 가지고 회당에 들어왔다. 그녀는 새집에 막 입주한 참이라 그 때문에 공양을 올리려는 것이었다. **바가반**이 (소마순다람에게) 말씀하셨다. "자네가 우유가 공양물로 나왔고 그것을 분배받았다고 말하니까, 여기 같은 목적의 우유가 나타나는군." 소마순다람은 자신이 여행 다녀온 일에 대해 **바가반**께 이야기를 계속했고, **바가반**은 이렇게 물으셨다. "띠루쭐리에서는 자네가 거기 가기 불과 며칠 전이었던 마시 마깜(Masi Makam) 날에, 예전 내 어릴 때처럼 사원의 성수지에 물이 차올랐는지 물어보았나?"97) 소마순다람이 말했다. "아니요. 저는 지금도 그 물이 올라오는 것이 당연하다고 생각하고 전혀 물어보지 않았습니다." 그러자 **바가반**은 사원 성수지의 그 물은 여러 가지 피부병을 치유한다는 평판이 나 있다고 말씀하시고, 이렇게 덧붙이셨다. "그것은 확실합니다. 우리가 어릴 때 그 성수지에서 목욕을 하면 우리의 팔찌들이 모두 검은색으로 변했습니다. 그러면 우리는 집으로 돌아가기 전에 그것을 진흙에 잘 비벼서, 부모님들이 우리를 그 성수지에서 목욕했다고 나무라지 못하게 했지요. 그 물에는 유황 성분이 들어 있습니다."

---

96) T. 나끄샤뜨라(Nakshatra)는 인도 천문학의 '27수(宿)'이다. 뿌나르바수가 그 중 하나이다.
97) T. 띠루쭐리의 부미나떼스와라 사원(Bhuminateswara Temple) 경내에는 사각형의 성수지가 있는데, 이곳은 옛날 남인도 일대가 큰 홍수에 잠겼을 때 **시바**가 삼지창을 땅에 꽂아 물이 빠져나가게 한 곳이라고 한다. 이 성수지의 물은 1년에 한 번씩 특정 시기에 물이 열흘 동안 매일 일정한 높이로 차올랐다가 다음 열흘 동안 같은 속도로 빠지는 특이한 현상이 매년 계속된다고 하며, **바가반**도 어릴 때 이 현상을 목격하곤 했다.

1946-4-20 오후

한 무슬림 방문객이 몇 가지 질문을 하여 다음과 같은 답변을 얻었다.

질문: 이 몸뚱이는 죽습니다. 그러나 다른 불멸의 몸이 있습니다. 그것이 무엇입니까?

답변: '불멸의 몸'이란 용어상의 모순입니다. 사리람(sariram-몸)이란 용어는 사멸하게 될 것을 뜻합니다. 물론 불멸하는 어떤 것, 몸이 죽은 뒤에도 존재하는 어떤 것은 있지요.

질문: 하느님의 빛은 눈 안에 거주하고 있다고 합니다.

답변: 눈은(눈 자체는) 보지 않습니다. 눈에 빛(시력)을 주는 것은 **실재**입니다. 우리가 그것을 하느님의 빛이라 하든 뭐라 하든 간에 말입니다.

질문: 하느님이 이 모든 것을 창조했습니다. 그렇지 않습니까? 무엇이 먼저 창조되었습니까? 빛이나 소리가 먼저 창조되었다고 합니다.

답변: 창조되었다고 그대가 말하는 이 모든 것은 그대가 그것들을 존재한다고 말하기 이전에 그대에게 보여야 합니다. 보는 자가 있어야 합니다. 그 보는 자가 누구인지를 그대가 알아내면 창조에 대해 알게 되고, 어느 것이 먼저 창조되었는지도 알게 될 것입니다. 물론 신으로부터 무엇이 먼저 생겨났는지에 대해서는 다양한 이론들이 나와 있지요. 과학자들을 포함하여 대다수 사람들은 모든 것이 빛과 소리에서 나왔다는 데 동의합니다.

질문: 창조된 어떤 것도, 예를 들어 이 나무토막도 우리가 신으로 부를 수 있습니까? 그렇게 말하면 아주 잘못이라고 합니다.

답변: 이 나무토막만 하더라도 그것이 신과 별개로 존재합니까? 우리가 신을 어느 시간이나 공간에 한정할 수 있습니까? 그는 도처에 있고 일체의 안에 있는데도? 우리는 그 무엇도 신과 별개로 보아서는 안 됩니다. (우리가 말할 수 있는 것은) 그것이 전부지요.

1946-4-22 오후

나감마가 **바가반께**, 나가나리야(Naganariya)가 최근에 텔루구어로 지은 시詩인 '스깐다스라마 산따르사남(Skandasrama Santarsanam)'과 '구하 냐니(Ghooha jnani-'동굴의 진인')가 아직 회당에서 낭독되지 않았는데, (벤까뚜의) 고모(Athai)[즉, 바가반의 누이동생] 등이 그 시들을 듣고 싶어 한다고 말씀드리고, **바가반**의 허락을 구한 뒤에 그것을 낭독했다.

나중에 뿌두꼬따(Pudukkotah)에 있는 마하라자 대학의 산스크리트 빤디뜨인 라자고빨라 사르마(Rajagopala Sarma) 씨가 와서 우리의 락슈마나 사르마가 자기를 잘 안다면서 **바가반께** 자신을 소개한 뒤, 자신은 **바가반**의 이야기를 자주 들었지만 이제야 처음으로 찾아뵙는 특권을 얻게 되었다고 말했다. 그런 다음 자신이 **바가반**을 찬양하여 지은 (산스크리트어) 시 세 수(slokas)를 낭독하고 그것을 타밀어로 우리에게 설명까지 해 주었다. 그 시에서 이 빤디뜨는 **바가반**을 달에 비유하지만, 어느 면에서 **바가반**이 더 우월하다고 본다. 그 시들의 요지는 이러하다.

"달처럼 당신께서는 모두에게 서늘함과 상쾌함을 안겨주십니다. 당신과 달 사이에 차이가 있다면, 당신께서 더 나으신 쪽입니다. 달은 이별한 연인들에게 슬픔을 안겨주지만, 당신께서는 예외 없이 모두에게 당신의 자애로운 은총으로 즐거움을 주십니다. 달에는 어두운 보름의 기간이 있지만, 당신께서는 늘 빛나고 계십니다."

"달에서 흘러내리는 감로를 먹고 사는 짜꼬라 새(chakora bird)는 달을 열심히 기다립니다. 그와 같이 여기 모인 모든 헌신자들도 열심히 기다리다가 당신의 친존과 말씀이라는 감로에 이익을 얻습니다."

"꾸발라야(kuvalaya) 꽃은 달이 뜰 때 피어납니다. 온 세상(kuvalaya)의 심장, 곧 모든 사람들의 심장은 당신을 봄으로써 피어납니다."

"달빛은 세상의 사물들을 감추는 밤의 어둠을 흩어버립니다. 당신의 빛은 우리에게서 **실재**를 감추는 무지(ajnana)의 어둠을 쫓아버립니다."

"시바는 그의 머리 정수리에 달을 두르고 있습니다. 모든 창조계, 곧 브라마는 그의 머리에 당신을 이고 있습니다."

"달은 은하수에서 태어났고, 당신은 베단타의 바다에서 태어나십니다."

1946-4-24 오후

찐따 딕쉬뚤루의 「라마나 고빨란(Ramana Gopalan)」이 처음 여기 왔을 때, D.S. 사스뜨리가 우리에게 그 글의 영역본 하나를 보내왔다. 바가반 앞에서 그것이 낭독되었는데, 그때 우리는 몇 군데 수정이 필요하다고 생각했다. 마우니가 수정을 위해 그 번역물을 가져갔다. 그러나 그것이 그에게서 오래 잠자고 있는 듯했다. 그래서 나감마가 3, 4일 전에 그 번역물을 도로 가져와 나에게 주며 수정을 부탁했다. 바가반은 오늘 오후에 내가 그 작업을 끝냈는지 물으셨다. 내가 대답했다. "어제 저녁에야 나감마에게 그 텔루구어를 (타밀어로 번역해) 읽어달라고 하여 오늘 아침에 수정 번역문을 쓰기 시작했습니다. 저는 '타가, 타가(thaga, thaga)'라는 말이 나오는 문장에 이르렀을 때 우리 비스와나트가 그것을 타밀어로 어떻게 옮겼는지 알고 싶었습니다. 오전 11시에야 그 타밀어 번역문을 얻었습니다. 작업을 계속하고 있고, 곧 끝낼 겁니다." 그런 다음 우리는 원문에 나오는 뭇떼(mutte), 타가 타가(thaga thaga), 엡빠띠끼 압뿌두(eppatiki appudu) 등의 단어에 대해 논의했다. 나는 그 수정을 끝내고 그것을 바가반께 드렸다. 당신은 나에게 그것을 다른 번역본과 함께 간직해 두라고 하셨다. 나는 그것을 나감마에게 주면서 훗날 찾아볼 수 있게 모두 한데 철해 달라고 했다. 나감마는 바가반께 뿌두꼬따 빤디뜨의 산스크리트 시 3수를 주시면 그것을 찬가 공책에 적어놓겠다고 했다. 우리는 비스와나트가 이미 그것을 필사해 둔 것을 발견했다. 바가반은 그 공책을 집어 들어 읽어 주셨다. 나는 이 기회를 이용해 이 일기에 적어둔 그 시들 중 첫 수의 요지를 읽고, 바가반께 그것이 그런대로 정확하다고 생각하시는지 여쭈었다. **바가반**은 이런 칭찬의 말씀을 하셨다. "어떻게 그것을 다 외어서 당신 공책에 적어 두었지요?" 내가 그것을 적을 때는 '달은 은하수에서 태어났지만 **바가반**은 베단타의 바다에서 태어났다'는 것을 빠뜨렸는데, 다시 읽으면서 그것도 추가했다.

23일 저녁 내가 텔루구어 「라마나 고빨란」을 읽어 달라 하려고 나감마의 집을 방문했을 때, 대화 도중 그녀가 말했다. "당신께서는 책을 한 권 한 권 채우고 또 채우시지만 제가 쓴 것은 얼마 안 됩니다"(이 말은 **바가반**이 하신 말씀 중 중요한 것들을 마드라스에 있는 자기 오라버니에게 정기적으로 편지로 써서 보내면서 사본들을 자신이 보관하는 것을 가리킨다.) 이때 나는 **바가반**께 이렇게 말씀드렸다. "나감마는 제가 온갖 잡동사니를 다 기록하여 책을 한 권 한 권 채우고 또 채운다고 합니다. 그러면서 자기는 중요한 사건이나 말씀들만 기록할 거라는군요."

나는 이 말을 다소 농담조로 했다. 가여운 나감마가 자기 심정을 토로했다. "**바가반**의 친존에서까지 그런 거짓말을 하실 수 있습니까?" 나는 웃으면서 말했다. "꼭 거짓말도 아니지."

저녁

낮 동안 내내 도감都監은 모든 헌신자들을 청해서, **바가반**의 동상 제작을 맡은 마드라스의 조각가가 여기서 준비한 **바가반**의 점토 모형을 살펴보게 했다. 빠라야나가 끝난 뒤, 은퇴한 그림 선생 나라야나스와미 아이어(Narayanaswami Iyer) 씨가 **바가반**께 가서 그 모형이 만족스럽지 않다는 의견을 피력했다. 그는 **바가반**의 의견을 듣고 싶어 했다. **바가반**은 이렇게만 말씀하셨다. "저에게 묻지 마십시오. 우리가 어떻게 자기 얼굴을 알수 있습니까? 이 점토 모형을 제가 어떻게 판단할 수 있습니까?" 딱한 나라야나스와미 아이어는 실망했다. 얼마 후 **바가반**이 이렇게 덧붙이셨다. "각자 저마다 의견이 다릅니다. 랑가스와미(Rangaswami)는 코가 너무 크다고 하는데, 조각가는 실제로 재어 보고 정확하다고 합니다. 그러나 랑가스와미는 코가 너무 크게 보인다는 겁니다. 우리가 어떻게 합니까? 누군가가 있을 수 있는 가장 정확한 모사품을 만든다고 합시다. 그런 경우라 해도 그 결과물을 보는 모든 사람이 이구동성으로 똑같은 판정을 내릴지는 의문입니다."

우리가 **바가반**과 함께 모두 저녁식사를 시작했을 때 나라야나스와미 아이어가 다시 와서, 바가반께서 의견을 말씀하셔서 헌신자들을 기쁘게 해 주셔야 한다고 간청했다. 자신이 큰 거울 두 개를 가져올 테니 바가반께서 두 거울 사이에 서서 먼저 당신 자신의 얼굴을 보신 다음 그 점토 모형을 판단하고 솔직한 의견을 말씀해 주시라는 것이었다. 바가반은 그런 어떤 일도 하지 않겠다고 단호히 거절하셨다.

1946-4-25 오전

바가반은 오전 7시 30분경에 산책을 마치고 돌아와 회당에 들어가시자 이렇게 말씀하셨다. "제가 아스라맘 경내로 들어오려고 계단을 올라오다가 'T.N. 크리슈나무르티 박사가 도착하지 않는 것은 어떻게 된 거지? 아침 기차로 왔다면 지금쯤 도착했어야 하는데'라고 말했지요. 그런데 입을 다물기도 전에 T.N. 크리슈나무르티가 제 앞에 있는 겁니다. 그가 여기 와 있어서 제가 그에 대해 생각했나 싶었지요. 그를 생각하자 그가 제 앞에 있으니 말입니다." 그런 다음 바가반은 T.N. 크리슈나무르티에게 말씀하셨다. "지금 이처럼 달려오는 것은 자네에게 크게 불편한 일이었을 것이 분명해. 이 사람들은 내 말을 들으려고 하지 않았네. 그들이 자네에게 전보를 친 거지. 도편수(*sthapati*)에게도 전보를 쳤는데, 그는 지금 올 수 없다고 답했다네. 그들이 이제 그를 데려올 사람을 하나 보냈어. 도편수가 결국 오게 될지 모르겠군. 이런 일은 정말 다 불필요해. 그래도 그들이 내 말을 귀담아 듣지 않아."

며칠 전에 「실제로 당신은 누구십니까?」에 나오는 '다끄쉬나 빠르삼(dakshina parsam)'이란 말의 의미에 대해 논의하고 있을 때, **바가반**이 마드라스 박물관에 있는 **다끄쉬나무르띠**의 상像이 머리를 오른쪽으로 돌려 그곳의 **심장중심**(heart-center)을 바라보고 있는지 알고 싶어 하셨다. 그때 **바가반**이 말씀하셨다. "우리가 T.N. 크리슈나무르티 박사에게 편지를 쓰면 그가 즉시 그 상像의 사진을 찍어 보내줄 텐데." 오늘 오전에 T.N. 크리슈나무르티 박사가 회당을 떠난 직후, 나감마가 회당에서 **바가반**께 그것을 상기시켜 드렸다. 그래서 그 직후 내가 T.N. 크리슈나무르티 박사를 데리고 회당에 다시 들어가자, **바가반**이 그에게 박물관에 있는 다끄쉬나무르띠 상像이나 상像들의 사진을 찍어서 보내달라고 하셨다. **바가반**은 또 박물관 당국이 반대하지 않겠느냐고 물으셨다. T.N. 크리슈나무르티 박사는 그들이 그러지 않을 거라면서, 어쩌면 그들이 이미 사진들을 가지고 있을지 모른다고 대답했다. **바가반**은 또한 당신이 참조할 수 있게, 위 글에서 **다끄쉬나무르띠** 상像을 묘사하는 문장을 가지고 싶다고 하셨다. 그래서 내가 그 발췌본을 타밀어 번역문과 함께 당신께 드렸다.

한 방문객이 **바가반**께 질문했다. "제가 아무 생각 없이 있어 보려고 하면 어느 결에 잠이 듭니다. 이것을 어떻게 해야 합니까?"

바가반: 일단 잠이 들면 그 상태에서는 아무것도 할 수 없지요. 그러나 깨어 있는 동안은 모든 생각을 멀리하도록 노력하십시오. 왜 잠에 대해 생각합니까? 그것조차도 하나의 생각입니다. 그렇지 않습니까? 깨어 있는 동안 어떤 생각도 없이 있을 수 있으면 그걸로 충분합니다. 그대가 어느 결에 잠이 들면 잠들기 전에 있던 그 상태가 (잠 속에서도) 계속될 것이고, 다시 깨어나면 그대가 잠에 떨어졌을 때 멈춘 지점에서 이어서 계속하게 될 것입니다. 생각과 활동이 있는 한 잠도 있겠지요. 생각과 잠은 같은 하나인 것의 상대물들입니다.

바가반은 『기타』를 인용하면서 이렇게 말씀하셨다. "잠을 너무 많이 자도 안 되고 아예 자지 않아도 안 되며, 적당히 자야 합니다. 잠을 너무 많이 자지 않으려면 아무 생각이나 마음 활동(chalana)이 없도록 노력해야 하고, 순수성 음식(sattvic food)을 그것도 적당량만 먹어야 하며, 너무 많은 신체적 활동에 몰두하지 말아야 합니다. 생각과 활동과 음식을 제어하면 할수록 우리가 잠을 더 제어할 수 있게 될 것입니다. 그러나 『기타』에서 설명하듯이, 이 길의 수행자들(sadhaks)에게는 적당함이 준칙이 되어야 합니다. 여러 책에서 설명하기로, 모든 수행자들에게는 잠이 첫 번째 장애입니다. 두 번째 장애는 대상(vikshepa), 곧 우리의 주의를 딴 데로 가게 하는 세상의 감각대상들이라고 합니다. 세 번째는 습염習染(kashaya),[98] 즉 과거에 감각대상들을 경험한 것에 대한 마음 속의 생각이라고 합니다. 네 번째로 지복(ananda)도 장애물로 불리는데, 왜냐하면 그 상태에서는 그 향유자가 '나는 지복을 즐기고 있다'고 생각할 수 있게 해주는, 지복의 근원과 (자신이) 분리되어 있다는 느낌이 존재하기 때문입니다. 이것마저 극복해야 정관靜觀(samadhana) 혹은 삼매(samadhi)라는 최종 단계에 도달하는데, 거기서는 우리가 지복이 되어, 즉 실재와 하나가 되어 향유자와 향유의 이원성이 존재-의식-지복(sat-chit-ananda)—곧, 진아—의 바다 안에서 사라입니다.

1946-4-26 오전

바가반이 나에게 아스라맘이 어제 받은 콜롬보 라마짠드라의 편지를 보았느냐고 물으셨다. 나는 "아니요"라고 했다. 그러자 당신이 나에게 말씀하셨다. "라마짠드라가 구나라뜨나(Gunaratna)의 편지를 동봉했는데, 그의 말로는 싱할어(스리랑카의 언어)로 어떤 성자의 생애담이 저술된 것은 이번이 처음이라고 합니다. 만약 그들이 이곳의 50주년(Jubilee) 행사에 맞춰 그 책을 내려고 한다면 책 내용을 대폭 줄여야 할 것 같군요. 그들

---

98) T. 과거의 경험들이 남긴 미세한 오염이나 집착이 기억의 형태로 올라오는 것을 말한다.

이 어떻게 할지 모르겠습니다. 라마짠드라가 여기서 쓴 '8연시'도 출판에 넘겨졌는데, 하루 이틀 안에 그가 인쇄본을 받게 될 겁니다."

내가 **바가반**께 말씀드렸다. "예. 라마짠드라는 여기 있을 때부터 그 시를 다섯 연만 짓고도 그것을 인쇄소에 보냈습니다. 그는 **바가반** 사진을 첫 페이지에 넣은 폴더 형태로 그 책을 만들고 싶어 했지만, 단지 그때는 **바가반**께 그 이야기를 하지 말아 달라고 저에게 부탁했습니다."

한편 소마순다람 삘라이 씨는 라마짠드라의 편지에 이렇게 쓰여 있다고 했다. 즉, 라마크리슈나 교단에서 우리가 띠루쭐리의 집에 대해서 한 일(바가반의 생가를 매입한 것)을 알게 된 후 자신들도 **빠라마한사**(라마크리슈나)가 태어난 집을 확보하여 그곳을 순례와 예배의 장소로 만들려는 조치를 하고 있다는 것이었다.

바가반이 말씀하셨다. "띠루쭐리의 바따르(*bhattar*)99)는 라마짠드라가 여기서 콜롬보로 돌아가는 길에 띠루쭐리에 들러 줄 것을 기대하고 있었을지 몰라. 라마짠드라가 돌아갔다는 것을 그가 알고 있나?"

소마순다람 삘라이: 라마짠드라에 대한 모든 것과, 제가 그를 다누쉬꼬디(Dhanushkodi)까지 어떻게 모셔갔는지 그(바따르)에게 말해 주었습니다.

바가반: 그 바따르는 성자 마니까바짜가르(Manikkavachagar)를 기념하여 바다뿌리(Vadapuri)100)에서 열리는 몇 가지 특별 행사에 참석해 달라고 초청 받은 것 같더군.

그때 우리는 **바가반**이 마두라에서 (동쪽으로) 불과 20킬로미터 쯤 떨어진 데 있다고 말씀하신 바다부르(Vadavoor)에 대해서, 그리고 뻬룬두라이(Perundurai)에 대해서 이야기하기 시작했다. 연구하는 학자들 사이에서는 『띠루바짜감』에 나오는 뻬룬두라이가, 성자 마니까바짜가르가 지었다고

---

99) *T. bhattar*는 사원에서 정기적으로 예공(puja) 올리는 일을 맡은 직업 승려이다. 띠루쭐리의 **바가반** 생가에는 바로 앞에 있는 **부미나떼스와라** 사원의 승려 가족이 오래 거주했다.
100) *T. Vadapuri*는 여기서 마니까바짜가르의 출생지인 바다부르, 곧 현재의 띠루바따부르(Thiruvathavur)를 가리킨다.

전해지는 한 사원이 있는 아부다야르꼬일(Avudayarkoil)인지, 아니면 그보다 훨씬 서쪽의 어떤 곳인지에 대해 많은 논란이 있다. **바가반**이 말씀하셨다. "지지하거나 반대하는 온갖 설들이 제기되는데, 독창적인 주장도 있고 터무니없는 것도 있지요."

나중에 마우니는 오로빈도 아쉬람의 딜립 꾸마르 로이가 먼젓번에 여기 있을 때 이곳에 남겨두고 간 시들과 채드윅 씨가 **바가반**을 "당신은 저를 놓아주지 않으시겠지요"라고 한 시를 참조해 보고 싶어 했다. 내가 문서철을 뒤져 보니 딜립 꾸마르 로이의 시들만 찾을 수 있었다. 그런 다음 나는 채드윅 씨에게서 그의 시들이 수록된 사본 하나를 얻었는데, 우리가 보니 그 시들은 1941년에 지은 것이었다. 나는 로이의 시와 채드윅의 시를 마우니에게 주었다.

저녁

빠라야나가 끝나고 원숭이들이 평소에 그날의 작별 선물인 과일을 받고 있을 때, **바가반**은 오래 전 스깐다스라맘에서 겪으신 일들을 다시 들려주면서 당신이 총애하던 논디빠이얀(Nondipaiyan)[절름발이]이 당신을 두 번 다치게 한 일을 말씀하셨다. 원숭이들에게 음식을 준 뒤에 바나나 하나가 남았다. **바가반**은 거기 있던 네 마리를 가리키며 "그걸 이 아이들에게 주지" 하시고, "얘들은 꼬리 없는 원숭이들이야" 하고 덧붙이셨다.

1946-4-27 오전

드와라까(Dwaraka)에 있는 한 사원의 승려가 오로빈도의 아쉬람을 떠나 돌아가다가 **바가반**을 방문하고 당신께 산스크리트어로 질문했다. "저는 **스리 크리슈나**의 직접체험(sakshatkara)을 갖고 싶습니다. 그것을 얻으려면 어떻게 해야 합니까?" 이 질문은 **바가반**이 쉬로프 중위가 써서 그의 부인이 가져온 상당히 긴 편지를 읽고 계실 때 나왔다. 그 편지는 이런 감정으로 끝났다. "당신께서 원하시는 대로 저에게 해 주십시오. 저에게 건강이든 병이든, 부富든 가난이든 뭐든 주십시오." 바가반은 그 승려의 질문과 관련하여 (우리에게) 이렇게 말씀하셨다. "저는 그의(승려의) 믿음을 동요시키고 싶지 않았고, 그에게 '그것을 그냥 스리 크리슈나에게 맡기십시오'라고 말하고 싶었지요. 크리슈나에 대한 그의 직접체험까지도 말입니다. 그리고 쉬로프의 이 편지도 같은 내용을 담고 있습니다."

이 말씀을 하고 나서 바가반이 덧붙이셨다. "그대는 스리 크리슈나가 뭐라고 생각하며, 직접체험이란 무슨 뜻으로 한 말입니까?" 여기에 대해 승려가 대답했다. "제가 말씀드린 것은 브린다반(Brindavan)에 사셨던 스리 크리슈나이고, 저는 고삐들(Gopis-크리슈나를 사랑한 목녀牧女들)이 그분을 보았듯이 그분을 보고 싶습니다."

바가반이 답변하셨다. "보세요, 그대는 그가 한 인간 혹은 하나의 인간 형상을 가진 존재이고, 아무개의 아들이라는 식으로 생각하는 반면, 신 자신은 '나는 모든 존재들의 심장 안에 있다. 나는 모든 생명 형태의 처음이고 중간이며 끝이다'라고 말했습니다. 그는 모두의 내면에 있듯이 그대의 내면에 있는 것이 분명합니다. 그는 그대의 진아(Atman), 혹은 그 진아의 자아(atman)입니다. 따라서 만약 그대가 이 실체를 보거나 그것의 직접체험을 갖게 되면, 크리슈나의 직접체험을 갖게 될 것입니다. 진아의 **직접체험**(Atma Sakshatkara)과 크리슈나의 직접체험은 다를 수 없습니다. 그렇지만 그대 자신의 길을 가려면 크리슈나에게 완전히 순복하고, 그대가 원하는 직접체험을 그가 하사하는 일은 그에게 맡겨두십시오."

1946-4-29 오후

나나바띠(Nanavati) 씨가 바가반께 질문했다. "「가르침의 핵심(*Upadesa Saram*)」 가운데 '심장 안에 안주하는 것이 최상의 행위요, 요가요, 헌신이자 지知라네'(제10연)라고 하는 시구에서 말하는 심장이 무엇입니까?

바가반: 모든 것의 근원인 것, 그 안에 모든 것이 살고 있는 것, 그 속으로 모든 것이 최종적으로 합일되는 것이 거기서 말하는 심장입니다.

나나바띠: 그러한 심장을 우리가 어떻게 생각할 수 있습니까?

바가반: 왜 무엇을 생각해야 합니까? 그 '나'가 어디서 솟아나는지만 보면 됩니다.

나나바띠: 제가 생각하기에 말의 침묵(*mauna*)만으로는 소용이 없습니다. 우리는 마음의 침묵을 가져야 합니다.

바가반: 물론이지요. 만일 우리가 진정한 **침묵**, 즉 마음이 그 근원에 합일되고 더 이상 별개의 존재성을 갖지 않는 그 상태를 가지고 있으면, 다른 모든 종류의 침묵―말의 침묵, 행위의 침묵, 마음(*chitta*)의 침묵―이 저절로 찾아올 것입니다.

바가반은 이와 관련하여 따유마나바르의 다음 시구도 인용하셨다.

chittha mavunañ seyalvāk kelāmavunañ
suttha mavunamenpāl thōnriṛ parāparamē.[101]

만일 순수한 침묵을 얻으면 마음과 행위와 말의 침묵을 얻게 되리.

바가반이 덧붙이셨다. "그런 침묵은 무無활동이 아니라 대단한 활동입니다. 그것은 가장 강력한 언어입니다."

라마숩바 아이어(Ramasubba Iyer) 씨가 아스라맘의 장서에서 책 한 권을 꺼내고 있었다. 바가반은 그에게 무슨 책이냐고 물으셨다. 그는 '작시법(*yāppiyal*)'을 배우고 싶어서 『난눌(*Nannool*)』(타밀 작시법 교본) 책 한 권을 꺼낸다고 말했다. 이에 바가반은 『난눌』은 작시법을 간략히 다루고 있을 뿐이니 『얍삘락까남(*Yāppilakkanam*)』이나 『아니일락까남(*Aniyilakkanam*)』이라고 하는 작시법을 다루는 다른 책을 꺼내라고 조언하셨다. 그런 다음

---

[101] *T.* 따유마나바르, *Parāparakanni*, v.276. 더 충실한 번역: "순수한 침묵이 일어나면 제 마음이 침묵하고, 행위와 말과 일체가 침묵할 것입니다, 지고자들 중 지고자시여!"

바가반은 다양한 운율에 대해 담론을 펼치셨고, 타밀시 작시법과, 타밀시에 어떻게 엘루뚜(*ezhuthu*)·아사이(*asai*)·씨르(*sīr*)·딸라이(*thalai*)·아디(*adi*)·또다이(*thodai*)의 여섯 부문102)이 있는지에 대해 우리에게 말씀해 주셨다. 이어서 당신은 이렇게 말씀하셨다. "벤바(*Venba*)는 짓기가 아주 어려운데, 까비야깐타 자신이 언젠가 저에게 인정할 수밖에 없었듯이 산스크리트의 아리야 브릿땀(*arya vrittams*)103)보다도 어렵습니다. 빤디뜨들도 벤바를 '호랑이'로 묘사합니다. 그것은 위대한 시인들조차 압도합니다. 물론 이 모든 것은 사람 마음의 평안을 망쳐놓을 뿐이지요. 온갖 문학적 체조를 한답시고 대단한 노력을 쏟을 때, 그 결과는 마음의 평안을 잃는 것 외에 무엇입니까? 때로는 (씨르의) 4행 중에서 첫 번째 씨르는 같은 단어나 단어들인 것처럼 보일 것입니다. 그러나 솜씨가 뛰어나면 그 단어들이 행마다 달리 분화되어 그 의미가 달라진다는 것을 알 것입니다." 여기서 대화는 사람들이 어떻게 마음을 훈련하여 '백분심百分心(*satavadhana*)' [동시에 백 가지 일에 주의를 기울이는 것]과 같은 놀라운 일을 성취할 수 있는가 하는 데로 옮겨갔다. 바가반은 나야나[까비야깐타 가나빠띠 무니]가 바가반의 친존에서 어떻게 백분심을 발휘하곤 했는지, 그것이 얼마나 실제로 경이로웠는지 말씀하시고, 나야나가 어떻게 자신이 보여주는 것은 자기가 계발한 기억과 마음의 힘 중에서 천 분의 일일 뿐이라고 말하곤 했는지, 그리고 한번은 그가 「우마 사하스람(*Uma Sahasram*)」104) 중의 300연을 하룻밤의 8시에서 12시 사이에 지을 때 어떻게 여러 명의 필사에게 동시에 여러 장章을 불러주었는지 묘사하셨다.

---

102) T. '엘루뚜'는 모음이나 자음의 단음(phone), '아싸이'는 운율 요소(metreme), '씨르'는 운율(metrical foot), '딸라이'는 씨르들의 연결 방식(linkage), '아띠'는 시르와 딸라이들이 포함된 운율 행(metrical line), '또다이'는 장식법(ornamentation)이다.

103) T. 음절 수가 아닌 음량(*matra*)에 따라 운율이 결정되어 정확한 음량 계산이 필요한 어려운 산스크리트어 운율. 철학적 저작에 주로 사용되며, 나가르주나의 『중론』이 이 운율로 지어졌다.

104) T. 가나빠띠 무니가 지은 여신(빠르바띠)에 대한 찬가. 800연으로 되어 있으며, 그 중의 300연은 그가 바가반의 시선 하에서 바가반의 영감을 받아 지었다고 알려져 있다.

1946-5-2 오전

한 방문객이 질문했다. "저는 순례를 다니면서 여러 사원을 방문하고 여러 신상을 숭배하고 있습니다. 신의 참된 형상은 정확히 무엇입니까?"

바가반: 우리가 알아야 할 것은, 이 모든 형상들 안에 있지만 이 형상들이 아닌 하나의 실체가 있다는 것뿐입니다. 우리는 다수 속에서 **일자** 一者(하나)를 봅니다. 우리는 다수로서의 **일자** 一者를 보고, 형상들 안에서 **무無형상**(the Formless)을 봅니다.

오후에 T. P. 라마짠드라 아이야르가 바가반께 산 위의 어디에 '유랑 은자隱者의 샘(ūrnthu kudissān sunai)'이 있는지 여쭈었다. 바가반은 그 위치를 묘사하시고, 그것은 어느 나무꾼이 당신에게 처음 보여주었다고 말씀하셨다. 바가반이 이어서 말씀하셨다. "당시에는 혼자서만 다녔지요. 용변을 보기 위해 이리저리 다니곤 했는데, 물을 가지고 다니지 않고 어디든지 물이 있을 만한 곳으로 갔습니다. 제가 자주 이야기한 그 반얀나무를 만난 것도 어느 날 아침의 그런 때였습니다."

"제가 어느 산 개울의 바닥을 걷고 있을 때, 큰 잎들이 달린 큰 반얀나무 한 그루가 바위 위에 있는 것을 보았습니다. 저는 개울을 가로질러 건너편 언덕으로 가서 거기서 이 큰 나무를 보고 싶었지요. 건너편 둑 쪽으로 가는 도중 우연히 왼발을 덤불 근처에 디뎠는데, 말벌들이 왼다리 주위에 무릎까지 몰려들어 계속 쏘아댔습니다. 오른다리는 전혀 건드리지 않았습니다. 한동안 왼다리를 그 자리에 그대로 두었지요. 말벌들이 그들의 영역을 침범한 그 다리에 온전한 벌을 가할 수 있게 말입니다. 얼마 후 말벌들이 물러가자 저는 계속 걸었습니다. 그 다리는 아주 많이 부었고, 저는 힘겹게 걸어서 오후 2시경에 '일곱 샘(Ezhu Sunai)'에 도착했습니다. 당시 그곳에서 야영을 하던 자다스와미가 저에게 막설탕을 섞은 버터밀크를 좀 주었는데, 그가 음식이라고 내놓을 수 있는 것은 그것이 전부였지요. 이것이 실제 일어난 상황입니다. 그러나 나중에 사람들은, **뿌라나**(*purana*)에서 이 산의 북쪽 봉우리에 있다고 하면서 **아루나찰라**(아루나찰레스와라인 시바)가 한 분의 **싯다**(*siddha*)로서 그곳에 거주하고 있다고 묘사한 그 반얀나무를 제가 일부러 찾아 나서서 발견했다고 제멋대로 글을 썼습니다. 저는 결코 그런 생각을 한 적이 없습니다. 유별난 반얀나무 한 그루가 거대하고 가파른 바위 위에 있는 것을 처음 보았을 때 호기심에서 그것을 한 번 보고 싶었던 것입니다. 그러는 사이 말벌들이 저를 쏘았고, 저는 그 나무에 대해서는 모두 잊어버렸습니다."

오후에 한 유럽인이 회당에 들어와서 구석에 앉아 있다가 몇 분 뒤 나가버렸다. **바가반**은 나를 돌아보며 그를 모르느냐고 물으셨다. 나는 **바가반**께 전에 여기서 그를 본 적이 있지만 이름은 잊었다고 말씀드렸다. 그는 맥키버(McIver) 씨의 친구이다. **바가반**이 말씀하셨다. "그의 이름은 에블린(Evelyn-남자 이름)입니다. 그의 아내는—여기 오면 딸레야르칸 여사와 함께 지내곤 하던 그 파르시(Parsi-조로아스터교도) 처녀와 그가 결혼한 것을 모릅니까?—자기 남편이 병원에서 퇴원했는데 지금은 좋아졌다고 하면서, 그를 돌봐 달라고 비스와나타에게 편지를 보낸 적이 있지요."

1946-5-5 오후

가나빠띠 사스뜨리(Ganapati Sastri)가 이날 오전 세상을 떠났고 탈장이 원인이었다는 소식을 까스뚜리 쩨띠(Kasturi Chetti) 씨가 전해왔다. **바가반**은 가나빠띠 사스뜨리에 대해 이야기하면서 그가 그란트 더프(Grant Duff)의 막역한 친구였고, 책을 굉장히 좋아하는 사람인데 좋은 책이 나오면 모두 얼른 사서(반드시 읽지는 않더라도) 자신의 서고에 보관해 두곤 했다고 말씀하셨다.

바가반이 말씀하셨다. "다른 데서 구할 수 없는 몇 가지 희귀본도 그에게는 있었지요." T. P. 라마짠드라 아이야르가 말하기를, 한번은 **바가반**이 사람들에게 붙들려 가나빠띠의 집으로 모셔져 그가 수집한 장서를 보셨다고 했다. 바가반이 말씀하셨다. "『라마나 기타(Ramana Gita)』를 나가리 문자(Nagari letters)105)로 쓰게 한 사람이 그였습니다. 나야나(가나빠띠 무니)는 그것을 텔루구 문자로 적어 두었지요."

저녁

약 이틀 전에는 파리에 있는 스와미 싯데스와라난다가 보낸 불어책 4권이 왔다. 스와미는 편지에서, "프랑스 헌신자인 센(Sen) 여사가 아직 거기 있기를 바랍니다. 저는 이곳에서 그녀의 친구들을 만납니다. 만일 그녀가 거기 있다면 이 책들이 언급하는 것에 대해 **바가반**께 말씀드릴 수 있겠지요."라고 했다. 그래서 **바가반**은 나에게 그 책들을 센 여사에게 주어서 자세히 살펴보게 하라고 하셨다. 오늘 저녁에 그녀가 와서 말했다. "이들 책에서는 **바가반**을 완전한 **반야안주자**般若安住者(sthita prajna)라고 말하고 있습니다. 반야안주자에 대해 몇 가지 다른 불어 단어가 사용되고 있지만 말입니다." 이에 **바가반**은 그녀에게 (영역본) 『**분별정보**分別頂寶(Vivekachudamani)』에서 반야안주자에 대해 묘사하는 시구들을 읽어주셨다. **바가반**은 또한 『바가바드 기타』에서 어떻게 같은 사람을 제2장에서는 **반야안주자**라고 했다가 나중에 헌신을 다룰 때는 **신 헌신자**(bhagavat bhakta)라 하고, 또 나중에는 **구나띠따**(gunatita)[구나를 넘어선 자]라고 하는지 우리에게 말씀해 주셨다. **바가반**은 내가 『분별정보』에서 **반야안주자**를 묘사하는 부분에 이어지는 시구들을 읽고 있을 때 그 말씀을 하셨는데, 이 시구들은 **생전해탈자**(jivanmukta)[살아 있을 때 해탈한 자]를 다루고 있다. 『분별정보』에서 반야안주자는 안정된 깨달음을 성취한 자로 묘사된다. 나는 **바가반**께 이런 용어들은 같은 등급을 의미하는 것 아닌지 여쭈었다. **바가반**이 『기타』의 그 구절들을 언급하신 것은 바로 그때였다.

---

105) T. 산스크리트어의 데바나가리(Devanagari) 문자의 전신인 문자. 7세기에 널리 사용되었고, 10세기 말경 데바나가리 문자로 발전했다고 한다.

1946-5-5[106]

바가반은 한 방문객의 질문에 답하면서 이렇게 말씀하셨다. "누구에게 분리(*Viyoga*)가 있는지 알아내십시오. 그것이 요가입니다. 요가는 모든 길에 공통됩니다. 요가란 실로 그대가 진아, 곧 실재와 다르다고 생각하는 것을 그만두는 것에 불과합니다. 모든 요가—행위·지知·헌신·라자 요가—는 갖가지 발전 방식을 가지고 (사람들의) 갖가지 성품에 맞추어 주어, 자신이 진아와 다르다고 하는 오랜 관념에서 그들이 벗어나게 하기 위한 여러 길들일 뿐입니다. 우리와 떨어져 어디에 있거나 우리와 다른 어떤 것에게 가서 합쳐지려 한다는 의미에서의 결합, 곧 요가라는 것은 있을 수 없습니다. 왜냐하면 그대는 결코 진아와 분리되어 있지 않았고, 분리될 수도 없기 때문입니다."

오후에 나는 바가반께 T.M.P. 마하데반(Mahadevan) 박사[107]가 라디오 담화에서 스리 샹까라가 자신의 체험을 생전해탈자가 존재한다는 증거로 언급하고 여러 종류의 해탈에 관한 논란에 대해 말한 것을 인용하는 오늘자 「선데이타임스」 구절들을 보여드렸다. 당신은 생전해탈자의 상태에 대한 모든 의심이 제기되고 답변되는 『비이원론의 진리(*Advaita Unmai*)』라는 타밀어 책에서 몇 구절을 읽으셨다. 그런 다음 이렇게 말씀하셨다.

"살아가면서 행위하려면 마음을 사용해야 함에도 불구하고, 진인은 어떻게 마음 없이도 살아가며 행위할 수 있는지에 대한 다양한 비유들이 여러 책에 나와 있습니다. 도공의 물레(potter's wheel)는 도공이 항아리를 다 만들고 그것을 더 이상 돌리지 않아도 계속 돌아갑니다. 마찬가지로 선풍기는 전기 스위치를 끈 다음에도 한동안 계속 돕니다. 몸을 만들어 낸 발현업(*prarabdha*)은 그 몸이 하게 되어 있는 모든 활동을 그 몸이 겪

---

106) *T*. 275쪽에 "1946-5-5 오후"가 나왔는데, 여기도 같은 날짜이다. 앞의 날짜가 오기가 아니라면, 이 "1946-5-5"은 나중에 보충된 것일 수 있다.
107) *T*. 바가반의 헌신자(1911-1983). 마드라스대학교 철학교수로, 아드바이타 베단타 철학을 널리 선양했다. 바가반의 소책자 *Who Am I?*를 영어로 옮겼다.

게 만들 것입니다. 그러나 진인은 그 모든 활동을 경험하면서도 자신이 그것을 하는 자라는 관념이 없습니다. 이것이 어떻게 가능한지 이해하기는 어렵습니다. 보통 드는 비유는, 진인이 행위하는 것은 어느 면에서 잠자는 아이를 깨워 음식을 먹이면 받아먹기는 하지만 다음날 아침에는 자신이 먹은 것을 기억하지 못하는 것과 같다고 하는 것입니다. 이런 모든 설명은 진인을 위해 하는 것이 아니라는 점을 기억해야 합니다. 그는 알고 있고 아무 의심도 없습니다. 진인은 자신이 몸이 아니며, 설사 자신의 몸이 어떤 활동을 한다 해도 자신은 아무것도 하고 있지 않다는 것을 알고 있습니다. 그런 설명들은 진인을 몸을 가진 사람으로 생각하고, 그를 그의 몸과 동일시할 수밖에 없는 관찰자들을 위한 것입니다."

"깨달은 뒤에 진인이 육신 안에서 계속 살아갈 수 있느냐 하는 점에 대해 여러 논란 혹은 학파들이 있습니다. 어떤 이들은 (몸이) 죽는 사람은 진인이라고 할 수 없다고 생각합니다. 왜냐하면 그의 몸은 허공이나 뭐 그런 것 속으로 사라져야 하기 때문이라는 것입니다. 그들은 온갖 희한한 관념들을 내놓습니다. 만약 어떤 사람이 진아를 깨닫는 즉시 그의 몸을 떠나야 한다면, 진아나 깨달음의 상태에 관한 지식이 다른 사람들에게 어떻게 전해질 수 있을지 모르겠군요. 또 그것은 자신들의 진아 깨달음의 결실을 책으로 우리에게 전해준 많은 분들이 진인으로 간주될 수 없다는 의미가 될 것입니다. 왜냐하면 그들은 깨달은 뒤에도 계속 살아갔기 때문입니다. 또 세간에서 행위를 하는 한 (그리고 행위는 마음 없이는 할 수 없으므로) 그를 진인이라고 할 수 없다면, 진지를 성취한 뒤에도 여러 가지 일을 했던 위대한 진인들뿐만 아니라 여러 신들, 심지어 이스와라(Ishwara-시바) 자신조차도 진인으로 간주하면 안 되겠지요. 왜냐하면 그는 계속 세상을 돌보고 있기 때문입니다. 실은 진인은 어떤 식으로도 자신을 행위와 동일시하거나 자신을 행위자라고 생각하지 않으면서 아무리 많은 행위도 할 수 있고, 또 매우 잘할 수 있습니다. 어떤 힘이 그의 몸을 통해 작용하면서 그의 몸을 사용하여 그 일을 해냅니다."

바가반은 먼젓번에도 같은 말씀을 하신 적이 있다. 당신은 **해탈**에 대해 이야기하면서 이렇게 말씀하셨다. "해탈은 성취해야 할 어떤 것이 아닙니다. 그것은 우리의 진정한 성품입니다. 우리가 늘 **그것**입니다. 어떤 사람이 속박에서 벗어나려고 애쓰는 것은 자신은 속박되어 있다고 느끼는 한에서일 뿐입니다. 어떤 사람이 자신이 속박되어 있다고 느낄 때는 속박되어 있는 것이 누구인지 알아내려고 노력하는데, 그 **탐구**를 통해 자기에게 어떤 속박도 없고 마음에만 속박이 있다는 것, 마음이 바깥의 감각대상들로 향하지 않고 내면으로 향하면 마음 자체가 사라지거나 아니면 존재하지 않는 것으로 드러나는 것을 발견합니다. 마음이 그것의 근원인 **진아** 속으로 합일되어 별개의 개체로서는 존재하지 않게 됩니다. 그 상태에서는 속박의 느낌이나 해탈의 느낌이 전혀 없습니다. 사람이 **해탈**을 이야기하는 한 그는 속박의 느낌에서 벗어나 있지 않습니다."

오전에 요가에 대해 질문했던 방문객이 이제 자신의 질문을 더 밀고 나갔다.

방문객: 저는 바가반께서 오늘 오전에 말씀하신 모든 것을 그다지 이해하지는 못했습니다. 명상 중에 마음이 여러 방향으로 흩어질 때는 어떻게 해야 합니까?

바가반: 그저 마음이 흩어질 때마다 거두어 들여 그것을 명상 안에 고정하십시오. 다른 방도가 없습니다. (바가반은 같은 내용을 이야기하는 『바가바드 기타』, 제6장 26절도 인용하셨다.)

방문객: 그러면 조식調息(pranayama)[호흡제어]은 쓸모가 없습니까? 그것을 닦지 말아야 합니까?

바가반: 조식도 하나의 보조수단입니다. 그것은 우리가 일념심一念心(ekagratha), 곧 마음의 일념집중을 성취하는 데 도움을 얻기 위한 여러 가지 방법 중 하나입니다. 조식도 헤매는 마음을 제어하여 이 일념집중

을 성취하도록 도와줄 수 있고, 따라서 그것을 사용해도 됩니다. 그러나 거기서 그치면 안 됩니다. 조식을 통해서 마음의 제어를 얻고 나면 거기서 생겨날 수 있는 어떤 체험에도 만족하고 있으면 안 되고, 그 제어된 마음을 활용해 "나는 누구인가?"라는 물음으로 나아가야 합니다. 그러다 보면 마음이 진아 안에 합일됩니다.

방문객은 나아가 자신의 명상에서 신의 형상과 상像들, 그리고 만트라를 사용해도 되는지 여쭈었다.

바가반: 예, 물론이지요. 그런 것들은 모두 도움이 될 수 있습니다. 그렇지 않으면 왜 책에서 그런 것들을 권장하겠습니까? (사람들의) 다양한 성품에 맞추어 다양한 것들이 제시됩니다. 각자가 자기에게 가장 쉽고 가장 마음이 끌리는 것을 선택해야 합니다.

1946-5-6

오늘 오전 10시경에 **바가반**의 친존에서, **바가반**이 나중에 앉으실 신新회당(New Hall)의 초석이 어머니 사원 앞쪽에 놓였다. 그 토대는 1945년 1월 25일에 놓였는데, 이제 그 위에 건물을 올릴 준비가 된 것이다.

오후에 비지아나가람(Vizianagaram-안드라프라데시 주의 도시)에서 온 락슈미 나라야나 사스뜨리(Lakshmi Narayana Sastri)라는 방문객이 자기 책의 몇 부분을 읽고 **바가반**의 승인과 축복을 구했다. 그것은 까비야깐타 가나빠띠 무니의 산스크리트 책 「우마 사하스람」에 주석을 곁들인 것의 텔루구어 운문체 번역본이다.

1946-5-7

오후에 L.N. 사스뜨리가 다시 자기 책의 몇 부분을 낭독했다. **바가반**은 번역이 얼마나 되었느냐고 물으셨고, 그는 약 100연을 했을 뿐이라고 대답했다. 그는 자신이 **바가반**을 찬양하여 지은 '아뜨마 니베다남

(*Atma Nivedanam* - '진아 공양')'이라는 제목의 시 몇 수를 낭독하고 **바가반**의 축복을 기원했다. 그는 **바가반**께, 자신이 번역하고 있는 그 산스크리트 원서를 펴낸 출판사에 자신의 번역본을 출판해 달라고 신청했지만 아직 승낙이 오지 않았다고 말했다. **바가반**이 말씀하셨다. "답변이 올 것이고, 아무 어려움이 없을 것입니다."

나는 이 시들이 텔루구어로 되어 있어서 판단할 수 없었지만, 나감마는 나에게 그 시들이 아주 훌륭하며, L. N. 사스뜨리는 상당한 위치의 시인이라고 말한다.

1946-5-8

오후에 북인도에서 온 한 젊은 사두와 다음과 같은 대담이 있었다.

사두: 저는 제가 누구인지 알고 싶습니다. 아리야 사마즈 회원들(Arya Samajists)은 제가 개인아個人我(*jivatma*)라고 하면서 만일 제가 마음과 지성(*buddhi*)을 정화하면 신을 볼 수 있다고 합니다. 저는 어찌 해야 할지 모르겠습니다. 만약 **바가반**께서 적합하다고 생각하시면, 부디 **바가반**께서 저에게 어떻게 하라고 말씀해 주시겠습니까?

바가반: 그대는 몇 가지 용어를 사용했습니다. '개인아'·'마음'·'지성'·'신'이란 것은 어떤 의미입니까? 그리고 신은 어디 있고 그대는 어디 있기에, 그대가 신을 찾아가서 보고 싶다는 것입니까?

사두: 저는 이런 용어들이 모두 무엇을 뜻하는지 모르겠습니다.

바가반: 그러면 아리야 사마즈 회원들이 그대에게 하는 말에 전혀 상관하지 마십시오. 그대는 신이나 다른 것들에 대해서는 몰라도 그대가 존재한다는 것은 압니다. 그에 대해서는 그대에게 어떤 의심도 있을 수 없습니다. 그러니 그대가 누구인지를 알아내십시오.

사두: 그것이 제가 알고 싶은 것입니다. 어떻게 알아낼 수 있습니까?

바가반: 다른 모든 생각들을 물리치고, 그대 몸 안의 어느 곳에서 그

'나'가 일어나는지 알아내려고 노력하십시오.

사두: 그러나 저는 그것에 대해 생각할 수 없습니다.

바가반: 왜지요? 그대가 다른 것들에 대해 생각할 수 있다면, '나'에 대해서나 그것이 그대 몸 안의 어디서 일어나는지에 대해서도 생각해 볼 수 있습니다. 만일 다른 생각들이 그대의 주의를 산란하게 한다는 의미로 그렇게 말했다면, 유일한 방도는 그대의 마음이 헤맬 때마다 그것을 거두어 들여 '나'에 고정하는 것입니다. 한 생각이 일어날 때마다 스스로에게 물으십시오. "이 생각은 누구에게 있는가?" 그 답은 "나에게"일 것입니다. 그러면 그 "나"를 붙드십시오.

사두: "나는 누구인가?"를 계속 염하여 그것이 하나의 만트라가 되게 해야 합니까?

바가반: 아니지요. "나는 누구인가?"는 만트라가 아닙니다. 그것은 다른 모든 생각들의 근원인 그 '나'라는 생각이 그대 안의 어디에서 일어나는지 그대가 알아내야 한다는 의미입니다. 그러나 이 탐구의 길(*vichara marga*)이 너무 어렵다고 생각되면 '나, 나'를 계속 염해도 됩니다. 그렇게 해도 같은 목표에 이르게 될 것입니다. '나'를 하나의 만트라로 사용해도 나쁠 것은 없습니다. 그것은 신의 첫 번째 이름입니다.

신은 어디에나 있지만, 그런 측면에서 그를 생각하기는 어렵습니다. 그래서 여러 책에서 "신은 도처에 있다. 그는 그대의 안에도 있다. 그대가 브라만이다"라고 한 것입니다. 그러니 그대 자신에게 "나는 브라만이다"를 상기시키십시오. "나"를 염하는 것도 결국 그대가 "나는 브라만이다"를 깨닫도록 이끌어 줄 것입니다.

카라치에서 온 크리슈나 지브라자니(Krishna Jivrajani)라는 젊은이가 말했다. "저는 수행 중에 무념의 단계에 도달하면 어떤 즐거움을 느끼지만, 때로는 제가 제대로 묘사할 수 없는 막연한 두려움도 경험합니다."

바가반: 그대가 무엇을 경험하든 결코 거기에 만족하고 있어서는 안

됩니다. 즐거움을 느끼든 두려움을 느끼든, 그 즐거움이나 두려움을 느끼는 것은 누구인지 스스로 물으십시오. 그러다 보면 즐거움과 두려움 둘 다 초월되고 모든 이원성이 사라져서 **실재**만 남게 됩니다.

그런 일이 일어난다거나 그런 것을 체험한다고 해서 잘못된 것은 없지만, 결코 거기서 멈추어서는 안 됩니다. 예컨대 생각이 가라앉았을 때 체험되는 심잠心潛(laya)의 즐거움에 절대 빠져 있어서는 안 되며, 모든 이원성이 사라질 때까지 계속 밀고 나가야 합니다.

L. N. 샤스뜨리가 **바가반**에 대한 자신의 시들을 한 부 정서했다. 그는 그것을 **바가반**께 읽어드리고 나서 **바가반**께 드렸다. 이때 그가 말했다. "저는 여기에 사흘간 있었습니다. 만일 **바가반**께서 가도 좋다고 하시면 오늘밤에 갈 것이고, 그렇지 않으면 이틀 더 머물겠습니다." 그런 경우에 늘 그러하듯이, **바가반**은 아무 답변을 하지 않으셨다. 그는 저녁에 **바가반**께 하직인사를 하고 떠났다.

1946-5-9

나감마가 나에게 텔루구 시들을 적어둔 아스라맘 책을 가져다주면 자신이 거기에다 L. N. 사스뜨리의 시들을 베껴 두겠다고 했다. 그래서 그것을 꺼내 와서 그녀에게 주었다. 이때 내가 **바가반**께 말씀드렸다. "이 L. N. 사스뜨리는 대단한 시인인 것 같습니다. 나감마가 그의 시를 온통 칭찬하면서 저에게 말하기를, 그는 아마 지난 5, 6년간 **바가반**을 찾아온 텔루구 시인 중에서 제일 나을 거라고 합니다." G. 숩바 라오가 말했다. "예, 동의합니다. 그는 대단한 시인입니다."

바가반이 말씀하셨다. "그는 비지아나가람에 있는 라자의 대학 빤디프입니다. 누구도 그를 그렇게 대단한 시인으로 여기지는 않겠지요. 아주 평범한 사람으로 보이니 말입니다. 그는 아수까비(āsukavi)[어떤 주제로든 즉석에서 시를 지을 수 있는 사람]가 되고 싶어 합니다. 그러나 그 모든 것은 마음의 활동일 뿐입니다. 마음을 연습시키면 시킬수록, 시를 짓거나 백분심百分心을 하는 데 성공하면 할수록, 여러분이 갖는 평안은 더 적어집니다. 평안을 얻지 못한다면 그런 성취를 이룬다 한들 무슨 소용 있습니까? 그러나 그런 사람들에게 이런 말을 해도 그들에게 별로 와 닿지 않습니다. 그들은 침묵을 지키지 못합니다. 노래를 짓지 않고는 못 배깁니다. 나야나가 곧잘 말했듯이, '앞으로 나아갈 때는 우리가 어떤 속도로 어떤 거리도 달려갈 수 있지만, 그것이 뒤로 물러나는 문제일 때, 즉 내면으로 향할 때는 한 걸음도 떼기가 쉽지 않다'는 것입니다."

"어찌된 셈인지 저에게는 어떤 책을 쓰거나 시를 지어야겠다는 생각이 결코 일어나지 않았습니다. 제가 만든 모든 노래들은 이런저런 사람이 청해서거나 어떤 특정한 사건과 관련하여 만들어졌습니다. 「실재사십송」만 하더라도 지금은 그에 대해 수많은 주석과 번역본들이 존재하지만, 한 권의 책으로 계획된 것이 아니고 그때그때 지어졌는데 나중에 무루가나르와 여타 사람들에 의해 하나의 책으로 정리된 것입니다. 누구도 지어달라고 조르지 않았는데 저에게 자연발로적으로 다가와서, 말하자면 제가 그것을 짓지 않을 수 없게 강요한 유일한 시들은 「아루나찰라 8연시」와 「아루나찰라 11연시」입니다. 첫째 날은 어느 날 아침에 11연시를 시작하는 단어들이 문득 저에게 다가왔고, '내가 이런 단어들과 무슨 상관이 있나?' 하면서 그것을 억눌러 보려고 해도 억눌러지지 않아서 결국 그 단어들로 시작되는 시를 한 수 지었는데, 모든 단어들이 아무 애씀 없이 술술 흘러나왔습니다. 같은 방식으로 다음날 제2연이 만들어졌고, 후속 연들도 이어서 매일 한 연씩 지어졌습니다. 제10연과 11연만 같은 날 지어졌지요. 다음날 저는 산을 돌러 나섰습니다. 빨라니스와미가 제 뒤에서 걷고 있었는데, 우리가 얼마쯤 간 뒤에 아이야스와미(Ayyaswami)가 그를 도로 불러 종이와 연필을 주면서 이렇게 말한 모양입니다. '스와미님은 지금 며칠째 매일 시를 짓고 계십니다. 오늘도 그러실지 모르니

이 종이와 연필을 가져가시는 게 좋겠습니다.' 저는 빨라니가 한동안 제 곁에 없다가 나중에 와서 합류하는 것을 보고 그 사실을 알았지요. 그날 스깐다스라맘으로 돌아오기 전에 저는 「8연시」 중의 6연을 지었습니다. 그날 저녁인가 다음날인가 나라야나 레디가 왔습니다. 그는 당시 싱어사 社(Singer & Co.)의 대리인으로서 벨로르에 살고 있었는데 이따금 찾아왔습니다. 아이야스와미와 빨라니가 그에게 그 시들에 대해 이야기하자 그가 말했습니다. '그 시들을 즉시 저에게 주십시오. 그러면 제가 가서 그것을 인쇄하겠습니다.' 그는 저에 대한 책 몇 권을 이미 출판했지요. 그가 시를 가져가겠다고 계속 고집하자 저는 그러면 그렇게 하라고 하면서 처음 11개 연은 '빠디깜(padikam-10연시)'으로 하고, 운율이 다른 나머지 시들은 '아쉬따깜(ashtakam-8연시)'으로 하여 출판하라고 했습니다. 「8연시」의 부족분을 메우기 위해 저는 즉시 2연을 더 지었고, 그는 모두 19연의 시를 가져가서 출판한 것입니다."[108]

이와 관련하여 내가 **바가반**께 말씀드렸다. "제가 듣기로 나라야나 레디는 지금 띤디바남에 있는데, 한 방에 틀어박혀 있다고 합니다."

바가반이 말씀하셨다. "그거야 괜찮지요. 마음이 평안해야 합니다. 중요한 것은 그것이 전부입니다."

저녁에 소녀 라마나 순다리(Ramana Sundari)가 와서 **바가반**께, 자기는 어머니의 삼촌 결혼식에 갈 거라고 말씀드렸다.

내가 **바가반**께, 지난번 그녀가 여기에 돌아왔을 때 **바가반**께 달려가서 **바가반**의 두 손을 잡고 "**바가반** 뵈려고 너무 오래 기다려야 했어요!"라고 말했던 것을 기억하시느냐고 여쭈었다.

바가반이 말씀하셨다. "예, 다른 일행들은 아직 멀리 뒤쳐져 있을 때 저에게 달려와서 두 손을 잡아 자기 가슴에 꼭 대고는 '바가반을 뵌 지

---

[108] T. 이 이야기는 46쪽에서도 나왔다. 거기서는 당시 바가반이 머물던 곳이 비루빡쉬 산굴이라고 했는데 여기서는 스깐다스라맘이라고 했다. 이 시들은 1914년경에 지어졌으므로 당시 바가반이 머무르던 비루빡쉬 산굴이 맞고, '스깐다스라맘'은 착오이다.

2년이 지났어요!' 했지요. 실은 저는 2년이었다고 생각하지 않습니다. 1년쯤 되었다고 생각하지만 그녀는 그렇게 느낀 모양입니다."

내가 말했다. "그녀는 너무 가슴이 북받쳐, **바가반**께 바로 다가가거나 접촉해서는 안 된다는 아스라맘의 규칙을 무시했습니다."

이에 라마스와미 삘라이가 끼어들었다. "그런 경우에는 그런 규칙들이 해당되지 않지요."

이런 예외적 경우들을 이야기하다 보니 한 가지 사례가 생각나서, 그에 대해 내가 **바가반**께 상기시켜 드렸다. 몇 해 전, 열일곱 살쯤의 한 브라민 청년이 여기 왔다. 그가 집에서 무슨 문제가 있었는지 모르겠으나, 어느 날 아침 그가 **바가반**께 이렇게 말했다. "저는 제 마음 속에 있는 것이 사라졌으면 합니다." 그러자 **바가반**이 대답하셨다. "그래, 사라질 거야."

그 청년이 나에게 와서 그 이야기를 해 주었지만 나는 그의 말을 믿지 않았다. 왜냐하면 내가 알기로 **바가반**은 어떤 헌신자에게도 그런 약속을 결코 하신 적이 없고, 이 청년은 **바가반**을 처음 찾아왔기 때문이다. 그러나 다음날 하직인사를 하기 전에 그는 같은 청을 되풀이했고, 나는 **바가반**이 "그래, 사라질 거야"라고 말씀하시는 것을 실제로 들었다.

이 이야기를 듣자 숩바 라오가 말했다. "저도 비슷한 행운을 가졌던 적이 있습니다. 한번은 제가 곤경에 처했을 때 **바가반**께 그에 대해 여쭈자 **바가반**께서 실제로 '겁내지 마' 하셨습니다. 여러 해 전의 일이지요."

1946-5-10

오후에 크리슈나 지브라자니가 **바가반**께 말씀드렸다. "저는 수행 도중 어떤 것이 제 안에서 올라오는 것을 느낍니다. 그것은 괜찮습니까, 아니면 그것이 내려가야 합니까?"

바가반: 무엇이 올라가든 내려가든 상관하지 마십시오. 그것이 그대

없이 존재합니까? 그것을 결코 잊지 마십시오. 어떤 체험이 오든 누가 그 체험을 하는지를 기억하고, 그와 같이 '나' 곧 자기를 붙드십시오.

지브라자니: 바가반께서는 (『나는 누구인가?』에서) 우리가 마치 진주조개 잠수부들처럼 호흡과 말을 제어하고 자기 자신 속으로 깊이 잠수하여 진아를 발견하거나 진아를 성취해야 한다고 말씀하셨습니다. 그러니까 바가반께서는 저에게 호흡제어를 닦으라고 조언하십니까?

바가반: 호흡제어는 마음을 제어하는 하나의 보조수단이고, 그런 어떤 보조수단 없이는 마음을 제어할 수 없다고 느끼는 사람들에게 권장됩니다. 자기 마음을 제어하고 집중할 수 있는 사람들에게는 그것이 필요하지 않습니다. 초기에는 사용해도 되지만 마음을 제어할 수 있게 되면 그것을 그만두어야 합니다. 마음과 생기(prana)는 같은 근원에서 일어나기 때문에, 하나를 제어하면 다른 하나도 제어됩니다.

지브라자니: 호흡제어를 성취하려고 긴장하는 것은 좋습니까?

바가반: 아니지요, 긴장하는 것은 좋지 않습니다. 처음에는 조식을 조금만 해야 합니다—불필요한 긴장 없이 할 수 있을 만큼만.

지브라자니: 저는 무지(ajnana)가 어떻게 생겨나는가에 대한 바가반의 설명을 전혀 이해하지 못하고 있습니다.

내가 끼어들었다. "바가반께서는 '그 무지가 누구에게 있는지 알아내라. 그러면 그 의문은 사라질 것이다'라고 말씀해 오셨지요."

바가반: 무엇에 대한 무지 말입니까?

지브라자니: 바가반께서는 에고가 가라앉거나 죽임을 당하면 다른 어떤 것이 우리의 내면에서 '나-나'로서 일어난다고 하셨습니다. 바가반께서는 부디 그 점에 대해 저에게 말씀해 주시겠습니까?

바가반: 누구나 자신의 체험으로 그것을 알아내야 합니다. 그것은 묘사할 수 없습니다. 마찬가지로, 그대는 "어떤 것이 올라간다"고 하는데, 그대가 그것을 묘사할 수 있습니까?

지브라자니: 지성을 계발해야만 직관을 얻을 수 있습니다. 사실 지성의 완성이 직관입니다. 그렇지 않습니까?

바가반: 어떻게 그럴 수 있습니까? 지성이 일어났던 근원에 그것이 합일되어야 그대가 말하는 직관이 탄생합니다. 지성은 외부의 것들, 외부세계를 보는 데 쓸모가 있을 뿐입니다. 지성의 완성은 외부 세계를 잘 보게 해줄 뿐이겠지요. 그러나 내면을 보는 데는, 곧 내면으로 돌아서서 진아 쪽을 향하는 데는 지성이 전혀 쓸모가 없습니다. 그렇게 되려면(내면의 진아를 보려면) 지성이 죽거나 사멸되어야 합니다. 바꾸어 말해서 지성이 솟아나왔던 근원에 그것이 합일되어야 합니다.

지브라자니: 명상 중에 눈을 감는 것이 어떤 효과가 있습니까?

바가반: 그대에게 편리한대로 눈을 감아도 되고 떠도 됩니다. 보는 것은 눈이 아닙니다. 눈을 통해서 보는 자가 있습니다. 만일 그가 내면을 향해 있고 눈을 통해서 보지 않으면, 눈을 뜨고 있어도 아무것도 보이지 않겠지요. 우리가 눈을 감고 있으면 이 방의 창문들이 열려 있든 닫혀 있든 우리에게는 마찬가지입니다.

지브라자니: 명상 중에 모기가 무는 것과 같은 어떤 방해요인이 있다고 할 때, 명상을 계속하면서 모기 무는 것을 참고 그 방해를 무시하려고 해야 합니까, 아니면 모기를 몰아내고 명상을 계속해야 합니까?

바가반: 그대에게 가장 편리한 대로 해야 합니다. 단지 모기를 몰아내지 않는다고 해서 그대가 해탈을 얻지도 않을 것이고, 단지 모기를 몰아낸다고 해서 해탈을 얻지 못하는 것도 아닙니다. 중요한 것은 일념을 성취하는 것이고, 그런 다음 심멸心滅(mano-nasa)을 성취하는 것입니다. 모기가 무는 것을 참으면서 그것을 할 것이냐 아니면 모기를 몰아낼 것이냐는 그대에게 달렸습니다. 그대가 명상에 완전히 몰입되어 있다면 모기가 무는 것도 모르겠지요. 그 단계에 도달하기 전이라면 왜 모기를 몰아내지 말아야 합니까?

1946-5-11

지난 8일 **바가반**께 작별을 고했던 L.N. 사스뜨리가 오늘 돌아왔다. 그가 아스라맘을 떠난 뒤 나는 **바가반**께 사스뜨리에 대해 이야기를 좀 했는데, 그의 시들이 훌륭하기는 하지만 뿌두꼬따이의 빤디뜨처럼 그가 그 의미를 우리에게 말해 주지 않은 것은 유감이라고 말했다. 바가반은 "그에게 청했으면 그도 자기 시들을 설명해 주었을 텐데요"라고 말씀하셨다. 그래서 오늘 내가 그에게 청했고, 오후 3시경에 그는 그 시들의 요지를 다음과 같이 말해 주었다.

"바가반, 당신께서는 진아를 깨달으시자 세간을 등지고 당신 자신의 내면으로 들어가셨습니다. 당신께서 세상에 나오신 것은 세상 사람들의 이익과 향상을 위해서였습니다. 저는 세상과 그 대상들에 이끌려 늘 밖으로 나가고 있는데, 여기에는 이상할 것이 하나도 없습니다. 왜냐하면 신이, 저에게 감각과 감각기관들을 주었고, 그것들과 세상의 대상들 사이에서 그는 자연스럽고 저항할 수 없이 마음이 끌리는 것들을 창조해 두었습니다. 여기서 벗어나는 일은, 그 자신이 벗어난 **스승**의 도움 없이는 불가능합니다. 저는 **스승**을 찾았는데 오늘 마침내 그런 분과 대면하는 운명을 만났으니, 오늘 저의 모든 불행이 끝난다고 느낍니다. **진아**에 대해 여러 책에서 읽기는 했으나 실제 체험은 하지 못했습니다. 위대한 분들이 말씀했듯이, **주 수브라마니야**의 성품과 능력을 갖추시고, 세상 사람들의 향상과 깨달음을 위해 부드러움과 자비의 화신으로 여기 오신 당신께서, 저를 들어 올리고 저를 축복해 주시며 저를 구원해 주십시오. 저 자신을 당신께 완전히 맡기니 말입니다."

자신의 시들에 대한 이 설명을 마친 그는 우리에게, 어떤 주제를 자기에게 주면 즉석에서 시를 지어보겠노라고 했다. 우리 모두가 말했다. "그렇다면 **바가반**에 대해서지요. 다른 주제를 우리가 제시할 필요가 있습니까?" 그래서 그는 **바가반**에 대해 아주 빠르고 유창하게 시를 몇 수 지었다. 거기 있던 군뚜르(Guntur)에서 온 한 변호사가 그것을 받아 적었지만, 몇 군데서 시인을 따라잡지 못해 공란을 남겨두었다.

저녁에 M.V. 라마스와미 아이야르의 아들이 『아디야뜨마 라마야남(Adhyatma Ramayanam)』109)의 인쇄본 두 권을 가져와 바가반께 드렸고, 바가반은 즉시 그 책을 훑어보기 시작하셨다. M.V. 라마스와미 아이야르는 이 작품을 약 1년 전에 지었지만 이제야 인쇄된 것이었다.

1946-5-14

오늘 오전 11시 아스라맘의 점심시간 때 보즈의 모친이 여러 가지 찬을 가져왔다. 그것은 그녀가 바가반을 위해 특별히 준비한 것이었고, 그녀가 직접 그것을 바가반께 배식했다. 그녀는 최근 몇 주간 이런 식의 음식을 몇 차례나 가져왔는데, 그것은 요리를 많이 했다는 것을 뜻한다. 왜냐하면 바가반은 모두가 같이 먹을 만큼 충분하지 않으면 어떤 것도 받지 않으실 터였기 때문이다. 바가반은 나에게, 그녀에게 그런 모든 수고를 하지 말라고 일러주고, 자기 가족들을 위한 음식을 준비하는 것만도 충분한 노동이며 그렇게 많은 사람들을 위해서 음식을 보낼 필요는 없다고 전하라고 하셨다. 당신이 말씀하셨다. "그녀에게 집에서 자기 음식만 요리해 먹되, 그 중의 얼마를 '이건 바가반 것이다' 하면서 (마음속으로) 저에게 바치면 된다고 하세요. 그들은 제가 이런저런 것을 특별히 좋아한다고 생각하지만, 실은 그렇지 않습니다. 모든 음식이 저에게는 똑같습니다. 저는 배식 받은 여러 가지 음식을 즐거이 한데 섞어 모두 한꺼번에 먹고 싶지만, 그 음식을 준비하면서 '바가반은 이걸 좋아하실 거야', '바가반은 저걸 좋아하실 거야' 하고 생각하는 사람들이 실망하겠기

---

109) T. 『아디야뜨마 라마야나』는 『브라만다 뿌라나(Brahmānda Purana)』의 일부로서 시바와 빠르바띠의 대화 형식으로 『라마야나』를 아드바이타 베단타의 관점에서 재해석한 책이다(전7권 65장 4,500연). 발미끼의 고전적 『라마야나』와는 다른 버전이며, 14-5세기의 스승 라마난다(Ramananda)의 저술로 『브라만다 뿌라나』에 덧붙여진 것으로 알려져 있다. 여기서는 M.V. 라마스와미 아이야르가 그것을 타밀어로 번역한 것을 말한다.

에 그러지는 않습니다. 제가 다양한 것을 좋아하던 때도 있었지요. 그러나 **단일성**을 깨달은 뒤에는 그 모든 것이 사라졌습니다."

1946-5-15

어느 방문객에 대한 답변에서 **바가반**은 다음과 같은 말씀을 하셨다.

"그대는 상상할 수 있는 최상의 행복을 가질 수 있습니다. 더 정확히는 그대 자신이 그것이 될 것입니다. 그대가 '즐거움', '기쁨', '행복', '지복'으로 이야기해 온 다른 모든 종류의 행복은 그대의 참된 성품 안에서 바로 그대 자신인 **지복**(ananda)의 반영(반사물)들일 뿐입니다."

"그대가 사물과 사람들 주위에서 본다고 말하는 그 빛들에 대해서는 신경 쓸 필요가 없습니다. 빛이 보이든 소리가 들리든 무슨 일이 일어나든, '나는 누구인가?' 하는 탐구를 절대 놓지 마십시오. '이 빛을 보거나 이 소리를 듣는 것은 누구인가?' 하고 마음 속으로 계속 물으십시오."

"그대가 출가를 한다고 하는 말은 무슨 뜻입니까? 그대는 그것이 그대의 집을 떠나거나 어떤 색깔의 승려복을 입는 것을 뜻한다고 생각합니까? 그대가 어디를 가더라도, 설사 허공으로 날아오른다 할지라도 그대의 마음은 그대를 따라다니지 않겠습니까? 아니면 그대는 마음을 뒤에 남겨두고 그것 없이 살아갈 수 있겠습니까?"

다른 방문객이 자신이 쓴 『자유의 운명』인가 하는 그런 종류의 책에 축복의 서문을 써 주십사고 **바가반**께 청했다. 그는 어떤 사람이 이미 서문을 써주겠다고 했다면서, 바가반이 당신의 메시지와 축복을 전하는 몇 말씀을 써주신다면 감사하겠다고 말했다. **바가반**은 당신이 그런 일을 결코 해 본 적이 없으며, 따라서 지금도 그런 것을 기대해서는 안 된다고 그에게 설명하셨다. 방문객이 계속 간청하자 내가 그에게, 아무리 그가 **바가반**을 설득해 본들 소용이 없을 거라는 것을 힘써 납득시켰다. 그러자 그는 세계가 어떤 영적 메시지를 절실히 필요로 하며, 인도와 세계의 젊은이들이 제대로 양육되지 못하는 것은 그들에게 종교가 주입되지 않고 있기 때문이라는 등의 말을 했다. 나는 그에게, **바가반**은 사람이 세상을 개혁하려고 하기 전에 먼저 자기 자신을 알아야 하며, 그런 다음 여전히 그럴 마음이 난다면 세상을 개혁하러 다녀도 된다고 생각하신다고 말해주어야 했다. 나는 그 방문객이 여전히 자신의 주장을 하고 싶어했다고 보지만, 다행히 빠라야남(빠라야나)을 할 시간이 되어 우리가 찬송을 시작하자 그는 도리 없이 그만두어야 했다.

1946-5-23

나는 며칠간 다른 데 가 있었는데, 오늘 아침에는 **바가반**이 회당에 들어오실 때 문간에 서 있었다. 그래서 나는 당신이 나를 보셨다고 생각했다. 그러나 나를 알아보지 못하신 것 같았다. 당신의 시력이 그렇게 나빠진 것이다. 그런데도 안경을 사용하지 않으려고 하신다. 아침을 먹을 때 내가 당신 오른쪽 줄의 맨 첫 자리에 앉아 있었는데, 당신은 나를 알아보시고 언제 왔느냐고 물으셨다. 나는 "어젯밤에 왔습니다만, 도착했을 때 9시 반이 넘었더군요"라고 대답했다.

내가 없을 동안 G. V. 숩바라마이야가 왔는데, 그는 **바가반**이 압바이(Avvai)의 시를 패러디하여 지은 시를 텔루구어로 번역하고 있었다. 압바이의 시는 다음과 같다. "오, 고통을 주는 위장아, 너는 단 하루도 음식 없이 넘어가지 않고, 한 번에 넉넉히 이틀 분을 받지도 않는구나. 너 때문에 내가 고생하는 것 너는 모른다. 너하고 잘 지내기란 불가능하다."

바가반은 즉석에서 위장이 에고에게 불평하는 다음과 같은 패러디 시를 지어 이에 답하셨다. "오, 에고야! 너는 너의 위장인 나에게 단 한 시간도 휴식을 주지 않는구나. 날이면 날마다, 매 시간마다 너는 계속 먹어대는구나. 내가 얼마나 고생하는지 너는 모른다. 너하고 잘 지내기란 불가능하다."

그에 대해 **바가반**은 이렇게 설명하셨다. "1931년 찌뜨라이(Chitrai) 달 보름날에 우리는 모두 음식을 잔뜩 먹었는데, 다들 속이 더부룩하다고 불평을 하고 있었지요. 그래서 어떤 사람이—저는 그것이 타계한 소마순다람이라고 생각하는데—압바이의 이 시구를 인용했습니다. 그때 저는 우리가 위장에게 불평할 것보다 위장이 우리에게 불평할 것이 더 많을 거라고 했습니다. 우리는 위장이 으레 일을 할 것으로 기대하지만 휴식도 좀 주어야 하고, 휴식을 취하면 위장이 다시 일을 할 수 있지요. 그러나 우리는 위장에 결코 휴식을 주지 않습니다. 위장이 우리가 먼저 먹은 것의 소화를 끝내자마자 소화시킬 음식을 더 안겨주면 위장이 쉴 틈이 없는데, 그래도 위장은 상관하지 않을지 모릅니다. 그러나 우리는 그렇게 하지도 않고, 위장이 먼저 음식을 아직 소화시키고 있는 중에 위장에 음식을 더 갖다 안깁니다. 그러니 위장이 불평할 만도 하지요. 그래서 제가 그와 같은 시를 지은 것입니다."

그런 다음 **바가반**은 나에게 마드라스 박물관의 **다끄쉬나무르띠** 상像의 사진을 본 적이 있느냐고 물으셨다. 그 사진은 내가 없는 동안 아스라맘에서 받은 것이었다. 나는 그것을 보지 못했지만 프람지(Framji-헌신자)의 아들인 파르시(Parsi) 소년이 그 이야기를 해 주었다고 말씀드렸다. 그래서 **바가반**이 T. P. 라마짠드라 아이야르에게 그 사진을 나에게 보여주라고 하셨다. 나는 그 상像의 머리가 오른쪽을 향하고 있지만 두 눈은 오히려 왼쪽을 보고 있다는 것을 발견했다. 내가 그 이야기를 하자 **바가반**이 말씀하셨다. "머리나 얼굴이나 똑같습니다. 아마 그래서 그가 '얼굴은 오른쪽으로 향해 있고'라고 썼나 보군요." **바가반**은 그 사진과 같이 온 편지의 한 구절을 두고 말씀하신 것이었다. 어떤 사람이 그 시선은 왼쪽을 향하고 있다기보다 오히려 내면을 향하고 있는 것 같다고 말했는데, 나도 그렇다고 인정해야겠다.

오후에 회당에 들어가자 **바가반**은 펀자브인(Punjabi)인 뿐자(Poonja-빠빠지) 씨의 몇 가지 질문에 답하면서 이미 이렇게 설명하고 계셨다.

"저는 그대에게 '나'라는 생각이 그대 몸 안의 어디서 일어나는지 살펴보라고 말합니다. 그러나 '나'가 가슴 오른쪽의 심장에서 일어나고 사라진다고 하는 것은 실은 그다지 정확한 말이 아닙니다. 심장은 **실재**의 다른 이름이며, 그것은 몸 안에 있지도 않고 밖에 있지도 않습니다. 그것에는 안도 밖도 있을 수 없습니다. 왜냐하면 그것만이 존재하기 때문입니다. 제가 '심장'이라고 할 때 그것은 어떤 생리학적 기관이나 신경총神經叢 또는 그 비슷한 어떤 것을 말하는 것이 아닙니다. 그러나 사람이 자신을 몸과 동일시하거나 자기가 몸 안에 있다고 생각하는 한, 몸 안의 어디서 '나'라는 생각이 일어나고 다시 거기로 합일되는지 살펴보라고 말해 주게 됩니다. 그것은 가슴 오른쪽의 심장일 수밖에 없습니다. 왜냐하면 인종이나 종교가 무엇이든, 그리고 어떤 언어를 사용하여 '나'라고 말하든, 자기 자신을 가리킬 때는 누구나 가슴 오른쪽을 가리키기 때문입니다. 이것은 전 세계에 걸쳐 그러하기 때문에 거기가 그 자리일 수밖에 없습니다. 그리고 잠에서 깨어날 때 '나'라는 생각이 매일 일어나는 것과, 잠이 들 때 그것이 가라앉는 것을 예리하게 관찰해 보면 우리는 그것이 오른쪽 심장 안에 있다는 것을 알 수 있습니다."

낮 동안에 G. V. 숩바라마이야는 **바가반**께, 가나빠띠 무니가 『라마나 기타』를 어떻게 썼는지, 그 대화를 기록해 두었다가 썼는지 여쭈었다. **바가반**이 대답하셨다. "그런 대화를 기억하는 것은 그에게 아이들 장난이었지요. 그는 어떤 복잡한 주제에 관해 장시간 박식한 강의를 듣고 나서, 마지막에 그 요지를 경經(*sutras*-짧은 문구 형식의 가르침)의 형태로 정확히, 강사가 한 말 중에서 중요한 것은 하나도 빠뜨리지 않고 재현할 수 있었습니다. 한번은 그와 역시 학식 있는 사람이었던 아루나찰라 사스뜨리 (Arunachala Sastri)가 토론을 벌였습니다. 가나빠띠 사스뜨리(가나빠띠 무니)는 견현론見現論(*drishti srishti*)의 입장, 즉 우리가 (세계를) 창조한 뒤에 (그것을) 본다는 것, 다시 말해서 세계는 우리의 마음과 별개로는 어떤 객관적 실재성도 갖지 않는다는 입장을 취한 반면, 아루나찰라 사스뜨리는 그 반대 견해인 현견론現見論(srishti drishti), 즉 창조계는 우리가 그것을 보기 이전에 객관적으로 존재한다는 입장을 취했습니다. 아루나찰라 사스뜨리가 먼저 주장하고, 대단한 논리와 학식을 펼치면서 많은 인용문과 함께 자신의 관점을 지지했습니다. 그러자 가나빠띠 사스뜨리는 그가 주장한 모든 내용을 경經 형태로 기록한 다음 그에게 그 경經들이 그가 말한 모든 내용을 충실히 요약하고 있느냐고 물었습니다. 그가 그렇다고 동의하자 가나빠띠 사스뜨리가 말했습니다. '그러면 이제 당신은 그에 대한 저의 비판과 비난을 받아야겠습니다.' 그런 다음 그는 아주 능란하게 **비이원론**의 관점, 즉 세계는 세계로서는 하나의 환幻이지만 **브라만**으로서는 실재한다는 것, 세계는 세계로서는 존재하지 않지만 **브라만**으로서는 존재하고 실재한다는 것을 설했습니다. 마찬가지로 그는 자신이 들은 어떤 논변도 기록할 수 있었습니다. 그의 기억력은 워낙 탁월해서 『라마나 기타』도 그런 식으로 재현한 것이 분명합니다. 그것은 그에게 아이들 장난에 불과했을 것입니다."

1946-5-24

내일의 **마하뿌자**(Mahapuja)[바가반의 어머니 기일]를 위해 많은 헌신자들의 무리가 이미 도착해 있다. 다들 부산하게 움직이면서, **바가반**의 자애로운 시선 하에 헌신자들끼리 다시 만난 기쁨을 누리고 있다. 이번에 온 사람들 중에 랑가 아이야르(Ranga Aiyar) 부인이 있는데, **바가반**이 띠루쭐리에서 어린 시절을 보낼 때의 친구(랑가 아이야르)의 부인이다. 그녀는 두 여성을 데려와서 **바가반**께 그들을 소개했다. **바가반**이 그녀에게 "랑가도 왔습니까?" 하고 묻자, 그녀는 "아니요"라고 대답했다.

오후에 그녀가 노래를 불렀다. 「라마나 다섯 찬가(Ramana Stuthi Panchakam)」110)에서 세 곡을 부른 다음 「라마나의 감로(Ramanamritam)」111)에서 한 곡을 불렀다. 바가반은 G.V. 숩바라마이야를 불러서 그에게 말씀하셨다. "이 노래(「라마나의 감로」)는 랑가 아이야르의 아들이 내 '결혼'(298쪽 참조)을 축하해서 지은 노래 중의 하나지." G. V. 숩바라마이야가 나에게 와서 이 이야기를 하기에, 나는 그에게 그 지은이는 바로 노여사의 아들이고 그녀가 랑가 아이야르의 부인이라고 말해 주었다.

1946-5-25

마하뿌자가 여느 때와 같이 성대하게 경축되었다.

1946-5-26

오늘의 우편물이 오자 바가반은 우편엽서 하나를 읽으시고 말씀하셨다. "마두라이의 삐쭈마니 아이야르(Pichumani Aiyar)가 쓰기를, 미나끄쉬(Meenakshi) 님이 세상을 떠났다는군요.112) 바로 오늘 아침인가 어제인가 그녀 생각이 났는데 지금 이 소식이 왔습니다."

G.V. 숩바라마이야가 바가반께 자신이 저번에 왔을 때 지은 시 두 수를 읽어드렸다. 그 요지는 이러했다. "다람쥐·공작·개·소·원숭이 등 온갖 동물들에게 베풀어 주시는 당신의 자애로움을 보면, 저희가 어찌 감명 받지 않을 수 있겠습니까? 저희의 뼈마디가 녹아내립니다. 온갖 새들과 짐승이 당신께 다가가 당신의 시선과 접촉을 받고, 구원을 성취합니다. 이 인간 짐승에게도 그것을 하사하시어 이것을 구해 주십시오."

오후에 바가반의 인척인 마나마두라의 라마스와미 아이야르(Ramaswami Aiyar)113)가 와서 회당에 앉았는데, 바가반은 그에게 말씀하셨다. "미나끄

---

110) T. 지금도 라마나스라맘의 토요일 빠라야나 때 불리는 노래이다(또한 433-4쪽 참조).
111) T. 이 노래에 대해서는 G. V. 숩바라마이야, 『스리 라마나 회상』, 108쪽 참조.
112) T. 바가반의 고모. 숙부, 숙모들은 이미 세상을 떠났고, 고모가 마지막으로 타계했다.
113) T. 바가반의 이종사촌 누이인 Meenakshi의 남편. 바가반이 어릴 때 젖이 많았던 어머니는 바가반과 함께 Meenakshi에게도 젖을 먹이곤 했다.

쉬 님이 세상을 떠나셨다는 거 알고 계신가요? 우리는 오늘 아침에 삐쭈(Pichu)로부터 이 소식을 받았습니다. 오늘 아침인가 어제 아침에 살아있는 마지막 고모님으로 내가 그녀를 생각했는데, 이제 그녀가 타계했다는군요."

몇 말씀을 더 하신 뒤에 **바가반**이 말씀하셨다. "전에 한 번 당신 처(**바가반**의 이종사촌 누이 미나끄쉬)가 아플 때, 내가 가서 그녀의 침대 곁에 앉아 그녀에게 손을 대주는 꿈을 꾸었지요. 그녀는 눈을 뜨고 '누가 저에게 손을 대요?' 하더니 나인 것을 보자 '당신이세요? 그러면 하실 수 있죠' 라고 말하더군요. 그녀도 그에 상응하는 꿈을 꾸었는지 모릅니다."

G. V. 숩바라마이야가 대답했다. "제가 이에 대해 물어보았는데, 라마스와미 아이야르 부인도 그에 상응하여, **바가반**께서 오셔서 그녀의 곁에 앉아 그녀에게 손을 대주시는 꿈을 꾸었다는 걸 알았습니다."

이와 관련하여 G. V. 숩바라마이야가 말했다. "한번은 **바가반**의 숙모님 —**바가반**이 띠루반나말라이로 떠나오실 때 끼니를 챙겨주신 분—이 여기 오셨을 때 제가 있었는데, **바가반**께서 그녀에게 특별히 자애로우셨지요. 저는 **바가반**께서 왜 숙모님에 대해 그렇게 자애로우신가 궁금하지 않을 수 없었습니다. 당신의 어머님에 대해서는 엄하셨다고 하니까 말입니다. 그것은 **바가반**께서 어머니가 **바가반**을 자기 아들이라고 여기는 당연한 감정을 없애주시기 위해서였습니까?"

바가반은 침묵을 지키셨고, 나는 당신께서 어머니가 당신에게서 한 사람의 진인을 보고 아들을 보지 않도록 훈련시키기 위해 일부러 그렇게 행동하신 것이 분명하다고 말했다. 당신은 여전히 답변하지 않으셨지만, 우리는 당신의 태도로 미루어 우리의 추측이 옳다고 여겼다. 그러고 나서 얼마 후 **바가반**이 말씀하셨다. "제가 어머니에게 심한 말을 할라치면 어머니는 울기도 했는데, 그러면 저는 '계속 우세요! 울면 울수록 저는 더 기쁘니까' 하고 말하곤 했지요."

1946-5-27

　나감마의 질녀인 9살쯤 된 소녀가, 왜 **바가반**은 띠루반나말라이를 떠나 당신의 헌신자들을 방문하는 일을 결코 하려고 하지 않으시는지 알고 싶어 했다. (텔루구어를 쓰는) 소녀는 G. V. 숩바라마이야를 통해서 그 질문을 했지만 **바가반**은 침묵을 지키셨다. 그러나 그녀는 답변을 얻어 달라고 G. V. 숩바라마이야를 끈덕지게 졸랐다. 마침내 **바가반**이 말씀하셨다. "너는 나를 보고 싶어서 여기 왔는데, 내가 여기 늘 있으니까 네가 나를 볼 수 있었지. 만일 내가 계속 돌아다니면 네가 여기 와도 나를 보지 못할 수도 있어. 많은 사람들이 여기 오는데 만일 내가 없으면 실망해서 돌아가야 할 거야. 그리고 내가 여기를 떠난다 해도 네 집에 언제 가게 될지 어떻게 알겠니? 띠루반나말라이나 도중의 다른 읍에 수많은 사람들이 있어서 그들이 나를 자기 집으로 초청할 테니 말이다. 만약 내가 너의 집에 가겠다고 약속하면 그들의 집에도 가겠다고 약속해야 할 거고, 그러면 너의 집에는 결코 가지 못할 수도 있어. 게다가 여기서 네가 보는 이 많은 사람들 다 나와 함께 가려고 하겠지. 여기서도 나는 아무 데도 못 가. 안 그러면 저번에 내가 스깐다스라맘에 갔을 때처럼 온 군중이 다 따라올 걸." 당신은 농담조로 이렇게 덧붙이셨다. "나는 감금되어 있어. 이것은 내 감옥이야."

1946-5-28

　오후에 랑가 아이야르 부인은 **바가반**이 진지(*jnana*)와 '결혼'했다는 내용으로 자기 아들이 지은 「라마나의 감로」 거의 전부를 노래 불렀다. **바가반**은 아주 자애롭게 경청하셨다. 그 노래 중 하나는 **바가반**이 대여섯 살쯤 되었을 때 당신이 한 어떤 일로 당신의 아버지가 "이 녀석 옷을 벗겨 내쫓아"라고 말한 사건을 언급했다. 내가 **바가반**께 그에 대해 여쭤자 당신은 그 어린 시절에 대해 말씀하시다가 당신 아버지와 어떤 사람들이 병원 구내에서 찍은 단체사진 한 장과, 나중에 당신이 숙부님과 찍은 사진 한 장에 대해 말씀하셨다. 당신이 말씀하시기를, 우리의 식당에 걸려 있는 당신 아버지의 사진은 랑가 아이야르의 집에서 찾아낸 것으로, 아버지와 함께한 그 단체사진에서 나온 거라고 하셨다. 그러나 **바가반**이 나오는 다른 한 장의 사진은 어디로 갔는지 알 수 없다고 하셨다.

오후에 **바가반**이 밖에 나가셨을 때 나감마의 질녀가 당신의 진로를 가로막고 있었다. **바가반**은 웃으면서 말씀하셨다. "네가 나를 데려가고 싶다면 나를 묶어서 달구지에 실어야 할 걸. 그 방법 밖에 없어."

1946-5-29

보즈: 우파니샤드에서는 일체가 브라만이라고 하는데, 어떻게 우리가 **샹까라**처럼 이 세계를 거짓(*mithya*)이라거나 환幻이라고 할 수 있습니까?

바가반: **샹까라**도 이 세계가 브라만, 곧 진아라고 말했습니다. 그가 반대한 것은, **진아**(자기)가 이 세계를 구성하는 이름과 형상들에 의해 제한된다고 우리가 상상하는 것입니다. **샹까라**는 세계가 브라만과 별개로는 존재하지 않는다고 말했을 뿐입니다. 브라만, 곧 진아는 스크린과 같고 세계는 그 위에 비추어지는 화면들과 같습니다. 스크린이 있는 한에서만 우리가 화면들을 볼 수 있습니다. 그러나 '보는 자' 자신이 스크린이 되면 진아만이 남습니다. 『해탈정수』에서는 마야에 대해 여섯 가지 질문에 답변하고 있는데, 배울 점이 있습니다.

첫 번째 질문은 "마야란 무엇입니까?"입니다. 그리고 그 답변은 "그것은 말로는 표현할 수 없다(*anirvachaniya*)"는 것입니다.

두 번째 질문은 "그것은 누구에게 옵니까?"입니다. 그 답변은 "자신이 별개의 한 개체라고 느끼면서 '내가 이것을 한다'거나 '이것은 내 것이다'라고 하는 마음, 곧 에고에게 온다"라는 것입니다.

세 번째 질문은 "그것이 어디서 오며, 어떻게 시작되었습니까?"입니다.

그 답변은 "누구도 말할 수 없다"라는 것입니다.

네 번째 질문은 "그것은 어떻게 일어났습니까?"입니다. 그 답변은 "무無탐구(non-*vichara*)로 인해, 곧 '나는 누구인가?' 하고 묻지 않아서"라는 것입니다.

다섯 번째 질문은 "진아와 마야 둘 다 존재한다면 그것은 비이원론을 무효로 만들지 않습니까?"입니다. 그 답변은, "그럴 필요가 없다. 왜냐하면 화면이 스크린에 의존하듯이 마야는 진아에 의존하기 때문이다. 화면은 스크린이 실재한다는 의미에서는 실재하지 않는다"라는 것입니다.

여섯 번째 질문은 "만약 **진아**와 **마야**가 하나라면, **진아**는 **마야**의 성품을 가졌다고, 즉 환幻이라고 주장할 수 있지 않겠습니까?"입니다. 그 답변은 "아니다. 진아는 환幻이 아니면서도 환幻을 낳을 수 있다. 요술사는 우리를 즐겁게 하기 위해 사람·짐승·사물들의 환幻을 창조할 수 있는데, 우리는 요술사를 볼 때만큼이나 똑똑히 그것들을 본다. 그러나 공연이 끝나면 요술사만 남고 그가 창조했던 모든 환영들은 사라지고 없다. 그는 그 환幻의 일부가 아니라, 실재하고 구체적이다"라는 것입니다.

1946-5-30

오늘 다시 보즈가 **마야**라는 주제로 돌아가서 **바가반**께 질문했다. "**히라냐가르바**(*Hiranyagarbha*)가 무엇입니까?

바가반이 답변하셨다. "**히라냐가르바**는 **이스와라**의 미세신微細身(*sukshma sarira*)에 대한 다른 이름일 뿐입니다.114) 책에서는 창조를 설명하기 위해 다음 비유를 사용합니다. 진아는 그림을 그리기 위한 캔버스와 같습니다. 먼저 어떤 천에나 있는 작은 구멍들을 메우기 위해 그 위에 풀을 바릅니다. 이 풀은 온 창조계 안의 **내부주재자**(*antaryami*-신, 이스와라)에 비

---

114) *T*. 히라냐가르바는 빛, 소리 등 창조의 모든 요소를 내포한 창조의 씨앗이며, 이스와라의 잠재적 상태 혹은 '미세신'이라고 할 수 있다. 히라냐가르바에서 빛과 소리가 나오고, 이어서 세계가 창조된다고 한다. 16쪽에서도 빛과 소리를 이스와라의 미세신이라고 했다.

유될 수 있습니다. 그런 다음 화가는 캔버스 위에 윤곽선을 그리는데, 이것은 모든 창조계의 미세신—예컨대 모든 것이 거기서 일어나는 빛, 소리(nada), 빈두(bindu)[115]—에 비유될 수 있습니다. 그리고 나서 화가는 여러 색채 등을 가지고 이 윤곽선 안에 그림을 그리는데, 이것은 세계를 구성하는 거친 형상들에 비유될 수 있습니다."

오후에 T. P. 라마짠드라 아이야르가 말했다. "채드윅은 비스듬히 기대신 자세의 **바가반** 사진을 하나 가지고 있는데, 거기서 **바가반**은 피골이 상접한 모습으로 보입니다. 그런 사진은 달리 누구도 가지고 있지 않다고 생각됩니다."

내가 말했다. "그것은 **바가반**께서 일부러 음식을 적게 드실 때 찍은 것임이 분명합니다."

바가반이 말씀하셨다. "예, 스깐다스라맘에 있을 때는 한동안 하루에 한 끼만 오전 11시에 먹고 그 외에 아무것도 먹지 않았습니다. 당시에 저는 몹시 야위었지요."

이와 관련하여 G. V. 숩바라마이야가 **바가반**께 당신의 (아루나찰라에서의) 초기 시절에 대해, 그리고 탁발을 얻으러 돌아다니신 적이 있는지를 여쭈었다. 그러자 **바가반**은 T. P. 라마짠드라 아이야르의 아버지가 어떻게 처음으로 순전히 완력을 써서 당신을 자기 집으로 데려가 식사 대접을 했는지, 어떻게 당신이 처음으로 찐나 구루깔(Chinna Gurukal)의 부인에게서 음식을 탁발했는지를 들려주셨다. 나아가 당신은 그 뒤로 당신이 어떻게 띠루반나말라이의 거의 모든 거리에서 자유롭게 탁발을 했는지 말씀해 주셨다. 당신이 말씀하셨다. "그렇게 탁발을 할 때 제가 느낀 위엄과 품위를 여러분은 생각하지 못할 것입니다. 첫날 구루깔의 부인에게서 탁발을 할 때는 자라면서 배운 버릇 때문에 부끄러움을 느꼈지만, 그 뒤

---

115) *T.* '나다'는 음들로 분화되기 전의 미묘한 소리라고 하며 모든 말과 의미의 원천으로 간주되고, '빈두'는 우주 창조의 에너지가 응축되어 있는 '점' 혹은 '방울(drop)'로 여겨진다. (빅뱅 이론에서, 빅뱅이 시작되기 직전의 상태인 '특이점'과 비슷한 개념이다.)

에는 창피하다는 느낌이 전혀 없었습니다. 제가 한 사람의 왕처럼, 그리고 왕 이상으로 느껴졌습니다. 가끔 어떤 집에서는 덜 신선한 죽을 얻을 때도 있었는데, 소금이나 다른 양념 없이 사람들이 보는 노상에서, 저의 아스라맘에 와서 제 앞에 엎드려 절하곤 하던 큰 학자들과 다른 중요한 인물들이 보는 앞에서 그것을 먹고는, 두 손을 제 머리에 쓱 닦고 더없이 즐겁게, 그리고 황제조차도 제 눈에는 지푸라기로밖에 보이지 않는 그런 마음 상태로 걸어갔습니다. 여러분은 상상이 안 되겠지요. 왜냐하면 역사에 나오는 왕들의 이야기에서 그들이 왕위를 버리고 이 길을 갔다고 하는 그런 길이 있기 때문입니다."

그 한 예로서 **바가반**은 왕위를 포기하고 탁발에 나섰던 어느 왕의 이야기를 우리에게 해 주셨다. 그는 먼저 자기 나라의 경계선 밖에서 탁발하다가 자기 나라 안에서 했고, 그러다가 수도에서 했고, 결국 왕궁 안에서 했는데, 그렇게 해서 마침내 자신의 에고 의식(ego-sense)을 없앴다. 얼마 후 그가 다른 나라에서 고행자로 방랑하고 있을 때 자신이 그 나라의 왕으로 선출되자 그것을 받아들였다. 왜냐하면 이제는 '나'라는 느낌을 완전히 잃어버려서 삶 속의 어떤 역할도 단순한 주시자로서 할 수 있었고, 왕으로서 겪는 근심들이 더 이상 걱정되지 않았기 때문이다. 그가 먼저 왕이었던 나라에서 이 소식을 듣자 그들도 그에게 다시 즉위해 달라고 청했고, 그는 그렇게 했다. 왜냐하면 아무리 많은 나라를 다스린다 해도, 이제는 자신이 행위자가 아니라 그저 신의 손 안에 있는 하나의 도구일 뿐임을 깨달았기 때문이다.

실은 **바가반**은 그 이야기를 끝내지 못하셨다. 왜냐하면 당신이 한창 그 이야기를 하시던 중에 랑가 아이야르 부인이 노래를 시작했기 때문이었다. 당신은 하던 이야기를 멈추고 우리에게 변명하듯이 말씀하셨다. "그녀는 오늘 밤 떠나는데, 가기 전에 자기 노래를 다 부르고 싶은 것입니다." 나는 당신께 이야기의 나머지 부분은 내일 해 주시라고 청했다.

1946-5-31

선교사였다가 현재 교사로서 근 20년간 하이데라바드에 거주해 온 영국인 필립스(Phillips) 씨가 오늘 아침에 왔다. 그가 말했다. "저는 전쟁에서 아들을 잃었습니다. 그를 구원하려면 어떤 방도가 있습니까?"

바가반은 한동안 침묵하신 뒤 이렇게 답변하셨다. "그대의 걱정은 생각에서 비롯됩니다. 걱정은 마음의 한 창조물입니다. 그대의 진정한 성품은 평안입니다. 평안은 새롭게 성취해야 할 것이 아니고 바로 우리의 성품입니다. 위안을 찾으려면 이렇게 명상해도 됩니다. '신이 주셨고 신이 데려가셨다. 그분이 가장 잘 아신다'고 말입니다. 그러나 참된 치유법은 그대의 참된 성품을 탐구하는 것입니다. 그대가 슬픔을 느끼는 것은 이제 아들이 존재하지 않는다고 생각하기 때문입니다. 그가 존재한다고 알면 슬픔을 느끼지 않겠지요. 그것은 슬픔의 근원이 심적인 것이지 실제 현실이 아니라는 것을 뜻합니다. 어떤 책들에 이런 이야기가 나옵니다. 두 청년이 순례를 떠났는데 며칠 후 그 중 한 명이 죽었다는 소식이 왔습니다. 그러나 살아 있는 사람이 죽은 것으로 소식이 잘못 전해졌고, 그 결과 아들을 잃은 어머니는 여느 때처럼 기뻐했고, 아들이 아직 살아 있는 어머니는 울면서 탄식했습니다. 그래서 슬픔을 야기하는 것은 어떤 대상이나 상태가 아니라 그에 대한 우리의 생각일 뿐입니다. 그대의 아들은 진아에서 왔다가 다시 진아에 흡수되었습니다. 그가 태어나기 전에, 그가 진아와 별개로 어디에 있었습니까? 그는 실은 우리의 진아입니다. 깊은 잠 속에서는 '나'라든가 '자식', 혹은 '죽었다'는 생각이 그대에게 일어나지 않는데, 그대는 잠 속에 존재했던 그 사람과 똑같은 사람입니다. 이런 식으로 탐구하여 그대의 진정한 성품을 알아내면, 그대의 아들의 진정한 성품도 알게 될 것입니다. 그는 늘 존재합니다. 그를 잃었다고 생각하는 것은 그대일 뿐입니다. 그대가 마음 속에서 아들을 창조한 다음 그를 잃었다고 생각하지만, 진아 안에서는 그가 늘 존재합니다."

K.M. 지브라자니: 신체적 죽음 이후의 삶의 본질은 무엇입니까?

바가반: 그대의 현재의 삶에 대해 알아내십시오. 왜 죽음 이후의 삶을 걱정합니까? 현재를 깨달으면 일체를 알게 될 것입니다.

오후에 **바가반**은 당신의 친척인 세샤 아이야르(Sesha Aiyar)라는 젊은이가 회당 안에 있는 것을 보셨다. 당신이 말씀하셨다. "자네를 보니 내가 소년 시절 딘디걸(Dindigul)에서 있었던 일이 생각나는군. 당시에 자네 삼촌인 뻬리압빠 세샤이야르가 거기 살고 계셨지. 그 집안에 어떤 행사가 있어서 모두 거기 참석한 다음 밤에 사원으로 갔어. 나만 그 집에 남아 있었지. 나는 거실에서 책을 읽고 있었지만, 얼마 후 대문을 잠그고 창문을 걸어 버린 뒤 잠을 잤어. 그들이 사원에서 돌아와 아무리 소리를 지르고 문이나 창문을 쾅쾅 두드려도 나를 깨울 수 없었지. 결국 그들은 맞은편 집에서 가져온 열쇠로 겨우 문을 열고 들어와 나를 때려서 깨우려고 했어. 아이들이 모두 나를 실컷 때렸고 자네 삼촌도 그랬지만 소용이 없었지. 나는 다음날 아침에 그들이 이야기해 줄 때까지 아무것도 몰랐다네."

내가 여쭈었다. "당시 **바가반**께서는 몇 살이셨습니까?"

바가반이 말씀하셨다. "열한 살쯤이었지요." 그런 다음 말씀을 계속하셨다. "마두라에서도 같은 종류의 일이 저에게 일어났습니다. 제가 깨어 있을 때는 아이들이 저한테 감히 손을 못 대었지만, 저에게 어떤 불만이 있으면 제가 잠들었을 때 와서 저를 자기들 좋을 대로 어디든 메고 가서 실컷 때린 다음 다시 침상에 눕혀두곤 했는데, 저는 아침에 그들이 이야기할 때까지 아무것도 몰랐습니다."

내가 말했다. "당시에도 **바가반**의 잠은 보통의 잠이 아니라 삼매와 같은 어떤 상태였던 것 같습니다."

바가반: 그것이 어떤 상태였는지는 모르지만, 그것은 사실입니다. 저의 생애에 대해 글을 쓴 사람들은 그것을 몽유병이라고 했지요.

나: 그것은 확실히 잠자면서 걷는 몽유병은 아니었습니다. 그것은 삼매, 즉 진아 속으로의 몰입에 더 가까운 것이었습니다.

저녁에 보즈가 질문했다. "진아에 대한 탐구가 진짜배기인 것을 알면서도 우리가 염송(japa)과 예공(puja) 등을 해도 좋습니까?"

바가반: 다 좋습니다. 그런 것도 결국 이것(진아탐구)에 이릅니다. 염송은 우리의 진정한 성품입니다. 우리가 진아를 깨달으면 염송이 애씀 없이 계속됩니다. 어느 단계에서의 수단이 다른 단계에서는 바로 그 목표가 됩니다. 애씀 없고 부단한 염송이 계속될 때, 그것이 깨달음입니다.

보즈: 왜 바가반께서는 아루나찰라를 아버지로 간주하셨습니까?

바가반은 대답하지 않고 미소를 지으며 앉아 계셨다.

보즈: 아마 다른 사람들의 이익을 위해서였겠지요?

바가반: 그렇지요. '나'라는 느낌이 있는 한, 그것이 나온 어떤 근원이 있을 수밖에 없습니다.

1946-6-1

7시 45분경에 바가반이 아침 산책에서 돌아오시자 시자인 시바난다가 당신의 다리를 안마해 드리겠다고 했다. 바가반은 못하게 하면서 이렇게 말씀하셨다. "제가 하라고 하면 그들은 장시간 계속 안마를 합니다. 오늘 아침에도 빠라야나 때 못하게 했지요. 그들은 빠라야나와 함께 시작하여 그것이 끝날 때까지 멈추지 않는데, 때로는 저도 의식하지 못합니다."

G. V. 숩바라마이야: 바가반께서 언젠가 저에게 말씀하시기를, 바가반께서는 빠라야나가 시작되는 것은 아시는데 그것이 끝날 때까지 더는 아무것도 알지 못한다고 하셨습니다.

바가반: 그렇지요. 시작하는 것을 들었다 싶으면 끝나는 것은 듣고, 그 사이에는 몰입되어 시간 가는 줄을 모르다가, 그들이 내용을 전부 빼먹고 금방 끝내는 것 아닌가 하고 의아해할 때가 종종 있습니다.

잠시 후 바가반이 말씀을 계속하셨다. "마찬가지로, 저 사람들은 계속 안마를 하는데 저는 가끔 안마 받고 있다는 것을 전혀 의식하지 못합니다. 그래서 지금은 그들에게 안마를 못하게 해야겠군요. 제 손으로 하겠습니다." 그렇게 말씀하시고 바가반은 연고를 꺼내어 당신의 두 무릎에 문지르셨다.

오후에 바가반은 깐푸르에서 온 H. C. 칸나(Khanna) 씨의 질문에 답변하면서 이렇게 말씀하셨다.

"그대의 직업이나 생활상의 임무가 그대의 영적인 노력을 왜 방해하겠습니까? 예컨대 그대가 집에서 하는 활동과 사무실에서 하는 활동에 차이가 있습니다. 사무실 활동에서는 그대가 초연하고, 그대가 할 일을 하고 있는 한 무슨 일이 일어나든—혹은 그것이 고용주에게 득이 되든 실이 되든—상관하지 않습니다. 그러나 집에서 그대가 해야 하는 일은 집착을 가지고 하게 되고, 그대는 늘 그것이 그대와 가족에게 이익을 가져올지 불이익을 가져올지 염려합니다. 그러나 삶의 모든 활동을 초연하게 수행하면서 진아만이 실재한다고 여기는 것이 가능합니다. 그대가 진아 안에 고정되어 있으면 삶 속에서 해야 하는 일들이 제대로 되지 않을 거라고 생각하는 것은 잘못입니다. 그것은 배우와 같습니다. 배우는 분장을 하고 연기를 하면서 심지어 자신이 연기하는 그 배역을 자신처럼 느낄 수도 있지만, 실은 자신이 그 캐릭터가 아니며 실생활에서는 다른 사람이라는 것을 알고 있습니다. 그와 마찬가지로, 자신이 몸이 아니라 진아라는 것을 확실히 알고 있다면, 몸-의식(body-consciousness), 곧 '나는 몸이다'라는 느낌이 왜 그대를 방해하겠습니까? 몸이 하는 어떤 일도 그대를 진아안주眞我安住(abidance in the Self)에서 동요시키면 안 됩니다. 그런 안주는 몸이 해야 할 어떤 임무도 그대가 제대로, 효과적으로 해내는 것을 결코 방해하지 않을 것입니다. 마치 배우가 삶 속에서의 자신의 실제 지위를 자각하고 있는 것이, 무대 위에서 그가 어떤 배역을 연기하는 것을 방해하지 않듯이 말입니다."

"그대는 스스로에게 '나는 몸이 아니라 진아다'라고 말해도 되겠느냐고 묻습니다. 물론 그대 자신을 몸과 동일시하고 싶은 마음이 들 때마다(오랜 원습 때문에 종종 그럴 수밖에 없겠지만) 그렇게 하는 것이 스스로에게 그대는 몸이 아니라 진아라는 것을 상기시키는 데 도움이 될 수 있지요. 그러나 '나는 몸이 아니라 진아다'라고 계속 말하여 그것이 하나의 만트라가 되게 해서는 안 됩니다. 진아탐구를 제대로 하면 '나는 이 몸이다'라는 관념은 점차 사라질 것이고, 때가 되면 그대가 곧 진아라는 믿음이 확고부동해질 것입니다."

K.M. 지브라자니: 초기 단계에서는 사람이 홀로있음을 추구하여 삶의 외적인 의무들을 포기하는 것이 도움이 되지 않겠습니까?

바가반: 포기(renunciation)는 늘 마음속에 있지, 숲이나 외딴 곳으로 가거나 자신의 의무를 포기하는 데 있지 않습니다. 주안점은 마음이 밖으로 향하지 않고 안으로 향하게 하는 것입니다. 실은 어떤 사람이 이곳으로 가느냐 저곳으로 가느냐, 또는 자신의 의무를 포기하느냐 하지 않느냐는 그 사람에게 달려 있지 않습니다. 그 모든 것은 운명에 따라 일어납니다. 몸이 겪어야 할 모든 활동은 그것이 처음 생겨날 때 정해집니다. 그것은 그대가 그것을 받아들이느냐 거부하느냐에 달려 있지 않습니다. 그대가 가진 유일한 자유는 그대의 마음을 내면으로 돌려서 거기서 활동을 포기하는 것입니다.

K.M. 지브라자니: 하지만 특히 초심자에게는 어떤 것이 도움이 될 수도 있지 않습니까? 어린 나무 주위의 울타리처럼 말입니다. 예컨대 우리의 책들은 신성한 사원들을 찾아 순례를 떠나는 것이나 **삿상**을 갖는 것이 도움이 된다고 말하지 않습니까?

바가반: 누가 그런 것이 도움이 되지 않는다고 했습니까? 다만 그런 것들은 그대의 마음을 내면으로 돌리는 것처럼 그대에게 달려 있지는 않

습니다. 많은 사람들이 그대가 말하는 순례나 삿상을 원하지만, 모두가 그것을 얻습니까?

K.M. 지브라자니: 왜 내면으로 향하는 것만 저희에게 남겨져 있고, 외적인 것들은 그렇지 않습니까?

내가 대답했다. "누구도 그 질문에는 대답할 수 없습니다. 그것은 신의 계획입니다."

바가반: 그대가 근본으로 나아가고 싶다면 그대가 누구인지를 탐구하여, 자유나 운명을 가지고 있는 자가 누구인지를 알아내야 합니다. 그대는 누구이며, 왜 그런 한계를 가진 그 몸을 얻었습니까?

1946-6-3

G.V. 숩바라마이야: 수브라마니아 바라띠(Subramania Bharati)[116]가 언제 바가반을 찾아온 적이 있습니까?

바가반: 한 번은 왔다고 생각합니다. 그것은 우리가 산 위에 살 때였지요. 어느 날 저녁에 지금은 죽은 시바야(Sivayya)[꾸프랄람의 마우니 스와미]만 저와 함께 있었는데, 어떤 사람이 와서 근 한 시간 동안 제 앞에 앉아 있다가 한 마디 말도 하지 않고 떠났습니다. 나중에 바라띠의 사진을 보고 그였던 것이 분명하다고 생각했지요.

G.V. 숩바라마이야: 원숭이를 때려서 그 원숭이가 너무 슬펐던 나머지 물에 빠져 죽게 한 것이 시바야였습니까?

바가반: 아니, 그것은 다른 사람이지요. 그리고 그 원숭이는 얻어맞은 것이 아니라 꾸중을 들었을 뿐입니다. 원숭이는 그것조차도 견딜 수 없었고, 그 직후에 가서 물에 빠져 죽었습니다. 얻어맞은 것은 개였습니다. 그는 아주 이상한 개였지요. 하루 종일 우리 아스라맘보다 높은 데 있는 바위 사이의 한 곳에 조용히 엎드려 있다가—우리가 그를 보기가 쉽지

---

116) *T*. 타밀 시인이자 독립운동가(1882-1921).

않은 곳이었지요—밤에만 나오곤 했습니다. 시커먼 것이 밤중에 나갔다가 돌아오는 것을 보고, 낮에 우리가 보니 개였던 것입니다. 그 개는 이런 식으로 여러 해를 살았고, 그래서 우리는 그를 동정하여 음식을 주기 시작했습니다. 그래도 우리 가까이 오려고 하지 않았지요. 우리에게서 조금 떨어진 곳에 음식을 좀 놔두면 와서 먹은 뒤 가 버리곤 했습니다. 우리가 가까이 가면 도망갔습니다. 그러던 어느 날 우리들 중 몇 명이 밖에 나갔다가 돌아올 때 이 개가 우리에게 달려왔는데, 많은 사람들 중에서도 저에게 곧장 달려오더니 저에게 뛰어올라 저와 친해지려고 했습니다. 그 뒤로 그는 우리와 함께 살았고, 어느 헌신자에게나 가서 그 무릎에 엎드리곤 했지요. 전통주의 신앙을 가진 몇 사람은 그것을 좋아하지 않았고, 하루는 한 헌신자가 예공을 하고 있을 때 방해한다고 이스라 스와미가 개를 때렸습니다. 이것은 그 개가 도저히 견딜 수 없는 것이었고, 그는 즉시 사라져 버렸습니다. 우리는 그가 어떻게 되었는지 모릅니다. 그를 찾아보았지만 도저히 찾아낼 수 없었지요.

이후 이야기는 **바가반**을 찾아왔던 유명한 혹은 저명한 사람들 중의 몇 명에게로 옮겨갔다. 타계한 마이소르의 마하라자에 대해 이야기하면서 **바가반**이 말씀하셨다. "그는 와서 조용히 있다가 갔지요."

우리 중의 몇 사람이 그가 아무 질문도 하지 않았느냐고 여쭈자 **바가반**이 말씀하셨다. "아니, 아니요, 그런 것은 전혀 없었습니다."

내가 말했다. "제가 듣기로, 그는 자기 백성들에게 가장 이롭게 그들을 다스릴 수 있도록, 뭐 그런 걸로 **바가반**의 축복을 청했다고 합니다."

바가반: 예, 그는 자기가 하는 일에 대해 축복을 청했습니다. "저는 여기서 당신께 봉사할 수 있는 특권을 가진 사람들처럼 봉사할 수 없지만 그래도 당신의 은총을 갈구합니다", 그런 식으로 말했지요. 그 외에는 저와 어떤 것도 논의하지 않았습니다.

어떤 사람이 라젠드라 쁘라사드(Rajendra Prasad-네루 시절의 인도 대통령)가 여기 왔을 때 있었던 일을 알고 싶어 했다.

바가반: 그도 여기 있는 여러 날 동안 내내 조용했지요.

K.S. 세샤기리 아이야르: 당시 저도 여기 있었습니다. 이야기는 (같이 왔던) 바자지(Bajaj-인도의 기업가)가 다 했습니다. 그는 라젠드라를 대신해서도 이야기했습니다. 제 기억으로 그는 이렇게 말했습니다. "라젠드라는 조국을 위해 아주 돈 잘 버는 변호사 일도 포기했습니다. 그런 사람이 왜 천식 같은 고통스러운 질환에 걸려야 합니까?" 그리고 **바가반**께서는 한동안 침묵하시다가 이렇게 답변하셨습니다. "이 몸 자체가 하나의 병이니 그것은 병의 병인 셈입니다"라고요.117)

바가반: 사띠야무르띠(Satyamurti)118)가 왔을 때 그도 조용했고, 전혀 말을 하지 않았습니다. 스리니바사 사스뜨리(Srinivasa Sastri)119)가 왔을 때는 그가 몇 가지 질문을 했지만, 제가 반문을 하자 답변하지 않으려고 했지요. 그는 자기 나름의 길을 가고 싶어 했습니다. 저는 그를 내면으로 데려가고 싶었지만 그는 그러려고 하지 않았고, 저를 밖으로 끌어내고 싶어 했습니다.

오후에 K.S.S.[라마나다사(Ramanadasa)]가 다음 사건을 들려주었다.

"**바가반**께서 스깐다스라맘에 살고 계실 때, 언젠가 저 혼자 당신과 함께 있었습니다. 아스라맘으로 올라가는 계단에 앉아 있는데, 한 남자가 가족을 데리고 문 앞에 와서 멈추더니 저를 불렀습니다. 제가 가니 그가 저에게 부탁하기를, 가서 **스와미**께 자기들이 다가가서 당신의 친견을 얻어도 되는지 여쭈어 봐 달라고 했습니다. 저는 놀라서 말했습니다. '왜 허락을 구합니까?' 그러자 그가 말했습니다. '우리는 불가촉천민입니다.'"

"저는 **바가반**께로 돌아가기 시작했지만, 문득 **바가반**께 여쭈는 것 자체가 그 사람에게 잘못하는 것이라는 생각이 들었습니다. 그래서 그에게,

---

117) T. 바자지와 바가반의 문답은 『대담』, 대담 502 참조.
118) T. 타밀 출신인 인도의 독립운동가, 정치인(1887-1943).
119) T. 타밀 출신인 인도의 저명한 정치인, 교육가, 웅변가(1869-1946).

바가반께는 카스트가 아무 의미가 없고 당신들은 환영받을 거라고 말해 주었습니다. 그 일행은 전부 와서 바가반 앞에 엎드려 절을 했는데, 저는 당신의 자애로운 시선이 어떻게 약 10분간 그 불가촉천민과 가족들에게 머물렀는지 잘 기억합니다. 반면에 부유하고 저명한 많은 사람들이 당신의 발 앞에 엎드리고도 그런 은총을 하사받지 못한 것도 기억합니다."

바가반은 『라마나 릴라』의 최신판을 훑어보시다가 G. V. 숩바라마이야에게 그 책에 끼어든 몇몇 오류를 지적하셨다. 그리고 그 이야기 도중 당신은 띠루쭐리 시절의 급우였던 까티르벨루(Kathirvelu)라는 사람에 대해서 말씀하셨다. 당신은 까티르벨루의 부탁으로 그의 공책에 영어로 그의 이름과 학급, 학교를 써준 다음 타밀어로 '마드라스 관구管區'(Madras Presidency-당시 남인도의 광역 행정 구역)라고 덧붙이고, 손수 페이지 번호를 매겨주셨다고 했다. 그 급우는 이곳에 한 번도 오지 않았지만 그가 죽은 뒤 그의 아들이 그 공책과, 까티르벨루가 종교적 주제에 대한 에세이들을 포함해 여러 가지를 써 놓은 다른 공책 한 권을 함께 보내왔다. 바가반은 그 공책들, 특히 당신이 몇 줄을 써준 공책을 우리에게 보여주고 싶어 하셨지만 우리는 그것을 찾지 못했다. 그래서 바가반이 몸소 침상에서 일어나 선반으로 가서 우리를 위해 그것을 뽑아내셨다. 그 타밀어 글씨는 그 당시에도 인쇄 글씨 같았고, 페이지 번호도 그러했다.

1946-6-6

오후에 G. V. 숩바라마이야가 여쭈었다. "내심염송(manasa japa)과 명상의 차이는 무엇입니까?"

바가반: 그것은 똑같습니다. 둘 다 마음이 한 가지 대상에, 그 만트라나 진아에 집중됩니다. 만트라·염송·명상은 이름이 다른 것일 뿐입니다. 그런 것들이 노력을 요하는 한 우리는 그것을 그런 이름들로 부르지만, 진아를 깨달으면 그것이 아무 애씀 없이 계속되고, 수단이던 것이

그 목표가 됩니다.

1946-6-8

오늘 T.P. 라마짠드라 아이야르, G.V. 숩바라마이야 외 몇 사람이 함께 구루무르땀, 인근의 망고 과수원, 아얀꿀람(Ayyankulam)[120], 아루나기리나타 사원[121], 빠딸라링감(Pathalalingam) 사원[122], 바하나 만땁(Vahana Mantap)[123], 큰 사원 안의 일루빠이(*iluppai*) 나무 등 **바가반**이 초창기에 머무르셨던 모든 장소를 보러 갔다. 저녁에 그들이 돌아오자 **바가반**은 그들에게 다녀온 일을 물으셨다. 그들은 아주 즐거웠다면서, 아얀꿀람에서 그리고 거기서 돌아오는 길에 다들 황홀경에 빠져 노래를 불렀고, 비스와무르띠(Viswamoorthi)가 선두에서 노래를 이끌면서 그들에게 황홀경을 불러일으켰다고 말했다.

바가반은 구루무르땀의 벽에 당신이 그 벽에 기대면서 남겨진 자국들과, (우단디) 나야나르(Nayanar-바가반의 최초의 시자)를 위해 처음 숯으로 썼던 글씨도 회칠을 긁어내면 아직도 식별할 수 있다고 말씀하셨다. 그들은 그곳이 이제 온통 담뱃단(담배줄기들을 묶은 단)들로 가득 차 있어서 **바가반**께서 앉아 계시던 구석을 볼 수도 없었다고 말했다.

1946-6-9

오후에 T.P. 라마짠드라 아이야르가 비스와무르띠에게 그가 전날 구루무르땀에서 불렀던 노래 중의 두 곡을 부르게 했다. 그 뒤에 비스와무르띠는 깐나다어(Kannada-까르나따까 주의 언어)로 된 자신의 **바가반** 생애담을 노래했는데, 각 행이 '스리 라마나'로 끝났다. T.P. 라마짠드라 아이야르

---

120) *T.* 바가반이 처음 띠루반나말라이에 도착하여 소지품을 버린 저수지.
121) *T.* 아루나찰라 산 동쪽 기슭에 있는 옛 성자의 산굴.
122) *T.* 바가반이 초기에 깊은 삼매에 들던 큰 사원 내의 지하실. 여기서도 매일 예공이 있다.
123) *T.* 아루나찰레스와라 큰 사원 내에 있는 건물의 하나.

는 합창으로 '스리 라마나' 부분에 가세했다. 그런 다음 T.P. 라마짠드라 아이야르는 **바가반께**, 전날 벤까떼사 사스뜨리가 그들에게 이 노래를 열정을 가지고 부르도록 자극하는 바람에 그들은 노래를 불렀을 뿐 아니라 춤까지 추면서 황홀경에 들었다고 말씀드렸다. **바가반**이 말씀하셨다. "그래요? 어제는 그 이야기를 해 주지 않았는데. 저는 여러분이 그냥 노래만 부른 줄 알았지요."

1946-6-10

스와미 마다바 띠르타(Swami Madhava Theertha)의 제자이자 **마하트마 간디**의 인척인 하리다스 박사(Dr. Haridas)가 **바가반께** 질문했다. "만일 무지도 **브라만**이라면, 왜 **브라만**은 보이지 않고 무지나 세계만 보입니까?"

바가반: 브라만은 우리가 보거나 알 수 없습니다. 그것은 '보는 자·봄·보이는 것', 그리고 '아는 자·앎·알려지는 것'의 3요소(*triputis*)를 넘어서 있습니다. **실재**는 항상 있는 그대로 남아 있습니다. 무지나 세계가 있다는 것은 우리의 미혹(*moham*) 또는 환상 때문입니다. 지知도 무지도 실재하지 않습니다. 이것과 함께 다른 모든 상대물의 쌍들을 넘어서 있는 것이 **실재**입니다. 그것은 빛도 아니고 어둠도 아니며, 그 둘을 넘어서 있습니다. 다만 우리가 그것을 빛이라 하고, 무지를 그것의 그림자라고 이야기해야 할 때가 가끔 있지요.

G.V. 숩바라마이야: 진아는 책을 읽는 것으로는 깨달을 수 없고 체험(*anubhava*)에 의해서만 깨달을 수 있다고 합니다.

바가반: 체험이 무엇입니까? 그것은 상대물의 쌍들(이원자) 혹은 3요소를 넘어서는 것일 뿐입니다.

저녁에 **바가반**은 어떤 사람이 한 질문과 관련하여 이렇게 말씀하셨다. "잠 속에는 **진아**도 있고 무지도 있습니다. 무지가 있다는 것은 우리가 (잠 속에서) 아무것도 몰랐기 때문이고, 진아가 있다는 것은 우리가 (잠 속에서도) 존재했고, 잠에서 깨어나면 아무것도 몰랐으면서도 '잘 잤다'고 말하기 때문입니다. 만일 누가 진아와 무지는 빛과 그림자나 마찬가지인데 어떻게 함께 존재할 수 있느냐고 묻는다면 그 답은, 깨달은 사람에게는 진아가 온통 빛이며 어둠 같은 것은 전혀 없지만, 깨닫지 못한 사람에게는 마치 달 위에 그림자가 있는 것처럼 보이듯이 진아 안에 무지가 있을 수 있다고 우리가 말한다는 것입니다."

1946-6-13

방문객: 저는 주主 수브라마니야 상像을 가지고 염송을 하는데, 좌우로 발리(Valli)와 다이바야나이(Daivayanai)124)를 모셔두고 있습니다. 그러나 눈을 감자마자 수브라마니야의 상像이 빨라니 안다바르(Palani Andavar), 즉 지팡이를 짚은 거지의 모습으로 제 마음의 눈앞에 떠오릅니다. 그것이 무엇을 뜻하는지 모르겠습니다. 염송을 위해 제 앞에 두는 상像을 바꾸어야 합니까?

바가반은 대답을 하지 않으셨다.

내가 바가반께 말씀드렸다. "사람이 어느 상像 앞에서 염송을 할 때, 비록 같은 신의 모습이라고 해도 다른 모습이 그의 마음의 눈앞에 나타난다는 것은 이상한 일입니다."

그때 방문객이 덧붙였다. "한 가지 더 덧붙여 말씀드릴 것이 있습니다. 저는 빨라니 안다바르의 상像 앞에서 염송을 했던 적이 있지만, 제 어머니가 그런 상像을 집안에 두는 것이 상서롭지 않으니 발리와 다이바야니를 거느린 수브라마니야의 상像으로 바꾸어야 한다고 했습니다."

내가 말했다. "이제 이해되는군요. 아마 그 때문인 것 같습니다."

그런데도 바가반은 아무 답변도 하지 않으셨다.

바그다드 태생이라고 주장하는 나체의 한 고행자는 침묵하면서 오른

---

124) T. 발리와 다이바야나이는 수브라마니야의 두 반려자이다.

팔을 계속 공중에 치켜들고 있는데, 11일부터 빨라꼬뚜에 머무르고 있다. 그는 25년 동안 사이 바바(Sai Baba)와 함께 있었다고 주장한다. 그 것이 사실이라면 그는 지금 적어도 65세는 되었을 것이 분명하지만, 불과 30 내지 35세 정도로 보인다. 그가 오늘 아침에 **바가반**이 아침 산책에서 돌아오실 때 당신을 만나서 **바가반**의 축복을 청했다. 나는 호기심에서 그를 보러갔다. 그는 라마 숩바 아이야르(Rama Subba Aiyar)를 통해서 **바가반**께 "저의 미래는 어떻겠습니까?" 하는 질문을 보냈다.

처음에 **바가반**은 이렇게 말씀하셨다. "왜 그는 현재에 신경 쓰지 않고 미래에 대해 신경을 쓰지?" 나중에는 이렇게 덧붙이셨다. "그에게 그의 미래는 현재의 그와 같을 거라고 말해주시오."

나는 그에게서 별 인상을 받지 못했다고 **바가반**께 말씀드렸다. 내가 그는 손톱이 길어 5, 6인치나 된다고 말씀드리자 **바가반**이 말씀하셨다. "그것은 아무 의미도 없습니다. 제가 구루무르땀에 있을 때는 1년도 되지 않아 손톱이 1인치나 자란다는 것을 알았지요. 헝클머리 타래(matted locks)도 몇 년 안에 아주 길게 자랍니다. 보통의 머리는 그렇게 길게 자라지 않지요. 제 기억으로, 우단디 나야나르(Udhandi Nayanar)는 헝클머리가 불과 5, 6인치밖에 되지 않았는데, 25년 뒤에는 그것이 15피트나 되었습니다. 따라서 손발톱이나 헝클머리가 아무리 길고 인상적이라 해도 그것은 나이가 아주 많다는 표시가 못 됩니다."

나는 언젠가 **바가반**이 우리에게 들려주신 이야기를 기억했다. 초기인 당시에 사람들이 당신의 손톱을 보고 "그는 굉장히 나이가 많아. 몇 년째 저러고 있어." 하고 말했다. 그러면 **바가반**은 "예, 예" 하셨다.

1946-6-15

오후에 회당에 들어가자 **바가반**은 이렇게 말씀하고 계셨다. "우리가 보는 모든 것은 변하고 있고, 늘 변합니다. 이 모든 것의 토대이자 근원으로서 불변하는 어떤 것이 있어야 합니다."

G. V. 숩바라마이야: 이 모든 것의 근원은 불변해야 한다고 생각하기 위해 우리가 가진 근거는 무엇입니까?

바가반: (그렇게 생각하는 '나'가 불변이기 때문입니다.) 그 '나'가 불변이라는 것은 단순한 생각이나 상상이 아닙니다. 그것은 누구나 아는 하나의 사실입니다. 그 '나'는 가변적인 모든 것들이 존재하지 않는 잠 속에서도 존재합니다. 그것은 꿈과 생시에도 존재합니다. 그 '나'는 이 모든 상태들 속에서 불변으로 존재하는 반면, 다른 것들은 오고 갑니다.

자주 오는 방문객인 마드라스 공중 보건국 부국장인 S. 마니(Mani) 박사가 **바가반**께 질문했다. "그러나 왜 이런 것들, 즉 세계가 나타납니까?"

바가반: 세계가 누구에게 나타납니까? 그대가 보기 때문에 세계가 존재합니다. 세계가 보는 자와 독립하여 존재합니까? 세계가 와서 그대에게 "나는 존재한다"고 말합니까? 그대가 세계를 보거나 지각한다고 말하는 것 외에 그것이 존재한다는 어떤 증거가 있습니까?

다른 방문객이 **바가반**께 말했다. "저는 신의 친견을 갖고 싶습니다. 어떻게 해야 합니까?"

바가반: 먼저 우리는 그대가 말하는 '나'와 '신' 그리고 '신의 친견'이 무슨 의미인지 알아야 합니다.

그 방문객은 그 문제를 놓아버렸고 더 이상 아무 말이 없었다.

1946-6-16

G. V. 숩바라마이야: 우리가 사하스라라(sahasrara)에 도달한 뒤에도 궁극적이고 최종적인 깨달음을 얻기 위해서는 궁극적으로 **심장**에 도달해야 하며, **심장**은 (가슴) 오른쪽에 있다는 것이 어느 책에 나오기는 합니까?

바가반: 아닙니다. 어떤 책에서도 그것을 보지 못했습니다. 그러나 한 말라얄람어 의서에서 **심장**이 가슴 오른쪽에 있다는 시구 하나를 만났고,

제가 그것을 「실재사십송 보유」에서 타밀어로 번역했지요.

우리는 다른 중심(차크라)들에 대해서는 아무것도 모릅니다. 그런 곳에 집중해서 그것을 깨달을 때 무엇에 도달할지 우리는 확신할 수 없습니다. 그러나 '나'는 심장에서 일어나기 때문에, 진아 깨달음을 얻기 위해서는 그것이 도로 가라앉아 심장에 합일되어야 합니다.

그날 나중에 G. V. 숩바라마이야가 말했다. "테니슨(Tennyson-영국의 시인)은 자신의 이름을 몇 번 염한 뒤에 세계가 완전히 사라지는 상태에 들어갔고, 세계가 모두 환幻임을 깨달았다고 합니다." 그러자 그런 말이 어디에 나오는지, 우리가 그것을 찾아낼 수 있겠는지 하는 논의가 있었다.

1946-6-17

바가반이 산 위를 걷는 아침 산책에서 돌아오시자 한 뱅갈로르 사진사가 연화좌蓮華坐(Padmasana-결가부좌) 자세로 앉으신 당신의 사진을 한 장 찍었는데, 이는 9월에 나올 『입산 50주년 기념집(Golden Jubilee Souvenir)』에 넣기 위한 것이었다.

지금은 벨가움(Belgaum)에서 자연요법가로 활동하는 은퇴한 변호사 스리 구나지(Sri Gunaji)가 며칠간 여기에 와 있으면서 류머티즘이 있는 바가반의 두 다리를 안마해 드리고 있는데, 오늘은 자신이 힌디어로 지은 노래 한 곡을 불렀다. 그는 그 의미를 영어로 이렇게 설명했다. "저는 당신께 아무것도 요구하지 않습니다, 주님. 그러나 당신께서 저에게 어떤 은혜를 베푸실 뜻이 있으시다면, 이 에고 의식을 가져가셔서 저의 모든 생각을 죽이고 세계를 소멸하시어, 제 마음이 진아의 바다 안에서 해소되게 하소서."

바가반은 웃으면서 말씀하셨다. "그대는 저에게 달라 하지 않고 받으라고 하는군요." 그런 다음 덧붙이셨다. "드릴 것이 아무것도 없습니다. 만일 이 모든 것이―즉, 에고와 그것이 창조한 세계가―사라지면 실재가 남습니다. 그게 전부입니다. 어떤 새로운 것도 들어오지 않습니다. 거짓된 것이 사라지면 참된 것이 남습니다."

테니슨에 대한 어제의 대화에 이어서, 「가르침의 핵심」 영역본의 한 각주에서 그와 관련되는 구절이 발견되었다. 그것은 시는 아니고 B.P. 블러드(Blood)에게 보낸 편지의 구절이었다. **바가반**이 나에게 그것을 낭독해 달라고 하셔서 그렇게 했다. "… 저는 아주 어릴 때부터, 저 홀로 있을 때는 일종의 깨어 있는 황홀경을 자주 경험했습니다. 이것은 보통 저 자신의 이름을 두세 번 가만히 스스로에게 염하면 다가오는데, 그러다가 홀연히, 말하자면 개인성 의식의 강렬함에서 그 개인성 자체가 해체되어 가없는 존재(boundless being) 속으로 사라지는 것처럼 보였습니다. 이것은 혼란한 상태가 아니라 명료한 것 중에 가장 명료하고, 확실한 것 중에 가장 확실하며, 기이한 것 중에 가장 기이하여 완전히 말을 넘어서며, 거기서 죽음이란 거의 우스울 만큼 불가능한 것이었고, 인격의 상실은 (인격이 있다고 하면) 소멸이 아니라 유일하게 참된 삶으로 보였습니다."

바가반이 말씀하셨다. "그 상태를 **진아안주**라고 합니다. 많은 노래들이 그것을 묘사하고 있습니다."

당신은 『**따유마나바르**』(따유마나바르의 시들을 따로 모은 책)를 집어서 펼쳤는데 당신이 찾던 시가 있는 바로 그 페이지가 나왔다. 당신은 그 시, 즉 「**찐마야난다구루베**(Chinmayanandaguruvē)」의 제8연 '결합도 분리도 없고(kūduthaludan pirithalarru)'를 낭독하셨다. **바가반**은 따유마나바르의 「빠리뿌라나난땀(Paripuranānantham)」 제2연과 「아사이예눔(Āsaiyenum)」 제5연도 인용하셨는데,125) 이 시들은 모두 '**본연안주**(sahaja nishta)'라는 이 '상태(nilai)'를 언급하는 것이다.

---

125) T. 이 시들의 영어 번역문은 Robert Butler, T.V. Venkatasubramanian and David Godman, '*Bhagavan and Thayumanavar*', pp.11-2에서 볼 수 있다.

1946-6-18

G. V. 숩바라마이야가 바가반의 「5보송(Pancharatna)」['다섯 찬가' 중 마지막 작품]을 영시英詩로 번역하여 바가반께 보여드렸다. 바가반이 말씀하셨다. "제3연은 사뜨(sat-존재)의 측면을 다루고 있고, 4연은 찌뜨(chit-의식), 5연은 아난다(ananda-지복)를 다루고 있지요. 지知 수행자는 마치 강이 바다에 합쳐지듯이 사뜨, 곧 실재와 하나가 되고, 요기는 찌뜨의 빛을 보며, 헌신가(bhakta)나 행위 요기(karma-yogin)는 아난다의 바다에 잠깁니다."

1946-6-19

G. V. 숩바라마이야가 자신의 「5보송」 번역을 약간 바꾸어 바가반께 보여드렸다. 이어진 말씀에서 바가반이 말씀하셨다. "「5보송」이 지어진 경위는 이렇습니다. 제가 어쩌다가 (산스크리트어로) 제1연을 약간 다른 형태로 지어둔 게 있었는데 가나빠띠 사스뜨리(나야나)가 보고 그것을 약간 바꾸더니, 그것이 아리야 기타(Arya Geetha)126)가 되었다면서 그 비슷한 시구 4연을 더 지어달라고 했습니다. 그러면 그것을 자기 작품들의 기원문(mangalam)으로 삼겠다는 것이었습니다. 1917년의 일이지요. 나중에 1922년에 아이야사미 삘라이(Aiyasami Pillai)가 현재의 「아루나찰라 다섯 찬가」의 처음 네 노래를 한 권의 책으로 묶으면서 「5보송」도 함께 수록되도록 타밀어로 번역해 달라고 하여, 제가 그렇게 한 것입니다."

새로 온 가젠드라 메타(Gajendra Mehta)라는 사람이 바가반께, 죽은 뒤의 영혼의 상태에 대해 질문했다. 그는 아프리카에서 막 돌아왔다. 그는 4년 동안 바가반께 편지를 보내왔지만 여기 온 것은 이번이 처음이다.

바가반: 현재를 알면 미래를 알게 될 것입니다. 현재가 존재한다는 것은 누구도 의심할 수 없는데, 이상하게도 사람들은 현재에 대해서는 알고 싶어 하지 않고 늘 과거나 미래에 대해 몹시 알고 싶어 합니다. 그러

---

126) *T.* 산스크리트 작시법에서, 2행시 운율의 하나. 산스크리트 사전에는 Aryagīti로 나온다.

나 이 둘 다 우리에게 알려져 있지 않습니다.127) 탄생이 무엇이고 죽음이 무엇입니까? 그리고 누가 탄생이나 죽음을 갖습니까? 여러분이 잠 속에서나 생시에 매일 경험하는 것을 이해하려고 왜 탄생과 죽음을 찾습니까? 그대가 잠이 들면 이 몸과 세계는 그대에게 존재하지 않습니다. 그리고 이런 질문들도 그대를 괴롭히지 않습니다. 그런데도 그대는 존재합니다. 깨어 있는 지금 존재하는 그대와 똑같은 그대가 말입니다. 그대가 하나의 몸을 가지면서 세계를 보는 것은 그대가 깨어날 때뿐입니다. 생시와 잠을 제대로 이해하면 삶과 죽음을 이해하게 될 것입니다. 다만 생시와 잠은 매일 일어나기 때문에, 사람들은 그것의 경이로움은 알아차리지 못하고 탄생과 죽음에 대해서만 알려고 하는 것입니다.

G. 메타: 환생이 있습니까?

바가반: 만일 탄생이 있다면 한 번의 환생뿐 아니라 전체적으로 연속되는 탄생들이 있어야 합니다. 그대는 왜, 어떻게 이 탄생을 얻었습니까? 같은 이유와 같은 방식으로 그대가 연속적으로 태어나야 합니다. 그러나 누가 탄생을 가지고 있는지, 탄생과 죽음이 그대에게 있는지 아니면 그대와 별개의 어떤 자(에고)에게 있는지 물으면 그대가 진리를 깨닫게 되고, 그 진리가 모든 업(karma)을 태워 버리고 그대를 모든 탄생으로부터 벗어나게 해 줍니다. 산더미 같은 화약이 단 하나의 불꽃에 의해 순식간에 폭파되듯이, 소진되려면 무수한 생을 태어나야 할 모든 누적업累積業(sanchita karma)이 어떻게 하나의 작은 진지(jnana)의 불꽃에 의해 타 버리는지를 여러 책에서 그림같이 묘사합니다. 모든 세계들과, 말로 표현할 수 없을 만큼 대단한 연구들을 하는 무수한 학문들의 원인은 에고인데, 만일 탐구에 의해서 에고가 해체되면 이 모든 것이 즉시 와해되고 **실재**, 곧 **진아**만이 남습니다.

G. 메타는 자신이 외국에 머물러 있어야 하는지 아니면 인도로 돌아

---

127) *T.* 여기서 '과거'는 전생을, '미래'는 내생을 의미한다. 이 두 가지는 우리가 알지 못한다.

와야 하는지에 대한 개인적 질문도 했지만, 그에 대해 **바가반**은 이렇게 말씀하셨다. "그대가 무엇을 해야 하느냐에 대해서는 걱정하지 마십시오. 일들은 일어나도록 정해진 대로 일어날 것입니다."

저녁에 바로다(Baroda)의 큰 마하라니(Senior Maharani)가 딸레야르칸 여사와 함께 며칠 머무르기 위해 도착했다.

1946-6-20

G. 메타: 만일 제가 몸이 아니라면, 저의 선한 행위와 악한 행위의 결과에 대해 저에게 책임이 있습니까?

바가반: 만약 그대가 그 몸이 아니고 "내가 행위자다"라는 관념이 없다면, 그대의 선한 행위와 악한 행위의 결과가 그대에게 영향을 주지 않을 것입니다. 왜 몸이 하는 행위들에 대해 "내가 이것을 한다", "내가 저것을 했다"고 말합니까? 그와 같이 자신을 몸과 동일시하는 한, 그대는 그 행위들의 결과에 영향을 받고 공功과 과過를 갖게 됩니다.

G. 메타: 그러면 저는 선한 행위와 악한 행위에 책임이 없는 거군요?

바가반: 책임이 없다면 왜 굳이 그 질문을 합니까?

G. 메타: 그러면 그 말씀은, 저에게 "내가 이것을 한다"거나 "내가 행위자다"라는 느낌이 없으면, 제가 전혀 아무것도 할 필요가 없다는 의미입니까?

바가반: 행위의 문제는 그대가 몸일 때만 일어납니다.

이 메타가 나에게 말하기를, 자기는 지난 20년간 아프리카에 있으면서 이따금씩 인도를 방문했다고 했다. 그는 아메다바드 출신이다. 지난 6년 동안은 전쟁 때문에 오지 못했다. 올 초에 올해는 올 수 있을 거라는 아스라맘의 편지를 받았는데, 큰 어려움에도 불구하고 올 수 있었다고 했다.

스리 크리슈나이아 차우두리(Sri Krishniah Chowdhuri)가 오늘 왔다. 바가반이 나에게 말씀하셨다. "그는 텔루구어로 저의 생애담을 쓰고 있는데 두 장을 끝낸 모양입니다. 오늘 오후에 저에게 읽어주겠다고 했지요."

그는 3시에 와서 4시 15분경까지 읽은 뒤 내일 끝내겠다고 했다. 그 생애담에서는 바가반이 아버지가 돌아가셨다는 소식을 듣고 띠루쭐리로 가셨다고 쓰여 있지만, 바가반은 사실 당신이 아버지가 돌아가시기 4, 5일 전에 가 계셨다고 하셨다. 아버지가 위독하다는 소식을 받자 즉시 띠루쭐리로 가셨고, 아버지는 불과 4, 5일 뒤에 돌아가셨다는 것이다. 이런 오류가 생긴 것은 차우두리가 바가반 생애담의 대본으로 삼고 있는 텔루구어판 『라마나 릴라』에서 이 점이 분명치 않기 때문이다.

1946-6-24

로깜마(Lokamma)가 『싸라나 빨란두(Sarana Pallandu)』[128)에 나오는 무루가나르의 기원시를 노래했다. 노래가 끝나자 바가반이 "그녀가 부른 마지막 노래는 그들을 위해 통역해 줄 수 있겠군요."라고 하셨는데, 그것은 바로다의 마하라니와 딸레야르칸 여사를 두고 하신 말씀이었다. 그에 따라 내가 그 의미를 이렇게 말해 주었다. "큰 사랑을 가지고 라마나께 와서 소원을 성취하고, 자기네 가슴에 당신의 두 발을 묻어서 그들의 모든 문제를 해소하고 평안을 성취하는, 모든 헌신자들이 오래 살기를."

바가반은 왜 내가 그것을 통역하기를 바라셨는지 설명하면서 이렇게 말씀하셨다. "어제 딸레야르칸 여사가 저에게, 무루가나르가 저에 대해 지은 시 중에서 가장 좋은 것을 회당에서 낭독하게 하고 자신과 마하라니를 위해 통역해 달라고 했지요. 순다레사 아이야르가 그 타밀어 기원시를 제안했지만, 저는 「벌 메신저(Vandu viduthūthu)」[129)와 특히 「벌이 한 대답」이 더 적절할 것으로 생각했고, 그래서 우리가 그것을 낭독하고 통

---

128) T. 무달리아르의 요청으로 무루가나르가 지은 작품. 원제는 「라마나 싸라나 빨란두」이다.
129) 벌을 메신저(messenger)로 보내는 내용의 노래. T. 이 시들에 대해서는 513쪽을 보라.

역한 것입니다. 그리고 지금 로깜마가 그 기원시를 노래했는데, 그녀가 그 마지막 구절을 불렀을 때 저는 그들이 그것을 듣고 싶어 할 것이고 그것이 그들에게 위안이 될 거라는 생각이 들었습니다."

바로 그때 무루가나르가 두세 달 안 보이다가 들어와서 **바가반** 앞에 오체투지를 했다. **바가반**이 말씀하셨다. "우리는 그와 그의 기원시에 대해 이야기하고 있었는데 여기 그가 오는군요."

나는 그에게 그의 『라마나 친존예경親存禮敬(Ramana Sannidhi Murai)』에 있는 시들 중에서 어느 것을 그가 가장 좋아하느냐고 물었지만, 그는 뭐라고 말을 하지 못했다. 나는 「아루나이 라마네산(Arunai Ramanesan)」을 가장 좋아한다고 그에게 말하고, 이어서 거기 나오는 '당신의 발아래 귀의한 사람들(thansamenat thālsērnthār)'을 노래 불렀다. **바가반**은 나에게 그것도 마하라니를 위해 통역해 달라고 하셨고, 나는 그렇게 했다. 그 요지는, **라마나**는 당신에게 그들 자신을 내맡기고 당신을 그들의 유일한 피난처로 여기는 모든 이들의 짐을 당신의 머리 위에 대신 인다는 것(왜냐하면 그것이 당신의 운명이므로), 당신과 함께 사는 모든 사람들에게 평안이 자연스럽게 찾아온다는 것, 어떤 위험이 당신의 헌신자들을 위협할지라도 그들은 두려워할 필요가 없다는 것, 그리고 **바가반**이 무루가나르에게 두려워하지 말라고 하여 그를 구원했다는 것이다.

오후에 무루가나르가 회당에 들어오자 **바가반**은 그에게 왜 기원시의 마지막 노래가 통역되었는지 설명하시고 이렇게 덧붙이셨다. "내가 산책에서 돌아오다가 마하라니를 만났는데 그녀가 청하기를, '다음에 제가 여기 올 때는 남편과 함께 와서 당신의 발아래 귀의하고 싶습니다'라고 했네. 그는 지금 영국에 있는데 그의 건강이 좋지 않다는 소식을 그들이 들은 거야. 그래서 나는 그 기원시의 마지막 연을 통역해서 들려주면 그들에게 위안이 될 거라고 생각했지." 무루가나르는 그 시를 기억하지 못했고, 그래서 **바가반**이 그 책을 꺼내어 그에게 그것을 읽어주셨다.

저녁에 딸레야르칸 여사가 **바가반**께 말씀드렸다. "마하라니가 떠날 때 그녀는 가야 하는 것을 아주 안타까워했습니다. 저에게는, 여기서 보낸 닷새간이 자기 평생에 가장 행복한 날들이었다고 말했습니다."

1946-6-26

T. P. 라마짠드라 아이야르가 **바가반**께 자기는 이질이 있어 점심으로 죽(*kanji*)만 먹었다고 말씀드렸다. **바가반**은 쌀, 말린 생강, 고수(coriander), 암염(*induppu*)으로 쑨 죽의 효능을 높이 평가해 말씀하시고 이렇게 덧붙이셨다. "내일 아침에는 그들이 우리 모두에게 죽을 줄 것 같습니다. 제가 듣기로 사마 타타(Sama Thatha-아쉬람 상주자)가 그것을 만들 거라더군요. 누군가가 그에게 부탁한 것이 틀림없습니다. 사람들은 죽이 얼마나 건강에 좋고 맛이 좋은지 모릅니다." 그런 다음 **바가반**은 예전의 끼라이 빠띠(Keerai Patti)를 상기시켜 주셨다. 그녀는 반쯤 눈이 멀었는데도 불구하고 갖가지 푸성귀를 뜯어다가 어떻게든 그것을 요리하곤 했다. **바가반**은 그 음식을 아주 좋아하셨던 것 같다. "당시에 우리는 죽과, 우리가 가지고 있던 채소를 다 집어넣은 한 가지 아비얄(*aviyal*-야채 음식의 하나)을 만들곤 했지요. 지금 여기서 만드는 맛있는 찬들 중 어느 것도 그때 우리가 즐겼던 그 단순한 음식에 비할 수 없습니다. 사람들은 그런 식사의 즐거움을 모릅니다." **바가반**이 계속 말씀하셨다. "사람들은 가난한 이가 자기 음식을 얼마나 달갑게 여기는지 모릅니다. 단순한 음식일 때가 많지만 말입니다. 가난한 사람은 들이나 어디서 하루 종일 힘들게 일하고 나서 몹시 배가 고파 집으로 오면 앉아서 식사를 하는데, 잔뜩 한 움큼씩 목구멍으로 넘기는 것이 마치 식반食盤까지 삼킬 것처럼 보입니다. 흔히 말하는 부자는 좋은 식반에 차려진 온갖 진미를 앞에 놓고 앉아 식사를 하는데, 이것저것 조금 집어먹거나 마시지만 하나도 맛나게 즐기지 못해서, 자기 앞에 벌여진 진수성찬에서 어떤 만족도 얻지 못합니다. 우리는

여기로 내려온 뒤에도 여전히 죽을 끓여먹곤 했습니다. 처음에는 선인장들을 쳐내고 땅도 고르느라 경내에서 일하는 사람이 많았고, 우리는 품삯과 별도로 그들을 위해 점심을 해 주기도 했습니다. 그들과 우리를 위해 두 가지 음식만 준비했는데, 큰 솥 하나에 죽을 끓이고 또 한 솥에는 그때 가지고 있는 채소를 다 넣어 요리했습니다. 우리가 그것을 휘젓던 국자가 나뭇가지였다고 하면 그 양이 얼마나 많았는지 여러분도 상상할 수 있겠지요. 당시에 저는 요리에 들어갈 재료를 맷돌로 가는 일을 도맡아 하곤 했습니다. 한번은 제가 '채소줄기(keeraithandu)'를 가지고 우뿌마(uppuma-되직한 죽 같은 음식)를 만들었습니다. 어떤 사람이 채소줄기를 한 자루 가득 가져왔기에 우리는 그것을 전부 잘게 썰었습니다. 그것이 7, 8통쯤 나왔지요. 저는 거기에 밀기울(ravai) 한 통을 보태어 잘 끓였고, 그것으로 우뿌마를 만들었습니다. 모두가 그것을 밀기울로 쑨 죽이라며 맛있게 먹었지만, 그것이 실제로 어떻게 만들어졌는지 말해 주자 별로 즐거워하지 않았지요. 사람들은 늘 비싼 것을 좋아합니다."

마우니가 오늘 우편물을 가져올 때 오른쪽 허벅지 통증으로 절뚝거렸다. **바가반**은 그에게 허벅지에 연고를 좀 발라 문질러 보라 하시고, 시자에게는 그에게 연고를 좀 갖다 주라고 하셨다. **바가반**이 늘 쓰시는 작은 병이 바닥났기에 **바가반**은 시자에게 찬장에서 큰 병을 가져오라 하셨다. **바가반**은 (시자인) 바이꾼타 바사르에게 작은 병을 마우니에게 갖다 주어 그가 그것을 사용하게 하라고 하셨다. 큰 병을 찬장에서 꺼냈을 때 **바가반**은 그것이 가득 차 있지 않은 것을 보시자, 당신을 위해 그것을 사 온 칸나(Khanna)130)를 돌아보고 말씀하셨다. "그대는 자신이 쓰거나 자식들이 쓰게 하려고 이것을 샀다가 내가 처한 상태를 보고는 나에게 준 것 같군. 그리고 아마 나에게 준 저 짜바나쁘라쉬(Chavanaprash-후추나무 계열의 약재)도 본인이나 자식들을 위해서 산 것일 테고."

---

130) T. H. C. 칸나는 1905년 생으로, 보험회사 직원이었다. 1941년부터 바가반을 찾아왔다.

칸나는 바가반께 그 연고는 자기나 가족들에게는 필요하지 않았고, 특별히 바가반을 위해서 산 것이라고 했다. 그리고 그 병이 가득 차 있지 않은 것은 자신이 작은 병 여러 개로 그것을 사서 이 큰 병에 옮겨 담았기 때문이라고 설명했다.

조금 뒤 그는 바가반께 뭔가를 쓴 종이쪽지 하나를 건네 드렸다. 그것을 읽어보신 뒤에 바가반이 말씀하셨다. "이건 불평이군요. 그는 이렇게 말하고 있습니다. '저는 그동안 죽 당신을 찾아뵈었고, 이번에는 당신의 발아래 근 한 달을 머무르고 있는데도 저의 상태에서 전혀 아무런 진보도 발견하지 못합니다. 저의 원습(vasanas)이 여느 때와 같이 강합니다. 제가 돌아가면 친구들이 저를 비웃으면서, 여기 있어서 저에게 무슨 이익이 되었느냐고 물을 것입니다'라고 말입니다."

그런 다음 바가반은 칸나를 돌아보며 말씀하셨다. "왜 진지가 오지 않았다느니 원습이 사라지지 않았다느니 생각하여 마음을 괴롭힙니까? 생각들이 일어날 여지를 주지 마십시오. 따유마나바르가 지은 「수까바리(Sukavari)」의 마지막 구절에서 이 성자는 이 종이에 쓰인 것과 흡사한 말을 하지요." 그리고 바가반은 나에게 그 시구를 읽고, 타밀어를 모르는 사람들을 위해 그것을 영어로 통역해 달라고 하셨다. 그것은 이런 내용이다. "마음이 저를 비웃는데, 마음에게 천번 만번 '너에게 아무 관심이 없다'고 말을 해도 그러하니, 제가 어떻게 평안과 지복을 성취합니까?"

그때 내가 칸나에게 말했다. "이처럼 바가반께 불평하는 사람이 당신뿐만 아닙니다. 저도 한 번 이상 그런 식으로 불평했고 지금도 그렇게 합니다. 왜냐하면 저 자신에게서 아무 진보를 발견하지 못하니까요."

칸나가 대답했다. "그것은 제가 아무 진보도 발견하지 못해서일 뿐만 아니라, 제가 더 나빠졌다고 생각하기 때문입니다. 지금은 원습들이 더 강합니다. 저는 그게 이해가 되지 않습니다."

바가반은 다시 따유마나바르의 「만달라민(Mandalathin)」 중 마지막 세

연을 인용하셨는데, 거기서는 마음을 가장 관대하고 무관심한 기부자라고 하면서, 그것이 태어난 곳, 곧 근원으로 돌아가서 그 헌신자에게 평안과 지복을 베풀라고 부추긴다. 그리고 당신은 나에게 언젠가 내가 만들어둔 그 번역문을 낭독해 달라고 하셨다.131)

이때 칸나가 질문했다. "비춤(illumination) 더하기 마음은 개인아個人我(jivatma)이고 비춤만으로는 **지고아**至高我(paramatma)입니다. 맞습니까?"

바가반은 동의하신 다음 당신의 타월을 가리키며 말씀하셨다. "우리는 이것을 흰 천이라고 부르지만, 천과 그 흰색은 분리될 수 없습니다. 비춤과 마음도 그와 마찬가지로 합쳐져서 에고를 구성합니다." 그런 다음 이렇게 덧붙이셨다. "책에 자주 나오는 다음과 같은 비유도 그대에게 도움이 될 것입니다. 극장 안의 등불이 **빠라브라만**(Parabrahman), 곧 그대가 표현한 비춤입니다. 그 등불은 그 자신과 무대와 배우들을 비춥니다. 우리는 그 빛에 의해 무대와 배우들을 보지만, 더 이상 연극이 없을 때도 그 빛은 계속 비춥니다. 또 다른 비유는 마음에 비유되는 쇠막대기입니다. 불이 쇠막대기에 결합되면 그것이 벌겋게 되어 이글거리고, 불처럼 사물을 태울 수 있습니다. 그래도 그것은 불과는 달리 정해진 형태가 있습니다. 우리가 그것을 망치로 두들기면 두들겨지는 것은 막대기이지 불이 아닙니다. 그 막대기가 개인아이고, 불은 **진아** 혹은 **지고아**입니다."

1946-6-27

오후에 우리의 장서에서 주석이 달린 『띠루바이몰리』 책을 꺼내 보고 있던 T.V.K. 아이야르가 **바가반**께 우리가 그보다 더 좋은 주석을 가지고 있는지 여쭈었다. **바가반**은 가지고 있지 않다고 대답하고 이렇게 덧붙이셨다. "『날라이라 쁘라반담(Nalaira Prabandham)』132)에 대해 갖가지

---

131) T. 무달리아르의 번역문은 찾기 어렵고, 최근의 영역문은 앞에 나온 Robert Butler 외, 'Bhagavan and Thayumanavar', p.16에서 볼 수 있다.
132) T. 알와르(Alwars)들의 시 작품집. 비슈누교의 중요한 경전으로 간주된다.

유식한 주석들이 전통적인 비슈누교 언어로 쓰여져 있는데, 명백히 비이원론적인 텍스트들을 다소 억지로 이원론적 의미로 왜곡하고 있습니다. 예전에 비슈누교도 몇 명이 저를 찾아오곤 했는데, 그들이 (이마에) 'U'자 표식을 하고 있을 때는 저에게도 그것을 해주었고 'Y'자 표식을 하고 있을 때는 저에게도 해준 다음 제 앞에서 오체투지를 하곤 했습니다.133) 저는 그들이 저를 자기들 좋을 대로 하게 내버려두었지요."

그러자 T.V.K.가 바가반께 말씀드렸다. "최근에 비슈누교 문헌의 밀의密意에 정통한 남파南波(thengalai school)의 한 분이 저를 입문시키고 사마사남(samasanam)과 사마 아스라얌(sama asrayam)을 베풀면서 그 비밀스런 의미를 가르쳐 주었습니다. 그분은 법문(discourses)을 하고 가난한 사람들 사이에서 좋은 일을 합니다만, 자신의 법문에 북파北派(vadakalais)들을 들이지 않습니다.134) 비슈누교의 가르침에 따르면 우리는 신에 대해 봉사(kainkaryam)를 해야 합니다."

바가반은 상당히 신랄하게 대답하셨다. "그러니까 신은 그들의 봉사 없이는 해 나갈 수 없다는 것인가요? 오히려 신은 '나에게 봉사를 한다는 그대들은 누구인가?'라고 묻습니다. 그는 늘 말하고 있습니다. '나는 그대의 내면에 있다. 그대는 누구인가?'라고 말입니다. 그것을 깨달으려고 애써야지 봉사를 이야기해서는 안 됩니다. 내맡김(submission) 또는 순복은 비슈누교(Vaishnavism)의 기본적인 가르침이지만, 그것은 한 스승에게 입문료를 낸 다음 그대가 순복했다고 그에게 말하는 것이 아닙니다. 순복하려고 하는 만큼이나 에고가 자주 머리를 치켜들기 때문에 그것을 억누르려고 애써야 합니다. 순복은 쉬운 일이 아닙니다. 에고를 죽이는 것은 쉬운 일이 아닙니다. 신 자신이 그의 은총으로 (그 헌신자의) 마음을

---

133) T. 비슈누교도들(Vaishnavites)은 이마 한가운데 두 줄을 내리그어 양미간에서 둥글게 만나게 하는 'U'자 표식이나, 한 줄을 콧마루까지 더 내리그은 'Y'자 표식을 곧잘 그린다.
134) T. 북파와 남파는 비슈누교의 두 분파이다. 원래 하나였으나, 14세기에 남파가 갈려 나왔다. 남파는 산스크리트 문헌보다 타밀 문헌을 더 중시한다.

내면으로 끌어당길 때만 완전한 순복을 성취할 수 있습니다. 그러나 그러한 순복은 금생이나 전생에 이미 마음의 소멸과 에고의 죽음에 필요한 준비로서의 모든 투쟁과 수행을 해낸 사람들에게만 옵니다."

바가반이 덧붙이셨다. "옛날에 이 비슈누교도들이 와서 저에게 사마사남을 한 번 받아 보라고 하기도 했지만 저는 침묵을 지키곤 했지요."

바가반은 계속하여 비슈누교의 이원론(Dvaitism)에 대하여 이야기하면서 '저 자신을 모르면서(yānehennai ariyakilāthē)'로 시작되는 남말와르의 노래를 인용하셨는데, 그 요지는 이러하다. "저 자신을 모르면서 저는 '나'와 '내 것'을 말하고 다녔습니다. 그러다가 '나'가 곧 '당신'이고 '내 것'은 곧 '당신의 것'임을 발견했습니다, 오 하느님." 당신이 말씀하셨다. "이것은 분명한 비이원론입니다. 그러나 이 비슈누교도들은 그것이 자신들의 이원성 느낌에 부합하도록 거기에 어떤 해석을 가합니다. 그들은 자신들이 존재해야 하고 신이 존재해야 한다고 생각하지만, 그것이 어떻게 가능합니까? 그들은 모두 바이꾼타(Vaikunta-비슈누의 천상계)에서 (신에게) 봉사하면서 영원히 남아 있어야 할 것같이 보이지만, 그들 중에서 얼마나 많은 사람이 (거기서) 봉사를 할 수 있겠으며, 이 모든 비슈누교도들이 들어갈 자리가 어디 있겠습니까?"

바가반은 웃으며 이 말씀을 하신 다음 잠시 멈추었다가 이렇게 덧붙이셨다. "반면에 비이원론은 사람이 늘 삼매에 들어 앉아 있으면서 어떤 행위도 하지 않아야 한다는 의미가 아닙니다. 몸의 생명을 유지하기 위해서는 많은 것들이 필요하고, 결코 행위를 피할 수 없습니다. 또 비이원론에서 헌신이 배제되는 것도 아닙니다. 샹까라를 비이원론의 으뜸가는 주창자로 간주하는 것은 당연하지만, 그가 방문한 사원들과 [행위] 그가 지은 헌가(獻歌)들의 수를 보십시오."

바가반은 이때 비슈누교 알와르들 중 몇 사람은 분명히 비이원론을 지지했다는 것을 보여주기 위해 『띠루바이몰리』의 여덟 번째 10연시에서 다시 몇 구절을 인용하셨다. 당신은 특히 "나는 그의 안에서, 곧 그것의 안에서 상실되었네" 하는 제3연과, '에고가 점점 더 희박해지다가 진아 안에서 소멸되었다'고 말하는 『띠루바짜깜』의 시구와 아주 비슷한 제5연을 강조하셨다.

나중에 한 방문객이 바가반께 인도 전역을 한 번 순회하실 생각을 해 보신 적이 있는지, 혹은 그런 제안을 고려해 보시겠는지를 질문했다.

바가반: 몇몇 헌신자가 그런 제안을 한 적은 있지만 저는 그런 생각을 결코 해 본 적이 없습니다. 라제스와라난다(Rajeswarananda)가 한번은 자신이 특별 열차를 마련하여 저를 인도 전역으로 모셔가겠다고 말했지요. 그러나 제가 어디로 간들 무슨 소용 있습니까? 저는 아무것도 볼 수 없습니다. (나는 이 말씀을, 당신은 모든 것에서 진아만을 본다는 의미로 받아들였다.) 그들은 제가 가서, 여기 올 수 없는 그런 지역의 모든 사람들에게 친견(darshan)을 베풀어야 한다고 말하지만, 설사 제가 간다 한들 샅가리개만 걸치고 다니는 거지를 누가 거들떠보기나 하겠습니까? 아니면 '여기 마하르쉬 한 사람이 간다'고 쓴 딱지를 이마에 붙이거나 카드를 목에 걸고 다녀야 합니까? 아니면 제가 수행원들을 잔뜩 데려가서, 그들이 돌아다니며 '여기 우리의 위대한 라마나 마하르쉬님이 옵니다'라고 외쳐야 하겠습니까? 게다가 그 수백만 명이나 되는 사람들 중에서 얼마나 많은 사람에게 제가 친견을 베풀 수 있겠습니까?

또 저녁 7시경에 내가 회당에 들어갔더니, 바가반이 그 주제로 돌아가서 이렇게 말씀하셨다. "사람들이 저에게 친견을 베풀기 위해 여기 오는데, 왜 제가 그들에게 친견을 베풀러 가야 합니까? 만약 어떤 헌신자가 끈덕지게 조르는 데 굴복하여 그가 청할 때 제가 어떤 곳을 가면, 다른 모든 헌신자가 와 달라는 모든 곳을 가야 할 것이고, 그러면 저의 고생에 끝이 없겠지요."

1946-6-28

오후에 칸나의 부인이 글로 써서 **바가반**께 호소했다. "저는 경전에 대해 아는 것도 없고, **자기탐구**(Self-enquiry)의 방법은 저에게 너무 어려운 것 같습니다. 저는 자식이 일곱이나 되는 여자이고 집안에 신경 써야 할 일이 많아서 명상할 시간이 별로 없습니다. **바가반**께서 저에게 더 간단하고 쉬운 어떤 방법을 일러주시기를 요청 드립니다."

바가반: 진아를 아는 데는 어떤 학식이나 경전에 대한 지식이 필요 없습니다. 마치 어떤 사람도 자기 자신을 보는 데 거울이 필요하지 않듯이 말입니다. 모든 지식은 결국 비非진아(not-Self)로서 포기해야 하는 것일 뿐입니다. 집안일이나 자식 돌보는 일도 반드시 장애는 아닙니다. 만약 그 이상 다른 것을 할 수 없다면, 『나는 누구인가?』에서 이야기한 대로 최소한 그대 마음속으로 항상 '나, 나' 하면서 계속 이어갈 수 있지 않습니까? 무슨 일을 하고 있든, 앉으나 서나 걸을 때나 항상 말입니다. '나'는 바로 신의 이름입니다. 그것은 모든 만트라 중에서도 첫째가는 가장 큰 만트라입니다. '옴(OM)'조차도 이것에는 둘째갑니다.

칸나: 개아는 마음 더하기 비춤이라고 합니다. **진아 깨달음**을 원하는 것은 무엇이며, **진아 깨달음**으로 가는 우리의 길을 방해하는 것은 무엇입니까? 마음은 방해하고 비춤은 도움을 준다고 합니다.

바가반: 우리가 개아를 마음 더하기 **진아**의 반사광이라고 말하기는 하지만 실제 수행에서, 삶 속에서, 그 둘을 분리할 수 없습니다. 어제 우리가 사용한 비유에서 흰 천과 천의 흰색을 분리하거나, 벌겋게 단 쇠막대에서 불과 쇠를 분리할 수 없듯이 말입니다. 마음은 그 자체로는 아무것도 하지 못합니다. 마음은 비춤과 함께만 나타나고, 비춤과 함께할 때 외에는 좋고 나쁜 어떤 행위도 할 수 없습니다. 비춤은 늘 있으면서 마음이 좋거나 나쁘게 행위할 수 있게 하지만, 그런 행위의 결과로 오는 쾌락이나 고통은 비춤이 느끼지 못합니다. 마치 벌겋게 단 쇠를 망치로

다룰 때, 망치질을 당하는 것은 불이 아니라 쇠듯이 말입니다.

칸나: 운명이 있습니까? 그리고 일어나도록 운명 지워져 있는 일은 일어나게 되어 있다면, 기도나 노력이 무슨 소용 있습니까? 아니면 우리는 그냥 손 놓고 있어야 합니까?

바가반: 운명을 정복하거나 거기서 벗어나는 데는 두 길밖에 없습니다. 하나는 이 운명이 누구에게 있는지 탐구하여, 에고만 운명에 속박되고 진아는 그렇지 않다는 것과, 에고는 존재하지 않는다는 것을 발견하는 것입니다. 다른 하나는 하느님에게 완전히 순복하여 에고를 죽이는 것입니다. 즉, 자신의 무력함을 깨닫고 언제나 "제가 아니라 당신입니다, 오 하느님!" 하면서 '나'와 '내 것'이라는 모든 느낌을 포기하고, 하느님이 그대에게 하고자 하는 대로 그에게 맡겨버리는 것입니다. 헌신자가 하느님에게서 이것저것 바라는 것이 있는 한 순복이 결코 완전하다고 볼 수 없습니다. 참된 순복은 사랑 그 자체를 위할 뿐 달리 아무것도―심지어 구원조차도―바라지 않고 신을 사랑하는 것입니다. 바꾸어 말해서, 운명을 정복하려면 에고의 완전한 소멸이 필요합니다. 자기탐구를 통해서 그 소멸을 성취해도 되고, 헌신의 길(*bhakti marga*)을 통해서 해도 됩니다.

칸나: 우리의 기도는 이루어집니까?

바가반: 예, 이루어집니다. 어떤 생각도 헛되이 없어지지 않습니다. 모든 생각은 언젠가 그 결과를 낳습니다. 생각의 힘은 결코 헛되이 없어지지 않을 것입니다.

1946-7-2

오늘 저녁에 빠라야나가 끝난 뒤 벤까뜨라마이야르(Venkatramaiyar)가 와서 **바가반**께 말씀드렸다. "딸레야르칸 여사와 마이소르의 미르자 경無卿(Sir Mirza)의 사촌인 그녀의 손님이 산(아루나찰라) 위에 앉아서 **바가반**과 이 산에 대해 이야기하다가 딸레야르칸 여사가 이렇게 말했습니다. '바가반은 걸어 다니는 신이셔서 우리의 모든 기도는 응답이 있답니다. 그것이 제 경험이에요. **바가반**은 이 산이 신 자신이라고 말씀하셔요. 저는 그 말씀을 다 이해는 못하지만 **바가반**께서 그렇게 말씀하시니까 그것을 믿어요.' 그러자 그녀의 친구가 대답했습니다. '우리 페르시아인들의 믿음대로, 만약 비가 오면 저는 그것을 하나의 표징表徵으로 받아들이겠어요.' 거의 즉시 소나기가 내렸고, 그들은 비에 젖은 채로 저에게 와서 그 이야기를 해 주었습니다."

1946-7-3

한 방문객이 말했다. "당신의 학파에 따르면 제가 제 생각들의 근원을 알아내야 한다고 하더군요. 그것을 어떻게 해야 합니까?"

바가반: 저는 학파가 없습니다. 그러나 그대가 모든 생각의 근원을 추적해야 한다는 것은 맞습니다.

방문객: 가령 제가 '말[馬]'이라는 생각을 하고 그 근원을 추적해 보려 한다면, 저는 그것이 기억에 기인하고 그 기억은 다시 대상인 '말'에 대한 이전의 지각에 기인한다는 것을 발견하지만, 그게 전부입니다.

바가반: 누가 그런 것을 다 생각하라고 했습니까? 그런 것도 다 생각입니다. 기억과 지각에 대해 계속 생각한들 그대에게 무슨 이익이 있겠습니까? 그것은 나무가 먼저냐 씨앗이 먼저냐 하는 오래된 논쟁과 같이 끝이 없을 것입니다. 그 지각과 기억을 누가 가지고 있는지 물으십시오. 그 지각과 기억을 가지고 있는 그 '나', 그것은 어디서 일어납니까? 그것을 알아내십시오. 왜냐하면 지각이나 기억 혹은 다른 어떤 경험도 그 '나'에게만 오기 때문입니다. 잠 속에서는 그대에게 그런 경험이 없는데, 그래도 그대는 자신이 잠을 자는 동안 존재했다고 말합니다. 그리고 그대는 지금도 존재합니다. 그것은 다른 것들이 오고 가는 동안에도 그 '나'는 계속 존재했다는 것을 보여줍니다.

방문객: 저에게 '나'의 근원을 알아내라고 하시는데—사실 그것이 제가 알아내고 싶은 것이기도 합니다만—제가 어떻게 할 수 있습니까? 제가 나온 근원이 무엇입니까?

바가반: 그대는 잠을 자고 있을 동안 있던 곳과 같은 근원에서 왔습니다. 잠을 자고 있는 동안에만 그대는 자신이 어디로 들어갔는지 알지 못합니다. 그래서 깨어 있는 동안 탐구를 해야 합니다.

우리들 중의 몇 사람이 그 방문객에게 『나는 누구인가?』와 『라마나 기타』를 읽어보라고 조언했고, **바가반**께서도 그렇게 해도 된다고 하셨다. 그는 낮 동안 그 책들을 읽었고, 오후에 **바가반**께 이렇게 말했다. "그 책들에는 **자기탐구**를 하라고 되어 있는데, 그것을 어떻게 해야 합니까?"

바가반: 그것도 그 책들에 써져 있을 텐데요.

방문객: "나는 누구인가?"라는 생각에 집중해야 합니까?

바가반: 그것은 그대가 '나'라는 생각이 어디서 일어나는지를 보려고 집중해야 한다는 뜻입니다. 바깥을 보지 말고 안을 보고, 그 '나'라는 생각이 어디서 일어나는지 보십시오.

방문객: 그러면 바가반께서는 제가 그것을 보면 **진아**를 깨달을(realize) 거라고 말씀하시는 거고요?

바가반: **진아**를 깨닫는다는 그런 것은 없습니다. 실재하는 것을 어떻게 실재화하거나(realize) 실재하게 할 수 있겠습니까? 사람들은 모두 실재하지 않는 것을 실재화하거나 실재하는 것으로 여기는데, 그들이 해야 할 일은 그것을 포기하는 것이 전부입니다. 그렇게 하면 그대는 늘 있는 그대로 남게 될 것이고, **실재**가 **실재**하게 될 것입니다. 모든 종교들과 거기서 가르치는 수행법들이 생겨난 것은, 사람들이 실재하는 것을 실재하지 않는 것으로 여기는 것을 포기하게끔 돕기 위한 것일 뿐입니다.

방문객: 탄생은 어디서 옵니까?

바가반: 누구에게 탄생이 있습니까?

방문객: 우파니샤드에서는 "브라만을 아는 자는 브라만이 된다"고 합니다.

바가반: 그것은 됨(becoming)이 아닌 있음(being)의 문제입니다.

방문객: 빠딴잘리(Patanjali)의 수트라(sutras-『요가수트라』)에서 말하는 싯디들(siddhis)은 진짜입니까, 그의 꿈일 뿐입니까?

바가반: 브라만, 곧 진아인 사람은 그런 싯디에 가치를 두지 않을 것입니다. 빠딴잘리 자신도 그것들은 모두 마음을 가지고 닦아야 하며, 진아 깨달음을 장애한다고 말합니다.

방문객: 초인들의 능력들은 어떻습니까?

바가반: 능력이 높든 낮든, (보통) 마음의 능력이든 초인적 마음의 능력이든, 그것들은 그 능력을 가진 그 사람과 관련해서만 존재합니다. 그것이 누구인지를 알아내십시오.

방문객: 우리가 진아 깨달음을 성취할 때, 자신이 정말로 그것을 성취한 것이고, 자기가 나폴레옹이나 뭐 그런 어떤 존재라고 생각하는 미치광이처럼 어떤 환상에 빠진 것이 아니라는 보장은 무엇입니까?

바가반: 어느 면에서, 진아 깨달음을 이야기하는 것 자체가 하나의 망상입니다. 사람들이 비非진아를 진아로 알고 비실재를 실재로 아는 망상에 사로잡혀 있기 때문에, 진아 깨달음이라고 하는 다른 망상으로 그들을 거기서 떼어놓아야 합니다. 왜냐하면 실은 진아는 늘 진아이고, 그것을 깨닫는다는 그런 것은 없기 때문입니다. 존재하는 모든 것이 진아이고 오직 진아일 뿐일 때, 누가 무엇을 그리고 어떻게 깨닫습니까?

방문객: 스리 오로빈도는 세계가 실재한다고 말하고, 당신과 베단타 학도들은 세계가 실재하지 않는다고 말합니다. 세계가 어떻게 실재하지 않을 수 있습니까?

바가반: 베단타 학도들은 세계가 실재하지 않는다고 말하지 않습니다. 그것은 오해입니다. 만약 그들이 그렇게 말한다면 "이 모든 것이 브라만

이다"라고 하는 베단타 문구의 의미는 무엇이 되겠습니까? 그들은 단지 세계는 세계로서는 실재하지 않지만 진아로서는 실재한다는 것을 말하려는 것뿐입니다. 세계를 비非진아로 보면 그것은 실재하지 않습니다. 그것을 세계라고 하든, 마야(maya)니 릴라(lila-유희)니 샥띠(sakti-힘)니 뭐라고 하든, 일체는 진아 안에 있을 수밖에 없고, 그것과 별개가 아닙니다. 샥띠(sakta-힘을 가진 자)와 별개의 어떤 샥띠도 있을 수 없습니다.

방문객: 여러 스승들이 서로 다른 학파를 세워서 서로 다른 진리를 선언했고, 그래서 사람들을 헷갈리게 했습니다. 왜입니까?

바가반: 그들은 모두 같은 진리를 서로 다른 관점에서 가르쳤습니다. 각기 다르게 형성된 갖가지 마음들의 필요를 만족시키기 위해서 그런 차이점이 필요했지만, 그것들은 모두 동일한 진리를 드러냅니다.

방문객: 그들이 서로 다른 길들을 권장했으니, 저는 어느 길을 따라야 합니까?

바가반: 그대는 마치 그대가 어디에 있고 진아는 다른 곳에 있어 그대가 거기 가서 도달해야 하는 것처럼 길들에 대해 이야기합니다. 그러나 사실 진아는 지금 여기 있고 그대가 늘 그것입니다. 그것은 그대가 여기 있으면서 사람들에게 라마나스라맘으로 가는 길을 묻고는, 저마다 다른 길을 일러준다고 불평하면서 어느 길을 따를지 묻는 것과 같습니다.

나감마는 (라마나스라맘에서의) 흥미로운 사건들을 기록하여 그것을 마드라스에 있는 자기 오빠 D. S. 사스뜨리에게 편지 형식으로 보내고 있다. 바가반께 그것을 제출하자 당신은 그것을 훑어보시고 표지에 차례를 풀로 붙여 보라고 하셨다. 거기서 발췌한 내용 중 하나는 다람쥐들에 대한 것이었고, 이에 바가반은 다람쥐들에 대해 이야기하기 시작하셨다.

"언젠가 여기 사람들과 다람쥐들 간에 근 한 달간 매일같이 전쟁이 벌어졌지요. 다람쥐들이 제 머리 위에 둥지를 지으려고 했습니다. 사람들이 매일 그것을 부수면 다음날은 다람쥐들이 그것을 다시 지었습니다.

마침내 지붕의 모든 구멍을 막아버리자 다람쥐들은 아무것도 할 수 없었지요. 한번은 그들이 제 침상 위를 온통 쫓아다니다가 베개 옆이나 밑으로도 들어가고 안 가는 데가 없어, 저는 앉거나 뒤로 기대기 전에 조심해서 살펴봐야 했습니다. 가끔은 무심코 작은 다람쥐 위에 무겁게 기대다가 모르는 결에 그 녀석에게 삼매(죽음)를 안겨주기도 했지요. 산 위의 스깐다스라맘에서도 가끔 그런 일이 있었습니다. 거기서도 다람쥐들이 제 담요와 베개 속에 깃들곤 했습니다. 그런 일은 그 전부터 시작되었습니다. 제가 구루무르땀에 있을 때도 새들과 다람쥐들이 온통 제 주위에 둥지를 지었습니다. 진흙으로 둥지를 짓는 새가 있습니다. 한번은 제가 거기 있을 때 그런 둥지가 하나 지어졌는데, 새들이 떠난 뒤에는 다람쥐들이 그것을 차지했지요."

1946-7-12

8일에 마다바 스와미(Madhava Swami)가 죽었다는 소식이 왔고, **바가반**은 거기에 대해 말씀을 많이 하셨다. 그날 저녁 꾼주스와미가 마다바 스와미가 죽은 곳인 꿈바꼬남(Kumbakonam)으로 떠났다가 오늘 아침에 돌아왔다. 그가 말했다. "마다바 스와미는 죽기 한 20일 전에 여기로 오겠다면서 꿈바꼬남을 떠났는데 실제로는 빨니(Palni)로 가는 표를 끊은 모양입니다. 거기서 머무르다가 빨가트(Palghat)로, 그리고 자기 고향으로 간 것 같습니다. 그런 다음 뜨리치(Trichy)로 가서 우리의 띠루말라 쩨띠(Tirumala Chetty)와 며칠 함께 있었고, 죽기 약 1주일 전에 거기서 꿈바꼬남으로 돌아갔습니다. 지난 한 주일 내내 그는 이런 말을 한 것 같습니다. '어디를 가도 비참한 생각이 든다. 어디서도 마음이 편치 않다. 라마나스라맘으로 가면 나를 거기 있지 못하게 할지 모르지만, **바가반**을 그렇게 오래 모시는 특권을 가졌는데도 더 이상은 어디서도 이 몸뚱이라는 짐을 감당할 수 없다. 이걸 벗어 던져야겠다.' 이 생각이 늘 있어서 그가 우울하고 침울하게 돌아다닌 것 같습니다. 죽기 전날은 소화불량을 호소했는데, 한 주일 내내 소화가 잘 되지 않았다고 합니다."

바가반은 무엇 때문에 소화불량이 되었느냐고 물으셨다.

꾼주스와미가 말했다. "망고를 하나 먹은 탓인 것 같습니다. 망고는 한 번도 그와 맞지 않았습니다. 일요일인 7일 오후 4시경에 누가 점심을 주었는데 그는 거부하면서 소다수 한 병을 달라고 했습니다. 그 직후 온 몸에 땀을 흘렸고, 연화좌(padmasana) 자세로 앉아서 몸을 벗었습니다."

우편물이 도착했을 때 락슈마나 사르마의 큰 며느리가 죽었다는 편지도 있었다. 이에 바가반은 죽음에 대해 이야기하시게 되었다. 당신은 이렇게 말씀하셨다. "죽은 이들은 행복합니다. 비참함을 느끼는 것은 뒤에 남은 사람들입니다. 이 몸이라는 짐을 감당하면서 그것이 필요로 하는 것들을 보살펴 준다는 것은 우리의 부단한 걱정거리입니다. 날이면 날마다 목욕하고, 먹고, 다리를 안마하는 등이 우리의 일인데, 그것이 끝이 없습니다. 우리가 죽으면 이 몸뚱이를 메고 가는 데 네 사람이면 족한데도, 우리는 잠시 멈추어 자신이 그러고 있다는 생각조차 해보지 못한 채 부단히 그것을 끌고 돌아다닙니다. 물속에서는 우리가 무거운 바위를 쉽게 들어 올릴 수 있지만, 물에서 끄집어내자마자 그것이 얼마나 무거운지 압니다. 그와 마찬가지로 생명기운(chaitanya-의식)이 몸에 편재해 있는 동안은 우리가 몸의 무게를 느끼지 못합니다."

"죽지 않음이 우리의 진정한 성품입니다. 우리는 몸이 그럴 거라고 잘못 여겨 그것이 영원히 살 거라고 상상하면서, 진정으로 불멸인 것을 보지 못하는데, 그것은 단지 우리가 자신을 몸과 동일시하기 때문입니다. 우파니샤드에서 말하기를, 진인은 마치 무거운 짐을 지고 가는 일꾼이 목적지에 도달하여 짐을 내려놓을 때를 고대하듯이, 몸을 벗어버릴 수 있는 때를 고대한다고 했습니다."

1946-7-16

카이라가르(Khairagarh-차티스가르 주의 소도시)에서 온 일행 중 몇 사람이 바가반께 스깐다스라맘에 가기 위한 허락을 구했다. 나는 바가반께 어제 벤까뜨라마이야르와 내가 라니(Rani) · 까막쉬(Kamakshi)와 함께 올라가 보았는데, 우리가 비루빡쉬 산굴에 있을 때 벤까뜨라마이야르가 우리에게 말하기를 누구라도 혼자 거기 조용히 앉아서 귀를 기울여 보면 '옴' 소리가 들린다 했다고 말씀드렸다. 내가 그에게 그 소리를 들어본 적이 있느냐고 물었더니 그는 아직 시도해 볼 기회가 없었다고 했다. 그래서 바가반께 거기서 '옴' 소리가 들리는 것이 사실인지 여쭈었다.

바가반은 "사람들이 그렇게 말하지요"라고만 하셨다.

내가 여쭈었다. "그런데 바가반께서는 그것을 들으셨습니까?" 그런 다음 내 말을 정정하여 이렇게 덧붙였다. "하지만 여쭈어도 소용이 없겠습니다. 왜냐하면 바가반께서는 도처에서 '옴', 곧 쁘라나바(Pranava) 소리를 들으실 테고, 바가반께서 거기서 그 소리를 들으셨다 해도 그것은 그 장소 때문은 아닐 것이기 때문입니다."

이에 바가반이 말씀하셨다. "그대가 가서 직접 확인해 보지 그럽니까?"

"예, 가보고 싶습니다. 저같이 아둔한 사람이 그런 경험을 한다면, 그것이 그곳의 힘 때문이라는 것은 의심의 여지가 없겠지요." 내가 말했다.

얼마 후 바가반이 덧붙이셨다. "그 산굴은 옴자 형태일 뿐 아니라 옴 소리가 거기서 들린다고 하지요. 숫다난다 바라띠(Suddhananda Bharati)가 『라마나 비자얌』에서 그런 말을 합니다.135) 그는 거기서 살았기 때문에 아는 거겠지요." 그렇게 말씀하시면서 바가반은 그 책을 꺼내어 나에게 '동굴(Guhan)'이라는 제목의 제24장에 나오는 관련 구절을 보여주셨다.

한 방문객이 바가반께 아뜨마(atma)를 향상시키려면 어떻게 해야 하는

---

135) T. 타밀 출신의 요기, 철학자(1897-1990). 바가반을 친견하고 진아를 체험했으며, 250여 권의 저술을 남겼다. 『라마나 비자얌』(1931)은 바가반에 대한 최초의 타밀어 전기이다.

지를 질문했다.

바가반: 아뜨마라고 한 것과 향상이라고 한 것은 무슨 의미입니까?

방문객: 그 모든 것을 저희는 모릅니다. 그래서 저희가 여기 옵니다.

바가반: 진아 혹은 아뜨마는 늘 있는 그대로입니다. 그것을 성취하는 그런 일은 없습니다. 비진아를 진아로 여기고 비실재를 실재로 여기는 것을 그만두는 것이, 필요한 전부입니다. 우리 자신을 몸과 동일시하기를 그만두면 진아만이 남습니다.

방문객: 그러나 그 동일시를 어떻게 그만두어야 합니까? 여기 와서 저희들의 의문을 해소하는 것이 그 과정에 도움이 되겠습니까?

바가반: 질문은 늘 여러분이 모르는 것들에 대한 것인데, 그 질문자가 누구인지를 알아내지 않는 한 끝이 없을 것입니다. 그 질문의 대상인 것들은 모른다 해도, 그 질문을 하는 질문자가 존재한다는 것은 의심의 여지가 없고, 그가 누구인지를 물으면 모든 의문이 해소될 것입니다.

방문객: 제가 알고 싶은 것은 삿상이 필요한지, 그리고 제가 여기 오는 것이 저에게 도움이 될지 안 될지가 전부입니다.

바가반: 먼저 그대는 삿상이 무엇인지를 판정해야 합니다. 그것은 사뜨(sat), 곧 실재와의 친교를 뜻합니다. 사뜨를 아는 혹은 깨달은 자도 사뜨로 간주됩니다. 사뜨와의, 곧 사뜨를 아는 자와의 그러한 친교는 모두에게 절대적으로 필요합니다. 샹까라는 말하기를(바가반은 여기서 그 산스크리트 시를 인용하셨다), 온 삼계三界 안에서 사람을 생사의 바다 저편으로 무사히 건네주는 데는 삿상만 한 배가 없다고 했습니다.

1946-7-17

오늘 오전에 바가반은 카트만두의 한 대학 학장인 빤데(Pande) 씨가 보내 온 편지에 대해 이야기하면서, 빤데 씨가 (바가반의 입산 50주년) 『기념집(Souvenir)』 책에서 이미 묘사한 그 사건을 들려주셨다. A.N. 라오와 내가 그 편지를 보고 싶어 하자, **바가반**은 그것을 우리에게 보여주라고 하셨다. 그 사건은 이러하다. 빤데는 떠나는 날 저녁에 띠루반나말라이의 큰 사원에 갔다. 그가 맨 안쪽의 성소에 들어갔을 때 누가 **아루나짤람**(Arunachalam-아루나찰라의 인격화된 신 아루나찰레스와라)의 링감을 가리켜 주는데, 역시 **바가반**의 헌신자로서 함께 있던 젊은이가 '아루나찰라, 아루나찰라' 하고 외쳤다. 그러나 빤데는 어떤 링감도 볼 수 없었고, 어느 쪽을 돌아봐도 바가반의 얼굴만 볼 수 있었다 — 도처에 바가반의 얼굴이 있었다!

1946-7-18

오늘 오전에 S. P. 따얄(Tayal)이라는 이름의 방문객이 질문을 했다.

따얄: 저는 20년 가까이 수행을 해 왔지만, 아무 진전을 보지 못하고 있습니다. 저는 어떻게 해야 합니까?

바가반: 그 수행이 뭔지 제가 알아야 무슨 말을 해 드릴 수 있겠지요.

따얄: 저는 매일 아침 5시부터, **진아**만이 실재하며 다른 모든 것은 실재하지 않는다는 생각에 집중합니다. 이렇게 약 20년간 해 왔으나, 2, 3분 이상 집중하지 못하고 생각이 딴 데로 헤맵니다.

바가반: 마음이 밖으로 향할 때마다 그것을 도로 거두어들여 **진아** 안에 고정하는 것 말고는 달리 성공할 방도가 없습니다. 명상·만트라·염송, 그런 종류의 어떤 것도 할 필요가 없습니다. 왜냐하면 그런 것들이 우리의 진정한 성품이기 때문입니다. 진아 아닌 대상들을 생각하는 것을 그만두는 것이 필요한 전부입니다. 명상이란 **진아**를 생각하는 것이라기보다 비非진아를 생각하지 않는 것입니다. 바깥 대상들 생각하는 것을 그만두어 마음이 밖으로 나가지 못하게 하고, 마음을 안으로 돌려서 **진아** 안에 고정하면 진아만이 남게 될 것입니다.

따얄: 이런 생각과 욕망들의 끌어당김을 극복하려면 어떻게 해야 합니까? 생각들을 제어하려면 저의 생활을 어떻게 규제해야 합니까?

바가반: 그대가 진아 안에 고정되면 될수록 다른 생각들은 저절로 떨어져 나갈 것입니다. 마음은 생각의 다발에 지나지 않는데, '나'라는 생각이 모든 생각의 뿌리입니다. 이 '내'가 누구인지, 그리고 그것이 어디서 일어나는지 알게 되면, 모든 생각이 진아 안으로 합일됩니다.

생활의 규제, 예컨대 정해진 시간에 일어나고, 목욕하고, 만트라·염송 등을 하고, 의식을 거행하는 이 모든 것은 **자기탐구**에 마음이 끌리지 않거나 그것을 할 수 없는 사람들을 위한 것입니다. 그러나 이 방법으로 수행할 수 있는 사람들에게는 모든 규칙과 규율이 불필요합니다.

이 시점에서 K.M. 지브라자니가 끼어들었다. "진아 깨달음을 성취하기 전에 신비한 환영幻影들을 보는 단계를 반드시 통과해야 합니까?"

바가반: 왜 환영에 대해, 그리고 그것이 오고 안 오고에 신경 씁니까?

지브라자니: 신경 쓰지 않습니다. 단지 그런 것이 없어도 제가 실망하지 않기 위해서 알고 싶을 뿐입니다.

바가반: 환영은 필요한 단계가 아닙니다. 어떤 이들에게는 그것이 오고 어떤 이들에게는 오지 않지만, 그런 것이 오든 안 오든 그대는 늘 존재합니다. 그것("내가 있다"는 것)을 고수해야 합니다.

지브라자니: 저는 때로는 두뇌 중심(사하스라라)에 집중하고 때로는 심장에 집중하여, 늘 같은 중심에 집중하지는 않습니다. 잘못된 것입니까?

바가반: 어디에 그리고 어느 중심에 집중하든, 집중하는 어떤 그대가 있을 수밖에 없고, 그것이 그대가 집중해야 할 것입니다. 사람들마다 각기 다른 중심에 집중하는데, 두뇌와 심장뿐 아니라 양미간, 코끝, 혀끝, 가장 밑에 있는 차크라(chakra), 심지어 외부의 대상에 집중하기도 합니다. 그런 집중을 하면 일종의 심잠心潛(laya)에 이를 수도 있는데, 거기서 그대는 어떤 지복을 느낄 것입니다. 그러나 이 모든 집중 속에서 "내가 있다(I Am)"는 생각을 놓치지 않도록 주의해야 합니다. 그런 모든 경험 속에서도 그대는 결코 사라지지 않습니다.

지브라자니: 다시 말해서 제가 하나의 주시자가 되어야 하는군요?

바가반: '주시자(witness)'를 이야기한다고 해서, 어떤 주시자가 있고 그가 주시하는 그와 별개의 다른 뭔가가 있다는 관념을 가지면 안 됩니다. '주시자'란 실은 보는 자, 보이는 것, 그리고 봄의 과정을 비추는 빛을 뜻합니다. 보는 자, 보이는 것, 봄의 3요소 이전에, 도중에, 그리고 이후에 그 비춤이 존재합니다. 그것만이 늘 존재합니다.

지브라자니: 여러 책에는, 진아 깨달음을 얻을 수 있도록 자기 자신을 준비시키기 위해 모든 훌륭한 자질, 곧 신적인 자질들을 계발해야 한다고 되어 있습니다.

바가반: 모든 훌륭한 자질, 곧 신적인 자질은 지知에 포함되고, 모든 나쁜 자질, 곧 악마적 자질은 무지無知에 포함됩니다. 지知가 다가오면 모든 무지가 사라지고 모든 신적인 자질들이 자동적으로 다가옵니다. 만일 어떤 사람이 진인이면 그는 거짓말을 하거나 어떤 나쁜 일을 할 수 없습니다. 분명히 어떤 책에서는 이런저런 자질들을 계발하여 궁극적 해탈을 준비해야 한다고 말하지만, 지知 곧 탐구의 길(*vichara marga*)을 따르는 사람들에게는 그들의 수행 자체만으로도 모든 신적인 자질을 갖추는 데 충분합니다. 그들은 달리 무엇도 할 필요가 없습니다.

1946-7-19

오늘 다시 한 방문객이 질문을 했다. "저는 '나는 누구인가?' 하는 탐구를 어떻게 하는지 잘 모르겠습니다."

바가반: 그 '나'가 어디서 일어나는지 알아내십시오. **자기탐구**는 '나는 이 몸이 아니다, 나는 감각기관들이 아니다'라는 식으로 할 때와 같은 논변이나 추론을 뜻하지 않습니다. 그런 것도 모두 도움은 될 수 있지만 **탐구**는 아닙니다. 그 몸 안의 어디서 '나'가 일어나는지 알아내고 마음을 거기에 고정하십시오.

방문객: 가야뜨리(*gayatri*)는 도움이 되겠습니까?

바가반: 가야뜨리가 무엇입니까? 그것은 실은 '일체를 비추는 그것에 제가 집중하게 해 주십시오'라는 의미입니다(30쪽 참조). 명상(*dhyana*)이란 실은 마음을 그 명상의 대상에 집중하거나 고정하는 것을 의미할 뿐입니다. 그러나 명상은 우리의 진정한 성품입니다. 우리가 다른 생각들을 그만두면 남는 것은 '나'인데, 그것의 성품이—우리가 어느 쪽으로 부르느냐에 따라—명상 혹은 지知(*jnana*)인 것입니다. 한때의 수단이 나중에는 그 목표가 됩니다. 만일 명상이 진아의 성품이 아니라면 그것은 그대를 진아로 데려다 줄 수 없겠지요. 만일 수단이 목표의 성품을 가지고 있지 않다면 그것은 그대를 그 목표로 데려다 주지 못할 것입니다.

1946-7-20

오후에 순다레사 아이야르가 **바가반**께, 자기 며느리[나라야나스와미 아이야르의 딸]가 산고가 심했는데 결국 더 이상 견딜 수 없자 "라마나! 못 견디겠어요!" 하고 소리를 질렀고, 그러자 즉시 분만이 일어났다고 말씀드렸다. 바가반은 단지 "그래?" 하셨다.

1946-7-21

오후에 우타르프라데시 주 잔시(Jhansi)에서 온 연로한 방문객 바르가바(Bhargava) 씨가 다음의 두 가지 질문을 했다.

(1) 처음부터 끝까지 '나'에 대한 탐색을 어떻게 해야 합니까?

(2) 저는 명상을 하면 어떤 진공 혹은 공空(void)이 있는 단계에 도달합니다. 거기서 어떻게 나아가야 합니까?

바가반: 환영幻影이 보이든 소리가 들리든, 혹은 다른 어떤 것이 있든 공空이 있든 상관하지 마십시오. 그대는 그 모든 것이 일어날 때 현존합니까, 하지 않습니까? 그대가 공空을 체험했다고 말할 수 있으려면 공空

이 있을 때도 그대가 존재했어야 합니다. 그 '그대' 안에 고정되는 것이 처음부터 끝까지 '나'를 탐색하는 것입니다. 베단타에 관한 모든 책에서, 이 공空 혹은 아무것도 남아 있지 않는 것의 문제를 제자가 제기하고 스승이 답변하고 있는 것을 알 것입니다. 대상들을 보고 경험을 하는 것도 마음이고, 보고 경험하기가 그쳤을 때 공空을 발견하는 것도 마음이지만, 그것은 '그대'가 아닙니다. 그대는 그 경험과 공空 양자를 밝혀주는 부단한 비춤(illumination)입니다. 그것은 극장의 불빛이 연극이 진행되고 있을 동안 켜져 있어서 그대가 극장과 배우들과 연극을 볼 수 있게 해 주고, 연극이 다 끝났을 때도 켜져 있어서 그대가 연극이 상연되지 않고 있다고 말할 수 있게 해 주는 것과 같습니다. 아니면 다른 비유도 있습니다. 우리는 우리 주위에 온통 널린 대상들을 보지만, 완전한 어둠 속에서는 그것을 볼 수 없기에 '아무것도 안 보인다'고 말합니다. 그럴 때에도 아무것도 안 보인다고 말하려면 눈이 있어야 합니다. 마찬가지로, 그대가 말하는 공空 안에서조차도 그대가 존재합니다.

그대는 세 가지 몸—조대신·미세신·원인신—과 세 가지 상태—생시·꿈·깊은 잠—그리고 세 가지 시간—과거·현재·미래—의 주시자이며, 또한 이 공空의 주시자입니다. '열 번째 사람'의 이야기에서 그들이 각자 인원을 셀 때 자기 자신을 세는 것을 잊어버리고 자기들이 아홉 명이라고 생각할 때, 한 사람을 잃어버리기는 했는데 그것이 누구인지 모르겠다고 생각하는 단계가 있습니다. 그것이 공空에 해당됩니다. 우리는 우리 주위에서 보는 모든 것이 영구적이라는 관념과 우리가 이 몸이라는 관념에 워낙 익숙해져 있어서, 이 모든 것이 사라지면 우리도 더 이상 존재하지 않게 되어 버린 거라고 상상하며 두려워합니다.

바가반은 또한 『분별정보(*Vivekachudamani*)』 제212연, 213연도 인용하셨는데, 여기서 제자는 이렇게 말한다. "제가 다섯 껍질을 비非진아로 배제하고 보니 아무것도 남아 있지 않습니다." 그러자 **스승**은, (에고와 그것의 창조물들을 포함한) 모든 변상變相(modifications)과 그것들의 부재不在[공空]가 그에 의해 지각되는 진아 혹은 그것은 늘 존재한다고 답변했다.

그런 다음 바가반은 그 주제에 관한 이야기를 계속하며 이렇게 말씀하셨다. "진아 곧 '나'의 성품은 비춤(안팎을 두루 비추는 자각)일 수밖에 없습니다. 그대는 모든 변상과 그것들의 부재를 지각하는데, 어떻게 지각합니까? 그 비춤을 남에게서 얻는다고 말하면 그는 그것을 어떻게 얻었느냐는 질문이 제기될 것이고, 그 추론의 연쇄는 끝이 없겠지요. 따라서 그대 자신이 그 비춤입니다. 이것을 설명하기 위해 보통 드는 비유는 다음과 같습니다. 우리가 다양한 재료가 들어간 다양한 형태의 갖가지 과자를 만들면 모두 단맛이 납니다. 왜냐하면 모든 과자에 설탕이 들어가 있고 단맛은 설탕의 성품이기 때문입니다. 그와 마찬가지로, 모든 경험과 그 경험의 부재는 진아의 성품인 비춤을 내포합니다. 설탕 없이는 우리가 만드는 어떤 과자도 단맛이 날 수 없듯이, 진아 없이는 그런 것들이 경험될 수 없습니다."

조금 뒤 바가반은 이 말씀도 하셨다. "처음에는 그대가 진아를 대상으로 보고, 그러다가 진아를 공空으로 보고, 그러다가 진아를 자기로 봅니다. 이 마지막 단계에서야 봄(seeing)이 없는데, 왜냐하면 (그때는) 봄이 곧 있음(seeing is being)이기 때문입니다."

바르가바 씨는 잠에 대해서도 무슨 말을 했다. 그러자 바가반은 잠에 대해 다음과 같이 이야기하셨다.

"필요한 것은 진아 안에 늘 고정되어 있는 것입니다. 그에 대한 장애는 한편으로는 (감각대상, 욕망과 습習을 포함한) 세간의 사물들에 의한 흐트러짐(distraction)이고, 다른 한편으로 잠입니다. 잠은 여러 책에서 늘 삼매의 첫 번째 장애로 언급되고, 그 사람의 진보 단계에 따라 그것을 극복하기 위한 다양한 방법들이 제시됩니다. 먼저 세간과 세간 대상들에 의한, 혹은 잠에 의한 모든 흐트러짐을 포기하라고 권합니다. 그렇지만 예컨대 『기타』에서는 잠을 아예 자지 않을 필요는 없다고 합니다. 너무 많이 자는 것과 너무 적게 자는 것은 똑같이 바람직하지 않습니다. 낮에는 전혀 잠을 자서는 안 되지만 밤 동안이라 해도 대략 10시부터 2시까지 중야(中夜)에만 자야 합니다. 그러나 다른 방법으로서 제시되는 것은, 잠에 대해 전혀 신경 쓰지 않는 것입니다. 잠이 덮쳐 오면 어찌해 볼 수 없습니다. 그러니 그저 그대가 깨어 있는 삶의 매 순간 진아 안에, 곧 명상 안에 고정되어 있으십시오. 그리고 잠에서 깨어나는 순간 다시 명상을 시작하십시오. 그것으로 충분할 것입니다. 그러면 잠을 자고 있는 중에도 그 생각이나 명상의 흐름이 작동할 것입니다. 이것은 분명합니다. 왜냐하면 사람이 마음속에서 작용하는 어떤 강한 생각을 가진 채 잠이 들면, 깨어났을 때 같은 생각이 있는 것을 발견하기 때문입니다. 이렇게 명상하는 사람에 대해서는 잠조차도 삼매라고 하는 것입니다. 필요한 잠의 양을 줄이는 좋은 방법은, 순수성 식품(sattvic food)만을 그것도 적당량 먹고, 어떤 종류의 일이나 활동도 피하는 것입니다."

1946-7-22

오늘 오전에 세무국장(R.D.O.)인 바이디야나탄(Vaidyanathan)이 회당 안에 들어와서 (마드라스 관구의) 고문관(adviser) 라마무르띠(Ramamurti)를 데리고 들어와도 되겠는지 여쭈었다. 바가반은 허락하셨고, 그는 라마무르띠와 그의 일행을 데리고 들어왔다. 라마무르띠는 바가반께 텔루구어로 이야기를 시작하더니 이렇게 말했다. "저는 바가반께서 텔루구어를 하시는 것을 압니다. 왜냐하면 10년 전에 라가바이아(Raghaviah)와 함께 여기 왔을 때 바가반께서 텔루구어를 상당히 잘 하신다는 것을 알았으니까요. (자기 옆의 한 남자를 가리키며) 이 사람은 제 동생인데, 뱅갈로르에서 자연요법연구원을 열었습니다. 까메스와라 사르마(Kameswara Sarma)[136]도

---

136) T. 『마하요가』의 저자이자 자연요법(Nature Cure)의 선구자인 락슈마나 사르마의 아들.

거기서 일하고 있습니다."

그러자 그의 동생이 말했다. "연구원을 개원할 때 **바가반**께서 기꺼이 축복을 보내주셨습니다." 그런 다음 그가 덧붙였다. "저는 인격신을 믿기 어렵습니다. 사실 저는 그것이 불가능합니다. 그러나 비인격신, 즉 세계를 지배하고 인도하는 **신의 힘**은 믿을 수 있고, 만일 이 믿음이 증장된다면 그것은 저의 치유 업무에서도 저에게 큰 도움이 될 것입니다. 어떻게 하면 이 믿음을 증장할 수 있는지 여쭤어 봐도 되겠습니까?"

잠시 말씀이 없다가 **바가반**이 대답하셨다. "믿음은 알지 못하는 것들에 대한 것이지만, **자기**(진아)는 자명합니다. 더없는 에고이스트도 그 자신의 존재는 부인하지 못합니다. 다시 말해서, **자기**를 부인할 수 없습니다. 그대는 궁극적 **실재**를 어떤 이름으로 불러도 되고, 그것에 대해 믿음이나 사랑을 가지고 있다고 말해도 됩니다. 그러나 그 자신의 존재에 대한 믿음이나 자신에 대한 사랑을 갖지 않을 사람이 누가 있습니까? 그것은 믿음과 사랑이 우리의 진정한 성품이기 때문입니다."

조금 뒤에 라마무르띠가 질문했다. "저희들의 내면에서 '나'로서 일어나는 것이 진아입니다. 그렇지 않습니까?"

바가반: 아니지요. '나'로서 일어나는 것은 에고입니다. 그것이 일어나는 근원이 **진아**입니다.

라마무르띠: 사람들은 낮은 아뜨만과 높은 아뜨만을 이야기합니다.

바가반: **아뜨만**(*atman*)에는 낮거나 높은 그런 것이 없습니다. 낮거나 높은 것은 형상들에 해당되지 진아, 곧 아뜨만에는 해당되지 않습니다.

그리고 난 직후 이 일행은 점심 식사를 하고 가라는 것을 마다하고 작별을 고했다. 그들은 다른 데에 이미 점심을 준비시켜 두었던 것이다.

오후에 캘커타의 따얄 씨가 다시 **바가반**과 이야기를 나누었다.

따얄: 저는 늘 몸 안의 같은 중심에 집중하지는 않습니다. 어떤 때는 한 중심에 집중하기가 더 쉽고 어떤 때는 다른 중심이 더 쉽습니다. 그

리고 어떤 때는 한 중심에 집중하고 있으면, 그 생각이 저절로 옮겨가서 다른 중심에 고정됩니다. 그것은 왜 그렇습니까?

바가반: 그것은 그대가 과거(전생)에 한 수행 때문일 수도 있습니다. 그러나 여하튼 어느 중심에 그대가 집중하느냐는 중요하지 않습니다. 왜냐하면 진정한 **심장**은 모든 중심에 다 있고, 심지어 몸 밖에도 있기 때문입니다. 몸의 어느 부분 혹은 외부의 어떤 대상에 집중하든, **심장**이 거기 있습니다.

K.M. 지브라자니가 끼어들어 질문했다. "어떤 때는 한 중심에 집중했다가 또 어떤 때는 다른 중심에 집중해도 됩니까, 아니면 같은 중심에 늘 일관되게 집중해야 합니까?"

바가반: 방금 제가 말했듯이, 어디에 집중하든 해로울 것은 없습니다. 왜냐하면 집중은 생각들을 그만두기 위한 하나의 수단일 뿐이기 때문입니다. 그대가 집중하는 중심이나 대상이 무엇이든, 집중하는 자는 늘 똑같습니다.

1946-7-24

바르가바: 자각(awareness)이 무엇이며, 저희는 어떻게 그것을 얻어 계발할 수 있습니까?

바가반: 그대가 곧 **자각**입니다. 자각은 그대의 다른 이름입니다. 그대가 **자각**이기에 그것을 성취하거나 계발해야 할 필요가 없습니다.

이것은 분명 바르가바에게 다소 어려운 말씀이었고, 그는 그것이 어떻게 자신의 질문에 대한 답변이 되는지 의아해했다. 하지만 **바가반**은 그를 돕기 위해 이렇게 덧붙이셨다. "그대가 해야 할 일은 다른 것들, 곧 비非진아를 지각하는 것을 그만두는 것이 전부입니다. 그런 것들을 지각하기를 그만두면 순수한 **자각**만이 남는데 그것이 바로 **진아**입니다."

1946-7-28

오전 10시경 내가 회당에 들어갔을 때 **바가반**은 자이뿌르(Jaipur)에서 온 방문객에게 말씀을 하고 계셨다. "그대의 집을 떠나온 것이 무슨 소용 있습니까? 그대는 한 집을 떠났습니다. 이것은 또 하나의 집입니다. 집이 무엇을 할 수 있습니까? 아무것도 못합니다. 모든 일을 하는 것은 마음입니다." 이 말씀을 하신 뒤 이어서 말씀하셨다. "즉시 이런 질문이 나옵니다. '그러면 왜 당신은 집을 떠나왔습니까?'라는." 내가 **바가반**께 질문했다. "아니, 이분도 그 질문을 했습니까?"

바가반: 아니요, 그는 묻지 않았습니다. 저 자신에게 자가당착이 있지요(enakkullēyē uthaissikkidrathē).[137]

먼젓번에는 **바가반**이 이런 질문에 다음과 같은 방식으로 답변하셨다. "제가 떠나온 것은 저의 발현업 때문이고, 그대의 발현업이 그렇다면 그대도 떠나게 되겠지요."

오후에는 리시케시에서 어떤 고행자(bairagi)가 왔는데, **바가반** 앞에서 힌디어로 어떤 말라얄람인 사두들(sadhus)이 리시케시에 있는 라마나스라맘을 없애버리려 한다고 오랫동안 불평했다. 이 아쉬람은 25년 전 고빈다난다(Govindananda)가 창설한 것인데, 자기가 여기 온 것은 25년 전에 (고빈다난다가) 아스라맘을 지은 그 땅을 매입하여 제대로 등기를 했는지 확인하기 위해서이고, 등기가 되어 있어야 누구도 현재 그 아스라맘에 거주하고 있는 사람들을 거기서 내쫓지 못할 거라고 했다. 그에게 그런 문제는 도감都監만이 처리할 수 있는데 그가 지금 부재중이고, **바가반**은 아무것도 하실 수 없다고 말해 주었다. 이 고행자는 몹시 속상해서 회당을 떠났는데, 저녁식사를 위해 머물러 있지도 않았다.

29일에 나는 칭글푸트(현 쩽갈빠뚜)로 떠나 46년 8월 2일에 돌아왔다.

---

137) T. **바가반** 자신도 집을 떠나와서 출가인이 되었으므로, 상대방이 같은 논리로 반문하면 할 말이 없게 될 것이다. 답변의 논리성에 대한 **바가반**의 신중한 관점을 보여준다.

1946-8-3

내가 없는 동안 온 사람들 중에서 나는, 아스라맘을 처음 방문한 부이유르(Vuyyur)의 자민다리니(Zamindarini-자민다르(지역 징세관)의 부인)와, 아나까빨리(Anakapalle-안드라프라데시 주의 소도시)에서 온 아홉 살 난 어린 소년 압빠라오(Apparao)가 있는 것을 발견했다. 이 소년은 어떤 면에서 조숙하여 자기는 출가생활(sannyasa) 내지 영적인 삶을 살고 싶다고 말하는데, 모든 두려움에서 현저히 벗어나 있다. 그는 약 2년 전에 바가반을 찾아왔던 자기 아버지에게서 처음 바가반에 대한 이야기를 들은 모양이다. 이 소년은 바가반이 스깐다스라맘과 비루팍쉬 산굴에서 사실 때 일어난 몇 가지 사건을 자기 아버지나 다른 사람들에게서 들은 대로 정확히 기억하고 이야기한다. 최근에 아나까빨레를 방문한 어떤 스와미가 바가반에 대한 이야기를 했는데, 그 이야기를 듣자 소년은 열의에 충만하여 부모 몰래 혼자 여기로 달려온 듯하다. 전에도 한 번 베나레스로 쫓아가서 거기 하루 동안 머물렀다가 돌아왔다고 한다. 어떤 사람이 그에게 "너는 그렇게 빨리 그런 삶을 살겠다는 게 온당하냐? 지금 네가 해야 할 일은 학교를 다니며 배우는 거야"라고 하자, 그는 "샹까라도 겨우 일곱 살 때 집을 떠나지 않았어요?"라고 대답했다. 이 소년은 아직 여기 있는데, 우리의 나감마가 그의 어머니에게 이 소년이 왔다는 편지를 보냈다.

오늘 오후 2시 30분에 나는 바가반이 식당 안에 있는 한 침상 위에 앉아 계신 것을 발견했다. 내가 영문을 몰라 하고 있을 때 열두어 명의 헌신자들 일행이 와서 바가반 앞에 자리 잡고 앉았다. 그들은 곧 바잔(bhajan)을 시작했는데, 오후 4시까지 이어졌고 헌신으로 충만해 있었다. 이 일행은 스리빌리뿌뚜르(Srivilliputtur-타밀나두 주 남부의 소도시)에서 온 '라마 사원(Rama Matam)'의 신도들인데, 이 사원은 그곳에서 50년 넘게 존속해 온 듯하다. 그들은 노래만 부른 게 아니라 춤도 추고 꿈미(kummi-시골춤을 곁들인 노래)도 하면서 다양한 동작을 선보였는데, 모두 브린다반에서 크리슈나가 즐긴 유희들을 연상시키는 것이었다.

저녁 빠라야나가 끝난 뒤에 P. C. 데사이와 비스와나트는 바가반의 친존에서 까빨리 사스뜨리(Kapali Saśtri)의 『라마나 기따』에 대한 산스크리트 주석의 교정을 보고 있었다.

1946-8-4

오늘 아침에 요기 라마이아(Yogi Ramiah-제자의 한 사람)가 도착했다. 오전 9시 30분경에 바가반은 타밀어 신문 「힌두스탄(Hindusthan)」을 들여다보시다가 거기 실린 다음과 같은 대화를 나에게 읽어주셨다.

첫째 남자: 우리는 슬픔이나 괴로움이 닥쳐와야만 신을 생각합니다.

둘째 남자: 아, 당신은 바보군요. 만약 우리가 항상 신을 생각한다면 슬픔이나 괴로움이 어떻게 우리를 찾아올 수 있겠습니까?

왜 바가반이 나에게 이 대화에 주목하게 하셨는지 모르겠다. 전능하고 모두를 사랑하는 신이 굳이 우리에게 고통을 겪게 하여 그를 향하게 할 필요가 있느냐고, 내가 대체로 당신에게 따져 묻기 때문이 아닌가 싶다.

이날 거의 종일 그 교정보는 일이 계속되었다.

1946-8-5

교정보기가 오늘도 계속되어 저녁에 끝났다. 압빠라오 소년은 그냥 농땡이 부리는 아이로 보일 것이다. 그의 형이 나감마에게 답장을 보내 왔다. 오늘 마드라스로 떠나는 부이유르의 자민다리니가 이 소년을 기차로 아나까빨레까지 보내주겠다고 약속하고 그를 데려갔다.

1946-8-6 오전

한 방문객이 바가반께 자신을 소개하면서, 자기는 오랜 세월 싱가포르에 살고 있고 싱가포르의 나라야나 아이어 씨를 안다고 했다. 나중에 나는 이 신사가 띤네벨리(Tinnevelly) 출신의 라잠 아이어(Rajam Iyer)라는 것을 알았다.

오후에 T.S. 라자고빨이 서가를 청소하고 다시 정리하다가 공책 한 권을 발견했다. 바가반이 말씀하셨다. "이것은 K.K. 남비아르가 저에게 준 것입니다. 그것은 아주 이상한 일이었지요. 당시에 우리에게는 이와 같이 장정된 공책이 여러 권 있었습니다. 그런데도 마다반(Madhavan-시자 마다바 스와미)은 제가 2, 3일 동안 하나를 달라고 해도 주지 않았습니다. 어찌된 일인지 그는 무관심했고 저도 그를 재촉하지 않았지요. 3일째 되는 날, 당시 이곳의 엔지니어이던 남비아르가 와서 이 공책을 저에게 주면서 말하기를, '여기 바가반께서 원하신 공책이 있습니다' 하는 거였습니다. 알고 보니 그가 꿈을 하나 꾸었는데, 꿈속에서 제가 그에게 이러이러한 종류의 이러이러한 크기로 된 공책을 한 권 원한다고 한 모양입니다. 그는 지금 미국에 있습니다."

1946-8-7 오후

내가 애송하는 타밀 노래 몇 곡을 적어둔 공책 한 권이 한동안 없어져서 나는 새 공책에 그 노래들을 다시 옮겨 적기 시작했다. T.S. 라자고빨의 귀띔으로 바가반이 이것을 아셨고, 그 직후 쿠달로르의 소마순다람 벨라이 씨가 와서, 내 먼저 공책은 없어진 것이 아니라 자기 가족들이 가지고 있다고 말했다. 이와 관련해 T.S. 라자고빨이 나에게 말했다. "너무 많아 기억할 수도 없는 갖가지 사건들이 이와 같이 일어납니다. 제가 바가반께 말씀드리자마자 당신은 공책을 찾았습니다. 바가반의 어머님은 언젠가 까두까이(kadukkai)[가자訶子(chebulic myrobalan)]138)를 원했는데 그 직후에 어떤 사람이 그것을 가져온 모양입니다. 바가반께 그에 대

---

138) T. 까두까이는 사군자과科 가자나무(chebulic myrobalan, *Terminalia chebula*)의 익은 열매를 말린 '가자訶子'이다. 인도에서 haritaki로도 불리며 아유르베다 약제의 하나이다. 원문에는 Indian myrobalan으로 나오지만 이는 암라(amla)이며 까두까이와 다르다.

해 여쭈어 보십시오." 그래서 나는 **바가반**께 여쭈었고 당신은 이렇게 말씀하셨다. "까두까이를 원한 것은 어머니가 아닙니다. 제가 당시에 기침이 좀 나고 변비도 있었지요. 그때 저는 비루팍쉬 산굴에 있었는데, 이따금 까두까이를 씹어 먹곤 했습니다. 하루는 우리가 가지고 있던 까두까이가 다 떨어졌습니다. 당시에 감독관(overseer)[세샤 아이어]이 읍내에서 자신의 공무 일과가 끝나면 저녁에 매일 찾아왔는데, 우리에게 필요한 것을 보살펴주곤 했습니다. 그래서 우리는 그에게 까두까이를 원한다고 했습니다. 그는 그런 어떤 바람도 보통은 신속히 들어주었지요. 그런데 어찌된 일인지 다음날 그것을 보내지 않았고, 그래서 제가 빨라니스와미에게 '오늘 정오에 짜뜨람(chattram-순례자 무료 숙소)에 음식을 가지러 가시거든 감독관에게 까두까이에 대해 상기시켜 주십시오' 했습니다. 그런데 그가 가기 전에 다음과 같은 사건이 일어났습니다. 쩽감(Chengam) 근처의 마을에서 오는 아디물람(Adimulam)이라는 사람과 그의 친구들이 한 달에 한 번씩 여기 와서 산을 돌았는데, 저에게도 찾아오곤 했지요. 그날도 그들이 와서 한동안 저와 함께 있다가 작별을 고하고 떠났습니다. 몇 걸음 가던 그들이 돌아와 우리가 까두까이를 쓸 때도 있느냐고 물었습니다. 우리는 '그렇다'고 했고, 그들은 그것을 한 자루 가득 가져와 우리에게 가지라고 했습니다. 우리는 가장 좋은 것으로 두 분량 정도를 갖고 나머지는 그들에게 돌려주었습니다. 그들은 오다가 이 까두까이가 쩽감로를 따라 죽 널려 있는 것을 보고 한 자루 담았던 모양입니다. 분명히, 밤새 그 도로를 다니는 짐수레에 실려 있던 일부 자루가 새어 그것이 흘러나온 것입니다. 그래서 저는 빨라니스와미에게, 감독관에게 읍내에서 까두까이를 보내지 말라고 이르라고 했습니다."

당신이 이 이야기를 끝내고 계실 때 꾸빤나(Kuppanna) 씨가 와서 **바가반** 앞에 엎드려 절을 했다. **바가반**이 말씀하셨다. "이거 보게. 우리가 감독관 이야기를 하고 있는데 여기 그의 조카가 왔네." (꾸빤나 씨는 감독관의 형제의 아들이다.) 그때 T.S. 라자고빨이 끼어들었다. "그런 우연의 일치가 너무 많습니다. 최근에 저희가 자나끼 암말(Janaki Ammal) 이야기를 했더니 다음날 그녀가 왔습니다. 저번에는 크리슈나스와미가 **바가반**께 요기 라마이아가 여기 오지 않은 지 2년쯤 됐다고 말씀드리자 그가 다음날 와서 지금 우리와 함께 있습니다." **바가반**이 말씀을 계속하셨다. "꾸뿌스와미가 오니까 다른 사건 하나가 생각나는군요. 하루는 무슨 일로 제가 건포도가 먹고 싶어서 함께 있던 사람들에게 아스라맘에 그것이 좀 있느냐고 물었습니다. 없다고 하더군요. 그래서 우리는 그에 대해 더 이상 생각하지 않았습니다. 그날 밤 꾸뿌스와미의 아버지가 마드라스에서 왔는데, 우리가 여기서 보통 구하는 끈적끈적하고 지저분한 것이 아닌 깨끗하고 좋은 건포도를 한 통 가져왔습니다. 그는 그날 밤 늦게 읍내에 도착하여 저에게 가져올 과자를 좀 사려고 했던 모양입니다. 전에는 전혀 그런 것을 산 적이 없었는데 그때는 저에게 뭔가 좀 사와야겠다는 생각이 들었던 것입니다. 가게가 모두 문을 닫았던가 봅니다. 그런데 한 식품가게가 열려 있어 그는 거기 들어갔습니다. 포도를 살 생각은 전혀 없었지만 가게 주인이 자진해서 권했습니다. '들어온 지 얼마 안 되는 신선하고 좋은 건포도가 있습니다. 아주 좋습니다. 좀 사시지요'라고 말입니다. 그래서 그는 한 통을 사서 우리에게 가져온 것입니다."

바가반은 이렇게 덧붙이셨다. "공책 사건은 더 놀랍습니다. 남비아르가 평소처럼 와서 회당에 앉았습니다. 그러다가 떠날 때 저에게 와서 그 공책을 보여주었습니다. 제가 웬 공책이냐고 물으니 그가 이렇게 말했습니다. '당신께서 갖다 달라고 하셔서 가져온 것입니다. 당신께서 제 꿈에 들어오셔서 공책을 하나 달라시면서 길이·너비·두께 등 모든 지침을 주셨고, 그에 따라 그것을 만들어 가져왔습니다.' 그때 마다반은 회당에 없었습니다. 그가 돌아오자 제가 그를 불러 말했습니다. '내가 요 2, 3일 사이에 자네에게 뭘 갖다 달라고 했지?' 그가 대답했습니다. '저 장정한 공책입니다.' 그때 제가 물었지요. '왜 그걸 나에게 주지 않았지?' 그가 대답했습니다. '어찌된 일인지 제가 그것을 잊어버렸습니다.' 이때 저는 남비아르가 가지고 온 공책을 그에게 보여주며 말했습니다. '자네가 주려 하지 않으니 그가 이걸 가져왔어.' 남비아르 씨는 지금 미국에 있습니다. 도우 부인(Mrs. Dowe-프랑스인 헌신자)이 남비아르와 보즈에 대한 이야기를 편지로 보내왔습니다. 그녀는 남비아르를 아주 좋아하는데, 말이 많은 보즈와 달리 그가 조용한 사람이라고 말합니다. 그런 사건들은 저와 함께 있던 아이야스와미(Ayyaswami)의 경우에도 아주 흔했지요. 제가 무엇을 생각하는 순간, 같은 생각이 그에게도 떠올라 제가 원하는 일을 하곤 했습니다. 저는 그에게 '왜 그걸 해요?' 하고 묻곤 했는데, 그는 곧잘 '모르겠습니다. 왠지 그 생각이 다가와서 했습니다'라고 대답했습니다." T.S. 라자고빨이 말했다. "그런 부름이 남비아르에게 왔듯이 우리에게 오는 것이 우리의 행운이 아닌 것은 어째서입니까?" 그러자 내가 말했다. "왜요? 당신도 **바가반**께서 잉크를 갖다 달라고 하시자 잉크를 가져왔잖아요." 그때 **바가반**이 말씀하셨다. "그렇지요. 그는 꿈에서 제가 원했다면서 스티븐스 잉크(Stephens ink)139) 한 병을 가져왔습니다."

바가반이 "이런 일들은 어느 책에도, 어느 전기에도 들어 있지 않다고 생각됩니다"라고 말씀하시자 내가 대답했다. "제가 일기에 그런 것을 다 기록하고 있습니다. 저는 그런 것을 빠뜨리지 않겠습니다."

오늘 오전에 T.S. 라자고빨의 사위인 까메스와라 사르마, 그의 처(사라다)와 아이가 여기 도착했다. **바가반**은 그들에게 자애로운 질문들을 하셨고, 사라다에게 그녀의 아이인 락슈미가 이제 말을 하느냐고 물으셨다. 그녀는 "몇 단어를 말하고 손짓으로 보충합니다"라고 대답했다. 오후에 라마나타 뽀다르(Ramanatha Poddar)라는 방문객이 봄베이에서 도착하여 락슈마나 사르마와 그의 아들 K. 사르마에 대해 물었다. 이 두 사람(락슈

---

139) *T*. 1832년에 영국의 헨리 스티븐스가 발명한 블루블랙 잉크. 세계적으로 유명해졌다.

마나 사르마 부자)은 약 1년 전에 R. 뽀다르의 친척에게 자연요법을 시술한 뒤에 그의 집에서 두 달 가량 머물렀던 것 같다.

오늘 오전 요기 라마이아가 작은 공책 한 권을 가져왔는데, 오래 전에 **바가반**이 이 요기를 위해 당신의 저작 중 몇 가지를 베껴 써 주신 공책이다. 그는 제본을 다시 손보았으면 했다. **바가반**은 몇 가지 지시를 내리면서 그 작업을 T. S. 라자고빨에게 맡기셨다. 오후에 손을 본 이 공책을 **바가반**께 드리자 **바가반**은 작업이 잘 되었다 하시고, "이제 당신의 공책을 보세요" 하면서 그것을 요기에게 건네주셨다. 요기는 "모두 **바가반의 은총입니다**" 뭐 그런 말을 했다. 무루가나르가 그 공책을 집어 들더니 공책의 4분의 1만 기록되어 있고 나머지는 비어 있는 것을 보고 「뿌루샤 수끄따(Purusha Sukta)」140)에 나오는 말을 인용하면서 "신의 4분의 1만 전체 우주로 나타나고 나머지 4분의 3은 그 바깥에 알려지지 않은 상태로 있다고 하듯이, 이 책도 **바가반의** 4분의 1만 담고 있습니다" 하고 말하자, **바가반을** 포함하여 모두가 웃었다.

1946-8-8

비스와나트 씨가 말했다. "쉬로프가 **바가반**께 좀 알아봐 달라고 저에게 부탁한 게 있는데, 자기는 **바가반** 곁에 정말 간절히 있고 싶은데도 왜 마드라스나 띠루반나말라이 근처의 어느 곳에 발령받지 못하고 봄베이로 갔느냐는 것입니다." **바가반**이 대답하셨다. "우리가 무슨 말을 합니까? 일들이 우리가 이해하지 못하는 방식으로 일어납니다. 우리가 전혀 예상 못한 사람들이 갑자기 여기 옵니다. 여기 있는 어떤 사람들이 갑자기 예기치 않게 여기를 떠나게 됩니다. 그에 대해 우리가 무슨 말을 할 수 있습니까?" 오전 10시경에 데사이 부인이 **바가반** 앞에서 자가디사 사스뜨리(Jagadisa Sastri)의 「아바야쉬따깜(Abhayashtakam)」을 자신이 구자라

---

140) T. 『리그베다』의 일부로, 최초의 인간인 **뿌루샤**(Purusha)에 대한 찬가이다.

트어 운문체로 번역한 것을 낭독했다. 『입산 50주년 기념집』에 싣기 위해 V. 아이어 씨가 최근에 이 작품의 영역본 하나를 만들었다. 바가반은 오늘 「뉴타임스(New Times)」의 창간호를 받으셨다. (그 발행인인) 띠루말 라오(Tirumal Rao) 씨가 최근에 여기 있을 때 프리드먼 씨로부터 자신의 신문 창간호에 실을 바가반에 관한 작은 기고문 하나를 받은 것 같다. 모든 사람을 위해 내가 그 글을 회당에서 낭독했다. 바가반이 말씀하셨다. "그것을 프리드먼 씨에게 보여주세요."

오후

요기 라마이아가 자신의 공책을 바가반께 드렸는데, 무루가나르를 가리키며 이렇게 말했다. "그와 같은 사람들은 다가오는 50주년 기념일 같은 행사에 관한 시를 짓겠지요. 저 같은 사람들은 그런 것을 할 줄 모릅니다. 대신 저는 바가반께서 제 공책에 뭘 좀 써 주시기를 원합니다." 이에 바가반은 그 공책의 맨 앞 장 뒷면이 비어 있는 것을 보시고, 타계한 소마순다라 스와미가 자신의 공책에 한 '글자(ezhutthu)'를 써 주시라고 청했을 때(1937년) 당신이 지으셨던 그 타밀 노래의 텔루구어 번역문을 써 주셨다. '글자'에 해당하는 산스크리트 단어(악샤라)는 알파벳 문자이기도 하고 불멸인 것이기도 한데, (당시) 바가반은 말놀이 하듯 이렇게 쓰셨다.

akkarama thōrezhut thākumip putthakatthō
rakkaramā maḵthezhutha vāsitthā — yakkaramām
ōrezhutthen ṟunthānā yuḷḷat thoḻirvathām
ārezhutha vallā rathai.

악샤라(Akshara)는 특별한 글자라네. 그대는 내가
이 책에 악샤라를 써 주기를 원하지만, 그 악샤라는
심장 안에서 진아로서 스스로 영원히 빛나는데,
누가 그것을 쓸 수 있겠는가?

1946-8-9

오전에 온 우편물은 V. P. 사스뜨리가 보낸 편지였다. 그것은 **바가반**에 대한 헌신으로 가득 차 있었는데, **바가반**과 당신의 가르침이 얼마나 독특하냐고 말하고 있었다.

오후

오후 3시 30분경에 **바가반**은 우체국으로 가는 편지 한 통을 읽고 계셨다. 그것을 마우니에게 돌려주면서 당신은 "어떤 사람이 내 미세신은 길이가 3마일이라는군, 3마일" 하시고는 웃으셨다. 넬로르의 G. V. 숩바라마이야가 한 스와미를 만났는데—이름은 나라싱함이었다고 생각된다—그가 그렇게 말한 듯하다. 그는 또 오로빈도의 미세신은 길이가 3펄롱(furlong-1펄롱은 약 201m)이라고 했다. 나감마가 이것을 보고해 드렸다. **바가반**은 웃으며 말씀하셨다. "그 자신의 미세신은 얼마나 긴가?"

바가반은 한 타밀어 저널에서 이런 구절을 낭독하셨다. "세계를 거짓이거나 불행으로 가득 차 있다고 보는 것은 잘못된 철학이다. 만일 당신이 자신에게 내재해 있는 지성과 힘을 사용하는 법을 알게 되면 이 세상에서도 행복하게 살 수 있다." 이것을 낭독하신 다음 **바가반**이 말씀하셨다. "이 사람들은 샥띠(*sakti*)와 싯디(*siddhis*)를 믿는 파派에 속하지요." 또 이렇게 덧붙이셨다. "그러나 그들도 죽을 수밖에 없다고 봅니다."

오늘 아침에 우리는 조반으로 죽과 땅콩을 먹었다. **바가반**은 이런 죽은 그 유명한 끼라이 빠띠가 당시에 곧잘 쑤어서 당신께 드리던 것인데, 그래서 사람들이 오늘은 여기서도 그것을 한 번 해 봐야겠다고 생각한 거라고 하셨다. 그것은 우유와 쌀에 호로파葫蘆巴(fenugreek)[141], 약간의 마늘, 약간의 마른 생강, 약간의 소금과 설탕을 가미해 만드는 것이다.

---

141) *T.* 콩과 식물의 하나. 그 씨앗은 카레 양념이나 약으로 쓰인다.

바가반은 그 죽이 그리 잘 쑤어지지 않았다고 하면서 소금과 설탕을 조금 더 넣었어야 한다고 하셨다.

저녁에 빠라야나가 끝난 뒤에 비스와나트가 「우마 사하스람」에 나오는 노래 몇 곡을 낭독하고 나야나(Nayana)가 여신(우마, 곧 빠르바띠)에 대해 산스크리트로 지은 다른 노래 몇 곡도 낭독했는데, 오늘이 바랄락슈미 브라따(Varalakshmi vrata) 날[142]이기 때문인 듯했다.

1946-8-10 오전

바가반은 오늘자 「스와데사미뜨란(Swadesamitran)」에서, 작고한 R. 라가바 아이앵가르(Raghava Aiyangar)를 기념하여 그의 친척인 M. 라가바 아이앵가르가 지은 시 몇 수를 발견하셨는데, 무루가나르가 회당에 없는 것을 보시고 비스와나타에게 그에게 말해주라고 하셨다. 바가반은 이렇게 덧붙이셨다. "라가바가 타계한 뒤 신문마다 인물평이 어김없이 나오는군. 그러나 이것은 운문으로 되어 있고 그의 가까운 친척이 지은 거야. 그들은 사촌간(atthappillai ammānsi-고종사촌-외사촌)이지. 무루가나르가 이 시들을 좋아할 것 같아." 이와 관련하여 내가 말했다. "그들이 대단한 친구들인 것을 보게 되면 무루가나르도 뭔가 짓지 않겠습니까?" 이에 대해 비스와나트가 말했다. "아닐 겁니다. 왜냐하면 그는 바가반 외에는 누구도 찬양하지 않겠다는 입장을 취하고 있으니까요." 딸레야르칸 여사가 R. 아이앵가르에 대해 알고 싶어 하자 바가반은 그녀에게 이렇게 말씀하셨다. "그는 람나드(Ramnad)[143]의 사마스타나 비드완(Samasthana Vidvan), 즉 말하자면 그 토후국의 계관시인이었지요." 이어서 우리는 한 계층으로서의 시인들이 우리나라에서 받아 온 빈약한 후원에 대해 이야기하기 시작했고, 사정이 점차 나아지고 있어서 우리 시대에도 나마깔(Namakkal-타밀

---

142) T. 남인도에서 기혼 여성들이 여신 락슈미(Lakshmi)에게 올리는 기복적 예공, 혹은 그 예공일. 7-8월경 보름날 전의 금요일이다.
143) T. 라메스와람 일대에 있던 작은 토후국. 1795년 이후로는 영국의 지배를 받았다.

나두 중부의 도시)의 시인 라마링감(Ramalingam)이 만 루피의 상금을 받은 일이 있다는 말도 했다. (바가반에 대한 시 외에는 짓지 않는다는) 무루가나르의 맹세는 나에게 유명한 텔루구 시인 뽀타나(Pothana)[144]도 생각나게 했는데, 그는 궁정시인인 그의 처남 스리나타(Srinatha)의 간곡한 요청과 왕의 명령에도 불구하고 자신의 『바가바땀』을 왕에게 헌정하기를 거부했다. 그 이야기를 G. V. 숩바 라오가 딸레야르칸 여사에게 들려주었다.

우체부가 찐나스와미가 보낸 편지를 가져왔다. 바가반은 그것을 면밀히 살펴보시고 말씀하셨다. "그들이 마드라스에 갔는데 거기서 람나드의 라자(Raja)를 만날 모양이군요. 그들은 마두라의 집(라마나 만디람)에 조금 변경을 가했는데, 전면의 방 두 개를 개수하여 전체를 하나의 홀로 만들고, 길로 난 출입구를 그전처럼 집 한쪽으로가 아니라 집 가운데로 나게 한 것 같습니다." 바가반은 그 편지를 딸레야르칸 여사에게 보여주게 했다. 거기에는 원래 그녀가 다가오는 50주년 기념식 때 쓰일 거라고 생각하고 낸 시주금 중의 일부가 이 집 수리에 쓰였다는 내용이 들어 있었기 때문이다. 그래서 비스와나트가 그 편지를 그녀에게 보여주었다.

오후

무루가나르가 오자마자 바가반은 그에게 R. R. 아이앵가르에 대해 「스와데사미뜨란」에 실린 글과 타밀어판 「힌두스탄」에 실린 다른 글에 대해서 말씀하시고, 두 신문을 그에게 주셨다. 당신은 이렇게 덧붙이셨다. "나중 글은 R.R.과 작고한 V.S.S. 사스뜨리(310쪽의 스리니바사 사스뜨리)가 절친한 친구였고, 그들이 서로 다른 언어를 썼다는 것 말고는 똑같이 대단한 연설가들이었다는 말로 끝맺고 있네."

바가반은 나감마가 텔루구어로 번역하고 있는 냐네스와르의 생애담 중

---

[144] T. 텔루구어 시인 Bammera Pothana(1450-1510). 산스크리트에서 텔루구어로 번역한 그의 『스리마드 바가바따무(Srimad Bhagavatamu)』가 텔루구어권에 잘 알려져 있다.

의 한 부분―즉, 냐네스와르가 숲으로 들어가 자기 아버지와 논쟁을 한 뒤에 그를 도시에 있는 가족들에게 도로 모셔오는 부분을 어디서 어떻게 시작할지에 대해 그녀에게 몇 가지 지침을 주셨다. 이와 관련하여 **바가반**은 우리가 마누 수베다르(Manu Subedar)를 위해 그 부분을 번역할 때 어디서 어떻게 시작했는지 보고 싶어 하셨다. 그래서 나는 그 번역본이 부록에 있는 마누 수베다르의 『기타 해설(Gita Explained)』 1945년 판을 꺼내 왔다.145) 바가반은 그것을 면밀히 살펴보시고 이렇게 말씀하셨다. "우리는 텔루구어 번역도 그런 식으로 해야겠군."

저녁 빠라야나가 끝난 뒤 데사이가 어떤 산스크리트 시들을 읽으면서 그것을 영어로 옮기기 시작했다. 조금 뒤에 내가 **바가반**께 그것이 무엇에 대한 것인지 여쭤자 당신이 말씀하셨다. "방금 전에 그들은 『기념집』에 여유 지면이 좀 있는 것을 발견하고 시 몇 수로 거기를 채울 수 있을 것으로 생각하는데, 실은 그것은 비스와나타 사스뜨리(Viswanatha Sastri)가 쓴 산스크리트어 전기에 나오는 송찬頌讚(stotras)들입니다. 그래서 데사이가 번역하는 거지요. 비스와나트는 아마 이 사람들에게 말하지 않고 이미 그것을 타밀어나 영어로 번역하고 있을 겁니다." 그런 다음 **바가반**은 데사이에게 말씀하셨다. "그대는 그대의 영어 번역을 써 두는 게 좋겠군요. 그러면 우리가 모두 그것을 훑어 볼 테니까."

1946-8-11

오늘 아침에 딴조르의 젊은이 나따라잔(Natarajan)146)이 도착했다. 그는 **바가반**이 쓰시라고 자나끼 암말(Janaki Ammal)이 보내온 은제 손잡이가 달린 지팡이와 은도금을 한 슬리퍼 한 켤레를 가져왔다. **바가반**이 말

---

145) T. 봄베이의 변호사이자 정치인이었던 마누 수베다르는 『냐네스와리(Jnaneswari)』의 최초 영역본 『기타 해설(Gita Explained by Jnaneshwar Maharaj)』을 1932년에 처음 출간했다. 바가반을 찾아온 그는 당신께 그 책(1945년, 제3판)을 드렸고, 바가반은 『박따 비자얌』에서 냐네스와르 부자간의 논쟁을 그에게 읽어 주었다. 뒤의 512쪽 참조.
146) T. 이날 두 번째로 바가반을 찾아온 스리 사두 옴이다. 497쪽 참조.

씀하셨다. "손을 한 번 대고 돌려줘야겠군. 그녀가 예공(Puja) 때 가지고 있게 말이야." 그렇게 말하면서 당신은 그것들을 살펴보신 뒤 시자에게 돌려주셨다. 나중에 나따라잔에게 물어보니 그의 「욕망(Vetkai)」[147] 제7연이 가리키는 것은 다음과 같은 사건이라고 했다. 그가 지난번에 왔을 때 한 번은 점심을 먹으러 회당에 늦게 들어갔는데, **바가반**을 제외하고는 모두 자리에서 일어난 뒤였다. 그때 **바가반**께서 일어나 나따라잔 곁에 와서, 그가 일어서려고 할 때 '자네가 온 용무를 돌보게(vanta velaiyaip pār)'('자네의 수행에만 신경 쓰게')라고 말씀하시고 나가셨다. 나따라잔은 이제 **바가반** 앞에서 자신의 시 「뻐꾸기 울음소리(kuyilodu kūral)」를 낭독했는데, 이것은 먼젓번 방문 때 낭독하지 않은 것이었다.

오후

바가반은 타밀어판 『박따 비자얌(Bhakta Vijayam)』을 들여다보시고 나감마에게 말씀하셨다. "브라민들이 왕에게 냐네스와르의 할아버지에 대해 불평하면서 그가 브라민 계급을 타락시키고 있다는 등으로 비난했을 때, 냐네스와르가 왕에게 가서 자기 할아버지를 위해 얼마나 솜씨 좋게 변론했던지 왕은 이 소년의 천재성에 놀랐고, 이런 아들을 낳은 아버지는 어떤 사람인지 보고 싶어서 냐네스와르를 자기 수행원들과 함께 숲으로 보내 그의 아버지를 데려오게 했다고 이야기를 시작할 수 있을 거야." **바가반**은 나에게도, 오늘 아침에 온 D.S. 사스뜨리[나감마의 오빠]에게 마누 수베다르의 『기타』[『냐네스와리』]에 있는 부록을 보여주라고 하셨다. 나중에 이야기는 우리 아스라맘을 위한 저널을 만들자는 제안에 대한 논의로 옮겨갔고, D.S. 사스뜨리는 그에 대해 아주 열의가 있었다. D.S. 사스뜨리는 자기 못지않게 열의가 있는 캘커타 신사를 마드라스에서 만

---

147) *T*. 문맥상 이 시는 나따라잔이 먼젓번에 왔을 때 지어 **바가반** 앞에서 낭독한 것을 저자가 공책에 기록해 둔 것으로, 그 7연의 내용에 대해 저자가 궁금증이 있었던 것이다.

났는데, 그가 그 문제에 대해 이야기하더라고 했다. D.S. 사스뜨리가 말했다. "그러나 그것을 캘커타에서 편집하면 안 되겠지요. 여기 누군가가 있어서 모든 것을 **바가반**께 보여드리고 그것이 인쇄소로 넘어가기 전에 당신의 승인을 받아야 합니다." 나는 내가 그런 책임 있는 일을 맡을 적격은 아니라고 생각하고 아난따나라야나 라오(Anantanarayana Rao) 박사를 거명했다. **바가반**이 말씀하셨다. "오늘도 우리는 어떤 사람의 편지를 받았는데 어떤 저널, 아쉬람의 어떤 기관지가 없는지 물었지요."

나중에 한 방문객의 요청에 대해 **바가반**이 말씀하셨다. "그대의 생각을 **진아**에만 집중하면 행복과 지복을 얻게 될 것입니다. 생각들을 거두어들여 그것을 제어하고 그것들이 밖으로 나가지 못하게 하는 것을 무욕(*vairagya*)이라고 합니다. 생각들을 **진아** 안에 고정하는 것이 수행(*sadhana*) 혹은 공부(*abhyasa*)입니다. 심장에 집중하는 것도 **진아**에 집중하는 것과 같습니다. 심장은 **진아**의 다른 이름입니다."

오후에 나는 라뚜 마하라지(Latu Maharaj)[아드부따난다(Adbhutananda)][148]와의 대화로 시작되는 「베단타 께사리(*Vedanta Kesari*)」[149] 금월호를 읽고 있었다. 그때 나는 **바가반**께 아드부따난다가 라뚜(Latu), 즉 완전 까막눈이었고, 그런 사람이 나중에 이 글에 기록된 그런 대화를 나눌 수 있었다는 것은 하나의 기적으로 여겨졌으며, 그래서 라뚜는 아드부따난다('놀라운 지복')라는 이름을 얻었다고 말씀드렸다. **바가반**은 "그래요?" 하셨다.

1946-8-12

오늘 오전에 **바가반**은 마다비 암마(Madhavi Amma)[K.K. 남비아르의 누나]가 보내온 편지를 면밀히 살펴보시더니 우리에게 말씀하셨다. "그녀는 이렇게 말하는군요. '만일 제가 남자라면, 다른 사람이 **바가반**의 다리를

---

148) *T.* 라마크리슈나의 출가 승려 제자(?-1920). 무학이었지만 뛰어난 영성을 보였다.
149) *T.* 마드라스(현 첸나이)에서 간행되는 라마크리슈나 교단의 월간지(1895-현재).

안마하는 것을 허락할까요?'라고. 그녀는 마다반과 그의 죽음과 관련하여 이런 말을 하는 것입니다. 그녀는 제 다리를 한 번 안마했습니다. 뜨거운 찜질을 해 주었지요. 그녀는 거기에 전문가입니다. 천이 저의 팔다리에 거의 닿지 않았습니다. 뜨거운 김만 다리에 닿게 했지요."

나따라잔이 오늘 10곡의 노래로 이루어진 그의 시 「욕망」을 낭독했다. 내가 어제 그에게 그것을 읽어 달라고 했다. 그러나 그는 먼저 자신의 「뻐꾸기 울음소리」를 읽었는데, 그 노래에 너무 몰두하여 내 요청을 까맣게 잊어버렸다. 그래서 그가 오늘 「욕망」을 낭독했다. 그는 자신이 오늘 지은 다른 노래도 낭독했는데, 거기서 그는 자나끼 암말이 그를 통해 **바가반**께 전한 요청을 구체적으로 표현했다. 그가 **바가반**께 말씀드렸다. "이것을 이미 무루가나르님께 보여드렸습니다." 바가반은 그것을 자세히 살펴보시고 한 가지 사소한 수정을 하셨다.

저녁에 데사이와 비스와나트는, 비스와나타 사스뜨리가 산스크리트어로 쓴 **바가반**의 생애담에서 뽑은 송찬(*stotra*) 8, 9수를 그들이 영어로 번역한 것을 낭독했다.

1946-8-13

오후에 T.K. 도라이스와미 아이어 씨가 **바가반**께 마드라스에 있는 스와미나탄(Swaminathan) 교수와 여타 사람들이 입산 50주년 기념일에 우리가 여기서 몇 가지 음악 공연과 저명인사들이 여러 언어로 하는 연설들을 개최하는 것을 제안했다고 말씀드렸다. **바가반**은 그에 별로 찬동하시는 것 같지 않았다. 당신이 말씀하셨다. "이게 다 뭡니까, 그렇게 먼 데서 그런 사람들을 불러오다니? 어차피 연사가 너무 많아서 각자 몇 분씩밖에 발언하지 못할 텐데 말입니다. 그리고 비용은 또 얼마나 들겠습니까!" 그때 내가 **바가반**께 말씀드렸다. "이것은 모두 저희들을 위한 것입니다. 여기 올 이 사람들은 단순히 연설하러 오지 않을 것입니다. 그들은 1차적으로 바가반을 친견하러 올 것이고, 저희는 그들에게 연설도 해 달라고 부탁하려는 겁니다. 그뿐입니다."

1946-8-14

오늘 아침에 딸레야르칸 여사가 바가반께 말씀드렸다. "바가반, 저는 샨따(Shanta)[바로다의 마하라니]에게서 편지를 한 통 받았는데, 바가반께서 기적을 행하셨다고 하면서 그에 대한 이야기를 쓰고 있습니다. 그녀가 차를 타고 나갔다가 도중에 차가 고장이 났는데 기사가 그것을 전혀 어떻게 하지 못한 것 같습니다. 그래서 기사는 라니의 허락을 얻어 다른 차를 부르기 위해 전화를 하러 간 모양입니다. 그러는 동안 특이하게 생기고 온화한 사두 한 사람이 갑자기 그 자리에 나타나, 차를 만지면서 '이제 가도 됩니다' 하고 말한 것 같습니다. 기사가 돌아와서 엔진에 시동을 걸자 차가 아무 문제없이 움직였다고 합니다. 라니는 그것이 모두 바가반의 은총이라고 생각합니다. 그녀는 50주년 기념일에 여기 올 수 없어서 유감이라고 했습니다." 이렇게 말하면서 딸레야르칸 여사가 그 편지를 보여드렸고, 바가반은 그것을 자세히 살펴보셨다. 당신은 그 편지에 '로마 황제'라는 말이 나오자 "로마 황제가 누구지요?" 하고 물으셨다. 나는 바가반께 그것은 그들이 우리의 도감(찐나스와미)을 지칭한 것이라고 말씀드렸고, 딸레야르칸 여사도 "예. 저희는 그를 그렇게 부릅니다" 하고 덧붙였다.

곧이어 나는 바가반의 지시에 따라 2, 3년 전 여기에 5, 6일간 머물렀던 것으로 보이는 한 캘커타 헌신자가 보낸 긴 편지를 낭독했다. 그는 편지에서 바가반이 자신에게 어떤 은총도 베풀지 않는다고 생각했는데, 5일째 되는 날 갑자기 아무 애씀 없이 몸과 세계 그리고 일체에 대한 의식이 완전히 자신을 떠나 버리고 자신은 순수한 의식인 것 외에 달리 무엇도 아닌 상태를 어떻게 체험했는지 이야기하고 있다.

오후

도감, T.K. 도라이스와미 아이어 씨와 랑가나타 아이어는 1946년 9월 1일에 있을 연설과 음악 공연 프로그램을 모두 확정하고, **바가반**의 승인을 얻기 위해 그것을 나에게 보내왔다. 당신은 어떤 의견도 주시지 않고 이렇게 말씀하셨다. "그들이 좋을 대로 결정하라고 하세요. 그에 대해 저에게 더 이상 묻지 말고." 내가 승인을 간청하자 당신이 말씀하셨다. "왜 이제 와서 그걸 가지고 저와 의논하려 합니까? 이런 연설과 음악을 하기로 결정하기 전에 저와 의논을 했기에 지금 그 시간에 대해 저와 의논하겠다는 건가요?" 이에 내가 말했다. "맞습니다. 그들은 마드라스에서, 스와미나탄 교수 등의 제안에 따라 이런 모든 것을 하기로 결정했습니다. 그러나 지금이라도 **바가반**께서 이 모든 것이 마음에 안 드시면 저희는 그만둘 수 있습니다. 그러지 못할 게 뭐 있습니까?" 그러자 당신은 누그러져서 이렇게 말씀하셨다. "그들에게 저는 반대하지 않는다고 말해도 됩니다. 그러나 저의 일과시간에는 제가 빠져야 합니다." 내가 즉시 말했다. "물론 그렇게 될 겁니다." 그래서 우리는 **바가반**이 여느 때와 같이 모든 연설이 끝나고 오후 4시 45분에는 평소처럼 일어나셨다가, 오후 5시경에 돌아오셔서 무시리(Musiri)가 연주하는 음악이 시작되게 하시도록 프로그램을 정리했다.

저녁에 무루가나르는 50주년 기념식을 위해 그가 우리의 요청으로 지어 둔 시 몇 수를 가져왔다. **바가반**은 즉시 그것을 훑어보시고 한두 가지 수정하신 다음 옆으로 밀어놓으며 말씀하셨다. "나머지는 우리가 내일 해서, 어떤 제목을 붙일지 결정하기로 하세."

1946-8-17

오늘 오전에 몇 명의 구자라트인(Gujerati) 방문객들이 여기 도착했는데, 뽄디체리에서 15일에 (오로빈도의) 친견을 받고 돌아가는 길임이 분명했다.

그들 중의 한 사람이 **바가반**께 질문했다. "**진아** 깨달음이란 무엇을 뜻합니까? 유물론자들은 신이나 진아 같은 것은 없다고 말합니다." 바가반이 말씀하셨다. "유물론자들이나 다른 사람들이 뭐라고 하든 개의치 말고, 진아나 신에 대해서 신경 쓰지 마십시오. 그대는 존재합니까, 존재하지 않습니까? 그대 자신에 대한 그대의 관념은 무엇입니까? 그대가 '나'라고 할 때 그것은 무슨 뜻입니까?" 방문객은 자신이 '나'를 몸이 아니라 자기 몸 안에 있는 어떤 것으로 이해한다고 말했다. 그러자 **바가반**이 계속 말씀하셨다. "그대는 '나'가 몸이 아니라 그 안에 있는 어떤 것이라고 시인합니다. 그러면 그 '나'가 몸 안의 어디서 일어나는지 보십시오. 그것이 일어나고 사라지는지, 아니면 늘 있는지 살펴보십시오. 그대가 잠에서 깨자마자 나타나서 몸, 세계 기타 모든 것을 보다가 그대가 잠이 들면 사라지는 하나의 '나'가 있다는 것과, 몸과 별개로 몸과 독립해서 존재하고, 예컨대 잠 속에서와 같이 몸과 세계가 그대에게 존재하지 않을 때에도 그것만이 그대와 함께하는, 또 다른 '나'가 있다는 것을 그대는 시인할 것입니다. 그럴 때 그대가 그 잠이 들었을 때나 다른 상태들에서의 '나'와 같지 않은지 자문自問해 보십시오. 두 개의 '나'가 있습니까? 그대는 늘 같은 한 사람입니다. 자, 어느 것이 진짜입니까, 오고 가는 '나'입니까 아니면 늘 있는 '나'입니까? 그럴 때 그대가 **진아**라는 것을 알게 될 것입니다. 이것이 **진아** 깨달음(Self-realisation)이라는 것입니다. 그러나 **진아** 깨달음은 그대에게 낯선 상태, 그대와 멀리 떨어져 있고, 그대가 거기에 도달해야 하는 어떤 상태가 아닙니다. 그대는 늘 그 상태에 있습니다. 그대는 그것을 잊고, 자신을 마음이나 그것의 창조물들과 동일시합니다. 그대 자신을 마음과 동일시하기를 그치는 것이 필요한 전부입니다. 우리는 아주 오랫동안 자신을 비非**진아**와 동일시해 왔기 때문에 우리 자신을 **진아**로 보기가 어렵습니다. 비非**진아**와의 이 동일시를 포기하는 것이 **진아** 깨달음이 의미하는 본질입니다. 어떻게 **진아**를 실재화(realise)—

즉, 실재하게(make real) 합니까? 우리는 실재하지 않는 것, 곧 비非진아를 실재화해 왔습니다. 즉, 실재한다고 간주해 왔습니다. 그런 거짓된 깨달음을 포기하는 것이 **진아 깨달음**입니다."

저녁에 빠라야나가 끝난 뒤에 한 방문객이 **바가반**께 "헤매는 마음을 어떻게 제어합니까?" 하고 질문했다. 그는 질문에 앞서 "저는 **바가반**께 저를 괴롭히는 문제를 여쭈어보고 싶습니다"라는 말을 했다. 바가반은 웃고 나서 이렇게 답변하셨다. "그것은 그대에게만 특별한 것이 아닙니다. 이것은 모두가 늘 질문하는 것이고, 『기타』 같은 모든 책에서 다루는 문제입니다. 마음이 헤매거나 밖으로 나갈 때마다 그것을 거두어들여 **진아** 안에 고정하는 것 외에 무슨 방도가 있습니까? 물론 그렇게 하기가 쉽지는 않겠지요. 수행을 해야 그렇게 됩니다." 방문객이 말했다. "마음은 그것이 욕망하는 것만 추구하지, 우리가 그 앞에 설정해 주는 대상에 고정되지 않으려고 합니다." **바가반**이 말씀하셨다. "누구나 자신에게 행복을 안겨주는 것만 추구하겠지요. 그대는 행복이 이런저런 대상에서 온다고 생각하면서, 그것을 추구합니다. 그대가 감각대상에서 온다고 생각하는 행복을 포함하여, 모든 행복이 정말 어디서 오는지 살펴보십시오. 모든 행복이 **진아**에서만 온다는 것을 이해할 것이고, 그러면 그대가 **진아** 안에 늘 안주하게 될 것입니다."

1946-8-21 오후

벵골(Bengal)에서 온 한 방문객이 **바가반**께 질문했다. "샹까라는 우리가 모두 자유롭고 속박되어 있지 않으며, 마치 불에서 떨어져 나온 불꽃처럼 우리가 떨어져 나온 **신**에게로 우리 모두 돌아갈 거라고 합니다. 그렇다면, 왜 우리는 온갖 죄를 범해서는 안 되는 것입니까?"

바가반: 우리가 속박되어 있지 않다는 것, 즉 진정한 **자아**(진아)에는 어떤 속박도 없다는 것은 사실입니다. 그대가 결국에는 그대의 근원으로

돌아갈 거라는 것도 사실입니다. 그러나 한편으로, 그대가 말하는 죄를 범하면 그런 죄들의 과보에 직면해야 합니다. 그 과보는 그대가 피할 수 없습니다. 어떤 사람이 그대를 때리면, 그대는 "나는 자유롭다. 나는 이 구타에 영향을 받지 않고 아무 아픔도 느끼지 않는다. 계속 때리라고 하지."라고 말할 수 있습니까? 만일 그렇게 느낄 수 있다면 그대가 하고 싶은 대로 뭐든지 계속해도 되겠지요. 입으로 '나는 자유롭다'고 말만 한다고 해서 무슨 소용 있습니까?

그 방문객은 이런 질문도 했다. "책에서는 **진아 깨달음**을 얻기 위한 여러 가지 방법을 이야기합니다. 어느 것이 가장 쉽고 최선입니까?"

바가반: 여러 가지 마음에 맞추기 위해서 여러 가지 방법이 이야기됩니다. 다 좋습니다. 그대가 가장 끌리는 어떤 방법을 선택해도 됩니다.

나중에 락슈미[삼바시바 라오(Sambasiva Rao)의 누이]가 **바가반** 앞에서, 바가반의 입산 50주년을 위해 자신이 지은 노래 몇 곡을 낭독했다. 바가반은 50년 전 고꿀라쉬따미(Gokulashtami-크리슈나의 탄신일)에 이은 나바미 날(Navami tithi)에 이곳에 오셨고 오늘이 나바미여서, 음력 날짜(tithi)로는 당신의 입산 50주년 기념일이 오늘일 것이었다. 그래서 그녀는 오늘 그 노래를 부르는 것이 더없이 적절할 수 있다고 생각한 것이다. 그러나 아주 저음으로 읽기 시작했기 때문에 몇 분 뒤 **바가반**이 그녀에게 물으셨다. "자네 귀에는 들리나?" 어떤 사람이 나감마에게 그 시를 대신 읽어도 되겠다고 했고, 그래서 나감마가 큰 소리로 그것을 낭독했다.

오늘 오전, 소마순다람 삘라이가 자신이 꼰지바람(깐찌뿌람)에서 인쇄한 자기 아내가 지은 시와 내가 지은 시 각 한 부씩을 **바가반**께 보여드렸다. **바가반**은 자세히 살펴보신 뒤에 "종이가 두껍고 좋군" 하셨다. 이때 내가 설명 드렸다. "이 책들은 **바가반**의 발아래 바치는 것입니다. 다른 책들은 그보다 약간 못한 종이에 인쇄되었습니다."

46년 8월 23일 오전에 나는 이달 28일에 있을 내 외손자 결혼식에 참석하기 위해 마드라스로 떠났다가 30일 저녁에 돌아왔다.

1946-8-30

30일 저녁 내가 도착했을 때 아스라맘은 9월 1일의 50주년 기념일에 참석하기 위해 각지에서 온 헌신자들로 이미 넘쳐나고 있었다. **바가반** 회당에 북쪽 편으로 잇달아 지은 새 (초가) 움막은 시멘트로 바닥을 다 깔아 이미 완공되어 있었고, 우물의 낡고 볼품없던 난간 벽은 철거되어 그 자리에 멋지게 보이는 난간 벽이 건립되었다. **바가반** 회당의 동쪽 베란다에서 네모 마당과 북쪽의 새 움막에 이르는 계단들은 상당히 개선되고 모양새가 좋아졌다. 뿐만 아니라 새 북쪽 움막에 잇대어 1일에 올 것으로 예상되는 군중들이 앉을 수 있게 하기 위한 임시 움막도 이미 하나 지어져 있었다. 나는 **바가반**이 새 움막의 서쪽 끝에 있는 석대石臺 위에 앉아 계신 것을 발견했다. C. 마다바라야 무달리아르 씨[내 처남]와 내가 엎드려 절을 했다. **바가반**이 물으셨다. "막 왔습니까? 어떻게 왔지요? 그리고 누구랑?" 내가 대답했다. "까뜨빠디까지 기차로 와서 거기에 정오경에 도착했습니다. 거기서 벨로르로 가서 버스를 타고 바로 지금 여기 도착했습니다. 여행하는 데는 아무 어려움이 없었습니다. 저와 제 처남만 지금 왔고, 꼬띠스와란과 그의 처는 내일 저녁에 올 겁니다."

1946-8-31 오전

나라인 삐샤로띠(Narain Pisharoti)[우리의 약제사]가 자신이 말라얄람어로 지은 연설문을 낭독했다. 이어서 우마(Uma)[소마순다람 삘라이 부인]가 타밀어로 지은 연설문을 그녀의 남편이 낭독했다.

오전의 대부분은 꼰지바람의 맹인 브라민 소녀 자나끼 암말이 비나(Veena-인도 전통 현악기)로 연주하는 음악으로 **바가반**을 즐겁게 해 드렸다.

오후

하이데라바드의 시바 모한 랄(Siva Mohan Lal) 씨가 힌디어로 된 연설문을 낭독했다. 우리는 그에게 힌디어를 모르는 이들을 위해 그것을 영어로 통역해 달라고 했다. 그러나 그가 즉석에서 영어로 잘 통역하지 못했기 때문에, 우리는 그에게 그 번역문을 써 두었다가 나중에 **바가반** 앞에서 읽어 달라고 했다. 그런 다음 라마짠드라 라오가 까나라어(깐나다어)로 된 연설문을 낭독하기 시작했다. 그러나 그는 곧 손 안의 대본을 연설용 메모로만 삼아 연설을 하기 시작했다. 바가반께서도 이렇게 말씀하셨다. "연설문을 그냥 읽는 게 아니군. 그는 손에 메모를 들고 마음대로 열변을 토하고 있어(*Kaiyilē Notes vassundu avar pāddukku adikkiṟar*)."

R. 라오는 까나라어 노래도 두 곡 지었다면서, 그 노래들은 짠드람마(Chandramma)가 부를 거라는 말로써 연설을 끝냈다.

다음으로 소마순다람 삘라이가 앙가야르깐니(Angayarkkanni-여성 헌신자)가 보낸 타밀어 메시지를 낭독했다. 그 다음에는 짠드람마가 R. 라오가 지은 그 까나라어 노래들을 낭독했다.

마지막으로 발라람이 G. V. 숩바라마이야가 보내온 텔루구어 메시지를 낭독했는데, 그것은 간결명료했다. 그 요지는 "라마나―(자비와 은총을 늘 뿌려주시는 라마나)―께서 아루나찰라에 합일되신 날의 50주년 기념일이 큰 성공을 이루기를!" 하는 것이었다.

1946-9-1

오늘은 **바가반**의 띠루반나말라이 도래到來 50주년 기념일이다. 나는 오전 5시 30분경 회당에 갔다. 거기서 **바가반**을 뵙고 당신 발 앞에 엎드려 절을 한 뒤에 얼마간의 과일과 타월 두 장을 드릴 생각이었다. 그러나 오늘은 빠라야나가 오전 4시에 시작되어 5시에 끝났으며, **바가반**은 5시에 벌써 욕실로 가셨다는 것을 알았다.

바가반이 아침을 드시고 산책을 다녀오신 뒤, 우마(Uma)가 이끄는 몇 명의 부인들(sumangalis-유부녀들)이 사원에서부터 바잔(bhajan)을 하면서 우유 단지를 들고 열을 지어 나왔는데, 우마와 그녀의 딸은 타밀 노래를 한 곡 부르고 바가반께 우유를 공양 올렸다. 당신은 우유를 한 숟갈 뜨셨고 나머지는 헌신자들에게 분배되었다. 그런 다음 내가 콜롬보 라마짠드라의 타밀어로 된「라마나 8연시(Ramanashtakam)」를 낭독했고, 이 기념일을 위해 내가 지은 5연시도 낭독했다. 이어서 우마가 자신이 이 행사를 기념해 지은「무뚜말라이(Muthumalai)」를 낭독했다. 그리고 이 세 작품을 인쇄한 책자들이 헌신자들에게 배포되었다. 뚜리야난다(Turiyananda)의 타밀어로 된 헌사, 벨로르의 K. 바이디야나타 아이야르의 영어 헌사, T.K. 순다레사 아이어의 타밀어 시, K.R. 세샤기리 아이야르의 영어 헌사를 인쇄한 책자들도 낭독되고 배포되었다. 바뜨(Bhatt) 씨라는 이도 자신이 지은 까나라어 노래들을 낭독했다. 이어서 T.N. 크리슈나무르티 박사가 소개한 한 신사가 고뚜바디얌(gottuvadyam)[150]으로 연주를 했다. 「깔라이마갈(Kalaimagal)」[151] 사무실의 쩰람 아이어(Chellam Iyer) 씨는 무루가나르가 이날을 위해 지은 시들을 낭독했는데, 자신이 이번에 지은 시도 한 수 들어 있었다.

점심식사 후에 바가반은 당신이 평소에 갖는 휴식도 마다하시고 원근 각지에서 온 헌신자들과 함께하겠다고 고집하셨다. 그래서 당신이 점심 후의 산책에서 돌아오신 직후부터 여러 언어로 된 다양한 연설문이 낭독되었다. 그 중의 하나는 힌디어 진흥 협회(the Hindi Prachar Sabha)에서 보내온 것이었다. 또 하나는 시바 라오 박사의 영어 헌사였는데, 이것은 T.K. 도라이스와미 아이어 씨가 낭독하고 타밀어로 통역했다. 시바 모한 랄 씨도 자신이 어제 바가반께 읽어 드린 힌디어 연설문의 영어 번역문

---

150) T. 19세기말 혹은 20세기 초에 남인도 음악용으로 만들어진 20~21현의 비나(veena).
151) T. 1932년 마드라스 인근 밀라뽀르(Mylapore)에서 창간된 타밀어 월간 문학잡지. 많은 타밀 문인들을 배출하면서, 한 번도 거르지 않고 90년 넘게 간행되고 있다.

을 낭독했다. 시바 라오의 연설문 취지는 이러했다. "저는 **바가반**의 여러 가지 신체 질환을 낫게 해 드리려고 부족하나마 최선을 다해 왔습니다. 그러나 얼마간의 일시적 경감을 드린 외에는 저의 모든 노력도 성과가 없었습니다. 저는 이것이 제 에고가 **바가반**을 낫게 해 드릴 수 있다고 자처했기 때문이라고 믿습니다. 오늘 모든 이들이 **바가반**께 과일·꽃·의복·책 등 온갖 것을 드리고 있습니다. 저는 제 에고를 드리기로 마음먹었습니다. 그것을 **바가반**의 발아래 놓으면서, 당신께서 그것을 받아주시기를 간청하는 바입니다."

오후 2시 30분경, 이 기념일을 위해 이미 계획되고 공표된 프로그램이 판사 꾸뿌스와미 아이어(Kuppuswamy Aiyer) 씨를 의장으로 하여 시작되었다. 그는 영어로 몇 마디 모두冒頭 발언을 했다. 그런 다음 S. 라다크리슈난(Radhakrishnan) 경이 『기념집』에 싣기 위해 쓴 글을 T.K. 도라이스와미 씨가 낭독했는데, 이것은 캘커타에서 8월 7일에 우송했음에도 30일에야 여기서 받은 것이다. 이어서 다음과 같은 사람들이 연설했다. 스와미 라제스와라난다와 마드라스 대학교의 T.M.P. 마하데반이 영어로, 판사 짠드라세까라 아이어가 텔루구어로, 「깔라이마갈」 사무실의 쩰람 아이어와 오만두르 라마스와미 레디아르(Omandur Ramaswami Reddiar)가 타밀어로, (비베카난다 대학의) S.R. 벤까따라마 사스뜨리가 산스크리트로, 그리고 아이라바땀 아이어 씨가 말라얄람어로 이야기했다. 연설이 끝난 뒤 비스와나타 사스뜨리가 산스크리트 노래 몇 곡을 읊었고, 꾼주 스와미가 **바가반**의 타밀어 노래 몇 곡과 벤까따라마 아이어라는 사람의 노래[「라마나 다섯 찬가」] 중 하나를 불렀다. 그런 다음 **바가반**은 평소처럼 오후 4시 45분에 일어나셨다. 5시에 당신이 (회당으로) 돌아가신 뒤, 지역 국민회의(Congress) 지도자인 안나말라이 삘라이 씨가 띠루반나말라이 주민들을 대표해 타밀어로 연설하면서 **바가반**이 이곳에서 50년을 성만成滿하신 데 대해 기쁨과 감사를 표했다. 그런 다음 무시리 수브라마니아 아이어(Musiri Subramania Iyer)가 6시 45분경까지 매우 감동적이고 헌신적인 음악 공연을 하였다. 연설과 음악을 위해 지역 시의회 의장이 탁월한 확성기를 설치해 준 것이 운집한 군중들에게 큰 도움이 되었다. 마지막으로 베다 빠라야나가 이날의 행사를 마무리했다.

1946-9-2

아침 일찍이, 연로한 랑가나타 아이어 씨가 **바가반**께 말씀드렸다. "어젯밤에는 아주 좋은 소나기가 내렸습니다. 그 소나기가 어제 우리의 기념식에 지장을 주지 않고 모든 일이 끝난 밤에야 내렸다는 것이 다행입니다." **바가반**이 말씀하셨다. "제 기억으로는 제가 여기 도착한 1896년 9월 1일 밤에도 그런 일이 있었지요. 그때 여러 날 동안 비가 오지 않았던 모양입니다. 그런데 그날 밤 큰 폭우가 쏟아졌습니다. 그때 저는 **큰 사원** 앞의 만따빰(mantapam)에 머무르고 있었지요. 바로 그날 아침 저는 처음으로 샅가리개 하나만 남기고 옷을 모두 벗어 던져 버렸기에, 비가 들이치고 찬바람이 사방으로 불자 추위를 견디기 어려웠지요. 그래서 거기서 뛰쳐나와 근처의 어느 집 문간 대좌臺座(pial)로 피신했습니다. 자정 무렵 그 집에 사는 사람 몇이 현관문을 열고 나오기에 저는 얼른 **큰 사원**으로 쫓아 들어갔습니다. 그 뒤에도 며칠 동안 비가 내렸지요."

바가반의 아침 산책이 끝난 뒤 **바가반**에 대한 글 여러 편이 회당에서 낭독되었는데, 그 중 두 편은 「선데이타임스」에, 한 편은 「자유 인디아(Free India)」에, 또 한 편은 「봄베이 사마짜르(Bombay Samachar)」[구자라트어 판]에 실린 것이었다. 오후에는 나감마가 "라마나 50주년 기념일의 장관壯觀(Ramana Swarna Utsava Vaibhavam)"에 대해 자신이 지은 텔루구어 시를 낭독했다. 바가반은 기념일에 봉정 받으신 『기념집』 책을 오늘에야 보실 겨를이 있었다. 당신은 비단으로 장정하고 페이지 앞면과 뒷면에 금박이 인쇄된 책을 받으셨다. 이 호화판은 속표지에도 금박이 있었다.

회당의 장서에는 보통판 한 권과 호화판 한 권이 기증되었다. 도감都監이 와서 이 책들과 특별히 장정된 V. 사스뜨리의 산스크리트어판 『바가반의 생애(Life of Bhagavan)』 책을 보고는 T.S. 라자고빨에게 이 『기념집』과 V. 사스뜨리의 특별 장정본들은 누구에게도 주면 안 된다고 지시했다. 도감이 떠난 뒤 바가반이 웃으면서 T.S. 라자고빨에게 물으셨다. "그는 자네에게 이 책들을 누구에게도 주면 안 된다고 했지. 내가 읽어 봐도 될까?" T.S. 라자고빨이 말했다. "그가 한 말은 바가반을 제외한 누구에게도 주어서는 안 된다는 뜻이었습니다."

저녁에 데사이 씨가 강가 벤 파텔(Ganga Ben Patel)의 구자라트어로 된 「봄베이 사마짜르」의 영어 번역문을 낭독했다. 그 글에는 암소 락슈미에 대한 언급이 있었다. 회당 동쪽 창문 곁의 베란다에서 그 글이 낭독되는 것을 듣고 있던 라니 마줌다르(Rani Mazumdar)는 바가반께 다음과 같은 질문을 해서 답변을 얻어 달라고 나에게 부탁했다.

질문: 노老여사 끼라이 빠띠는 락슈미로 태어났다고 합니다. 바가반께 사랑으로 잘 봉사한 남다른 복을 지은 분이 어떻게 다시 태어날 수 있으며, 설사 태어난다 하더라도 어떻게 암소로 태어날 수 있습니까? 우리의 모든 책에서는 인간으로 태어나는 것이 우리가 얻을 수 있는 최선의 탄생이라고 하지 않습니까?

바가반: 저는 끼라이 빠띠가 암소로 태어났다고 말한 적이 없습니다.

내가 말했다. "제가 라니에게 이미 그렇게 말했습니다. 그러나 그녀는 '사람들이 그렇게 말하고 또 수많은 책과 글들에 그렇게 써져 있는데다가, 바가반께서도 부인하신 적이 없으니까 그것을 진실로 받아들일 수 있습니다'라고 하더군요." 그리고 덧붙였다. "그러나 그녀는 바가반께서 그렇게 말씀하셨든 않든 그 암소가 그 할머니의 환생이라는 가정 위에서 그 질문을 하는 것이고, 어떤 답변을 듣고 싶어 합니다." 그러자 바가반이 말씀하셨다. "사람으로 태어나는 것이 반드시 최고라거나, 사람이어야만 깨달음을 얻을 수 있다는 것은 사실이 아닙니다. 동물도 진아 깨달음을 얻을 수 있습니다."

여기에 이어진 대화에서 바가반이 말씀하셨다. "락슈미는 생후 며칠밖에 안 된 송아지였을 때도 비범하게 행동했습니다. 그녀는 매일 저를 찾아와서 자기 머리를 저의 발 위에 놓곤 했지요. 우사牛舍(goshala)의 초석을 놓던 날에는 락슈미가 몹시 기뻐하며 저에게 와서 저를 그 행사에 데려갔습니다. 또 집들이(grihapravesam) 때는 정해진 시간에 저에게 곧장 와서 저를 데려갔습니다. 그녀는 수없이 많은 경우에 수많은 방식으로 그처럼 지각 있고 지극히 영리하게 행동했기 때문에, 우리는 그것을 비범한 암소라고 여기지 않을 수 없습니다. 그 점에 대해 우리가 무슨 말을 할 수 있습니까?"

오늘 밤 프람지 도랍지(Framji Dorabji) 씨(마드라스의 극장주)가 딸레야르칸 여사의 능숙한 도움을 받아 식당에서 바가반께 "난다나르(Nandanar)"라는 타밀어 영화를 보여드렸다.

1946-9-3 오후

넬로르의 나라싱아 라오(Narasinga Rao)가 입산 기념일을 기해 바가반에 관해 쓴 시를 나감마가 낭독했다. 바가반은 『기념집』을 낭독하면 어떻겠느냐고 하시면서 이렇게 덧붙이셨다. "저는 거기에 무슨 내용이 들어 있는지 모릅니다. 아직까지 그 글들을 살펴보지 않았습니다." 그래서 내가 몇 페이지를 낭독했다. 밤에는 마라티어 영화 "뚜까람(Tukaram)"을 바가반께 보여드렸다.

1946-9-4 오전

오전 10시경에 나는 『기념집』을 계속 읽었다. 오후에도 내가 『기념집』을 낭독했고, 이어서 비스와나트가, 그리고 발라람도 낭독했다.

오늘밤에는 힌디어로 된 다른 영화 "바르뜨루하리(Bhartruhari)"를 바가반께 보여드렸다.

1946-9-5

오후에 나, 비스와나타 그리고 발라람의 『기념집』 낭독이 계속되었다. 바가반은 하루 종일 바르뜨루하리 왕(King Bhartruhari-7세기 중인도의 왕)의 진정한 역사를 알아내려고, 이 유명한 왕의 생애에 대해 다양한 버전을 제시하는 책들을 여러 권 살펴보셨다. 바가반이 살펴보신 첫 번째 이야기는 방키 비하리(Banky Bihari)가 바르뜨루하리 왕의 시들을 자신이 영어로 옮긴 책의 서문이었다. 마침내 바가반이 말씀하셨다. "어느 버전도 다른 것과 부합하지 않는데, 이런 이야기가 네댓 가지나 되는군요. 그러나 왕이 불멸을 가져오는 물건을 왕비에게 주었는데 왕비는 그것을 다른 사람에게 주었고, 왕은 왕비가 자신에게 충실하지 않다는 것을 문득 발견했기 때문에 일체를 포기했다는 데서는 모두 일치합니다. 그 점에서는 어젯밤의 영화도 원본과 어긋나지 않습니다."

1946-9-6~9

『기념집』 읽기가 계속되다가 마지막 날짜에서 끝났다.

1946-9-11

오늘 랑가스와미[시자]는 정오 무렵 바가반께 오렌지를 드시게 하려고 애를 쓴 모양이다. 이때 그가 바가반께 "이 오렌지와 기타 과일들은 모두 바가반께서 드시라고 헌신자들이 가져온 것입니다. 그런데 바가반께서는 왜 드시지 않습니까?"라고 하자, 바가반은 "왜 자네는 내가 이 입으로 먹을 때만 먹는다고 생각하지? 나는 천 개의 입을 통해 먹는다네."라고 답변하신 듯하다. 랑가스와미가 나에게 이 이야기를 해 주었다.

오늘 T.P. 라마짠드라 아이야르가 마드라스에서 도착했다. **바가반**은 그를 보시자 이렇게 말씀하셨다. "아니, 몸이 많이 빠졌군. 딴 사람같이 보여." T.P. 라마짠드라가 말했다. "발이 부었습니다. 의사들이 진단을 제대로 못했습니다. 게다가 번뇌(*alaissal*)가 많았습니다". 어떤 사람들은 **바가반**이 너무 비인격적이고 주변에 무관심하여 사람들의 마음을 끌지 못한다고 비난한다. 내가 이 사례를 기록하는 것은 그런 비난을 논박하기 위해서이다. **바가반**의 그 한 마디 말은 T.P. 라마짠드라에게 아주 많은 것을 의미했음이 분명했다. 나 자신을 포함해서 다른 많은 사람들도 **바가반**의 그런 사랑과 관심을 보여주는 증거들을 가지고 있다. 이 일을 말하다 보니 바로 며칠 전 S. 도라이스와미 아이어가 온 일이 생각난다. 그가 어느 날 오후 자신의 친구 네댓 명과 함께 여기 왔다. 그가 회당에 들어서자마자 **바가반**이 이렇게 말씀하셨다. "정말 뜻밖이군." 그러자 S. 도라이스와미가 설명했다. "이 친구들이 오늘 오전 10시경에 갑자기, 여기 와서 **바가반**을 친견하고 사원을 방문한 뒤에 돌아가자고 했습니다. 그래서 오게 되었습니다."

1946-9-12

나는 T.P. 라마짠드라 아이야르의 공책을 무심코 넘기다가 "비실재=세계, 브라만 관법=실재(*Mithya=Jagat; Brahma bhavam=Satyam*)"라는 제목을 접했다.

나는 **바가반**이 가끔 비실재(*mithya*)와 **실재**(*satyam*)는 같은 것을 뜻한다고 말씀하셨지만 내가 잘 이해하지 못했다는 것을 상기하고, 그에 대해 당신께 여쭈었다. 당신은 이렇게 말씀하셨다. "예. 저는 가끔 그렇게 말합니다. 그대는 실재(*satyam*)를 어떤 의미로 이해합니까? 어떤 것을 실재한다고 합니까?" 내가 대답했다. "베단타에 의하면 영원하고 불변하는 것만이 실재합니다. 물론 그것이 **실재**의 정의입니다." 그러자 **바가반**이 말씀하셨다. "세계를 구성하는 이 이름과 형상들은 늘 변하고 소멸합니다. 그래서 비실재(*mithya*)라고 합니다. **자기**(진아)를 한정하여 그것을 이러한 이름과 형상들로 여기는 것은 비실재이고, 모든 것을 **자기**로 여기는 것이 실재입니다. **비이원론자**(*Advaitin*)는 세계(*jagat*)가 비실재라고 말하지만, '이 모든 것이 **브라만**이다'라고도 합니다. 따라서 그는 세계가 그 자체로 실재한다고 여기는 것을 비난하는 것이지, 세계를 **브라만**으로 보는 것을 비난하는 것은 아님이 분명합니다. **진아**를 보는 자는 세계 안에서도 진아만을 봅니다. 진인에게는 세계가 나타나느냐 않느냐가 중요하지 않습니다. 세계가 나타나든 않든, 그의 주의는 늘 **진아** 위에 있습니다. 그것은 글자들과 그 글자가 인쇄된 종이와 마찬가지입니다. 그대는 글자에 완전히 몰두해 있어서 종이에 기울일 어떤 주의도 남아 있지 않습니다. 그러나 **진인**은 글자들이 종이 위에 나타나든 않든, 실재하는 바탕으로서의 종이만을 생각합니다."

1946-9-13

오늘 바웰 부인(Mrs Barwell)[그녀의 남편은 지금 알모라(Almora)에 살고 있는 변호사라고 한다]이라는 사람이 마드라스에 있는 여자기독교대학의 학장을 대동하고 아스람맘을 방문했다. 이 부인이 오자 머스턴 양(Miss Merston)이 그녀를 소개했다. 그녀는 숙소를 좀 마련해 달라고 아스람맘에 이미 편지를 보냈지만 아스람맘에서는 그녀를 위한 숙소를 찾지 못하고 있었다. 그러나 오늘 맥키버 씨가 자신이 거주지 경내에서 그녀의 숙소를 찾아보겠다고 약속했고, 그래서 그녀는 돌아갔다가 자기 물건들을 가지고 1주일 내에 여기로 돌아올 계획이다. 그녀의 친구도 함께 돌아가는데, 다가오는 다사라 연휴(*dasara* holidays-여신을 숭배하는 열흘간의 기간) 때는 자기 학생들 몇 명을 데리고 올 생각이다. 이 여사[학장]는 그란트 더프와 같이 잘 알려진 **바가반**의 제자들 몇 사람을 이미 만나 본 듯하다.

1946-9-14

오늘 아침 나가나리야(Naganariya) 씨가 와서 **바가반** 앞에 오체투지하고, 원고 하나와 과일 얼마간을 당신의 발아래 놓았다. **바가반**이 그에게 언제 왔느냐고 묻자 그가 대답했다. "바로 어젯밤에 왔습니다." 그러자 **바가반**은 그 원고를 몇 분간 살펴보신 뒤 돌려주셨다. 그것은 텔루구어 시로 된 『뜨리술라뿌라 마하뜨미얌(Trisulapura Mahatmyam)』[152]이었다.

오후

내가 회당에 들어갔을 때 **바가반**은 K.R.R. 사스뜨리가 타밀어 신문 「힌두스탄」에 실은 글을 읽고 계셨다. 영국과 미국 여행에서 막 돌아온 것으로 보이는 그는 그 글에서 자신이 그 해외여행을 떠나기 전에 라마나 아스라맘을 방문했다고 했다. 이때 **바가반**이 말씀하셨다. "그가 50주년 기념일을 위해 타밀어인가 영어로 무슨 시를 보냈다고 알고 있는데." 나는 내가 그 시를 본 적이 있는데 영어로 되어 있다고 말씀드렸다. 그러나 『기념집』에서 읽었는지 어디서 읽었는지 자신하지 못했다. 나는 그것이 '차례'에 들어 있지 않는 것을 발견하고 기념일 관련 스크랩 등을 모아 둔 서류철을 집어서 펼쳤다. 펼치자 희한하게도 K.R.R. 사스뜨리의 그 시의 타자본을 풀로 붙여둔 바로 그 페이지가 나왔다. 그것을 **바가반**께 보여드리자, "그게 바로 제가 말한 시입니다." 하셨다.

나감마는 나가나리야의 『뜨리술라뿌라 마하뜨미얌』에 붙인 헌사를 낭독하면서 "이 헌사는 **바가반**께 50주년 기념으로 바치는 것이군요" 했다. 각 장의 앞머리에서도 나가나리야는 **바가반**을 찬양하는 시를 한 수씩 올려두었다. 그래서 우리는 나감마에게 그 시들도 읽어달라고 했다. 그 헌사가 좋아보여서 나는 G. 숩바 라오에게 그것을 영어로 의역해 달라고

---

[152] T. 띠루쭐리의 위대함을 서술한 책. 옛날에 띠루쭐리에 대홍수가 났을 때 시바가 삼지창 (Trisula)을 땅에 꽂아 물이 빠져나갔다고 해서, 띠루쭐리는 뜨리술라뿌라로도 불린다.

했고, 그는 번역문을 하나 써 보겠다고 했다.

내 아우가 나에게 보낸 편지에 쓰기를, **크리슈나**와 **남말와르**는 우리가 신을 어떤 형상으로 숭배하든 신은 그 형상으로 우리에게 온다고 말했다고 했다. 나는 답장에서 아우에게 이렇게 썼다. "진인은 지상에 있는 신의 최고의 화현이고, 어쩌면 **화신**(*avatar*)에게만 버금갈 것이네." 이 문장과 관련하여 나는 진인과 화신의 상대적 지위에 대한 의문을 해소하고 싶었다. 그러자 **바가반**은 나에게 즐거이 말씀하시기를, 여러 책에 따르면 진인이 화신보다 높다고 하셨다(525쪽 참조). 그러나 내가 그에 따라 편지를 고치자 당신이 말씀하셨다. "왜 그걸 고칩니까? 그대로 보내지."

조금 뒤 R. 나라야나 아이어가 오자 **바가반**이 그에게 물으셨다. "자네는 오후 3시 열차로 왔겠지?" 그는 "예" 하고, 이렇게 덧붙였다. "저에게는 현재의 시간표가 편리합니다. 토요일에는 여기 더 일찍 올 수 있고, 월요일에는 그전 시간표보다 여기를 더 늦게 떠날 수 있습니다."

그때 누군가가 말했다. "깔리야나라마 아이어도 지금 띠루꼬일루르에 있습니다." 나는 그와 작고한 에짬마 사이의 정확한 관계에 대해 질문했고, 그가 그녀의 조카라는 설명을 들었다. 이와 관련하여 에짬마가 키운 그(깔리야나라마 아이어)의 누이 쩰람말(Chellammal) 이야기가 나왔고, 비스와나트가 말했다. "**바가반**께서 **삿상**에 관해 타밀어로 쓰신 노래 세 곡은 그녀를 위해서였지요." 그때 내가 말했다. "저는 **바가반**께서 그걸 쓰신 것은 라잠말(Rajammal)을 위해서였다고 생각했습니다." 그러자 **바가반**이 이런 이야기를 들려주셨다. "하루는 제가 스깐다스라맘에서 밖으로 나가고 있었습니다. 당시에 쩰람마, 라잠마 등은 수업이 없는 토요일과 일요일이면 저를 보러 오곤 했지요. 보호자가 있든 없든, 제 발로 저를 찾아 오는 것이었습니다. 그날은 쩰람마가 무슨 저널인지 신문인지 한 조각을 손에 들고 왔는데, **삿상**의 이익을 찬양하는 『요가 바시슈타』의 어떤 노래를 암기하고 있었습니다.

> *arakkuṟaivai niraivākkuñ sambatthākku*
> *mābattaithac subamākku masupañ thannaic*
> *chiṟakkumuyarn thavarkūdda menuñ kancaic*
> *chīthanī rādinarkkuc chenthī vēḻvi*
> *yiṟakkariya thavanthānan thīrttham vēṇdā*
> *midarbantha marutthevarkku miniyōrākip*
> *pirappenumvē laippuṇaiyā munarvu sanṟa*
> *periyōrai yevvakaiyum pēnalvēṇdum.*

(성스러운 분들과 친교하면 불완전이 완전해지고 위험이 행운이 되며 불상 不祥한 것이 길상吉祥해질 것이다. 그러한 깨달은 영혼들과의 친교라는 갠지스 강에서 목욕한 사람들에게는, 호마(*homa*)[불 속에 올리는 예공], 제사(*yajna*), 고행, 보시, 신성한 강에서의 목욕 등이 모두 불필요하다. 따라서 어떤 일이 있어도 선하고 지혜로운 이들과의 친교를 얻도록 노력하라. 그것은 그대를 탄생과 죽음의 바다 저편으로 건네주는 배이니.)

"저는 이 소녀가 그 문제에 대해 아주 관심이 많은 것을 보고, 그 산스크리트 노래를 번역한 세 곡의 **삿상**에 관한 노래를 지었습니다.[153] 그럴 때쯤에는 저도 그것에 꽤 친숙해져 있었지요. 왜냐하면 찾아온 여러 헌신자들이 제 앞에서 그 노래를 워낙 자주 불렀기 때문입니다. 그 당시 저는 그 산스크리트 노래 중 어느 것을 누가 타밀어로 번역한 것이 있는지 알지 못했습니다. 그러나 몇 년 뒤 라잠말이 **삿상**에 관해 어떤 강연을 할 때 한 타밀 시를 인용했는데, 그 세 곡의 노래 중 하나를 타밀어로 옮긴 것이었습니다." 그때 내가 말했다. "저도 그녀의 그 강연을 기억합니다. 빌루뿌람에서 한 강연이었습니다. 사람들이 저에게 그 강연록 하나를 보내왔습니다."

바가반은 에짬마가 딸을 잃은 뒤 조카딸인 이 쩰람마를 어떻게 키웠는지 이야기한 다음 이렇게 덧붙이셨다. "쩰람마는 여학생일 때 종종 저를

---

[153] T. 바가반이 번역하여 「실재사십송 보유」에 수록된 삿상에 관한 시는 모두 5연인데, 쩰람말이 암기한 노래를 그대로 번역한 것은 아니다. 471-2쪽을 참조하라.

찾아왔습니다. 그 뒤에도 늘 저를 생각했고, 누구에게 보내는 편지에서든 시작할 때와 끝날 때 저를 들먹이곤 했습니다. 그녀는 (결혼하여) 라마난(Ramanan)을 낳고 나서 곧 죽었습니다. 그 아이는 지금 봄베이에 있지요. 사람들이 그 아이를 여기도 데려왔는데, (그것은 우리가 여기 오고 난 직후여서 우리는 (어머니) 무덤이 있던 곳에 지은 작은 초가집 방 하나 뿐이었고, 저는 거기 살고 있었습니다.) 아이를 보자 저는 그 어미가 생각나서 그녀를 위해 울지 않을 수 없었지요." (바가반은 여러 해가 지난 지금도 그 일을 나에게 다시 들려주실 때 목이 메셨다.)

저녁에 빠라야나가 끝난 뒤 발라람이 알라하바드(Allahabad)의 「선데이 리더(Sunday Leader)」에 실린, 바가반과 당신의 가르침에 관한 영문 글 한 편을 낭독했다.

1946-9-15

오늘 오후 나감마가 50주년 기념일에 있었던 모든 일을 텔루구어로 기술한 것을 낭독했다. 나는 **바가반**이 하시는 말씀과 T. S. 라마짠드라가 말한 것에서, 내가 9월 1일자로 기록한 것 외에 다른 연설 둘도 낭독되었는데 하나는 아리야 바이샤 사마잠(Arya Vaisya Samajam)이 한 것이고, 또 하나는 '무누스와미 쩨띠와 형제들(Munuswami Chetti & Brothers) 회사'에서 한 것이며, 그날 오전 11시경에 큰 사원의 승려들이 **아루나찰레스와라**의 쁘라사드를 가지고 **바가반**께 왔다는 것을 알았다. 나중에 나감마는 나가나리야의 바람에 따라 그의 원고 중 한 부분도 낭독했다.

1946-9-17

오늘 밤 9시 15분경, T. S. 라마짠드라의 자식인 라마나가 그들의 집 경내 우물 근처에서 뭔가에 물렸다. 몇 분 뒤 아이는 몹시 고통스러워하며 구토를 하고 땀을 비 오듯 흘렸다. 그들은 이웃집에 살던 시바 라오 박사를 찾았고 그는 모든 독에 대한 일반적 해독제라고 하면서 뭔가를 주었다. 몇 분 내에 그는 아이의 맥을 짚어 보고는 아이를 바가반께 데려가는 것이 좋겠다고 충고했다. 그에 따라 그들이 아이를 데려왔는데, 그들이 아스라맘 경내에 들어설 때 아이는 거의 혼수상태였고, 몸은 차가와졌으며 호흡은 거의 멎어가고 있었다. 그들이 회당에 들어가서 바가반께 말씀드리자, 바가반은 아이를 만져 보고 마치 아이를 쓰다듬듯이 당신의 손을 아이의 몸 위로 두루 움직이셨다. 그리고 "아무것도 아니야. 괜찮아질 거야" 하셨다. 그러고 나서야 부모는 아이가 살아날 거라는 어떤 희망을 가졌다. 그들은 회당을 나와서 우리의 라마스와미 삘라이를 만났는데, 그가 그들에게 바로 오늘 오후에 아스라맘에 온 다른 방문객 한 사람을 만나게 해 주었다. 그는 뱀에 물렸다든지 하는 사람들을 구하는 데 전문가였고, 그 아이에 대해 무슨 만트라를 염하더니 자신의 만트라에 의해서 독이 제거되었다고 선언했다. 아이는 점차 회복되었고, 그 부모는 아이가 오직 바가반의 은총을 통해 살아났다고 나에게 말했다. 여기서 언급할 만한 것 한 가지는, 아이 자신이 고통을 느끼자마자 "바가반께로 가요. 거기 가면 아픔이 사라질 거예요"라고 소리 질렀다는 것이다. 어떤 때는 부모가 데려가겠다 해도 가지 않으려 하던 아이였는데 말이다.

오늘 저녁 6시 경에 콜롬보 라마짠드라 씨가 바가반께 보낸 편지가 그가 지은 「8연시」(「라마나 8연시」)를 인쇄한 것 7부와 함께 도착했다. 바가반은 라마짠드라가 원한 대로 한 부를 나에게, 그리고 한 부를 소마순다람 삘라이에 주셨다. 바가반은 그 시들의 순서가 여기서 바가반이 지시한 대로 인쇄되어 있지 않은 것을 발견하셨다. 바가반이 말씀하셨다. "그는 자신의 순서를 고수한 거로군." 이에 내가 말했다. "이 전단(「8연시」를 낱장의 종이에 앞뒤로 인쇄한 것)들은 라마짠드라가 우리의 전단과 거기에 동봉한 편지를 읽어보기 전에 인쇄되었을 것이 분명합니다."

1946-9-18

오늘 아침 9시 30분경에 회당에 가려고 내 방을 나설 때, 어제 저녁 **바가반**께서 나에게 한 부를 주신 콜롬보 라마짠드라의 「8연시」를 낭독할지도 모르겠다는 생각이 들었다. 내가 가서 **바가반** 앞에 엎드려 절을 할 때, 「8연시」를 손에 들고 있던 T. S. 라마짠드라에게 당신이 말씀하셨다. "그게 바로 어제 저녁에 왔으니 우리가 그것을 낭독하면 안 될까?" 그러자 T. S. 라마짠드라가 말했다. "여기 무달리아르 씨가 왔으니 그에게 낭독해 달라고 하시지요." 그래서 나는 **바가반**께 "어쩐지 저도 오늘 여기서 그것을 읽을 것 같은 생각이 들어 그 전단을 가져왔습니다. 여기 있습니다." 하고 그것을 낭독했다. 나는 이 「8연시」가 부분별로 지어지고 있을 때도 **바가반** 앞에서 그것을 낭독했고, 라마짠드라가 여기서 병이 나 있는 동안 8연이 모두 완성된 뒤에도 한 번, 그리고 50주년 기념일에도 그것을 낭독했다. 그러나 그것을 오늘 또 읽을 거라는 생각이 들었는데 **바가반**도 동시에 그 생각을 하셨다는 것은 신기한 일이다.

1946-9-20

오늘 오후, 아난담말(Anandammal)이 가져온 책에서 **바가반**은 고라끄나트가 어떻게 자기 스승 마스쩬드라나트(Maschendranath)의 자식을 죽였는가 등의 이야기를 찾아내실 수 있었는데, 그 이야기는 **바가반**이 지난 5일, 그 전날 "바르뜨루하리" 영화를 보신 뒤 전거를 찾으시던 것이었다. 이 이야기에서 짠두 나트(Chandu Nath)는 고라끄나트에게 편지를 쓰고 싶었지만 그를 어떻게 불러야 할지—윗사람으로서 후원자적 태도로 써야 할지 아니면 아랫사람으로서 윗사람에게 쓰는 것으로 할지—몰라서 결국 백짓장을 보냈다. 이와 관련하여 **바가반**이 말씀하셨다. "이것을 보니 제가 어릴 때 있었던 일이 생각납니다. 제가 아주 어려서 편지 쓰는 법을 잘 모를 때 고종사촌에게 '아네까 아시르바담(*aneka asirvadam*)'[윗사람이 축복하는 식으로 '복 받아라'는 말]이라고 써 보냈습니다. 사촌형(P.K. 라마스와미 아이어)이 왔을 때 (저보다 열 살이나 위인) 자기에게 복 받으라고 했다면서 저를 놀렸습니다. 그러나 저는 그때 누가 누구를 축복해야 하는지 몰랐습니다. 아버지가 그에게 편지를 쓰실 때마다 '복 받아라 라무(Ramu)야'라고 쓰는 것만 알고 있었고, 그래서 편지를 쓸 때는 그래야 하는 줄 알았던 것입니다. 어떤 사람에게는 축복을 하고 어떤 사람에게는 인사를 해야 한다는 것을 그때는 몰랐지요."

목사인 데이니얼 토머스(Daniel Thomas) 씨가 오늘 오후 4시경에 **바가반**을 방문했다. 그는 당신의 친존에서 15분가량 있다가 떠났다. 그는 이곳 시市 자치체(Municipality) 50주년 기념식154)과 관련하여 읍내에서 행사를 주재하기도 했다. 내가 1910년에서 1912년 사이에 1년 반 동안 띤네벨리(Tinnevelly)에 있을 때는 이 신사도 변호사회에 가입했다. 기자인 띨락(Tilak) 씨가 여기 있으면서 이 목사의 스냅 사진을 한 장 찍은 듯하다.

1946-9-21

오늘 아침 **바가반**의 지시에 따라, 콜롬보의 라마짠드라에게서 내가 받은 편지와 우마가 받은 다른 편지가 회당에서 낭독되었다. 그 편지들은 라마짠드라의 집에서 (다양한 카스트의) 헌신자 약 250명과 함께 어떻게 (50주년) 기념식을 거행했는지 이야기하고 있었다. (사진으로 모신) **바가반**의 발 앞에 그들이 각기 헌화하고 당신을 숭배했으며, 모두가 그날 **바가반**이 그들 사이에 계셨다는 느낌을 안고 떠났다고 했다. 우마가 받은 편지에서는 **바가반**을 아주 적절히 묘사하는 구절로서 「수브라마니야 부장감(*Subramanya Bhujangam*)」155)에 나오는 시구 둘을 인용했다. 또한 라마짠

---

154) T. 띠루반나말라이는 영국 식민지배 하에서 1886년에 시 자치체(Municipality)가 되었다. 그 50주년은 1936년이다.
155) T. 샹까라가 지은 주 수브라마니야에 대한 찬가. 33연으로 이루어져 있다. *bhujangam*은 '뱀'이라는 뜻이지만, 산스크리트 작시법에서 비교적 어려운 '운율'의 이름이기도 하다.

드라의 「8연시」는 실제로는 바가반이 지으신 것이라고 했다. 바가반이 그 시구들의 영감을 떠오르게 해 주셨다는 것이다. 그러지 않고서야, 기도 시간에 아이들이 그 「8연시」를 노래할 때 자기가 황홀경에 들어 자신을 잊는 것을 어떻게 설명할 수 있겠느냐고 했다.

오후에 나감마가 자신이 고쳐 쓴 기념식 경축에 대한 이야기를 낭독했다. 그 글은 아주 잘 써졌고 헌신의 감정(bhakti rasa)으로 가득했다. 이것은 곧 인쇄된 형태로 나올 것이다. 라마짠드라의 편지가 낭독되고 거기서 「수브라마니아 부장감」의 2개 연이 인용될 때, 바가반은 그 작품(「수브라마니아 부장감」)을 여기서 처음 출판한 사람은 K.V.R. 아이어 씨[우리 라마나타 아이어의 작고한 형제]였다고 말씀하셨다. 나중에 이 저작의 다른 판본들과 타밀어 번역 몇 가지가 나오기는 했지만 말이다.

마술리빠뜨남(Masulipatnam-안드라프라데시 주의 도시)의 V.P. 사라띠(Sarathi)라는 이가 타자한 영어 시들을 묶은 『니베다나(Nivedana)』라는 제목의 책 한 권을 바가반께 보내온 것이 있었다. 그는 지난 9월 1일 바가반의 기념일 때 자기 집에서 바가반의 발아래 그 시들을 올린 듯하다. 최근에 아스라맘이 그 시들을 받았고, T.P. 라마짠드라 아이야르가 회당에서 그것을 낭독했다. 그 시들은 훌륭했고, 아주 들어볼 만했다.

1946-9-22

오늘 오후 4시경에 장관인 루끄미니 락슈미빠띠 여사와 시바샨무감(Sivashanmugam) 씨[하원의장]가 아스라맘을 방문했다. 지역 국민회의 지도자인 안나말라이 삘라이 씨와 부副징세관 바이디야나타 아이야르 씨가 그들을 안내했다. 그들은 회당에 한동안 앉아 있다가 떠났다.

1946-10-1

오로빈도 아쉬람의 딜립 꾸마르 로이가 어젯밤 여기 왔는데, 오늘 오전에 그가 **바가반** 앞에서 노래를 몇 곡 불렀다. 나중에 **바가반**은 오늘자 「뉴타임스」를 살펴보시다가 우리에게 이런 기사를 읽어 주셨다. 아부산山(Mount Abu-라자스탄의 고산 휴양지)에서 뱀 두 마리가 서로 싸웠는데 한 마리가 다른 한 마리를 압도하자 그 뱀은 의식을 잃었다. 그때 한 소년이 그 장면을 보고 진 뱀에게 응급조치를 좀 해 주고 차가운 붕대를 붙여 주었다. 그러자 부상한 뱀은 서서히 의식이 돌아왔다. 이 모든 것을 지켜본 이긴 뱀이 화가 나서 소년을 물었다. 그러자 이제 소년의 치료를 받고 회복하여 되살아난 뱀이 소년에게 달려가 그 다른 뱀의 독을 빨아내어 소년을 구했다. **바가반**이 이것을 우리에게 다 읽어주시자 내가 말했다. "놀랍군요." T.P. 라마짠드라가 그 이야기를 (통역하여) 다시 들려준 딸레야르칸 여사가 말했다. "그건 하나의 이야기입니까, 뭡니까?" 그러자 딜립이 **바가반**께 그런 일도 가능한지 여쭈었다. **바가반**이 말씀하셨다. "왜 아니겠습니까? 충분히 가능하지요." 로이는 이렇게 여쭈기도 했다. "진 뱀이 어떻게 그런 것을 다 알고 그렇게 할 수 있습니까?" **바가반**이 말씀하셨다. "왜요? 그 뱀은 소년이 자기에게 해준 것과 다른 뱀이 소년에게 한 짓을 지켜보고 있었고, 그래서 달려가 독을 빨아낸 것입니다. 뱀들은 바라보고 지켜보다가 그런 일을 할 수 있습니다. 뱀들에 대한 이와 같은 이야기들이 예전부터 많이 있었습니다."

1946-10-2

오늘 오전에 딜립이 다시 **바가반** 앞에서 노래 몇 곡을 불렀다.

1946-10-4

오후에 나감마가 자신이 오빠에게 보내는 편지 중 쁘라브하바띠 공주가 결혼한 뒤 남편과 함께 **바가반**을 처음 찾아온 내용을 기술한 사본 하나를 지금 여기 있는 마다비 암마(Madhavi Amma)[K.K. 남비아르의 누나]에게 보여주면 어떻겠느냐고 여쭈었다. 이에 **바가반**이 물으셨다. "그 편지가 뭐지? 내가 들어 본 건가?" 나감마가 말했다. "아니요." 내가 말했다. "그렇다면 지금 읽어 보지 그래요? 우리가 여기 다 있고[내 말은, G. V. 숩바라마이야 교수, D. S. 샤르마 교수, K. 스와미나탄 교수를 의미한 것이다], 우리가 다 그것을 들을 수 있으니." 이에 그녀가 그 편지를 낭독했다. 나중에 **바가반**이 G. V. 숩바라마이야에게, 기념일 때 인쇄된 나감마의 노래와 찐따딕쉬뚤루의 『니베다나』를 본 적이 있느냐고 물으셨다. 그는 "아니요" 했고, **바가반**은 T. S. 라마짠드라에게 그 소책자 두 권을 그에게 보여주라고 하셨다. 당신은 또 T. S. 라마짠드라에게 당신이 어머니의 위중한 열병과 관련하여 지으신 시 4수를 넬로르의 나라싱아 라오 씨가 텔루구어로 번역한 것을 G. V. 숩바라마이야에게 보여주라고 하셨다. G. V. 숩바라마이야가 그것을 보고 나서 말했다. "이 시들은 아직 텔루구어로 번역된 적이 없습니다." **바가반**은 그 타밀 노래들 중 첫째 연을 설명하면서 우리에게 말씀하시기를, 타밀어 "알라이야이 바루빠라비 앗따나이유마라 말라이야이(*alaiyāy varupiravi atthanaiyumārra malaiyāy*)" 등의 구절에서 산디(*sandhi*-연성連聲, 즉 단어 사이의 음의 연결)를 분리할 때 취향에 따라 '*mārra*'라고 해도 되고 '*ārra*'라고 해도 된다고 하셨다. 즉, 그것을 '*mārra*'라고 하면 "생사의 무수한 파도들을 바꾸시기 위해 **아루나찰라**는 그 파도들의 한가운데 산으로 솟으시네"라는 뜻이 될 것이고, '*ārra*'라고 하면 그것은 "무수한 탄생이라는 질병을 치유하시기 위해 **아루나찰라**는 하나의 약으로 솟아나셨네."라는 뜻이 될 것이다.

저녁에 빠라야나가 끝난 뒤 딜립이 다시 가나빠띠 사스뜨리의 「바가반 40송(*Forty Verses on Bhagavan*)」에 있는 노래 몇 곡을 불렀는데, 7시경에 노래를 그쳤다. 딸레야르칸 여사가 **바가반**께 말했다. "그는 **바가반**의 미소에 대해 노래 세 곡을 지었습니다. 노래가 아주 좋습니다." 그리고는 딜립에게 그 노래를 불러달라고 했다. 그러나 그는 "그 노래들은 벵골어로 되어 있습니다." 하면서 사양했다. 몇 분 뒤에 내가 가서 그에게 말했다. "우리는 타밀어 빠라야나를 보통 7시에서 7시 30분 사이에 합니다. 오늘은 우리가 그 대목을 취소하고 그 시간에 당신이 노래할 수 있도록 했습니다. 그러니 노래를 더 부르는 것이 당신에게 불편하지 않다면 부디 한두 곡 더 불러 주십시오." 딜립은 "그런가요?" 하더니 노래 두 곡을 더 불렀는데, 하나는 데비(Devi-여신, 곧 빠르바띠)에 대한 것이고 하나는 시바(Siva)에 대한 것이었다. 그는 바가반께 자신이 내일 아침 떠날 거라면서 여기 있는 동안 큰 평안을 얻었다고 말했다.

오늘 저녁 D.S. 사르마가 바가반께 질문했다. "서양의 신비주의에서는 세 가지 명확한 단계를 자주 이야기합니다. 즉, 정화淨化(purgation) · 비춤(illumination) · 결합(union)이 그것입니다. 바가반의 생애에서 정화와 같은 —저희가 말하는 수행(sadhana)에 상응하는— 그런 단계가 있었습니까?" 바가반이 답변하셨다. "저는 어떤 수행도 한 적이 없습니다. 저는 수행이 뭔지도 몰랐습니다. 한참 지난 뒤에야 수행이 무엇인지, 그리고 얼마나 많은 종류의 수행이 있는지 알게 되었지요. 저와 다른 어떤 대상이나 무엇이 있다면 제가 그것을 생각할 수 있습니다. 성취해야 할 목표가 있다면 그 목표를 성취하기 위해 제가 수행을 했겠지요. 제가 얻고 싶은 것이 아무것도 없었습니다. 저는 지금 눈을 뜨고 앉아 있는데 당시에는 (아루나찰라에 온 초기에는) 눈을 감고 앉아 있었습니다. 차이는 그게 전부입니다. 당시에도 저는 어떤 수행도 하지 않았습니다. 제가 눈을 감고 앉아 있으면 사람들은 제가 삼매(samadhi)에 들어 있다고 했지요. 제가 말을 하지 않으면 사람들은 제가 묵언(mauna)을 하고 있다고 했습니다. 실은 저는 아무것도 하지 않았습니다. 어떤 더 높은 힘(Higher Power)이 저를 사로잡았고, 저는 전적으로 그것의 손 안에 있었습니다." 바가반은 또 이렇게 덧붙이셨다. "책에서는 물론 청문(sravana) · 성찰(manana) · 일여내관—如內觀(nididhyasana) · 삼매(samadhi)와 깨달음(sakshatkara)을 이야기합니다.

우리가 늘 사끄샤뜨(sakshat-직접지각)인데 우리가 그것의 까람(karam-행함)을 성취할 것이 뭐가 있습니까? 우리는 이 세계를 사끄샤뜨 혹은 쁘라띠약샤(pratyaksha-직접지각)라고 부릅니다. 변하는 것, 나타나고 사라지는 것, 사끄샤뜨가 아닌 것을 우리는 사끄샤뜨로 여깁니다. 우리는 늘 있고 그 무엇도 우리보다 더 직접적으로 존재하는 쁘라띠약사일 수 없는데도, 그에 대해 우리는 이런 모든 수행을 한 뒤에 우리가 사끄샤뜨까람(직접체험인 깨달음)을 성취해야 한다고 말합니다. 그 무엇도 이보다 더 희한한 일일 수 없습니다. 진아는 무엇을 해서 얻어지는 것이 아니라, 고요히 머물러 있으면서 있는 그대로의 우리로 존재함으로써 얻어집니다."

1946-10-5

오늘 아침 어떤 사람이 와서 식당에서 **바가반** 앞에 엎드려 절을 했는데, 거의 **바가반** 몸에 닿게 절을 했다. 그가 누구일까 하고 내가 의아해하고 있는데, 그 사람이 **바가반**께 자기를 바수(Vasu)라고 소개했다. 그러자 **바가반**이 말씀하셨다. "자넨가? 그렇다고 말하지 않았으면 도무지 못 알아볼 뻔했네. 자네 몸이 많이 빠졌군." 방문객이 대답했다. "**바가반**께서도 그러시다고 말씀드리지 않을 수 없습니다." 이 말에 **바가반**이 말씀하셨다. "왜, 내가 어때서? 아마 자네가 몸이 빠지고 보니 시력도 줄어서 내가 빠져 보이는 모양이군!" 나중에 회당 안에서 **바가반**은 이 신사를 그 자리에 있던 모두에게 소개하고 이렇게 말씀하셨다. "이 사람이 바로, 제가 어느 더운 날 기름 목욕을 하고 스깐다스라맘으로 돌아오다가 완전히 졸도한 것과 같은 상태가 되어 심장 박동도 멈춰 버렸을 때, 저를 꼭 붙들고 있던 그 바수입니다." 그때 바수데바 사스뜨리가 말했다. "그때 저는 너무 어렸습니다. 그것이 죽음인 줄도 몰랐습니다. 그러나 빨라니 스와미가 울기 시작하자 저는 그것이 죽음인 줄 알고 **바가반**을 붙잡았고, 슬픔으로 몸을 떨었습니다." 여기서 **바가반**이 말씀하셨다. "저는 그 상태에서도 그가 떨고 있고 감정에 북받친 것을 분명히 볼 수 있었지요." 바수가 덧붙여 말하기를, **바가반**은 회복되고 나서 자기와 빨라니에게 이렇게 말씀하셨다고 했다. "뭐요? 내가 죽은 줄 알았다고? 당신들에게 말하지도 않고 죽을 거라고 생각했소?"

바가반은 또 이렇게 말씀하셨다. "우리가 비루팍쉬 산굴에 있을 때 어느 날 밤 호랑이 한 마리가 그쪽으로 왔는데, 이 사람은 우리를 베란다에 남겨두고 황급히 산굴 안으로 쫓아 들어가서 문을 닫고 호랑이에게 이렇게 소리 질렀지요. '자 해봐, 네가 뭘 어쩔래?' 하고 말입니다." 바수가 말했다. "스깐다스라맘 시절에 한번은 **바가반**과 제가 산을 돌러 갔습니다. 오전 8시 30분경에 우리가 이사니야 정사(Easanya mutt)에 당도했을 때, **바가반**은 한 바위 위에 앉으시더니 눈에 눈물을 글썽이시면서 다시는 아스라맘에 돌아가지 않고 당신 가고 싶은 대로 가서 모든 사람과 떨어진 숲 속이나 동굴에서 살겠다고 하셨습니다. 저는 당신 곁을 떠나지 않으려 했고, 당신은 오지 않으시려고 했습니다. 시간이 아주 늦어졌지요. 우리는 8시인가 8시 반에 거기 가서 오후 1시가 되었는데도 여전히 그렇게 실랑이를 하고 있었습니다. **바가반**은 저에게 읍내에 내려가 식사를 하고, 만약 오고 싶으면 다시 오라고 하셨습니다. 그러나 저는 만약 제가 떠나면 **바가반**께서 어디론가 가 버리실 것 같아 염려가 되었습니다. 그러는 사이 아주 뜻밖에도 이사니야 정사의 스와미가 거기 왔습니다. 보통은 그 시간에 그가 거기 올 거라고는 전혀 예상할 수 없었는데 말입니다. 그러나 희한하게도 그가 그쪽으로 와서 자기와 함께 이사니야 정사로 가자고 **바가반**을 설득했습니다. 저는 거기서 **바가반**을 떠나 읍내로 달려 내려가서 식사를 한 다음, **바가반**이 떠나셨을지도 모른다 싶어서 얼른 돌아왔습니다. 그러나 **바가반**은 거기 계셨고, 우리 두 사람은 나중에 스깐다스라맘으로 돌아갔습니다."

이 이야기를 하자 **바가반**이 말씀하셨다. "그 전에도 제가 이 모든 군중을 피해 달아나 남들 모르는 데서 제가 좋을 대로 자유롭게 살고 싶었지요. 그것은 제가 비루팍쉬 산굴에 살고 있을 때였습니다. 저는 제가 거기 사는 것이 그곳의 자다스와미나 다른 몇 스와미들에게 불편과 고생을 야기한다고 느꼈습니다. 그러나 그때는 요가난다 스와미(Yogananda Swami)에 의해 저의 계획이 좌절되었습니다. 제가 세 번째로 벗어나려고 한 적도 있는데, 그것은 어머니가 돌아가신 뒤였지요. 저는 스깐다스라맘 같은 아스람맘도 원치 않았고, 그때 거기 오던 사람들도 만나고 싶지 않았습니다. 그러나 결과는 이 아스람맘과 여기 오는 이 군중입니다. 이리하여 세 번에 걸친 저의 시도는 다 실패했습니다."

또 다른 일과 관련해서도 바가반은 오늘 이 바수데바 사스뜨리에 대한 말씀을 하셨다. G. V. 숩바라마이야가 생일들을 경축하여 자신이 지은 (어제가 그의 생일이었던 모양이다) 텔루구어 시 한 수를 낭독했다. 그것이 낭독되자 바가반이 말씀하셨다. "1912년에 처음으로 제 생일을 경축하고 싶어 했던 사람이 바로 이 바수와 여타 사람들이었지요. 저는 아주 반대했습니다. 그러나 바수가 저에게 '이것은 저희를 위해서니 바가반께서는 반대하시면 안 됩니다'라고 간청했고, 그해에 처음으로 그들이 저의 생일을 경축했습니다."

오후에 나라야나스와미 아이야르 씨가 순다레사 아이어의 손자(생후 약 1개월)를 안고 회당에 들어와 바가반께 갔는데, 그의 딸(순다레사 아이어의 며느리)이 뒤따라왔다. 나라야나스와미 아이야르가 아기를 건네 드리자 바가반은 아기를 두 손에 받아서 말씀하셨다. "나는 자네가 무슨 인형을 가져오나 했지. 고놈 나를 보고 웃네." 바가반이 아기를 안고 있다가 나라야나스와미 아이어에게 돌려주려 하실 때, 그의 딸이 바가반께 달려와서 아기의 배에 있는 붉은 반점을 보여주며 말했다. "아기에게 이 붉은 반점이 있습니다. 거기다가 태어날 때부터 브라마 무디(Brahma mudi)[문자적으로, '브라마의 매듭']도 있었고요." 바가반은 그 모반母斑을 보신 다음 아기를 돌려주셨다. 그녀는 계속 이렇게 말했다. "저희들은 이 반점과 매듭이 좋은 건지 모르겠습니다. 어머니는 저에게 **바가반**께 여쭈어 보라고 했습니다. 좋은 겁니까?" 바가반은 즐거이 이렇게 말씀하셨다. "다 좋을 뿐이지(*ellām nalladu than*)." 나는 이 사람들이 아주 복이 많다고 보며, 이 아기는 금생에 모든 일이 잘 될 거라고 믿는다. **바가반**은 돌려준 아기가 제 할머니 무릎에 앉혀진 뒤에 또 이렇게 말씀하셨다. "사람들이 온갖 요가를 다 하는 것은 이 아기의 상태를 성취하기 위해서입니다. 이 아기에게 지금 무슨 생각이 있겠습니까. 눈도 하나 깜박이지 않지요." 그러자 아기 엄마가 M.V. 라마스와미 아이야르의 「사라나가띠」 노래를 부르기 시작했다. **바가반**은 G.V. 숩바라마이야를 돌아보고 말씀하셨다. "이 처자(아기 엄마)에게 무슨 일이 있었는지 아나? 그녀는 꼰뽀르에서 2층인가 3층에 살고 있었는데, 수도꼭지가 있기는 해도 그 높이까지는 물이 잘 나오지 않았던가 봐. 그런데 그녀가 수도꼭지를 틀어놓고 이 노래를 부르자 물이 흘러나온 모양이야. 그것은 하나의 싯디(*siddhi*)지. 아버지가 찾아오자 그녀가 이렇게 말했어. '기적을 하나 보여드릴게요.' 그리고 그의 앞에서 그 장면을 다시 보여주었다네."

사람들이 그 모반을 보고 그에 대해 이야기를 나누자 **바가반**이 말씀하셨다. "제 오른발바닥에도 붉은 반점이 하나 있지요. 그러나 이 아기의 배에 있는 반점은 크군요." 그러자 T.S. 라마짠드라가 말했다. "라마스와미 아이어 씨는 노래하기를, **바가반**의 발이 붉어진 것은 헌신자들이 당신의 발에 뜨거운 눈물을 흘렸기 때문이라 했고, 다른 작가는 그 붉은 반점을 **나따라자**(Nataraja)의 발목반점(*pada chilambu*)이라고 묘사했습니다."

바수데바 사스뜨리는 자신이 본 다른 사건을 이야기했다. "하루는 우리가 스깐다스라맘에 있을 때였는데, 전갈 한 마리가 **바가반**의 몸 앞쪽을 타고 올라가고 다른 한 마리는 뒤쪽을 타고 내려가는 것을 보고 저는 깜짝 놀랐습니다. 기겁을 한 저는 어떻게 해 보고 싶었지요. **바가반**은 아무 일도 없는 듯 가만히 계셨고, 두 전갈은 마치 벽을 타고 넘듯이 당신의 몸을 타고 넘은 뒤에 결국 당신을 떠났습니다. 그것들이 떠난 뒤에 **바가반**께서 저희들에게 이렇게 설명해 주셨습니다. '그들은 바닥이나 벽이나 나무 위를 기어가듯 그렇게 여러분의 위를 기어 넘어갑니다. 벽 같은 것을 기어 넘어갈 때 그들이 쏩니까? 여러분이 그것을 겁내어 무슨 행동을 하기 때문에, 그들도 여러분을 겁내어 반대로 뭔가를 하는 것일 뿐이지요.'라고 말입니다."

1946-10-6

오늘 오후에 **바가반**은 당신이 빠짜이암만 사원(Pachaiamman Koil)에 계시던 시절에 대해 말씀하시다가, 사무실에 랑가짜리(Rangachari)의 친척(그는 당시 전염병의 공포가 지속되는 동안 매일 **바가반**을 찾아가서 빠짜이암만 사원에서 당신과 함께 머물러 있곤 했다)에게 답장을 보내라고 상기시켜 주셔야 했다. **바가반**이 말씀하셨다. "전염병 때문에 읍내 전체가 6개월간 완전히 텅 비어 버렸지요.156) 집집마다 다니며 방역을 하는 사람들이 2백 명가량 있었는데 그들은 두 진영으로 나뉘어 살고 있었습니다. 사람이 150명쯤 되는 한 진영은 쩨띠 꼴람 사원(Chetti Kolam Koil) 근처에 살았고, 50명의 다른 진영은 읍의 반대편 끝에 살았습니다. 저는 다른 사람 두세 명과 함께 빠짜이암만 사원에 머물러 있었습니다. 방역진은 저를 자주 찾아왔습니다. 그들은 자신들이 떠나야 할 때가 다 될 무렵 헌가회(bhajana)을 한 번 개최하려고 한다면서 저에게도 참석해 달라고 했습니다. 저는 그들이 말한 헌가회가 결코 성사되지 않을지도 모른다고 생각하고 가지 않겠다는 말을 하지 않았지요. 그런데 어느 날 밤 우리가 잠자리에 든 뒤에, 갑자기 3, 40명의 무리가 손에 횃불을 들고 x

---

156) T. 1896년 인도에 들어온 전염병이 계속 나돌았고, 1907년에만 130만 명 이상이 죽었다. 이 때문에 바가반은 1908년 1~3월에 산 동북쪽 기슭의 빠짜이암만 사원에 머물렀다.

우리한테 와서 우리를 깨웠습니다. '무슨 일입니까?' 하고 제가 물었지요. 그러자 그들은 헌가회가 마련되었고 모든 것이 준비되었으니 제가 그들과 함께 가야 한다고 했습니다. 그 많은 사람이 그와 같이 왔는데 '못 간다'고 할 수 없어서 같이 갔습니다. 그들은 세심한 준비를 해 두고 있었습니다. 수많은 등불, 수많은 먹을거리, 수많은 화만華鬘들, 각지에서 모셔온 이름난 음악가들이 있었습니다. 그들은 제가 앉을 자리와 헌가를 부를 사람들을 위한 또 다른 대臺를 마련해 두고 있었지요. 그들은 저에게 화만을 둘러 주었습니다. 읍내의 모든 사람이 거기 와 있었고, 모든 벤치와 의자들이 거기에 있었습니다. 거기 모인 몇몇 사람은 술에 취해서 아주 신이 나 있었지요. 저는 한동안 그들과 같이 있다가 작별하고 떠났습니다. 그들 중 몇 사람이 횃불을 들고 다시 저와 함께 와서 저를 빠짜이암만 사원에 두고 돌아갔습니다."

이때 T. S. 라마짠드라가 여쭈었다. "**바가반께서는** 언젠가 수많은 싯다들이 당신 앞에 모여 있는 꿈을 꾸신 것 같습니다. 당신께는 그들이 모두 친숙하게 보였는데, 당신께서는 찐무드라(chinmudra-깨달음을 나타내는 수인 手印)를 하시고 한 단 위에 앉아 계셨습니다." **바가반**이 대답하셨다. "그뿐인가요? 저는 그런 환영幻影을 여러 번 보았습니다. 제가 무슨 말을 합니까?" 당신이 말씀을 계속하셨다. "한번은 제가 샘(sunai)[동굴 안의 샘물] 하나를 만나서, 그쪽으로 가 보았지요. 제가 다가가자 그것은 더 넓어지더니 양쪽으로 나무들이 있었습니다. 그것이 점점 더 넓어졌습니다. 훌륭한 빛이 있었고, 길은 큰 저수지로 이어졌습니다. 그 저수지 한가운데 사원이 하나 있었습니다." 내가 여쭈었다. "그것은 꿈 아니었습니까?" **바가반**이 말씀하셨다. "그것이 꿈이었든 생시(jagrat)였든, 그대 좋을 대로 부르십시오." (소마순다람 삘라이는 **바가반**이 사용하신 단어가 "꿈이었든(kanavō)", "환영이었든(kātchiyō)"이었다고 말한다.) **바가반**은 또한 당신이 여기 오신 뒤 지난 6년여 안에 꾸신 꿈 중에서 한번은 당당한 저택들이 양 편으로 늘어선 큰 거리들이 아스라맘으로 이어지고 있었고, 그 꿈 속에서 채드윅을 비롯한 몇 사람이 당신을 따르고 있었는데, 바가반이 채드윅에게 "누가 이 모든 것을 꿈이라고 하겠나?" 하고 물으시자 채드윅은 "어느 바보가 이 모든 것을 꿈이라고 하겠습니까?"라고 대답했다고 말씀하셨다. 그 단계에서 당신은 깨어나셨다. 바가반이 이것은 분명히 꿈이라고 하시고 먼저의 경험은 그것을 꿈이라 하든 생시라 하든 남들이 부르는 대로 맡겨두시자, 나는 저 저수지와 사원이 나오는 환영은 생시였거나, 꿈 아닌 어떤 다른 단계였다고 믿게 되었다.

T.V. 크리슈나스와미 아이어 씨가 질문했다. "바가반의 형님과 여타 사람들도 바가반께서 진아에 몰입되어 외부의 사물들에 무관심한 것을 알고 있었습니까?" 바가반이 말씀하셨다. "예. 모를 수가 없었지요. 왜냐하면 제가 외적인 일들에 주의를 기울이는 것처럼 보이려고 최선을 다하기는 했지만, 그렇게 하는 데 완전히 성공하지는 못했으니까요. 남들처럼 책을 읽으려고 앉아 책을 펼쳐서 읽는 척하다가 페이지를 넘기곤 했지요. 그런 식으로 얼마 후에는 다른 책을 집어 들기도 했습니다. 그러나 다들 저의 태도가 달라졌다는 것을 알고 있었지요. (학교에서는) 그들이 제 마음이 그렇게 딴 데 가 있는 것을 두고 저를 놀리기도 했습니다. 저는 그들의 조롱에 아예 무관심했기 때문에 전혀 화를 내지 않았습니다. 그러자 그들은 신이 나서 계속 놀려댔습니다. 만일 제가 그런 마음을 먹었다면 그들 모두를 한 주먹에 침묵시킬 수 있었겠지요. 그러나 저는 전혀 개의치 않았습니다. 그 '죽음'의 체험 이후로 저는 딴 세계에 살고 있었습니다. 책에 어떻게 주의를 기울일 수 있겠습니까? 그 전에는 최소한 다른 아이들이 암송하는 것을 들으면서 저도 그것을 암송하곤 했지만, 나중에는 그마저도 할 수 없었습니다. 학교에서 제 마음은 전혀 공부에 머물러 있지 않았습니다. 신이 하늘에서 갑자기 제 앞에 뚝 떨어지는 모습을 상상하거나 고대하곤 했지요."

누군가가 **바가반**께 『뻬리야뿌라남』을 공부하는 것을 좋아하셨느냐고 여쭈었다. 이에 **바가반**이 말씀하셨다. "아니, 아닙니다. 그것은 그냥 우연한 일이었지요. 제 친척 중의 한 분, 그러니까 숙부가 우리 집 근처에 살고 있던 한 스와미에게서 그 책을 받았는데, 스와미가 그것을 읽어 보라고 한 것입니다. 그래서 그 책이 우리 집에 있게 되었고, 그것을 접한 저는 처음에는 호기심에서 살펴보다가 흥미를 느껴 다 읽어 버렸습니다. 그 책이 저에게 큰 인상을 남겼지요. 그 전에는 사원에 있는 63인 나야나르(Nayanars)들의 상像157)이 그저 상일 뿐 그 이상은 아니었습니다. 그러나 나중에는 그 상像들이 저에게 새로운 의미로 다가왔습니다. 저는 그 상像들 앞에, 그리고 **나따라자** 앞에 가서 울면서 **신**께서 그 성자들에게 베푸신 것과 같은 은총을 저에게도 베풀어 주시기를 기원했습니다. 그러나 그것은 그 '죽음'의 체험 이후였지요. 그 전에는 63인 성자들에 대한 헌신이 말하자면 잠재되어 있었습니다." 소마순다람 삘라이 씨가 **바가반**께 여쭈었다. "**바가반**께서는 어떤 감정(*bhava*)으로 그 상像들 앞에서 우셨습니까? **바가반**께 더 이상 탄생이 없게 해 달라거나 뭐 그런 것을 기원하셨습니까?" **바가반**이 대답하셨다. "어떤 감정이었냐고요? 저는 그 성자들에게 베풀어진 것과 같은 은총을 원했을 뿐입니다. 저도 그분들이 가졌던 그런 헌신을 갖게 해 달라고 기원한 것입니다. 탄생이나 속박에서 벗어나는 것에 대해서는 전혀 몰랐습니다."

1946-10-8

오늘 오후에 한 방문객이 **바가반**께 질문했다. "의심할 바 없이 **바가반**께서 가르치시는 방법은 직접적입니다. 그러나 아주 어렵습니다. 저희는 그것을 어떻게 시작해야 할지 모릅니다. 우리가 '나는 누구인가?' '나는

---

157) *T*. 마두라의 큰 사원인 **미나끄쉬** 사원 안에는 남인도의 시인-성자(Nayanar) 63인의 상이 있다. 이 사원은 **바가반**이 깨달은 숙부댁(라마나 만디람)에서 아주 가깝다.

누구인가?' 하고 '나는 누구인가?'를 만트라로 삼아 하나의 염송처럼 계속 물어나가면 지루해집니다. 다른 방법에서는 예비적이고 적극적인 어떤 것이 있어서 그것을 가지고 시작하여 우리가 단계적으로 나아갈 수 있습니다. 그러나 바가반의 방법에서는 그런 것이 없는데, 곧바로 진아를 추구하는 것은 직접적이기는 하지만 어렵습니다."

바가반: 그대 자신이 그것은 직접적인 방법이라고 인정합니다. 그것은 직접적이고 쉬운 방법입니다. 우리에게 낯선 다른 것들을 추구하는 것도 아주 쉬운데, 우리 자신의 진아에게로 가는 것이 어떻게 어려울 수 있습니까? 그대는 "어디서 시작할지"를 이야기합니다. 시작도 없고 끝도 없습니다. 그대 자신이 그 시작이고 그 끝입니다. 만일 그대는 여기 있고 진아는 다른 데 있어서 그대가 그 진아에 도달해야 한다면, 어떻게 출발해서 어떻게 가고 어떻게 도달해야 하는지 설명을 듣게 될지 모르지요. 그대가 지금 라마나 아스라맘에 있으면서 "나는 라마나 아스라맘에 가고 싶다. 어떻게 출발하여 어떻게 도착해야 하는가?"라고 묻는다면, 우리가 뭐라고 해야 합니까? 사람이 진아를 추구하는 것도 그와 같습니다. 그는 늘 진아이고 달리 무엇도 아닙니다. 그대는 "나는 누구인가?"가 하나의 염송이 된다고 말합니다. 그것은 "나는 누구인가?" 하고 계속 물으라는 것이 아닙니다. 그럴 경우에는 생각이 그리 쉽게 죽지 않을 것입니다. 모든 염송은 한 생각, 곧 그 만트라를 이용해 다른 모든 생각을 몰아내기 위한 것입니다. 사람이 염송을 하면 결국 그렇게 됩니다. 그 만트라에 대한 생각 외의 다른 모든 생각은 점차 죽고, 그런 다음 그 한 생각마저 죽습니다. 우리의 진아는 염송의 성품을 가졌습니다. 염송은 거기서 늘 계속되고 있습니다. 만일 우리가 모든 생각을 포기하면, 우리가 아무 노력을 하지 않아도 염송이 거기에 늘 있다는 것을 발견할 것입니다. 그대가 말하는 직접적 방법에서는 그대 자신에게 "나는 누구인가?" 하고 물으면서 '나'라는 생각(다른 모든 생각의 뿌리)이 일어나는 그대 자신의

내면에 집중하라고 말합니다. 진아는 그대의 밖에 있지 않고 안에 있기 때문에 밖으로 나가지 말고 안으로 뛰어들라는 것인데, 그대 자신에게로 가는 것보다 무엇이 더 쉬울 수 있습니까? 그러나 어떤 사람들에게는 이 방법이 어렵게 보이고 마음이 끌리지 않을 거라는 것은 사실입니다. 그래서 지금까지 수많은 방법을 가르쳐 온 것입니다. 어느 방법이든 그것이 가장 좋고 가장 쉽다고 느끼는 사람들이 있겠지요. 그것은 그들의 근기根機(pakva) 나름입니다. 그러나 어떤 사람은 탐구의 길(vichara marga) 외에는 어떤 것에도 마음이 끌리지 않을 것입니다. (누가 다른 방법을 권하면) 그들은 묻겠지요. "당신은 저에게 이것을 알거나 저것을 보라고 하지만, 아는 자는 누구이며 보는 자는 누구입니까?"라고 말입니다. 다른 어떤 방법을 택하든 늘 행위자가 있게 마련입니다. 그것은 피할 수 없습니다. 그 행위자가 누구인지 알아내야 합니다. 그럴 때까지는 수행이 끝날 수 없습니다. 그래서 결국은 모두가 "나는 누구인가?"를 알아내야 합니다. 그대는 시작할 예비적인 또는 적극적인 것이 하나도 없다고 불평합니다. 그 '나'를 가지고 시작하면 됩니다. 그대는 자신이 늘 존재한다는 것을 압니다. 반면에 몸은 늘 존재하지는 않습니다. 예컨대 잠 속에서처럼 말입니다. 잠은 그대가 몸 없이도 존재함을 말해줍니다. 우리는 '나'를 한 몸과 동일시하여 자기(진아)가 하나의 몸을 가지고 있고, 한계를 가지고 있다고 여깁니다. 그래서 우리의 모든 문제가 생깁니다. 우리가 해야 할 일은 우리의 **진아**를 몸과 동일시하고 형상들, 한계들과 동일시하기를 그만두는 것이 전부이고, 그러면 우리가 늘 그것인 **진아**로서의 우리 자신을 알게 될 것입니다.

그 방문객은 또 이렇게 질문했다. "수행의 기법에 관한 한, **바가반**의 여러 책에 이따금 기술되어 있는 것 이상으로 지금 제가 더 알아야 할 것은 없다고 믿어도 되겠습니까? 이 질문을 드리는 이유는, 다른 모든 수행 체계에서는 **참스승**(sadguru)이 소위 입문入門(diksha) 때 어떤 비밀스런 명상 기법을 자신의 제자에게 드러내기 때문입니다."

바가반: 그대가 책에서 발견하는 것 이상으로 더 알아야 할 것은 없습니다. (이것은) 어떤 비밀 기법도 아닙니다. 이 체계에서 그것은 다 공개적인 비법입니다.

방문객: 만약 신-깨달음(God-realisation)을 얻은 뒤에도 우리가 배고픔·잠·휴식·더위와 추위 같은 자신의 신체적 필요를 돌봐야 한다면 진아 깨달음이 무슨 소용 있습니까? 그런 상태는 뭔가 완전함이라고 할 수 없는 것입니다.

바가반: 진아 깨달음 뒤의 상태가 어떤 것이겠느냐고요? 왜 지금 그런 것에 신경을 씁니까? 진아 깨달음을 성취하십시오. 그런 다음 스스로 확인해 보십시오. 그러나 왜 진아 깨달음의 상태를 얻으려고 합니까? 바로 지금, 그대는 자기(진아) 없이 있습니까? 그리고 밥 먹기, 잠자기 등의 이 모든 것이 자기 없이, 혹은 자기와 별개로 이루어집니까?

1946-10-9

오늘 오전, 나감마가 자신이 텔루구어로 50주년 기념일 축제를 설명하는 글로서 저널인 「나보다야(Navodaya)」에 실린 것을 낭독했다. 어제 저녁에는 한 유럽인 부부가 여기 도착했는데, D.S. 사스뜨리 씨가 **바가반**께 보내는 소개장을 가져왔다. 오늘 오후 2시 30분경에 그 여성이 다른 여성들과 함께 회당에 와서 앉았는데, 두 다리를 자기 앞쪽으로 **바가반**을 향해 뻗고 앉았다. T.S. 라마짠드라가 그녀에게 가서 **바가반** 앞에서 그렇게 앉는 것은 좋은 모습이 아니라고 조용히 말했다. **바가반**은 이것을 보시자 몹시 언짢아하시며 T.S. 라마짠드라를 질책하셨다. "왜 그런 말썽(cestai)을? 그들은 우리처럼 바닥에 틀고 앉는 것 자체가 어려운데. 왜 자네가 다른 제약을 가해서 그것을 더 어렵게 만들지?" 이렇게 말씀하신 뒤 **바가반**이 덧붙이셨다. "이제 저는 여러분 모두의 앞에서 두 다리를 뻗고 있는 데 대해 양심의 가책을 느낍니다." 그렇게 말씀하시고는 두 다리를 거두어들여 가부좌를 하고 4시 45분까지 그렇게 계시다가 평소처럼 일어나셨다.

1946-10-10

오늘 아침, **바가반**이 평소의 산책을 하신 뒤 7시 35분경에 회당에 들어오셔서 침상에 앉아 다리를 뻗으셨다. 그러나 즉시 다리를 도로 거두어들여 가부좌를 하면서 "깜빡 잊었군" 하셨다. 어제 일을 다시 말씀하신 것이다. 그리고 이렇게 끝내셨다. "양심의 가책을 느낍니다. 여러분 앞에서 다리를 뻗고 있을 수가 없군요." 당신은 아직도 다리를 틀고 계셨다. 오후에도 이것을 잊지 않으셨고 이 새로운 결의를 견지하려고 하셨다. 그러나 우리가 모두 그러지 마시라고 간청했기 때문에 저녁이 되기 전에 당신이 조금 누그러지셨다.

오늘 오후에는 숩바 라오 씨가 **바가반**의 생애 중 몇 가지 사건은 지금까지 어떤 책에도 전혀 기록되지 않았다고 말했다. 예를 들어 그는 **바가반**이 한동안 벌거벗고 계셨다는 것을 아무도 모른다면서, **바가반**의 천궁도(horoscope)를 보면 당신이 한동안 벌거벗고 있어야 하는 것으로 나온다는 것을 자신이 알아냈다고 했다. 이때 우리는 **바가반**에 대한 그 사실이 텔루구어 전기에 언급되어 있다는 것을 발견했다. 그래서 **바가반**은 이렇게 말씀하셨다. "제가 **사원** 경내의 일루빠이 나무 아래 있던 초기에 한동안 벌거벗고 있은 것은 사실입니다. 그것은 제가 어떤 옷도 입지 않겠다는 무욕의 자세를 지녔기 때문은 아닙니다. 제가 입고 있던 샅가리개가 닿는 살 부위가 쓸려서 헐곤 했습니다. 헌 데가 심해지면 샅가리개를 내버렸습니다. 그뿐입니다. 처음으로 저를 위해 정규적인 식사를 준비해주곤 하던 나이 든 구루깔(Gurukkal)158)이 있었는데, 자기 집에서 음식을

---

158) *T.* 사원에서 봉사하는 것을 업으로 하는, 브라민에 준하는 카스트의 한 부류.

가져오거나 사원에서 나오는 관수灌水 우유(*abhisheka* milk-사원의 예공 때 링감 위에 부었던 우유)를 저에게 보내주었습니다. 제가 한 달가량 벌거벗고 지낸 뒤에, 이 구루깔 노인이 하루는 저에게 말했습니다. '이보게, 까르띠가이 디빰(Kartigai Deepam)159)이 곧 닥쳤네. 24개 군 모두에서 사람들이 여기로 몰려들 거네. 모든 군의 경찰들도 여기로 올 텐데, 자네가 이렇게 벌거벗고 있으면 그들이 자네를 체포하여 투옥해 버릴 걸세. 그러니 샅가리개를 하고 있어야 하네.' 그렇게 말한 그는 새 천 조각 하나를 구해서, (앉아 있던) 저를 네 사람이 들어 올리게 하여 샅가리개 하나를 둘러주었습니다."

바가반은 또한 오늘, 당신이 (아루나찰라에) 오신 다음날 아침 띠루반나말라이에서 첫 식사를 하신 이야기도 들려주셨다. 첫날에는 아무것도 드시지 못한 것 같다. 당신이 말씀하셨다. "다음날 저는 **사원** 앞의 **16주**柱 **만따빰**(기둥이 16개인 만따빰) 안에서 왔다 갔다 하고 있었습니다. 그때 한 묵언默言 **스와미**(Mauni Swami)가—전에 깜바뚜 일라이야나르 사원(Kambathu Ilaiyanar Temple)160)에 살던 사람인데—**사원**에서 거기로 왔습니다. 또 긴 헝클머리에 체격이 좋은 빨니 스와미(Palni Swami-빨라니스와미)도 읍내에서 이 16주 만따빰으로 왔습니다. 그는 일단의 산야시들(*sannyasis*)의 도움을 받아 **사원** 경내를 치우고 청소하는 봉사를 많이 하던 사람이었지요. 이때 묵언 스와미는 여기 처음 온 사람인 제가 허기지고 탈진한 상태인 것을 보고, 빨니 스와미에게 신호를 보내 저에게 음식을 좀 갖다 주라고 했습니다. 그러자 빨니 스와미가 가서 온통 새까만 양철그릇에 식은 밥을 좀 가져왔는데, 밥 위에 소금이 살짝 뿌려져 있었습니다. 그것이 **아루나찰레스와라**께서 저에게 주신 최초의 공양(*bhiksha*)이었지요!"

---

159) T. 띠루반나말라이에서 열흘간 거행되는 축제. 보통 11~12월경에 들며, 아루나찰라 정상에 큰 불이 밝혀지고, 큰 사원의 신상들을 큰 수레에 모셔 나와 거리를 행진한다.
160) T. 아루나찰레스와라 사원 내 천주전 맞은편의 작은 수브라마니야 사원. '일라이야나르'는 수브라마니야를 지칭하며, 이곳에 나타난 수브라마니야를 기념해 1421년경에 건립되었다.

1946-10-11

오늘 오후에 나는 나감마에게, **바가반**이 10월 4일 D.S. 사르마 교수의 질문에 답변하신 내용을 그녀가 적은 것을 회당에 있는 우리 모두에게 낭독해 달라고 했다. 사르마 씨도 자신이 **바가반**과 나눈 대화를 자기가 기록한 것을 보내온 게 있었고, 우리는 그것도 낭독하게 했다. (그 기록들과) 비교해 본 결과, 이 일기에 이미 기록한 내용은 고칠 것이 거의 없었다. 나감마는 사르마 씨 외의 다른 이들이 한 질문과 **바가반**이 그들에게 해 주신 답변들을 포함하여, 그 당시 일어난 모든 일을 기록해 두었다. 이와 관련하여 **바가반**은 당신이 사르마에게 답변하면서 "수행 도중에 사하자 상태가 곧 우빠사나(*upasana*-내관 혹은 염송)인 것을 알게 된다(*abhyāsakāle sahajām sthitim prāhurupāsanam*)"[『라마나 기타』, 1.13]는 구절을 인용했다고 회상하셨다. **바가반**은 또 당신이 사르마 교수에게 말씀하신 내용의 많은 부분을 되풀이하며 이렇게 말씀하셨다. "분명하고 자명하며 우리에게 가장 직접적인 **자기**(진아)를 우리는 볼 수 없다고 말합니다. 반면에 우리는 이 눈으로 보는 것만을 직접지각(*pratyaksha*)이라고 합니다. 무엇을 볼 수 있으려면 먼저 '보는 자'가 있어야 합니다. 여러분 자신이 '보는 눈'입니다. 하지만 여러분은 그 보는 눈을 모른다면서 보이는 사물들만 안다고 말합니다. 그러나 진아, 곧 「실재사십송」에서 말하는 **무한한 눈**(*andamilākkan*)에게 무엇이 보일 수 있습니까? 여러분은 사끄샤뜨까람(*sakshatkaram*-실재에 대한 직접지각, 깨달음)을 원합니다. 여러분은 지금 이 온갖 것들의 까람(지각)을 하고 있습니다. 즉, 이 온갖 것을 실재한다고 여기고, 실재하지 않는 것을 실재하게 함으로써 이런 것들을 '실재-화'하고 있습니다. 만약 여러분이 비실재에 대한 현재의 사끄샤뜨까람에서 이 까람을 포기하면, 남는 것은 실재하는 것, 곧 사끄샤뜨입니다."

오늘 저녁에 폴란드 여성인 우마 데비(Uma Devi)가 25명의 폴란드인 일행과 함께 도착했다. 그들은 대부분 꼴라뿌르 주(Kolhapur State)에서 온 소녀들이었는데, 그곳에는 폴란드인 약 5,000명의 난민 수용소가 있다.

1946-10-12

오늘 오후에 그 폴란드인 일행이 그들의 민요와 민속춤으로 바가반을 즐겁게 해 드렸다.

1946-10-14

오늘 아침에 내가 바가반께 말씀드렸다. "간밤에 우마 데비가 원한 대로 폴란드 사람 몇 명을 데리고 산을 돌러 갔습니다. 도중에 그들에게 이 산에 대한 전설과 우리 종교의 여러 신들에 대해 설명해 주었습니다. 그들은 '얼마나 많은 신들이 있습니까? 어떻게 그렇게 많은 신들이 있을 수 있습니까?'라고 묻더군요. 같은 신이 여러 측면으로 숭배된다는 등의 설명을 해 주어도 그들은 그것을 다 이해하지는 못한다고 했습니다." 그러자 바가반은 그들이 영어로 번역된 『모두가 하나다(All is One)』책을 읽어 봐야 할 거라면서, 나에게 그들에게 줄 만한 그 영어 번역의 타자본이 있는지 알아봐 달라고 하셨다. 나는 마우니에게서 그 책 세 부를 가져왔다. 바가반은 한 권을 우마 데비에게, 또 한 권은 그 일행의 소녀들에게 주셨고, 세 번째 책은 손에 가지고 계셨다. 그러는 동안 T.K. 순다레사 아이어가 와서 세 번째 책을 요청하자 바가반은 그것을 그에게 주셨다. 우마 데비는 자신이 『기타』의 폴란드어 번역을 끝냈다면서 자신의 머리말과 라다크리슈난 경의 서언만 지어지면 책을 인쇄소에 보낼 수 있을 거라고 했다.

1946-10-15

오늘 아침에 그 폴란드인 일행이 떠났다. 오늘 저녁에는 라마나 나가르(Ramana Nagar-아스라맘 맞은편의 동네)에 약 한 달 남짓 살면서 아스라맘을 방문하던 B.K. 로이 박사가 **바가반께**, 원하신 대로 자신이 짐머(Zimmer)의 책(248쪽 참조)을 훑어보았는데 그 책의 일부에 대해 아스라맘에서 이미 해둔 번역이 훌륭하고 자신은 거기에 더 손댈 것이 없었다고 하면서, 책의 나머지 부분은 짐머의 독창적 저술이 하나도 없고 **바가반**의 저작들을 번역한 것일 뿐이라고 말씀드렸다. (로이 박사는 벵골어를 쓰는 작가인 듯한데 영어와 기타 언어에 해박하다. 그는 독일, 스위스 등지에 오래 머물렀던 철학박사이다.)

1946-10-16

오늘 밤 로이 박사가 자신이 내일 아침 떠난다면서 **바가반께** 작별을 고했다. 딸레야르칸 여사도 지난 사흘간 이곳에 머무른 스위스 여성인 보만 양(Miss Boman)이라는 사람이 내일 떠날 거라고 **바가반께** 말씀드렸고, 보만 양도 절을 하고 떠났다. 이 보만 양은 바로다 왕궁 시종단侍從團의 단장으로 약 8년째 인도에 머무르고 있는 것 같다. 그녀는 신을 믿지 않고 사회봉사에 신념을 가진 듯한데, 지난여름 바로다의 마하라니가 우띠(Ooty-타밀나두 서부 휴양도시 우다가만달람)에 머무르고 있을 때 라니의 일행으로 동행했다가 딸레야르칸 여사에게서 **바가반**의 이야기를 듣고 여기 온 것이다. 그녀는 여기 오기 전에 딸레야르칸 여사에게 보낸 편지에서 "당신의 신을 뵈러 가는데, 저도 그분을 저의 신으로 삼을 수 있기를 바랍니다"라고 (혹은 그러한 취지로) 썼다.

오늘 밤 장님인 또 다른 로이(Roy) 박사가 스리 오로빈도 아쉬람에서 왔는데, 거기 있던 딜립 꾸마르 로이가 여기를 방문해 보라고 조언한 듯하다. 그는 일곱 살 때 눈이 멀었지만 그럼에도 불구하고 용케 스스로 공부를 잘 해서 최근까지 캘커타대학교 강사를 지냈고, 지금은 봄베이의 타타사회학연구소(Tata Sociological Institute)의 강사이다. 그는 미국인 아내를 맞아 결혼했는데, 친절하게도 그가 나와 이곳의 몇 사람에게 보여준

사진에서 보는 그녀는 아름다운 여성이다. 이 로이 박사는 아주 놀라운 사람이다. 이번에 봄베이에서부터 오로지 혼자서 여행해 왔다. 그러나 이것은 아무것도 아니고, 그는 미국·일본 등지를 오로지 혼자서 다녔다. 그가 성취할 수 있었던 모든 일에 대해 우리가 그를 칭찬하자, 그는 그것은 생후 18개월 만에 모든 감각을 상실했던 헬렌 켈러가 자기 힘으로 성취해낸 것에 비하면 아무것도 아니라고 말했다.

이 신사가 오늘 오후 8시 이후에 **바가반**과 사적인 대화를 나누었는데, 이때 그는 자신의 눈 문제를 이야기하고 **바가반**의 자비를 기원했다.

1946-10-17

오늘 오전에 로이 박사가 **바가반** 앞에서 자신이 어떻게 글을 쓰고, 읽고, 시계를 보는지 등을 보여주었다. 내가 알게 된 바로, 그는 캘커타대학교의 문학석사이자 법학사이며 나중에 한 미국 대학교의 철학박사가 되었다. 오후 3시경 내가 회당에 들어갔을 때 로이 박사는 **바가반**께 이렇게 질문하고 있었다. "오랜 시간 명상을 할 수 없는 사람들의 경우에는 남들에게 좋은 일을 하는 데 매진하는 것만으로 충분하지 않겠습니까?" **바가반**이 답변하셨다. "예, 충분하겠지요. 선善의 관념이 그들의 심장에 자리 잡을 것입니다. 그것으로 충분합니다. 선·하느님·사랑은 다 같은 것입니다. 만일 그 사람이 이 중 하나를 계속 생각하면 그걸로 충분할 것입니다. 모든 명상은 다른 모든 생각을 몰아내기 위한 것입니다." 조금 멈추었다가 **바가반**이 말씀하셨다. "그대가 진리를 깨달아서 보는 자도 보이는 것도 없고 그 둘을 초월하는 **진아**만이 있다는 것과, **진아**야말로 에고와 그 에고가 보는 모든 것이라는 그림자가 그 위에서 오고 가는 스크린 곧 바탕이라는 것을 알 때, 그대에게 시력이 없다는 느낌, 따라서 갖가지 사물을 볼 수 없다는 아쉬움은 사라질 것입니다. 깨달은 존재는 정상적인 시력을 가지고 있어도 이 모든 것을 보지 않습니다."

(깨달은 존재는 진아만을 보며 진아 아닌 그 어떤 것도 보지 않는다).

로이 박사와 더 논의를 계속한 다음 바가반이 덧붙이셨다. "뭔가를 보고, 이 몸이나 세계를 본다는 데 잘못된 것은 없습니다. 잘못은 그 몸을 그대라고 생각하는 데 있습니다. 그 몸이 그대 안에 있다고 생각하는 것은 아무 해가 없습니다. 몸, 세계, 일체가 진아 안에 있을 수밖에 없습니다. 더 정확히는, 그 무엇도 진아와 별개로 존재할 수 없습니다. 마치 그림자들이 투사될 수 있는 스크린 없이는 어떤 화면도 보일 수 없듯이 말입니다." 그 목표에 이르는 최선의 길은 무엇인지에 대한 질문에, 바가반은 이렇게 말씀하셨다. "도달해야 할 어떤 목표도 없습니다. 성취해야 할 어떤 것도 없습니다. 그대가 진아입니다. 그대는 늘 존재합니다. 진아에 대해서는 그것이 존재한다는 것 이상의 어떤 속성도 부여할 수 없습니다. 신이나 진아를 본다는 것은 진아, 곧 그대 자신이 되는 것일 뿐입니다. 본다는 것은 (진아로서) 있음입니다(Seeing is being). 그대는 진아인데도 어떻게 하면 진아를 성취할 수 있는지 알고 싶어 합니다. 그것은 어떤 사람이 라마나스라맘에 있으면서도 라마나스라맘에 도달하는 데 얼마나 많은 길들이 있고 어느 것이 자기에게 가장 좋은 길이냐고 묻는 것과 같습니다. 그대가 그 몸이라는 생각을 포기하고 외부의 것들, 곧 비非진아에 대한 모든 생각을 포기하는 것이 그대에게 필요한 전부입니다. 마음이 바깥 대상들을 향해 밖으로 나갈 때마다 그것을 막고 진아, 곧 '나' 안에 고정하십시오. 그것이 그대가 해야 할 노력의 전부입니다. 여러 사상가들이 제시한 여러 가지 방법들도 이 점에 모두 동의합니다. **비이원론·이원론·한정비이원론** 기타 학파들은 모두 마음이 외부의 것들에 대해 생각하기를 포기하고 진아, 혹은 그들이 말하는 신에 대해 생각해야 한다는 데 동의합니다. 그것이 명상이라는 것입니다. 그러나 명상은 우리의 성품이므로, 그대가 진아를 깨달으면 한때 수단이었던 것이 이제는 (이미 도달한) 목표라는 것, 한때는 (진아안주를 위해) 노력해야 했지만 이제는 그러고 싶다 해도 진아에서 벗어날 수 없다는 것을 발견할 것입니다."

1946-10-18

오늘 오후에 쉬모가(Shimoga-까르나따까 주의 도시)에서 온 방문객이 **바가반**께 질문했다. "요동치는 마음을 어떻게 고요하게 합니까?" 바가반이 답변하셨다. "누가 이 질문을 합니까? 마음입니까, 그대입니까?" 방문객이 말했다. "마음입니다."

바가반: 그 마음이 무엇인지를 보게 되면 그것이 고요해질 것입니다.

방문객: 마음이 무엇인지를 어떻게 봅니까?

바가반: 그대는 마음이 뭐라고 생각합니까?

방문객: 제 생각으로는, 그것은 생각입니다.

바가반: 마음은 생각의 다발입니다. 그러나 모든 생각의 근원은 '나'라는 생각입니다. 따라서 그 '나'가 누구인지를 알아내려고 애쓰면 마음이 사라질 것입니다. 그대가 외부의 것들을 생각하는 한에서만 마음이 존재할 것입니다. 그러나 마음을 외부의 것들에서 물러나게 하여 그것이 마음 곧 '나'를 생각하게 하면―다른 말로 그것을 내면으로 향하게 하면―그것은 사라집니다.

1946-10-25

지난 3, 4일 동안 숩바 라오 씨는 회당에서 텔루구어판 『바가반의 생애』를 낭독하고 있다. 그는 이 책에서 여러 가지 새로운 사실들을 언급하고 있다. 그 하나는 바가반이 산 위에 사실 때 **바가반**을 찾아왔던 몽구스가 황금색이었다는 것이다. 숩바 라오는 또 나야나가 자신에게 그 몽구스는 다름 아닌 아루나찰라 신께서 바가반을 보러 온 거라고 말했다고 했다. 내가 전에 기록하지 않은 내용 하나도 숩바 라오의 이 『생애』에 나온다. 나야나는 개들이 **바가반**과 같이 매듭(granthi)이 끊어진 사람과 접촉하면 오래 살아남지 못한다고 말하기도 했고, 모든 개를 (아스람 에서) 쫓아내곤 한 것 같다. 이와 관련하여 **바가반**이 말씀하셨다. "예, 그는 개들을 쫓아내곤 했지요. 그러나 예외도 있었습니다. 그것은 우리가 닐라(Neela)라고 부르던 개였습니다. 그 개는 저에게 와서 제 무릎에 늘 앉아 있곤 했지요. 그러나 다른 개가 스깐다스라맘의 출입문을 통과하는 것을 용납하지 않았습니다. 자기 어미나 형제자매라 해도 말입니다. 나야나는 곧잘 '이 녀석은 실수로 개로 태어난 것이다'라고 말했지요."

숨바 라오는 또 나야나가 말한 것은 늘 실현되었다고 기록하면서, 자신의 삶에서도 그것을 증명하는 한 가지 사건을 들고 있다.

1946-10-26

오늘 오전에 우체부가 깐난(Kannan)이라는 이름으로 서명된 편지 한 통을 가져왔다. 바가반은 그 편지를 읽으셨지만 누가 보낸 것인지 잘 모르셨다. 오후에 당신은 그 편지가 들었던 봉투를 가져오라 하셨고, 여러 가지 사실을 통해 그 편지를 쓴 사람이 랑가나타 아이어 씨의 아들인 마두라대학의 크리슈나무르티 씨라고 확신하셨다. 바가반의 말씀에 따라 비스와나타는 오늘 랑가나타 아이어 씨에게 보내는 편지에다 "오늘 오전에 우편물을 읽을 때 누군지 몰랐던 '깐난'이 오늘 저녁에 밝혀져 사람들에게 알려졌다고 크리슈나무르티 씨에게 말해 주십시오"라는 말을 덧붙였다.

다음은 깐난의 편지를 T. P. 라마짠드라와 내가 다음날 영어로 옮긴 것이다.

"오, 우주적 주권의 닫집 아래서 세계를 통치하시는, **심장의 옥좌**에 앉아 계신 **지고의 황제 라마나**시여! 그날 당신께서 자비롭게도 이렇게 말씀하셨지요. '오 자식이여, 너는 우리의 사랑하는 아들이니, 우리가 너에게 왕좌를 하사하노라. 이 주권을 쥐고 행복하거라!'"

"저는 알현실에 앉아 있습니다. 수상인 마음과 보좌하는 장관들인 다섯 감각기관, 그리고 집행부의 우두머리들인 다섯 행위기관이 모였습니다. 제 앞에서 그들은 마음대로 떠들어댑니다. 그리고 감히 저의 권위에 도전합니다. 종종 느닷없이 그들이 알현실을 어둡게 합니다. 제가 '그만. 나를 혼자 내버려두고 너희들 모두 물러가라'고 하면 그들은 방해 전술을 구사하면서 가지 않겠다고 합니다. 저는 끝없는 괴로움에 시달립니다. 권력 없는 이 왕 노릇 이제 지겹습니다. 저는 이제 이 왕위를 저의 아버지이자 스승님이신 라마나의 **연꽃 발**(Lotus Feet)에 내맡겼습니다."

"바가반께서는 저를 해방시키고 당신의 은혜로운 가호를 내려주십시오. 그러지 않으면 저에게 주권 행사의 비결을 가르쳐 주시어, 필요한 권력을 하사해 주십시오."

"오, 왕이시여, 피난처, 피난처, 피난처를 저는 갈망합니다."

깐난 올림

"당신께서는 저에게 피난처를 주시며 이렇게 말씀하십니다. '자식이여, **외향**外向(extroversion-마음이 밖으로 향함)의 종이 울리면 회중이 모일 것이다. 그 알현실에서는 늘 **탐구**(vichara)의 향을 피워 올려라. 장관인 마음은 술 취한 자이다. 그는 생각에 취한 것을 그 자신과 혼동하면서 회중도 계속 취하게 만들 것이다. 이 탐구의 향은 생각에 취한 것을 맑혀줄 것이다. 회중은 질서 있게 움직일 것이다. 이 탐구의 향이 점점 많아질수록 모인 사람들은 작별을 고할 것이다. '**안주**安住(abidance-진아안주)'의 종이 울릴 때 마음은 마침내 사라질 것이다. 그 모든 탐구의 향은 빛으로 화하고, 너는 너 자신으로서 홀로 축복받으며 안주할 것이다.'"

"'그러니 너는 한 순간도 이 '나는 누구인가?'의 '**자기탐구**'를 놓아버려서는 안 된다. 탐구가 점점 늘어날수록 생시(jagrat)와 꿈(swapna)은 **본연무상삼매**(sahaja nirvikalpa samadhi) 안에 합일될 것이며, 모든 잠은 합일무상삼매(kevala nirvikalpa samadhi)가 될 것이다. 그리고 탐구는 스와루빠(swarupa)에 합일될 것이다'라고 말입니다."

기도

"제 어머니이자 아버지이신 라마나시여, 당신께서는 저에게 탐구라고 하는 지知(jnana)의 검劍을 주셨습니다. 당신의 발아래 피난처를 찾은 이 비천한 자에게, 낮게 엎드려 있다가 '생각'이라는 악마가 일어날 때마다 단호하게, 어떤 연민이나 자비도 없이 그를 죽이는 데 필요한 무욕을 내려 주십시오."

"주님, 저 자신을 내맡깁니다."

깐난 올림

회당 안에 있던 마드라스의 파산관재인破産管財人(Official Receiver) 띠아가라자 아이어(Thiagaraja Iyer) 씨가 바가반께 질문했다. "이것은 모두 글쓴이가 창작한 상상입니까, 아니면 실제입니까?" 바가반이 대답하셨다. "우리야 모르지요. 우리가 어떻게 무슨 말을 할 수 있습니까?" 그런 다음 바가반은 나에게 『기념집』 초판에 들어가지 않았지만 어제인가 여기 도착한 제2판에 들어간 "라마나의 은총"이라는 글을 낭독해 달라고 하셨고, 내가 그것을 낭독했다. 거기서 글쓴이는 자신이 바가반의 회당 안에 있을 때, 얼마 안 되는 시간 동안에 바가반의 은총이 어떻게 직접적인 깨달음과 진아체험 곧 '나'에 대한 자각을 얻게 했는지를 말하면서, 그것을 생생하고 자세하게 묘사하고 있다. 내가 그 글의 낭독을 마친 뒤에 바가반은 띠아가라자 아이어의 질문에 대한 답변으로, "자, 우리가 여기에 대해 뭐라고 하겠습니까? 그것은 모두 사실일까요, 상상일까요?"

저녁에 빠라야나가 끝난 뒤 알라멜루 암말(Alamelu Ammal-바가반의 누이동생)이 일어나서 바가반께 말씀드리기를, 자신은 오늘 아침 세샤드리 스와미(Seshadri Swami)의 삼매지(무덤)에 있었는데, 다음과 같은 사건이 일어났다고 했다. "코임바토르(Coimbatore-타밀나두 서부의 대도시)에서 온 일행이 삼매지에 왔는데 문이 잠겨 있었습니다. 일행 중에는 세샤드리 스와미가 자신을 통해 말을 하고 플란셰트(planchette)161)로 글을 쓴다고 하는 사내도 있었습니다. 그들은 삼매지를 세 번 돌았는데, 그 사이 이 사당의 관리를 맡고 있는 은퇴한 순경 띠루벤가담 삘라이가 와서 사원을 열었습니다. 그러자 그 코임바토르 일행은 세샤드리 스와미가 플란셰트로 글을 쓰는데, 자기들이 플란셰트를 가져왔다는 말을 했습니다. 그 플란셰트로 써진 글이 좀 있었습니다. 그런데 띠루벤가담 삘라이가 그 일행에게 말했습니다. '그러면 세샤드리 스와미님이 어느 날 삭발을 하신 직후에 구루깔의 집 문간 대좌에 앉아서 나에게 하신 말씀이 뭔지 말해 주시오.' 그 일행은 어떤 답변을 했습니다. 띠루벤가담이 다른 질문을 했는데, 그에 대해서도 답변이 있었습니다. 이에 띠루벤가담은 두 답변 모두 틀렸다면서 더 물어볼 것도 없고, 세샤드리 스와미가 그들을 통해 말씀하신다는 것은 믿을 수 없다고 말했습니다. 그러자 그 일행은 뿔뿔이 흩어졌습니다."

바가반과 아스라맘은 이 코임바토르 일행이 방문할 의향이라는 통지를 이미 받아둔 상태였다. 그 일행은 사실 우리 아스라맘을 그들의 본부로 삼아 이곳을 중심으로 그들의 활동을 하고 싶어 했다. 그러나 아스라맘은 그런 어떤 것도 용납하지 않았다. **바가반**이 처음으로 이 일행으로부터 세샤드리 스와미가 그들을 통해 이야기한다는 말을 들었을 때, 유머러스하게 (우리에게) 이렇게 말씀하셨다. "세샤드리 스와미가 그들에게는 말을 하는가 보군요. 그분은 우리가 잘 알고 우리 모두와 친하게 지냈는데, 우리한테는 와서 말을 하지 않는다니 유감이네요."

---

161) *T*. 심령술사들이 쓰는 도구의 하나. 바퀴와 연필이 끼워져 있어, 영적 능력이 있는 사람이 손가락을 그 위에 얹으면 자동으로 움직이며 글씨를 쓴다는 하트 모양의 작은 판이다.

1946-10-29

오늘 오전에 **바가반**은 노이 여사(Mrs. Noye), 베티(Bettie), 그리고 K.K. 남비아르로부터 편지 한 통을 받으셨는데, 거기서 노이 부인은 K.K. 남비아르가 아스라맘의 권유로 자신과 베티를 찾아온 데 대한 기쁨과 감사를 표하면서, 마치 **바가반**이 자신과 함께 계신 듯이 느껴졌다고 했다.

오후 2시 30분경 내가 **바가반**의 회당 근처에 갔을 때, T.P. 라마짠드라가 출입문 밖에 있다가 나에게 말하기를, **바가반**은 오른쪽 엉덩이가 좀 아파서 온찜질을 받고 계시기 때문에 지금은 사람들이 들어갈 수 없다고 했다. 그래서 기다렸다가 2시 55분경에 남들과 같이 들어갔다. **바가반**은 당신의 시자들이 방문객들을 한참이나 밖에 있도록 하는 바람에 당신이 헌신자들에게 큰 불편을 초래했다고 느끼고 이렇게 말씀하셨다. "이 모든 사람들이 반시간이나 기다려야 했군." **바가반**께는 이따금 이런 통증이 있는데, 오늘은 통증이 심했던 것이 분명하다. 그러나 당신은 그것을 대수롭지 않게 여기시고 그에 대해 달리 무엇도 하지 못하게 하셨다. 당신이 손수 연고를 좀 발라서 오른쪽 엉덩이를 가끔씩 문지르셨다. 이것을 본 나는 친구들에게, 우리가 모두 회당을 나가서 **바가반**께서 자리에 누우시게 하면 어떠냐고 했다. 그러나 **바가반**은 허락하지 않으셨다. 조금 뒤 아난따나라야나 라오 박사가 회당에 들어오더니, 그 부위를 안마하여 통증을 좀 덜어드리겠다고 했다. 그러나 **바가반**은 안마 받기를 거절하시고 유머러스하게 말씀하셨다. "그 문제가 자네 귀에 들어간 걸로 충분하네. 자네 손까지 쓸 건 없네. 이미 좋아지고 있는 느낌이니까." (이것은, 우리에게 무슨 문제가 있을 때 우리의 하소연이 **바가반**의 귀에 들어가기만 하면 충분하다고 우리가 공히 믿고 있는 것을 두고 하신 말씀이다.) **바가반**의 이 통증은 오후 7시 30분에 우리가 회당을 떠날 때까지 간헐적으로 계속되었다.

알라멜루 암말이 **바가반**께 말씀드리기를, 코임바토르 일행은 자기에게 우리의 바가반을 포함한 여러 사람이 플란셰트를 통해서 자신들에게 이야기를 했으며, 마두라의 작고한 꼴란다이 스와미라는 이는 플란셰트를 통해 이야기를 하고 바가반에 대한 노래도 한 곡 지었다 하더라고 했다. 그러면서 그녀는 그 노래를 꺼냈고, 바가반은 그것을 살펴보신 뒤에 그것을 T.S. 라마짠드라에게 주면서 말씀하셨다. "자네는 이런 노래들의 보관자지. 이것을 자네 좋을 대로 하게."

바가반이 말씀하셨다. "이런 싯디는 우리에게는 오지 않겠지요. 어떤 스와미도 우리에게 와서 이야기를 하지 않습니다." 알라멜루 암말이 그 일행은 바가반도 자기네 플란셰트를 통해서 이야기를 했다고 하더라고 말했다. 바가반은 "아, 그래?" 하셨다.

바가반은 무루가나르에게 어느 타밀 신문에서 오려낸 것 하나를 보여주셨는데, 거기에는 남인도철도회사 파업 때문에 1946년 9월 1일이 아니라 10월 1일에 골든 록(Golden Rock)[162]에서 50주년 기념식이 거행되었다는 내용이 나와 있었다.

1946-10-30

오늘 아침 숩바 라오 박사, 아난따짜리, 그리고 발라람이 마두라와 띠루쫄리를 여행하고 돌아왔다. 라오 박사는 마두라 근처의 알라가르 사원(Alagar Koil)에서 받은 도사 쁘라사드(dosai prasad)를 가져왔다. 바가반은 이 도사(dosai-둥글넓적하게 굽는 남인도 음식의 하나)에 대해 우리에게 몇 번이나 말씀하신 적이 있었다. 라오 박사가 그것을 특별히 가져온 것도 그 때문이었다. 바가반께서도 나누어 드시면서 맛을 보고 당신이 그것을 자주 드시던 시절에 대해 이야기하셨다. 바가반은 친절하게도 까르뿌라 바따르(Karpoora Bhattar)[163]에 대해서 물어보시고, 만삭인 그의 아내가 우리

---

162) *T.* 남인도 철도 공장이 있던 곳. 1920년대에 띠루찌라빨리(Tiruchirappalli) 외곽에 건설된 신도시이며, 이곳에 '황금 바위(Golden Rock)'라는 바위가 있어 이렇게 불린다.
163) *T.* 띠루쫄리의 바가반 생가를 지키며 관리하는 사람.

일행의 편의 등을 보살펴 주었는데 발라람이 띠루쭐리를 떠나기 바로 전날 산실産室에 들었다는 말을 듣고 기뻐하셨다. 발라람은 그 해산이 쉬웠고 아기는 딸이었으며, 친정 어머니가 해산을 도우러 때맞추어 왔다고 했다. 오전 우편물에 빅토리아 도우(Victoria Doe) 부인이 보낸 편지가 있었는데, 그녀는 편지에서 자신이 런던에서 스와미 싯데스와라난다를 만났다고 했다. 신기하게도 스와미 싯데스와라난다가 보낸 편지도 같이 왔다. 그는 자신이 인도에 도착했고 자기 고향에 있다고 했다.

1946-11-1

딸레야르칸 여사가 많이 수고한 끝에 오늘 밤에 식당에서 타밀 영화 "하리스짠드라(Harischandra)"를 **바가반**께 보여드리도록 준비했다. 영화는 9시 30분이 되어서야 시작되었고, 그래서 **바가반**은 12시 30분까지 깨어 계셨다. 그러나 **바가반**은 끝까지 앉아서 보셨고, 나는 당신이 영화를 즐기셨다고 믿는다.

1946-11-2

바가반은 타밀어로 된 하리스짠드라의 이야기를 찾아보시고 이렇게 말씀하셨다. "그들은 한 군데서 이야기를 아주 많이 생략했군. 짠드라마띠(Chandramathi)가 어떻게 왕자를 죽였다는 의심을 사서 그 살인 혐의에 대해 사형선고를 받았는지는 보여주지 않았어." 오후에 **바가반**은 『박따 비자얌』에서 뿐다리까(Pundarika)의 생애를 찾아보셨는데, 오늘 밤 타밀 영화 "박따 뿐다리까(Bhakta Pundarika)"를 당신께 보여드리게 되어 있었던 것이다. 책에 나오는 이야기와 영화 버전 간에 많은 차이가 있다.

1946-11-3

오늘 오후에 내가 회당에서 K.K. 남비아르가 보낸 편지를 낭독했다.

그 편지는 눈 덮인 산들을 아래에 두고 아주 높은 고도로 비행하는 항공 여행을 묘사하는 것 외에도, E. 노이(엘리어노어 폴린 노이) 부인과 그녀의 자매를 만난 이야기, E. 노이 부인이 K.K. 남비아르가 온 것에 어떻게 크게 감명 받았고, 그들 모두가 한동안 **바가반**에 대해 명상했는데 E. 노이 여사가 어떻게 눈물을 펑펑 흘렸는지 등을 묘사했다. 그녀는 여기 다시 오려고 최선을 다하고 있었다.

오늘 밤 **바가반**께 힌디어 영화 "까르나(Karna)"를 보여드렸다.

1946-11-4

오늘 E. 노이 부인이 보낸 편지 한 통이 왔는데, K.K. 남비아르 씨가 자신과 자매를 찾아온 일과, 그들 모두가 어떻게 **바가반**이 실제로 그들과 함께 계시다는 것을 느꼈는가에 대해 쓴 것이었다.

1946-11-5

오늘 밤에는 영화 "미라 바이(Mira Bai)"를 **바가반**께 보여드렸다.

1946-11-6

오늘 밤에 영화 "시바까비(Sivakavi-'시바의 시인')"를 보여드리기로 되어 있었기에 **바가반**은 『뿔라바르 뿌라남(Pulavar Puranam)』['시인들의 이야기']을 집어 들고 몇 부분을 우리에게 읽어 주셨다. 한 시인이 **수브라마니야**(수브라마니야 신상神像)의 발아래 엎드려 참회하면서 "저는 당신을 애호하지 않았습니다. 그런데도 당신께서 스스로 제 앞에 나타나시어 저를 바로잡아 당신의 은총 속으로 데려가시는 은총을 베푸셨습니다. 당신의 자비에 제가 어떻게 감사드릴 수 있습니까?"라고 말하는 구절에 이르러, 당신은 눈물을 거의 억제하지 못하고 감동으로 목이 메셨다. 그런 일이 당신을 어떻게 깊이 감동시키는지 나는 종종 보아 왔다.

바가반이 아주 심한 감기에 걸리셨다. 누군가가 "밤늦게까지 앉아서 영화를 보신 것이 바가반의 건강에 해가 되었나 봅니다"라고 하자, 당신은 "아니, 아닙니다. 거기서도 여기 앉아 있듯이 앉아 있었지요. 거기서 간간이 졸기도 했고. 더욱이 그들 자신이 막간을 너무 많이 줍니다. 필름이 돌아가지 않을 때마다 눈을 감았는데, 그러면 충분한 휴식이 됩니다. 그렇게 밤새 앉아 있다 해도 저에게는 아무 차이가 없습니다."

1946-11-7~13

바가반은 2, 3일째 심한 감기를 앓고 계신데, 가벼운 기침이 나고 열이 있다.

1946-11-18

G.V. 숩바 라오 씨가 다음과 같은 이야기를 나에게 해 주었다. T.S. 라마짠드라가 소개한 한 방문객이 바가반께, 죽은 이들에 대한 연례 제사 같은 것을 지내면 우리가 그들에게 어떤 이익을 줄 수 있는지 여부를 질문했다. 이에 대해 바가반은 이렇게 답변하셨다. "예. 그것은 모두 그대의 믿음에 달렸습니다."

위의 질문과 답변에 대해 소마순다람 삘라이 씨가 전하는 내용은 아래와 같다.

질문: 만일 후손들이 지내는 연례 제사와 같은 의례儀禮가 죽은 사람들의 업業을 없애 줄 수 있다면, 그것은 업業 이론의 근간을 허무는 것처럼 보입니다. 왜냐하면 그럴 경우, 사람은 자기 아들 등이 해 주는 의례의 도움을 받아 자신이 한 나쁜 행위들의 흉한 과보를 피할 수도 있기 때문입니다.

답변: 그런 의례는 망자들에게 적은 정도의 도움밖에 되지 않습니다. 참회(prayaschittam)와 선행善行이 그 사람의 나쁜 행위의 좋지 않은 과보

를 경감해 준다고 하는 것도 같은 원리입니다.

그 방문객이 가고 난 뒤에 내가 바가반께 여쭈었다. "3년 전까지만 해도 저는, 죽은 이들에 대한 연례 제사는 그들이 환생하지 않은 한에서 그들에게 이익을 줄 거라고 생각했습니다." 바가반이 그 말을 자르며 말씀하셨다. "그들이 몇 번을 환생했다 해도 이익을 받을 것이고, 이 모든 것을 관장하는 어떤 작용(신의 섭리)이 있습니다. 물론 지知의 길에서는 이런 것을 일체 이야기하지 않지요." 잠시 후에 내가 말했다. "바가반께서는 만일 우리가 이승의 존재를 믿으면 저승들의 존재도 믿어야 한다고 말씀하시곤 했습니다." 바가반은 그건 그랬다고 말씀하셨다. 내가 여쭈었다. "진인(jnani)은 모든 단계를 초월하고, (해야 하는 것(vidhi)이든 해서는 안 되는 것(nisheda)이든) 어떤 업業에 의해서도 구속되지 않습니다. 무지인(ajnani)은 진지를 얻을 때까지는 경전(sastras)에 규정된 자신의 다르마(dharma)를 행해야 합니다. 그러나 그가 진지에 도달하려고 노력하는 동안은 (그 수행을 하느라고) 보통의 업業을 행하지 않는 것에 대한 과보를 받아야 합니까, 아니면 상급반 공부를 하는 사람은 하급반 공부를 끝낸 것으로 간주되듯이, 이런 모든 업業을 다 한 것으로 간주되겠습니까?" 바가반이 말씀하셨다. "그것은 그대가 추구하는 그 길이 수승殊勝한가 여부에 달렸습니다. 어떤 사람이 (금생이나 전생에) 다른 길들을 끝내지 않았다면 지知의 길을 추구하지 않겠지요. 그는 경전에 규정된 다양한 업業을 하지 않았다고 해서 신경 쓸 필요가 없습니다. 그러나 경전의 계명誡命을 고의로 어기면서 경전에서 금하는 일들을 해서는 안 됩니다."

1946-11-19

오늘 오전 10시 30분경에 한 방문객이 바가반께 질문했다. "깨달은 사람에게는 더 이상의 업業이 없습니다. 그는 자신의 업業에 구속되지 않습니다. 그런데 왜 여전히 몸을 가지고 남아 있어야 합니까?" 바가반이 답변하셨다. "누가 이 질문을 합니까? 깨달은 사람입니까, 아니면 무지인입니까? 진인이 무엇을 하며, 왜 어떤 일을 하는지, 그대가 왜 신경 씁니까? 그대 자신을 돌보십시오." 조금 뒤 당신은 이렇게 덧붙이셨다. "그대는 자신이 그 몸이라고 여깁니다. 그래서 진인도 하나의 몸을 가졌다고 생각합니다. 진인이 자신도 몸을 가지고 있다고 말합니까? 그대에게는 진인도 남들처럼 하나의 몸을 가졌고, 그 몸으로 어떤 일들을 하고 있는 것처럼 보일지 모릅니다. 불에 타버린 밧줄이 여전히 밧줄처럼 보여도, 그것으로 무엇을 묶으려 하면 밧줄 구실을 하지 못합니다. 그대 자신을 몸과 동일시하는 한, 이 모든 것을 이해하기가 어렵습니다. 그래서 그런 질문에 대한 답변으로 때로는 이렇게 말합니다. '진인의 몸은 발현업(prarabdha)의 힘이 소진될 때까지 남아 있다가 발현업이 소진된 뒤에 떨어져 나갈 것이다'라고 말입니다. 이 점과 관련하여 사용되는 비유가 시위를 떠난 화살의 비유인데, 그 화살은 계속 날아가서 표적을 맞힐 것입니다. 그러나 진실은, 진인은 발현업을 포함한 모든 업業을 초월했고, 몸이나 몸의 업業에 의해 구속받지 않는다는 것입니다."

방문객은 또 이렇게 질문했다. "사람이 진아를 깨달으면 무엇을 보게 됩니까?" 바가반이 답변하셨다. "본다는 것(seeing)이 없습니다. (깨달아서) 본다는 것은 있음(Being)일 뿐입니다. 이른바 진아 깨달음의 상태는 어떤 새로운 것을 성취하거나 멀리 있는 어떤 목표에 도달하는 것이 아니라, 단순히 늘 그대이고 늘 그대였던 것으로 있는(존재하는) 것입니다. 참되지 않은 것을 참된 것으로 실재화하기를 포기하는 것이 (그대에게) 필요한 전부입니다. 우리 모두는 실재하지 않는 것을 실재화(realise)하고 있습니다. 즉, 실재하는 것으로 여깁니다. 우리가 이 관행을 포기하기만 하면 됩니다. 그러면 진아를 진아로서 깨닫게 될 것입니다. 달리 말해서 '진아가 되라(Be the Self)'는 것입니다. 어느 단계에서는, 그토록 자명한 진아를 발견하려고 애썼던 그대 자신에 대해 웃음을 터뜨리게 될 것입니다. 그러니 그 질문에 대해 우리가 뭐라고 말할 수 있습니까?"

"그 단계는 보는 자와 보이는 것을 초월합니다. 거기서는 무엇을 보는 자가 없습니다. 그때는 이 모든 것을 보고 있는 자가 사라지고 진아만이 남습니다."

1946-11-23

메스 박사(Dr. Mees-네덜란드인 헌신자)에게서 편지가 왔는데, 거기서 그는 자신이 마두라와 띠루쫄리에서 겪은 모든 일과 경험을 묘사하고 있었다. 다른 것은 차치하고 편지에서 그는 이렇게 말한다. "저는 강이 바다와 만난 곳[띠루반나말라이]에서 그 강의 근원[띠루쫄리]으로 가면서, 그 강이 하나의 폭포로서 바다의 수준까지 내려온 곳[마두라]을 지나갔습니다."

1946-11-24

(봄베이에서 온) 체노이 여사(Mrs. Chenoy)가 (『나는 누구인가?』를 읽은 뒤) 오늘 오후에 **바가반**께, 만일 자신이 '나는 누구인가?'라고 스스로 물은 다음 자신은 이 몸이 아니라 하나의 영靈, 신적인 불에서 나온 하나의 불꽃이라고 스스로 답한다면 그것은 올바르게 하는 것인지 질문했다. **바가반**은 먼저 이렇게 말씀하셨다. "예, 그렇게 하든지 아니면 그대가 하고 싶은 대로 해도 됩니다." 그러나 조금 뒤 이렇게 말씀하셨다. "처음에는 그대가 자신을 그 몸과 동일시하고, 아직 몸-의식을 가지고 있는 단계가 있습니다. 그 단계에서는 그대가 **실재** 곧 **신**과 다르다는 느낌이 있습니다. 그럴 때 그대는 자신을 **신**의 한 헌신자 혹은 **신**의 종이나 연인으로 생각합니다. 이것이 첫 번째 단계입니다. 두 번째 단계는 그대가 자신을 신적인 불에서 나온 하나의 불꽃 혹은 신적인 태양에서 나온 하나의 빛살로 생각할 때입니다. 이때에도 아직 다르다는 느낌과 몸-의식이 있습니다. 세 번째 단계는 그런 모든 차이가 사라지고 **진아**만이 존재한

다는 것을 깨달을 때 올 것입니다. 오고 가는 '나'가 있고, 늘 존재하며 상주하는 또 다른 '나'가 있습니다. 첫 번째 '나'가 존재하는 한 몸-의식과 다양성의 느낌, 곧 분리 관념(bheda buddhi)이 지속되겠지요. 그 '나'가 죽을 때만 **실재**가 드러날 것입니다. 예컨대 잠 속에서는 첫 번째 '나'가 존재하지 않습니다. 그때는 그대가 몸이나 세계를 의식하지 못합니다. 잠에서 깨어나는 즉시 그 '나'가 다시 일어날 때만 몸과 이 세계를 의식하게 됩니다. 그러나 잠 속에서는 (그 '나' 아닌) 그대만 존재했습니다. 왜냐하면 깨어나면 그대가 '푹 잘 잤다'고 말할 수 있기 때문입니다. 깨어나서 그렇게 말하는 그대는 잠 속에서 존재한 같은 그대입니다. 그대는 잠자는 동안 존속한 '나'가 생시 상태에 존재하는 '나'와 다르다고 말하지 않습니다. 늘 존속하고, 오고 가지 않는 그 '나'가 **실재**입니다. 잠 속에서 사라지는 다른 '나'는 실재하지 않습니다. 누구나 잠 속에서 무의식적으로 성취하는 그 상태, 작은 '나'(small 'I')가 사라지고 진정한 **나**'만이 있는 그 상태를 생시 상태에서 깨닫도록 노력해야 합니다." 이 단계에서 체노이 여사가 질문했다. "그런데 어떻게 해야 그렇게 됩니까?" **바가반**이 답변하셨다. "이 작은 '나'가 어디서, 어떻게 일어나는지 탐구하면 됩니다. 모든 분리 관념의 뿌리는 이 '나'입니다. 그것이 모든 생각의 뿌리에 있습니다. 그것이 어디서 일어나는지 탐구하면 그것은 사라집니다."

그때 체노이 여사가 질문했다. "그러면 저는 ('나는 누구인가?'라는 저 자신의 질문에 대한 대답으로) '나는 이 몸이 아니라 영靈이다'라는 식으로 말할 수 없습니까?" 그러자 **바가반**이 대답하셨다. "아닙니다. '나는 누구인가?' 하는 탐구는 실은 그 몸의 어디에서 '나'라는 생각이 일어나는지에 대한 내면의 탐구를 뜻합니다. 그대의 주의를 그런 탐구에 집중하면, '나'라는 생각이 다른 모든 생각의 뿌리이기에 (다른) 모든 생각이 소멸될 것이고, 그러면 **진아** 곧 큰 '나'(Big 'I')만이 영원히 남을 것입니다. 그대가 어떤 새 것을 얻거나, 전에는 그대가 없었던 어떤 곳에 도달하는 것이 아닙니다. 진아를 숨기고 있던 다른 모든 생각이 제거되면 진아가 저절로 빛납니다."

이때 체노이 여사는 그 책[『나는 누구인가?』]에서 "그대가 '나, 나' 하고 계속 말해도 진아 혹은 실재에 이를 수 있습니다"164)라고 되어 있는 부분을 언급하면서 그렇게 하는 것이 적절하지 않은지 질문했다. 내가 설명했다. "그 책에서는 우리가 탐구의 방법을 따르려고 노력해야 한다고 말하는데, 그것은 우리의 생각들을 내면으로 돌려서 모든 생각의 뿌리인 그 '나'가 어디서 일어나는지 알아내려고 노력하는 것입니다. 만일 자신은 그렇게 할 수 없다고 느낀다면 그냥 '나, 나' 하고 계속 염해도 되겠지요. 마치 사람들이 염송을 할 때 사용하는 '크리슈나'나 '라마' 같은 만트라처럼 말입니다. 그 취지는 한 생각에 집중하여 다른 모든 생각을 몰아내려는 것인데, 그러다 보면 결국 그 한 생각도 죽을 것입니다." 이에 대해 체노이 여사가 나에게 물었다. "그냥 '나, 나'만 기계적으로 되풀이해서 그것이 무슨 소용이 있을까요?" 내가 대답했다. "우리가 '나'라든가 '크리슈나' 같은 다른 단어들을 사용하면 분명히 우리 자신의 마음속에, 우리가 '나'라든가 기타 이름으로 부르는 그 신에 대한 어떤 관념을 갖게 됩니다. 사람이 '라마'나 '크리슈나'를 계속 염하면 그 이면의 의미로서 어떤 나무를 생각할 수는 없습니다." 이 문답이 다 끝난 뒤 바가반이 말씀하셨다. "지금 그대는 자신이 노력을 하고 있고 '나, 나' 혹은 다른 만트라들을 염하면서 명상을 한다고 생각합니다. 그러나 최종 단계에 도달하면 그대가 아무 노력을 하지 않아도 명상이 계속될 것입니다. 거기서 벗어나거나 그것을 멈출 수 없습니다. 왜냐하면 명상이든 염송이든—혹은 달리 그것을 뭐라고 하든—그것이 그대의 진정한 성품이기 때문입니다."

---

164) T. 『나는 누구인가?』, 9번 답변 참조. 이 '나, 나' 염송에 대해서는 바가반이 그것을 자기 탐구의 한 대안으로 권하기도 했다(331쪽 참조).

1946-11-27

　오후에 내가 회당에 들어가자 나감마는 벤까따짤람(Venkatachalam)[사우리스의 아버지]이 써서 텔루구어 저널 「안드라 실삐(Andhra Silpi)」165)에 실린 "빈나빨루(Vinnappalu)"[순복]라는 제목의 텔루구어 글 낭독을 막 끝낸 상태였다. 나는 G. V. 숩바라마이야 씨에게 그것을 통역해 달라고 했다. 그 요지는 **바가반**이 벤까따짤람에게 처음에 몇 가지 체험을 갖게 하신 뒤에는 아예 무관심해져서 이후로 그를 완전히 등한시하고 무시해 왔다는 하소연이었다. 그 글은 애정 어린 자식이 사랑하는 아버지나 스승과 다투는 식으로 이어지는데, 한 부분에서는 이렇게 말한다. "제가 당신께 얼마나 필요한지 제가 모른다고 생각하십니까? 만일 제가 당신을 갖지 못하면 저는 이 온 세상과 세상의 쾌락을 가져 거기에 몰두하고 위안을 얻을 수도 있습니다. 그러나 헌신자들의 사랑 없이 당신께서 무엇을 하실 수 있습니까? 당신은 그런 사랑과 헌신에 오로지 의존하시는데 말입니다." 나감마를 포함한 일부 사람들은 이런 식의 글을 좋아하지 않았다. 예컨대 체노이 여사는 이렇게 물었다. "아니 왜 여러분은 모두 이런 어리석은 편지를 가지고 야단을 합니까?" 나는 그녀에게 다른 사람들은 그 편지를 그렇게 어리석게 생각하지 않으며, 내가 판단하는 바로는 **바가반**도 그렇게 생각하시지는 않았다고 설명했다. 그리고 벤까따짤람 훨씬 이전에도 더러 신과 다투거나, 심지어 그들의 절박한 간청에 아예 무관심한 것처럼 보인다면서 **신**을 욕한 헌신자들도 있었다는 것, 그것은 그 헌신자의 삶에서 한때 지나가는 국면일 뿐 바로 그 다음 순간에는 후회하고 그동안 자신이 받은 여러 가지 은총에 대해 **신**께 감사를 느낀다는 등의 말을 해 주었다. **바가반**이 말씀하셨다. "벤까따짤람은 이런 취지의 다른 글도 하나 썼는데 나감마가 본 것 같군요. 그러나 저에게 보

---

165) T. 1940년대에 저명한 텔루구어 작가 비스와나타 사띠야나라야나가 창간한 저널. 조각, 공예 등 미술 전반과 문학을 다루었다. *Silpi*는 '조각가, 공예가, 예술가'의 의미이다.

여주지는 않았지요." 당신이 나감마에게 물으셨다. "그 글이 어디 있지?" 그녀가 대답했다. "어디 있는지 모르겠습니다. 그것을 던져 버렸습니다." 그녀는 덧붙이기를, 자신이 그것을 마우니에게 보여주었는데 그 역시 그 것을 승인하지 않았다고 했다. 나감마와 마우니는 그 글을 통독한 뒤에 그것은 회당에 가져가 바가반이 살펴보시게 하기에 적합하지 않다고 판단했던 것 같다. 그러나 내가 판단하는 한, 바가반은 그것을 보시고 싶어 했다.

1946-11-28

오늘 저녁 빠라야나 직전에 한 텔루구 신사가 몇 가지 질문을 글로 써서 바가반께 제출했고, 바가반이 그에게 답변하셨다. 그 질문들의 취지는 이러했다. "생전해탈자들은 항상 브라만 형상의 상相(*brahmakara vritti*)을 가지고 있다고 합니다. 잠자는 동안에도 그것을 가지고 있겠습니까? 만약 가지고 있다면, 그들의 경우 잠을 자는 것은 누구입니까?"

답변: 물론 생전해탈자들은 항상, 심지어 잠을 잘 때도 브라만 형상의 상相을 가지고 있습니다. 마지막 질문과 질문 전체에 대한 실제적 답은, 진인에게는 생시·꿈·잠의 상태(*avasthas*)가 없고 **뚜리야**(*turiya*) 상태만 있다는 것입니다. 잠을 자는 것은 그 진인입니다. 그러나 그는 잠자는 일 없이 잡니다. 즉, 잠자는 동안에도 깨어 있습니다.

1946-12-8

뽄디체리에서 온 한 프랑스 관리가 지난 이틀간 이곳에 머무르고 있는데, 바가반께 자신은 직업을 그만두고 영적인 길의 어떤 수행(*sadhana*)을 하고 싶다고 말했다. 바가반은 여느 때처럼, 사람이 어떤 수행을 하기 위해 직업을 그만두거나 세간을 포기하거나 숲으로 들어갈 필요는 없으며, 그가 어디에 있든, 사무실이나 가정에서 어떤 임무를 수행하든, 수행을 실천할 수 있다고 말씀하셨다. (이 대화가 오갈 때 나는 그 자리에 없었다. 그러나 오즈본 여사가 그 이야기를 해 주었다.)

1946-12-25

나는 13일부터 마드라스에 나가 있다가 어젯밤에 돌아왔다. 오늘 저녁 6시 30분경에, 이곳에 처자식과 함께 근 한 달 간 머무르고 있는 우리 프람지(Framji)의 조카가 바가반께 작별을 고하려고 자신의 일행을 데려왔다. 그들은 내일 아침 봄베이로 떠날 작정이었다. 엄마와 아들이 바가반의 발 가까이 서 있을 때 T. S. 라마짠드라가 바가반께 그들이 작별하러 왔다고 말씀드렸다. 세 살쯤 된 그 아이는 바가반께 다가가더니 난간 곁에 당신 가까이 섰다. 바가반은 자애롭게 그 소년의 오른팔을 잡고 흔드신 다음 아이를 가게 했다. 아이는 자기 엄마에게 돌아갔는데, 그들이 엎드려 절을 할 때 엄마에게 구자라트어로 무슨 말을 했다. 그게 무슨 말이었느냐고 바가반이 물으셨다. 그 엄마가 말했다. "얘가 바가반께서 자기 머리에 손을 얹고 축복해 주시지 않았다고 합니다." 바가반은 아이의 이 말에 놀라셨다. 엄마는 그 상황을 이용해 자기 아들에게 바가반 곁에 가라고 말했다. 바가반이 말씀을 꺼내셨다. "아이 팔을 접촉했습니다. 그걸로 충분해요." 그러나 아이는 당신 곁에 다가가 자기 머리를 난간 사이로 들이민 상태였다. 바가반은 그의 머리를 만지고 말씀하셨다. "나는 내가 접촉하고 귀여워하는 걸로 얘가 만족할 줄 알았지. 그런데 이렇게 해주기를 고집하는군."

1946-12-26

오늘 오후에 콜롬보 라마짠드라가 내 손에 영어로 쓴 글 하나를 쥐어주었다. 그것은 그가 우리 마우니의 권유로 지난 2, 3일 동안 준비한 것으로, 「힌두 오르간(Hindu Organ)」[영어판]과 「인두 사다남(Indu Sadhanam)」

[타밀어판]의 편집차장(assistant editor)의 원고 청탁을 받고 보내려는 글이었다. 그는 나에게 그것을 **바가반**께 보여드리고 승인을 받아달라고 부탁했다. 나는 그 글을 **바가반**께 보여드렸다. 그러나 내가 보기에 당신은 그 긴 글을 다 읽고 싶은 마음이 없으신 듯하여 내가 그것을 당신께 읽어드리겠다고 했고, 당신은 그 의견을 흔쾌히 승인하면서 말씀하셨다. "그러세요. 그러면 남들도 들을 수 있겠지요." 그리하여 내가 그것을 낭독했다. 라마짠드라가 부탁한 대로 편집차장의 편지도 **바가반**이 살펴보실 수 있게 드렸다. 왜냐하면 그 편지에 **바가반**이 보심으로써 **바가반**의 은총을 통해 위안을 얻으려는 것으로 보이는 개인적 내용도 좀 들어 있었기 때문이다. 나는 또 **바가반**께 그 글은 「힌두 오르간」에 보낼 것이지만, 지난 9월의 50주년 기념일 때 우마(Uma)가 **바가반**에 대해서 썼던 아직 출판되지 않은 타밀어 글 한 편은 라마짠드라가 「인두 사다남」에 보낼 거라고 말씀드렸다. 우마는 (다가오는) 1월 7일의 **자얀띠**를 위해 시 한 편을 새로 지었는데, 이것도 「인두 사다남」으로 보낼 것이다.

1946-12-27

오늘 밤 한 신사가 『띠루뿌갈(*Thiruppugazh*)』, 따유마나바르와 마니까바짜가르의 작품 같은 타밀 저작들의 시구 몇 개를 인용하고, 이들 시구의 해석에 대해 자신의 어떤 스승은 구원을 얻는 올바른 길은 몸이 죽어서 '생명(*uyir*)'에서 떨어져 나와 파괴되지 않고, 그것이 점점 희박해지다가 결국 **지고자** 속으로 합일되게 하는 것이라고 했다면서 그 사실 여부에 대해 알고 싶어 했다. 이 신사는 자신에게 눈이 없다고, 즉 "눈 없이 돌아다니는 황소같이(*nayanangalarrathōr ūr ērupōlavē*)" 이해한다고 하는 말로 서두를 떼고는 자신이 깨달음을 얻기를 기원했다.

바가반이 물으셨다. "눈이 없다고요?" 그가 대답했다. "저는 저에게 육신이 무엇이고 영혼이 무엇인지를 볼 수 있게 해 줄 눈을 원합니다."

바가반: 이런 말이군요. 그대는 하나의 몸을 가지고 있는데, '제 몸' 등으로 이야기합니다. 그대는 그런 것 모두를 어떻게 봅니까?

방문객: 육안(oonakkan)으로 봅니다. 저는 에고의 삶을 살고 있습니다.

바가반: 맞습니다. 그래서 이 에고(ahamkara)가 어디서 일어나는지를 보고 그것의 근원으로 돌아가는 것이 유일한 길입니다. 그대는 길을 원했습니다. 그대가 왔던 바로 그 길로 돌아가는 이것이 유일한 길입니다. 그대는 '위대한 분들이 간 길(periyōr pōnavazhi)'이라고 했습니다. 그들은 모두 이 길만을 이용했습니다. 그대가 '어떤 길'이냐고 물었기 때문에 제가 '그대가 온 길'이라고 답했습니다.

방문객은 그래도 자신의 스승은 위에서 말한 저자들의 여러 가지 문구에 근거하여, 올바른 요가는 몸이 죽지 않게 하는 것이라고 자기에게 가르쳤다고 말했다.

바가반: 사람들은 같은 문구들에 대해 자기가 좋아하는 이론에 따라 다양한 해석을 가합니다. 그대는 예컨대 마니까바짜가르를 인용하면서, 그가 그대의 스승이 옹호하는 길, 그러니까 영혼(uyir)이 (아홉 번째 문이 아니라) 열 번째 문에 의해 몸을 떠나게 되는 길을 이용했다고 말합니다. 그대는 그 성자의 저작들 중에서 그 구절['열 번째 문']이 나오는 단 한 줄이라도 지적할 수 있습니까? 그대는 위대한 분들이 이 요가(yoga)를 이용했다고 말했습니다. 그 분리(viyoga)는 어디서 왔습니까? 그 분리를 누가 얻었고, 다시 요가[결합]를 성취하고 싶어 하는 것은 누구입니까? 먼저 그것을 알아야 합니다.

방문객은 긴 이야기를 하다가 도중에 또 이렇게 질문했다. "달리 어떻게 개아(jiva)가 신(sivam-시바의 상태)과 결합하며, 어떻게 개인아(jivatman)가 지고아(Paramatman)와 하나가 될 수 있습니까?" 바가반이 말씀하셨다. "우리는 시바나 지고아에 대해서는 아무것도 모릅니다. 우리는 개아를 압니다. 더 정확히는, 우리가 존재한다는 것을 압니다. '내가 있다'는 늘 상주하는, 심지어 예컨대 우리가 잠들었을 때와 같이 우리에게 몸이 없을 때에도 존재하는 유일한 것입니다. 이것을 붙들고, 그 '나'라는 느낌 혹은 그대가 말하는 에고가 어디서 일어나는지 보도록 합시다."

방문객이 **바가반**께 질문했다. "저에게 제가 온 길로 가라고 하셨습니다. 그러면 어떤 일이 일어납니까?" 바가반이 답변하셨다. "그 길로 가면 그대가 사라집니다. 그뿐입니다. 더 이상 아무것도 없습니다. 그대는 돌아오지 않을 것입니다. 그대가 '어느 길'이냐고 물었기에 제가 '그대가 온 길'이라고 했습니다. 그러나 그대는 누구입니까? 그대가 지금 어디에 있고 어디로 가고 싶기에 길을 보여 달라고 합니까? 그런 모든 질문에 먼저 답해야 할 것입니다. 그래서 가장 중요한 것은 그대가 누구인지를 알아내는 것입니다. 그러면 다른 모든 것이 해결될 것입니다."

T.S. 라마짠드라 씨가 방문객의 손에 그의 스승 띠루나갈링가 스와미가 지은 "자기보존 욕망의 원칙(Ātma Rakshāmirtha Āthārak Kaddalai)"이라는 제목의 책이 들려 있는 것을 발견하고 잠시 그것을 살펴보더니 바가반께 건네 드렸다. **바가반**은 그 목차를 몇 분간 훑어보고 그것을 돌려주셨다. 당신이 말씀하셨다. "자기 몸을 뒤에 남기는 사람은 **진인**이나 완성된 존재라고 할 수 없다고 말하고 다니는 그와 같은 학파가 있었지요. 그러나 그렇게 말한 사람 모두가 죽어서는 몸을 뒤에 남겼습니다." 그러나 방문객은 여전히 이렇게 말했다. "저는 순다라무르띠(Sundaramurti) 같은 성자는 그를 데려가려고 천상에서 보내준 흰 코끼리를 타고 감으로써 몸을 뒤에 남기지 않았다는 말을 문자 그대로 믿고 싶습니다."

위 이야기는 그 방문객과 **바가반** 사이에 오고간 긴 대화의 요지를 전달하려는 보잘것없는 시도에 불과하다.

오늘 저녁에 다른 방문자―기리쉬 가나빠뜨(Girish Ganapat)라는 젊고 쾌활하게 보이는 한 젊은이―가 자신이 영어로 지어 **바가반**께 바치는 약 20연으로 된 긴 기도문을 낭독한 다음 그것을 **바가반**께 드렸다. 바가반은 긍정하시는 듯한 미소를 지으며 내내 그것을 경청하신 다음 그것을 아주 자애롭게 받으셨다. 나는 그 시들 중 5연을 아래에 발췌한다.

진리를 찾아서 헤매고 다녔지만
혼란 외에는 아무것도 찾지 못하여
희망의 눈길로 여기에 왔습니다.
환幻을 벗어날 빛을 기대하면서.

여기 와 당신의 발아래 앉으니
평안과 고요가 자아를 사로잡았고,
보이지 않게 오 주님, 당신께서 저를
당신의 놀라운 침묵 속으로 이끄셨습니다.

희망의 빛이 저를 즐겁게 했고
제 꿈이 이루어지는 것을 봅니다.
오, 고요함의 검劍으로 어둠의 장막이
잘려나가는 것을 보소서.

하지만 오 주님, 저의 죄 많은 영혼은
오랜 습習에서 벗어나지 못했습니다.
하여 스승님, 당신의 도움을 저는
열망하는 눈길로 간청합니다.

그러니 오 주님, 저를 도와주지 않으시렵니까?
저의 유치한 기도가 당신의 귀에
도달하지 않을런지요, 오 자비로우신 라마나시여?
그리고 저의 장막이 당신의 고요한 한 줄기 빛에 의해
불가사의하게 걷히지 않겠습니까?

위 젊은이는 콜롬보 라마짠드라의 글[1946-12-26자 참조]을 한 부 받자, 자기가 그것을 구자라트어로 번역하여 구자라트 신문에 싣겠다고 했다.

1946-12-31

한 방문객이 **바가반**께 질문했다. "삶에 대한 올바른 관념은 무엇입니까?"

바가반: 그 의문을 해소하고 싶어 하는 사람이 누구인지, 즉 이 질문을 하는 사람이 누구인지를 알면 모든 것이 해소됩니다. 올바른 관념으로 본 삶이란 무엇이며, 그대는 누구입니까?

방문객: 저는 한 인간입니다. 저는 삶의 올바른 개념이 무엇인지를 알아서 그에 따라 살고 싶습니다.

바가반: 인간의 삶은 '존재하는 것(what is-실재)'입니다. 있는 것은 있습니다(That which is, is). 모든 문제(trouble)는 그에 대한 어떤 관념을 가짐으로써 일어납니다. 마음이 들어옵니다. 그것이 하나의 관념을 갖습니다. 모든 문제가 따라옵니다. 만약 그대가 마음 없이, 그리고 여러 가지 사물에 대한 마음의 개념들 없이 있는 그대로 있으면, 그대의 모든 일이 잘 될 것입니다. 그대가 마음의 근원을 추구할 때, 그럴 때만 모든 의문이 풀릴 것입니다.

다른 방문객이 **바가반**께 질문했다. "구원을 얻는 데는 올바른 행동으로 족하지 않겠습니까?"

바가반: 누구를 위한 구원입니까? 누가 구원을 원합니까? 그리고 무엇이 올바른 행동입니까? 무엇이 행동입니까? 그리고 무엇이 올바릅니까? 무엇이 옳고 무엇이 그른지 누가 판단합니까? 예전의 상습(samskaras)에 따라 각자가 이러 저러한 것을 옳다고 여깁니다. 무엇이 올바른지는 실재를 알았을 때만 알 수 있습니다. 최선의 길은 그 구원을 누가 원하는지 알아내는 것이고, 이 '누구' 혹은 에고를 그 근원까지 추적하는 것이 올바른 행동의 전부입니다.

그 방문객은 이 답변에 만족하지 못했고, 책에서 말하고 있듯이 일상 의식儀式(nitya karmas)과 선업善業(sat karmas)을 행하는 것이 구원으로 이

끌어 주지 않겠는지에 대한 질문을 계속했다. 이에 **바가반**이 말씀하셨다. "책에서 그렇게 말하고 있지요. 선한 행위가 좋고 그것이 결국 그대를 그 목표로 이끌어 줄 거라는 것을 누가 부정합니까? 선행은 마음(chitta)을 순수하게 하여 그대에게 청정심淸淨心(chitta suddhi)을 안겨줍니다. 그 순수한 마음이 **진지**(jnana)를 성취하는데, 그것이 구원이라는 말의 의미입니다. 그래서 결국은 진지에 도달해야 합니다. 즉, 에고를 그것의 근원까지 추구해야 합니다. 그러나 이것에 마음이 끌리지 않는 사람들에게는 선행이 청정심을 가져다주고 청정심이 올바른 앎, 곧 **진지**로 이끌어줄 것이며, 그것은 다시 구원을 안겨준다고 말해야 합니다."

1947-1-1

브라민 과부인 한 노여사가 회당에서, **바가반**이 비루팍쉬 산굴과 스칸다스라맘에 사실 때 자기 가족과 **바가반**이 관련되었던 여러 사건들을 회상하면서 **바가반**께 이야기를 하고 있었다. 그래서 내가 T.S. 라마짠드라에게 그 여사가 누구냐고 물었다. 그는 그녀가 마두라의 벤까뜨라마이어 씨라는 사람의 과부인데, 벤까뜨라마이어는 오랫동안 **바가반**과 함께 지냈고 **바가반**에게 큰 애착이 있었다고 말했다. 그러자 **바가반**이 나에게 물으셨다. "그를 만난 적이 없습니까? 그의 사진이 『생애』에 나오는 우리 그룹들 중에 분명히 있을 텐데요." "아니요." 내가 말했다. 이에 **바가반**은 T.S. 라마짠드라에게 B.V. 나라싱하스와미의 『진아 깨달음』 초판 한 권을 갖다달라고 하여 단체사진 한 장[두 번째 자얀띠]을 꺼내어 그 그룹에 있는 벤까뜨라마이어를 우리에게 보여주셨다.

그 여사는 타밀 노래 몇 곡을 부르기 시작했다. 그 중에는 「라마나 다섯 찬가」 노래들도 있었다. 이와 관련하여 T.S. 라마짠드라가 **바가반**께 그 노래의 지은이(이름이 비슷한 벤까따라마 아이어)는 **바가반**을 얼마나 많이 찾아왔으며, 지금은 어디 있는지 여쭈었다. **바가반**이 대답했다. "그는 우리가 비루팍쉬 산굴에 있을 때 딱 한 번 왔지요. 처음 네 곡은 그가 여기 머무르고 있을 때 매일 한 곡씩 지은 것이고, 다섯 번째 곡인 '사드구루(sadguru)' 노래는 자기가 사는 곳으로 돌아간 뒤에 보내온 것입니다. 그는 두 번 다시 여기 오지 않았고 우리도 그에 대해 그 이상은 전혀 모릅니다. 그가 '꿈미 노래(kummi song-「라마나 다섯 찬가」 중 두 번째 노래)'를 지은 날, M.V. 라마스와미 아이야르 씨, 확실치는 않지만 라마나타 딕쉬따르, 여타 사람들이―모두 미친 친구들(paitthiyanka)[166]이었는데―밤에 한데 어울려 이 노래를 부르고 꿈미(kummi)도 했습니다."

나중에 이 여사는 바라띠(Bharati)의 "깐난(Kannan)" 노래에서 몇 부분을 발췌한 것을 부르기 시작했다. 그녀가 "살아갈 길을 말씀해 주셔야 합니다(pizhaikkum vazhi sollavēndu menṟāl)"라고 노래를 시작하자 **바가반**이 즉시 여사에게 물으셨다. "당신 알라멜루를 압니까? 이 노래를 곧잘 부르곤 했는데." 여사가 대답했다. "예, 압니다. 제가 이 노래를 알게 된 것도 그녀를 통해서였는데요." 그러고는 노래를 계속했다.

나는 최근에 아스라맘이 받은 마 아난다 마이(Ma Ananda Mayi)[167]에 대한 책 한 권을 훑어보고 있었다. 그 책의 127-129쪽에서 어떤 사람이 질문하기를, 그녀가 세상 사람들이 보통 하는 방식으로 제자들에게 언제 왔느냐, 식사를 했느냐, 혹은 가족들은 안녕하시냐 등으로 물을 때, 일체를 아는 초의식의 상태에 계신 것으로 여겨야 하지 않느냐고 했다. 그녀가 대답하기를, 그 초의식 상태에서는 어떤 대화도 있을 수 없고 사실 어떤 이원성도 없다고 하면서, 자신이 대화를 나눌 때 일체를 알지는 못하고 다른 사람들이나 마찬가지로 대화하는 것이라고 했다. 그러나 그녀는 이렇게 덧붙였다. "제가 어떤 특정인에게 무슨 이야기를 하든 그것이 모두 참된 또 하나의 상태가 있습니다." 나는 **바가반**께 이 상태가 어떤

---

166) *T*. 이 말은 여기서 '헌신에 도취된 사람들'이라는 뜻이다.
167) *T*. 인도의 여류 성자(1896-1982). 보통 아난다 마이 마로 불린다.

것이며 그것을 뭐라고 부르는지 여쭈었다. **바가반**이 말씀하셨다. "그들이 무슨 의미로 그런 말을 하는지 모르겠군요. 어떤 이들은 시간이나 공간에 의해 숨겨진 것을 볼 수 있지요. 그러나 그것은 이른바 싯디에 속하고, 완성된 존재의 진지 곧 해탈과는 아무 상관이 없습니다."

1947-1-4

오늘 오후에 T. S. 라마짠드라는 1947년도를 위해 새로 만든 서류철에다 다가오는 **자얀띠**를 위해 인쇄한 우마의 노래 사본 하나를 풀로 붙이고 있었는데, 콜롬보의 K. 라마짠드라의 노래를 맨 위에 붙였다. 나감마가 **바가반**께 여쭈었다. "그 노래는 인쇄된 건가요? 한 장의 종이나 하나의 서류철에 어떻게 그게 되었죠?" **바가반**이 대답하셨다. "K. 라마짠드라의 노래를 위에 올린 작은 서류철로 그렇게 한 거지." 그리고 T. S. 라마짠드라에게 그것을 나감마에게 보여주라고 하셨다. 이와 관련하여 **바가반**이 T. S. 라마짠드라에게 말씀하셨다. "K. 라마짠드라는 그 노래에 자신의 서명을 하지 않고 자신을 '한 헌신자'라고만 했어. 자네가 거기에 'K. 라마짠드라'라고 적어 넣어 훗날 그 지은이가 누구인지 알 수 있도록 해도 되겠지."

나중에 **바가반**이 나에게 말씀하셨다. "라마짠드라의 글이 「선데이타임스」에 나왔더군요." **바가반**은 모든 사람을 위해 나에게 그것을 낭독해 달라고 하셨다. 라마짠드라는 싯디를 '정상 이하의 능력'으로 지칭했다. 나는 **바가반**의 승낙을 얻어 그것을 '정상 이상의 능력'으로 고쳤다.

| 합본 별책 |

바가반에 대한 회상

데바라자 무달리아르 지음

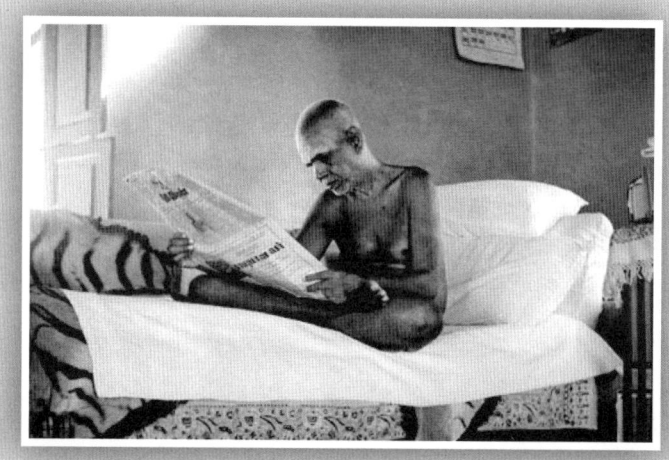

My Recollections
of
Bhagavan Sri Ramana

By A. Devaraja Mudaliar

(First edition, 1960; Fifth edition, 2015)

서문

바가반의 대삼매大三昧(*Mahasamadhi*) 후에 스리 라마나스라맘의 출판물 위원회와 특히 T. N. 크리슈나스와미 박사가 나에게 바가반에 대한 회상들을 저술해 보지 않겠느냐고 했다. 그러나 당시에는 왠지 그러고 싶은 마음이 나지 않았다. 그 뒤 몇 달간 나는 거의 매일 저녁 마드라스의 티나가르(T'Nagar-시내의 한 지역)에 사는 작고한 내 친구 P. 라마스와미 아이야르의 가족을 방문했는데, 그들은 모두 바가반의 헌신자들이었다. 우리의 대화 대부분은 우리의 바가반에 대한 것이었고, 그래서 이 책에 기록한 것 대부분은 그때 이야기한 것이다. 그 가족 전원이, 특히 그 중에서도 가장 저명한 일원인 마드라스의 크리스천여자대학 강사인 문학석사 겸 교육학석사 R. 바즈레스와리(Vajreswari) 양이 내가 바가반과 함께 지내면서 겪었던 모든 경험들을 잊어버리기 전에 글로 남기라고 누차 권유했다. 그러니 이분들이 없었다면 이 책은 세상에 나오지 못했을 것이다.

그 다음으로 나는 존경하는 나의 벗 K. 스와미나탄 교수에게 감사드린다. 그는 이 책의 원고를 처음 정독하고 나서 이 이야기들은 바가반의 오래 되고 가까운 헌신자들 모두에게서 좋은 평가를 받을 거라고 자신한다면서 나를 격려해 주었다. 마지막으로, 그러나 결코 그에 못지않게 내가 감사해야 할 분은 스와미나탄 교수가 나에게 원고를 돌려줄 때 우연히 같이 있다가 원고의 태반을 읽어 준 A. 오즈본 씨이다. 그는 부인과 함께 원고를 읽고는 아주 흥미를 느끼고 좋게 평가하여, 그때부터 고생과 노고를 아끼지 않고 그것을 철저히 편집해 주었다. 원고를 정독하고 수정하며 고쳐 쓰는 등의 일을 그토록 좋아서 한 것을 보면, 그가 우리의 **바가반**에 대한 **봉사**에 얼마나 헌신하는지 가늠할 수 있다.

  일단 이 회상록을 쓰기 시작하자 예상한 것보다 훨씬 분량이 늘어났다. 내가 **바가반**과 행복하게 그리고 복되게 교류하며 보낸 그 많은 나날들을 기억에서 되살리다 보니, 글쓰기가 여간 즐겁지 않았다. 이 출판물을 아쉬람에서 간행하는 것은 다른 헌신자들이—그리고 새로운 헌신자들이라도 해도—내가 쓴 이 가벼운 회상록에서 얼마간의 기쁨을 얻고, 어쩌면 (바가반의) 가르침도 얻을 수 있기를 바라서이다.

1960년, 스리 라마나스라맘에서
A. 데바라자 무달리아르

제1장 방문자에서 상주자로

내가 바가반에 대해 가지고 있는 가장 이른 기억은 1900년으로 거슬러 오른다. 나는 당시 띠루꼬일루르의 부(副)치안판사(Sub-Magistrate)이던 매형 M. 사바빠띠 무달리아르 씨를 방문 중이었고, 친족 몇 분과 함께 디빰(Deepam) 축제를 보러 띠루반나말라이로 갔다. 그 이른 시절에도 디빠 다르샨(Deepa Darshan)1)을 하러 온 군중은 당시 대중들 사이에서 브라마나 스와미(Brahmana Swami)로 알려져 있던 우리 바가반을 찾아가곤 했다.

다른 사람들과 마찬가지로, 나와 우리 일행도 바가반을 친견(darshan)하러 갔다. 우리가 어느 장소에서 당신을 발견했는지는 지금 정확히 기억나지 않지만, 아마 비루팍쉬 산굴(Virupakshi Cave)이었을 것이다. 바가반은 그 당시 누구에게도 말을 잘 하지 않았고, 누구를 바라보지도 않으셨다. 당신은 진아에 완전히 몰입하여 눈을 감고 앉아 계셨다. 우리는 모두 몇 분간 당신을 바라보다가 떠났다.

내가 찌뚜르(Chitoor)에 와서 정착하고 법률가로 개업한 지 2년 뒤인 1914년경까지는 다시 당신을 찾아가지 않았다. 내가 아주 어린 시절부터 가지고 있던, 위대한 성자나 진인들과 접촉하고 싶어 하는 타고난 성향과는 별개로, 이 시기에 바가반에 대한 이야기를 빈번히 듣게 된 것도 두 번째로 당신을 찾아가게 된 주된 이유였다. 벨로르(Vellore)의 경찰관이었지만 당시 은퇴해 있던 내 친척 벨라빠디 꾸뿌스와미 무달리아르에게서 당신에 대해 듣곤 했다. 그는 당시 나라야나 레디(Narayana Reddy)

---

1) T. 띠루반나말라이의 까르띠가이 디빰 축제 기간 중 아루나찰라 정상에서 타오르는 횃불을 보는 것.

라고 하는 사람과 동행하여 **바가반**을 빈번히 찾아가고 있었다. 나라야나 레디는 아주 진지하고 굉장히 감성적인 헌신자로서, **바가반**의 사진을 제작하고 당신의 가르침에 대한 소책자들을 발간하여 나름대로 **바가반**의 가르침을 전파하고 당신을 알리기 위해 최선을 다하던 사람이었다.

꾸뿌스와미 무달리아르는 내가 1914년에 **바가반**을 찾아갈 때 나와 동행했다. 우리가 오후 2시경에 도착해 보니 **바가반**은 비루팍쉬 산굴 밖의 난간 벽 위에 앉아 계셨다. 내가 기억하기로 그때 다른 사람은 거기에 아무도 없었다. **바가반** 근처에 원숭이만 몇 마리 있었는데, 당신은 나에게 원숭이들에 대한 이야기를 하시기 시작했다. 그들의 행동 방식, 그들의 통치 체제, 왕, 왕비 등에 대한 말씀들을 하셨다. 나는 근 두 시간 정도 머물렀고, 우리는 원숭이들에 대한 이런 이야기를 듣는 데 시간을 다 보냈다. 나는 그저 **바가반**을 만나보는 것 외에 어떤 특정한 목적을 염두에 두고 찾아간 것이 아니어서, 조금도 실망하지는 않았다. 나는 **바가반**을 뵈었다는 것과 당신 곁에서 근 두 시간이나 대화를 나누었다는 아주 즐거운 느낌을 가지고 찌뚜르로 돌아갔다. 말이 난 김에 말이지만, 꾸뿌스와미는 그 뒤로 **바가반**을 찾아가지 않다가 여러 해가 지난 뒤인 4, 5년 전부터 다시 오기 시작했는데, **바가반**은 여전히 그를 기억하시고 그에 대해 이것저것 친절하게 물어보셨다.[2]

1914년에 **바가반**을 방문했을 때, 나는 이미 꾸뿌스와미 무달리아르에게서 벨로르 경찰서의 부총경이던 험프리스(Humphreys) 씨의 이야기를 들은 바 있었다. 그는 **바가반**의 감화를 받았고 어떤 놀라운 체험을 했다는 것이었다. **바가반**에 대한 그의 인상기와 **바가반**의 가르침은 아스라맘에서 출간한 『라마나 마하르쉬』라는 **바가반**의 생애담에 수록되어 있다. 나 자신으로 말하면, 내가 아직 젊은이였고 삶의 영적인 측면에 대해 진지

---

2) T. 여기서 우리는 저자가 1960년에 머리말을 썼지만 실제 이 책을 쓴 것은 1950년대 초반이었음을 알 수 있다. 즉, 꾸뿌스와미가 다시 오기 시작한 것은 1940년대 후반이다.

하게 생각하고 있지 않았기 때문에, 어떤 영적인 가르침도 **바가반**께 청하지 않았다. 당신을 뵙고 당신께 말을 건넨 것에 만족했다.

나는 당신의 비루팍쉬 산굴 시절—대략 1900년에서 1917년—에 다시 한 번 당신을 찾아갔다고 믿는다. (그때를 제외하고) 세 번째로 내가 당신을 방문했을 때는 당신이 스깐다스라맘으로 옮겨가 계셨다. 그것은 **바가반**이 비루팍쉬 산굴을 떠나신 직후인 1918년이 틀림없을 것이다. 이 방문 때도 즐거웠다는 것과, **바가반** 곁에 두어 시간 머물러 있다가 찌뚜르로 돌아왔다는 것 외에, 세부 사항들은 기억나지 않는다.

스깐다스라맘에 계신 **바가반**을 한 번 더 찾아뵈었을 수도 있지만 확실치는 않다. 그 뒤로 한동안 내가 무엇을 하든 **바가반**을 찾아뵙고 싶어도 그럴 수 없는 때가 있었다. 그것은 1918년과 1922년 사이일 것이 분명하다. 1920년에 한번은 "이번에는 가야지" 하고 마음속으로 다짐하고 그 여행을 위해 사흘을 비워두었다. 모든 일이 잘 풀리는 것 같았는데, 내가 아침에 떠나려고 한 바로 전날 밤에 딸꾹질이 나기 시작하여 사흘간이나 멈추지 않았다. 그제야 나는 **바가반**이 어떤 이유에선지—어쩌면 나에게 어떤 결함이 있어서—나를 한동안 당신께 가지 못하게 하셨다는 것을 깨달았다. 그것을 깨닫자 나는 **바가반**께 내가 어떤 작위나 부작위의 과오를 당신께 범했든 용서해 주시라고 마음속으로 기도했다. 그 결과로 1922년 말경에는 다시 **바가반**을 찾아가는 것이 쉬워졌다. 이때쯤에는 **바가반**의 어머니가 삼매를 성취했고(세상을 떠났고), **바가반**은 지금 스리 라마나스라맘이 자리한 산기슭의 어머니 삼매지 곁으로 이주해 계셨다. 어느 날 저녁 나는 이 삼매지에 당도했다. 삼매지 위에는 작은 초가 오두막 한 채가 지어져 있었는데, 지금 사원(어머니 사원)이 자리 잡고 있는 곳이다. 삼매지의 북쪽에는 **바가반**이 앉거나 눕는 좁은 파이얼(pyol)[3],

---

3) *T*. 인도의 전통적 주택에서 파이얼(pyol)은 흔히 현관문에 잇대어 지붕이 있는 베란다에 무릎 높이의 대를 만들어 앉거나 누울 수 있게 해둔 곳이다. '문간 좌대'라고 할 수 있다.

즉 돋운 바닥이 있었다. 삼매지 동쪽에는 삼매지에 잇대어 **바가반**의 시자들과 방문객들이 기거하는 더 큰 초가 움막이 한 채 있었다. 내가 도착한 뒤에 곧 비가 억수같이 내리기 시작했다. 그 당시 아쉬람에 있던 라마스와미 삘라이(Ramaswami Pillai)가 『띠루뿌갈(*Thirupugazh*)』과 기타 영적인 저작들에 나오는 타밀 노래를 몇 곡 불렀는데, 목소리가 우렁차서 바깥의 빗소리마저 잘 안 들릴 정도였다. 식사 시간이 되자 자연스럽게 나에게도 아쉬람 상주자들과 함께 식사하자고 했다. 나는 소화불량 문제 때문에 밤에 짜빠띠(chapati)만 먹게 되어 있었고, 그래서 몇 개 가져간 것이 있었다. 그러나 이런 환경에서 내 음식을 너무 까다롭게 가리는 것이 어리석게 보여서 주저 없이 아쉬람 음식을 같이 먹으려고 들어갔다. 그러나 자리에 앉을 때 **바가반**이 나에게 말씀하시기를, 만약 내가 다른 어떤 음식에 익숙하고 따로 가져온 게 있으면 그걸 먹어도 된다고 하셨다. 그때 나는 몇 개를 가져 왔다고 실토하면서, 그래도 내가 먹는 것을 너무 가릴 필요는 없다고 덧붙였다. 식사를 한 다음 나는 삼매지 남쪽에 있는 작은 초가 움막 안의 바닥에서 잠을 잤고, **바가반**은 삼매지 북쪽의 그 파이얼 위에서 주무셨다. 이때 나는 **바가반**과 하루를 더 보냈다고 믿지만, 어떤 일이 있었는지 더 이상 기억나지 않는다.

그 뒤에 나는 충동이 일어나고 여건이 허락할 때마다 이따금 **바가반**을 찾아뵈었다. 그러나 자주 찾아간 것은 아니었다. 그런 방문들에 대해 아무 기억도 나지 않지만, 다만 한번은 **바가반**께 내가 다른 사람들처럼 사원에 가기는 하지만 그런 데 크게 끌리지 않는다고 하면서, 나에게 어떤 조언을 해 주실 수 있는지 여쭈었다. **바가반**은 이렇게 답변하셨다. "그것은 중요하지 않지요. 신이 그대의 심장 속에 있다고 생각하면서 그와 같이 신에 대해 명상하십시오. 그거면 충분할 것입니다." 당신은 '심장'이 가슴 오른쪽의 영적 중심을 의미한다고 덧붙이지도 않으셨다. 지금은 당신이 그런 뜻으로 말씀하셨다는 것을 내가 알지만, 그때는 그것이 왼쪽의 생리학적 심장을 뜻하는 것으로 여겼다.

이렇게 이따금씩 **바가반**을 찾아뵙는 일이 계속되었는데, 1918년에서 1922년 사이처럼 내가 가지 못하게 되는 그런 어떤 장애도 전혀 없었다. 그러나 그때는 내가 청춘과 번영의 황금기여서 **진아**의 보물보다는 세간의 번쩍거리는 것들에 더 끌렸고, 당신을 방문하는 일은 뜸했다. 그런 모든 방문들이 다 기억나지는 않는다. **바가반**과 함께한 이런저런 경험 때문에 내 기억에 소중히 간직해 온 그런 것들만 기록하겠다.

한번은 1923년인가 1924년에 **바가반**을 방문했을 때, 나는 열대여섯 살 된 내 큰딸을 위한 적합한 배필을 찾는 일을 걱정하고 있었다. 오후 3시경 구회당(old hall)에서 **바가반** 앞에 앉아 있을 때, 오래된 한 헌신자가 **바가반**을 위한 음식 공양물을 가져왔다. 당시의 관행대로 **바가반**이 당신 몫으로 그것을 조금 집으신 뒤, 그 공양물을 거기 모인 모든 헌신자들에게 분배했다. 당시 아스라맘에 개가 두 마리 있었는데, 그때는 둘 다 회당 안에 있었다. 한 마리는 그것을 좀 달라고 쁘라사드(Prasad) 쟁반을 졸졸 따라다녔지만, 다른 한 마리는 조용히 인내심 있게 제자리에 머물러 있었다. **바가반**이 이 개를 두고 말씀하셨다. "이 친구는 자기 몫을 얻게 될 것을 알고 있지요." 당신이 이 말씀을 하실 때, 그것은 마치 나에게 이렇게 말씀하시는 것처럼 느껴졌다. "이 혼사에 대해 왜 그리 걱정하시오? 그대의 딸에게 이미 운명 지워져 있는 것을 그녀가 얻게 될 것이오."

이것이 당신의 진지한 헌신자들에게 당신이 말씀하시고 싶은 것을 전달하는 **바가반**의 방식이었다. 그 뒤 오랜 세월이 지나서 나는 **바가반**의 오랜 헌신자인 시바쁘라까삼 삘라이(Sivaprakasam Pillai)가 지은 노래 하나를 접했는데, 거기서 그는 **바가반**께 이렇게 말한다. "저는 나쁜 습習이 있었습니다. 제가 그 습習을 떨치게 하시려고 당신께서는 언젠가 입에 사람 똥을 물고 회당에 들어온 당신의 개에게 말씀하셨지요. '이 습習을 포기하든가, 아니면 나한테 오지 마라.'" 그것이 특정인을 위한 지침이나 훈계로서 하신 말씀이라는 것은, 그에 해당되는 사람만이 알 것이다.

이와 관련하여, 당시에는 **바가반**이 **생전해탈자**(Jivanmukta)에게 자연스럽게 청하지 않아도 찾아오는 것으로 보이는 어떤 능력(싯디, 즉 초능력)도 훗날처럼 그렇게 조심스럽게 숨기지 않으셨다고 말해야겠다. 내가 방문했을 때 한번은, 내가 회당에 있는데 두세 명의 사람이 들어와 **바가반** 앞에서 엎드려 절을 한 뒤에 앉았다. 내 기억이 맞는다면, 그들은 까루르(Karur)에서 왔다고 했다. **바가반**은 나를 돌아보며 그들은 모두 루비 거래자들이라고 말씀하셨다. 내가 자연스럽게 여쭈었다. "보아 하니 이분들은 전에도 여기 왔고, 그래서 **바가반**께서 아시는군요?" **바가반**이 대답하셨다. "아니요, 그 지역 사람들은 일반적으로 루비를 거래하지요." 그러나 나같이 맹한 사람도 **바가반**의 설명에 속을 리가 만무했다. 우리가 회당에 들어설 때 **바가반**께는 우리의 마음들이 펼쳐진 책과 같아서, 가끔 당신이 그것을 읽지 않으실 도리가 없었다. **바가반**은 그것을 숨기려 하셨을 뿐이다. 당신이 우리의 생각을 굳이 읽지는 않으신다 해도, 최소한 우리의 영적인 상태는 한눈에 읽으시곤 했다. 당신이 **대삼매**에 드시기 한두 해 전에, 방문자들이나 그들의 질문과 관련하여 **바가반** 자신이 이렇게 말씀하셨다. "그들이 무슨 말을 하든, 저는 그들이 들어올 때 그들이 여기 온 목적을 봅니다." 이것은 스리마띠 나감마의 『편지(Lekhalu)』에 자세히 기록되어 있다.

내 딸의 혼사 문제로 돌아오면, 그 결혼식은 결국 1924년 8월에 있었다. 나는 물론 1호 청첩장을 **바가반**께 속히 보내드렸다. 나의 청첩장에 대한 **바가반**의 반응과 관련하여, 비록 사소하고 외관상 우연인 것 같기는 해도 당신이 나나 나의 일에 무관심하지 않으셨다고 내가 확신하고도 남을 뚜렷한 정황이 하나 있었다. 띠루반나말라이에서 오는 우편물은 찌뚜르에 정오 무렵 도착하여 오후 2시 이후에 배달되곤 했지만, 이날은 바가반의 답신, 다시 말해서 바가반의 축복과 쁘라사드가 담긴 아스라맘 편지가, 망갈리얌(mangalyam)을 묶고 결혼이 거행되기 불과 몇 분 전인 오전 9시경에 배달되었다.4)

이 결혼 이야기를 끝내기 전에, 그 결혼은 실패로 끝났다는 것을 덧붙여야겠다. 바가반은 그 결혼이 불행하게 될 것을 아셨음이 분명하지만 그것을 막지 않으셨다. 그렇다고 내가 나중에 당신의 친존親存에 데려간 딸의 남편을 당신이 바로잡지도 않으셨다. 내가 이 말을 하는 것은, 바가반이 운명을 바꿔놓을 힘을 분명히 가지고 계시지만 최소한 암묵적 믿음을 가진 진지한 헌신자들의 경우에는 당신이 거의 개입하지 않고 늘 운명이 정해진 대로 일어나게 허용하셨다는 사실을 보여주기 위해서이다. 그러나 당신은 관계 당사자들이 인내와 굳건함과 믿음으로 그들의 괴로움을 감당할 수 있게 그들에게 은총을 베푸시곤 했다.

나는 계속 바가반을 방문했지만 결코 빈번히 가지는 않았다. 여러 해 동안 아내의 건강이 큰 근심을 야기하고 있었고, 그녀가 1933년에 죽기 전까지는 그랬다. 그 오랜 세월 바가반을 방문했으나, 아내가 죽은 뒤까지는 내 가족을 당신께 데려가지 않았다. 최소한 한 번은—1932년이라고 생각되지만—특별히 아내의 회복을 위해 당신의 은총을 얻어 보려고 바가반을 찾아갔다. 당신께 말로 청하지는 않았는데, 그럴 필요가 없다는 것을 알고 있기도 했고, 그때는 바가반과 그리 친밀하지 않았기 때문이다. 훗날 운이 좋게도 내가 당신과 친밀해지기는 했지만 말이다. 그러나 나는 (아내가 회복되리라는) 희망을 가져볼 수 있다는 어떤 힌트도 당신에게서 얻지 못했고, 그래서 상당히 낙담하여 돌아왔다.

다음으로 바가반을 찾아간 것은 1933년 말이었는데, 아내를 잃고 6개월쯤 지났을 때였다. 이번에는 근 일주일간 머무르려고 갔다. 나는 그렇

---

4) *T.* 망갈리얌은 결혼식 때 신랑이 신부의 목에 목걸이처럼 걸어서 묶어 주는 신성한 실이며, 신부와 백년을 해로하겠다는 표시이다.

게 체류하고 싶은 내방객들을 관장하는—글로 쓰인 것이든 불문율이든—어떤 규칙도 알지 못했고, 그래서 상당히 큰 트렁크와 돌돌 만 침구 하나를 가져가서, 누구에게 묻지도 않은 채 그것을 당시에 방문자들과 (아스라맘) 상주자들을 위한 일종의 단체숙소 구실을 하던 큰 움막 안의 돌운 대 위에 그냥 놓아두었다. 그 움막은 동쪽 편으로 어머니 삼매지에 인접해 있었고, 약 30명이 숙박할 수 있는 곳이었다. 어느 날 저녁에 도착한 나는 내 물건들을 이 움막 안에 둔 뒤에 **바가반**의 회당으로 갔다. 저녁식사 종이 울렸을 때 나는 다른 사람들과 함께 식당으로 가지 않고 뒤에 남았다. 왜냐하면 밥을 먹는 습관이 없었기 때문이다. 모두가 음식을 받기 위해 앉았을 때 **바가반**이 내가 없는 것을 보시고 물으셨다. "데바라자 무달리아르는 어디 있나?" 그래서 사람들이 나를 찾으러 왔고, 나는 그들에게 왜 식당에 들어가지 않았는지 설명했다. 그러나 **바가반**이 나에 대해 이렇게 자상하게 물으신 뒤로, 나는 식당으로 가서 밥이든 뭐든 그곳의 음식을 받았다.

내가 기억하기로 **바가반**은 그곳의 모든 사람에게 이렇게 말씀하셨다. "오, 여러분은 데바라자 무달리아르를 모릅니까? 그는 여기 자주 옵니다. 그러나 그가 얼마나 다른지!(*avar eppadi iruppār!*) 그는 늘 양복을 입고 오곤 하지요(*yūnipāram lēthān varuvār*)." 그때까지는 도감都監(*Sarvadhikari*)과 아스라맘 운영진의 다른 사람들이 나에 대해 전혀 몰랐다. 한번은 1922년 말경에 와서 하루 남짓 머물렀을 때 돈을 좀 내고 싶었지만, 그들은 현금을 받는 관행이 없다고 하면서, 그렇지만 뭔가를 주고 싶다면 당시 그들에게 필요한 커피를 보내도 되고, 또 커피 비용을 띠루반나말라이에 있는 고빨라 라오(Gopala Rao) 씨에게 주어도 된다고 했다.

그래서 그 뒤로 내가 무엇을 주고 싶을 때는 고빨라 라오 씨를 통해서 물품으로 주었다. 그러나 많이, 혹은 여러 번 주었는지는 기억하지 못한다.

더욱이 1933년이 되었을 때는 아스라맘이 모든 면에서 상당히 성장해 있어서 필요한 것들도 많아졌다. 그래서 도감은 방문객들에게 아스라맘의 유지를 위해 현금 시주를 허용했고, 심지어 권유하기도 했다. 나 자신은 아스라맘의 유지를 위해 기부하지는 않았지만, 아스라맘이 나를 먹여주는 비용이 얼마든 그것은 전액 부담하려고 늘 노력했다.

1933년 말에 처음으로 **바가반**의 발아래 1주일간이나 오래 머물렀는데, 당신의 친존이 슬픔에 젖은 내 가슴에 워낙 위안을 주어서 그때부터 당신과 나의 친밀하고 밀접한 교류가 시작되었다. 그 뒤로 당신을 빈번히 찾아가기 시작했다. 제반 여건도 나 자신을 **바가반**께 더욱 더 던질 수 있게 도와주었다. 인간의 역경은 **신**의 기회라고 한다. 아내가 죽은 지 약 2년 뒤에, 내가 15년간(즉, 5번 연임하면서) 담당해 왔던 정부 대리 변호사와 검찰관으로서의 일자리를 잃었다. 당시 내 여건상 그것은 큰 불운이었고, 15년간 익숙해져 있던 연간 약 6,000루피의 안정되고 보장된 수입을 잃은 뒤에 생활을 어떻게 유지해야 할지가 나로서는 심각한 문제였다. 이 위기의 심각성을 언급하는 것은, 그로 인해 내가 **바가반**께 더욱 더 의지하게 되었음을 말하기 위해서이다. 1933년에(나는 그때 47세였다) 내가 상처喪妻했을 때 당신은 나에게 큰 위안이 되어 주셨다. 그래서 1935년에 (실직이라는) 그 다음 불운이 찾아왔을 때는 당연히 **바가반**께 더 완전히 나 자신을 던져, 가능한 한 자주 당신을 찾아뵙고 당신에 친존에 젖어들었다.

나는 실직했을 때 벨로르로 가서 개업하기로 결심했다. 찌뚜르를 떠나 벨로르로 가기로 한 날의 약 1주일 전에, 당시 찌뚜르의 판사였던 내 친구 버틀러 씨는 내가 떠나는 것을 강력히 만류하면서, 찌뚜르에서 1936년 5월이면 공석이 될 파산관재인破産管財人(Official Receiver) 자리를 쉽게 얻을 수 있을 거라는 솔깃한 말을 덧붙였다. 다른 친구들도 남아 있으라고 조언해서, 나는 벨로르로 이사하려던 생각을 접었다.

당연히 예상할 수 있는 일이었지만 15년 전에 거의 중단했던 사설 개업을 다시 시작하기는 쉽지 않았다. 아무 일거리도 없이 한 주 한 주 지나가면서 나는 우울감이 깊어졌고, 어떻게 해야 하나 고민하고 있었다. 그런 기분 상태에 있을 때, 친구인 닥터 뻬루말(Dr. Perumal)의 누이와 함께 그녀의 차를 타고 어느 날 오전에 **바가반**을 찾아뵙고 오후 8시경에 찌뚜르로 돌아왔다. **바가반**의 친존親存에 있는 대부분의 시간 동안은 내가 실직한 것에 대해 생각하고 있었다. 그날 밤 집에 돌아오니, 그날 오후에 어떤 고객들이 나를 찾아왔다가 내가 없다는 이야기를 듣고 돌아갔다고 했다. 다음날 아침에 그 고객들이 다시 나를 찾아왔다. 그들은 그 사이 이곳의 어떤 일급 형사 변호사들과 상담을 했는데, 자신들의 사건은 항소하기에 좋은 사안이 아니라는 말을 들었다고 했다. 그 기록을 훑어보던 나는 그것이 항소하기 좋은 사안이며, 만약 내가 맡아서 실패한다면 그것은 그 사안이 승소하기 힘들어서나 내가 제대로 변호를 못해서가 아니라 그 당사자들이 불운해서 그런 것일 뿐이겠다는 생각이 들었다. 그 당사자들은 내 조언을 받아들였고, 나는 항소를 제기하여 내가 예상한 대로 승소했다.

  이것은 내가 정부 대리 변호사와 검찰관을 그만둔 뒤로 처음 맡은 사건이었다. 그것은 나에게 75루피와 함께 고객들이 볼 때 더 나은 평가를 받게 해주었을 뿐 아니라, 당시 나의 기분과 상황에서 내 기운을 크게 북돋워 준 것이기도 했다. 나는 **바가반**이 그 사건을 나에게 보내주셨다고 굳게 믿는다. 나는 당신의 친존에서 일에 대해 생각만 했을 뿐이었고, 심지어 내가 당신 앞에서 그 생각을 하기도 전에 고객들이 찌뚜르의 내 집으로 나를 찾아왔다. 그리고 다음날 아침에도 그들이 다시 나에게 돌아왔던 것이다.

  나는 결국 1936년에 파산관재인 일자리도 얻었다. 그러나 그것을 얻는 과정에서 예기치 못한 장애들이 발생했는데, 통상적으로는 극복할 수 없었을 그런 장애들이었다. 상황이 그런 상태일 때 어쩌다 **바가반**을 찾아뵈었는데, 당신의 친존에서—내가 잘 기억하지만—마음속으로 '저에게 벨로르로 가지 못하게 하시면서, 찌뚜르에서 파산관재인 직을 쉽게 얻을 수 있을 거라는 희망을 품게 하시더니, 이제 제가 그 일자리조차 얻지 못하게 하시는 것은 어떤 뜻으로 그러시는 것입니까?' 하고 여쭈었다. 마침내 (장애들을 극복하고) 나를 위해 그 일자리를 얻어 준 것은 **바가반**의 은총이었다고 나는 굳게 믿는다.

1936년경부터 나는 거의 매달 한 번씩 정기적으로 **바가반**께 갔고, 아스라맘에서 사흘 내지 닷새간 머무르곤 했다. 1937년에는 **바가반**의 은총에 대한 뚜렷한 증거를 갖게 되었다. 내 사무실(즉, 찌뚜르의 파산관재인 사무실)이 회계감사를 받았는데, 내 서기의 얼빠진 실수의 결과로 현금 잔고에 70루피가 부족했다. 물론 그것이 부족하다는 말을 듣자마자 내가 그 금액을 지불했다. 그러나 법적으로는 나에게 책임이 있었고, 만일 당국이 법률 문구를 엄격히 해석한다면 그들이 그 실수를 일시적 횡령으로 부를 수도 있었다. 그래서 그날 밤 나는 굉장히 속이 상했다. 내 친구 버틀러 씨가 나에게 그 제안을 하면서 그것을 가지라고 강력히 조언하지 않았다면, 나는 그 일자리를 결코 얻으려 하지 않았을 것이고 전혀 생각도 하지 않았을 터였다. 그래서 그것은 내가 그 감사보고서 때문에 파산관재인 일자리를 잃을까 두려운 것이 아니라, 내가 늘 정직함으로 큰 명성을 얻고 있었는데 그것이 손상될 것이 두려웠던 것이다.

그날 밤 **바가반**이 내 꿈에, 외모가 아주 잘생기고 씩씩한 젊은 브라민으로 나타나서 나에게 접근하던 큰 뱀 한 마리를 손쉽게, 아무 애씀 없이 집어 들어 나에게서 떨어지게 했다. 그 감사보고서는 나에게 어떤 해로움도 결코 야기하지 않았다. 현금 잔고의 부족이 생긴 것은 서기의 실수였다는 나의 단순하고 진정한 설명이 군말 없이 받아들여진 것이다. 이것은 **바가반**의 은총으로 인한 것임이 틀림없었다.

그러는 사이 **바가반**은 나를 당신과 아스라맘에 더 가까워지게 하고 계셨다. 예전에 **바가반**의 충실한 숭배자였지만 나중에 도감과 아스라맘의 불구대천 원수가 된 뻬루말스와미라는 사람이 타밀어로 된 사악하고 저속한 소책자를 간행했는데, 거기에 들어 있는 우리의 아스라맘에 대한 명예훼손으로 피해를 보았다고 주장하는 어떤 사람이 띠루반나말라이의 부副치안판사 법원(Deputy Magistrate's Court)5)에 엉터리 소송을 제기했다. 그 소송의 진짜 목적은 그 소책자를 홍보해 보겠다는 것이었다. 그 저자와 그의 친구들은 아스라맘에서 그 책을 그냥 무시하고 같잖게 취급하면서—당연한 것이었지만—그에 대해 소송을 하지 않는 바람에 소책자가 홍보될 기회를 얻지 못했다고 느꼈던 것이다. 이런 맥락에서 도감, 요기 라마이아(Yogi Ramiah), T.S. 라자고빨라 아이야르는 뻬루말스와미 일당에 맞서 그들의 술책을 꺾기 위해 부副치안판사 법원에서 누구를 변호사로 선임해야 할지 전 대법관 순다람 쩨띠아르(Sundaram Chettiar) 씨와 협의하러 살렘(Salem-타밀나두 서부의 도시)으로 갔다. 그들은 한 작은 사건을 통해서—늘 그렇듯이 우연히 일어난 것처럼 보이기는 했어도 의심할 바 없이 **바가반**에 의해 일어난 일이지만—내 이름에 주목하게 되었고, 순다람 쩨띠아르 씨도 내가 그 사건에 적임자라고 그들에게 이야기했다. 그래서 세 사람 다 찌뚜르로 나를 찾아왔고, 나와 함께 하루를 머무르면서 그 사건 변호사로 나를 선임했다. 그때까지는 내가 아스라맘을 위해 어떤 일도 하지 않았는데, 아스라맘 사람들이 나를 찾아오게 한 것은 **바가반**의 은총이었다고 나는 확신하고 있다. 그 사건은 특이한 것이었고, 상당히 꾀까다로웠다. 만약 내가 실패하면 아스라맘 상주자들이—그 중의 일부는 여성들이었다—법정에 증인으로 불려나오고, 많은 불쾌함을 피할 수 없을 터였다. 나는 당연히 그 사건에 아주 신경을 썼는데, 다행

---

5) T. 인도에서 치안판사(magistrate)는 형사사건 등의 사법권을 행사한다. 군(District)에는 군 치안판사가 있고, 읍 단위에서는 부副치안판사가 비교적 가벼운 사건들을 다루었다.

히도 **바가반**의 은총으로 승소할 수 있었다. 상대측은 벨로르의 군 치안 판사(District Magistrate)에게 (절차 흠결에 따른 판결의) 수정을 요구하며 항소했고, 나는 그 법정에도 출석하여 **바가반**의 은총으로 다시 승소했다. 이로써 **바가반**은 그것이 아무리 작은 봉사여도 내가 아스라맘에 봉사할 기회를 주셨을 뿐 아니라, 아스라맘 당국이 나에 대해 호의를 갖게 해 주셨다.

이 사안과 관련하여, 또 하나의 사소하지만 전형적인 사건을 기록해야겠다. 아스라맘 사람들이 나를 선임하기 위해 찾아와 내가 그 사건을 맡았을 때, 내 자식들은 내가 두둑한 수임료를 받을 거라고 생각했다. 나는 그들에게 그런 사건에서 수임료를 받는다는 것은 생각할 수도 없고, 내 교통비조차도 내가 부담해야 할 거라고 말해 주어야 했다. 그러나 내 자식들이 수임료를 기대했기 때문에, **바가반**은 내가 띠루반나말라이에서 그 사건을 대리하고 돌아온 직후에 사람을 사서 나에게 50루피를 보내 주셨다. 내가 단 한 번 법정에 출석했고, 거기서 거의 혹은 전혀 한 일이 없는데도 말이다.

나는 1939년경에, 1941년이 되면 개업을 완전히 접고 찌뚜르의 집과 사무실을 정리하여 여생을 아스라맘에서 **바가반**과 함께 살면서, 필요가 있거나 내가 그러고 싶을 때마다 자식들이나 다른 친척들 집에 잠시 가서 머무르는 것으로 해야겠다고 결심했다. 그래서 아스라맘 경내에 방 하나짜리 오두막을 짓는 허락을 받고 싶다고 요청했다. 그런 허락은 좀처럼 떨어지지 않았고, 사실 채드윅 소령과 요기 라마이아 단 두 사람만 그런 허락을 받았다. 부유하고 아스라맘에 봉사한, 그리고 그런 편의를 얻기 위해서 얼마든지 돈을 낼 수 있는 다른 사람들은 허락을 받지 못했다. 내 경우에는 이런저런 이유로 아무 어려움이 없었다. 나는 그냥 전기설비를 포함한 방 건립비로 350루피를 아스라맘에 냈고, 내가 해야 할 것은 그것이 전부였다. 내 기억이 맞는다면, 그 방은 1940년 6월까지는 나를 위해 준비되었다.

　우연한 사건처럼 보여도, 내가 당신과 함께 아주 살러 오고 싶다고 간절히 원한다는 것을 **바가반**이 아셨을 때, 당신이 은총을 아낌없이 쏟아 주고 내 목적이 성취되게 보살펴 주셨다는 것을 분명하게 보여주는 많은 일들이 일어났다. 내가 그 방을 제공받았을 뿐 아니라, 내 자식들도 편안히 자리잡게 되어 나는 마음 놓고 **바가반** 곁으로 가서 머무를 수 있게 되었다. 아스라맘이 나에게 방을 갖게 했을 때, 그들은 아스라맘이 내 집인 것처럼 거기서 음식도 먹고 목욕도 하게 해줄 것이라는 뜻으로 말했다. 다만 그럴 때 아스라맘이 손해를 보지 않게 해주어야 할 것이라는 뜻도 전달되었다. 방문객들은 보통 며칠이나 몇 주, 혹은 아주 예외적인 경우에 몇 달만 머무르는 것이 허락되었고 상주할 수는 없었다. 그런 점에서, **바가반**이 나에게 얼마나 큰 은택을 베푸셨는지 알 수 있을 것이다. 비슷한 조건으로 아스라맘이 받아들인 사람은 채드윅 소령뿐이었다. 그러나 그는 몇 달 후 자기 음식은 자신이 해결했다.

　내가 방으로 입주하기 전에, 당연히 **바가반**께 그 방에 발을 들여놓아 주셔서 내가 들어가 사는 것을 상서롭게 해 주시기를 원했다. **바가반**께 그 청을 드리자 당신은 꺼리지 않으셨지만, 그게 소문이 나서 군중이 모여들까 저어하셨다. 내가 거기에는 나 외에 아무도 없을 것이고, **바가반**께서는 그 방에 들어가 방을 보신 다음 저를 축복해 주시고 나가시는 것 외에는 아무것도 하실 필요가 없다고 보증하자, 당신도 동의하셨다. 당신은 저녁 산책에서 돌아오시다가 오후 5시 30분경에 시자와 함께 내 방에 오셨다. **바가반**은 빈 방에 들어가서 나에게 물으셨다. "의자도, 침상도, 아무것도 없네요?" 나는 그것들이 옆방에 있고, **바가반**의 두 발이 방을 성스럽게 해주신 뒤에야 들어올 거라고 대답했다. 그것은 1940년 중간 무렵이었다고 생각되는데, 나는 여름휴가로 근 한 달 동안 그 옆쪽의 요기 라마이아의 방에서 머무르고 있었다.

바가반이 내 방을 떠나시려고 할 때, 나는 당신께 또 한 가지 청을 드렸다. 채드윅이 2주일 남짓 병으로 누워 있다가 막 회복하는 중이었다. 그동안 내내 그는 회당에 가지 못했다. 그를 위해 내가 바가반께 호소했다. "만약 바가반께서 부디 그의 방도 방문해 주신다면, 그가 아주 감사해할 것이고 쾌차할 것입니다."

이 청에도 바가반은 이렇게 답변하셨다. "그대가 아마 그에게 이야기했을 테고, 여러 사람이 거기 모여 있겠지요. 이런 소란은 원치 않아요."

내가 다시 바가반께 말씀드렸다. "거기 아무도 없을 겁니다. 채드윅조차도 바가반께서 자신을 찾아오실지 확실히 모릅니다. 저는 그에게 바가반을 모셔 오도록 노력해 보겠다고만 했습니다. 저희 둘 다 누구에게도 이야기하지 않았고, 지금 거기 아무도 가지 않게 조치하겠습니다."

그러자 바가반은 자애롭게 가셔서 채드윅을 방문하셨다. 그는 바가반께 워낙 헌신적이었기에 바가반이 그를 방문하기로 선뜻 승낙하신 것도 놀라운 일은 아니었다.

1936년경 바가반을 방문하고 있을 때, 내가 채식가가 되어야 한다는 생각이 문득 들었다. 나는 타밀어 책을 간간이 읽고 있었는데, 그것으로도 우리의 모든 위대한 성자들, 스승들, 시인들이 살코기 음식을 포기하는 데 더없는 중요성을 두었다는 것을 깨닫기에 충분했고, 우리의 모든 문헌들에서도 채식은—비록 초보적인 것일 뿐이기는 하지만—영적인 진보의 길을 가고 싶은 사람이라면 누구에게나 첫 단계로 간주되어 왔다. 바가반께서도 내가 채식가가 되는 것을 좋아하실 것이 분명했지만, 나는 늘 허약 체질이었다. 그 당시에도 주기적인 두통이 사흘씩 가곤 했는데, 어떤 의사들은 그것이 빈혈 때문이라고 했다. 나는 고기와 계란이 거의 매일 나오는 평소의 식단에, 그들의 조언에 따라 일주일에 최소한 두 번은 간 수프(liver soup-가축의 간에 몇 가지 재료를 넣고 묽게 끓인 음식)를 먹곤 했다. 따라서 갑자기 채식으로 바꾸면 내 건강에 무리가 올까 두려웠다.

그 점 외에는 정말 채식을 하고 싶었다.

이런 마음 상태에서, 하루는 아침 산책을 하고 돌아오시는 **바가반**을 산 위에서 뵙고 나의 바람과 의심을 말씀드렸다. 당신은 기꺼이 이렇게 말씀하셨다. "채식 음식은 건강과 기력에 필요한 모든 것을 포함하고 있지요."

내가 대답했다. "이제 이 실험을 시작할 용기가 났습니다. **바가반**께서 그것이 저를 충분히 지탱해 줄 거라고 말씀하신다면, 제가 공기만 먹고도 살 수 있을 것입니다."

그날부터 나는 계란을 포함한 모든 비非채식 음식을 포기했다. 그리고 **바가반**의 은총으로, 그 변화에도 내 건강에는 전혀 문제가 없었고, 포기한 음식들에 대한 어떤 갈망도 느끼지 않았다.

그러나 혹시 모를 경우에 대비하여, 내 음식에 덧붙여 쨔바나쁘라쉬(Chyavanaprash)6)라고 하는 채식 강장제를 먹곤 했다. 한번은 나중에 내가 아스라맘 상주자가 되고 나서, 그리고 **바가반**이 아주 약해지셨을 때, 어느 날 아침 내가 다시 산 위로 올라가서 내려오시는 **바가반**을 뵙고 이 약을 좀 드셔 보시라고 간청했다. 그러면서 그것이 정말 좋은 음식이고, 건강에 아주 좋다고 하는 넬리까이(Nellikai-암라) 열매를 기반으로 한 것이어서 비타민 결핍을 보충해 준다고 말씀드렸다. **바가반**이 말씀하셨다. "예, 그거 아주 좋지요. 우리는 여기 아스라맘에서도 그 레시피를 가지고 있습니다. 그걸 드세요. 그러나 저에게는 필요 없습니다. 저는 괜찮아요." 그래서 내 임무는 실패했다.

그러나 몇 달 뒤 꾼주스와미가 꼰지바람(깐찌뿌람)의 한 아쉬람을 방문하고 거기서 쨔바나쁘라쉬를 좀 가져왔는데, 그 아쉬람의 장長이 **바가반**께서 그것을 드시면 건강이 좋아질 거라고 드시기를 간청하는 기원을 전

---

6) T. 인도의 전통적 건강 보조식품. 암라(amla) 잼, 설탕, 꿀, 참기름, 약초 등 여러 재료를 섞어 만든다.

했다. 나와 여타 사람들도 간청하자 결국 **바가반**이 그것을 약 3주 동안 드셨다. 당신은 얼마 후에 이것을 언급하면서 나에게 이렇게 말씀하셨다. "저는 이 **쨔바나쁘라쉬**를 원하지 않습니다. 이런 일이 일어난 것은 그대의 산깔빠(sankalpa)[내가 처음에 그것을 간청한 것을 지칭함] 때문인 것 같군요."

또 한번은 H. C. 칸나(Khanna)라는 이름의 한 헌신자가 **바가반**을 위해 특별히 준비한 이 강장제를 펀자브에서 가져와 당신께 그것을 드셔 보시라고 간청했다. 그때도 나와 여타 사람들이 **바가반**께 그래 보시라고 간청했고, 결국 당신은 그것을 하루 이틀 드셨지만, 그런 다음 아침식사 때 시자들에게 그것을 모두에게 배식하라고 하셨다. 나는 **바가반**께 몇 번이나 간청했다. "**바가반**께서 음식을 모두에게 공평하게 나눠 주어야 한다고 말씀하시는 것은 맞습니다만, 건강이 좋지 않은 사람들에게만 필요한 과즙이나 약용 강장제 같은 것들에는 그것이 해당될 수 없습니다."

그러나 **바가반**은 이렇게 말씀하시곤 했다. "그것이 모든 사람에게 좋지는 않다는 듯이 말이지요! 그것은 그들에게도 좋습니다."

제2장 개인적 경험과 바가반의 은총

내가 어떻게 바가반께 애착하게 되고, 결국 당신 아스라맘의 정식 상주자常住者가 되었는지를 이야기했으니, 이제 내가 한 다양한 경험들과 내가 바가반에게서 들은 여러 가지 것들을 서술해야겠다. 단, 시간적 순서대로는 아니고, 친절하고 소중한 한 친구의 줄기찬 제안에 따라 내가 과거를 최대한 멀리까지 되살려 보려 하는 지금, 나에게 다가오는 순서대로 이야기하겠다.

내가 마침내 아스라맘에 정주하기 얼마 전(1935년경이라고 생각된다) 내가 거기 며칠 머무르면서 대여섯 개의 초가 움막 중 하나—나중에 내가 지은 방과 거의 일직선으로 서 있던 것—를 차지하고 있을 때, 어느 날 새벽 4시에 갑자기 깨어났다. 아주 생생한 한 꿈에서 바가반이 나에게 나타나서 "그대는 '아침 일찍 일어나서(kālamē yezhunthiru)'라는 노래를 모릅니까?"라고 물으셨다. 내 마음에 남은 인상은 바가반이 내가 일어나서 당신께 오기를 바라신다는 것이었다. 그 노래는 우리 지역의 문간학교(pial school)[1] 학생들이 부르는 것인데, 나는 "아침 일찍 일어나서 발 닦고 세수하고, 꼴람처럼 예쁘게 차려입고,[2] 신성한 재(비부띠)도 바르고, 여섯 얼굴의 주님[수브라마니야]을 찬양하라(kālamē yezhunthirunthu kālmugam sutthi seithu kōlamā nīraṇinthu guhanaru muhanaip pōṟṟi)"고 하는 시작 부분만 알고 있다. 바가반은 보통 3시 반이나 4시에 아주 일찍 일어나셨고,

---

1) T. 예전에 인도의 시골에서 선생님의 집 파이얼, 즉 문간 좌대(pial, pyol)에 아이들이 앉아서 배우던 초급 수준의 학교. 모국어 읽고 쓰기, 산수, 시 암송 등을 배웠다.
2) T. 원문의 '꼴람(kōlam)'은 아침에 각 집의 대문 앞 바닥에 쌀가루나 색깔 있는 가루로 그리는 여러 가지 문양이다. 여기서는 학교에 가기 전에 차림새를 예쁘게 한다는 의미이다.

몇 명의 헌신자들과 함께 채소를 써시곤 했다. 그런 다음 5시경에 베다 빠라야나(Veda Parayana)가 있었다. 나는 보통 6시경에 일어나서 회당에 가는데, 이때 바가반은 빠라야남이 끝난 뒤 목욕을 하러 (목욕실로) 가시는 것이었다. 그러나 이 일깨움을 받자, 나는 일어나서 이를 닦고 세수한 뒤에 달려가서 바가반 앞에 오체투지 하였다. 당신은 구회당 맞은편인 남쪽의 한 방에서 채소를 썰고 계셨다. 당신은 "그래요, 오기를 기다렸지. 그대가 오기를 원했다오"라는 표정으로 나를 바라보셨다. 그 이상은 어떤 일도 없었다. 나는 당신 곁에 앉았고, 이이서 (타밀어) 빠라야남에 참석했고, 그런 다음 내 방으로 돌아갔다.

다음날, 나는 앞으로 매일 4시에 일어나서 당신께 가야 한다는 것이 바가반의 명령이라고 생각하고, 많이 힘들기는 했지만 그렇게 했다. 당신은 전날처럼 채소를 썰고 계셨지만, 이번에는 당신의 표정이 이렇게 말하고 있었다. "무슨 일이요? 왜 오늘도 왔소?" 그래서 그 뒤로는 굳이 일찍 일어나지 않고, 이전의 일과로 되돌아갔다. 바가반이 새벽에 당신께 오라고 나를 부르셨던 날부터 당신은 나와의 어떤 연계를 확립하셨고, 분명히 나를 당신이 보살피려는 당신 사람들 중 한 명으로 받아들이셨다는 것이 내 믿음이다. 그것은 당신이 가끔 말씀하시는 '바라봄에 의한 입문(initiation by look)'이었음이 분명하다.

한번은 내가 아스라맘에서 여름휴가를 보내고 있었는데, 1939년이었다고 생각된다. 내 방은 아직 지어지지 않았고, 나는 요기 라마이아의 방에 머무르고 있었다. 당시 하이데라바드의 닥터 멜코트(Dr. Melkote)[3]도 아스라맘 맞은편의 집들 중 하나에 머무르고 있었다. 어느 날 아침 8시경에, 모래알갱이 하나가 내 눈에 들어갔는데 우리가 어떻게 해도 나오게 할 수가 없었다. 닥터 멜코트가 내 눈을 검사하더니 그 알갱이가 안구에 박혔다면서, 띠루반나말라이의 안과에 나를 데려가서 거기 있는 도

---

3) T. 하이데라바드를 중심으로 활동한 전통의학 의사, 독립운동가, 정치인(1901-1982).

구로 그것을 빼내야 할 거라고 말했다. 만약 실패하면 즉시 마드라스로 가서 치료를 받아야 할 것이고, 안 그러면 눈이 영구히 손상될 거라고 했다. 몇 명의 방문객과 헌신자들이 주위에 모여들어 있었는데, 그들 중 한 사람은 바로 닥터 멜코트가 만약 내 눈을 내버려두면 그렇게 될 거라고 말한 것과 똑같이 눈이 손상된 사람이었다.

나는 굉장히 속이 상해서 **바가반께** 마음속으로 말했다. "저는 고요한 시간을 가지고 당신의 함께하는 평안과 행복을 즐기러 여기 **바가반께** 왔습니다. 이런 모든 일이 일어나서 제가 마드라스로 가고, 수많은 괴로움을 겪어야 하는 것이 당신의 뜻입니까?"

이 기도를 올린 뒤에 내가 의사에게 말했다. "피마자기름 한 방울을 눈에 넣고, 그 윤활 작용으로 그 모래알이 나올지 봅시다. 그런 다음 만약 필요하면 우리가 병원으로 가지요."

그가 동의했다. 우리는 함께 **바가반께** 갔다. 당신은 평소 하시는 아침 식사 후 산책에서 막 돌아와 침상에 비스듬히 기대고 계셨다. 나는 당신께 말씀드리지는 않았지만 마음 속에 번뇌를 가진 채, 당신 앞에서 오체투지를 했다. 그런 다음 **바가반**의 시자에게서 피마자기름을 조금 받아 내 방으로 가져갔고, 의사도 동행했다. 우리가 현재의 시약소가 있는 코너에 다가갔을 때, (눈에서) 어떤 분명한 편안함을 느꼈다. 사실 눈의 통증이 사라지고 있었다. 나는 의사에게 그렇게 말했고, 그는 어떻게 무슨 차도가 있을 수 있는지 영문을 몰랐다. 여하튼 그는 내 눈을 다시 검사하고 그 기름을 눈에 점안한 다음 나를 병원에 데려가야겠다고 마음먹었다. 우리가 내 방에 당도하자 그가 눈을 검사했는데, 내가 걱정할 것이 거기에 아무것도 없었다. 검사하기도 전에 내가 말했다. "눈에 전혀 아무것도 없다는 느낌이고, 저는 완전히 편안합니다."

우리는 피마자기름을 눈에 넣지도 않았다. 아무것도 할 필요가 없었다. 의사가 말했다. "이해가 안 되네요. 그 알갱이가 어떻게 사라졌고 당신이 그렇게 편안해졌는지 설명을 할 수 없습니다. 분명히 당신의 **바가반**이 하신 일입니다."

의사의 말이 아니더라도, 그것이 나에 대한 **바가반**의 은총의 발현이 아니었다고 믿을 만한 근거는 아무것도 없었다.

그보다 훨씬 뒤에 한번은 내가 **바가반**께 그런 사건들에 대해 이야기할 기회가 있었다. 어느 날 오후에 한 방문객이 구회당에서 **바가반**을 친견한 뒤 사무실 바깥의 베란다에 자신의 가방을 놓아두고 도감에게 비부띠 쁘라사드(Vibhuti Prasad)를 받으러 들어갔다. 방문객이 나와 보니 한 원숭이가 자신의 가방을 낚아채 가 버린 뒤였다. **바가반**의 쁘라사드인 과일 등과는 별개로, 거기에는 그의 옷들과 지갑이 들어 있었다. 그 방문객과 다른 사람들이 원숭이를 쫓아가서 가방을 회수해 보려고 했으나 헛일이었다. 방문객은 아주 곤혹스러운 입장이었다. 자기 집으로 돌아갈 기차 여비도 없었기 때문이다. 그 문제를 **바가반**도 아시게 되었다. 우리 모두는 그 방문객을 동정하고 있었고, 나도 그런 일은 **바가반**을 방문하러 온 사람에게 일어나서는 안 된다고 생각했는데, 그러는 사이 다행히 그 가방이 회수되었다. 그 원숭이가 자신이 관심 가졌던 과일 등만 꺼낸 뒤 가방을 던져 버렸기 때문이다.

이 사건에 대해 이야기하면서 나는 또 **바가반**께 다른 한 사건에 대해서도 기억을 환기시켜 드렸다. 그것은 찌뚜르의 내 친구들 몇 사람이 나에게 말해준 것이었다. 내 친구 세 명이 차로 띠루빠띠(Tirupati)에 갔다가 돌아오는 길에 어떤 사정으로 그 차로 여행할 수 없게 되었다. 그랬는데 조금 후 그 차는 사고가 나서 차축이 부서졌다. 내 친구들은 이 사건이 그들에 대한 주 벤까떼사(Lord Venkatesa)[4]의 은총의 행위라고 이야기했다. 그때 내가 그들에게 물었다. (신에 대한) 불경심으로 하는 말은

---

4) *T.* 띠루빠띠는 남인도의 유명한 순례지이다. 띠루빠띠 인근의 띠루말라(Tirumala)에 있는 벤까떼스와라 사원에 모셔진 신이 주 벤까떼사인데, 비슈누의 한 형상이다.

아니지만, 왜 신이 그 차축이 부서질 때 그들이 차에 타고 있지 않게 하는 대신 그 차축이 부서지지 않게 하지 못했느냐고 하자, 그들은 이에 대해 어떤 설명도 하지 못했다.

그때 내가 바가반께 같은 질문을 드렸다. "왜 이 방문객은 먼저 가방을 빼앗기고 그렇게 많은 괴로움과 근심에 빠진 뒤에 구제되었습니까? 신의 은총은 애초에 그가 가방을 잃지 않게 해줄 수 있었을 것입니다. 마치 제가 찌뚜르 친구들에게 (신의 은총이 있었다면) 그들이 그 차 사고를 당하지 않을 수 있었을 거라고 말했듯이 말입니다."

잠시 말씀이 없다가 바가반이 답변하셨다. "그러면 그 당사자들이 신이나 그의 은총을 생각해 볼 기회가 없었겠지요." 그래서 이제 나는 왜 그런 일들이 일어나는지 이해한다.

1934년과 1942년 사이, 즉 내가 바가반을 자주 방문하기 시작한 때와 내가 당신 발아래 정착할 무렵 사이에 일어난 사소한 많은 일들이 나를 바가반께 더 가까이 끌어당기고 당신께 더 꽉 붙들어 매는 역할을 했다. 문득 바가반께 가고 싶다는 생각이 들면, 내가 출발하기 좋은 여건이 만들어지곤 했다. 내가 바가반을 방문하고 싶은 그 며칠 동안 찌뚜르에서 나에게 일이 없거나, 일이 있어도 며칠 미룰 수 있거나 아니면 나에게 아무 손해 없이 어떤 친구가 그 일을 맡아주곤 했다. 내가 집에 있어야 할 일도 없었다. 그 여정 자체도 편안하고 쾌적했다. 만일 도중에 나에게 어떤 도움이 필요하면, 예기치 않게 어떤 식으로든 도움이 오곤 했다. 또 아스라맘에서도 내가 쾌적하게 머무르는 데 필요한 모든 것을 얻곤 했다. 개인 방에 머무르는 것도 그 중의 하나였는데, 그것은 아스라맘에 기부를 하거나 봉사를 하여 나보다 그것을 누릴 자격이 더 있다고 생각되는 다른 많은 사람들은 얻지 못하는 특권이었다.

바가반은 아스라맘 당국이 나에 대해 우호적으로 생각하게 하신 것으로 그치지 않으셨다. 당신이 은총을 베푸신 다른 경우들도 떠오르는데,

그 이야기를 여기서 하는 것도 좋을 듯하다. 아스라맘에서 하루 이틀 지나면 음식이 내 위장과 맞지 않곤 했다. 이와는 별개로, 나는 보통 밥을 아주 적은 양만 먹는다. 한번은 **바가반**이 (음식이 놓인) 내 엽반葉盤을 보시고 물으셨다. "그렇게 적게 먹고 어떻게 해 나갑니까?"

내가 대답했다. "제가 아주 조금 먹어도 여기서 하루 이틀 지나면 위장이 문제를 일으킵니다. 이 양조차도 제대로 소화시키지 못합니다."

그 뒤로는 내가 아스라맘에 계속 머무르면서 아침저녁으로 그들의 음식을 받아도 내 위장에 더 이상 아무 문제가 없었다. 이것은 **바가반**이 얼마나 관찰력과 배려심이 좋으신지를 보여줄 뿐 아니라, 당신이 우리의 문제를 발견하신 한 어떠한 치유적 **은총**이 당신에게서 흘러나오는지를 보여준다. 내가 개인적으로 느끼기에, 이처럼 당신이 우리의 몸에 필요한 것들을 처리해 주기로 하신다면, 우리의 영혼에 필요한 것들에 당신이 무관심하실 수 있다고 보기는 어렵다. 다만 그 분야에서 당신의 일처리는 나처럼 어려운 사안들에서는 눈에 확 띄지 않을 수 있다.

한번은 내가 아직 찌뚜르에 있을 때 심한 소화불량에 걸렸다. 아무것도 소화시킬 수 없었고, 무엇을 먹든―심지어 아주 묽은 죽을 먹어도―설사를 했다. 이 문제로 며칠 힘들어하다가 내 증세에 대해 **바가반**께 편지를 써서, 모든 것에 대한 나의 치유법은 당신께 가는 것이기에, 다음날 당신을 찾아뵙겠다고 했다. 그에 따라 길을 나섰는데, 도중에 벌써 기차 안에서 장의 움직임이 있었다. 아스라맘에는 저녁식사에 함께 들어갈 시간에 때 맞춰 도착했고, 남들과 함께 평소의 음식뿐만 아니라 그날 저녁 뱅갈로르의 사따고빤(Satagopan) 씨가 가져왔다고 생각되는 좋은 단 음식(sweets)도 좀 배식 받았다. 그는 1년에 한 번씩 아주 훌륭한 단 음식들로 **바가반**을 위해 큰 대중공양(Bhiksha)[대중에게 음식을 공양하는 것]을 베풀곤 했다. 그 중 일부가 그날 밤에 배식되었고, 나는 아무 두려움 없이 즐겁게 그것을 먹었다. 다음날 아침에도 평소의 아침밥과 함께―그것만도 내 상태에서는 너무 과한 것인데—영양가 많고 맛있는 몇 가지 가외의 품목이 나왔다. 그것도 모두 먹었다. 11시에 나온 점심도 과했다. 그런 약으로 **바가반**은 나의 설사를 그치게 하셨고, 나는 잠깐 머무른 뒤에 완전히 나아서 돌아갔다.

나에 대한 **바가반**의 아버지 같은 보살핌은 다른 경우에도 나타났다. 어느 날 아침 5시에 나는 산을 돌려고 나섰다. 도중에 우연히 도감의 사무실을 지나게 되어, 그에게 말했다. "저는 산을 돌러 가는데 9시까지 돌아오지 못할지 모릅니다. 그때 만약 가능하다면 (식당에서) 커피나 한 잔 마시고 싶습니다."

그가 말했다. "두고 보지요."

돌아오는 길에 나는 읍내의 한 호텔(식당)에서 이들리(*iddlies*)[쌀가루로 빚은 떡]와 커피를 좀 먹었다. 그러나 커피를 한 잔 더 마시는 것을 꺼리지 않았기 때문에 (아스라맘에 도착하여) 그것을 마시러 식당에 들어갔더니 커피가 좀 있다고 해서 앉았다. 그러나 한 여성이 도사(*dosai*)[쌀가루 반죽을 얇게 펴서 부친 것]와 꾸뚜(*kootu*)[도사에 곁들이는 채소 음식]도 좀 주었고, 내가 커피만 원한다고 하자 그녀가 말했다. "이걸 안 드시면 **바가반**이 우리를 야단치실 거예요. 오늘 아침에 **바가반**께서 '데바라자 무달리아르는 산을 돌러 갔어. 그를 위해 도사와 꾸뚜를 좀 남겨두지.'라고 하셨거든요. 우리가 이것을 당신께 드렸는지, 11시에 물으실 거예요."

그날 10시 30분경 내가 평소처럼 찬가들(*stotras*)을 부르기 시작했을 때, 그날 부른 노래들 중 『라마나 친존예경(*Ramaṇa Sannidhi Murai*)』에 있는 「아루나이 라마네산(*aruṇai ramanesan*)」을 우연히 골랐다. 그리고 제4연에서 "큰 보살핌으로 저를 받아주시고 저의 **주님**이 되신 분은 **아루나이**(아루나찰라)의 **라마네산이시라네**(*arumai pārātti yenaiyāṇḍa pemmānavanākil aruṇai ramaṇēsanāmē*)"라는 행에 이르렀을 때, 나에 대한 **바가반**의 어머니 같은 사랑과 보살핌을 생각하자 나도 모르게 눈에 눈물이 차올랐다.

락슈마나 사르마의 『실재사십송 주석』 제3판이 나올 때 **바가반**, T.S. 라자고빨과 나는 며칠 동안 저녁마다 그 교정쇄를 읽었다. 내가 기억하기로, **바가반**이 한 부를 살펴보시고 T.S. 라자고빨이 다른 한 부를 살펴보는 동안 나는 (소리 내어) 읽었다. 하루는 오후에 내가 산을 돌려 가면서 6시 15분까지는 회당에 돌아와서 이 일을 할 수 있겠다 싶었지만, 15분가량 늦었다. 그러자 어떤 사람이 그 작업을 계속해야 할 거라면서, 나 대신 다른 사람이 교정을 볼 수 있을 거라고 자연스럽게 제안했다. 그러나 **바가반**은 그 말을 듣지 않으셨다. 당신은 그들에게 나를 기다리게 하신 뒤에, 내가 돌아온 뒤에야 작업을 시작하셨다. 그런 배려 행위는 사소해 보일 수도 있지만, 그 정도의 위광威光을 지닌 분이 그런 대접을 받을 자격이 부족한 사람에게 그리 하셨을 때는, 별로 한 것도 없이 받는 그런 사랑에 의해 내가 당신께로 끌리지 않기란 불가능한 일이었다. 그러나 그런 호의의 표지들이 나만의 남다른 특권이었다고 주장하고 싶지는 않다. 많은 사람들이 그런 은총을 받았고, 어떤 이들은 더 많이 받았다. 여기서는 단지 **바가반**과 나 사이에서 오고간 것을 내가 기억하는 한에서 들려주고 싶을 뿐이다.

이곳이 내가 언젠가 **바가반**과 나눈 한 대화를 언급하기 좋은 곳인 듯하다. 나는 당신 앞에 앉아 따유마나바르의 "일념으로 (제) 마음을 고요히 만들고 괴로움이 없게 하는 당신의 **은총**을 보여주시면, 제가 와 있는 이 세계가 버티지 못할 것입니다(*orumai manathākiyē allalara ninatharuḷiloruvan nān vanthirukkin ulagam porāthathō*)" 노래 등을 부르고 있었다.

나는 정말 그렇게 느끼고 있었고, 그래서 그 노래의 이 구절에 이르렀을 때 멈추어서 **바가반**께, 왜 당신께서는 (나에게) 그런 일을 해 주실 수 없는지 여쭈었다.

당신이 말씀하셨다. "만일 제가 한 사람을 위해 그렇게 하면, 모두가 그렇게 해 달라고 하겠지요."

내가 대답했다. "그들이 그런들 어떻습니까, **바가반**? 그들에게도 그것을 베푸십시오. 저로서는 그들에게 불평하지 않겠습니다. 공급이 무한하다는 것을 제가 아니, 남들도 받는다고 해서 제가 손해 보지는 않으니 말입니다."

다른 때에도 그 비슷한 청을 **바가반**께 드린 적이 있는데, 내 기억으로 당신은 침묵을 지키셨다. 그래서 나의 청은 당신이 들어줄 수 없다고 결론지었다. 내가 말했다. "저희가 감각 쾌락을 쫓아가는 것은 경험상 그것이 즐겁다는 것을 알기 때문입니다. 영적인 **지복**으로 말하면, 분명히 수많은 성자들이 그것이 최고이고 형언할 수 없다고 말해 왔지만, 저희는 그것을 체험하지 못했고, 따라서 그에 똑같은 믿음을 가질 수 없습니다. 왜 **바가반**께서는 저희가 그 **지복**을 언뜻 보거나 맛이라도 보게 해 주지 않으십니까? 그럴 때에만 저희가 감각 쾌락을 버리고 **진아의 지고한 지복**을 쫓아갈 수 있을 것입니다."

내가 **바가반**께 드린 모든 질문에서처럼 여기서도 나는 진지했다. 당시 내가 보기에—지금도 그렇게 보지만—우리가 세계와 세간적 쾌락에서 벗어나 **진아 깨달음**의 길로 향하게 해줄 가장 확실한 방도는, 진아의 지복이 가장 즐거운 감각 쾌락보다도 무한히 더 수승하다는 것을—아무리 짧은 순간이라 해도—우리가 실제로 체험하게 하는 것이었다. 그렇기는 하나 그런 언뜻 봄을 하사하는 것이 가능하지 않을 수도 있다는 것을 십분 이해한다. 스리 라마크리슈나 빠라마한사가 순전한 은총으로 스와미 비베카난다에게 그런 언뜻 봄을 베풀었을 때, 스와미 비베카난다는 그것을 감당할 수 없었고, 그 충격이 사흘 남짓 지속되었던 것 같다.

그런 언뜻 봄은 큰 코끼리가 작은 초가 오두막에 들어간 것과 같아서, 그 오두막이 짓밟히고 기둥뿌리가 뽑히는 결과를 가져온다. 그것은 납득되지만, 성자는 만약 원한다면 어떤 일도 할 수 있고, 심지어 코끼리가 들어가도 오두막이 무사하게 할 수도 있을 듯하다.

내가 **바가반**에 대해서 가진 적은 경험으로 보건대, 당신은 사람을 억지로 빨리 가게 하는 데 가치를 두는 분이 아니었다. 오히려 당신이 나에게 주신 인상은, 당신이 개입하여 우리의 타고난 근기보다 더 빠른 속도로 우리를—비록 깨달음 쪽이라고 해도—몰아감으로써 우리의 성품, 곧 **쁘라끄리띠**(*Prakriti*)에 폭력을 쓰는 것은 적절치 않고, 우리에게 실제적 이익이 되지 않는다고 느끼신다는 것이었다. 라빈드라나트 타고르의 「기탄잘리(*Gitanjali*)」에 나오는 다음 시행들과 비교해 보라.

당신의 손 안에서 시간은 끝이 없습니다, 하느님!
낮과 밤들이 지나가고 세월이 꽃처럼 피었다 집니다.
당신은 기다리는 법을 아시니,
당신의 세기世紀들이 서로 뒤를 이어, 작은 야생화 하나를 완성합니다.
우리는 여유 부릴 시간이 없고 가진 시간이 없어
우리의 기회들을 붙잡기 위해 분투해야 합니다.
우리는 너무 가난해서 지체할 수 없습니다.

한번은 내가 1935년에 아스라맘에 있을 때, 나거꼬일(Nagercoil-타밀나두 남단의 도시)에서 온 스무 살 가량의 한 젊은이를 만났는데, 그는 나거꼬일의 소액재판소(District Munsiff's court)5)에서 일하고 있었다. 우리가 아스라맘에 함께 지내는 4, 5일 동안 그와 친해졌다. 그는 한 젊은 성자를 만난 적이 있으며, 그 성자가 자신을 접촉하고 축복해 주었다고 했다. 그 이후로 자신은 모든 성적인 느낌을 초월했고 모든 여성을 자신의 누이나 어머니로 여길 수 있다고 했다. 그것은 내게 아주 놀랍게 느껴졌다. 그래서 기억에 남았다. 그 젊은이의 이름은 잊었는데, 그는 다시는 아스라맘에 나타나지 않았다. 다만 한두 번 나에게 편지를 보냈다. 상당한 시간이 지난 뒤에 내가 이것을 **바가반**께 말씀드렸다.

---

5) T. 사인들 간의 비교적 소액의 금전적 분쟁 사건들을 재판하는 지역의 최하급 재판소.

내가 수년간 **바가반**을 빈번히 방문한 뒤에, 특히 아스라맘에 아주 정착한 뒤에, **바가반**과 내가 접촉한 결과로 나의 내면에서—내가 아는 한에서는—영적으로 이렇다 할 진보가 없다는 생각이 자주 들곤 했다. 그런 경우에는 가끔 **바가반**께 다가가서 왜 그런지 여쭈기도 했다. 하루는 **바가반**께, 내가 당신의 감화 아래로 들어온 뒤로도 나의 모든 욕망들에 전혀 어떤 변화도 없는 것 같다고 하소연하면서, 그 젊은이가 나에게 했던 말을 인용하며 **바가반**께 여쭈었다. "그 청년이 저에게 한 말이 사실이라면, 저는 **바가반**께서도 만약 원하신다면 저희들의 욕망을 죽여주실 수 있다고 확신합니다. 저희에게 억지로 그렇게 하시거나 저희의 욕망을 바깥에서 억누르시는 것은 좋지 않고, 그래서 **바가반**께서 그런 어떤 일도 하지 않으시는 것 같이 보입니다만." **바가반**은 침묵하고 계셨고, 나는 내 추측이 옳았다고 생각했다.

내가 이렇다 할 어떤 진보도 하지 않고 있다고 **바가반**께 하소연한 것이 한두 번이 아니었다. 한번은 욕망들이 계속 버티고 있는 것을 한탄하면서, 작고한 데이바시카마니 무달리아르(Deivasikhamani Mudaliar)[쿠달로르(Cuddalore)의 소마순다람 삘라이의 부인 '우마(Uma)'의 할아버지]의 다음 시구를 인용하고, "제 경우도 비슷합니다"라고 **바가반**께 말씀드렸다. "금도 신경 쓰지 않고 세상도 신경 쓰지 않지만, 사탕수수처럼 여자들을 달게 여깁니다. (이것은) 저의 과거업의 결과입니까? 지쳤습니다, 어머니! 저를 이제 들어 올려 주십시오!(*ponnai mathiyēn puviyai mathiyēn kanna lenap pūvaiyaraik kāṇkinṟēn—munnāḷ vinaiyin payanithuvō vēsaṟṟēn ṟāyēenai yeṟṟavēṇdumē yinṟu*)"

바가반은 나의 문제를 대수롭지 않게 취급하면서 이렇게 답변하셨다. "때가 되면 모두 다 사라지겠지요. 걱정할 필요 없습니다. 명상(*dhyana*)을 더 많이 할수록 그런 욕망들이 더 빨리 떨어져 나갈 것입니다."

또 어떤 때에는 내가 향상되지 못하고 있다고 하소연하면 **바가반**이 그냥 이렇게 대답하셨다. "그대가 어떻게 압니까?"

때로는 내가 이렇게 생각하며 스스로 위안하기도 했다. "어쩌면 어느 날 내가 갑자기 싹 달라진 사람이 되어 있는 것을 발견하겠지." 그런데 그런 기분일 때 한번은 **바가반**께 어떤 사람의 영적인 상태에서의 향상은 점진적으로 그리고 단계적으로 일어나는지, 아니면 어느 날 홀연히 분출하는지 여쭈었다. **바가반**은 깨달음의 최종적 향상을 언급하면서 이렇게 답변하셨다. "그대가 횃불을 들고 어두운 동굴에 들어가면, 그 어둠은 점진적으로 사라집니까, 즉시 사라집니까?"

후년에 내가 그런 하소연들을 했을 때는 **바가반**이 어떤 때는 침묵을 지키고, 어떤 때는 미소를 띠며 말씀하셨다. "이것은 그대가 늘 하는 이야기이고, 새로운 건 없군요."

그러나 나는 **바가반**이 마치 "그대의 고충은 압니다. 저에게 말할 필요가 없습니다. 필요한 것은 이루어질 것입니다"라고 말씀하시는 것처럼 느끼곤 했다.

여기서 **사뜨 상가**(*Sat Sanga*)[성스러운 분과의 친교]와 그것이 **진아 깨달음**의 길에 미치는 엄청난 감화력을 이야기하는 것이 적절할 것이다. 내가 **바가반**과 더 가깝게 친교하기 시작한 아주 초기에—아마 1935년에—어느 날 아침 9시경에 회당에 앉아 있을 때, 돌아가신 세사드리 스와미의 가까운 제자였던 벤까따라마 아이야르라는 이름의 남자가 내 옆에 앉아 있다가 자진해서 나에게 다음과 같은 조언을 해 주었다. "우리 같은 사람들에게 최선의 것은 이것뿐입니다." 그러면서 그는 「실재사십송 보유 (*Ulladu Narpadu Anubandham*)」에 있는 5개 연(제1~5연)을 나에게 보여주었는데, 그것은 **사뜨 상가**의 엄청난 감화력을 다루고 있는 것이다. 나는 그의 말에 십분 동의했고, 심지어 그것을 격식 없는 교분을 통해 오는, 나를 위한 **바가반**의 지침으로 받아들이기도 했다. 그때 이후로 **바가반** 자신을 통해서, 그리고 **바가반**이 책과 정기간행물들 가운데서 나에게 언급해 주시는 것들을 통해서, 값을 따질 수 없고 가늠할 수도 없는 **사뜨**

상가의 이익에 대해 많이 알게 되었다. 한번은 바가반이 『요가 바시슈타』 중에서, 해탈의 처소에 수문장이 넷이 있는데 그 중의 하나는 사뜨상가이며, 만일 우리가 그 수문장들 중 어느 것과 교분을 맺으면 쉽게 해탈의 처소로 들어갈 수 있다는 대목에 주목하게 하셨다. 바가반은 이런저런 때에 다음 시구를 나에게 인용하시기도 했다.

> īsanāñāni yirunthuḷavidatthē
>   yiruppathu mutthithānanthat
> thēsika nēval cheypavan kālen
>   chenniyi liruppathu manni
> māchilāp parama ñāniyā munikku
>   mahēsanu moppalan mathikki
> lāchilā variyu moppala nānu
>   moppala nēvarop pārē.

하느님[지고아]이신 진인이 머무르는 곳에 머무르는 것이 곧 해탈이라네. 스승[진인]께 봉사하는 사람은 (위대하니) (내) 머리 위에 그의 두 발을 영원히 이고 다니리. 오염 없는 지고의 진인 앞에서는 시바도, 비슈누도, 브라마도 비견되지 않네. 비슈누조차도 비견되지 않는데 어느 누가 그에게 비견되겠는가?

— 『브라마 기타』

> ñāna muṇḍavan ṟalaimichai sumppanmeyñ
>   ñānivēṇ duvavellām
> āla muṇḍava navanpinē thirikuva
>   navanaditthu kadkaṉṟō
> chīla mannaru maṟṟuḷa thēvarun
>   thisaithisai paṇinthētthak
> kāli raṇḍaiyun thalaimichai vaiyenak
>   kazhaṟulan kamavatthōn.

비슈누는 머리 위에 진인이 원하는 모든 것을 이고 다닐 것이고, 시바는 어디서든 그를 따라다니며 언제나 그를 보호할 것이네.

덕 있는 왕들과 천신들은 그의 두 발의 먼지를 경배할 것이고,
브라마는 자신의 머리에 그의 발을 얹어 달라고 간청할 것이네.

— 『꾸룬띠랏뚜(*Kurunthirattu*)』

a̱rakku̱raivai ni̱raivākkum sambatthākkum
  āpatthaic chubamākku masupanthannaic
chi̱rakkumuyar thavarkūdda mennuṅ kaṅkaic
  chītanī rādinarkkuc cheythuveḷvi
i̱rakkariya thalanthānan thīrtthamveṇdām
  idarpantha ma̱rutthevarkku miniyōrākip
pi̱rappenumvē laippuṇāyā narvuchāṉra
  periyōrai yevvakaiyum pēṇalveṇdum.

성스러운 분들과 친교함으로써 불완전이 완전해지고 위험은 행운이 될 것이며 불상不祥한 것이 길상吉祥해질 것이다. 그러한 친교라는 갠지스 강에서 목욕한 사람들에게는 호마(Homam)도, 제사(Yajnam)도, 고행도, 보시도, 신성한 강물에서 목욕하는 것도 모두 불필요하다. 따라서 어떻게 하든 위대하고 지혜로운 분들과 친교하라. 그것은 탄생의 바다를 건너게 해 줄 배이니.

— 『냐나 바시땀(*Jnana Vasitam*)』

나는 **바가반**을 통해서나 여러 책과 저널들을 통해서 **사뜨 상가**의 경이로운 효과를 잘 보여주는, **뿌라나**에 나오는 다양한 이야기들에 주목하게 되었다. 그러나 **바가반**과의 **사뜨 상가**를 몇 년이나 누린 뒤에도 나의 영적인 위상에서 눈에 띄는 어떤 향상도 보지 못하고 있었다. 그래서 한번은 **바가반**께 여쭈었다. "**사뜨 상가**에 대해서 이야기되는 이 모든 것들은 문자 그대로 참됩니까, 아니면 우리의 타밀 시인들에게서 상당히 흔한 일이듯이 과장입니까?"

그 순간 나는 우연히 「실재사십송 보유」의 한두 연을 언급했다. 바가반은 미소를 지으며 말씀하셨다. "저에게 묻지 마세요. 저는 그냥 그것을

보는 대로 번역한 것뿐이니까."

그리고 당신은 어떻게 해서 그 다섯 연을 오리지널 산스크리트어에서 번역하게 되었는가 하는 이야기를 나에게 들려주셨다. 오래 전 **바가반**이 스깐다스라맘에 계실 때, 돌아가신 에짬말의 조카딸 쩰람마는 당시 한창 어린 나이였는데, 과자를 좀 샀을 때 가게 주인이 그것을 싸준 종이에 **사뜨 상가**를 찬양하는 노래 하나가 있는 것을 발견한 것 같다. 그녀는 그 노래에 워낙 흥미를 느껴서 그것을 외어 두었고, **바가반** 앞에서 그것을 노래로 부르고 자신이 그것을 어떻게 얻었는지 이야기했다. **바가반**은 어린 소녀가 그 문제에 그토록 관심 있어 하고 그토록 열의를 보이는 것을 보고 감동하여 (이미 당신이 접하신 적이 있었던) 그 다섯 연의 산스크리트 시를 그녀를 위해 타밀어로 번역하셨고, 이것이 나중에 「실재사십송 보유」에 편입된 것이다.6)

이제 **바가반**이 여러 가지 것들에 대해 나에게 해 주신 이야기를 계속하겠다. 어느 **자얀띠**[바가반 탄신일] 때 나는 전 가족을 아스라맘에 데려가서 약 1주일간 그곳에 머무르게 할 계획을 세웠다. 그러기 위해서 대략 100루피가 필요할 것으로 추산되었다. 그때는 내가 정부 대리 변호사와 검찰관을 그만둔 상태여서 월수입이 지출보다 적었기에, 내 은행계좌에서 100루피를 인출해야 할 것으로 생각했다. 그러나 며칠 후 전혀 뜻밖에도 뱅갈로르에서 온 어떤 사람이 나에게 소송 대리를 맡기면서 내 **자얀띠** 여행에 필요했던 정확히 100루피를 수임료로 지불했다.

나는 은행에서 돈을 인출하는 것을 전혀 꺼리지 않았다고 덧붙여 두어야겠다. 나는 100루피를 얻기를 바랐거나 얻으려고 기도하지 않았다. 오히려 **자얀띠** 여행 같은 특별 경비는 내 은행 잔고에서 인출하는 것이 지극히 당연해 보였다. 그러나 **바가반**은 내가 가지고 있던 목표가 아주

---

6) T. 앞 쪽의 『냐나 바시땀』 시는 383쪽에도 나왔다. 쩰람마가 바가반 앞에서 왼 것은 타밀어로 번역된 그 시였고, 바가반이 그와 같은 취지의 다른 산스크리트 시들을 찾아서 다시 타밀어로 번역한 것이 「실재사십송 보유」의 제1~5연이다.

칭찬할 만한 것이라고 느껴서 어떻게든 그 돈을 보내줘야겠다고 느끼신 것 같았다. 그리고 나도 우리의 초기 시절에는 **바가반**이 그 단계에서 우리의 마음이 끌릴 그런 방법으로 우리를 당신께로 끌어당기셨다고 느낀다. 동료 헌신자들은 자신들도 비슷한 경험을 했다고 하면서 이런 믿음이 옳음을 확인시켜 주었다.

여기서 내 둘째 딸의 세 번째 출산과 관련된 사건 하나를 언급하겠다. 그녀가 원래 건강이 좋지 않기도 했고, 먼젓번 출산을 한 뒤로 약 10년의 오랜 간격이 있어서 나는 걱정을 몹시 했다. 딸은 시어머니도 없었고 시댁에는 도움을 줄 책임 있고 경험 많은 다른 여성도 없는데다가, 내 처도 그때는 세상을 떠나고 없었다. 시댁에서 받을 수 있는 의료적 도움이라는 것은 벨로르에서 받을 수 있는 것과는 전혀 비교가 되지 않았다. 나는 이 모든 걱정을 편지로 **바가반**께 말씀드리곤 했다. 해산 날짜가 가까워지자 나는 사위에게 편지를 써서, 내가 거기 가 봐야 특별히 아무 쓸모가 없을 테니 함께하러 가지 않을 것이고, 대신 **바가반**을 찾아뵐 거라고 했다. 그리고 만일 필요하면 나에게 전보를 치라고 했다. 이런 나의 계획을 **바가반**께도 편지로 미리 말씀드렸는데, 그 답장으로 아스라맘으로부터 내가 걱정할 필요가 없고 딸은 무사히 해산할 거라는 편지를 받았다. 이것은 아스라맘에서 통상적으로 보내는 그런 답신이 아니었다. 통상적인 편지는 다음과 같은 식이었다. "**바가반**의 은총으로 해산이 무사히 이루어지기를 바랍니다."

나는 계획한 대로 **바가반**을 찾아뵈었고, **바가반**과 함께 2, 3일을 보낸 뒤 사위에게서 내 딸이 무사히 남아를 출산했다는 엽서를 받았다.

여기서 **바가반**이 나와 내 친족들에게 베푸신 또 한 가지 두드러진 **은총**의 행위를 언급하는 것이 적당할 듯하다. 방금 언급한 손자가 세 살 무렵에 열병에 걸렸다. 사위가 징세관으로 있던 꼰지바람에서 받을 수 있는 현지의 모든 의료적 도움으로도 며칠간 그 열을 내릴 수 없었다.

그러던 어느 날 밤, 열이 여전히 심할 때 사위는 몹시 걱정이 되어 **바가반**께 개입해 주시라고 호소할 필요가 있다고 판단했다. 그는 새벽 4시경에 일어나 나에게 편지를 써서(당시 나는 아스라맘에서 **바가반** 곁에 상주하고 있었다) 그 사실을 말하고, **바가반**의 개입을 기원한다고 했다. 그는 버스 차장을 통해 그 편지를 속달로 보낸 다음 5시경에 위층의 아이에게 올라가 보니 열이 내려 있었다. 은총과 도움에 대한 긴급한 호소에 즉시 응답이 있은 것을 보고 그가 얼마나 안도하고 **바가반**께 감사했던지! 버스 차장이 그 편지를 나에게 가져온 것은 11시경이었고, **바가반**은 점심을 드시러 막 회당을 나서실 때였다. 나는 급히 **바가반**께 말씀드리고 당신의 쁘라사드를 보내는 데 대해 당신의 허락을 얻었다. 편지를 한 통 쓰고 그 안에 쁘라사드를 넣어서 바로 그 차장 편에 그것을 보냈다. 그 편지에서 내가 이렇게 썼다. "적어도 내가 그 편지를 **바가반**께 보여 드린 11시부터는 아이에게 차도가 있을 것이네."

나는 나중에서야 사위가 그 편지를 쓰자마자 차도가 있었다는 것을 알았다. 쁘라사드를 동봉하여 보낸 내 편지는 버스가 꼰지바람으로 가는 도중 그 버스 승무원이 잘못하여 어떤 강물에 떨어뜨렸다. 그러나 어떤 사람이 물 위에 떠 있는 그것을 발견하고 집어서 내 사위에게 갖다 주었다. 편지는 한동안 물속에 있었기 때문에 부분적으로 알아볼 수 없게 되었지만, 쁘라사드는 온전히 그대로 있었다.

내가 30년간을 거주하면서 일한 찌뚜르에서의 생활 체제를 정리하고 아스라맘으로 가서 거기서 수월하게 아주 정착할 수 있도록 **바가반**이 다양한 편의를 제공해 주셨다는 것은 이미 이야기했다. **바가반**이 그렇게 해 주신 일 중의 하나는 내 맏딸이 벨로르에서 학교 선생으로 일자리를 얻게 하신 것이다. 결혼이 불행하게 끝났기 때문에, 결혼 후 2, 3년이 지난 1927년 이후로 나와 함께 살던 딸이었다. **바가반**의 은총으로 딸이 이 교직을 얻게 하는 데 먼저 성공하지 못했다면, 내가 1942년 후반에 그렇게 찌뚜르를 떠날 수 없었을 것이다. 그러나 딸이 이렇게 벨로르에 편안히 잘 정착하고 나서 얼마 후, 벨로르에 정주해 살고 있던 내 형제 중 한 사람이 나에게 어떤 사실을 말해 주면서, 나는 딸을 거기 정착하게 한 것이 잘한 일이었나, 아니면 그럼으로써 온갖 문제를 내가 자초하고 있는 것일 뿐인가 하는 의심이 들었다. 그 소식이 내게 전해졌을 때 나는 **바가반**께로 가고 있던 중이었고, 그래서 여정 도중에 즉시 **바가반**께 마음속으로 하소연했다. "**바가반**! 당신께서 모든 일을 끝까지 정리해 주셔서 제가 수월하게 당신 곁에 정착할 수 있게 되었다고 생각했습니다. 그런데 이건 또 무슨 문제입니까? 저에게 평안이 없어야 합니까?" 그러고 한 달 이내에, **바가반**은 벨로르의 형제가 내 마음에 일으켰던 두려움을 미연에 방지하는 더없이 예기치 못한 환경 변화를 야기하셨다. 그 변화가 워낙 예기치 않은 것이고 갑작스럽고 불가역적인 것이었기에, 나는 오직 **바가반**이 가여운 나를 위해 그렇게 해주신 거라고 확신한다.

내가 아스라맘에 정주하는 데 도움이 된 또 한 가지 개입도 언급할 만하다. 나는 다섯 살 때부터 피부 트러블을 겪어 온 사람이었다. 어릴 때는 물론이고 더 나이 들어서도 이따금 피부 질환이 도지면 그것이 큰 괴로움의 원인이자 돈이 들어가는 일일 때가 많았다. 그것은 발에서 생기고 어떤 때는 무릎까지 뻗치는 일종의 습진이었다(이 질환에 붙여진 이름은 '무좀'이다). 이따금 그것이 손까지 올라와서 손가락 모두를 덮고 손목까지 번지기도 했다. 내가 서른 살 무렵부터는 이 끈질긴 질환에 대해 내복약은 물론이고 끝없이 바르는 이런저런 약을 쓰지 않는 주간이 많지 않을 정도였다. 그 중 어떤 것은 한동안 증상을 뚜렷이 경감시켜 주었지만, 온갖 치료에도 불구하고 1940년경까지는 내가 이 악을 근절하는 데 성공하지 못한 상태였다.

우리가 당연히 일종의 공동체 생활을 하면서, 쉬거나 잠자기 위해서 자기 방으로 물러갈 때를 제외하고는 늘 다른 헌신자나 방문객들과 함께 움직여야 하는 아스라맘 같은 곳에 살면서, 두 손과 발에 그런 보기 흉한 발진들을 가지고 늘 연고를 바른 채 돌아다녀야 한다면, 그것이 나에게 얼마나 불편했을지 상상할 수 있을 것이다. 그래서 내가 **바가반** 앞에서 엎드려 절을 할 때는, 내가 와서 당신과 함께 사는 데 장애가 되는 이 습진을 제거할 어떤 방도를 **바가반께서** 찾아주셔야 한다는 생각이 다 가온 적이 많았다. 내 피부 질환이 치료되지 않으면, 혹은 치료될 때까지는 아스라맘에 아주 살러 가지 않겠다는 생각은 결코 한 순간도 하지 않았다는 것을 독자들은 아셨으면 한다. 그러나 내가 늘 **바가반께** 다가가는 방식이었던, 아이가 자기 아버지에게 울면서 호소하는 방식으로—왜냐하면 그것이 내 기질상 나에게 맞았기 때문에—이렇게 생각하곤 했다. "**바가반!** 저의 외모에 대해 제가 상당히 까다롭다는 거 아시잖습니까. 제가 대면할 방문객이 아무도 없이 저의 집 제 방에 있을 때조차도, 저는 불결하거나 지저분하게 보이고 싶지 않습니다. 만일 어떤 피부 트러블이 계속 저를 괴롭힌다면 제가 어떻게 매일 당신과 당신의 모든 방문객들 앞에 갈 수 있겠습니까?"

그리고 얼마 안 되어 **바가반**은 나의 이 트러블을 말끔히 치유해 주셨다. 당신은 마드라스의 연례 공원시장(Park Fair) 전시회들 중 한 곳에서 내가 접한 '벵골 화학제약' 회사의 한 책자에서 발견한 "님의 에센스 (Essence of Neem)"라는 약제 하나를 내가 스스로 처방하게 하셨다. 나는 그 약을 두세 달 사용해 보고 그것이 획기적 치료의 분명한 가능성을 보여준다는 것을 알고 근 2년간 계속 사용했고, 내로라하는 대증요법(서양의학)·우나니(Unani)[7]·아유르베다 의사들도 손들게 하면서 근 50년간 나를 걱정시켰던 그 질병은 마침내 1943년경에 더는 재발 없이 완전히 치유되었다. 의심 많은 사람들이 그 치유는 "님의 에센스" 때문이라 해도 상관없다. 나는 그것이 오로지 **바가반**의 은총으로 치유되었다고 본다.

---

7) *T.* 아유르베다와 함께 인도 전통의학의 하나.

우리의 유명한 의사 구루스와미 무달리아르(Guruswami Mudaliar)는 몇 번을 시도한 뒤에 "우리의 체계로 이것을 치유할 수 있다고 보지 않습니다"라면서 치료를 포기하고, 나를 데비 빤디뜨 깐나빠라는 사람에게 보내어 그 사람의 기름과 신두람(sinduram)8)을 사용해 보게 했다. 그런 것들조차 영구적인 효험은 없었다. 나는 다른 저명한 의사들도 찾아갔고 아유르베다 의원들도 만났다. 다년간 캘커타 까비라지들(Kavirajs)9)이 조제한 여러 가지 '정혈제'(피를 깨끗하게 하는 약제)도 복용했고, 단순하고 요드 처리된 사르사파릴라(sarsaparillas)10)도 물론 써 보았다. 내가 써 본 연고와 로션들로 말하면 그 이름이 부지기수였다. 그런 것들을 주사로도 맞았다. 그러나 어느 것도 영구적 효능은 없었다. 따라서 나는 "님의 에센스"가 나를 치유해 주었다고 믿지 않고, **바가반**이—늘 그러시듯이—내가 종종 통절하게 마음속으로 요청하던 것을 자애롭게 들어주면서도, 당신의 개입이 너무 드러나는 것을 원치 않아 '님' 같은 단순한 약을 위장책으로 하여 당신의 힘과 선함을 그 아래 숨기면서—어떤 의사도 그것에 대해 나에게 아무 말도 해준 것이 없음에도—내가 그것을 써보려는 충동을 갖게 해 주신 거라고 결론짓는 편을 선호하는데, 이에 대해 (독자 여러분) 부디 양해해 주시기 바란다.

내가 마침내 찌뚜르 군을 떠나기 한 달 남짓 전에, **바가반**은 결코 그런 일이 일어날 가망성이 없는 상황에서 나에게 더없이 행복한 어떤 경험을 보내주셨는데, 그것은 내 평생에 가져본 최고의 경험이었다. 여기서 그것을 묘사할 필요는 없을 것이다. 그러나 내가 말하고 싶은 것은, 분별 있고 신중한 여느 사람이라도 당연히 그렇게 할 것으로 생각되는 어떤 일을 내가 해야 하는지에 대해 (바가반 사진 앞에서) 산가지를 뽑아 그

---

8) *T*. 인도 전통의학의 하나인 싯다 의학에서 조제하는 전통 약제의 하나.
9) *T*. Kaviraj는 벵골 지역에서 전통 아유르베다 의원을 칭하는 말이다. 캘커타에 아유르베다 대학과 병원을 설립한 Jamini Bhushan Ray 등의 까비라지들이 널리 알려져 있었다.
10) *T*. 사르사파릴라로 불리는 *Smilax*속 약용식물들은 항염증, 항균, 독소 배출로 피부질환에 효능이 있다. 그 중 인도에서 널리 사용되는 것은 *Smilax aspera*에서 추출한 약제이다.

문제에 대해 바가반의 지침을 요청했다는 것이다. 바가반은 "아니"라고 하셨고, 나는 바가반의 지침을 따랐다. (그로 인한) 어떤 해로움도 없었고, 나는 바가반이 나에게 얼마나 지극히 자애로우셨는지를 깨달았다.

이곳이 산가지 뽑기에 관해 내가 바가반과 나눈 대화를 언급하기 좋은 곳이다. 그 얼마 전에 이런저런 사건과 관련하여 내가 한번은 바가반께 이렇게 말씀드렸다. "바가반, 우리나라 사람들이 어떤 행위를 할지에 대해 의심이 들 때마다, 그들의 신들 앞에서 산가지를 뽑아 지침을 받는 일이 드물지 않다는 것 아시지요. 그런 일이 영험이 있겠습니까?"

바가반은 즐거이 말씀하셨다. "예. 그들에게 믿음이 있다면 영험이 있겠지요."

그 대화 이후로, 나는 곤경에 처할 때마다 바가반을 생각하면서 산가지를 뽑았고, 그렇게 해서 내가 얻은 지침을 준수했다. 최소한 내 경우에는 바가반이 나에게 그렇게 말씀하셨으니 나를 실망시키지 않으실 것이고, 그것이 영험이 있을 거라는 확고한 믿음이 있다. 위의 사례는 그런 상황에서 나의 이성이―혹은 그 점에서 다른 사람의 이성도 그랬겠지만―분명하게 지시하는 일들을 하지 않고 바가반의 지침을 따름으로써 명백히 득이 된 경우였다. 나는 다른 헌신자들도 바가반의 사진 앞에서 여전히 계속 산가지를 뽑고 있고, 확고한 믿음을 가지고 그렇게 할 때는 그 결과도 똑같이 이롭다는 것을 알고 있다. 내가 바가반 곁으로 아주 가기 전에 내가 했던 다양한 경험들 중에서 언급할 만하다고 생각되는 것이 하나 더 있다. 당시 찌뚜르에 어떤 부副판사(Sub-judge)가 있었는데, 그는 나를 짜증나게 하고, 나에게 불필요한 골탕을 먹이고, 심지어 나에게 해를 끼치려고까지 하는 데 최선을 다하는 사람이었다. 내가 아는 한에서, 그에 대한 나의 행동은 내가 상대해야 했던 어느 공직자에 대해서도 그랬듯이 아주 올바른 것이었다. 그의 불만은 나에게서 자신이 보통 부류의 파산관재인에게서 받곤 하던 과도한 존경이나 굴종적 행동을 받지 못했다는 것 아니었을까 싶다.

 그가 하루는 내가 파산관재인으로서 제기한 청원 사건에서 내가 법정에 출석하지 않은 것을 발견했다. 그는 청원을 기각하면서 내가 그 비용을 개인적으로 지불해야 한다고 명했다. 나는 그날 이 청원이 심리될 거라는 것을 알고 있었지만, 그 청원에 대해 법정변호사(*vakil*)를 고용해 두었기 때문에 내가 출석할 필요는 없었다. 그 변호사는 그 사안이 법정 밖에서 타결되었기에 출석하지 않았다. 그날 나의 손님이던 라자만나르 씨[현 법원장]가 그때 법정에 어떤 사건으로 출석했다가 그 모든 상황을 보고, 자신의 운전기사를 통해 차와 함께 전갈을 보내어 내가 즉시 법정에 와야 한다고 했다. 그와 그곳에 있던 다른 사람들은 특별한 이유 없이는 통상적으로 부판사가 그런 명령을 내릴 필요가 없고, 이 사안에서는 그럴 이유가 없어 보인다는 의견이었다. 나는 급히 달려가서 그 일에 대응했는데, 내가 가서 부판사에게 명령을 수정해 달라고 할 필요도 없이 상대편에서 자신들은 어떤 비용도 청구하지 않는다는 메모를 제출했다. 이 일이 있고서 나는 **바가반께** 편지를 써서 이 부판사의 못된 태도를 언급하고, 그가 나를 괴롭히지 않게 보호해 주시라고 기원했다. 나는 『띠루뿌갈(*Tiruppugazh*)』의 「벨 바꾸뿌(*vēl vakuppu*)」11)에서 "우러러 찬미하는 헌신자들을 누군가가 해하려 한다면, 그것[주 무루가의 창]이 그들의 온 집안을 뿌리째 파괴하고 저의 독보적 지지물이 될 것입니다(*thuthikkum adiyavarkku oruvar kedukka idar ninaikkin avar kulatthai muthalaṟak kaḷaiyum enakkōr thuṇaiyāgum*)."라는 구절을 인용하면서, "저의 독보적 지지물이 될(*enakkōr thuṇaiyāgum*)"이라는 구절에 밑줄을 쳤다. 나는 그 친구에 대한 어떠한 징벌도 청하지 않고 나 자신에 대한 보호만 청했기 때문이다. 내가 **바가반께** 이 편지를 보낸 뒤 그 부판사는 다시는 나에게 결코 어떤 골탕도 먹이지 않았다.

---

11) *T.*『띠루뿌갈』에 있는 18곡의 *Vakuppu* 중 하나(*vakuppu*: '구분, 절, 문단').

바가반이 비슷하게 개입하신 경우를 여기서 이야기하는 것이 좋겠다. 다만 그것은 훨씬 뒤에 다른 사람과 관련하여 일어난 일이다. 내가 아스라맘의 상주자일 때, 바가반의 큰 헌신자인 R. 나라야나 아이야르(등기소 관리)가 등기부서의 어떤 사람의 계략으로 갑자기 띠루반나말라이에서 띠루찌라빨리(Tiruchirapalli)로 전출되었다. 나라야나 아이야르는 바가반과 멀리 떨어진 곳으로 가야 하는 것이 끔찍한 재앙이라고 느꼈다. 나는 그것을 어떤 적이 그에게 피해를 주려고 고의로 벌인 농간이라고 믿었기 때문에, 바가반께 이렇게 간청했다. "어떤 사람이 우리들 중 한 사람에게 단지 피해를 주기 위해, 통상적인 방식으로 공공 서비스의 긴급한 필요에서가 아니라 악의로 그를 전근시키는 것과 같은 일을 고의적으로 한다는 것이 알려졌을 때, 바가반께서는 가만히 계시면서 아무 조치도 취하지 않으시겠습니까?"

다음날 나는 바가반 앞에서 앞의 일화에서 언급한 그 노래 전체를 불렀는데, 내가 "우러러 찬미하는 헌신자들" 등의 구절을 노래하고 있을 때 나라야나 아이야르가 걸어 들어왔다. 바가반이 말씀하셨다. "그대가 막 그 구절을 노래하고 있으니 그가 들어오는군요."

나라야나 아이야르와 나는 이것을 좋은 징조로 여겼다. 그는 띠루찌로 갔는데, 그 도시 안과 주변의 유명한 사원들을 모두 참배한 뒤에 1주일 안에 돌아왔다. 그의 전근이 취소되었고, 그가 띠루반나말라이 인근의 띠루꼬일루르로 배치되었기 때문이다.

내가 마침내 아스라맘에 정착한 1943년 8월까지의 내 경험들을 마무리하기 전에, 다른 일 한 가지를 기록해야겠다.

다른 헌신자들과 마찬가지로 나도 바가반을 찾아뵐 때마다 당신께 어떤 음식 품목을 가져가곤 했다. 나 자신이 단것들을 좋아했기 때문에, 통상 단 음식을 가져갔다. 한번은 바가반을 위해 특별히 만든 바담 할와(badam halva)를 좀 가져갔다. 배식자들이 바가반께 그것을 배식할 때, 다른 사람들에게 배식한 것보다 많지는 않아도 꽤 많은 양을 드렸다. 바가반이 배식자를 질책하셨다. "단것은 나하고 맞지 않다는 거 알잖아. 이 할와를 받는 것은 무달리아르가 가져왔기 때문일 뿐인데, 자네가 내 엽반에 너무 많이 배식하는군."

바가반은 오랫동안 담(*kapha*)[가래] 문제를 가지고 계셨고, 단것이 이 증상을 악화시킨다고 여기셨다. 또 이 무렵 내가 발견한 것은, **바가반**이 뭔가를 즐겨 드신다고 말할 것 같으면 단것보다는 감칠맛 나는 음식들을 즐겨 드신다는 것이었다. 그 뒤에 다른 헌신자가 당신께 바담 할와를 좀 가져왔다. 바가반은 그에게 하신 말씀을 통해 나에게도, 당신께 무엇을 공양할까 하는 문제에 너무 신경 쓰면 안 된다는 인상을 주셨다. 다만 우리가 원한다면, 성자에게 뭔가를 공양물로 가져가는 우리나라의 유서 깊은 전통을 준수하는 것에 당신이 반대하지는 않으셨다. 당신이 말씀하셨다. "왜 이런 온갖 수고를 합니까?(*ethukkāka intha māthiriyellām chiramam edutthukkiṟathu?*)" 또 화난 것처럼 하신 어조로 이렇게 덧붙이셨다. "그대에게만 바담 할와가 대단한 거지요(*uṅgaḷukkuthān bāthām alvā ochathi*)."

그 다음 번에 내가 **바가반**을 방문했을 때는 과일만 가져갔지만, 가기 전에 당신께 이러이러한 날에 찾아뵙겠다는 편지를 보내면서 이렇게 썼다. "이번에는 당신의 발아래 단것들보다 당신께 더 흡족할 것으로 제가 자신하는 뭔가를 공양 올리겠습니다."

이때 나는 공양물로 『띠루바짜감』에서 「시바뿌라남(*Sivapurānam*)」을 암기했고, **바가반** 앞에서 그것을 노래했다.12) 나는 당신이 나의 이런 행위를 승인하고 평가하신다는 것을 알았다. 그 다음번에 갔을 때는 『띠루뿌갈』에서 「씨르바타 바꾸뿌(*Sīrbātha Vakuppu*)」13)를 마치 어린 학생이 자기 아버지 앞에서 학과를 암송하듯이 노래했는데, 당신이 내 노래에 귀를

---

12) T. 여기서 *Sivapurānam*은 『띠루바짜감』의 맨 앞에 나오는 시이며, 뿌라나 경전의 하나인 『시바 뿌라나(*Siva Purāna*)』와는 다르다.
13) T. 이것은 18곡의 *Vakuppu* 중 첫 번째 것이다.

기울이시는 자애로운 은총과, 내 가슴 속에서 일어난 감정은 쉽게 묘사할 수 없다. 내가 다음 구절을 끝냈을 때, 당신은 워낙 감동하여 눈물을 좀 흘리셨다.

> *muruga charavaṇa mahaḷir aruvarmulai*
> *nukaru marumukakumara charaṇamena aruḷpādi ādimika*
> *mozhi kuzhaṟa azhuthu thozhuthu urukumavar vizhiyaruvi*
> *muzhukuvathum varukalana aṟaikūvi āḷūvathum.*
>
> 싸라바나 처녀들(Saravana Virgins)에 의해 양육되는 여섯 얼굴의 주 **무루가**를, 그에게 귀의하고 황홀경에 몰입하여 노래하면서 그를 부르고 헌신의 눈물을 흘리며 숭배하는 사람들이 찬양하나니, 그는 그런 헌신자들을 소리 높이 불러주고 보호해 준다네.

다음번에는 내가 "벨 바꾸뿌(*vēl vakuppu*)"를 준비했고, **바가반**은 똑같이 자애로운 관심으로 경청하셨다. 내가 "바다에 사는 아수라의 배가 뚱뚱해지고 커져서(*chalatthin varum arakkar udal kozhutthu vaḷar peruttha kudar*)"라고 노래했을 때, 당신은 그 행의 나머지, 즉 "붉은 꽃줄 장식을 머리술 주위의 즐겁게 두른 듯이(*sivattha thodai enac chikaiyil viruppamodu chūdum*)"에서 묘사되는 것처럼, 우리 머리의 작은 술 주위로 꽃줄 하나를 두르는 동작을 해 보이셨다. 이와 같은 일을 그림같이 생생하게 표현하는 특별한 재능이 없는 나 같은 사람이 그것을 지면에 밋밋하게 기록하면, 거기에 특별히 주목할 만한 것이 아무것도 없는 것처럼 읽힐지 모르지만, 나는 자기 아버지 앞에서 글을 외는 아이처럼 **바가반**을 기쁘게 하기 위해 그리고 이 노래 공양물이라는 '벌에 오염되지 않은 꽃들'보다(우리나라의 어떤 헌신자들은 벌들이 입술을 대어 오염된 꽃들을 멸시한다) 당신께 더 기꺼운 것은 없을 거라는 믿음으로 이 노래를 특별히 암기했고, 당신은 내가 감정(*bhavam*)에 충만하여 그것을 부를 수 있게 하면서 나와 함께 그 감정 속으로 들어가셨다. **바가반**의 그런 은총에서 내가 얻은 기쁨과 만족은 직접 경험해 보아야 온전히 평가할 수 있을 것이고, 그에 대한 어떤 묘사도 필시 아주 미흡할 수밖에 없을 것이다.

바가반의 잘 알려진 또 한 가지 특징을 여기서 언급하는 것이 좋을 듯하다. 당신이나 당신의 저작들을 아주 피상적으로만 알고 있는 이들에게는 당신이 **신의 은총**과 사랑을 생각하면 가슴이 눈물로 녹는 **헌신가**(*bhakta*)들과는 거리가 먼, 차갑고 가차 없이 논리적인 **진인**(*jnani*-지知 스승)으로 보일지 모른다. 그러나 **바가반**과 당신의 방식, 당신의 저작들에 대해 조금이라도 실제 경험을 가진 이들에게는 당신이 **진인**인 것만큼이나 **헌신가**이기도 하다는 것이 분명하다. 당신은 종종 우리에게, 참된 **헌신가**만이 참된 **진인**일 수 있고, 참된 **진인**만이 참된 **헌신가**일 수 있다고 말씀하셨다. 지知에서든 헌신에서든, 에고의 완전한 소멸이 (그 길에서) 성취되는 목적이다. 이 항목에 대한 더 이상의 논의는 여기서 필요하지 않다. 나는 단지 당신 앞에서 감동적인 노래들이 창송되거나 낭독될 때, 혹은 당신 자신이 유명한 성자들의 생애담이나 저작에 나오는 시나 글귀들을 우리에게 읽어 주실 때 당신이 감동하여 곧잘 눈물을 흘리시고, 그것을 억제하지 못하실 때가 많다는 사실을 언급하려는 것뿐이다. 당신은 어떤 구절을 낭독하거나 설명하시다가 아주 감동적인 부분에 이르면 감정으로 목이 메어 계속 이어가지 못하고 그 책을 옆에 놓아두시곤 한다. 두어 가지 예를 든다면, (띠루쭐리의) 『스탈라 뿌라나(*Sthala Purana*)』의 「띠루쭐리 마하뜨미얌」[띠루쭐리의 신성한 역사]과 관련해 당신이 순다라 무르띠 나야나르(Sundara Murthi Nayanar)의 생애에서 일어난 몇 가지 사건을 읽으면서 설명하실 때 그런 일이 있었고, 따유마나바르의 저작들 중 「아까라 뿌바남(*Ākāra Puvanam*)—찌담바라 라가시얌(*chidambara ragasyam*)」을 낭독하시다가 제24연에 이르렀을 때도 그러했다.

pārāthi viṇṇanaitthum nīyācchinthai
pariya madalā vezhuthip pārtthup pārtthu

vārāyō enprāṇa nāthā enpēn
vaḷaitthu vaḷait thenainīyā vaitthukkoṇdu
pūrāya māmēlon ṟaṟiyā vaṇṇam
puṇṇāḷar pōl neñsam pulambiyuḷḷē
nīrāḷa māyurukik kaṇṇīr chōra
nedduyirtthu meymmaṟanthōr nilaiyāy niṟpēn.

땅에서 하늘까지의 일체로서 당신을 생각하여 제 마음의 큰 엽지葉紙(종이처럼 쓰는 큰 나뭇잎)에 그려 놓고, 보고 또 보면서 외칩니다! '오시지 않으시렵니까, 제 생명의 스승님?' 거듭거듭 저 자신을 당신으로 믿다 보니 다른 어떤 것에도 마음이 가지 않습니다. 상심한 사람처럼 이렇게 탄식하며 내면으로 녹아드니 눈에서는 눈물이 비 오듯 흐르고, 저는 제 몸조차 지각하지 못한 채 서 있습니다.

당신의 눈에 워낙 눈물이 고이고 감동으로 당신의 목이 워낙 메어서 당신은 그 책을 옆으로 치워 놓고 말씀을 중단하셨다. 이 주제를 떠나기 전에 이 말을 해 두어야겠다. 즉, 신에 대한 어떤 감동적인 노래만이 아니라, 장엄하거나 관대하거나 고귀하거나 아낌없이 주는 그 어떤 것도—사람들은 그런 것에 좀처럼 감동 받지 않지만—당신에게 그런 효과를 가져왔다는 것이다. 그 하나의 예를 들어야겠다. 하루는 당신이 우리에게 『라마야나』로 명성을 얻은 위대한 타밀 시인 깜바르(Kambar)14)의 생애에서 일어난 어떤 사건들에 대해 이야기하고 계셨다. 이 시인이 쫄라(Chola) 국의 왕과 어떤 언쟁을 한 뒤 화가 나서 궁궐을 떠났는데, 작별의 말로 왕에게 이런 취지의 말을 했다. "당신은 당신이 유일한 왕이고 당신의 나라가 유일한 나라라고 상상하고, 만일 시인이 잘 살고 싶으면 이곳에 머무르면서 당신에게 존경을 바쳐야 한다고 생각합니다. 당신은 곧 제가 당신의 호의 없이도 아주 잘 살 수 있고, 최소한 당신 자신만큼이나 높은 사람을 시종侍從(adaippaikkāran)으로 얻게 될 것입니다."

---

14) T. 『라마야나』의 타밀어판 『라마바따람(Ramavataram)』을 쓴 시인, 저술가(1180-1250).

그는 나중에 빤디야(Pandya) 왕을 찾아가서 그의 후원을 얻었고, 그의 궁정시인이 되었을 뿐 아니라 그의 가장 친한 친구가 되었다. 얼마 후 그는 빤디야 국에서 제공한 호화로움을 갖추고 쫄라 왕을 방문했는데, 그것은 단지 이전에 자신을 홀대했던 쫄라 왕 앞에서 자신의 성공을 과시하기 위해서였다. 이 여행에서 빤디야 왕은 그의 시종으로―즉, 무엇보다도 베틀후추 잎을 준비하여 그것을 자기 주인에게 드리는 사람으로―변장하고 갔다. 깜바르는 빤디야 왕에게 자신이 쫄라 왕을 떠날 때 했던 맹세 혹은 도전을 말해 주었고, 빤디야 왕은 관대함과 우정에서 그의 시종으로 행동함으로써 그 맹세가 이루어질 수 있게 한 것이다. 그에 따라 쫄라 왕의 궁궐에서 빤디야 왕은 베틀후추 잎을 말아서 그것을 깜바르에게 공손히 바쳤다. 깜바르는 그것을 받았지만 자기 입 안에 넣지 않았다. 빤디야 왕이 관대함과 우정에서 자신을 위해 그런 하찮은 봉사를 하기는 했으나, 그런 대단한 인물에게서 자신이 그런 봉사를 받는 것은 적절치 않다고 느꼈던 것이다.

바가반은 이 이야기를 들려주실 때 깜바르와 빤디야 왕의 관대하고 고귀한 행동에 워낙 감동하여 눈에 눈물이 차올랐고 워낙 목이 메어 한동안 이야기의 진도를 나가지 못하셨다. 그때 나는 어떤 작가의―그의 이름은 잊었지만―"가장 섬세한 마음들은 가장 섬세한 금속처럼 가장 쉽게 녹는다"라는 문장이 떠올랐다. 바가반은 헌신자들의 슬픈 사정을 들으면 그들과 함께 우셨다. 「시바뿌라남(Sivapuranam)」에서는 이렇게 말한다. "신께는 행과 불행이 있기도 하고 없기도 하다네(*inbamum thunbamum illānē uḷḷānē*)."

이것의 가장 잘 알려진 사례는 다음과 같다. 에짬말은 비루팍쉬 시절부터 **바가반**의 잘 알려진 헌신자였다. 그녀는 처음 젊은 과부로서 어린 두 자식까지 잃고 슬픔을 가누지 못하던 상태에서 당신을 찾아왔고, 당신의 친존에서 위안을 찾았다. 그래서 당신을 믿고 의지했다. 에짬말은 조카인 쩰람말을 데리고 있으면 자신의 슬픔을 잊을까 싶어서 그녀를 키웠다. 이 처녀도 (결혼하여) 아들 하나를 낳은 직후에 죽었다. 에짬말은 슬픔에 사로잡혀 그 아이를 안고 와서 **바가반**의 발아래 엎드려 울었다. **바가반**도 그녀와 함께 우시지 않을 수 없었다. 나는 그 자리에 있지 않았지만 그런 일이 있었다는 것은 안다.

내가 노래 부르는 것은—나는 라가(raga)나 탈라(thala)15)를 실어 노래하지 못하기 때문에 더 정확히는 창송(reciting)이지만—**바가반**을 숭배하는 내 방식이었다. 나는 타밀의 헌신파 문헌들을 많이 알지는 못했으나, 어느 특정한 때에 나 자신의 느낌들을 반영하는, 그래서 내 마음을 적절하고 아름답고 감동적인 언어로 **바가반**께 쏟아낼 수 있는 마니까바짜가르, 따유마나바르, 라마링가 스와미, 아루나기리나타르, 빠띠나따르 같은 위대한 성자들의 보석 같은 헌가들을 손쉽게 골라낼 수 있을 정도만큼은 알고 있었다. 나는 이런 창송에서 다른 헌신자들이 명상·요가·염송 기타 방식으로 신에게 접근하여 얻는 것과 똑같은 이익을 얻곤 했다. 그러나 이는 **바가반**께서 그렇게 되도록 하셨기 때문에 그런 것일 뿐이다.

특히 초기에는 **바가반**의 반응이 워낙 뚜렷이 드러나서 남들도 그것을 알아볼 정도였지만, 나중에는 그렇게 뚜렷이 드러나지 않았다. 다른 많은 헌신자들도 처음 왔을 때는 **바가반**의 자애로움과 그들에 대한 관심을 보여주는 외적인 표지들이 빈번히 나타나는 비슷한 경험을 했는데, 나중에 당신에 대한 그들의 애착이 더 강해지고 더 깊어지면 그런 표지들이 사라졌다. 처음에는 내가 창송하는 노래에 들어 있는 남들의 말을 이용해서 은총을 청하는 다양한 호소와 요청을 계속하면 당신이 나를 계속 바라보시는 등의 특유한 방식으로 내가 당신에게서 어떤 명백한 신체적 반응을 필요로 했지만 나중에는 그런 것이 더 이상 필요하지 않았다. 후년에는 당신이 내 노래에 귀를 기울이시는 것처럼 보이지도 않았지만 나

---

15) *T.* 인도 고전음악에서 '라가'는 멜로디 구성, '탈라'는 리듬적 구조이다.

는 당신의 정신이 나와 함께한다는 것을 알고 있었고, 그런 노래를 부르는 동안 설사 당신이 어떤 편지나 책을 읽고 계신다 해도 나는 신경 쓰지 않았다. 당신은 동시에 여러 명의 헌신자들에게 개별적으로 당신의 은총과 주의를 하사하실 수 있었고, 사실 습관적으로 그렇게 하셨다. 가끔 어떤 사람이 들어와서 당신께 읽어 보시라고 편지를 드릴 때 내가 노래를 멈추면, 당신은 계속하라고 말씀하시기도 했다.

내가 아스라맘에 머무른 지 4년이 지났을 때는 점차 오전 10시부터 11시 사이에 약 30분 동안—즉, **바가반**이 두 번째 우편물들을 훑어보기를 끝내신 때부터 점심식사 종이 울리기 전까지 마지막 20분 내지 30분 동안—노래 부르는 것을 일과로 삼았다.

바가반은 그것이 내 식의 접근법이고 나에게 이익이 된다고 보셨다. 그래서 당신 은총의 말없는 작용에 의해 누구도 그것을 방해하지 못하게 보살피셨다. 이와 관련하여, 이따금 다른 헌신자나 방문객이 회당에서 노래를 하면 그만하라는 명령이 사무실에서 나오기도 했다는 것을 설명해야겠다. **바가반**은 가끔 그런 명령을 분명하게 불승인하셨지만, 보통은 좀처럼 개입하지 않으셨다. 한번은 당신이 개입하시는 경우를 본 적이 있다. 아룰쁘라까삼(Arulprakasam)이라는 이름의 내 친구가—내 기억이 맞는다면—어느 날 오후 **바가반**의 회당에서 **샥띠**(Sakthi), 곧 **여신**에 관한 수브라마니아 바라띠(Subramania Bharathi)의 노래 하나를 대단한 흥분과 열의로 부르고 있었다. 그가 한창 몰입하여 노래 부르고 있는 중에 갑자기 사무실의 지시로 **바가반**의 시자들 중 한 사람이 그에게 다가가서 그만 부르라고 했다. 그 헌신자는 노래를 중단했지만, 이 뜻하지 않은 무례한 개입에 엉엉 울음을 터뜨렸다. **바가반**은 몹시 마음 아파하며 그 시자를 꾸짖고, 그 젊은이에게 노래를 계속하라고 하셨다.

이 주제를 논의하는 동안, 초기에 **바가반**이 내가 깊은 감정으로 노래할 때마다 나를 어떻게 부추기셨는지를 말하고 싶다. 내 쪽을 향한 그 빛나는 눈길과 함께 당신이 얼굴에 그런 표정을 지으시면 나는 완전히 사로잡혔고, 그 노래들에서 특별히 어떤 감동적인 구절에서는 눈물이 차올라 1, 2분간 창송을 멈추지 않을 수 없었던 때도 드물지 않았다. 바가반은 그렇게 우는 것은 좋은 거라고 하시면서 『띠루바짜감』의 "당신을 위해 우는 것으로 당신을 얻을 수 있습니다(azhthāl unmaip peṛalāmē)"라는 구절을 인용하셨다.

여기서 스리 라마크리슈나 빠라마한사가 언젠가 이렇게 말했다는 것이 기억난다. "만일 그대가 처자식을 위해서 우는 열의의 10분의 1만 신을 위해서 울어도, 즉시 신을 볼 것이다." 바가반이 『띠루바짜감』의 위 구절을 인용하신 것은 미국인 헌신자인 엘리어노어 폴린 노이(Eleanor Pauline Noye) 여사와 관련해서였다. 그녀는 1946년에 아스라맘에서 출간한 『50주년 기념집』에 바가반에 관한 글 한 편을 기고한 바 있는데, 거기서 그녀는 자신이 바가반 곁에 약 두 달간 머무른 뒤 미국으로 돌아가야 했을 때 엉엉 울자, 바가반은 자상하게도 많은 말로써(당신과 꽤 오래 접촉한 내 경험상 그런 일은 당신에게 매우 이례적인 것이지만) 그녀가 슬퍼해서는 안 되며, 그녀가 어디를 가든 당신이 함께할 것임을 보증해 주셨다고 했다. 그녀는 『기념집』(제2판), 362쪽에서 이렇게 쓰고 있다. "바가반이 말씀하셨다. '그대가 어디로 가든 내가 늘 그대와 함께할 것이야.'"

그녀가 회당에 있을 때 바가반 앞에서 자주 울곤 했다는 것은 이 헌신자에게는 특이한 일이었다. 나는 바가반께 노이 여사는 자신의 눈물로써 바가반을 붙잡은 것이라고 말씀드렸다. 그때 바가반은 『띠루바짜감』의 위 구절을 인용하면서 나에게 그 구절을 몰랐느냐고 물으셨다.

나는 바가반이 이따금 나를 부추기신 다음 내가 이런 송찬들(stotras)을 하고 있을 때 당신의 은총을 보여주시곤 하던 또 한 가지 방식을 예로 들어 보겠다. 한번은 내가 『띠루바짜감』의 노래 하나를 부르고 있었다.

vicchathinṛiyē viḷaivuchaiykuvāy viṇṇum

> *maṇṇakam muzhuthum yāvaiyum*
> *vaicchuvānguvāy vañchakapperum*
> *pulaiyanēnaiyun kōyilvāyilir̲*
> *picchanākkināyperiya anbarukkuriyanākkināy*
> *thāmvaḷārtthathōr*
> *nacchumāmara māyinunkolār*
> *nānumangaṉē yudaiyanāthaṉē.*

―『띠루바짜감』,「아난다띠땀(*Anandātītam*)」96

당신께서는 씨앗을 뿌리지도 않고 작물을 수확하십니다. 당신께서는 땅과 하늘과 모든 창조계를 투사하시고, 그것을 다시 당신 자신 속으로 거두어들이십니다. 저같이 비천하고 교활한 사람조차도 마치 미쳐서 당신의 헌신자들과 어울리기에 적합해진 사람인 양, 당신께로 끌어당기십니다. 독 있는 나무라 할지라도 그것을 키워낸 사람은 그것을 베어 넘길 마음이 없을 것입니다.

내가 "독 있는 나무라 할지라도 그것을 키워낸 사람은(*nacchumāmara māyinunkolār*)"이라고 노래하자 **바가반**은 "그것을 베어 넘길 마음이 없을 것입니다(*nānumangaṉē yudaiyanāthaṉē*)!"라고 하셨다. 내가 그 행의 마지막 구절을 더듬거리거나 헤맨 것도 아닌데 **바가반**이 나를 도와주신 것이다. 오히려 내게는 **바가반**이 마치 이렇게 말씀하시는 듯 느껴졌다. "그대가 그 노래를 왜 부르는지 압니다. 그대가 말하고 싶은 것이 실은 그 행에 들어 있군요. 예, 압니다." 나는 『띠루바짜감』에서「아룻빠뚜(*arudpatthu*)」를 부르곤 했다. 내가 초기에 그것을 부를 때 한번은 **바가반**이 나에게 '아뗀뚜베(*athenthuve*)'가 "왜 그런가?"의 의미로 여겨지기도 하지만, "두려워하지 말라"의 의미라고 상기시켜 주셨다. 그렇게 상기시켜 주신 이유는, 내가 그것을 창송하는 방식으로 볼 때 이런 해석을 내가 모르는 것처럼 보였기 때문이다.

마찬가지로 내가 "띠루뽀루르 산니디무라이(*thiruppōrur sannidhimur̲ai*)"

를 부를 때 "하나라는 것조차 없는 드높으신 띠루뽀루르의 신이시여, 저는 언제 이르겠습니까(onṟēnum illēn uyarntha thiruppōrūrā enṟē nān īdēṟuvēn)"라는 행에 이르면, 내가 그것이 "오, 띠루뽀루르의 신이시여! 저는 언제 종국에 이르겠습니까?"라는 의미임을 이해하고 있다는 것을 분명하게 보여주는 방식으로 그것을 창송했다. 바가반은 그것이 "제가 띠루뽀루르의 신의 이름을 가짐으로써 종국을 성취하게 될 것입니다"라는 의미로 이해할 수도 있다고 지적하셨다.

이런 타밀시 창송에 대한 이야기를 마무리하기 전에, 바가반이 빈번히 인용하셨고 헌신자들에게 정독하기를 권하신 노래 몇 가지를 이야기하는 것이 유용할지 모르겠다. 『띠루바짜감』에서 바가반은 「시바뿌라남」을 찬탄하셨다. 한번은 나에게 이렇게 말씀하셨다. "열 사람이 한데 모여 그것을 조화롭게 부른다면 얼마나 장엄할까요!" 한번은 바가반이 진아 깨달음의 지고한 지복이 어떤 것인지 나에게 설명해 주려 하실 때 「띠루반다 빠구띠(Thiruvaṇdappaguthi)」의 제149부터 182행까지를 읽어 주셨다. 또 한번은 같은 맥락에서 『띠루바짜감』의 「띠루꼬뚬비(Thirukkōtthumbi)」 제3연을 나에게 읽어 주셨다. 바가반은 「뽀리 띠루 아하발(Pōṟrit Thiru Ahaval)」 제150행의 "눈에 감로의 바다이신 그분을 찬양하라(kannār amuthakkadalē pōṟri)", 「띠루벰바바이(Thrivembāvai)」 제18연의 "눈에 감로이신 그분을 찬양하여 노래하라(kaṇṇār amuthamumāy ninṟān kazhal pādi)" 같은 행들에 구현된 진리를 높이 평가하셨다. 「꼬이드리루 빠디깜(Kōyiṟrirup Pathikam)」에서는 제7연, 특히 "가까이 더 가까이 가며 점점 희박해져 원자로 화하여 마침내 (절대자와) 하나가 되어(chenṟu chenṟu aṇuvāy thēynthu thēynthonṟām)"라는 행과, 제10연을 당신이 빈번히 언급하셨다.

한번은 대화 도중 내가 『깐다르 아누부띠(Kandar Anubhuti)』와 「깐다르 사쉬띠 까바삼(Kandar Sashti Kavasam)」[16]을 거론하며 얼마나 많은 사람

---

16) T. 데바라야 스와미갈(Devaraya Swamigal, 19세기 후반)이 지은 무루간을 찬탄하는 작품.

들이 그것을 가지고 빠라야남을 하는지 이야기하기 시작하자, **바가반**이 "그대는 그것이 얼마나 많은 것을 성취시키는지 압니까?"라고 말씀하셨다. 『띠루뿌갈』에서는 **바가반**이 이따금 "꾸마라구루바라, 구나다라, 니찌짜라(kumaragurubara, gunathara, nichichara)"라는 노래의 "아는 자를 아는 것이 지혜임을 가르치신 분이네(aṟivai yaṟivathu poruḷena aruḷiya perumāḷē)"라는 행을 인용하셨다. 당신은 주 **수브라마니야**가 성자 **아루나기리**(아루나기리나타르)의 부름에 쁘라부다 데바 라야르(Prabhuda Deva Rayar)의 앞에 나타난 이야기17)를 우리에게 들려주시면서 가끔 "저승의 아디세샤도 춤추고(athala sēdanārāda)"18) 시도 인용하셨다. 우리들 사이에서 전해지는 이 이야기는, 만일 어떤 처녀가 결혼하고 싶으면 **바가반**께 그에 대해 열심히 기도하면서 위의 노래를 염하면 그녀의 기도가 이루어질 거라는 것이었다. 한번은 **바가반**이 위 노래의 의미를 나에게 설명해 주셨는데, 그 시 후반부에 대한 당신의 비밀스러운 해석은 범상하지 않고 아주 중요하므로, 내가 여기서 그것을 밝힌다. "**당신**은 **당신**의 **은총**의 **창**(vel)으로 탄생들의 바다(생사윤회)를 말려 버리실 수 있습니다. 오관五官이라는 거인들(asuras-악마들)에 대한 누대累代의 적이자 파괴자이신 **당신**, 사람 각자의 심장 속에서 늘 '나, 나'로서 박동하고 계시면서, '나는 모든 **베다**의 의미이자 목적이다'라고 말씀하시는 **당신**께서는 말입니다."

내가 『띠루뿌갈』에서 "일곱 바다 모래를(ezhukadal maṇalai)"을 노래할 때 "독수리와 재칼(kazhugodu nariyum)"이라는 행에 이르면 **바가반**이 "그

---

17) T. 아루나기리나타르는 주 수브라마니야에게 헌신하며 아루나찰라에서 오래 살았다. 이곳의 왕이던 쁘라부다 데바 라야르의 궁정학자로서 깔리 여신을 숭배하던 삼반단(Sambandan)이 아루나기리나타르를 질투하여, 누구의 신이 더 우세한지 아루나찰라 큰 사원에서 왕과 군중 앞에서 경합을 벌였다. 그가 부른 깔리 여신은 나타나지 않은 반면, 아루나기리나타르의 노래에 감응한 수브라마니야는 한 돌기둥을 통해서 나타났다. 왕은 이를 기념하여 그 돌기둥을 중심으로 깜바뚜 일라이야나르 사원을 건립했다(404쪽 각주 160 참조).
18) T. 이 노래는 대략 이런 내용이다. "저승의 아디세샤(큰 뱀)도 춤추고, 지상의 수미산도 춤추고, 깔리(=빠르바띠)도 춤추고 황소 탄 시바도 춤추며, 그의 권속들도 춤추고, 사라스와띠도 춤추고, 브라마도, 천신들도, 달도, 락슈미도, 비슈누도 춤추니, 당신께서도 공작과 함께 그렇게 춤추며 오셔야 합니다." 이 노래도 『띠루뿌갈』 안에 들어 있다.

는 그들―독수리, 재칼, 야마와 브라마―을 위해 소송위임장(vakalat)을 받고 있군요"라고 한 번 이상 말씀하셨다.19)

바가반은 대화 도중 때에 따라서 가끔 『떼바람』도 언급하셨다. 『떼바람』의 세 성자 모두를 존경했고, 그들의 노래들도 우러르셨다. 그럼에도 내가 관찰한 바로, 바가반은 이 세 성자들 중에서도 띠루냐나 삼반다르(Thirujnana Sambandar)를 하느님(시바)의 은총의 가장 강력한 현현으로 간주하셨다. 당신은 삼반다르가 띠루반나말라이를 빈번히 언급했음을 지적하셨다. 또한 삼반다르에 대해 "그가 자신의 노래들을 부르는 사람들은 구원받을 거라고 얼마나 확신과 권위를 가지고 말하는지 보십시오. 그는 하느님의 아들 아닙니까?"라고 한 번 이상 말씀하셨다.20) 타밀 시에서 흔한 시적 과장에 대해서 보자면, 빨라니(Palani)의 비옥함과 무성한 초목들에 대한 삼반다르의 묘사를 하나의 전형적 예로 여길 수도 있다. 바가반은 가끔 이 시를 언급하셨다. 『떼바람』에서 "아름다운 눈을 가진 귀인이시여!(mānin nēr vizhi māṭharāy!)"로 시작하는 시를 내가 처음 들은 것은 바가반에게서였다. 바가반은 빤디야국의 왕비가 삼반다르를 모셔 오게 하여 자이나 교도들과 논쟁하게 한 이야기와 그가 어떻게 그들을 패배시켰는지를 나에게 말씀해 주셨다.

왕비는 삼반다르를 실제로 만났을 때 그가 일곱 살가량의 어린이인 것을 보고 크게 걱정이 되었는데, 그때 삼반다르가 위 11연시(Pathikam)를 노래한 것이다(227쪽 참조).21) 바가반은 11연시 전체를 나에게 읽어 주면서

---

19) T. '일곱 바다(ezhukadal)'는 수미산 밖에 동심원 형태로 존재한다는 바다들이다. 이 노래의 앞부분은 이렇다. "일곱 바다 모래를 센다 해도 저의 비참한 탄생의 횟수가 그 수를 능가합니다. 당신께 제 목숨과 몸을 내맡깁니다. 저는 몸을 버리고 다시 받는 것이 지겹습니다. 독수리와 재칼, 불과 흙, 야마와 브라마도 제 몸을 먹고 다시 만드느라 지쳤습니다."
20) T. 많은 헌신자들은 바가반이 전생에 냐나삼반다르였다고 믿는다. 여기서 바가반이 냐나삼반다르를 "하느님의 아들"이라고 한 것은 그가 무루간의 한 화신임을 확인해 준 것이다.
21) T. 그 제1연은 이러하다: "아름다운 눈을 가진 귀인이시여, 빤디야의 왕비님이시여, 들어 보십시오. 제가 한갓 어린아이라고 걱정하지 마십시오. 저는 아나이말라이와 여타 지역들에 거주하면서 우리를 괴롭히는 저 못된 자이나교도들에게 호락호락한 상대가 아닙니다. 알라바이(마두라이)의 주 시바께서 저를 보호하시므로, 누구도 저를 해하지 못합니다."

그것을 어떻게 노래해야 하는지 보여주셨고, 그 자이나교도들이 보통 갖는 이름들을 삼반다르가 열거하고 그 중에서 '수나깐디(Sunakanthi)'라는 이름을 말하는 행들에 이르자 온통 웃음을 터뜨리셨다. 이와 관련해 바가반은 나에게 이렇게 말씀하셨다. "어떻게 해서 삼반다르는 그렇게 대담하고 겁이 없었습니까? 그가 각 연의 끝에서 말하듯이, 하느님이 그의 안에 있었기 때문입니다."

바가반은 늘 띠루반나말라이에 대한 노래, 특히 유명한 성자들이 부른 노래들에 특히 관심이 있으셨다. 라마나 빠다난다(Ramana Padananda)는 띠루반나말라이에 대한 『떼바람』의 모든 시들을 모아서 『떼바라 뿐꼬뚜(Thēvārap Pūnkotthu)』라는 제목으로 출간했다. 바가반이 이 노래들을 높이 평가하셨다는 것은, 당신이 이 선집으로 타밀 빠라야나를 하도록 하셨고, 그래서 여러 해 동안 저녁 7시부터 7시 반까지 바가반의 회당에서 그것이 정기적으로 불렸다는 데서도 알 수 있을 것이다.

『따유마나바르』에서는 바가반이 「아까라 뿌바남(Ākāra Puvanam)—찌담바라 라가시얌(chidambara ragasyam)」을 빈번히 추천하셨는데, 그 중에서도 제15연부터 23연까지가 당신의 지시에 의해 「빠얍뿔리(pāyappuli)」와 함께 아스라맘에서의 빠라야남을 위해 사용되었다. 그 9개 연은 한때 아스라맘에서 영어로 번역하여 출간하기도 했다. 한번은 바가반이 「만달라띤(maṇdalatthin)」 제8연부터 11연까지와 「수까바리(sukavari)」 제12연을 정교하게 설명하셨는데, 내가 그것을 타밀어를 모르는 사람들을 위해 영어로 번역했다. 바가반은 이 연들을 빈번히 언급하셨다.

바가반은 『따유마나바르』의 다른 많은 연들도 가끔 언급하셨다. 그 중에 「니나이본드루(Ninaivonṟu)」와 「빤말라이(Panmālai)」 장들, 「삿찌다난다 시밤(Sacchidānanda sivam)」 제9연, 「찐마야난다 구루(Chinmayānanda guru)」 제11연, 「빠얍뿔리(Pāyappuli)」 제36연, 「우달 뽀이유라부(Udal poyyuṟavu)」의 제5연, 52연과 53연이 있었다. 『따유마나바르』의 여러 시에—예컨대

「자비의 형상이신 하느님(Karuṇākarak kadavul)」의 제4연이나 「지복의 환희(Ānandak kalippu)」의 제14연 등에—빈번히 나오는 "한 마디 말(orusol)"의 의미가 무엇인지에 대한 내 질문에 바가반은 그것이 "고요히 있으라(summa iru)"라고 말씀하셨다. 바가반은 『따유마나바르』에서 대거 빈번히 인용하시곤 했다.

『따유마나바르』에 대해 이야기하다 보니 바가반의 은총이 나를 향했던 또 한 번의 사례가 생각난다. 바가반의 침상 가까이 있는 회전식 서가에 『따유마나바르』 한 권이 있었다. 그것이 상당히 낡았기에, 나는 그 상황을 이용하여 바가반께 새 책을 드리는 봉사를 해야겠다고 생각했다. 그래서 어느 자얀띠 날, 정확히는 1942년 12월 24일의 이른 아침에 나는 특별히 신경 써서 일찍 일어나 바가반께 가서 당신 앞에 엎드려 절을 하고, 의복과 과일같이 자얀띠 때 통상 드리는 다른 몇 가지 공양물을 당신 발아래 놓은 뒤, 당신께 다가가서 당신의 손 안에 내가 가져간 『따유마나바르』의 새 책을 다정하게 놓아드리면서 당신의 책이 너무 낡아서 제가 임의로 새 책으로 교체했다고 말씀드렸다. 그러나 내가 당신께 다가가기도 전에 벌써 당신은 손에 책 한 권을 가지고 계시다가, 내가 절을 하고 당신 가까이 가자 『스리 라마나, 아루나기리의 진인(Sri Ramana, the sage of Arunagiri)』이라는 책 한 권을 나에게 주셨다.

이 책의 내력도 바가반이 당신의 한 헌신자에게 베푸신 은총의 한 사례로 기록해 둘 만하다. 그것은 처음에 G. R. 숩바라마이야(Subbaramayya)가—내 기억으로는—「페더레이티드 인디아(Federated India)」라는 한 저널에 '악샤라냐(Aksharajna)'라는 필명으로 게재한 일련의 기고문으로 저술된 것이었다. 그는 바가반의 진지한 헌신자였고, 바가반은 그에게 아주 자애로우셨다. 그 일련의 기고문들이 아스라맘에 보내졌고, 바가반은 그것을 아스라맘의 장서에 보존해 두도록 조치하셨다.

1942년 말경에 그 저자가 죽었다는 소식이 신문에 났다. 바가반은 그 사망기사를 보시고, 망자에 대해 친절하게 이야기를 하셨다. 덧붙여 당신은 「페더레이티드 인디아」의 과월호들을 가져오라고 하여 거기 수록된 **바가반**에 대한 모든 기고문들을 오려서 작은 공책 안에 풀로 붙여 한 권의 책으로 만드시고, 마치 한 권의 새 책과 똑같이 재단하고 장정하셨다. 당신이 좋아서 하신 그 일을 끝낸 다음 당신이 말씀하셨다. "그는 자신의 글들이 한 권의 책으로 나오기를 몹시 바랐지요. 이제 제가 그 글들로 책을 하나 만들었습니다."

그때는 다음 **자얀띠**를 불과 2주일 정도 앞두고 있을 때였다. 나는 **바가반**이 그 책에 그런 관심을 가지고 계신 것을 보고, 사무실로 가서 그것을 **자얀띠** 전에 출간해 줄 수 있겠는지 물었다. 그들은 그럴 수 있다고 했고, **바가반**의 은총으로 출간되었다. **바가반**이 손에 들고 계시던 것이 바로 그 책 한 부였는데, "**바가반의 자애로운 축복과 함께**"라고 타자된 쪽지가 그 안에 풀로 붙여져 있었다. 당신은 그 즐거운 아침에 나에게 그것을 자애롭게 하사하시려고 나를 찾고 계셨던 것이다.

옛 헌신자의 욕망이 적어도 그가 죽은 뒤에는 충족되어야 한다는 **바가반**의 심정은 나를 북돋워주었다. 왜냐하면 다른 욕망들에 대해서도 그러하실 거라고 내가 확신하고, 최소한 그것이 좋은 욕망일 때는, 우리의 욕망들이 우리의 **바가반**께 무관심한 문제가 아니라 당신에게 어떤 중요성을 갖는다는 것을 그 사례가 보여주기 때문이다. 당신 같은 위대한 진인이 중요하게 여기는 것도 있다고 우리가 이야기하거나 생각할 수 있는 한에서 말이다. (그것은 세상을 떠난 영혼을 속박할 수 있는 그의 이루지 못한 욕망을 없애주려는 당신의 배려를 보여주는 것일 수도 있다.)

타밀시 창송이라는 주제를 벗어나기 전에, **바가반**이 나를 부추기고 만족시켜 주시곤 하던 또 한 가지 방식을 감사하게 기록해야겠다. 내가 잘 알려진 여러 타밀 성자들의 작품 가운데서 뽑아 **바가반** 앞에서 불렀던 많은 노래들 중에는 성자 라마링가 스와미(Ramalinga Swamigal)의 작품도 하나 있는데, 그것은 다음과 같다.

*thaditthavōrmaganait thanthaiyīṇdaditthāl
　thāyudananaippāḷ thāy aditthār,
piditthoruthanthai yaṇaippaningenakkup
　pēchiya thanthaiyum thāyum
poditthirumēni ambalatthādum
　punithanī āthalāl ennai,
aditthathupōthu maṇaitthidal pēṇdum
　ampaiyappā yiniyārrēn.*

어리석은 아들을 아버지가 때리면 어머니가 즉시 끌어안고 보호하고, 어머니가 그를 때리면 아버지가 와서 그를 부둥켜안습니다. 재를 바르시고 의식의 허공에서 춤추시는 하느님, 당신께서는 저의 아버지이자 어머니시니, 당신께 호소합니다. '이 때림은 이제 그만하소서. 저를 쓰다듬고 위로해 주소서, 아버지-어머니시여. 더는 견딜 수 없습니다.

이와는 별개로, 나는 다년간 내가 쓴 모든 편지에서 **바가반**을 '**어머니-아버지**(*Ammaiyappā*)'로 부르고, 나 자신을 '**라마나의 자식**(Ramana sey)'이라고 서명했다. 편지 본문은 영어로 썼지만 말이다. 왜냐하면 어머니와 아버지에게서 모든 사랑과 보살핌과 보호를 얻기를 바라는 어린 자식으로서 **바가반**께 다가가는 것이 나에게 가장 잘 맞는다고 느꼈기 때문이다. 만일 어떤 사람이 '**어머니-아버지**'라는 단어가 나오는 어떤 노래를 부르면, **바가반**은 미소를 지으며 나를 돌아보시곤 했다. 내가 기억하는 한, 위의 노래와 "빛나는 은총과 두려움 없음을 하사하신(*attharuṇam abhayam kodutthāḷ*)"으로 시작하고 '**어머니-아버지**'가 나오는 다른 찬가(*kirtanam*)[22] 하나를 남들이 **바가반** 앞에서 부른 적이 있는데, **바가반**은 그런 경우 늘

---

[22] T. 저명한 타밀 고전음악 작곡가 빠빠나삼 시반(Papanasam Sivan, 1890-1973)이 지은 노래. 처음 나오는 후렴구가 "빛나는 은총과 두려움 없음을 하사하신 저의 어머니-아버지시여(*Attarunam abhayam kodut-tandaruḷvai en ammai-appa*)"이다.

나를 돌아보셨다. **바가반**을 몰랐던 사람들에게는 그런 일들이 사소하고 대수롭지 않아 보일지 모르지만, **신적인 스승**에게서 그런 주목을 받을 만하지 않은 사람이 받을 때 얼마나 신이 나고 기쁜지는 내가 묘사할 수 없다. 1946년 7월 7일, 그런 경우 중 한번은 내가 오전 9시 45분경에 회당에 들어갔다. 그때 스리 나따라잔(Sri Natarajan)23)과 **바가반**의 저명한 헌신자인 스리 자나끼 마따(Sri Janaki Matha)24)가 **바가반**을 찾아뵙고 있었다. 나따라잔은 스리 자나끼 마따를 위해 '마따다산(Mathadasan)'이라는 이름으로 「은총(Arul)」이라는 저널을 편집하고 있던 바로 그 사람이다. 그 전날은 그가 **바가반** 앞에서 자신이 지은 시 몇 수를 창송했다. 그는 그날 내가 회당에 들어가기 전에도 몇 수를 더 창송한 듯하다. 내가 들어가자 **바가반**이 말씀하셨다. "그는 오늘 자신이 지은 노래를 몇 곡 더 창송했는데, (그 노래에서) 저를 '어머니-아버지'라고 불렀습니다. 그대가 그 단어를 좋아하기 때문에 여기 있는지 돌아보았지만, 그대가 없었지요." 그런 다음 나는 그 시들을 받아서 그것을 정독했다. 이 모든 것은 우리들 중 몇 사람이 복이 많게도 지켜보며 즐겼던 **바가반**의 유희(*Lila*)의 일부였다.

---

23) 훗날의 스리 사두 옴(Sri Sadhu Om, 1922-1985)이다.
24) *T.* 타밀나두 주 탄자부르 출신의 헌신자(1906-1969). 1935년에 처음 바가반을 찾아갔고, 1938년에 진아 깨달음을 얻었다. 나중에는 구루로서 사람들을 가르쳤다.

제3장 오른돌이와 바가반의 일화들

내가 스리 라마나스라맘에 상주자로 살러 간 것은 1942년 8월말 경이었다고 생각된다. 그러나 남아 있던 직업적 일과 나의 사적인 일들과 관련하여 얼마동안은 더 찌뚜르로 이따금 가야 했다.

9월 초에는 내가 꾼 꿈에서 큰 뱀 한 마리가 나에게 다가왔는데, 빛나는 용모에 행동이 냉정하고 차분한 스무 살쯤 된 젊은 브라민이 와서 그 뱀을 두 동강 내어 옆으로 던져 버렸다. 그전에 한 번 꾼 비슷한 꿈에서는 어떤 문제가 나에게 일어나려 하고 있다고 추측했는데 **바가반**이 거기서 나를 구해 주셨지만, 그 문제가 무엇인지는 알지 못했다. 나는 9월 10일에 한 소송사건에 출석하러 가고 있었다. 찌뚜르에 2, 3일간 머무를 계획을 세웠고 그곳의 친구 두 명과 만나서 같이 시간을 좀 보낸 다음 나와 함께 띠루반나말라이로 **바가반**을 친견하러 가자고 말해 둔 상태였다. 가는 도중 까뜨빠디(Katpadi) 역에서 어떤 남자가 나에게 무슨 이야기를 해 주었는데, 만약 그것이 사실이라면 그 두 친구를 만나서 접대하지 않는 것이 좋을 터였다. 나는 그 남자의 이야기를 쓸데없는 험담으로 무시했지만, 잠시 후 또 다른 남자가 나에게 와서 같은 이야기를 해 주었다. 그때 나는 **바가반**이 나에게 경고 신호를 보내고 계시다고 느꼈고, 전보로 그 친구들에 대한 초청을 취소했다. 내 소송사건이 연기되었음에도 나는 찌뚜르에 이틀간 머무른 다음 **바가반**께로 돌아왔다. 10월 29일에는 마이소르에 며칠 가 있다가 아스라맘으로 돌아와 보니 그 두 친구들 중 한 사람에게서 온 엽서가 나를 기다리고 있었다. 마치 나에 대한 어떤 음모가 꾸며지고 있는 것처럼 보였다. 다음날 그 엽서를 **바가반**께 보여드리면서, 내가 무고하며 그들이 꾸밀지 모를 어떤 농간으로부터도 내가 당신의 손 안에서 보호받을 필요가 있고 보호받을 만하다고 말씀드렸다. 나는 그 엽서에 대해 겉으로는 우호적인 답장을 보냈지만, 내가 그들이 꾸미고 있는 것으로 보이는 그런 어떤 문제에도 걸려들지 않을 만큼 영리하다는 뜻을 분명하게 보였다. 나는 그 편지에 **바가반**의 쁘라사드를 동봉했는데, 그들이 그것을 접촉하면 자신들이 생각한 것이 실수였음을 즉시 깨닫고 마음을 고쳐먹을 것으로 믿고 바라서였다. 예상한 대로 그쪽에서는 더 이상 어떤 문제도 생기지 않았다.

이와 관련하여 이 사건이 있기 약 1년 전에 **바가반**의 큰 헌신자였던 내 친구 한 사람이 어느 날 아스라맘에서 내 천궁도를 보고 1943년경에 위에서 나를 위협한 것과 같은 그런 어떤 문제가 일어나서 3년 가까이 나를 괴롭힐 수 있지만, 결국 성공적으로 벗어날 것이 분명하다고 경고한 적이 있었다. 그는 심지어 내가 그런 문제를 일으킬 것으로 예상할 말한 그 친구들의 무리까지 언급했다. 당시에는 내가 그의 예견을 대수롭지 않게 여기고 심지어 그것에 대해 그에게 농담까지 했지만, 이 모든 일이 일어났을 때 나는 그것이 **바가반**이 나에 대한 은총으로, 내 천궁도에 의해서도 내가 운명적으로 겪게 되어 있던 어떤 해악을 비켜가게 손을 써주신 경우였다고 느끼게 되었다. 나는 **바가반** 앞에서 다음의 노래들을 부르면서 모든 슬픔과 문제가 나에게서 멀리 있게 해 달라고 기원하고, 내가 당신의 발아래 귀의했으니 나를 위해 운명조차도 바꾸어 주시는 것이 당신께서 하실 일이라고 말한 적이 있었다.

orupozhuthu memakkidarai viduvathillai yenumchapatha mumathuthiru vuḷamathani lamaiyāthō?
periyathava navamanisu guṇamakimai niṟaiyaruḷai piriyamodu pozhiyaviruḷ vilakāthō.

mathichithaṟi madamaipala puriyadimai thamathuthiru

malaradiyi lapayamenap pugunthēnē
vithithanaiyu miniyavazhi viruppamodu thiruppidasam
mathiperuva thumathukadan thavarērē!

그 어떤 문제도 결코 저에게 다가오지 않게 하겠노라고 당신의 자애로우신 마음으로 맹세하지 않으시겠습니까? 위대하신 **고행의 스승님**! 만약 당신께서 모든 길상스러운 성질들로 충만한 은총을 저에게 보여주신다면, 무지가 사라지지 않겠습니까?

당신의 노예인 저는 멍청한 두뇌로 인해 여러 가지 어리석은 짓을 범했기에 당신의 신성한 두 발에 귀의했습니다, **고행의 사자**이시여! 이제부터는 저의 나쁜 운명이 있다면 그런 것조차도 저의 행운으로 화하도록 보살펴 주시는 것이 당신의 임무입니다.

그리고 보니 **바가반**께서 내 기도를 들으셨던 것이다.

몇 달 뒤 나에 대한 **바가반**의 크신 배려와 사랑에 대한 또 다른 증거들을 얻게 되었다. 내가 그만 한 자격이 없는데도 말이다. 나는 그때 아쉬람 근처에서 상주하고 있던 다른 사람과 협력하여 뭔가를 실행할 계획을 세웠다. 우리가 계획한 일에 대해서는 그때도 그랬고 지금 내가 생각해도 그렇지만, 크게 반대할 만한 점은 아무것도 없었다. 그러나 어느 날 오후, 어떤 사소하고 아주 부적절한 상황에서 우리 사이에 언쟁이 있었고, 우리가 의도했던 일은 취소되었다. 다음날 아침 내가 우연히 **바가반**의 침상 아주 가까이 당신의 발아래 앉아 있었는데, **바가반**이 특별히 무엇에 대한 것이 아닌 어떤 사랑과 연민의 표정으로 나를 돌아보시면서 낮은 목소리로 말씀하셨다. "우리는 무엇을 얻으려는 계획을 세우면 안 됩니다. 저절로 그대에게 오는 것을 즐기는 거야, 제가 반대하지 않지요(*nāmāppōy onrum seythukoḷḷakkūdāthu. athuvā vanthā anubhavissukkō. nān vēṇāngalē*)."

그때 나는 의심의 여지 없이 알았다. 내가 계획했던 일이 나에게 해가 될 것을 예견하시고 전날 오후에 갑자기 예기치 않은 언쟁이 일어나게 하여 우리의 계획을 무산시키신 분은 바로 **바가반**이셨다고 말이다. **바가반**이 그 말씀을 하셨을 때 내가 여쭈었다. "그 말씀은 **바가반**, 만일 어떤 것이 그것을 위한 아무 계획이나 작업 없이 저에게 다가오고 제가 그것을 즐긴다면, 거기서 어떤 나쁜 결과도 생기지 않을 거라는 뜻입니까?"

그러자 바가반은 얼른 "그것은 그렇지 않지요(appadi alla athu)"라고 덧붙이시고, 이렇게 설명하셨다. "모든 행위는 그 결과가 있습니다. 만일 어떤 것이 발현업(prarabdha) 때문에 그대에게 다가온다면 그대는 그것을 피할 수 없습니다. 다가오는 것을 어떤 특별한 집착 없이 그리고 그것을 더 갖고 싶다는 어떤 욕망도 없이 취한다면, 그것이 그대를 다음 생으로 이끄는 해를 끼치지 않겠지요. 반면에 큰 집착으로 그것을 즐기고 자연히 그것을 더 갖고 싶다고 욕망하면 그것은 그대를 더욱 더 많은 탄생으로 이끌게 되어 있습니다."

바가반이 어떤 아버지 같은 보살핌으로 위의 조언을 나에게 해 주셨는지는 적절히 묘사할 수 없다. 그것은 **닷따뜨레야**가 언젠가 구렁이가 음식을 찾아 밖으로 나오는 일이 결코 없이 자기 가까이 오는 것만 삼키는 것을 보고 그 구렁이에게서 배웠다고 말한 것과 흡사한 가르침이었다. 그것은 우리 모두가 모든 상황에서 지켜야 할 하나의 황금률로서 베푸신 조언이다. 나는 고마움과 함께 축복 받았다고 느꼈고, 이렇게 노래했다.

> *thamiyanmēl nīvaittha thayavu thāykkumillaiyē*
> *thakumain thozhilum vēṇdunthōṟum tharuthalvallaiyē*
> *vinavumenak kennuyiraip pārkka mikavum nallaiyē*
> *mikavumnān seykuṟṟam kuṟitthuviduvā yallaiyē.*
>
> 당신께서 저에게 하사하신 사랑은 어머니에게도 없습니다.
> 제 허물과 욕망에도 불구하고 당신께서는 (그것을) 주실 수 있습니다.
> 결함 있는 저에게는 제 목숨보다 더 소중한 당신이십니다.
> 제가 지은 죄가 많아도 당신께서는 저를 버리지 않으시겠지요.

바가반의 그 조언은 나에 대한 특별한 은총으로 해 주신 것이기 때문에, 내 마음 속에 늘 생생히 살아 있다. 물론 그에 따라 행위함에서는 내가 당신이 기대하신 수준에 늘 미치지는 못했을 수 있다.

띠루반나말라이와 인근 마을들에서는 **오른돌이**(*Pradakshina*)[아루나찰라를 오른쪽에 두고 산을 도는 것]를 하면 큰 영적인 이익을 얻는다고 많은 사람들이 믿으며, 이는 그들의 삶 속에서 실천되는 신앙이다. 『스탈라 뿌라나』에서도 아루나찰라와 관련하여 오른돌이가 권장되는데, 나는 **바가반**과 친근하게 된 아주 초기에 위 책에서 그것의 중요성을 분명하게 알았다. **바가반** 자신이 **오른돌이**의 큰 의미를 빈번히 말씀하시고, 당신의 가까운 제자들 거의 모두를—심지어 그 중 가장 진보된 이들이라고 여겨지는, 따라서 이 외관상의 신체적 수고를 굳이 할 필요가 없고 심적인 노력만으로도 일체를 성취할 수 있으리라고 여겨질 만한 사람들까지—포함해 수천 명의 사람들이 **오른돌이**를 한다는 사실에서도 그것은 분명하다.

일주일에 한 번씩 정기적으로 산을 도는 사람들도 더러 있었다. 어떤 이들은 더 자주, 때로는 매일 돌았고, 심지어 한동안 매일 한 번 이상 도는 사람도 있었다. 그러나 나는 워낙 게으른데다가, 어쩌면 맨발로 8마일(약 13킬로미터)를 걸어서 도는 그런 신체적 고행 없이도 내심의 숭배로 충분하다고 여기는 어느 정도 오만한 우월감으로 인해, 아스라맘에 상주자로 살러 온 뒤에도 대다수 남들이 하듯이 산을 돌러 가지 않았다. 그러기는 했으나, 내가 보고 들은 모든 것을 통해 이 **오른돌이**에는 실제로 중요한 뭔가가 있는 것이 틀림없다고 느꼈다. 그래서 종종 **바가반**께 그 수고를 하는 것이 중요한지 여부에 대한 질문들을 했다. 그런 모든 경우를 기억하지는 못하고, 내가 한 질문과 그때마다 얻은 답변들도 기억하지 못하지만, 이 주제에 대한 **바가반**과의 대화 결과 내가 들은 요지는 다음과 같다.

"이 산을 도는 것은 모두에게 좋습니다. 이 **오른돌이**에 대해 우리가 믿음이 있느냐 여부조차도 중요하지 않습니다. 불에 델 거라고 믿든 안 믿든 불에 접촉하는 모든 사람은 불에 데듯이, 이 산도 그것을 도는 모든 사람에게 이익이 될 것입니다."

이것은 **바가반**이 나에게 하신 말씀이다. 한번은 당신이 나에게 이렇게 말씀하셨다. "그대는 왜 이 산을 도는 것의 효험에 대한 이런 모든 질문에 그렇게 관심이 있지요? 달리 무엇을 얻든 얻지 못하든, 최소한 신체 운동의 이익은 얻지 않겠습니까?"

바가반은 최소한 이 정도는 나의 둔한 지성에도 분명하게 이해될 거라고 생각하신 것이다. 또 한번은 당신이 나에게 이렇게 말씀하셨다. "산을 한 번 돌아 보십시오. 산이 그대를 끌어당길 거라는 것을 알 것입니다."

또 내가 본 바로는 누구든지 **바가반**께 와서 **오른돌이**를 시작하려 한다고 말씀드리면 그 사람이 아무리 나이가 많거나 몸이 약해도 **바가반**은 결코 단 한 번도 말리지 않으셨고, 말씀하신다고 해야 "천천히 가도 됩니다"라고 하셨다. 당신의 은총이 어떤 식으로든 그들을 지지해 주었고, 모두 아무 문제없이, 심지어 환희심과 만족감으로 **오른돌이**를 마쳤다. 그래서 나도 결국 2주일에 한 번씩 산을 돌기 시작했는데, 어떤 때는 도는 간격이 더 길기도 했다.

내가 **오른돌이**를 하던 초기에는 그것을 하도록 부추기는 여러 가지 일들이 일어나곤 했다. **바가반**이 말씀하셨듯이, 이 산은 나를 끌어당기기 시작했다. 처음 몇 번 해본 결과 나는 실망하거나 기가 죽거나 언짢아지지 않았다. 오히려 할 때마다 **바가반**의 틀림없는 조언에 따라 산을 다시 돌고 싶다는 욕망이 더 확고해졌다. 나는 전통주의 신봉자였던 적이 없기에 언제가 산을 돌기에 특별히 길한 날인지 몰랐고 신경 쓰지도 않았다. 그럼에도 그 초기에는 내가 산을 돌 때마다 이런저런 사람이 와서 이렇게 상기시켜 주곤 했다. "오늘은 **오른돌이** 하기에 아주 중요한 날입니다. 돌러 안 가세요? 저는 갑니다." 이뿐 아니라 아스라맘에서의 내 삶의 온갖 사소한 일들도 모두 내가 **오른돌이** 무리에 동참하기에 아주 편리하게 조정되는 것이었다. 그래서 그들과 즐겁게 어울려 돌곤 했다. 오른돌이를 떠나기 전에 **바가반**께 인사를 하러 갈 때마다 당신은 나에게 곧잘 물으셨다. "또 누가 함께 갑니까?"

나중에는 남들과 함께 가거나 그런 도움을 받는 데 내가 무관심해졌지만 처음에는 그런 것이 상당히 필요했고, 그래서 그런 도움들이 나에게 온 것이다. 한번은 **바가반**이 나에게 "또 누구지요?"라고 물으셨을 때, 내가 "이번에는 **바가반**만 저와 함께 가십니다"라고 대답했다. 우리 둘 다 미소를 지었고, 이것은 내가 **바가반**과 자유롭게 함께하는 것이 허락되는 방식을 보여주는 작은 사례이다. 당신의 드높은 경지와 나의 낮은 수준의 엄청난 격차에도 불구하고 말이다. 이제 나는 **바가반**의 다른 어떤 헌신자나 마찬가지로 **산 오른돌이**에 대한 확고한 신봉자이다. 다만 내 나이와 건강, 그리고 그것이 안겨줄 수 있는 긴장을 고려하여 산을 도는 빈도를 조절한다. 개인적 경험상, 나는 이 **오른돌이**로 모든 면에서 이익을 얻었다. 그러나 내가 얻는 어떤 이익도 오로지 **바가반**에게서 온다고 믿는다. 만약 그 이익이 산에서 온다면, 내 경우 그것은 **바가반**이 그렇게 되도록 하시기 때문이다. 나에게 이익이 되게 할 의도로 내가 어떤 일을 할 때마다—설사 그것이 물질적 수준에서의 이익이라 할지라도—나는 내가 할 수 있는 한에서 늘 "제가 이 노력에서 최선의 것을 얻도록 보살펴 주실 분은 **바가반** 당신이십니다"라는 마음의 태도를 가지고 그것을 한다. 그래서 **오른돌이**에서도 나는 당신의 **은총**을 간구했고, 당신이 확실히 그것을 하사하실 거라는 것을 알고 있다.

산 오른돌이 주제를 벗어나기 전에, 내가 **바가반**께 직접 들었지만 많은 사람들이 알지 못할 수 있는 몇 가지 사실을 언급해야겠다. **바가반**은 1922년경까지 몸소 산을 도셨고, 많은 헌신자들과 시자들도 당신과 함께 산을 돌았다. 그런 경우 중 한번은 그 일행이 산을 걸어서 도는 도중에 한 사람을 의장으로 하여 몇 사람이 차례로 어떤 영적 주제에 대해 강설을 하자는 제안이 나왔다. 첫 번째 연사는 라마나타 딕쉬따르, 흔히 라마나타 브라마짜리(Ramanatha Brahmachari)로 불리던 헌신자였다. 그는 근 40년간 **바가반**과 함께 지냈고, **바가반**이 대삼매에 드시기 불과 몇 년 전에 세상을 떠났다.

각 연사에게 한 시간씩 주어졌지만, 이 첫 번째 연사는 의장에게 몇 번이나 시간을 더 늘려달라고 하면서 세 시간가량을 이야기했다. 그의 열의가 워낙 대단하여 생각이 샘솟듯 솟고 말이 청산유수로 흘러나왔기 때문에, 세 시간이 넘어서야 어렵게 설득해서 그의 담화를 끝내게 할 수 있었다.[1] 그가 어떤 사람인지 모른다면 그의 이런 강설을 제대로 평가하지 못할 것이다. 왜냐하면 그는 유식한 사람이 아니었고, 그가 긴 시간 논변이나 담화를 하는 것을 누구도 본 적이 없었기 때문이다. 그가 그런 희유한 강설을 쏟아낼 수 있었던 것은 순전히 **바가반**에 대한 그의 헌신과 **바가반**의 은총 때문이었다.

걸으면서 한 이 강설의 장본인은 그 직후 그 강설의 요지를 하나의 노래로 표현했고, 이것은 나중에 1939년의 **바가반 자얀띠** 때 그가 지어 인쇄하여 배포한 「스또뜨라 아누부띠(Stotra Anubhuti)」에 덧붙여진 작품으로 간행되었다. (아루나기리나타르의) 「깐다르 아누부띠(Kandar Anubhuti)」를 본뜬 이 「스또뜨라 아누부띠」는 워낙 정교하게 그 유명한 원작과 비슷해서, 우리는 타밀 시에 별 조예가 없어 보이는 지은이가 어떻게 그런 성공을 이뤄낼 수 있었는지 놀라지 않을 수 없다. 실로 그 또한 명백히 **바가반**의 은총이 작용한 경우가 아닐 수 없었다.

바가반은 그날 밤 오른돌이 때 일어난 일들을 묘사하실 때, 그 강설이 다양한 책과 경전에서 가져온 인용문·비유·유추들로 가득했고, 아주 활기차게 그리고 연기하듯 실감 나게 이루어졌다고 하시면서 그 열정과

---

1) T. 이 이야기는 『나날』에서도 언급되었다. 168쪽 참조.

탁월함을 주로 말씀하셨기 때문에, 여기서 내가 그것을 재현해 보려고 하는 것은 부질없는 일이다.

바가반이 나에게 말씀하시기를, 또 한번은 당신이 일행과 함께 산을 도실 때 길을 가며 그들이 노래를 불렀는데, 그 노래 중 하나는 『띠루뿌갈』에 있는 「띠루바구뿌(Thiruvaguppu)」 노래인 "베디찌 까발라네(vēdicchi kāvalanē)"였다고 하셨다. '까발라네'라는 단어는 타밀어로 '왕' 또는 '주인'이지만, 텔루구어로는 '나는 원한다'는 뜻이다. 노래하던 사람이 "까발라네"라는 단어를 말할 때마다 그 일행의 텔루구인인 깜블리 스와미(Kambli Swami)라는 이가 그것으로 말장난을 하며 계속 "바다이 까발라네", "도사이 까발라네", "이들리 까발라네"[텔루구어로, '바다이를 원해요', '도사이를 원해요', '이들리를 원해요'] 등으로 말했다. 바가반과 그 일행이 산을 한 바퀴 다 돌기도 전에, 길을 따라 여러 곳에서 헌신자들이 깜블리 스와미가 장난스럽게 자기가 원한다고 말했던 모든 음식을 그들에게 제공했다.

여기서 또 하나 작은 사건이 생각난다. 한번은 헌신자들이 산을 돌면서 "라마나 사드구루(Ramana Sadguru)" 노래를 부르고 있을 때, **바가반**도 같이 노래를 부르셨다. 어떤 사람이 당신이 말하자면 당신 자신을 찬양하는 노래를 부르시는 것에 대해 놀라움을 표하자, 당신은 "왜 안 됩니까? 모두에게 단 하나의 **라마나 사드구루**밖에 없는데 말입니다."라고 대답하셨다. 언젠가 내가 그에 대해 여쭈자 **바가반**은 그런 일이 있었다고 확인해 주셨다. 비루빡샤에서도 언젠가 비슷한 사건이 있었다고 한다.

오른돌이와 관련해 내가 **바가반**께 직접 들은 또 하나의 사건도 몇 가지 이유에서 이야기할 만하다. **바가반**이 아직 스깐다스라맘에 계실 때 하루는 배탈이 나셨다. 그래서 그날은 금식하기로 결심하고, 아스라맘을 떠나 **오른돌이**를 하면 금식을 더 쉽게 할 수 있을 거라고 생각하셨다. 당신이 지금 아스라맘이 있는 곳에서 한두 펄롱(200~400미터)쯤 더 갔을 때, 땔감을 줍거나 엽반을 만들려고 나뭇잎을 모으는 농부들로 보이는 대여섯 명의 여자를 만나셨다. 그들은 자신들이 물을 마실 수 있는 곳을 알려 달라고 했다. 근처에 물이 없었기 때문에 당신은 그들을 어느 정도 거리까지 데려다 주셨다. 그런 다음 **오른돌이**를 계속하려고 했지만, 여자들 중 한 명이 당신에게, 가시기 전에 자기들이 먹으려고 하던 음식을 조금 드시면 안 되겠느냐고 했다. **바가반**은 무례하게 보이고 싶지 않아서 승낙했다. 그러나 한 여자가 도시락을 끌러 당신에게 음식을 좀 드리자, 다른 여자들도 각기 자신의 도시락을 열고는 말했다. "제 것도 조금 드셔야 합니다." **바가반**은 난감한 상황에 처해서 그들 누구의 마음도 상하게 하지 않기 위해 각자로부터 뭔가를 받으셔야 했고, 결국 처음 생각하신 것보다 훨씬 많이 드시고 말았다.

그 후 당신은 그들을 떠나서 산을 계속 도셨다. 그러나 몇 마일을 가신 뒤에 (바가반은 산을 아주 천천히 도셨고, 어떤 때는 도중에 여기저기 멈추면서 하루 종일이 걸리기도 하셨다) 정오 무렵에 앞서 그 여자들과 다시 만나셨다. 바가반은 그들이 아직도 자루에 땔감이나 나뭇잎을 전혀 모으지 않은 것을 보고 놀라셨다. 당신이 우리에게 말씀하셨다. "아침에는 그들이 나뭇잎을 모으러 나선 여자들이라고 생각했지요. 그러나 그들의 자루는 여전히 비어 있었습니다."

그들이 다시 당신께 다가와서 말했다. "저희는 이제 점심을 먹으려고 합니다. 스와미께서도 부디 저희와 함께 뭔가를 드셔 주세요."

그렇게 말하면서 여자들은 각기 어떤 음식을 **바가반**께 내놓았고, 당신은 그것을 다 드시지 않을 수 없었다. 문제는 거기서 끝나지도 않았다. **바가반**이 더 길을 갔을 때, 가장 오래된 헌신자들 중 한 사람인 라마스와미 아이야르 씨[2]를 만나셨다. 그는 큰 신심으로 **바가반**을 위해 특별히 준비한 음식과 새로운 종류의 라삼(rasam)을 가져왔다. 그는 그날 큰 망고도 하나 구했는데, 그것을 라삼에 넣으면 아주 맛도 있고 **바가반**께 영

---

2) *T.* 여기서는 M.V. 라마스와미 아이야르로 생각된다(M.V.는 '마나바시'의 약자이다).

양식이 될 거라고 생각했다. 그래서 그렇게 라삼을 만들어 스깐다스라맘으로 가져갔다. 거기서 바가반이 오른돌이를 가셨다는 것을 알게 된 그는 반대 방향으로 산을 돌기로 결심했다. 그러면 어디에선가 틀림없이 바가반을 만날 수 있을 터였다. 그는 사실 오후 2시에 당신을 만났는데, 바가반은 그가 수고롭게 그것을 가져왔다는 것을 듣고 그렇게 준비해서 당신께 가져온 그 음식을 도저히 거부할 수 없다고 느꼈다. 결국 당신은 낮 동안 세 번이나 거한 음식을 드신 다음, 저녁 어느 때쯤에 아스라맘에 당도하셨다.

바가반이 우리에게 말씀하셨다. "그날은 음식을 먹지 않고 보내야겠다고 생각했지요. 그러나 이렇게 끝이 나고 말았습니다."

우리 바가반만큼 하느님(시바)에게 완전히, 자유의지의 어떤 잔재도 없이 당신 자신을 내맡긴 분은 아무도 없었다. 하루 동안 금식을 하겠다는 그런 작은 결심을 한 경우마저 하느님은 질투라도 하신 듯하다. 왜냐하면 마치 하느님이 바가반께 이렇게 물으시려 한 것 같기 때문이다. "그대가 누구기에 하루 먹거나 먹지 않겠다고 결심할 수 있는가? 그대는 나에게 그대 자신을 내맡기지 않았는가? 그대가 어느 날 먹을 것인지 말 것인지는 내가 결정한다."

이것이 내가 바가반에게서 그 이야기를 들었을 때 나에게 떠오른 생각이었다. 당신이 늘 그러시듯이 그림같이 상세하게 그 사건 전체를 들려주신 것은 순복(surrender), 완전한 순복의 교훈을 역설하시기 위해서였다고 나는 믿는다.

헌신자들 중 어떤 이들은 그날 바가반을 만난 그 여자들은 그들이 처음 바가반을 만난 곳 근처에 그들을 모신 사원이 있는 일곱 처녀(Saptha Kannikas)였음이 분명하다고 믿고 있다. 우리가 그것을 믿고 안 믿고는 중요하지 않다. 나로서는 그 여자들이 누구였든, 그들은 하느님의 뜻에 의해 특별한 목적으로 와서 그런 공양을 올린 것이다.

한번은 바가반이 산을 도시다가 몇 개의 빛나는 몸들이 지면에서 사람 키만 한 높이에서 당신과 함께 도는 것을 보셨다. 또 한번은 당신이 산을 도시다가 아디 안나말라이(Adi Annamalai) 사원에 들어가셨는데, 내전 근처에서 (보이지 않는 어떤 존재들에 의해) 싸마 베다(Sama Veda)가 창송되는 것을 들으셨다. 내가 바가반께, 그 두 번의 경우에 당신과 함께 갔던 사람들도 그 빛이나 그 소리를 들었는지 여쭈자 당신은 "아닙니다"라고 하셨다. 아루나찰라 위에는 싯다 뿌루샤(Siddha Purushas)[초능력을 가진 진인]들이 살고 있고, 가끔 산을 돌기도 한다고 많은 사람들이 믿고 있다. 그래서 바가반이 그 경험들을 이야기하실 때 그 빛나는 몸들이 무엇이었는지 내가 여쭐 필요가 없었고, 그들은 바가반과 함께 걷는 것을 즐거워한 싯다들이었음이 틀림없을 거라고 생각했다.

여기서 연상 작용으로, 내가 바가반에게서 직접 들은 한 사건이 생각난다. 바가반이 아직 산 위에 살고 계실 때의 일어난 일이다. 언젠가 외모에서도 이례적으로 아름다운 몽구스 한 마리가 바가반께 달려가서 당신의 무릎 위에 올라가 한동안 다정하게 포근히 앉아 있다가 떠났다. 바가반 자신도 놀랐고, 그 이야기를 들려주실 때 이렇게 말씀하셨다. "그것이 무엇이었든, 분명 평범한 몽구스였을 리는 없지요. 어떤 몽구스가 겁없이 그와 같이 누군가에게 다가오겠습니까? 그리고 왜, 어떻게 그가 거기 있던 모든 사람들 중에서 저를 골라냈습니까?"

바가반이 하신 말씀은 그것이 전부였지만, 많은 헌신자들은 바가반의 아버지인 아루나찰라 아니면 바가반의 말씀이나 사람들의 믿음에 따르면 지금도 아루나찰라 산 위의 동굴들에 살고 있다는 싯다들 중 한 분이 그와 같이 바가반을 찾아왔다고 믿는다. 회의론자들은 그런 믿음을 신뢰하지 않아도 무방하다. 다만 나는 회의론자들의 비웃음이나 나를 미쳤다고 생각할 어떤 독자들이 무서워서 그 사건을 언급하지 않고 지나가는 것은 잘못이라고 느낀다.

이것은 또 다른 이상한 사건으로 나를 이끈다. 스깐다스라맘 시절에 한번은 바가반이 더운 한낮의 햇볕 아래서 산 위를 거닐고 계셨는데, 현재의 아스라맘이 있는 곳 근처 어딘가의 산비탈에서 땔감을 줍는 가난한 계급외인 같아 보이는 한 노파가 다가오더니 마치 바가반이 자신과 대등하거나 더 못한 사람인 양 거칠고 촌스러운 말로—그럼에도 정감 있게 말하려는 의도로—당신을 질책했다. 당신의 아스라맘이라는 피난처에 조용히 앉아 있지 않고 그 땡볕에 가시와 바위들 사이를 왜 돌아다니느냐고 말이다. 내 기억으로, 노파가 한 말은 이러했다. "당신을 관 속에 집어넣을까. 조용히 있지 않고 왜 이렇게 가시와 바위들 사이로 이 땡볕에 돌아다녀?(*unnaip pādaiyilē vaikka. summayiruntha yidatthilē yillāthē ippadi muḷḷilum kallilum yēn intha veyyillē thiriyaṇum*)."

이 사건에 대해서도 바가반은 이렇게 말씀하셨다. "그녀가 흔히 보이는 땔감 줍는 보통의 하층계급 여자였을 리가 없다는 것은 분명합니다. 땔감을 줍는 평범한 어떤 여자가 스와미에게 그와 같이 말하겠습니까?" 여기서도 많은 헌신자들은 그것은 바가반의 아버지 아루나찰라였거나, 아니면 그 하리잔(Harijan) 여자로 가장하고 와서 당신에게 충고한 어떤 싯다였을 거라고 생각한다.

바가반의 오른돌이와 관련하여 원숭이들 사건도 있다. 산 위에 사시던 초기에 바가반은 원숭이들과 가깝게 접촉하면서 그들의 생활 방식과 통치 체제를 아셨다. 당신의 평등관(*samathva*)[모두를 똑같이 대하는 것]은 대다수 사람들의 경우처럼 단지 이론적인 것이 아니라, 아주 현실적이고 실제적이어서 동물들에게까지 적용되었다. 한번은 원숭이들이 당신께 고마움을 표했다. 그 사건도 아주 놀라운 것이어서 말하지 않고 넘어갈 수 없다. 당신과 당신의 일행이 산을 돌고 있었는데, 읍내에 도착하려면 아직 1마일 이상 남았을 때 다들 배도 고프고 목이 말랐다. 아주 더운 날이었고 근처에는 물도 없었다. 그때 홀연히 한 무리의 원숭이들이 나타나

야생 무화과나무에 올라가더니 가지를 흔들어서 잘 익은 열매들을 떨어뜨려 주어 일행 전체가 먹을 수 있었다. 그들이 **바가반** 일행의 곤경을 어떻게 알았고, 어떻게 필요한 순간에 그곳에 와서 때에 맞는 봉사를 하게 되었는지 우리는 알 수 없다. 그 또한 주 **아루나찰라**께서 당신의 아들인 우리의 **바가반**을 특별히 보살펴 준 경우가 아니라면 말이다. **바가반**은 "(당신께서) 오라고 하지 않으셨나요? 왔으니 저를 먹여 살려 주세요 (*varumpadi solilai vanthenpadiyala?*)"3)라고 노래하시지 않았던가?

 내가 아스라맘에 아주 살러 왔을 때, 나도 가능하면 아스라맘에서 어떤 봉사를 해야 한다고 느꼈지만, 실제로는 나에게 맞는 어떤 일도 발견하지 못했다. 그래서 그 문제는 더 이상 생각하지 않았다. 그런데 어느 날 우연히 **바가반**께, 그때까지 당신의 시자들 중 한 명에게 장서를 돌보게 하던 관행이 더 이상 가능하지 않고 적절치도 않게 되었다고 말씀드렸다. 이제 아스라맘은 상당히 성장했고, 보유 장서와 방문자 수도 크게 늘어나서 별도의 사서司書를 두실 때가 되었다고 말이다. 그때 회당에 있던 채드윅 씨가 끼어들었다. "당신이 그 일을 맡으시지 그럽니까?"

 바가반이 즉시 거드셨다. "그래요, 그의 말처럼 그대가 해보지 그래요?"

 이것은 나 자신에게 잘 맞는다고 생각되는 일이었고, 그래서 사서 소임을 쉽게 승낙했다. 나중에 T. S. 라자고빨라 아이야르가 **바가반**의 정규 시자가 된 뒤에 도감이 그에게 사서 임무도 맡길 때까지, 나는 몇 년 동안 사서로 활동했다. 뿐만 아니라 내가 아스라맘의 상주자이던 4년 동안 나는 말하자면 **바가반**의 궁정에서 공식 통역관이기도 했다. **바가반**은 주의 깊게 경청하시다가, 영어로 질문한 사람들에게 당신이 타밀어로 말씀하신 것을 내가 정확하게 통역하지 못하면 나를 질책하시기도 했다. 어떤 때는 당신이 타밀 책에 나오는 어떤 노래나 구절들을 나에게 영어로 번역해 달라고 하시기도 했다.

---

3) T. 「문자혼인화만(*Aksharamanamalai*)」, 제94연.

그러나 **바가반**이 나에게 번역해 달라고 하셨다는 말의 의미를 설명해야겠다. 당신이 어떤 구절의 번역을 원하신다고 내가 이해했을 때마다, 나는 당신을 위해 뭔가를 하는 것이 하나의 특권이라 생각하고 그것을 하겠다고 자청하곤 했고, 당신은 승인해 주셨다. 이것은 내가 한 어떤 일에도 해당되었다. 당신은 누구에게도 결코 어떤 일도 부과하지 않으셨다. 내가 장서를 담당하고 있을 때는, **바가반**이 어떤 책이나 그 책 속의 어떤 구절이나 노래를 언급하실 때마다 얼른 가서 회당 안의 선반이나 우리 책들 중 일부를 보관해 둔 베다학당(Veda Patasala)의 찬장에서 그것을 가져오곤 했다. **바가반**은 곧잘 말씀하셨다. "왜 수고롭게 그럽니까? 그럴 필요 없습니다." 그러면 나는 이렇게 대답했다. "수고롭지 않습니다. 바가반의 은총으로 저는 여전히 활동적인 습習이 있습니다. 제가 여기 이렇게 게으르게 앉아 있어도, 제 몸은 여전히 유연합니다."

한때 나에게 『따유마나바르』, 『해탈정수』 기타 책에 나오는 이런저런 노래들 외에도 『박따 비자얌』에 나오는 긴 구절들을 영어로 옮기는 과제가 맡겨졌다. 그것은 마누 수베다르(Manu Subedar)라는 방문객을 위해서였다. **바가반**은 그가 한 질문에 대한 답변으로 위의 구절을 읽어 주셨는데, 그것은 냐네스와르와 그의 아버지 비토바 간에 '사람이 명상을 하고 **진지**를 얻으려면 숲속으로 물러날 필요가 있는가'를 두고 한 논쟁이었다. 마누 수베다르는 (부자간의) 그 대화에 워낙 감명 받아 그것을 영어로 번역한 것을 갖고 싶다는 바람을 **바가반**께 피력했다. **바가반**의 권유로 내가 그것을 번역했고, **바가반**이 그것을 훑어보고 수정하신 다음 수베다르에게 보내주셨다. 수베다르는 자신의 책 『기타 해설』에 그것을 부록으로 포함시켜 간행했다(362쪽 참조). 그 해당 구절은 여전히 **진지**를 향한 길을 걷고 있는 사람[아버지]과 **진지** 안에 완전히 자리 잡고 있는 사람[아들]의 관점 간 차이를 보여주며, 그런 주제들에 관심이 있는 사람들이라면 정독해 볼 가치가 있다.

1945년 6월 24일, 나는 평소처럼 오전 19시경에 **바가반**의 회당에 들어갔는데, 내가 평소 부르는 노래를 시작하기 전에 딸레야르칸 여사가 자기 친구인 바로다(Baroda)의 마하라니와 함께 회당에 앉아 있다가 나에게 말했다. "어제 저녁에 **바가반**께서 무루가나르의 책에서 가장 좋은 시들을 여기 제 친구에게 읽어 주셨어요. 우리를 위해 그것을 번역해 주셔야 해요."

나는 벨로르에 가 있었기 때문에 어제 저녁에 회당에 없었고, 그 시들은 T. P. 라마짠드라 아이야르가 구두로 그들에게 통역해 주었다. 그러나 그들은 내가 글로 번역한 것을 원했다.

바가반이 T. P. 라마짠드라 아이야르에게 말씀하셨다. "그것이 무루가나르의 가장 좋은 시들은 아니라고 그들에게 말해 주게. 내가 그 시들을 고른 것은 그것이 저 여사의 현재 마음 상태에서 위안이 될지 모른다고 생각해서야."

당신이 말씀하신 시는 「벌 메신저(Vaṇdu viduthūthu)」와 「벌이 한 대답(Vaṇdu tharumāṟṟam)」이었다. 첫 번째 시에서는 사랑에 빠진 여자로 대표되는 헌신자가 곁에 없는 임인 **하느님**을 그리워하면서 벌(bee)을 자신의 메신저로 보낸다. 두 번째 시에서는 그 벌이 이렇게 대답한다. "왜 걱정해요? 당신은 **그분**이 당신 심장 속에 있다고 말하지 않나요? **그분**을 거기에 간직하고 있으면서 왜 슬퍼해요?"

나는 그 여사들에게 번역을 해 주겠다고 약속한 뒤 무루가나르의 『싸라나 빨란두(Charanap Pallandu)』에 있는 「발르뚜(Vāzhtthu)」를 노래했다. 내가 「발르뚜」를 끝내자 **바가반**이 말씀하셨다. "그 마지막 시도 그들을 위해 번역해 주세요." 그것은 대략 다음과 같다. "당신의 무수한 헌신자들에게 그들이 원하는 모든 것을 들어주시는 **라마나**의 두 발을 그들의 심장 속에 확고히 간직하여 자신들의 근심을 없애버리는, 그 헌신자들이 오래 살기를!"

그런 다음 나는 『친존예경(Sannidhi Murai)』에 있는 시 「귀의처로 삼아 친교하는 이들(thañcamenatthāl sārnthar)」을 노래했고, 바가반은 그것도 그들을 위해 번역해 주라고 하셨다. 그 시의 취지는 이러하다. "라마나께서는 그것이 당신의 운명이기에 당신의 발아래 와서 귀의하는 사람들의 모든 짐을 져 주실 것이니, 그들은 어떤 두려움도 가질 필요가 없네. 어떤 상황이 그들을 에워싸거나 어떤 위험에 그들이 처한다 하더라도."

전날 불렸던 노래들은 보통 사람들을 위로하기에 다소 수준이 높았다. 아마 그래서 바가반이 이 두 시를 그들을 위해 번역해 주기를 바라신 듯했다. 나는 이 시들이 마하라니를 크게 위로했을 거라고 확신한다.

여기서 나는 무루가나르의 책 『싸라나 빨란두』를 추천해야겠다. 이 책은 그에 앞선 그의 『친존예경』만큼 잘 알려져 있지 않을지 모르나, 정독해 보면 그것이 그의 여느 저작들만큼이나 훌륭하고, 어떤 면에서는 바가반에 대한 일상적 숭배에 더 적합하다는 것을 알 것이다. 나는 바가반 앞에서 가끔 『띠루바짜감』에 있는 「뽀리 띠루아하발(pōṟṟit thiruvahaval)」을 창송하곤 했다. 그런 경우 중 한번은 회당에 있던 무루가나르에게 물었다. "바가반에 대해 매 행이 '짜라남(charanam)'으로 끝나는 이와 같은 '아하발(ahaval)'을 한번 지어 보지 그래요? 우리도 그런 것이 하나 있으면 좋겠는데." 몇 달 뒤 무루가나르는 이 책(『싸라나 빨란두』)을 냈는데, 「싸라나 띠루아하발」에서는 심지어 그 일을 다음과 같이 언급하기까지 했다.

> āvalā yivvōrahava lichaippittha
> thēvarāyan makizh thēvāranam.
> 이 시를 지어 출간해 주기를 간절히 바란
> 데바라야가 숭배하는 저 신께 귀의합니다.

그 책이 출간되었을 때 바가반은 왠지 이 구절들에 특별히 주목하지 않아서, 그것이 나를 지칭했다는 것을 모르셨다. 당신은 책의 서문에 나에 대한 언급과 이 행들이 나와 있는 것을 보신 뒤에야 그것이 나를 지칭한 것이었음을 알았다고 나에게 말씀하셨다.

나는 **바가반**의 지시와 면밀한 감독 하에, 무루가나르와 협력하여 한때 **바가반**의 「진아지(Atma Vidya)」를 (영어로) 번역하여 하이데라바드의 시바 모한 랄(Siva Mohan Lal) 교수가 그 노래를 우르두어로 정확히 번역할 수 있게 했다. 그것은 **바가반**의 생전에 이루어진 「진아지」에 대한 가장 나중의 번역이었다.

번역을 이야기하다 보니 **바가반**이 나를 위해 번역가 노릇을 한 번 해주신 경우가 생각난다. 1944년의 어느 때였다. 고故 시바쁘라까삼 삘라이의 제자가 자기 스승의 「라마나 사드구루말라이(Ramana Sadgurumālai)」, 「라마나 데바말라이(Ramana Dēvamālai)」, 「빈나빰(Vinnappam)」이라는 제목의 노래 108곡을 **바가반**께 살펴보시라고 가져와 **바가반** 앞에서 그것을 노래했다. 그 중에서 「사드구루말라이」는 이미 아스라맘에서—필사본으로만 볼 수 있었지만—구해 볼 수 있었다. 나도 그것을 본 적이 있고, 심지어 그 중의 노래 일부를 사용하기 위해 필사하기도 했다. 나는 그 노래들을—즉, 그 노래 대부분을—높이 평가했고, 그 노래들이 출간되게 하는 것이 바람직할 것 같았다. 그러나 나는 그 저작을 1,000부 인쇄할 만큼의 여윳돈이 없었다. 당시 가지고 있던 40루피 남짓의 여윳돈으로는 400부만 인쇄할 수 있었다. 내가 (아쉬람 당국에게) 말했다. "400부라도 인쇄해 보시지요? 나중에 필요하면 또 찍으면 되니까요."

어찌하다 보니 아스라맘에서는 내가 낸 금액을 더 보충하여 1,000부를 인쇄했다. **바가반**은 내가 그 일에 그토록 관심을 가졌으니 내가 그 책에 서문을 쓸 적임자라고 하셨다. 내가 대답했다. "영어로 쓰는 거라면 바로 써내겠지만, 타밀어로 쓰는 것은 주저됩니다."

그러자 **바가반**이 말씀하셨다. "그러면 그것을 영어로 쓰면 제가 그것을 번역하지요." 그에 따라 나는 즉시 서문 하나를 썼고, **바가반**이 그것을 타밀어로 번역하신 것이 지금 그 책에 있는 것이다.

이 시바쁘라까삼 삘라이는 **바가반**의 가장 초기의 더없이 열렬한 헌신자들 중 한 사람이었고, 그의 가슴에서 솟구쳐 나온 위 책의 작품들은 **바가반**의 많은 헌신자들에게 큰 호소력이 있을 거라고 나는 확신한다. 그래서 이 기회에, 타밀어를 쓰는 모든 헌신자들에게 이 책의 정독을 권한다. **바가반**의 승인을 얻어서, 그때까지 저녁 7시와 7시 반 사이에 매일 하던 타밀어 노래(빠라야나)에 사용되던 책들의 목록에 이 책이 추가되었다.

내가 **바가반**과 친밀해지고 난 뒤에는, **스리 라마크리슈나 빠라마한사**가 기리쉬 찬드라 고쉬(Girish Chandra Gosh)에게 그랬던 것처럼 당신이 나를 배려하시고 나의 호소를 잘 받아주셔야 한다고 스스럼없이 간청하곤 했다. "모든 **진인**에게는 그의 기리쉬가 있습니다, **바가반**. 제가 당신의 기리쉬가 되게 해 주십시오."라고 말이다.

또 나는 이렇게 말하곤 했다. "저희는 욕망을 안 가질 수가 없습니다. 그러나 이런 욕망이나 그것의 충족이 재앙으로 이를 것임을 당신께서 보실 때, 개입하여 저희를 구해 주실 분은 당신이십니다." 이와 관련하여 나는 순다라 무르띠 나야나르(Sundara Murthi Nayanar-시바파 성자 순다라르)가 막 결혼을 하려고 할 때 하느님(시바)이 늙은 브라민으로 나타나서 그를 자신의 종이라고 주장하여 그 결혼을 막았던 경우를 들었다.4)

나의 그런 간청에 대해 **바가반**은 늘 동조하듯 경청하시며 미소를 지으셨고, 나에게는 그것만으로 충분했다. 한번은 내가 기리쉬를 언급하자 **바가반**이 말씀하셨다. "그러나 그는 **스리 라마크리슈나**에게 (자신의 문제를 알아서 처리해 달라는) 소송 위임장을 드렸지요."

내가 대답했다. "저도 **바가반**께 그것을 드렸습니다. 제가 할 수 있는 범위까지는 말입니다."

---

4) *T.* 순다라무르띠의 이 이야기는 『라마나스라맘에서 보낸 편지』, 제82장에 자세히 나온다.

한번은 내가 **바가반**께 **시바**가 순다라 무르띠 나야나르를 보호해 주었듯이 당신께서 개입하여 나를 보호해 주셔야 한다고 말하자, **바가반**이 대답하셨다. "얼마나 많은 사람들의 경우에 그런 일이 있어났습니까? 또 **하느님**이 개입하여 그 결혼에서 그를 구해주고 그를 당신의 친구로 만들기는 했지만, 나중에는 그에게 두 번이나 결혼하게 만들고, 그가 두 번째 아내에게 한 맹세를 어기고 그녀의 마을을 떠나자 그의 시력을 잃게 하는 벌을 주기까지 했지요."

내가 순다라 무르띠 나야나르의 다음 시를 처음 만났을 때는 **바가반** 앞에서 그것을 노래한 다음 그에 대해 당신과 이야기를 나누었다.

> *mīḷā adimai umakke āḷāppiṟarai vēṇdāthē*
> *mūḷātthīpōl uḷḷē kananṟu muhatthāl mikavādi*
> *āḷāyirukkum adiyār thaṅkaḷ allal sonnakkāl*
> *vāḷāṅgirunthīr oṟṟiyūrīr vāzhnthupōthīrē.*
>
> 띠루보띠유르의 주님! 당신의 구제 불능인 노예가 된 저 같은 추종자가 남들을 돌아보지 않고, 심장 속에서 스멀스멀 피어나는 슬픔으로 그의 이마를 어둡게 하면서 자기 신세 한탄을 쏟아낼 때, 당신께서는 들은 체 만 체 무관심하게 계십니다. 그렇다면 좋습니다, 그러라지요. 당신께서만 즐거워하소서!

당신은 나에게, 그 나야나르는 시력을 잃고 나서 그것을 회복시켜 달라는 그의 기도에 **하느님**이 무감한 상태로 있을 때 그 노래를 불렀다고 말씀하셨다. **바가반**이 덧붙이셨다. "그는 **하느님**과 그렇게 친밀한 사이였기에 그와 같이 노래한 것입니다."

우리의 **바가반**은 믿음의 한 시험으로 당신의 헌신자들이 불안과 긴장의 상태에 있게 하시는 것처럼 보일 때가 드물지 않은데, 다만 그들이 실제적 해를 입지는 않도록 그들을 보호해 주신다. 내 경우에 일어난 그런 경우를 다음 이야기가 잘 보여준다.

내가 아스람맘에 정주한 지 1년쯤 되었을 때, 내가 찌뚜르에서 1936년부터 1941년까지 파산관재인으로 재직하는 동안, 그 사무실의 내 서기가 거액을 횡령했다는 것이 알려졌다. 처음에는 그 금액이 약 2,000루피로 생각되었다. 그러나 나중에 특별감사팀이 임명되어 5, 6년간의 기록을 조사한 끝에 그 서기가 매년 우리의 장부를 검사한 정부 감사관들의 조사를 피해서 친 장난의 모든 갈래를 알아냈다. 이 특별감사 명령이 내려졌을 당시 정부는 그 횡령이 일어났을 때의 관리들이 감사 비용을 부담해야 한다고 명령했다. 감사팀은 근 1년 동안 일했고, 내 서기가 횡령한 금액이 약 16,000루피임을 발견했다. 그 서기의 소행을 알게 된 직후에 나는 바가반께 그 모든 것을 말씀드렸다. 횡령 금액이 얼마나 거액인지를 알게 되었을 때 나는 정말 겁을 먹었다. 이로 인한 문제는 7, 8년간 지속되었지만, 사태 초기에 나는 바가반께 이렇게 말씀드렸다. "어떤 사람들은 범죄를 저지른 다음 바가반께 달려와서 당신의 발아래 엎드려 도움과 보호를 청하는데, 저는 바가반께서 아시겠지만 절대로 아무 잘못이 없습니다. 저는 죽기 전에 한동안 바가반의 발아래서 평안과 행복을 즐기려고 여기 왔을 뿐인데, 이 문제가 여기까지 저를 따라와 저의 미래에 그늘을 드리우고 저의 삶을 비참하게 만들어야 합니까?"

나중에 알고 보니 바가반은 내가 그 문제로 전혀 영향을 받지 않도록 이미 결정해 두고 계셨지만, 나는 걱정과 그로 인한 믿음의 부족으로 그 문제에 관한 어떤 연락이 올 때마다 그것을 내 답장과 함께 바가반께 보여드렸다. 이제 와서 돌이켜 보면, 7, 8년 동안 내 위에 매달려 있던 이 다모클레스의 검(Sword of Damocles-머리 위에 위태롭게 매달려 있는 칼)에도 불구하고, 내가—이따금 그 문제에 관한 어떤 서신 연락을 처리해야 할 때 외에는—그에 대해 생각하거나 걱정하지 않고 삶을 살아갈 수 있게 해 준 것은 당신의 은총이었다고 말할 수 있다.[5]

---

5) T. 은총이란 헌신자의 삶의 모든 측면에 영향을 줄 수 있는 순수한 영적 에너지이다.

문제의 서기와 별개로, 어떤 변호사 서기와 (그를 고용한) 변호사(Vakil)도 형사법원에 기소되었고, 그 서기와 변호사 서기는 쭈다파(Cuddapah)의 지방형사법원(Sessions Court)에서 장기 징역형을 선고 받았다. 그 뒤에도, 내 과실이 없었다면 그 횡령이 일어나지 못했을 거라는 이유로 16,000루피에 대한 민사상 책임을 져야 하지 않느냐는 문제가 여러 해 동안 해결되지 않았고, **바가반의 대삼매** 조금 전에야 최종적으로 나에게 유리하게 처리되었다. 정부는 나에게 16,000루피에 대한 책임이 있고, 특별감사비 2,000루피 남짓도 내가 메울 책임이 있다고 했다. 나는 어느 금액도 지불할 책임이 없다고 맞섰다. 상황이 그러할 때, 정부는 여하튼 그들이 특별감사팀에게 지출한 2,000루피를 회수하기 위한 조치를 먼저 취해야 한다고 생각했다. 지방법원 판사가 파산관재인에게 찌뚜르 지방법원에 자기 앞으로 특별검사비 회수를 위한 청원을 제기하도록 지시했고, 내 보증금(파산관재인은 누구나 그 직에 임명되었을 때 2,000루피를 보증금으로 내도록 하는 당시의 규칙에 따라 나도 그 보증금을 납부한 바 있었다)은 몰수될 수도 있었다. 그에 따라 파산관재인은 그 청원을 제기했고, 그 통지가 나에게 송달되었다. 나는 찌뚜르로 달려가서 내 후임자로 정부 대리변호사와 검찰관을 맡았던 나의 변호사 C. 벤까따라마나 아이어 씨에게 사건을 의뢰하고, 그와 협력하여 나의 반대청원서를 작성하고 아스라맘으로 돌아왔다.

벤까따라마 아이어 씨는 자신이 법원에 반대청원을 제기할 것이고, 심리 일자를 나에게 알려주겠다고 했다. 또 심리일에 내가 그와 함께 있어야 한다고 덧붙였다. 내가 말했다. "그럴 필요는 없습니다. 저는 당신을 충분히 신뢰합니다. 당신은 우리의 반대청원에서 채택했던 논리로 다투기만 하면 됩니다." 그래도 그가 나에게 심리 때 출석해 달라 해서 내가 덧붙였다. "겁낼 거 없습니다. 저의 **바가반**이 당신 곁에 계실 겁니다."

바가반께 이 모든 것을 계속 알려드렸다. 심리일 2, 3일 전에 지방법원 판사는 고등법원으로부터 나에 대한 청원은 계속 진행할 필요가 없다는 전보를 받았다. 내 변호사가 그 정보를 나에게 전하면서 이렇게 덧붙였다. "당신 말씀이 맞았습니다. 당신의 바가반이 당신 곁에 계시군요."

나는 그의 엽서를 바가반께 보여드렸다. 나는 고등법원의 위 명령을 얻기 위해 누구를 만나거나 누구에게 영향력을 행사하는 식의 어떤 일도 일절 하지 않았다는 것을 덧붙여야겠다. 오늘날까지도 나는 어떻게 해서 그렇게 되었는지 모르지만, 그것이 전적으로 바가반의 은총이었다는 것은 완전히 믿는다.

그리고 난 뒤에도 16,000루피를 나에게서 회수해야 하지 않느냐는 문제는 여전히 미해결 상태였다. 바가반의 대삼매 조금 전에야 그 문제가 최종적으로 각하되었다는 것을 알게 되었고, 나는 그 연락을 바가반께 보여드렸다. 나 정도의 재력을 가진 사람에게 18,000루피를 정부에 지불해야 한다는 것은 생각만 해도 끔찍한 일이었다. 나는 그런 사태에서 완전히 구제되었을 뿐 아니라, 그 문제가 미해결로 남아 있던 7, 8년 동안 내내 그에 대해 거의 걱정하지도 않았다. 나는 바가반의 친존親存에 흘러넘치는 평안 속에 계속 떠 있었고, 어느 순간에라도 나를 집어삼킬 듯이 위협하고 있던 그 재앙은 거의 까마득히 잊고 지냈다.

또 한 번의 경우에도 바가반은 나를 임박한 위험에서 구해 주셨다.

바가반이 띠루반나말라이에 오신 50주년을 우리가 경축하고 나서 한두 달 뒤에, 나는 처음으로 타밀어 시를 몇 수 지어 볼 마음을 냈다. 물론 우리의 시인 무루가나르에게서 도움을 많이 받았다. 그 시들 중 하나에서는 나를 구해 주신 바가반의 비상한 은총을 다음과 같이 언급했다.

> *mikavumē samibakā latthenak kāpatthon ṟuṟṟida*
> *mikavumē chīkkiramāya mennapayanān neṉṟenai*
> *mikavumē aruḷchuran thātharit tharukini lirutthiya*
> *mikavumē adisayak karuṇaināṉ maṟatthalum kūdumō?*

아주 최근에 어떤 위험이 저를 위협하는 하나의 위기에
아주 신속히 "무엇이 위험인가? 내가 그대의 피난처다"라고
아주 은총에 넘치는 보호로써 저를 당신 곁에 두신,
아주 놀라운 그 자비를 제가 어찌 잊을 수 있겠습니까?

여기서 아스라맘에서는 매년 **바가반**의 **자얀띠**에 당신을 기리는 시들을 짓는 것이 상례였다는 것을 덧붙여야겠다. 그런 경우에 나는 영어 산문으로 당신의 만수무강을 기원하는 글을 쓰곤 했다. 처음 그렇게 했을 때는 만수무강의 기원이 시인들만의 독점물일 수는 없고 남들도 자기가 할 수 있는 어떤 방식으로든 자신만의 메시지와 축하의 말들을 얼마든지 글로 쓸 수 있다는 말을 집어넣기도 했다. 그러나 한 해에는 **자얀띠**를 위해 몇 곡의 노래를 지어봐야겠다는 충동이 다가왔다. 나는 무루가나르의 도움을 많이 받아 빨란두(Pallandu) 운율로 노래 몇 곡을 지었는데, 그 노래들이 아주 마음에 들었다. 우선 그 노래들은 **바가반**이 **자얀띠** 날 목욕을 하시기 위해 회당을 나가시기 직전에 내가 당신께 그것을 낭독해 드릴 때 내 눈에 눈물이 차오르게 했다.

하루는 **바가반**이 『소나 사일라 말라이(Sona Saila Malai)』[6]라는 책에 있는 다음 시를 나에게 인용해 주셨다.

> aruṅkavi vāthavūranē muthalō ranpilē menṟathu vēndi
> yiraṅkuthal poymai yanpilēnenayā niyambalē meyyenakkaruḷāy
> karuṅkathamu mizhumī rṅkavud panaikkaik kariyuri
>   kañsukaṅgaduppat
> tharaṅkamundezhu kārmukilpayil sōnasailanē kailaināyakanē.
> 희유한 시들을 지은 바다부르의 현자(마니까바짜가르)와 다른 이들이
>   자신들은 당신에 대한 **사랑**이 없다고 했을 때

---

6) *T*. 시바 쁘라까사르(Siva Prakasar, 17세기 후반-18세기 초)가 **아루나찰라**를 오른돌이하면서 지은 100연의 타밀시 모음집. '소나 사일라'는 아루나찰라의 별칭이고, '말라이'는 연작시를 말한다. 여기 인용된 것은 그 제6연이다.

그들의 하소연은 거짓이었지만, 제가 당신에 대한 **사랑이** 없다고
할 때 그 말은 참되니, 당신의 **은총을** 보이소서!
관자놀이가 발정의 검은 즙으로 젖었고 코가 **빨미라**(palmyra) 같은[7]
코끼리의 가죽을 벗겨 당신께서 해 입으신 옷을 연상시키는
파도치듯 일어난 먹구름들이 (당신 주위에) 두껍게 모이는군요,
소나사일라(아루나찰라)의 주님이시여, **카일라스의** 주님이시여!

다음날 나는 이 시구를 필사하고 싶었다. **바가반이** 그것을 인용하셨고, 당신이 하신 어떤 일도 의미가 없지 않기 때문이었다. 내가 장서로 가서 그 책을 가져오려 할 때 **바가반이** 말씀하셨다. "가서 가져올 필요 없습니다. 이리 오세요. 제가 그 시를 압니다."

그러면서 당신은 기꺼이 종이 한 장을 꺼내어 나를 위해 그 시를 써 주셨다. **바가반이** 가까운 추종자들 중 일부를 위해 그런 일을 하시는 것이 이례적인 것은 아니었다. 대략 스무 명 정도가 **바가반이** 써 주신 그런 글들을 가지고 있다. **바가반의** 필적으로 된 위의 시는 지금 쿠달로르 뉴타운(Cuddalore N.T.)의 작고한 "우마"와 C. 소마순다람 벨라이의 따님인 스리마띠 알라멜루가 가지고 있다. **바가반의** 대삼매 이후 그들(소마순다람 벨라이 부녀)이 나를 찾아왔을 때 이 글발을 몹시 갖고 싶어 했다. 왜냐하면 그들과 그들의 "우마"가 오랫동안 **바가반의** 감화를 받았고 당신에게 친밀히 애착했음에도 **바가반의** 필적으로 된 것을 하나도 가지고 있지 않았기 때문이다. 그들에게 그 귀중한 문건을 선선히 내준 것은 내가 우연히 **바가반의** 필적으로 된 또 하나의 글발을 가지고 있었기 때문이다.

1945년경에 내가 곧잘 **바가반** 궁정의 '산스크리트 시인'이라고 부르던 자가디사 사스뜨리(Jagadisa Sastri)가 「**쁘라빠띠** 8연시(*Prapathi Ashtakam*)」라는 시를 썼다. T. K. 순다레사 아이야르가 **바가반의** 승인과 권유로 이

---

7) T. 마지막 행을 제외한 이 후반부 3행은 저자가 영어로 번역하지 않은 부분이다. 코끼리는 발정기가 되면 관자놀이에서 템포린이라는 검은 물질이 분비된다. 빨미라 나무(=다라수)는 잎들이 부챗살처럼 둥근 모양을 한 야자나무의 일종이며, 줄기가 코끼리의 코와 비슷하다.

것을 타밀어로 옮겼다. 나는 실로 매어 제본한 작은 공책 하나를 구했는데, 공책 좌우 면에 그 산스크리트 시와 타밀어 시를 적어두고 싶었다. 산스크리트어는 타밀 문자로 적어두기를 원했다. 나는 먼저 타밀시를 쓴 다음, 반대편 페이지들은 산스크리트 시를 위해 남겨두었다. 그리고 나를 위해 그것을 타밀 문자로 기꺼이 써 줄 수 있을 누군가를 찾고 있었다. 나는 분명히 **바가반께** 나를 위해 번거롭게 그런 일을 해 달라고 할 생각은 없었다. 그러나 나에게 흔히 있던 일이지만, 대화 도중 **바가반께** 내가 바라는 것을 말씀드리게 되었고, 당신은 (나의) 모든 반대를 물리치고 내게서 그 공책을 받아 늘 그러시듯이 깔끔하고 아름다운 타밀 문자로 그 산스크리트 시들을 필사하신 다음 그것을 나에게 돌려주셨다. 그 공책은 나에게 있고, 하나의 가보로 내 아들들에게 전해질 것이다.

    1946년 말경에 내 형제 한 사람에게서 전화를 받았다. 나에게 마드라스로 와서 마드라스 치안판사 법원에서 자신과 우리의 가까운 친척 한 사람 간의 소송에서 자신을 도와달라는 것이었다. 나는 **바가반께** 가서 그 사건이 어떤 식으로든 아무 재판 없이, 그리고 어떤 증언도 기록됨이 없이 끝나게 해 달라고 간절히 기원했다. 나는 **바가반께** 글을 써서, 내 가까운 친척들이 형사법정에서 소송 절차를 갖는다는 것과, 우리의 집안 문제가 대중이 보는 앞에 노출되는 것이 나에게는 치욕스럽다고 말씀드렸다. 당시 마드라스 관구 수석 치안판사는 고등문관(I.C.S) 출신으로 그가 북北아르코트 군의 부副징세관일 때부터 내가 잘 아는 사람이었다. 더욱이 그 법원에서 사건을 맡는 많은 변호사들도 내 이름과 명성을 알고 있었다. 나를 개인적으로 아는 사람은 소수에 불과했지만 말이다. 이런 상황에서 나는 그 사건이 심리 대상이 되지 않아야 한다고 마음속으로 걱정을 많이 했다. 내가 생각할 수 있는 것은 서로 타협하여 최종 합의를 도출하는 것이었고 나는 그것을 간절히 바랐지만, 양측이 완강하고 호전적이어서 타협을 볼 가망은 거의 없었다. 그럼에도 **바가반**의 은총은 어김이 없었다. 그 사건은 재판 없이 끝났지만, 내가 꿈도 꾸지 못했을 어떤 사정으로 끝이 났다. 내 형제를 고소했던 당사자와 그의 변호사 둘 다 변론기일에 불출석했고, 그래서 그 고소사건은 각하되었다. 정확히 내가 바랐던 그런 (심리 없는) 방식으로 끝이 난 것이다.

1947년 초에 나는 아스라맘의 상주자이기를 그만두었다. 그러나 바가반은 나에 대한 당신의 은총이 계속될 것임을 분명히 하셨다. 그 뚜렷한 하나의 증거는 이런 것이다. 아스라맘을 떠나기로 결심했을 때, 나는 당연히 내 아들 중 한 명의 집에 가서 함께 살기로 결심했다. 그는 당시 마드라스 근처 세인트 토머스 마운트(St. Thomas Mount)의 경찰서 경위였다. 내 장녀를 통해 이 소식을 들은 은퇴한 부副징세관인 나의 맏형이 내 딸에게 편지를 쓰게 하여, 나에게 와서 자기와 함께 살자고 했다. 그는 마드라스의 티나가르(T'Nagar)에 큰 집을 가지고 있었다. 형님 자신도 나에게 편지를 써서 아주 친절하게 나를 오라고 초청했다. 사실 당시 나의 모든 여건상 형님 집에 있는 것만큼 내가 편안하고 즐겁게 있을 수 있는 곳은 달리 어디에도 없었다. 형님의 친절한 초청과 내가 그곳에 머무는 근 반 년 동안 그 집의 모든 사람에게서 받은 그 사랑의 보살핌을 정말 고맙게 느꼈지만, 나는 그 모든 것을 계획하고 베풀어 주신 것은 나에 대한 바가반의 보살핌과 친절한 배려였다고 확신한다. 바가반은 내가 당신의 친존이라는 천국을 떠나는 것을 너무 고통스럽게 느끼지 않기를 바라셔서, 다른 모든 측면에서는 내가 편안하고 행복할 수 있는 최적의 장소를 나를 위해 찾아내신 것이었다.

나의 이 형님은 나름대로 아주 종교적인 분이고, 스리 라마(Sri Rama)와 띠루빠띠의 스리 벤까떼사(Sri Venkatesa)의 큰 헌신자이기도 했다. 그러나 진인들에 대해서는 별로 알지 못했고, 단 하나의 진아, 곧 둘이 없는 하나와 같은 개념들을 이해하지 못했다. 그는 자신이 볼 때 스리 라마와 같은 신의 화현을 숭배하지 않고 어쨌든 한 인간일 뿐인 스리 라마나를 숭상하는 나 같은 사람들에게 연민을 가지고 있었다. 우리가 했던 한두 번의 토론에서 나는 신과 진인이 동일하고, 신의 최고의 화현은 진인이라고 설명해 보려고 했다. 나도 한때는 스리 라마, 스리 크리슈나 같은 화신들(Avatars)이 정확히 어디에 들어오는지, 존재들 곧 신의 현현들의 위계구조에서 그들의 위치가 정확히 무엇인지에 대해 의문이 있었다. 내가 바가반에 여쭈자, 당신은 진인이 브라만의 최고의 현현이고, 화신들조차도 진인 다음에 올 뿐이며, 화신들 다음에 띠루빠띠·베나레스·라메스와람 등지의 성스러운 사원들에 있는 것과 같은 유명한 신상神像들이 온다고 즐거이 말씀해 주셨다. 이와 관련해 바가반은 본서에서 이미 인용된 "하느님이신 진인(*īsanāmñāni*)" 시(470쪽)를 인용하셨는데, 거기서 이렇게 말한다. "브라마, 비슈누 혹은 시바조차도 진인에 비견된다고 볼 수 없네. 그렇다면 누가 그에게 비견된다고 할 수 있겠는가?"

나는 아스라맘에 머무르던 후반기 동안 바가반의 은총으로 얼마간 쓸모 있는 일을 했다. 1945년 1월 1일 아침, 세 사람이 연달아 나를 찾아와서 바가반이 나날이 말씀하신 것을 내가 기록해야 한다고 했다. 그것은 새로운 제안이 아니었다. 내가 1942년 말에 아스라맘에 살러 온 직후에 여러 친구와 방문객들이 그런 제안을 했다. 그러나 한 해의 첫날에 세 사람이 연달아 와서 촉구하자, 나는 그것이 바가반의 부름이라고 느꼈다. 그래서 당신께 내 의도를 말하고, 도감의 동의하에 그날부터 바가반 주변에서 일어난 모든 일 중에서 교훈적이거나 흥미롭다고 생각되는 일체를 나날이 기록하기 시작했다. 물론 방문객들의 질문 기타에 당신이 답변으로 하신 지혜의 말씀들도 포함되었다. 1945년과 1946년에 그런 기록을 했고, 1948년에도 약간의 단편을 기록했다. 그 중 일부는 1952년에 『바가반과의 나날』 제1권이라는 제목으로 이미 출간되었고, 나머지도 1957년에 제2권으로 출간되었다.[8]

---

8) 그 이후 1968년에 한 권으로 합본되어 간행되었다.

제4장 바가반의 가르침

본 장에서는 내가 바가반과 대담하는 과정에서 당신에게서 직접 들은 바가반의 중요한 가르침들 중 일부를 서술한다.

어느 여름날 오후 나는 구회당에서 바가반 맞은편에 앉아 있었는데, 부채를 손에 들고 있다가 당신께 이렇게 말했다. "한 인간의 삶에서 두드러진 사건들, 예를 들면 그의 나라, 국적, 가족, 이력이나 직업, 결혼, 건강 등이 모두 그의 업業(karma)에 의해 예정되어 있다는 것은 이해할 수 있습니다만, 그의 삶에서 가장 미세한 것에 이르기까지 모든 세부사항들이 이미 정해져 있을 수 있습니까? 예컨대 지금 제가 손 안의 이 부채를 여기 바닥에 내려놓습니다. 이러이러한 날, 이러이러한 시간에 제가 이와 같이 부채를 움직이다가 여기 그것을 내려놓는다는 것이 이미 결정되어 있을 수 있습니까?"

바가반이 말씀하셨다. "물론이지요." 당신이 말씀을 계속하셨다. "그 몸이 무엇을 할 것인지, 그것이 어떤 경험들을 할 것인지는 그것이 생겨날 때 이미 정해졌습니다."

이에 내가 당연히 외쳤다. "그렇다면 인간의 자유와 그의 행위에 대한 책임은 어떻게 됩니까?"

바가반이 답변하셨다. "인간이 가진 유일한 자유는 진지를 얻으려고 노력하여 그것을 얻는 것이고, 그러면 자신을 몸과 동일시하지 않을 수 있게 될 것입니다. 몸은 발현업[과거생에 한 좋고 나쁜 행위들에 기초한 운명]에 의해서 하지 않을 수 없는 행위들을 하게 될 것이며, 인간은 자신을 그 몸과 동일시하여 그 몸이 하는 행위들의 열매에 집착할 것이냐, 아니면 몸에서 초연하여 그것의 활동들에 대한 단순한 주시자가 될 것이냐를 선택할 자유가 있습니다."1)

배운 많은 사람들이나 철학자들에게 이것은 받아들일 수 없는 것일 수도 있겠지만, 나는 **바가반**과 나 사이에서 있었던 그 대화를 이렇게 요약하면서 어떤 실수도 범하지 않았다고 확신한다. **바가반**의 이 답변은 우리의 주의 깊은 추론과 결론들을 단번에 뒤집어엎을지 모르나, 나는 **바가반**이 말씀하신 것이 진리임이 분명하다는 데 만족한다. 이와 관련하여 **바가반**이 언젠가 다른 경우에 『따유마나바르』의 다음 구절도 나에게 인용하신 것을 기억한다. "사유할 줄 모르는 이들에게 이것을 가르치면 안 된다. 말해 주면 끝없는 논쟁만 부를 것이다(chinthai ariyārkkīthupōthippa thallavē, cheppinum vekutharkkamām)."2)

독자들은 **바가반**이 "자유의지가 운명을 극복할 수 있는가?"라는 유구한 질문에 대해, 당신의 「실재사십송」에서 다음과 같이 답변한다는 것을 상기하는 것이 좋을 듯하다. "자유의지와 운명 둘 다의 근원을 발견하지 못한 사람들에게만 그런 질문들이 해당된다네. 이 근원을 발견한 사람들은 그런 모든 논의들을 떠나 버렸다네." 그런 어떤 질문에 대해서도 **바가반**의 통상적 반응은 이렇게 응수하는 것일 터이다. "이 운명이나 자유의지를 가지고 있는 것은 누구입니까? 그것을 알아내십시오. 그러면 이 질문이 일어나지 않을 것입니다."

방금 제시한 『따유마나바르』의 인용문은, **바가반**이 분명한 어떤 견해를 가지고 계셨지만 끝없고 무익한 논쟁을 피하기 위해 보통은 그것을 공개적으로 표명하지 않으셨다는 것을 내게 상기시킨다. 나는 당신과 오래도록 친밀하게 접촉하는 동안 관찰한 **바가반**의 말씀과 거동 속의 다양한 사소한 것들로부터, 당신은 당신 자신처럼 모든 한계를 초월한 분들

---

1) T. 이 일련의 문답의 다른 버전은 119쪽을 보라.
2) T. 이 인용문은 218쪽 첫째 문단의 인용문에 이어지는 문장이다. 원문의 'chinthai'는 여기서 "명상적 사유, 통찰력" 정도로 해석되며, '이것'이란 "죽음이란 없다는 진리"를 가리킨다.

이나, 계급과 인생단계 다르마(*Varnashrama dharma*)[사회적 지위]를 포기하고 **출가수행자**(*Sannyasis*)가 된 사람들을 제외하고는 카스트 규칙과 제한 사항들을 준수하는 것이 좋다는 견해를 분명히 가지고 계셨다는 것을 의심의 여지 없이 알고 있다. 당신은 바깥에서 카스트를 준수하는 사람들이 아스라맘 내에서도 그것을 준수할 수 있게 하는 절차와 관행들을 선호하셨다. 그럼에도 불구하고 만약 사람들이 (특히 언론인이나 사회개혁가, 혹은 어떤 정치적·사회적 활동에 당신의 이름을 이용하고 싶어 할 만한 사람들이) 와서 당신을 인터뷰하고 당신의 견해를 말씀해 달라고 채근하면, 당신은 그런 논의에 끌려들지 않고 침묵하시곤 했다. 바가반은 당신의 지침을 따르면서 일반적 논쟁에는 관여하지 않으려고 하는 사람들을 가르치는 데만 관심이 있으셨다.

이와 관련해 전형적인 사건 하나가 기억난다. 내가 **마하뿌자**(바가반의 어머니 기일) 때인지 **자얀띠** 때인지 아스라맘을 짧게 방문하고 있었다. 그 경축이 끝난 하루 이틀 뒤에 회당에 들어가다가, 자신의 누이와 함께 막 회당에서 나오는 마드라스의 한 여자대학 학장을 만났다. 나는 그녀를 여러 해 전부터 잘 알고 있었기에, 만약 원한다면 내가 그들을 **바가반**께 소개해 드리겠다고 이야기했다. 그녀는 소개되기를 원했다. 그래서 내가 그들을 다시 안으로 데리고 들어가 **바가반**께 소개했다.

그때 그 여성 학장이 **바가반**께, 사람들은 자신의 구원을 추구하면서 세상에서 초연하게 명상을 하며 앉아 있는 것보다 일을 하면서 세상을 더 좋게 만들기 위해 뭔가를 하는 것이 좋지 않느냐고 질문했다. 이것은 결코 새로운 질문이 아니고 **바가반**은 그에 대해 아주 분명하고 설득력 있는 답변들을 해 오셨고, 그것은 『마하르쉬의 복음(*Maharshi's Gospel*)』에 이미 나와 있다. 요컨대 그것은, 한 분의 **진인**은 그의 **진아** 깨달음에 의해서 모든 사회사업가들을 합친 것보다도 세계를 위해 훨씬 더 많은 일을 하고 있으며, 그의 **침묵**은 인간을 위한 많은 길을 설하는 웅변가들과 저술가들의 말보다 더 웅변적이고 효과적이라는 것이다. 그러나 이 경우에는 **바가반**이 침묵을 지키셨다. 그 여사는 **바가반**이 답변하지 않자 같은 취지로 약 10분간 계속 이야기했다. 그래도 **바가반**은 말씀이 없으셨다. 그러자 그 여사와 그녀의 누이는 무안해져서 회당을 떠났다.

그들이 떠난 뒤에 **바가반**이 나에게 말씀하셨다. "그들에게 무슨 말을 해도 아무 소용 없습니다. 그래 봐야 신문에 아무개의 의견은 이러이러하다는 기사만 나올 것이고, 끝없는 논쟁이 있겠지요. 가장 좋은 것은 침묵을 지키는 것입니다."

바가반은 비非브라민들이 베다를 창송하는 것을 승인하지 않으셨다는 것도 사실이다. 한번은 어떤 사람이 이 문제에 대한 당신의 견해를 오해하고, "그것을 따라도 됩니다(*anucharikkalām*)"를 "그것을 창송해도 됩니다(*atthiyayanam seyyalām*)"의 의미로 받아들였다. 그러나 **바가반**은 그의 잘못을 바로잡아 주셨다. "나는 자네가 베다를 닦을 수 있다고 말했을 뿐, 그것을 창송할 수 있다고 하지는 않았네." 나는 개인적으로 그 말씀을 듣지 못했으나, 믿을 만한 전거가 있다. 세부적인 것은 스리마띠 나감마가 자기 오빠에게 보낸 편지들에서 발견할 수 있다. 18년 남짓 **바가반**의 시자를 한 마다바 스와미는 베다를 부단히 듣다 보니 **바가반** 앞에서 그것을 일상적으로 창송할 수 있었다. 한번은 그가 **바가반**과 함께 산을 걸어 올라가면서 당신 앞에서 그렇게 하자, **바가반**이 말씀하셨다. "자네는 그걸 배웠지. 그건 무방해. 그러나 창송하지는 말게."

마다바 스와미 본인이 나에게 이 이야기를 해 주었다. 그러나 그는 **바가반**이 자신에게 베다 창송을 금하신 것은 아스라맘 안의 전통주의 브라민들의 민감한 감정을 상하게 하지 않기 위해서라고 생각했다.

그런 한편으로, 비非브라민과 비非힌두들을 포함한 모든 헌신자들은 매일 베다가 창송되는 동안 회당에 앉아서 그것을 듣는데, 이 역시 엄격한 전통주의에는 반하는 것임에도 **바가반**은 확실히 그것을 승인하셨다는 것도 사실이다.

일반적으로 그런 문제들에 대한 **바가반**의 견해는 시바쁘라까삼 벨라이가 **바가반**에 대해 이렇게 노래할 때 잘 드러난다.

> āchāramvidal anarttham ām enṟaṟaivōn
> pātham vāzhkavē, yōchitthavaṟṟin poruḷkoḷ
> ennumyōgi pātham vāzhkavē.
> 사회 규범을 버리면 혼란이 올 것이네.
> 해야 할 올바른 일은, 이런 규범들에서 말하는
> 원칙들 저변의 목적을 성찰하고 발견하는 것이네.

사회주의자든 공산주의자든 혹은 어떤 명칭을 그들이 달고 다니든, 이상주의적 개혁가들이 모든 사람들을 평등하게 잘 살게 하려고 시도하는 것에 대한 **바가반**의 견해는 다음과 같이 요약될 수 있을 것이다. "모두가 평등하게 행복하거나 부유하거나 지혜롭거나 건강한 때는 결코 없었고, 앞으로도 결코 없을 것입니다. 사실 이런 어떤 용어도 그 반대말이 존재하는 한에서가 아니면 어떤 의미도 갖지 않습니다. 그러나 그렇다고 해서 그대가 자신보다 덜 행복하거나 더 비참한 어떤 사람을 만날 때, 자비심으로 마음이 뭉클하지 않거나 그대가 할 수 있는 최선을 다해 그를 도우려고 하지 말라는 것은 아닙니다. 오히려 모두를 사랑하고 도와야 합니다. 왜냐하면 그렇게 해서만 그대 자신을 도울 수 있기 때문입니다. 그대가 어떤 다른 사람이나 다른 동물의 고통을 덜어주려고 노력할 때는 그대의 노력이 성공하든 않든, 그렇게 함으로써 그대 자신이 영적으로 진보합니다. 특히 '내가 이것을 하고 있다'는 에고적 느낌 없이, 이해관계를 떠나 '신이 나를 이 봉사의 통로로 삼고 있다. **그분**이 행위자이고 나는 도구다'라는 마음자세로 그 봉사를 할 때 말입니다."

가끔 **바가반**께 지知의 길과 헌신의 길의 상대적인 장점에 관한 질문을 하는 사람들이 있었다. **바가반**은 인간이 어느 길로 시작하든, 그 길들은 결국 지知의 길로 끝나고, 그것만이 우리를 생사에서 해탈시켜 준다고 늘 역설하셨다. 그럼에도 당신은 어떤 길이든 각자 마음이 가장 끌리는 길을 따르라고 조언하셨다. 당신은 참된 헌신과 참된 지知는 똑같은 하나라고 강조하시곤 했다. 그도 그럴 것이, 지知 수행자는 탐구를 통해 진아만이 있다는 것을 깨닫는 반면, 헌신가는 헌신을 통해 자신을 완전히 내맡기고 에고를 절멸하기에 결국 "제가 아니라 당신만이 존재하십니다"라는 상태에 도달하기 때문이다.

바가반 자신의 경우—당신의 유명한 선구자인 샹까라의 경우에서처럼—우리는 지知와 헌신이 얼마나 불가분으로 혼재되어 있는지 알 수 있다. 한번은 크리슈나 쁘렘(Krishna Prem)[학식 있고 경건한 영국인으로서 고행자가 되었고, 지금은 히말라야의 알모라(Almora) 인근에 있는 자신의 아쉬람에 거주하고 있다]이 바가반을 방문했는데, 나중에 마드라스에서 내가 그와 환담을 나눌 때 그가 말했다. "많은 사람들이 바가반은 순수한 지知 스승(Jnani)이라고 했습니다. 하지만 저는 당신을 아주 위대한 헌신가로 봅니다. 제가 가지고 다니면서 숭배하는 저의 주 크리슈나 상像을 당신께 보여드리자, 당신이 그것을 살펴보시고 저에게 돌려주실 때 눈에 눈물을 담고 계셨습니다. 그것이 헌신이 아니라면 달리 무엇입니까?"

바가반의 가르침에서 빼놓을 수 없는 주제가 본연안주(Sahaja Nishta)인데, 당신의 추종자들에 따르면 당신은 그 상태에 의심할 바 없이 자리 잡고 계시다. 우리는 본연삼매(Sahaja Samadhi)를 우리가 진아에 워낙 몰입되어 다른 일체가 존재하지 않는 상태, 우리가 진아에 대해 깨어 있고 세계에 대해 죽어 있는 상태, 우리가 절대적 혹은 초월적 수준에만 뿌리내리고 있는 상태로 쉽게 관념할 수 있다. 그런데 우리가 어떻게 상대적 수준과 절대적 수준에서 동시에 활동할 수 있는가? 진아 곧 브라만만 보고 다른 무엇도 보지 않으면서, 어떻게 세상을 살아가면서 다른 사람들처럼 외부적으로 활동할 수 있는가? 여하튼 그것이 내가 이해하지 못하는 것이었다. 그래서 그에 대해 **바가반**께 여쭈었다. 당신은 그것이 실은 설명이 불가능하며 **진인**만이 그것을 온전히 이해할 수 있다는 데 동의하셨지만, 여러 가지 비유로써 그것이 어떻게 가능한지를 나에게 각인시키려고 하셨다. 그 중의 하나가 영화의 비유이다. 어린아이는 스크린 상의 화면들을 실제라고 여기지만, 어른은 그것이 스크린 상의 그림자들일 뿐이라는 것을 내내 알고 있다. 어른은 그 화면들을 보지 못하게 눈을 가리지 않아도 그것을 실제라고 착각하지 않는다. 그 화면들이 스크린이라는 바탕에 의해 지지되는, 지나가는 겉모습들일 뿐이라는 것을 안다.

바가반이 종종 말씀하시기를, **진인**은 우리가 보는 모든 것에서 **진아**만을 보며 달리 아무것도 보지 않는다고 하셨다. 이것은 우리의 모든 책에서 말하고 있는 것이기도 하다. **바가반**이 **본연안주**의 상태를 설하지 않으면서 자연발로적으로 당신의 개인적 체험을 언급하신 두 가지 사례가 떠오른다. 당신이 우리에게 말씀하시기를, 당신의 오랜 헌신자인 어떤 이가 당신을 인도 전역의 여러 군데로 여행하시게 할 계획을 세웠다고 했다. **바가반**은 여러 가지 이유로 그것을 거절하셨다. 그에 대해 이야기하면서 당신은 이렇게 말씀하셨다. "제가 어디로 간들 무슨 소용 있습니까? 저는 아무것도 볼 수 없습니다." 분명히 그 말씀은 당신이 어디로 가든, 누가 무엇을 보여드리든, 당신은 **진아**만을 보신다는 의미였다.3)

또 한번은 A. 보즈의 모친이 집에서 여러 가지 음식을 만들어 식당으로 가져와 점심 때 그것을 **바가반**과 헌신자들에게 배식했다. **바가반**은 당신 엽반에 놓인 것들을 각기 조금씩 집어, 흔히 그렇게 하시듯이 모두 한데 섞어서 드셨다. 당신은 나에게 통역을 부탁하시고 다음과 같은 말씀을 하셨다. "그녀에게 앞으로는 그 많은 음식을 만드는 이런 모든 수고를 하지 말라고 하십시오. 여러분은 모두 다양한 입맛을 가졌지만, 제 입맛은 단 하나입니다. 그대는 제가 어떻게 일체를 한데 섞어서 먹는지

---

3) *T.* 이 이야기는 『나날』에서도 언급되었다. 63쪽 참조.

보았지요."4) 나는 이 두 사례와 **바가반**이 하신 말씀들을 또렷이 기억하는데, 그 말씀들은 그 순간의 흐름에서, 주변 환경의 맥락 속에서 자연발로적으로 나온 것이다. **바가반**은 늘 "**뚜리야**", 곧 생시·꿈·잠의 세 가지 상태를 넘어선 "**네 번째 상태**"라는 저 초월적 상태에 계셨음이 분명하다.

동시에, 역설적으로 보일지 모르지만 **바가반**에게서도 우리 누구에게서나 그런 것처럼 맛 기타 모든 지각들이 분명히 계발되어 있었다. 당신은 어떤 음식의 다양한 재료들을 여느 사람만큼이나 인식하셨고, 책의 제본 같은 문제들에서는 정확성에서 아주 까다로우셨다. 위 두 사례를 놓고 우리는 **바가반**이 애매하거나 무관심하다고 생각할지 모르지만, 실은 그렇지 않고 당신이 하시는 모든 일에서 예리한 관찰력과 면밀한 정확성을 보이셨다. 만일 이것이 모순처럼 들린다면, 그것은 우리가 **본연안주**의 상태를 이해하기가 얼마나 어려운지를 보여줄 뿐이다.

이 문제와 관련하여 다음 문제가 있다. 만일 **바가반**의 경우에—모든 **진인**들의 경우와 같이—마음이 소멸했고 당신이 어떤 '**차별**(Bheda)'[다양성]도 보지 않는다면, 더 정확히는 단 하나의 **진아**만을 본다면, 서로 다른 각각의 제자나 헌신자를 어떻게 상대하면서 그 사람의 사정을 이해하고 그를 도우실 수 있는가? 나는 **바가반**께 이 점에 대해 여쭈면서 이렇게 덧붙였다. "저와 여기 있는 다른 많은 사람들이 볼 때는, 저희가 어느 때 어느 장소에 있든 자신의 어떤 문제를 통절히 느끼면서 마음속으로 **바가반**께 호소하면 거의 즉시 도움이 온다는 것이 분명합니다. 어떤 사람이 —**바가반**의 오래된 어떤 헌신자가—당신께 와서, 그가 지난번 여기 왔을 때 이후로 겪었던 온갖 문제를 이야기합니다. **바가반**께서는 그의 이야기를 인내심 있게 그리고 공감하면서 경청하시고, 간간이 놀라움을 표하시거나 '오, 그래요?'라고 감탄하시는 등의 반응을 보이십니다. 그 이야

---

4) T. 이 이야기는 『나날』에서도 언급되었다. 290쪽 참조.

기는 이런 말로 끝나기 십상입니다. '다른 모든 것이 실패하자 저는 **바가반**께 호소했고, **바가반**께서 결국 저를 구해 주셨습니다.' **바가반**께서는 이 모든 것을 마치 처음 듣는 이야기인 양 경청하실 것이고, 심지어 남들이 회당에 들어오면 그들에게 들려주기까지 하십니다. '아무개가 저번에 우리와 함께 있었던 뒤로 그에게 이러이러한 일들이 있었다는군요.'라고 말입니다. **바가반**께서는 결코 알면서 모르는 척하지 않으시고, 그래서 저희는 저희에게 일어난 모든 일을 당신께서—여하튼 한 차원에서는—모르고 계시다는 것을 압니다. 동시에 저희가 볼 때, 저희가 고뇌하며 도움을 호소하는 순간 당신께서 저희의 호소를 들으시고 이런저런 방식으로 도움을 보내주신다는 것, 만일 어떤 이유로든 그것을 피하거나 바꿀 수 없다면 최소한 저희에게 닥친 그 어려움을 견딜 용기나 다른 형태의 지지를 베풀어 주신다는 것이 분명합니다." 내가 이 모든 것을 **바가반**께 표현하자 당신은 우리가 얻는 그 반응을 두고 이렇게 말씀하셨다. "예, 그런 일이 자동적으로 일어나겠지요."

　한번은 **바가반**의 가까운 제자인 한 대학교수가 일련의 집안 내 재앙들을 겪고 나서 **바가반**께 여쭈었다. "저희가 그런 슬픔을 겪고 당신께 편지로나 마음속의 기도로써 하소연하고 호소하면, 당신께서는 당신의 자식이 이와 같이 고통 받아야 한다는 것이 얼마나 가여운 일인가 하고 마음 아파하지 않으십니까?"

　바가반은 답변하기 전에 잠시 말씀이 없다가 이렇게 말씀하셨다. "만일 그렇게 느낀다면 저는 **진인**이 아니겠지요."

　이 제자는 나의 막역한 친구였고, 그 자신이 나에게 그 이야기를 해주었다. 그래서 나는 그것을 내가 **바가반**에게서 직접 들은 말씀만큼이나 온전히 보증할 수 있다.

　신의 **이름**을 염하는 것에 대한 **바가반**의 가르침도 언급할 필요가 있다. **바가반**은 대체로 지知의 길을 최상의 길로 권장하고, 사람이 어떤 길을 추구하든 모두가 결국 이 길로 와야 한다고 말씀하시는 엄격한 지(知) 스승으로 간주된다. 당신이 신의 이름을 염하는 것에 대해 어떤 사람들에게 헌신파의 어느 성자 못지않게 열렬히 이야기하셨다는 것은 그다지 잘 알려져 있지 않을 수 있다. 이 점에 대해 내가 아주 분명한 인상을 받은 것은 언젠가 당신이 스와미 람다스가 그의 월간지 「비전」에 신의 이름에 관해 기고한 글에 대해 나와 기꺼이 논의하셨을 때였다. 스와미 람다스는 염송 수행을 높이 평가했고 그것을 강력히 권장했는데, 바가반은 당신이 그 기고문의 단어 하나하나까지 동의한다고 선언하셨다. 더욱이 당신은 책 하나를 가져오게 하여 그 주제에 관한 성자 남데브의 구절 하나를 보여주셨는데, 그것은 한층 설득력 있고 공감력이 있었다.

바가반은 분명하게 말씀하셨다. "신과 신의 이름은 다르지 않습니다."

나는 방문객들이 주 라마, 크리슈나, 시바, 무루가 기타 다른 신의 이름을 염하는 수행을 계속해도 되는지 여부를 걱정스럽게 묻는 것을 종종 들었는데, 바가반은 늘 그들에게 그렇게 해도 된다고 안심시켜 주셨다. 나도 앉아 있거나 일어서거나 눕거나 어디 갈 때, 잠자리에 들 때나 아침에 일어날 때 등의 상황에서 라마나라는 이름을 염하는 습관을 들였다. 하루는 내가 바가반 앞에서 매 연이 "당신을 제가 잊어버릴지라도, 제 혀는 계속 당신의 이름을 염할 것입니다"로 끝나는 무루가나르의 노래 「띠루쭐리 11연시」를 부르고 있을 때, 노래 중간에 멈추어 바가반께 이렇게 말씀드렸다. "지금 이것은 정말 저에게도 해당됩니다. 저도 빈번히 바가반의 이름을 염하지만, 그럴 때 마음이 늘 바가반께 고정되지는 않습니다. 이제 저는 바가반의 이름을 염할 때 제 마음이 이름에 가 있든 바가반께 가 있든, 그렇게 해서 제가 이익을 얻는다는 데 의심이 없지만, 제가 다소간 자동적으로 그렇게 할 때도 어떤 이익을 얻습니까?" 그리고 웃으면서 덧붙였다. "개인적으로는 그럴 수밖에 없다고 생각합니다. 저는 점수를 많이 따지는 못하겠지만, 최소한 1, 2점은 받을 겁니다.

그렇지 않습니까, **바가반**?"

바가반도 웃으면서 대답하셨다. "예, 예. 그에 대해 점수를 따겠지요."

나는 계속 "라마나, 라마나"라고 염하는데, 당신이 나에게 말씀하셨듯이 내가 그렇게 하는 데 대해 우리 모두가 치러야 할 졸업시험에서 나에게 점수를 주실 거라는 데 온전한 믿음을 가지고 있다.

한번은 내가 **바가반**께 말씀드렸다. "제가 해탈과 그 모든 것에 대해 뭘 압니까? **바가반**, 정말이지 저는 해탈이나 다른 무엇도 신경 쓰지 않습니다. 저는 늘 행복하기만을 원합니다."

경박하게 보일지 모르지만, 그것이 실제로 내 심중의 태도였다. **바가반**이 대답하셨다. "그대는 해탈(*mukti*)을 요구하고 있지만, 다만 그 단어를 사용하지 않을 뿐입니다. 그대가 원하는 단절 없고 섞임 없는 행복은 구원 혹은 해탈을 통해서만 가능한데, 그 해탈은 무지(*ajnana*)에서 벗어남을 통해서 얻어집니다."

그래서 **바가반**은 다시 나에게 우리가 행복을 욕망하는 데는 아무 잘못된 것이 없다고 가르치셨다. 사실 누구도 행복을 원하지 않을 수 없다. 행복은 우리의 본질적 성품이기 때문이다. 행복은 진아에서만 발견될 수 있는데, 우리가 그 행복을 진아에서 찾지 않고 비아非我에서 찾는 것이 잘못이다.

또 한번은 내가 늘 가지고 있던 의문에 대해 **바가반**께 이야기했다. 우리는 모든 위대한 성자들로부터, 심지어 예를 들면 칼라일이나 괴테 같은 다른 진지한 사상가들로부터도 우리가 슬픔을 존중해야 하고—왜냐하면 슬픔이라는 문간을 지나가야 우리가 영적 진보를 이룰 수 있으므로—괴로움을 신의 은총의 한 현현, 즉 우리를 세상에서 돌아서게 하여 그분 쪽으로 끌어당기는 것으로서 반겨야 한다는 말을 듣는다. 그래서 내가 **바가반**께 말씀드렸다. "저는 인간인 아버지가 자기 자식을 교정하고 구제하는 유일한 방도로 아이에게 고통을 가할 수밖에 없다는 것은 이해합니다. 그러나 전능할 뿐 아니라 모두를 사랑하는 신께서, 우리가 어떤 고통도 겪지 않고 진보하게 할 수는 없는 것입니까?"

바가반이 대답하셨다. "우리가 뭐라고 할 수 있습니까? 그것이 (신의) 계획입니다."

나는 또 다른 경우에, 수많은 사람들이 궁금해 하는 문제이지만 자비롭고 전능한 신이 창조한 세계 안에 악과 불행이 왜 존재하는지에 대해 당신이 말씀하시는 것도 들었다. 당신이 가장 빈번히 하시는 답변 형태는 이런 것이다. "그 악이나 불행을 누가 봅니까? 그대가 깊은 잠 속에 있을 때 그것들이 존재했습니까? 먼저 그대의 참된 자아를 발견하십시오. 그런 다음에 여전히 악이나 불행을 본다면, 신이 왜 그런 것들을 허용하는지 물어도 되겠지요."

그러나 어떤 때는 바가반이 이렇게 말씀하셨다. "그대는 선과 행복만 원하지만, 이런 용어들은 그 상대물 없이는 전혀 아무 의미가 없습니다. 선과 악, 행복과 불행은 아주 상대적인 용어들이고, 상대적인 수준에서는 불가피합니다. 그러다가 그대가 상대물의 쌍들을 초월하여 절대자에 도달합니다. 그것이 완전한 행복입니다."

내가 한 번 이상 바가반과 논쟁한 또 다른 논점은 은총이 발현업, 곧 운명을 어느 정도까지 압도할 수 있느냐였다. 내가 내내 주장한 주된 논리는 (지금도 이전과 같이 여전히 나의 확신이지만), 스리 라마크리슈나 빠라마한사가 종종 말했듯이 신은 전능하고 그에게는 불가능한 것이 없다는 것과, 만약 우리가 자신이 얻으려고 노력한 것, 얻을 자격이 있는 것만 얻을 수 있고 또한 얻는다고 하면 은총이 들어올 여지가 전혀 없게 된다는 것이었다. 내가 당신 앞에서 나 혼자 혹은 다른 사람들과 함께—그 중 어떤 사람들은 내 편을 들었고 어떤 사람들은 반대편을 들었지만—그런 논변에 몰두할 때, 바가반은 대개 침묵을 지키셨다. 그러나 다른 경우에 당신이 하신 말씀과 의견으로 볼 때, 나는 그 문제에 대한 당신의 입장이 다음과 같다는 결론에 이르렀다. "물론 신에게는 그 무엇도 불가능하지 않습니다. 그러나 일체가 신의 의지 혹은 계획에 의해 확립된 질서에 따라 일어나며('질서'에 대해 바가반이 쓰신 단어는 '니야띠 (niyathi-관행·법칙·원칙)'였다), 예외는 아주 드뭅니다. 우리의 뿌라나에서조차도 마르깐데야(Markandeya)5) 같은 사람들이 몇이나 됩니까?"

다른 한편, 권위 있는 많은 책들은 (바가반은 그 책들을 승인하면서 거기서 인용하셨지만) 진인이 한 번 바라보아 주기만 해도 발현업을 포함한 과거와 현재의 모든 업(Karmas)에서 우리를 구제해 줄 수 있다고 분명히 말하고 있다. 그리고 스리 자나끼 마따(Sri Janaki Matha)는 자신의 저널 「은총(Arul)」에서 쓰기를, 그녀가 언젠가 이 문제를 바가반과 논의했을 때 자기가 당신의 은총은 우리가 발현업조차도 극복할 수 있게 도와줄 수 있다고 주장하자, 당신이 그녀에게 이렇게 말씀했다고 했다. "만일 그대가 그런 믿음을 가지고 있다면, 그렇게 되겠지요."

바가반 궁정의 산스크리트 빤디뜨인 스리 자가디사 사스뜨리가 병으로 죽음을 앞두고 있었을 때, 그는 마지막 호소를 시로 지어서 자신은 발현업이 갈 데까지 가야 한다는 바가반의 어떤 말씀도 받아들이지 않겠으며, 만약 바가반의 뜻만 있으면 당신의 은총이 발현업을 없던 것으로 하고 자신을 구제해 주실 수 있을 거라고 선언했다. 바가반은 그에게 자비심을 베푸셨고, 그는 죽음의 문턱에서 빠져나와 지금은 마드라스에서 잘 살고 있다. 나뿐만 아니라, 바가반의 다른 많은 헌신자들도 바가반의 은총이 이 사스뜨리를 확실히 닥쳐온 죽음에서 구제해 주었다는 것을 의심의 여지 없이 믿고 있다.

이와 관련하여 내가 보기에 바가반 자신이 당신의 은총을 사용하여 발현업으로 정해져 있던 한 헌신자의 재앙을 막아 주었음을 보여주는 사례

---

5) T. 『마르깐데야 뿌라나』에서 마르깐데야는 원래 16세에 죽기로 되어 있는 운명이었는데, 시바에 헌신하는 특별한 따빠스를 통해 운명을 극복하고 오래 장수한 전설적인 인물이다.

가 기억난다. 바가반의 소년 시절에 띠루쭐리[바가반의 고향]에서 같이 놀던 친구였던 랑가이야르(Rangayyar)라는 사람은 나중에 당신을 계속 가까이하면서 당신의 헌신자가 되었다. 바가반은 옛 인연을 결코 잊지 않고 당신의 예전 놀이동무에게 늘 자애로우셨고 그를 배려하셨다. 한번은 랑가이야르가 재정난 기타 온갖 어려움에 직면한 아주 힘든 시기를 겪고 있었다. 용한 점성가들이 그에게 그 무렵에 1년 남짓한 기간 동안은 그에게 끔찍한 일들이 일어날 거라고 경고한 바 있었다. 그는 천궁도에서 말하는 그 나쁜 시기의 초기에 이런 문제 몇 가지를 경험한 뒤에 바가반의 조언을 구했고, 바가반은 그에게 당신에게 와서 위험으로 가득 찬 그 기간이 다할 때까지 당신 곁에 있으라고 조언하셨다.

랑가이야르는 나에게, 자신은 바가반의 조언을 받아들여 극복할 수 없어 보였던 많은 문제들을 무사히 넘겼다고 말했다. 바가반은 그에게 그 열 달 남짓한 기간 동안 당신의 친존을 단 한두 시간도 떠나지 않는 것이 바람직하다는 인상을 주셨다고 했다. 그것은 마치 사악한 힘들이 그를 덮칠 태세를 하고서, 그를 보호하는 바가반의 친존이 없는 기회를 엿보고 있었던 것처럼 보일 것이다. 그 기간 중의 어느 날 저녁 랑가이야르는 자신을 찾아왔던 어느 친족을 배웅하러 역까지 갔는데, 그때도 바가반은 그에게 어디서 어정거리거나 읍내에서 밤을 보내지 말고 곧장 돌아오라고 경고하셨다. 이 모든 이야기를 나는 랑가이야르에게서 직접 들었다. 내가 개인적으로 아는 것은 바가반의 은총이 그에게 듬뿍 하사되었다는 것과, 그런 일을 바가반이 하신 일로 볼 수 있는 한에서 바가반은 내심 그를 끔찍이 생각하셨다는 것이다.

은총에 관한 바가반의 가르침에 대한 설명을 마무리하기 위해, 왜 당신이 은총은 전능하며 그 무엇도 그것에 맞서지 못한다고 나에게 한 번도 공개적으로 분명하게 말씀하지 않았는가에 대한 내 견해를 말해야겠다. 당신이 그러신 이유는, 만약 당신이 그런 말씀을 하면 내가 바가반의 은총만 믿고 영적 진보를 이루려는 노력에 훨씬 더 무관심해지고 게을러질 수 있기 때문이었을 것이다. '당신의 은총이 나에게 필요한 모든 것을 해 주도록 마음 놓고 맡겨버려도 된다'고 내가 생각할 테니 말이다. 바가반의 답변들은 그 답변을 해주는 개개의 질문자에 맞추어 사정을 봐주실 때가 드물지 않았다. 성품, 기질 그리고 오랜 습관상 나는 굉장히 나태한 사람이고, 바가반은 나의 게으름을 권장하고 싶지 않으셨다. 그래서 내가 이 주제를 꺼낼 때마다 당신이 늘 침묵하셨다고 생각된다. 당신은 은총이 발현업을 극복할 수 없다고는 결코 말씀하지 않으셨다는 것을 기억해야 한다. 나는 여기에 일부를 기록한 나 자신의 개인적 경험을 통해서, 바가반의 은총이 여러 가지 문제에서 나를 구해주셨다는 것을 넘치게 확신해 왔다. 당신의 은총이 없었다면, 발현업의 결과로 그 문제들이 ―그 중 일부는 내 천궁도를 본 친구들이 미리 말해주기까지 했지만― 나를 집어삼켰을 수도 있다.

내가 오늘 오전에 우연히 『스리 라마크리슈나 빠라마한사의 복음』을 네댓 번째 읽고 있을 때, 다음 구절을 만났다. 은총이 얼마나 전능한지, 그리고 그것이 어떻게 사람을 순수하게 만들어 줄 수 있는지를 보여주기 위해 그것을 아래에 제시한다.

스승: 그는[즉, 라칼(Rakhal)은] 미꾸라지와 같다. 이 물고기는 진흙 속에서 살지만, 그의 몸에는 털끝만큼도 진흙의 자취가 없다.

기리쉬: 스승님, 저는 이 모든 것이 잘 이해되지 않습니다. 당신께서는 만약 원하시면 모든 사람을 순수하고 집착 없게 만드실 수 있습니다. 그 사람이 세속인이든 출가인이든, 모두를 선하게 만드실 수 있습니다. 제가 믿기로, 말라얄라(Malayala) 산들바람은 모든 나무를 백단향(sandalwood)으로 만듭니다.[6]

---

6) T. 말라얄라는 말라야 지방을 가리키는 듯하며, 말라야는 서고츠 산맥의 남쪽 끝, 산맥 서쪽 기슭의 지역을 말한다. 이곳은 백단향 산지의 하나이며, 서늘한 바람이 부는 곳이다.

스승: 그 나무들에 (백단향이 될) 실체가 없다면 변하지 않지요. 예컨대 목면(cotton tree)처럼 백단향으로 되지 않는 나무가 몇 가지 있습니다.

기리쉬: 저는 상관하지 않습니다.

스승: 그러나 그것이 법칙입니다.

기리쉬: 그러나 당신께는 일체가 법칙 밖에 있습니다.

스승: 예. 그것이 맞을지도 모릅니다. 헌신의 강이 흘러넘칠 때는 주변의 모든 땅에 막대기 하나 깊이까지 물이 범람합니다. 그대가 신에 대한 사랑을 계발하면 달리 무엇도 필요 없습니다.

내가 **바가반**과 대화를 나눈 또 하나의 주제가 이 **은총**의 문제와 긴밀히 연결되어 있다. 한때 내가 타밀 노래 하나를 접했는데, 거기서 지은이는 자신이 '제 어미에게 꽉 달라붙을 수 있는 새끼 원숭이만큼 집요하지 않고, 어미가 그 목을 물고 다녀야 하는 낑낑대는 새끼 고양이 같다'고 한탄하면서, 자신을 보살펴 달라고 **신**께 기도한다. 내가 이 노래를 **바가반**께 보여드리고 말했다. "저의 경우가 꼭 그렇습니다. **바가반**, 저를 가엾게 여기시고 제 목을 꽉 무시어 제가 넘어져 다치지 않게 해 주셔야 합니다."

당신의 답변은 당신다운 것이었다. 내가 아무리 진지하고 아무리 애처롭게 호소해도, 우리의 **바가반**은 본래 그러하신 분이기에 당신이 나에게 해 주신 이 답변 이상의 다른 어떤 답변도 하지 않으셨다. "그것은 불가능합니다. 그대도 노력하고, 스승도 도울 필요가 있지요."

새끼 원숭이와 새끼 고양이로 상징되는 그 두 가지 방법은 우리의 책들에서 '원숭이 방식(*Markata Nyayam*)'과 '고양이 방식(*Marjala Nyayam*)'으로 잘 알려져 있다. 나는 **바가반**께 이것을 들먹이며 우리의 경전에서도 이 두 가지 방식이 여러 근기의 여러 사람들에게 적합한 것으로 인정하고 있다고 호소했으나, 온갖 호소에도 불구하고 내가 얻은 유일한 답변은 방금 인용한 그것이었다.

열 살쯤 된 어린 소녀 키티 오즈본(Kitty Osborne)이 산간의 기숙학교로 떠나면서 자기 아버지(아서 오즈본)를 통해 **바가반**께 자신이 멀리 가 있는 동안 자신을 기억해 달라고 청했을 때에도, **바가반**은 애정으로 가득 찬 자애롭고 밝게 빛나는 미소로 아이를 바라보면서도 이렇게 말씀하셨다. "만일 키티가 **바가반**을 기억한다면, **바가반**도 키티를 기억하겠지."

이처럼 바가반은 철두철미하셨다. 스리 라마크리슈나는 언젠가 이렇게 말했다. "어머니(깔리 여신)가 나를 데려가고 계시다. 나는 너무 순진해서, 영적인 보물들을 달라는 사람 누구에게나 내주곤 한다."(즉, 그들이 그것을 받을 만한 근기인지 찬찬히 헤아리지 않고 준다.) **바가반**은 그렇지 않다. 누가 그것을 당신의 실력이라고 여기든 않든 나는 개의치 않는다. 나는 우리 **바가반**의 참모습을 제시하고 싶다. 지각력에서 그 누구도 당신만큼 명민하거나 예리할 수 없었고, 어떤 헌신자가 실제로 준비되어 있지 않으면 당신은 결코 자비심에서 영적 체험을 베푸시지 않았다. 그런 베풂이 장기적으로 그 사람에게 이익이 되지 않을 수 있기 때문이었다. 나는 개인적으로 이런 점들 때문에 당신을 더 우러러 보았다. 내가 몇 번인가 **바가반**께 이런 말씀을 드린 것은 사실이다. "저는 **바가반**께서 그토록 높은 경지가 아니시고 다른 분들처럼 위대하기는 해도 여전히 싯디(siddhis)를 행하는 그런 차원에 계셔서, 제가 그런 싯디에서 이익을 얻을 수 있으면 좋겠습니다." 그러나 진담으로 그렇게 말한 것은 아니었다.

제자가 스승의 은총에 의해 이익을 얻으려면 필요한 노력을 해야 한다는 **바가반**의 분명한 입장에 대한 예를 하나 더 들어 보겠다. 몇 해 전에 세상을 떠난 라가바 아이앵가르(Raghava Aiyangar)라는 사람은—내 생각에는 뜨라반꼬르의—타밀어 국가시인이었는데, 그의 이름을 처음 나에게 언급하신 분은 바로 **바가반**이셨다. 나는 우리 아스라맘의 송찬집頌讚集에서 그의 노래들 몇 편을 접하고 다음 시를 내 스크랩북에 적어 두었다.

thāyirunthum mulaiyinirpāl thazhaitthirunthum tharaik
kidakkun tharuṇanthānē
vāyaruntha māddātha mahavinukku vāyinmulai madukkun
thāypōl
nīyirunthu ninkaṇarul nirainthirunthum yānaruntha
nilaikaṇdenkaṇ
mēyirunthu nīddāyenin melivēn vachaiyuninai mēvumenthāy.

그 취지는 이러하다: "엄마의 젖가슴은 젖으로 가득할지 모르지만 그것을 모르는 채 옆에 누운 아기는 젖에 다가가 빨지 못해서, 자기가 원하고 절실히 필요한 영양분을 얻지 못해 웁니다. 그럴 때는 젖꼭지를 아기의 입에 밀어 넣어 아기의 배고픔을 달래주는 것이 엄마가 할 일입니다. 그러니 당신의 **은총**을 흡수할 능력이 없는 저에게 저의 **하느님**이신 당신께서 **은총**을 밀어 넣어 주지 않으신다면, 그에 대한 비난은 당신께 돌아갈 것입니다."

언젠가 내가 이것을 **바가반**께 읽어 드리고, **바가반**이 나처럼 당신의 은총을 받고 이익을 얻을 능력이 없는 사람을 발견하시면 억지로라도 은총을 밀어 넣어 주셔야 한다고 말씀드렸다. 내 호소를 강화하기 위해 나는 이렇게 덧붙였다. "예컨대 여기 있는 라가바 아이앵가르가 저의 주장을 뒷받침하고 있습니다."

바가반은 라가바 아이앵가르를 학자이자 시인으로서 크게 존중하셨지만, 그에게 동의하지 않고 단지 이렇게 말씀하셨다. "그가 뭘 쓰기는 했지요." 이것은 다른 사람이었다면 "그는 자신이 무슨 말을 쓰고 있는지 모릅니다"라고 말했을 상황에서 당신의 뜻을 표현하는 미묘한 방식이었다. 그렇다고 해서 **바가반**이 은총을 밀어 넣어주는 경우가 없다는 것은 아니고, 어떤 사례에서는 그 당사자가 교화가 불가능할 만큼 견고해 보이는 경우에도 당신의 **은총**이 들어가서 작용하게 하신다. 나 자신의 경우가 그런 친절의 두드러진 사례이다.

당신의 **은총**은 아주 완고한 사람들에게도 작용했지만, 그들이 갈망했을지 모를 놀라운 결과는 없었다.

한번은 **바가반**을 찬양하여—**무루가**를 찬양하는 「낄리빳두(*kilipaddu*)」를 본뜬—"낄리빳두"를 내가 노래하고 있었는데, "당신께서 나를 바로잡아 구제하셨네(*thirutthiyenai āndavandi*)"라는 대목을 노래했을 때, M.V. 라마스와미 아이야르가 말했다. "당신은 이 노래를 높게 치고 이 대목을 큰 열의로 노래하고 있지만, 저는 그것이 **바가반**의 참된 위대함과 자비로움을 올바르게 대표한다고 보지 않습니다. 다른 분들은 우리를 바로잡아 구제할지 모르지만, 우리 **바가반**께서는 당신이 우리를 보시는 그대로 우리를 구제하십니다. 우리가 바로잡아질 때까지 기다리지 않으시지요."

그의 말이 옳고—그가 자신의 경험에서 발견했다고 말하듯이—나도 **바가반**이 내가 개혁되기를 기다리지 않고 나를 발견하신 대로 구제하신다는 것을 알았다고 말하지 않을 수 없다. 그것은 신의 사랑이—모든 성자들이 증언하듯이—자기 아들의 모든 나쁜 점을 알면서도 그를 사랑할 수밖에 없는 어머니의 사랑과도 같기 때문이다.

> *seipinazhayai thaya̱rinthum chī̱rālpo̱ruppāḷ intha*
> *nāypizhaiyai nīpo̱rukka ñāyamuṇḍu aiyāvē.*
>
> —스리 라마링가 스와미

아들의 잘못을 어머니는 알면서도 화내지 않고 인내합니다.
저의 잘못을 **당신**께서도 인내하시는 것이 온당합니다, **스승님**!

입문(initiation-스승이 제자로 받아들이며 **은총**을 베푸는 것)의 최상의 형태에 대한 **바가반**의 가르침도 많은 사람들에게 관심사일 것이 분명하다. 『해탈정수』 같은 우리의 모든 책에서는 세 가지 전수(*diksha*-입문)를 이야기한다. 거북이가 자신의 알들을 생각하는 것만으로 알을 부화하듯이, **스승**은 생각으로 자신의 **은총**을 하사할 수도 있고, 물고기가 자기 알들을 바라보아 부화하듯이 바라봄으로써 하사할 수도 있으며, 닭이 자신의 알 위에 앉아 부화하듯이 접촉으로 하사할 수도 있다. **바가반** 자신은 「문자혼인화만」[제63연]에서 이 세 가지를 이렇게 언급하셨다. "바라봄으로, 생각함으로, 접촉함으로써 저를 성숙시켜 구제해 주셔요, 오 아루나찰라!"

나는 언젠가 이 모든 것을 거론하면서 **바가반**께 여쭈었다. "**바가반**, 어째서 당신께서는 수많은 사람들이 당신의 접촉을 갈망하고 심지어 자신들의 머리로 당신의 발에 접촉하려 하기까지 하는데, 누구도 결코 접촉하지 않으십니까?"

당신이 답변하셨다. "세 가지 형태 모두가 전수의 양식으로 이야기되고 인정되는 것은 맞지만, 생각에 의한 전수가 최상입니다."

그래서 외관상 **바가반**은 그런 식으로 작업하시기를 선호하셨다. 그러나 우리가 판단할 수 있는 한, 당신의 바라봄(친견)으로 전수를 베푸신 경우들도 많다. 물론 생각과 겸비해서지만 말이다. 그럴 때 당신의 바라보심은 누구나 알아볼 수 있다. 그 눈길은 사랑으로 빛나며, 해당되는 그 사람에게 온전히 집중되는데, 워낙 강렬해서 묘사할 수가 없다.

전수를 해 주시는 것과 별개로, **바가반**은 다양한 방식으로 당신을 눈을 사용하여 큰 효과를 보신다. 당신의 눈길은 경우에 따라 그리고 사람에 따라 서로 다른 많은 의미를 가지며, 그것은 너무 미묘하고 너무 심오하여 묘사할 수 없을 때가 많다. 한번은 내가 **바가반**의 면전에서 무루가나르를 비난하면서 그에게 이렇게 말했다. "당신 같은 시인들은 온갖 자유분방함을 누리면서 당신들이 하고 싶은 어떤 말도 합니다. **바가반**께서 당신에게 '두려움을 갖지 마라'고 말씀하신 적이 있다는 것이 사실입니까? 당신은 『라마나 친존예경(*Ramana Sannidhi Murai*)』의 「아루나이 라마네산(*Arunai Ramanesan*)」에서 "'두려워하지 말라'고 말씀하시면서 스승님께서 나를 구해 주셨네(*añsa lenassolli yenai yāṇḍapemmān*)"라고 썼고, 같은 책의 다른 데서는 "'두려워하지 말라, 두려워하지 말라'고 자애로운 입술로 말씀하시는 분이 근심을 없애주시네(añsal añsal enṟē aṇivāymalarntharuḷi chañchalaṅgal pōkkmavan)"라고 했습니다. 제가 묻겠는데, 바가반께서 당신에게 '두려워하지 말라'고 말씀하시기는 했습니까?"

무루가나르는 상당히 활기차게 대답했다. "당신의 눈길이 저에게는 그와 같았지요. 당신의 눈길이 저에게 '두려워하지 말라'고 이야기합니다."

내가 말했다. "그 설명을 받아들이고, 더 이상 비판하지 않겠습니다."

나는 무루가나르를 기쁘게 하려고 그렇게 말한 것이 아니고, 바가반을 기쁘게 하려던 것은 더욱 아니었다. 내가 그렇게 말한 것은 그것이 사실이기 때문이었다. 많은 경우에 바가반의 눈길 자체가 "내가 그대의 피난처이니, 더 이상은 걱정하지 말라"고 웅변적으로 말해 주었다.

심지어 세간적인 방식으로도 바가반의 눈길은 믿을 수 없을 만큼 웅변적이었다.

한번은 바가반이 한 여성 헌신자가 카펫 하나를 공양하는 것을 부드럽게 그러나 확고하게 거절하셨고, 그녀는 상처를 받고 발끈하여 회당을 나갔다. 바가반은 그냥 나를 바라보셨는데, 당신의 눈길은 명백히 나에게 이렇게 말하고 있었다. "그대는 여기서 그녀와 가장 친한 사람이지요. 그녀를 다독여 누그러뜨릴 적임자입니다. 가서 이야기하여 그녀를 다시 데려오세요." 나는 그에 따라 행동했고, 그녀가 이미 도로에 나서서 집으로 가려던 참이었지만 그 여성을 다시 데려왔다.

바가반은 방문객들로부터 이런 질문을 빈번히 받았다. "마음을 제어하는 가장 좋은 혹은 가장 쉬운 방도는 무엇입니까?" 바가반의 책을 읽은 사람들이나 당신의 가르침을 잘 모르는 사람들이나 똑같이 그렇게 질문하곤 했다. 당신의 통상적 답변은 당신이 제시한 자기탐구(self-enquiry)의 방법에 기초한 이런 것이었다. "누가 마음을 제어하고 싶어 합니까? 제어하고 싶어 하고, 이 질문을 하는 그 '나'가 누구입니까? 그것을 알아내면 모든 것이 해소될 것입니다." 그러나 당신의 방법을 따르는 사람들에게나 다른 방법을 따르는 사람들에게나 동일하게 이렇게 말씀하시곤 했다. "어떤 지름길도 없습니다. 해야 할 것은 단 하나입니다. 『기타』에서 설명한 대로, 요동하는 마음이 다양한 것들을 뒤쫓아 바깥으로 나갈 때마다 그것을 안으로 끌어당겨 **진아**에 고정하는 것입니다. 이것은 쉽지 않습니다. 그러나 부단히 그렇게 하십시오. 부단한 수행으로 점차 마음을 제어하는 힘을 얻을 것이고, 그러다 보면 결국 마음 제어의 달인이 됩니다."

방문객들이 종종 제기한 또 한 가지 질문은 구도자가 자신의 가족과 업무를 떠나서 은둔자로 물러나 홀로 있어야 하는지 여부였다. 당신이 어김없이 하시는 답변은 이런 것이었다. "포기는 마음 속에 있습니다. 그것은 외적인 대상들이나 환경에 의존하지 않습니다. 어떤 사람은 자기 마을과 가정 안에 있으면서 자신의 업무를 하면서도 마음속으로 초연할 수 있는 반면, 어떤 사람은 자신의 가족을 떠나고 업무와 재산을 포기한 채 숲속에 있다 할지라도 그의 마음은 자신이 물리적으로 뒤로한 모든 것에 집착할 수 있습니다. 그대가 숲으로 들어간들 무슨 소용 있습니까? 그대의 가정과 일을 뒤로할 수는 있겠지만, 그대의 마음이 그대와 함께 갈 것입니다. 그대는 '나는 재가자다'라는 관념을 '나는 고행자다'라는 관념으로 바꿀 뿐이고, 예전의 집착 대신 새로운 집착들이 생겨날 것입니다. 필요한 것은 마음속에서 포기하고, '나는 재가자다' 또는 '나는 고행자다'라는 관념이 아니라 '내가 있다'는 관념만 지니는 것입니다."

마찬가지로 일에 대해서도 **바가반**은 이렇게 말씀하시곤 했다. "어떤 종류의 일도 영적인 길에서 장애가 아닙니다. 장애인 것은 '내가 행위자다'라는 관념입니다. 이 '나'가 누구인지를 탐구하고 알아내어 그것을 없애면, 일은 전혀 장애가 아닐 것입니다. 왜냐하면 그대가 행위자라는 에고 의식(ego sense) 없이, 그리고 그대가 하는 일의 열매에 대한 어떤 집착도 없이 그것을 할 것이기 때문입니다. 일은 전보다 더 효율적으로 진행되겠지만, 그대는 늘 그대 자신의 본래적이고 영구적인 평안과 지복의 상태 속에 있을 수 있습니다. 더욱이 일을 해야 하느냐 아니면 그것을 포기해야 하느냐에 대해 걱정해서는 안 됩니다. 만일 그대가 그 일을 하도록 정해져 있다면, 아무리 피하려 해도 그것을 피하지 못할 것입니다. 다른 한편, 그대에게 어떤 일도 하도록 정해져 있지 않다면, 아무리 일을 하려고 해도 일을 얻지 못할 것입니다."

어떤 방문객들은 포기에 대한 그들의 일반적 질문에 이어서 개인적 질문을 하기도 했다. "그렇다면 왜 **바가반**께서는 당신의 집과 가족을 떠나서 고행적 삶을 택하셨습니까?"

이에 대해 **바가반**은 위와 같이 답변하거나, 아니면 같은 의미가 되지만 이렇게 말씀하시곤 했다. "만일 그것이 그대의 발현업이라면 그렇게 되겠지요. 그에 대해 신경 쓸 필요가 없습니다. 집과 일을 포기하거나 그것을 유지하는 것은 그대에게 달려 있지 않습니다."

내가 언젠가 **바가반**께 말씀드렸다. "우리네 사람들이 일반적으로 믿는 것은 (그리고 저도 몇 권의 책에서 읽었습니다만) 동물들은 직접 해탈을 성취할 수 없고, 먼저 사람으로 태어난 다음에야 그 인간의 삶 속에서 해탈을 성취할 수 있다는 것입니다. 그것이 맞습니까, **바가반**?"

당신이 답변하셨다. "아니지요, 그것은 필요하지 않습니다. 그대는 예컨대 가젠드라(Gajendra)에 대해 들어보지 못했습니까?" (**뿌라나**에 따르면 코끼리 가젠드라는 악어에게 붙들려 죽을 지경이 되자 신에게 도와 달라고 외쳤고, 구제되어 해탈을 얻었다.)

이 대화는 우리 아스라맘의 암소 락슈미(Lakshmi)가 죽기 오래 전에 있었던 것이다. 락슈미가 세상을 떠났을 때(1948년) 나는 아스라맘에 없었다. 그러나 약 한 달 뒤에 아스라맘으로 갔고, **바가반**은 락슈미의 무덤에 새기기 위해 당신이 지으신 묘비명을 나에게 보여주셨다. 나는 그 핵심을 그다지 확신하지 못했기에 **바가반**께 여쭈었다. "거기서 '해탈한 날

(vimukthanāl)'이라는 단어는 그녀가 해탈을 성취한 날을 뜻합니까, 아니면…" 나는 이렇게 말을 계속하려고 했다. "아니면 그것은 우리네 사람들이 흔히 사용하는 표현처럼, 그녀가 죽었다는 것을 말하는 하나의 완곡한 방식입니까?" 그러나 바가반은 내가 말하려는 취지를 간파하고 즉시 이렇게 말씀하셨다. "예, 그 단어는 그런 의미지요."

그 말씀은 아스라맘의 락슈미 삼매지에 새겨진 그 묘비명은 1948년 6월 18일에 암소 락슈미가 해탈을 성취했다는 바가반의 선언임을 의미한다. 바가반은 락슈미에 대해 헌신자들이 여러 언어로 쓴 모든 시들을 내가 살펴보도록 기꺼이 건네주셨다. 나는 그 시들을 읽었고, 바가반께 청하여 락슈미가 아스라맘에 처음 발을 들였을 때부터 죽을 때까지의 전체 이야기를 다시 한 번 들었다. 바가반의 헌신자들을 위하여 내가 그 전체 이야기를 기록했고, 바가반의 수정을 거쳤다. 이것은 지금 아스라맘에서 『암소 락슈미』라는 제목으로 출간되어 있다.

바가반의 비루팍쉬 시절 당신께 크게 헌신했고 큰 애정과 존경심으로 매일 당신에게 야채 음식을 공양하던 예전의 끼라이빠띠(Keeraipatti)[노파 헌신자]가 나중에 암소 락슈미로 태어나 그렇게 아스라맘의 한 식구가 되었을 개연성이 크다고 생각하는 바가반의 헌신자들이 많은데, 내가 지금까지 들었고 알고 있는 모든 것의 결과로 나 역시 그 중의 한 사람이라는 것을 여기 기록해 두어야겠다.

내가 바가반과 함께 산 대부분의 시간 동안 나는 평화롭고 근심에서 절대적으로 벗어나 있다고 느끼곤 했다. 많은 사람들이 증언할 수 있듯이, 그것은 당신 친존의 탁월한 효과였다. 그럼에도 불구하고 가끔 어떤 일이 그 평안과 행복을 한동안 어지럽힐 때가 있기는 했다. 한번은 그런 경우에 바가반께 여쭈었다. "이런 방해들이 왜 다가옵니까? 그것은 그럴 때 저희가 바가반의 은총을 받는 것이 중단되었음을 의미합니까?"

바가반은 더없는 자애로움으로 대답하셨다. "이런 정신없는 사람 같으니! 그 평안의 문제나 부족은 **은총** 때문에 오는 것일 뿐이라오."

다른 때에도 **바가반**은 비슷하게 나에게 말씀하셨다. "그대들은 상황이 자신에게 좋다고 여겨질 때는 기뻐하면서 신에게 감사합니다. 그것은 무방하지만, 그대들이 나쁘다고 여기는 일이 자신에게 닥쳐와도 똑같이 감사해야 합니다. 거기서 그대들이 잘못하지요."

바가반의 가르침에서 두드러진 면모이고, 당신의 말씀에 의해서보다도 일상생활 속에서 당신의 실천에 의해 우리가 부단히 주목하게 되었던 한 면모는 **평등심**(Samathva), 즉 모두가 평등하게, 똑같은 배려로 대우 받아야 하며, 모든 인간뿐 아니라 모든 동물들, 모든 생명 형태, 모든 존재가 똑같이 **신**의 현현들이라는 것이었다. **바가반**이 모든 사람을 어떻게 동등하게 대했는지, 원숭이·다람쥐·공작·새·사슴·개·참새, 심지어 호랑이 새끼들까지 모두 어떻게 당신의 애정을 공유했는지, 그리고 당신이 어떻게 모두에 대한 보살핌을 보여주셨는지를 묘사한다면 책을 한 권 쓸 수 있을 것이다. 그러나 여기서는 사례들을 제시하지 않고, 당신의 위대한 모범에 의해 우리가 부단히 **평등심**을 배웠다고만 이야기하겠다. 당신의 친존에서는 지위가 높든 낮든, 부자든 빈자든, 남자든 여자든, 아이든 어른이든, 인간이든 동물이든, 모두가 동등했다.

바가반 자신이 모두를 동등히 대했을 뿐 아니라, 당신에게 아스람의 다른 누구보다 어떤 특별한 배려나 주의도 더 베풀어지는 것을 결코 용납하지 않으셨다. 식당에서 남들보다 당신에게 음식이 조금이라도 더 배식되는 것을 보실 때는, 담당자가 누구였던 당신이 화를 내면서 질책하실 때가 많았다. 이렇게 말씀하시는 것이었다. "자네가 그렇게 하는 것은 나에게 수모를 주는 거야. 이보다 더 큰 수모는 있을 수 없네."

만일 아스람의 어떤 규칙이나 확립된 절차가 있으면, **바가반**은 모두가 그것을 준수하기를 기대하셨고, 어떤 타당한 이유가 있지 않고는 누구도 예외를 주장하는 것을 승인하지 않으셨다. 당신 자신으로 말하면,

모든 규제를 신중하게 준수하셨고, 결코 일반 원칙에 예외로 대우받는 것을 용납하지 않으셨다.

물론 예외가 실제로 필요할 때, 규칙이 경직되게 또는 몰지각하게 강제되는 것은 승인하지 않으셨다. 다음 이야기가 이를 잘 보여준다.

어느 날 오후, 한 은행원과 두 여성으로 이루어진 유럽인 일행 세 명이 바가반을 방문했다. 그들은 구회당에서 바가반 맞은편에, 북쪽 벽에 기대어 남쪽을 향해 앉았다. 여성들 중 한 명은 바닥에 책상다리로 앉는 것에 익숙지 않아서 두 다리를 앞으로 뻗고 있었다. 시자들 중 한 사람이 그것을 바가반께 불경한 것으로 여겨 그녀에게 다리를 거두어들여 달라고 했다. 그 가여운 여성은 사랑과 존경을 보이러 왔다가 뜻하지 않게 불경함을 보이고 만 것에 몹시 속상했고, 거의 울 지경이었다. 행위가 아니라 마음을 보신 바가반은 그녀에게 일어난 괴로움에 크게 공감하셨다. 당신은 그 여성에게 우리처럼 앉는 것이 익숙지 않으니 앉던 방식대로 앉아 있어도 아무 해로울 것이 없다고 말씀하셨다. 그러나 그녀는 다시 다리를 뻗으려고 하지 않았다.

바가반 자신도 침상 위에 다리를 뻗고 계셨다. 무릎의 류머티즘으로 인해 오래 가부좌를 하면 통증이 있기 때문이었다. 그렇지만 당신은 이제 가부좌를 하셨고, 아무리 설득해도 종일 다리를 뻗지 않으셨다. 당신이 말씀하셨다. "그것이 그녀에게 해당되는 규칙이라면, 모두에게 규칙입니다. 저도 다리를 뻗어서는 안 되지요." 우리는 바가반께 한 시자의 어리석은 행위를 괘념치 마시라고 간청했으나, 당신은 꿈쩍도 하지 않으셨다. 내 기억이 맞는다면, 다음날이 되어서야 우리는 당신에게 평소처럼 그러고 싶으실 때마다 다리를 뻗으시게 하는 데 성공했다.[7]

바가반의 가르침이 갖는 뚜렷한 면모들에 대한 이 목록은 내가 당신에게서 받은 거의 전별 메시지 같은 말씀으로 끝내는 것이 적절할 것이다.

---

7) T. 이 이야기는 『나날』에서도 언급되었다. 402-3쪽 참조.

나는 **바가반**의 병환 소식을 듣고 1947년 4월 27일에 아스라맘에 갔다. 3주간 머무른 뒤 5월 18일에 돌아올 생각이었다. 돌아오기로 한 전날, 나는 **바가반**께서 나를 위해 해주셔야 할 모든 것을 해주지 않고 내가 나름대로 알아서 하게 내버려 두시는데, 아마 나를 구제 불능이라고 여겨서 그러시는 것일 거라는 깊은 절망의 기분에 빠졌다. 그런 기분에서 오후 3시경에 내가 당신께 말씀드렸다. "**바가반**, 여기 제가 지금 이 순간 어떻게 느끼는지를 웅변적으로 묘사하는 약간의 시가 있습니다. 제가 그것을 노래하는 동안 **바가반**께서 친절한 주의를 기울여 주시기를 기원합니다." 그렇게 말하고 시바쁘라까삼 벨라이의 다음 연들을 창송했다.

> *etthanaikōdi eṇṇaṅga ḷeṇinu*
>   *miṟaiyaruḷinṟi yāthonṟuñ*
> *satthiyamāgas siddiyāthathanāṟ*
>   *ṟānethuñ chinthiyāthiruppō*
> *nutthama patthanuṇmaiyi lenanī*
>   *yuraitthathanai yuṟuthiyāyathanaip*
> *putthiyiṟpathitthen siddatthai yodukkēn*
>   *pulavanē ramaṇasaṟguruvē.*

무엇을 천만 번 궁리해도 **하느님**의 **은총** 없이는 뭐 하나도 실로 이루어지는 것이 없어, 그 무엇도 궁리하지 않는 사람이 으뜸 헌신자라는 것이 진리인데, 제가 당신께서 말씀하신 만큼 확고히 가르침에 고정되었습니까, 마음을 가라앉혔습니까? 스깐다이신 **라마나 참스승이시여**.

> *gurumaṇinī kaddaru neṟinadavēn*
>   *kodiyanis sahaninaivozhiyē*
> *nariyudala lanānenu muṇarvaḷitthā*
>   *yaḷitthilai yanubavañāna*
> *marulūdaiyāṇdā nadimaiyaiyadakki*
>   *yāḷūva thazhakalāladaṅga*

mirukamenrikazhnthuvid didatthakumō
   vitthaka ramaṇasarguruvē.

귀하신 스승님께서 보여주신 길을 제가 따랐습니까, 대상에 집착하는 세간습을 버렸습니까? 소멸할 몸은 '나'가 아니라는 이해를 베푸셨지만, 체험지知는 베풀지 않으셨습니다. 환幻을 가진 노예를 제어하고 구제하셔야 할 스승님께서 그를 교정 불능이라고 버리시면 안 됩니다. 현자이신 라마나 참스승이시여.

innavā ṟēzhai selvazhi yellā
   mēgaviddirukkinī vāḷā
vennavā ṟuyvē nēzhaiyunthirunthē
   niṟaivānī thirutthavumāddāy
mannanī yallāl maṟuthuṇaiyuṇḍō
   maṟumaiyi limmaiyi leḷiyēṟ
kennavō veṇṇamiyambidā yunakkī
   thēṟkumō ramaṇasarguruvē.

이토록 가난한 제가 혼자 길을 가게 내버려 두시면 제가 어떻게 구제되겠습니까? 저는 약해서 자신을 바로잡지 못하고, 저의 **주님**이자 **스승님**이신 당신께서도 저를 바로잡지 않으시겠지요. 금생이나 내생에 당신 외에 누가 저를 돕겠습니까? 저를 어떻게 하시려는지, 이것이 온당한지 말씀해 주십시오. 라마나 참스승이시여.

내가 이 진지한 기원문을 끝낸 뒤 1, 2분간 **바가반**은 침묵을 지키셨고, 그런 다음 한량없는 **은총**에서 기꺼이 나에게 말씀하셨다. "제가 뭘 하든 않든, 그대는 그저 순복(surrender)하며 침묵하고 있어야 하지 않나요?(*nān seyyarēn illē, nī sarender pannividdu summā yirukka vēndiyathuthānē?*)."

여기서 나는, 내가 해탈―**진아 깨달음**―을 성취하기 위해 사용해 온 유일한 방법은 나 자신을 **바가반**께 그냥 내맡기는 것, 내 능력껏 완전히 당신께 순복하면서, 다른 일체를 당신께 맡겨버리는 것이라고 말해야겠다. 그리고 바가반의 가르침, 당신이 대삼매에 드시기 전에 내가 당신에게서 받은 마지막 가르침은 그냥 이것이었다. "그대가 해야 할 일은 그저 순복하고 일체를 저에게 맡기는 것입니다. 참으로 완전히 순복하면, 스승이 이것이나 저것을 해주지 않았다고 불평할 여지가 없습니다."

이것은 나에게나 다른 누구에게나 새로운 가르침이 아니다. 그러나 그 맥락에서 나에게 다가올 때—아마 바가반께서 그러기를 바라셨기 때문이겠지만—그 가르침은 나에게 큰 만족과 위안을 주면서, 외관상으로야 어떻게 보이든 바가반은 나를 돌보고 계시며, 당신이 나를 위해 이것 또는 저것을 해주지 않으신다고 상상하거나 그에 대해 걱정이나 절망에 빠지는 것은 어리석다는 것을 납득시켜 주었다.

나와 다른 많은 바가반의 헌신자들에게는 당신이 하느님이자 '모든 것'이었다. 우리는 성자 아루나기리나타르가 주 무루가에게 이렇게 선언했을 때 느꼈던 것과 같이 느끼고 있었다. "저는 당신 외에는 누구에게도 의지하지 않고, 당신 외에는 누구도 따르지 않을 것입니다." 나는 그 노래의 마지막 두 행에 있는 '무루가'를 '바가반'으로 바꿔서 그 노래를 바가반 앞에서 자주 불렀다. 그러나 우리가 누구에 대해서 노래하든, 어느 사원을 방문하든, 혹은 어떤 신상을 숭배하든, 우리의 존경은 늘 바가반께로 향했다. 이것을 잘 보여주는 이야기 하나로 이 장을 마무리하겠다.

내가 찌뚜르를 아주 떠나서 아스라맘의 바가반 곁에 정착했을 때 나에게는 '훈디(hundi-인도의 전통적 수표)'로 도합 약 70루피가 있었는데, 이것은 여러 세대 동안 우리 가문의 신인 띠루빠띠의 스리 벤까떼사를 친견하러 갈 순례비로 떼어둔 것이었다. 나는 이 돈을 거기에 쓰는 대신 우리 가족이 바가반을 뵈러 순례를 오는 데 쓰는 것도, 스리 라마나스람에서 우리 앞에 인간의 형상으로 계시든, 띠루빠띠에 신상의 형태로 계시든, 결국 모두가 하나인 하느님에게는 똑같이 용납될 수 있을 것이 분명하다고 느꼈다. 나는 바가반의 한 헌신자가 띠루빠띠로 순례를 가서 그곳의 주 벤까떼사의 신상을 보았을 때, 그에게는 그것이 **바가반**으로 보였다는 이야기를 이미 들은 바 있었다. 그러나 많은 독자들도 들은 적이 있겠지만, 띠루빠띠의 신에게 한 맹세를 함부로 깨트렸다가는—심지어 무의식적으로라도—그렇게 한 헌신자들에게 어떤 끔찍한 결과가 빈번히 —아니, 어김없이—닥쳐오는지 나도 들어서 알고 있었다. 그래서 **바가반**께 말씀드리지 않고 위험을 감수하고 싶지 않았다. 그래서 어느 날 **바가반**께, 나의 내적 확신과 함께 다가오는 **자얀띠** 때 내 가족이 **바가반**께 순례를 와서 당신께 예배하는 데 그 훈디 돈을 쓰겠다는 의도를 말씀드렸다. **바가반**은 말씀으로가 아니라, 평소처럼 미소와 고개 끄덕임으로써 내가 그렇게 해도 된다는 뜻을 표하셨다.

이와 관련해, 네팔의 뜨리쩬드라대학(Trichendra College) 학장인 루드라 라즈 빤데(Rudra Raj Pande)가 『50주년 기념집』책에 기고한 글에서 묘사한 대로 그가 띠루반나말라이의 아루나찰라 사원에서 한 체험을 인용하겠다. 그는 이렇게 묘사한다. "내전內殿의 문들이 활짝 열려 있었고, 안내인이 우리를 안으로 데리고 들어갔는데 안쪽은 상당히 어두웠다. 기름 먹은 작은 심지 불꽃이 우리 몇 미터 앞에서 가물거리고 있었다. 내 동행자가 젊은 목소리로 '아루나찰라' 하고 외쳤다. 나의 모든 주의는 지성소至聖所 안의 신상이나 **링감**(Lingam)을 보려는 단 하나의 목적에 쏠려 있었다. 그러나 이상한 말 같지만, **링감**을 보는 대신 나는 **마하르쉬님**, 곧 **바가반 스리 라마나**의 모습을, 당신의 미소 짓는 얼굴, 당신의 찬연히 빛나는 두 눈이 나를 바라보고 계신 것을 본다. 더 이상한 것은 내가 **마하르쉬님**의 모습을 하나가 아니고, 둘도 셋도 아니고, 수백의 똑같이 미소 짓는 얼굴, 그 빛나는 눈들을 보는데, 그 지성소 안에서 내가 어디를 보아도 그렇다는 것이다…. 나는 주 **아루나찰라**를 뵈러 그 사원에 갔다가, 자비롭게 당신 자신을 나투시는 살아 계신 **주님**을 발견한 것이다."

제5장 기적적인 사건들

이 장에서는 내가 **바가반**에게서 직접 들은 어떤 이상한 혹은 기적적인 사건들을 이야기하겠는데, 만약 당신과 개인적으로 연관되는 사람이 기록하지 않는다면 회의론자와 지식인들은 그것을 성자 주위에서 그를 지나치게 믿는 숭배자들의 상상을 통해 수집된 전설이라고 주장할 것이다.

뱀과 공작은 서로 태생적인 적이다. 그러나 **바가반**이 스칸다스라맘에 살고 계실 때는 그들이 서로를 괴롭히지 않고 당신의 친존에 함께 있는 모습이 흔히 목격되었다. 한번은 뱀 한 마리가 **바가반**의 몸을 한쪽에서 타고 올라가 반대편으로 내려갔지만, 당신은 어떤 두려움도 보이지 않았다. 치타들이 당신을 찾아오면 시자들은 안으로 급히 달려 들어갔으나, 당신은 신경 쓰지 않고 베란다에 앉아 계시곤 했다. 치타는 마치 자신이 온 것을 알리듯 포효한 다음 다시 작별을 고했지만, **바가반**의 아스라맘에 있는 누구도 해치지 않았다.

나는 **바가반**에게서 당신이 알고 계시던 두 가지 기적을 상세히 들었다. 당신이 산 위에 사시던 초기에, 한 여성이 밤에 띠루반나말라이 역에 내려서 마달구지를 타고 달구지꾼에게 읍내의 어떤 거리로 데려다 달라고 했다. 악당이었던 그 달구지꾼은 그녀를 으슥한 곳으로 데려가서 패물을 빼앗으려고 했는데, 홀연히 경찰관 두 명이 현장에 나타났다. 그녀의 호소를 들은 경찰관들은 그 달구지로 그녀를 안전하게 호위하여 그녀의 집으로 데려다 준 다음 가 버렸다. 그 여성은 두 경찰관의 주소를 적어 두었다가 나중에 감사의 말이나 보상을 하려고 그들에 대해 더 수소문해 보았으나 그런 경찰관을 어디서도 찾아낼 수 없었고, 띠루반나말라이 경찰들 중 누구도 그날 밤 일어난 일을 전혀 알지 못했다(92쪽 참조). 바가반은 우리가 기적에 대해 논의하고 있을 때 이 이야기를 해 주셨고, 기적들은 바로 지금도 일어난다고 말씀하셨다.

그 논의를 할 때 당신은 비슷한 다른 이야기 하나도 나에게 들려주셨다. 우리의 T.K. 순다레사 아이야르의 친척이던 나이든 한 불구자가 있었다. 그는 아주 신심 깊은 사람이었고, 신체장애에도 불구하고 **아루나찰라**를 돌곤 했다. 띠루반나말라이에 여러 해를 머무른 뒤, 한번은 그가 같이 살면서 의지하고 있던 친척들에게서 받은 대우에 너무 속이 상해서 환멸을 느꼈고, 띠루반나말라이를 떠나 어떤 마을로 가서 거기서 생계를 꾸리기로 결심했다. 그가 읍내의 교외를 떠나기 전에 한 젊은 브라민이 그의 앞에 나타나 외관상 무례하게 그의 목발들을 낚아채면서 말했다. "당신의 격에 이것은 맞지 않아요(un pavisukku ithu kūdavā)." 그 노인은 놀랐다가 화가 치밀어 올라 무슨 말을 하기도 전에, 자신이 팔다리를 다시 쓸 수 있게 되었고 목발 없이도 걸을 수 있다는 것을 발견했다. 바가반은 당신이 이 사건을 개인적으로 알고 있다면서, 그것은 『아루나찰라 스탈라 뿌라나(Arunachala Sthala Purana)』에서 **하느님 아루나찰라**가 인간의 형상으로 나타나 자신의 한 늙은 절름발이 헌신자의 목발을 던져 버렸다고 하는 경우와 흡사하다고 말씀하셨다. 그 헌신자는 신체장애에도 불구하고 여러 해 동안 산을 돌았는데, 바로 이때는 그렇게 산을 돌던 중 소나 띠르타(Sona Theertha)[스리 라마나스라맘에서 약 2.4km 떨어진 곳] 저수지에 물을 한 모금 마시려고 들어갔을 때였다. 바로 그 순간 그 절름발이는 자신의 몸이 온전해진 것을 발견했다.

바가반은 이런 일들이 일어난 것을 당신이 알고 있다고만 말씀하셨고, 누가 그런 일을 했다거나 그런 일이 어떻게 일어났다고는 말씀하지 않았다. 당신의 초기 헌신자들 중 일부는 나에게 실은 그 두 기적 모두 **바가반**이 행하신 것이라고 말했는데, 나는 동의하고 싶은 마음이다. 당신이 그 이야기를 하면서도 당신이 그런 일을 하셨다는 것을 명확히 부인하지 않고 슬그머니 넘어가는 방식과, 그 사건들을 세세하게 다 아신다는 것이 그것을 말해준다. 왜냐하면 만약 **바가반**의 자비심이 발동하여 당신의 힘을 사용하셨을 경우, 남들이 그것을 알거나 이야기하는 것을 좋아하지 않으셨기 때문이다.

바가반은 당신이 기적을 행할 수 있다고 결코 공언하지 않으셨고, 위의 두 경우에도 당신이 관여했다고는 말씀하시지 않았다. 기적에 대한 당신의 태도는 늘 그것은 하나의 행위 방식이고, 따라서 마음의 작업이라는 것이었다. 그래서 마음을 넘어서고 이원성을 넘어서서 남들이라고는 없는 평안에 자리 잡고 있는 사람은 기적 같은 것에 관심이 없다는 것이었다. **바가반**이 그것과 하나가 되어 있었던 저 **지고한 힘**이 그런 어떤 일을 했다면, 우리가 어떤 일을 욕망하고 행하는 것과 같은 방식으로 **바가반**이 그것을 하셨다고 생각하는 것은 잘못이라고 나는 말하고 싶다. **바가반**은 그리스도의 기적에 대한 질문을 받았을 때 이 점을 지적하셨다. 왜냐하면 당신의 답변이 이러했기 때문이다. "그리스도가 기적을 행했을 때, 자기가 그것을 행한다는 의식이 있었다고 생각합니까?"

요컨대 우리는, **바가반**이 모든 힘을 가지고 계시기는 했으나 그것을 거리낌 없이 사용하시는 분이 아니었고, 특히 당신이 힘을 사용하셨다 해도 남들이 그것을 아는 것을 꺼리셨다고 결론지어야 할 것이다. 그것은 아마도 당신 자신은 힘의 사용이 가져올 수 있는 모든 위험을 넘어서 계시지만, 우리는 그것을 욕망할 위험을 넘어서 있지 않고, 만약 당신이 그 힘을 빈번히 혹은 공개적으로 사용한다면 그로 인해 우리의 내면에서 그런 힘에 대한 욕망이 생겨나 깨달음의 길에서 우리를 벗어나게 할 수 있기 때문일 것이다.

당신이 한 헌신자에 대한 자비심에서 명백히 기적을 행하신 한 사례가 기억난다. 그것은 1946년경이었다. 헌신자들 중에 라자고빨 아이야르라는 재가자가 있었다. 그는 라마나라고 이름 지어진 어린 아들이 하나 있었는데, 상당히 매력적이고 코믹한 꼬마였고 매일 **바가반**께 달려가서 당신 앞에서 절을 하곤 했다. 어느 날 저녁 8시경, 밤이 되어 헌신자들이 흩어진 뒤에 이 꼬마가 뱀에 발을 물렸다. 라자고빨 아이야르는 갖은 응급처치와 기타 치료를 쉬지 않고 하면서 아이를 안고 **바가반**의 회당으로 달려갔다. 이런 치료들을 해보았을 때 아이는 이미 몸이 푸르고 차갑게 식어가고 있었지만, **바가반**이 당신의 두 손을 아이 위로 움직이면서 말씀하셨다. "괜찮다, 라마나야." 그러자 즉시 아이가 괜찮아졌다. 라자고빨 아이야르는 가까운 헌신자들 몇 사람에게 이 이야기를 했지만, 많은 사람들 사이에서 이야기되지는 않았다.

 바가반은 늘 힘(초능력)에 대한 관심은 그것을 갖고 싶다는 욕망을 가져올 수 있으니 그런 것에 관심 갖지 말라고 하셨지만, 인간의 행위 없이 **신의 힘**으로 이루어지는 기적에 대한 관심은 말리지 않으셨다. 그런 관심은 믿음의 징표이기 때문이다. 나는 기적을 좋아하는 편인데, 한번은 그에 대해 **바가반**과 논의하고 있을 때 당신이 나에게 다음 두 가지 이야기를 들려주셨다. 그것은 띠루반나말라이와는 무관하고 하나는 라호르 또는 러크나우와, 또 하나는 인도의 다른 지역과 관계되는 것이었다. **바가반**이 나에게 강조하시고 싶어 한 핵심은 그런 일들이 **뿌라나** 시대에만 일어난 것이 아니라 바로 지금, 우리 시대에도 일어난다는 것이었다.

 첫 번째 이야기는 이런 것이다. 대단한 헌신자였던 한 철도 운행주임 (Railway Guard)[1]이 있었는데, 그는 **바잔**(*Bhajan*)을 하고 신을 찬양하는 노래를 부르는 데서 큰 즐거움을 얻었다. 어느 날 밤에는 **바잔**이 아주 밤늦게까지 계속되었고, 그 결과 그는 늦잠을 잤다. 깨어나 보니 자신이 운행주임으로 근무해야 할 기차를 놓쳤다는 것을 알았다. 크게 속이 상한 그는 같은 목적지로 조금 후에 떠날 다음 기차를 탈 준비를 했다. 그

---

1) *T.* 철도 승객의 안전, 운행시간의 준수, 열차 내 장비나 시설 등의 관리를 책임지는 사람.

러면 최소한 돌아올 때는 앞서의 기차에서 주임 일을 할 수 있을 터였다. 그러나 출발역에서 철도 사람들이 그에게 어떻게 앞서 기차에서 운행주임 일을 끝내고 그렇게 빨리 돌아올 수 있었느냐고 묻기 시작했다. 그는 그들이 정신이 나갔다고 생각했고, 그들도 마찬가지로 그에게 뭔가 이상한 데가 있다고 생각했다. 이어지는 역에서마다 철도 사람들은 계속 그에게 앞에 간 기차를 타고 가지 않았느냐고 말했다. 그들은 앞에 간 기차와 관련된 기록에 있는 그의 서명 혹은 이니셜을 보여주기까지 했다. 그는 이 모든 일을 도무지 종잡을 수 없었고, 그러다가 마침내 자신의 목적지—내 생각에는 라호르—에 도착했다. 그는 역의 운행주임 휴게소로 갔는데, 그곳의 누구도 자신이 앞서의 기차를 놓쳤고 돌아가는 길에 주임 일을 하기 위해 뒤에 오는 기차로 도착했다는 것을 믿으려 하지 않았다. 그들이 웃으면서 그에게 말했다. "정신 나갔소? 당신은 앞서 기차에서 주임 일을 하면서 왔소. 저기 옷걸이에 옷까지 걸어놓고 목욕을 하러 가지 않았소? 그런데 이제 와서 그런 이야기를 하는 거요? 당신 기억상실증이나 뭐 그런 것이 있소?"

그 옷은 여전히 옷걸이에 걸려 있었다. 누군가가 거기 왔고, 그것을 남겨둔 것이었다. 그 누군가가 앞서 열차에서 이 헌신자를 대신해 업무를 보았는데, 생긴 모습이 그와 똑같았고, 모든 역의 기록에 그의 서명을 남겼던 것이다. 그러나 이 헌신자가 라호르에 나타났을 때 그 누군가는 사라져 버렸다. 자기 할 일이 끝났고, 자신의 존재가 더 이상 필요하지 않았던 것이다. 신이 남겨둔 그 옷은 여전히 보존되어 있고 사람들이 가서 볼 수 있다고 한다.

그 철도 운행주임은 자신의 직을 사임하면서 이렇게 말했다. "나 대신 와서 운행주임 일을 해주신 그분이 나를 돌보시지 않겠는가? 여태까지 나는 믿음이 얼마나 부족했던가?"

그렇게 느낀 그는 그때부터는 자신을 포기하고 전적으로 신에게 헌신하며 그를 찬양하는 데 몰두했다. 이 일은 약 50년 전에 일어났고, 한 영어 저널인지 타밀어 저널인지에 게재되었다. **바가반**은 아스라맘의 장서에서 그 저널을 꺼내어 나에게 읽어 보라고 주셨다.

다른 이야기도 그와 아주 비슷하다. 내 생각에 그것은 중부 인도와 관계된다. 한 장교가 있었는데, 준위准尉(subedar)였거나 아니면 약간 낮은 계급의 장교였다 그는 대단한 헌신자였고, 바잔을 하는 한 무리의 사람들에게 마음이 끌리는 것을 어찌하지 못했다. 군부대 인근의 한 마을에서는 그들이 밤마다 바잔을 하고 있었다. 이 장교는 순찰 임무 중이어서 자신의 자리를 지켜야 했지만, 마을 사람들이 바잔을 할 때의 그 환희롭고 신심 나는 찬가들을 듣자 가서 참여하고 싶은 유혹을 견디지 못했다. 나중에 점검하던 장교가 이것을 알게 되자 그를 심하게 질책했다. "근무지 이탈에 대한 처벌을 몰라? 사살이야. 자네는 근무 기록이 좋으니 이번은 이 과오를 봐주겠지만, 다시 이런 일이 있으면 사살될 것이야."

이 사람은 앞으로는 자신의 임무를 수행하겠다고 약속하고 그 장교에게 감사했고, 그 사건은 마무리되었다. 그러나 다음날 밤에도 이 준위는 그 바잔 소리를 듣자 거기에 아주 압도되어 장교를 경고를 까마득히 잊어버리고 가서 그 마을 사람들에 가담하여 신을 찬양하는 노래를 불렀다. 다음날 그는 장교에게 정식으로 보고하면서 말했다. "간밤에도 바잔 모임에 갔습니다. 어쩔 수 없었습니다. 저를 사살하셔도 좋습니다."

장교가 응수했다. "뭐라고! 자네 지금 꿈을 꾸고 있나 아니면 미쳤나? 자네가 자리를 지키고 있는지 확인하러 내가 직접 돌아봤네. 사실 두 번이나 돌았는데, 두 번 다 자네가 거기 있었지. 그런데 왜 없었다고 하나?"

그때 이 헌신자는 자신이 그 마을에서 신의 이름을 노래하는 데 몰두해 있는 동안 신이 자신을 위해 준위 역할을 해주었다는 것을 깨달았다. 그는 한층 더 신심이 깊어졌고, 자신을 신에게 완전히 던졌다.

내가 크게 애착하게 된 K. 스와미나탄 교수는 동료 헌신자로서 고맙게도 이 원고를 검토해 주었는데, 위 두 사건은 W.B. 예이츠의 "길리건 신부(Father Gilligan)"2)에 비견된다고 나에게 말한다.

위 사건도 타밀어 저널인지 영어 저널인지에 기록되었는데, 바가반의 지시로 (시자가) 그것을 아스라맘의 장서에서 꺼내 와서 나에게 보여주었다. 그것은 라호르 사건보다도 더 최근에 일어났다. 이 저널들은 여전히 아스라맘의 장서에 보관되어 있다. 나로서는 이 사건들의 진정성에 대해 사뭇 확신하고 있다. 나는 바가반이 그 사건들이 실제임을 믿고 계시다는 것을 알고 있고, 나에게는 그것으로 충분하다.

실제 기적들과는 별개로 헌신자들이 자연발로적으로 혹은 꿈속에서 바가반의 뜻이나 당신이 필요로 하는 것을 안 사례들도 있었다. 그런 경우 두 가지를 말하겠는데, 둘 다 바가반 자신이 확인해 주신 것이다.

한번은 바가반이 당시의 시자이던 마다바 스와미에게 무엇을 쓰기 위해 공책 한 권을 꺼내 주기를 바라셨다. 당시 아스라맘에는 규격이 약 6인치×3인치의 장정된 공책 재고가 있었는데, 제도사와 감독관들이 옥외 업무를 볼 때 호주머니에 넣어 다니는 것과 비슷한 것이었다. 마다바 스와미는 그 공책을 꺼내오는 것을 잊어버렸다. 다음날 바가반은 다시 그에게 그것을 상기시켰고, 그는 다시 잊어버렸다. 마다바 스와미는 바가반을 시봉한 가장 부지런하고 충실하고 영리한 시자들 중 한 사람이었다고 할 수 있는데, 그가 무엇을 하는 것을 잊어버리는 것은 상당히 이례적인 일이었다. 세 번째 날, 당시 띠루반나말라이의 군 운영위원회 엔지니어였던 K.K. 남비아르 씨가 바가반 앞에 나타나, 바가반이 마다바 스와미에게 아스라맘의 재고에서 가져다 달라고 하셨던 것과 똑같은 공책 한 권을 제출했는데, 그것을 왜 가져왔느냐고 묻자 이렇게 대답했다. "바가반께서 이것을 달라고 하셨고, 그래서 가져왔습니다."

---

2) T. 예이츠의 시 "길리건 신부의 노래"는 노신부가 밤낮으로 교구민들의 질병과 장례를 보살피느라 지쳐서 의자에 앉아 잠이 들었다가 뒤늦게 깨어나 아픈 교구민 집을 다시 방문했는데, 하느님의 배려로 환자가 조금 전에 행복하게 죽었더라는 내용이다.

바가반이 말씀하셨다. "그게 뭐지요? 제가 언제 달라고 했습니까?"

그러자 K.K. 남비아르 씨가 전날 밤 **바가반**이 자신의 꿈에 나타나서 그런 종류의 공책을 원한다면서 재질, 규격, 장정 등에 대해 자세히 말씀하셨다고 설명했다. 그러자 **바가반**은 마다바 스와미를 불러 말씀하셨다. "자네는 나에게 그 공책을 주지 않았지. 자, 이거 보게. 그가 하나를 가져왔어."

그와 비슷하게 한번은 아스라맘의 잉크 재고가 바닥났을 때, 당시 살렘에 있던 T.S. 라자고빨라 아이야르가 꿈을 꾸었는데 **바가반**이 나타나서 당신이 잉크를 원한다고 말씀하셨다. 라자고빨라 아이야르는 즉시 잉크 큰 병을 하나 사서 그것을 **바가반**께 드렸다. 그 꿈 사건도 **바가반**께는 놀라운 일이었다.3) 이제 **바가반**의 환영幻影을 보거나 당신이 홀연히 출현한 일에 대해서도 언급해야겠다. 여기 한두 가지 사례만 들겠다.

한 여성 외국인 방문객이 한때 약 2주일간 아스라맘에 머물렀다. 체류 마지막 날 그녀는 나와 함께 스깐다스라맘으로 산책을 갔는데, 우리가 그곳에 앉아 있을 때 그녀가 나에게 말했다. "부탁 하나 들어주실래요? 오늘 밤 우리가 저녁식사 후에 만날 때 (당시 우리는 저녁 8시 15분부터 9시까지 회당에서 바가반과 함께 앉아 있곤 했다) **바가반**께 뭘 말씀드리고 싶어요. 통역 좀 해 주실래요?"

나는 그러마고 했고, 그날 저녁 그녀는 **바가반**께 다음과 같이 말했다. "오늘 아침 제가 당신을 바라보고 있을 때, 당신께서 홀연히 스무 살쯤 된 빛나는 젊은이로 화하셨는데, 어떤 그리스의 신 같았습니다. 머리에는 화환을 두르셨고요. 제 눈을 믿을 수 없었습니다. 그런데 제가 다시 주의 깊게 보아도 똑같은 모습이었습니다. 그것이 무엇을 의미합니까?"

바가반이 답변하셨다. "제가 뭐라고 말합니까? 시바쁘라까삼 삘라이는 제가 아이가 되었다고 말합니다. 그녀는 제가 젊은이가 되었다는군요.

---

3) *T*. 이 '공책 사건'과 '잉크 사건'은 『나날』에서도 언급되었다. 355-6쪽 참조.

이 모든 것에 대해 제가 뭐라고 할 수 있나요?"

당신이 말씀하신 것은 **바가반**의 초기 헌신자들 중 한 사람인 시바쁘라까삼 삘라이가 어느 날 **바가반**의 머리에서 황금빛 아이 하나가 솟아나왔다가 다시 머리 속으로 들어가는 것을 본 경우를 말한다. 이것은 그의 책 『라마나 짜리따 아하발(Ramana Charita Ahaval)』[4]에 기록되어 있다.

또 다른 외국인 방문객인 연로한 한 신사는 어느 날 점심식사 후 아스라맘 뒤쪽의 산을 탐색하다가 길을 잃었다. 뙤약볕에 애를 쓰다 보니 이 노인은 이내 곤경에 처했고, 아스라맘으로 돌아가려는 어떻게 해야 할지, 어디로 가야 할지 몰랐다. 바로 그때 **바가반**이 우연히 지나가다가 그에게 아스라맘으로 가는 길을 알려주셨고, 그는 무사히 돌아왔다. 아스라맘의 친구들은 그에게 그 긴 시간 동안 어디 있었느냐고 물었고, 그는 이렇게 대답했다. "산 위로 그냥 산책을 나갔다가 길을 잃었지요. 뙤약볕에서 힘을 쓰다 보니 저에게 좀 과했고, 제 상태가 좋지 않았습니다. **바가반**께서 우연히 그쪽으로 오셔서 아스라맘으로 가는 길을 가리켜 주지 않으셨다면 제가 어떻게 되었을지 모르겠군요."

아쉬람 사람들은 깜짝 놀랐다. 왜냐하면 그들은 그 시간에 **바가반**이 회당을 떠나신 적이 없다는 것을 알고 있었기 때문이다. 이 모든 일은 내가 찌뚜르에 있을 때 일어났고, 나는 그것을 「선데이타임스」에서 읽었다. 이 사건에 대해 나는 **바가반** 자신에게서 다음과 같은 방식으로 확인 받았다. 그 직후 나는 (당시에 빈번히 그랬듯이) 당신을 방문했고, 오전 우편물이 들어올 때 회당에 앉아 있었다. 그 중에 왈타이르(Waltair)[5]의 정부병원의 외과의사이던 P. C. 남비아르 박사에게서 온 편지가 하나 있었다. **바가반**이 그것을 우리에게 읽어 주셨다. 이 의사는 다음과 같은 취지로 불평하고 있었다. "**바가반**께서는 외국인들을 편애하신다고 해야

---

4) T. 1931년 라마나스라맘에서 간행한 소책자. 29연의 운문체로 된 바가반의 생애담, 45연의 '스리 라마나 빠다말라이' 등과 13개 문답으로 된 "나는 누구인가?"가 실려 있다.
5) T. 안드라프라데시 주 북부의 해변도시 비사카파트남(Visakhapatnam)의 한 이름.

할 것입니다. 저희는 오랫동안 **바가반**을 알고 지내 왔어도 **바가반**께서 저희 중 누구에게도 그런 기적을 보여주지 않으시지만, 이 외국인은 처음 왔는데 **바가반**께서 즉시 그를 위해 이런 기적을 행하십니다."

바가반과 우리는 모두 웃었다. **바가반**은 우편물을 가져온 사람에게 말씀하셨다. "의사에게 여기 오기 위해 어떤 희생을 치렀는지 물어보시오." 이와 관련하여 그 의사와 그보다 더한 그의 부인 마다비 암말은 **바가반**의 헌신적인 추종자들이지만, 원래 그가 띠루반나말라이의 보조 외과의사였을 때는 **바가반**을 찾아오지 않으려고 했을 뿐 아니라 (아스라맘의) 정문 밖에 서서 부인에게 "당신은 들어가고 싶으면 들어가. 그건 내가 상관하지 않지만, 나는 안 가."라고 했던 것 같다. 그러나 훗날 이 의사는 아직 띠루반나말라이에 있을 동안에 헌신자가 되었고, 지금은 여느 사람과 같은 **바가반**의 추종자이다.

바가반이 말씀하시려던 핵심은 이 (외국인) 노신사가 당신을 친견하기 위해 몇 천 킬로미터를 여행해 왔다는 것이었다.

비슷한 또 하나의 사례가 생각난다. 한번은 내가 아스라맘을 방문하고 있을 때, 텔루구 신사인 한 우편공무원이 나에게 다음과 같은 이야기를 했다. "오늘 아침에 저는 산을 돌 생각으로 아주 일찍 일어났지요. 목욕을 하고 회당으로 갔는데, 다행히도 **바가반**은 깨어서 침상에 앉아 계셨고 당신의 두 발은 바닥에 닿아 있었습니다. 저는 당신의 두 발을 접촉하기를 열망했지만 그때까지는 한 번도 그럴 기회가 없었지요. 그때 제가 곧장 당신께 다가가 당신의 발아래 엎드렸고, 두 발을 접촉했습니다. 저의 원을 푼 것입니다. 그런 다음 산을 돌기 시작했습니다. 얼마쯤 간 뒤에 제가 너무 일찍 출발했다는 것을 알았습니다. 아직은 상당히 어두웠고, 길 위에 아무도 없어서였습니다. 그래서 약간 겁이 났는데, 저는 이 근방이 낯설었고 산을 처음 돌기 때문이었습니다. 그때 제 앞에 저보다 조금 앞서서 북인도 출신으로 보이는 아주 잘생긴 한 젊은 바이라기

(Bairagi)가 가고 있었습니다. 이것이 저에게 용기를 주었습니다. 이 바이라기[사두]는 저와 같은 용무로 걷는 것처럼 보였습니다. 그는 (오른돌이 길가에 있는) 여러 성수지(Theerthas)에 멈추어서 그곳의 물을 자신의 머리에 뿌렸고, 여러 사당을 오른돌이 했습니다. 저도 그가 하는 대로 했습니다. 5시경에 제가 동쪽을 향해서 하는 예배를 하기 위해 그에게 동쪽이 어디냐고 묻자, 그는 말없이 그 방향을 가리켜 보였습니다. 그렇게 그는 계속 제 앞에서 걸었고, 제가 읍내 가까이 왔을 때 홀연히 사라졌습니다. 이것을 어떻게 생각하십니까?"

내가 그에게 말했다. "물론 당신을 안쓰럽게 여기신 **바가반**이 오셔서 당신을 안내하신 거지요. 거기에 무슨 의문이 있습니까?"

그러자 그가 말했다. "돌아온 뒤에 저는 **바가반**께 자초지종을 말씀드리고, '이 모든 것은 **바가반**의 은총이었음이 분명합니다'라고 덧붙였지요. 그러자 **바가반**이 텔루구어로 '**만찌데까다**(Manchidekada)?'['좋은 일 아닌가요?'] 라고 대답하셨습니다."

물론 **바가반**이 띠루보띠유르(Tiruvottiyur)에서 까비야깐타 가나빠띠 사스뜨리갈이 활짝 깨어 있을 때 그의 앞에 신체적으로 나타나신 사례는 잘 알려져 있다. 이것은 **바가반**의 전기에 언급되어 있다. **바가반**은 아스라맘과 띠루보띠유르에 신체적으로 동시에 존재하신 것이다. 나와 여타 사람들은 **바가반**에게서 직접 이 사건에 대해 확인받은 바 있다.

이 부분에는 「아루나찰라 다섯 찬가」 중 「11연시」, 「8연시」가 어떻게 지어졌고, **바가반**이 어떻게 당신 어머니 삼매지(samadhi) 근처에 사시게 되어 우리의 현재 아스라맘을 창건하시게 되었는지에 대해 내가 **바가반**에게서 들은 것을 포함시켜야 할 것이다. 하루는 "은총으로 저를 당신 것으로 하신 **당신**(karunaiyālennaiyānda nī)"이라는 구절이 당신의 내면에서 계속 일어났는데, 당신이 몇 번 그것을 무시하거나 억누르려 했음에도 그랬다. **바가반**은 그것이 무엇을 의미하는지 모르셨지만, 결국 종이 한 장을 꺼내어 그 말들이 나오는 대로 적었고, 그렇게 해서 「11연시」의 처음 두 연이 하루에 지어졌다. 그 단어들과 관념은 거의 자동적으로 다가왔고, **바가반**은 단순히 그것을 적었을 뿐인 것으로 보인다. 「11연시」의 나머지 연들도 마찬가지로 영감에 의해 흘러나와 나날이 글로 적혔다. 제1연이 끝나는 행들에 이런 말이 있다. "**은총**이 풍성히 솟아나 하나의 급류로 쏟아지는, 위대한 **아루나** 산이라는 **사랑**이시여(*arunani suranthan karuviyāy perukum aruṇamāmalaiyenum anbē*)!"

그것은 기적적인 것은 아니라 할지라도, **바가반**의 이익을 위해 일어난 비상한 사건을 두고 한 말이다. 당신이 처음 산 위의 비루팍쉬 산굴에 사실 때는 여름철 동안 물이 몹시 귀했고, **바가반**과 당신의 시자들은 멀리 가서 물을 길어다가 목욕 등을 했다. 이 고생이 더없이 힘들게 느껴졌을 때, 어느 날 저녁 갑자기 하늘에 구름이 잔뜩 끼더니 폭우를 동반한 엄청난 폭풍이 불었다. 다음날 아침에 보니, **바가반**이 살고 계시던 쪽 사면에서 큰 산사태가 일어나 거대한 바위들이 빠져나와 원래 있던 곳에서 멀리 떨어진 곳으로 굴러가 전체 지형이 알아볼 수 없을 만큼 바뀌어 있었고, **바가반**의 아스라맘 곁으로 작은 실개천이 흘러갔다. 그 실개천은 계속해서 물이 흘렀고, 더 이상 물로 인한 어려움은 없었다. **바가반**은 나에게 이 사건을 들려주시며, 당신이 (위 제1연 끝부분에서) 이렇게 노래한 것은 바로 그 일을 두고 한 말이라고 하셨다. "**아루나찰라** 산이시여! 한량없는 자애로움에서 산간 개천 형태로 나타나신 **자비**의 **화신**이시여!"

바가반은 그 **지고한** 힘에 워낙 완전히 합일되어 계셔서 당신에게 어떤 의지가 있다거나 내맡길 개인적 성품이 남아 있다고 말하기 어렵지만, 그래도 인간적 삶이 때로는 어떤 결정들을 요하는 한에서는 **신의 의지**에 절대적으로 순복하셨다. 그 좋은 예를, 당신이 이 산의 기슭에 아스라맘을 창건하신 데서 볼 수 있다. 그에 대해서 당신은 이렇게 말씀하셨다.

"어머니가 돌아가신 뒤 저는 이따금 삼매지에 왔다가 스깐다스라맘으로 돌아가곤 했지요. 어머니가 돌아가신 지 6개월쯤 지난 어느 날, 그렇게 그곳을 찾아가서 한동안 앉아 있다가 일어나 돌아가려고 했습니다. 그러나 (내면의) 뭔가가 저에게 돌아가지 말고 그곳에 남아 있어야 한다고 했습니다. 마치 두 다리가 일어서기를 거부하는 것 같았지요. 그래서 머물렀습니다. 그렇게 해서 이 아스라맘이 시작되었습니다. 그때야 이 모든 것이 이렇게 성장할 줄 누가 알았겠습니까?" 바가반은 신의 의지에 완전히 순복한 분의 으뜸가는 예이셨고, 신적인 물결이 흐르는 대로 어디든 실려 가는 하나의 지푸라기 같으셨다.

이 부분에서 두 가지를 더 이야기하는 것이 적절할지 모른다. 많은 사람들은 **바가반**이 띠루반나말라이에 오신 뒤로 약 3년간 혹독한 **따빠스**(*Tapas*) 곧 고행을 하셨고, 그 결과로 당신의 모든 영적 위대함을 성취하셨다고 믿는다. 약 3년간 당신이 음식과 물의 섭취, 심지어 잠자는 것조차도 신경 쓰지 않고 몸을 완전히 무시했다는 것은 내가 **바가반**에게서 직접 들었기 때문에 의심할 바 없이 참되다. 그러나 당신은 무엇을 성취하려는 목적에서 의식적으로 그 모든 것을 한 것은 아니며, **진아**에 전적으로 몰입되어 무심결에 하신 거라고 말씀하셨다. 한번은 D. S. 사르마가 한 질문에 대한 답변으로, 당신의 경우에는 여하튼 이번 생에 **진아 깨달음**에 이르는 어떤 특별한 수행도 하신 것이 없다고 분명하게 말씀하셨다. 다만 당신이 열일곱 살에 아직 마두라이의 학생일 때, 힘써 한 어떤 분석의 결과로서가 아니라 어떤 돌연한 통찰의 섬광으로서 **깨달음**이 —**진지**(*Jnana*)가— 몇 분 사이에 홀연히 당신에게 다가왔고, 이후로 그 **진지**가 늘 당신과 함께해 왔다고 하셨다. 위의 대화가 오고갈 때 오로빈도 아스라맘의 딜립 꾸마르 로이 씨도 있었는데, 그들은 나중에 그것을 「베단타 께사리」에 게재했고, **바가반**이 그것을 받아 보셨다.

제6장 바가반의 유머

바가반에 대한 어떤 이야기도 당신의 유머에 대한 얼마간의 언급이 없다면 완전하지 않을 것이다. 당신께 개인적으로 다가갈 희유한 특권이 없었던 사람들은 당신이 얼마나 큰 유머 보따리를 가지고 계셨는지 좀처럼 생각할 수 없고, 진인을 유머와 결부시키기도 어렵다고 느낄지 모른다. 실로 다른 어떤 위대한 진인이 그토록 유머 감각을 지녔던 적이 있을까 싶다. 의사들이 분명 극심한 통증일 것이라고 한 고통에 시달리던 당신의 마지막 나날들에도, **바가반**은 팔에 난 그 악성 종양을 두고 그것을 '링감' 등으로 부르면서 농담을 하시기까지 했다. 모든 유머는 말로 전해서는 빛이 나지 않는다. 그러나 내가 **바가반**의 가까운 추종자이자 부단한 동반자가 되기 전 초기 시절의 이야기로서, 내가 들은 당신의 유머 한두 가지 사례를 먼저 이야기하겠다.

당신이 빠발라꾼루(Pavalakunru-아루나찰라 기슭의 한 언덕에 있는 사원)에 계실 때는 당신이 아직 스무 살 전이었고 묵언 중이어서 외관상 모든 외부의 사물에 무심할 때였는데, 당신의 어머니와 다른 사람들이 당신을 찾아가 보니 당신이 방 안에서 명상에 들어 있었다. 그들은 문이 바깥에서 잠긴 것을 보고, 읍내에 가서 식사를 하고 돌아오는 것이 좋겠다고 생각하여 떠났다. 그러나 **바가반**은 문이 바깥에서 잠겨 있어도 그것을 돌쩌귀에서 뽑아 올리면 열린다는 것을 알고 계셨다. 그래서 그런 식으로 밖으로 나가셨다. 방문객들이 돌아와 보니 문은 그들이 떠날 때처럼 바깥에서 잠겨 있는데 **스와미**는 사라지고 없었고, 그들은 그것이 당신의 **싯디**[초능력]라고 생각했다. 나중에 **바가반**은 그들이 없을 때 같은 방식으로 다시 방으로 들어갔고, 문은 여전히 바깥에서 잠긴 채로 두었다.

얼마 후 그들이 돌아왔는데, 당신이 방 안에 있는 것을 보고 그들의 추측이 맞았다고 더욱 확신했다. 실은 당신은 방문객들이 그런 일로 야단하는 것을 원치 않았고, 그들이 그 사건이 어떻게 된 건지 전혀 묻지 않았기에 당신도 그들에게 어떤 설명도 하지 않았다. 그러나 나중에 당신이 우리에게 그 이야기를 들려주실 때, 워낙 재미있게 말씀하셨기 때문에 모두가 배꼽을 잡았다.

한번은 **바가반**이 산 위의 한 산굴에 살고 계실 때, 당신에 대한 이야기를 들은 어떤 사람이 당신을 친견하러 왔다. 그가 왔을 때는 **바가반** 외에 아무도 없었다. 그가 당신에게 물었다. "스와미는 어디 계신가요?"

바가반이 대답했다. "그는 나갔습니다."

그래서 방문객은 조금 기다려 본 뒤에 인내심이 바닥나서 떠났다. 그러나 내려가는 길에 산을 올라오고 있던 에짬마를 만났다. 지금은 고인이 된 그녀는 **바가반**의 가장 헌신적인 추종자들 중 한 사람이었다. 방문객의 이야기를 들은 에짬마는 "저와 같이 가요. **스와미**를 보여드릴 테니."라고 말하고, 그를 데려갔다.

그 방문객에게 그렇게 말씀하신 분이 **바가반**이셨다는 것을 알게 된 그녀가 당신께 물었다. "당신께서 그렇게 하시는 것이 온당한 일입니까?"

바가반이 대답하셨다. "그대는 제가 이마에 '내가 **스와미**요'라고 써 붙이고 다니기를 바랍니까?"

이것도 내가 **바가반**에게서 직접 들은 이야기이다. 이 두 사건 모두 당신의 유머 감각뿐만 아니라 소동과 티내기를 당신이 늘 싫어했음을 잘 보여준다. 우리가 당신 가까이서 지내다 보면 당신이 얼마나 단순하고 겸손하며 티를 내지 않으시는지 알게 된다.

한번은 **바가반**이 어떤 피부 발진이 생겨 당시 아스라맘에 약 한 달간 와 있던 닥터 멜코트(Dr. Melkote)에게서 치료를 받으셨다. **바가반**은 다리에 붕대를 여러 개 감고 계시기도 했다. 하루는 당신이 그것을 '깔 깟두 (kāl kaddu)'라고 부르셨는데, 그것은 문자적으로 '다리에 묶인 것', 비유적으로는 '부속물, 의무 혹은 책임'을 뜻하는 타밀어 단어로 말놀이를 하신 것이었다.

내가 말했다. "저희는 늘 여기에, 당신의 다리에 묶인 부속물들로 있습니다."

바가반이 류머티즘 때문에 전신에 통증이 있어서 아침저녁으로 마사지를 하여 통증을 다소 완화하던 때가 있었다. 그 마사지를 특권적 소수만이 돌아가며 하곤 했다. 바가반은 헌신자들의 간청에 못 이겨 때때로 그에 동의하셨지만 며칠 후에는 그만두게 하셨다. 하루는 당신이 한 시자의 연고를 빼앗더니 웃으면서 말씀하셨다. "내가 하지. 자네는 이 다리를 마사지하여 복을 짓고 싶어 하지만, 이제 나도 복을 좀 짓자고." 그러면서 당신 자신의 다리를 마사지하기 시작하셨다.

또 한번은 당신 다리의 류머티즘에 대해 농담을 하셨는데, 당신을 치료하기 위해 아스라맘에 머무르고 있던 헌신자인 스리니바사 라오 박사를 돌아보고 웃으면서 이렇게 말씀하셨다. "내 다리가 그대에게 자애로운 거 아시겠지. 다리들이 낫기를 거부해서 그대가 이곳에 머물러야 하니 말일세."

바가반은 이야기를 하실 때 완전히 배우가 되어 그것을 믿을 수 없을 만큼 생생히 묘사하셨다. 다음은 언젠가 내가 당신에게서 들은 이야기이다. 그것은 남들을 속이려 하다가 자신만 속이는 에고의 다양성과 어리석음을 보여주는 것으로 여겨질 수도 있다. 나는 당신이 우리에게 그것을 들려주실 때의 그런 생생한 어투로 도저히 그것을 전달할 수 없다. 사실 나는 그 이야기의 뼈대만 겨우 전할 수 있을 뿐이지만, 그것만으로도 그것이 얼마나 재미있었을지 짐작할 수 있을 것이다.

하인을 둘 능력이 안 되는 한 남자는 허세가 아주 많아서 자신이 하인을 대동하지 않으면 사람들이 자기를 존경하지 않을 거라고 생각했다. 그가 이웃마을에 가서 하룻밤 묵어야 했다. 그는 작은 옷 보따리 하나를 가져갔다. 바깥에 멋진 파이얼(pial)이 있고 바깥 출입구에서 집 안으로 이어지는 통로에 파이얼이 또 하나 있는 집을 발견한 그는 집 주인들이 모두 안에 있는지 잠시 지켜보다가 그 집 안으로 조용히 몰래 들어가서 자신의 옷 보따리를 거기 던져둔 뒤에 떠났다.

조금 후 그 집 사람들이 모두 집 밖에 있을 때 그가 그 집으로 돌아와서 그들에게 물었다. "제 하인이 와서 제 옷 보따리를 여기 두었습니까? 그가 그것을 이곳에 두었다고 하던데요."

그들은 자기들은 모르겠고 안에 가서 살펴보겠다고 대답했다. 안쪽의 파이얼을 살펴본 그들이 말했다. "예, 보따리가 하나 있네요. 이게 당신 것인지 한 번 보시지요?"

남자가 대답했다. "예. 제 것입니다. 이 멍청한 하인이 늘 이런 실수를 합니다. 그리고 어디론가 가 버렸군요. 언제 나타날지 모르겠습니다."

그 집 사람들은 성의껏 그를 환대해 주었고, 그날 밤 그는 바깥 파이얼 위에서 자는 것을 허락받았다. 그가 잠자리를 마련하고 주인들이 대문을 잠갔을 때, 그는 안에서도 들을 수 있을 만큼 큰 소리로 마치 자기 하인이 돌아와서 자기 팔다리를 마사지하는 것처럼 말을 하기 시작했다. 이렇게 말했다. "이 바보야! 여태껏 어디 있었어? 너는 늘 이렇게 행동하지. 너를 해고해 버릴까보다. 자, 내 팔다리를 제대로 마사지해 봐라. 안 그러면 너에게 매운 맛을 보게 해줄 테다."

그렇게 그는 계속 "이제 여기, 그거면 돼. 이제 여기. 조금 더 눌러. 이제는 이렇게."와 같은 말을 계속했다.

그는 가끔 자기 몸을 철썩 때려서 집 안의 사람들이 어떤 하인이 정말로 그 방문객을 마사지 하고 있는 듯한 느낌이 들게 하기도 했다.

한동안 이런 일이 계속되자 가족 중 한 명 호기심을 느껴 이 훌륭한 하인을 보고 싶었다. 그래서 창문을 통해 몰래 보다가 그 사기 행각을 발견했다. 그들은 그 웃기는 짓을 내버려두었고, 자신들이 이 가여운 친구의 허풍을 발견했다는 것을 그에게 알려주지 않았다. 다음날 아침, 그는 조반으로 뭔가를 먹은 다음 집 주인들과 하직하며 이렇게 말했다. "제 하인이 옷 보따리를 가지러 금방 올 겁니다."

그는 자신의 보따리를 안쪽 파이얼 위에 두었다가, 몇 분 뒤에 모든 가족이 안에 있을 때 눈에 띄지 않게 그것을 가져가서 그 가족들에게 자신의 하인이 와서 가져간 듯한 인상을 주게 하려고 했다. 그러나 그의 의도를 짐작한 그 가족들이 보따리를 감춰 버렸고, 그는 이러지도 저러지도 못하게 되었다. 보따리를 찾을 수 없자 그는 그들에게 보따리를 달라고 했고, 그들은 그에게 이렇게 말했다. "예, 당신이 떠난 뒤에 금방 당신의 하인이 와서 가져갔습니다. 그럴 거라고 당신이 말한 대로요."

바가반이 그 사내가 존재하지 않는 자기 하인과 어떻게 상상적 대화를 나누면서 계속 마사지를 하고, 안에서도 들릴 만큼 자기 몸을 철썩 때리는지 묘사하실 때, 우리는 웃음을 참을 수 없었다.

바가반이 당신 자신을 소재로 삼아 하신 농담도 기억난다. 말년에 당신은 류머티즘 증상이 심해서 지팡이에 의지해서만 걸으실 수 있었다. 당신이 회당을 떠나야 하실 때는 당신이 그 시간을 아셨든 않든, 늘 소임 중인 시자가 일어나서 당신에게 지팡이를 건네 드렸다. 한번은 그런 경우에 지팡이를 받아서 당신의 침상에서 일어나시다가 유명한 타밀 속담을 인용하셨다. "원숭이는 주인이 막대기를 흔들어야 공연을 하겠지."

이 모든 예들은 **바가반**의 유머에 대한 아주 보잘것없는 묘사일 뿐이다. 교의적 질문에 대한 당신의 답변들조차도 유머로 가득할 때가 많았는데, 그것은 질문자에게 상처를 주는 것이 아니라 질문자 자신도 다른 사람들과 함께 웃게 만드는 것이곤 했다.

제7장 함께한 마지막 날들

이제 바가반과 함께한 나의 마지막 나날들 차례이다. 나는 1949년 4월 중순경 당시 마드라스에 살고 있던 헌신자 아난따나라야나 라오 박사로부터 바가반의 왼쪽 팔꿈치 부근에 작은 사마귀처럼 보이던 것을 아스라맘 의사가 절제했다는 것을 처음으로 알게 되었다. 그 이야기를 들은 직후 바가반을 뵈러 아스라맘에 갔다가 5월 중순에 돌아왔다. 당시에는 바가반의 병환이 얼마나 심각한 것인지 미처 몰랐다. 나중에야 무해하게 보이던 그 작은 생성물이 악성 종양일 공산이 크고, 아무리 좋은 의도로 그랬더라도 애당초 그것을 절제한 것이 실수였다는 것을 알게 되었다. 그 종양이 다시 자라나고 있었고, 이제 더 커져서 바가반께 더 많은 문제와 통증을 안겨주고 있으며, 당신의 목숨이 위험해지고 있다는 말을 듣게 되었다. 이때 나는 바가반께 편지를 써서, 만일 이런 모든 이야기를 듣고도 내가 급히 당신을 찾아뵙지 않는다면 내 심장은 돌덩이로 만들어졌을 것이 분명하다고 했다. 그리고 7월 21일에 당신께 갔다.

가기 전에 마드라스에 있는 구루스와미 무달리아르 박사를 만나서 바가반의 상태에 대해 그와 의논했다. 그도 이미 그 문제에 대해 들은 바 있었다. 대화 도중 내가 그에게 물었다. "부디 저를 위해 함께 가서 바가반을 뵙고, 어떻게 해야 하는지 조언해 주시겠습니까?"

그는 일요일인 7월 24일에 가겠다고 약속했다. 인도의학대학(School of Indian Medicine)1) 학부장이어서 일요일에만 마드라스를 떠날 수 있기 때

---

1) T. 1925년 마드라스에 설립된 4년제 인도 전통의학대학. 아유르베다·싯다·우나니 의학과 서양의학을 함께 가르쳤고, 1948년에 College of Indigenous Medicine으로 개명되었다.

문이었다. 그의 여행을 위해 내가 자동차를 준비해 드리겠다고 하자 그가 말했다. "그러실 것까지는 없습니다. T. N. 크리슈나스와미 아이야르 박사와 함께 그의 차로 가거나, 아니면 다른 방도를 찾아보겠습니다."

이때 내가 **바가반**께 갔을 때는, 내가 아스라맘에 살기를 그만둔 뒤로 보통 그랬던 것처럼 약 2주일간만 머무를지, 아니면 **바가반**이 나으실 때까지 머무를지 결심하지 않은 상태였다. 그러나 **바가반**의 인도로 내가 계속 머무를 여건이 즉시 마련되었고, 사실 나는 이 마지막 몇 달 동안 당신이 모든 헌신자들에게 당신이 떠나기 전에 쏟아주는 **은총**에서 이익을 얻도록 아스라맘에 머무르는 것을 권유하신다는 것을 발견했다. 이때 당신이 앉아 계시곤 하던 신新회당에 내가 들어갔을 때, 당신은 내보낼 우편물들의 검토를 끝내고 계시다가 그 와중에도 친절하게 나에게 시선을 돌려 평소의 그 사랑과 은총의 표정으로 나를 맞아주셨다. 내가 그곳에 몇 분간 앉아 있은 뒤 4시 45분에 **바가반**은 회당을 떠나서 평소의 오후 산책을 가셨다. 당신이 나가신 뒤 즉시 딸레야르칸 여사와 나는 회당의 창턱으로 자리를 옮겼고, 나는 한 달 남짓 전에 그녀의 남편이 타계한 것에 대해 그녀를 위로했다.

그녀가 말했다. "그런 건 전혀 마음 쓰지 마세요. 그건 나중에 이야기해요. 하지만 이번에는 (마드라스로) 돌아가시면 안 돼요. 여기 계셔야 합니다. 나름대로 준비하셔서 2주일 뒤 돌아가지 않아도 되게 하세요."

내가 대답했다. "돌아가고 싶은 마음이 없습니다. 여기서 상당히 편안하게 머무르기 위한 몇 가지 준비를 할 수 있는 것이 확인되면, 떠나고 싶지 않네요."

나는 딸레야르칸 여사와 이야기한 뒤 도감都監에게 가서 경내의 어떤 방 열쇠를 좀 달라고 요청하면서 그에게 말했다. "이번에는 오래 머무를 겁니다. 그래서 저 나름대로 준비를 하겠습니다. 저는 머무를 수 있을 때까지 아스라맘에 머무르고 싶을 뿐입니다."

답변으로 그는 한 시자를 불러서 말했다. "그에게 요기 라마이아의 방 열쇠를 드리게. 거기 2, 3일만 머무른 뒤 나름의 준비를 하실 테니."

일반적으로 그들은 나에게 약 2주일간 머무르는 것을 허락해 주곤 했다. 나는 왜 도감이 내가 2, 3일만 머무를 거라고 하는지 의아했다. 그러나 이어진 사건들로 미루어, 내가 오래 머무를 수 있게 사이에드 박사의 바깥채들 중 하나를 수리하게 한 것은 모두 **바가반**의 의지이자 작업이었음을 알 수 있었다. 다음날 아침에 하인 일을 하는 한 소년이 와서 나를 위해 일하겠다고 했고, 나는 그를 고용했다. 그리하여 24시간 내에 내가 아스라맘에 가까운 별도의 시설에 자리잡는 데 필요한 모든 것이 완비되었다. 사실 나는 23일에 이미 이 새로운 숙소에 입주했다.

24일 오전에는 구루스와미 무달리아르가 올 것으로 예상했다. 나는 22일에 **바가반**과 당신의 건강에 대해 이야기하면서 구루스와미 박사가 방문하기로 약속했다고 말씀드렸다. **바가반**은 내가 구루스와미 박사에게 불필요한 수고를 하게 했다고 질책하셨다. 변명하기 위해 내가 당신께 말씀드렸다. "**바가반**, 만일 그가 내켜하지 않는다면 그를 여기 데려올 의향은 없었습니다. 저는 그냥 그를 찾아갔고, 우리는 자연히 **바가반**과 **바가반**의 건강에 대한 이야기를 하기 시작했습니다. 그런데 그가 이미 **바가반**의 건강에 대한 최신정보를 잘 받아 보고 있더군요. 그때 그가 지금까지 써본 치료에 대해 다소 의문을 표하기에, 저를 위해서 그에게 **바가반**을 찾아와 뵙지 않겠느냐고 한 것입니다. 그는 다음 일요일에 오겠다고 약속했고, 심지어 교통편도 자기 스스로 알아서 준비하겠다고 했습니다. 지금도 저는 그가 실제로 올지 안 올지 모릅니다."

그리고 나자 **바가반**은 내가 부적절한 어떤 일도 하지 않았다는 데 만족하셨다. 24일 정오까지 구루스와미 박사는 나타나지 않았다. 그가 나에게 오전에 오겠다고 말했기 때문에 나는 그가 오지 않는다고 결론짓고, P. 소마순다라라잔 씨와 함께 그의 차를 타고 스토브 같은 몇 가지 물건을 더 가져오기 위해 마드라스 외곽의 땀바람(Tambaram)으로 돌아갔다. 그런 것들이 있어야 띠루반나말라이에서 생활이 더 편안할 터였다. 나는 26일에 띠루반나말라이로 돌아왔고, 바가반의 대삼매 때까지 계속 머물렀다. 바가반은 당신이 회복되지 않으리라는 것을 알고 계셨음이 분명하지만, 나에 대한 큰 은총에서 내가 당신의 마지막 시절에 당신과 함께하도록 해 주셨고, 내가 띠루반나말라이에 편안히 머무를 수 있게 모든 준비를 해 주신 거였다.

내가 26일에 돌아오자 바가반은 구루스와미 박사가 실은 약속한 대로 24일에 왔는데, 내가 마드라스로 떠난 뒤인 오후에 왔다고 말씀하셨다. 바가반이 덧붙이셨다. "그는 여기 아스라맘에서 어떤 음식도 들지 않았지요."

나는 구루스와미 박사에게 편지를 써서 방문해 준 데 대해 감사하면서, 그가 아스라맘에서 아무것도 먹지 않고 귀로에 오른 것에 대해 바가반이 걱정하셨다는 것을 전했다.

바가반의 병환은 날로 악화되었다. 당신은 처음부터 통증을 느끼셨고 말기 무렵에는 그 통증이 극심했던 것이 분명하다. 그러나 당신은 마치 아무것도 아닌 것처럼 그 통증을 감내하셨다. 마치 그 팔은 당신의 일부가 아니고, 그 팔에 일어나는 일은 당신에게 아무 중요성도 없는 것 같았다. 당신을 정기적으로 보살피던 의사들과 이따금 당신을 방문한 의사들은 그런 경우에 불가피한 그 끔찍한 고통을 겪으면서 바가반이 보여주는 영웅적이면서도 쾌활하시기까지 한 방식에 너무 놀랐다.

이 병을 겪으시는 동안 많은 헌신자들이 바가반께 구두로나 편지로, 당신의 무수한 제자들의 이익을 위해서 당신 자신을 치유하시고 몇 해를 더 머물러 주시라고 간청하곤 했다. 한번은 우리의 무루가나르가 타밀어로 같은 취지의 시를 짓기도 했다. 내가 그것을 하루 이틀 지난 뒤에 낭독할 때, 나도 가슴이 미어져 바가반께 이런 호소를 드렸다.

"지고하신 분의 궁정 시인(무루가나르)이, '우리 식구들의 보호를 온전히 다 해내시기 전에 바가반께서 저희를 버리고 떠나려고 생각하시는 것이 온당한 일입니까, 자비로운 일입니까'라고 앞서 청원 드린 바 있습니다. '의무를 우선시하지 않으면 제왕도 실패한다'고 했습니다.

더욱이 저같이 보잘것없는 사람은 다른 말씀을 드릴 것이 하나 있습니다. 바가반을 어머니이자 아버지이며, 피난처이자 신이자 모든 것 자체라고 믿고 귀의하여 들어와 있는 저 같은 자식들인, 이 헌신자들의 무리가 얼마나 많습니까? 그들이 가진 근기가 이 정도일 뿐이라고 (낮잡아) 생각하시지 않고, 그들이 하는 갖가지 결함들을 그냥 그런 것으로 치부하시지 않고, '아이고(Ayyo)! 딱하게도 아이가 울고 있구나'라면서 자비심에 뭉클해하시고, 은총이 샘솟게 하시고, 두려움을 없애주시고, 보호를 베풀어 오신 바가반을 떠나서 그들이 과연 살아갈 수 있겠습니까? 바가반 계신 곳에서 그들이 경험하고 있는 온갖 사랑이며, 친절함이며, 보살핌을 과연 잊을 수 있겠습니까? 바가반의 몸은 헌신자들에게만큼은 그들 자신의 것이기도 하기에, 바가반께서는 저희들을 위해서 그것을 보존해 주셔야 합니다. '얼굴에 흉터나 오점이 있으면 세인들의 눈에 띄지 않겠습니까? 그것은 분명합니다.'라고 예전의 어느 헌신가가 노래하고 있습니다. 저희 모두의 얼굴에 나타나 있는 괴로움, 의기소침, 슬픔을 바가반께서 차마 두고 보시겠습니까? 차마 두고 보지 못하십니다! 따라서 확실히 바가반께서는 저희들을 위해 당신의 몸을 보존해 주실 거라고 믿으면서 저희는 바가반의 발아래 엎드려 있습니다."[2]

무루가나르는 나중에—내 기억이 맞는다면—11일 동안 매일 바가반께 호소를 계속했고, 그 11연의 시는 아스라맘에 보관되어 있다.

그러나 바가반의 태도는 늘 똑같았는데, 우리가 몸에 과도한 중요성을

---

[2] *T.* 저자의 이 호소문은 타밀어로 나와 있고 그 대략적 요지가 영문으로 덧붙여져 있지만, 여기서는 타밀어 원문을 모두 번역하면서 그 요지는 생략했다.

부여해서는 안 된다는 것이었다. 이 마지막 병환 중 **바가반**은 이따금 이렇게 말씀하시곤 했다. "그들은 제가 떠난다고 말하지만, 어디로 가겠습니까?"

한때 모든 희망이 사라진 것처럼 보였던 병으로 죽을 뻔했던 목숨을 **바가반**이 건져주셨던 자가디사 사스뜨리아르는 1952년 1월 13일에 마드라스의 '라마나 헌신자회(Ramana Bhakta Sabha)' 모임에서 이렇게 말했다. "저는 **바가반**의 상태가 위중하다는 말을 듣고 당신이 돌아가시기 며칠 전에 당신께 가서 이렇게 간청했습니다. '당신께서는 저를 죽음의 문턱에서 끄집어내어 저에게 새로운 생명을 주셨습니다. 당신께서 그럴 뜻만 내신다면 저희 모두의 이익을 위해 좀 더 사실 수도 있습니다.' **바가반**은 이렇게 대답하셨지요. '나한테 그 말을 하려고 그 멀리서 왔는가? 이 몸이란 우리의 큰 짐이라네. 누가 그것을 계속 붙들고 있고 싶어 한단 말인가?'"

우리의 **바가반**처럼 모든 **진인**들은 몸을 내버려야 할 하나의 짐으로만 여긴다.

바가반은 사스뜨리아르 씨와 이 대화를 하시기 오래 전에 이 문제를 우리와 논의하셨다. 당신이 말씀하셨다. "여러분이 땔나무 판매장에 가서 땔나무 한 짐을 사고 짐꾼을 고용하여 그것을 집으로 가져간다고 합시다. 여러분이 짐꾼과 함께 걸어가는 동안, 그는 목적지에 가서 자신의 짐을 내려놓고 즐겁게 안도할 때를 몹시 고대할 것입니다. 마찬가지로 **진인**은 자신의 몸을 내려놓고 싶어 합니다." 나는 당신이 이 말씀과 같은 내용의 타밀 시구 하나를 인용하셨다고 믿는다. 그러나 이것을 설명하신 뒤에 당신이 이렇게 덧붙이셨다. "위의 설명은 그 나름대로 타당합니다. 그러나 엄밀히 말하면 그조차도 그다지 정확하지 않습니다. 참된 **진인**은 자신의 몸을 버리고 싶어 하지도 않습니다. 몸이 존재하든 존재하지 않든 그는 똑같이 무관심하고, 몸을 거의 의식하지 않습니다."

이것을 잘 보여주기 위해 당신은 산스크리트 시 하나를 인용하셨는데, 나중에 우리의 이익을 위해 그것을 타밀어로 옮기셨다.

> *thanunilai yilathān thaṅginu mezhinum*
> *vinaiyinā ladutthu vidutthidu mēnum*
> *punaithuki linaikkaḷ veṟikkurudanaippōṟ*
> *ṟanaiyuṇar siddhan ṟanuvuṇarkilanē.*
> 몸은 영원하지 않네. 그것이 존재하든 존재하지 않든
> 업(행위의 결과)이 (그에게) 들러붙든 사라지든
> 옷이 입혀져 입는지 벗겨졌는지 술 취한 사람이 모르듯이
> 나[진아]를 깨달은 **성취자**(Siddha)는 몸을 의식하지 못한다네.[3]

이것은 **바가반**의 유머러스하면서도 심오한 말씀 하나를 생각나게 한다. 당신은 늘 약 드시는 것을 꺼리셨다. 그러나 우리는 뭘 잘 모르면서 당신의 여러 가지 질환에 대해 이런저런 약을 드시라고 귀찮게 해드렸는데, 주로 관절염으로 보이는 무릎과 관절 질환 때문이었다. **바가반**은 말씀하셨다. "이 몸은 우리의 가장 큰 질병입니다. 질병이 유지되고 손상 없이 관리되도록 하기 위해 누가 약을 먹으려 하겠습니까?"

그럼에도 불구하고 우리가 끈덕지게 조르는 데 대한 반응으로, 당신은 우리가 강요하는 갖가지 약을 얼마간만 드신 다음 그만두곤 하셨다.

바가반은 수술을 두 번 더 받으셨는데, 수술을 할 때마다 그 종양은 더 독하게 재발했다. 이 오랜 고통의 기간 동안 내내 **바가반**이 신경 쓰신 단 한 가지가 있었다면, 그것은 아쉬람 당국이 당신의 건강을 보살핀다는 이유로 당신을 걱정하는 헌신자들이 매일 아침저녁으로 당신을 친견하는 것을 막아서는 안 된다는 것이었다.

당신의 오랜 투병 중에는 나도 자연히 예전처럼 당신과 친밀한 대화와 밀접한 교류를 일절 할 수 없었지만, 마지막 날까지 당신은 최소한

---

3) *T.* 이 시의 번역은 『나날』에서도 언급되었다. 130쪽과 145쪽 참조.

하루에 두 번 나에게 눈길을 주셨고, 다른 모든 헌신자들도 그러했던 것처럼 나에게는 그것으로 충분했다.

다음 사건은 **바가반**이 극히 위험한 상태에 계실 때조차도 모두를 배려하고 계셨음을 잘 보여주는 작은 예이다. 마지막 수술 약 1주일 전에, 여러 명의 의사들이 당신을 검진하여 수술이 필요한지 수술하지 않아도 될지 판단하기 위해 마드라스에서 와 있었다. 구루스와미 박사도 그 중 한 사람이었다. 나는 어찌 되었든 또 한 번의 수술 없이 그가 약만으로 **바가반**을 구할 수 있기를 여전히 바라고 있었다. 많은 의사들이 있었고 —열다섯 명 이상이었다고 해야겠지만—그들 대부분은 **바가반**의 헌신자들이었다. 그들이 신회당에 계신 **바가반**을 검진하기 위해 그곳으로 들어갔다. 그 의사들 외에는 거의 누구도 안에 들어가는 것이 허락되지 않았기에, 나도 바깥에 있었다. 내가 거기 없는 것을 보신 **바가반**이 물으셨다. "데바라자 무달리아르는 어디 있나?"

그러자 도감이 사람을 보내 나를 찾았고, 입구에서 나를 만나자 의사들이 **바가반**을 검진하고 있을 때 안에 있고 싶으냐고 물었다. 나는 "아니요"라고 하고 들어가지 않았다.

바가반은 내가 원래 구루스와미 박사를 데려오려고 어떤 조치를 취했으니, 그가 당신을 검진할 때 나를 배제하면 안 된다고 느끼신 듯했다. **바가반**의 헌신자들은 누구나 그런 사소한 일들에서도 당신이 얼마나 배려심이 있고, 당신의 마지막 날들에서조차도 어떻게 그들 중 누구도 —아무리 그럴 정도가 안 되는 사람일지라도—결코 잊지 않으시는지 알고 있었다. 어쩌면 그 헌신자가 약하고 무력한 사람일수록 그에 대한 **바가반**의 관심과 배려는 더 컸을 것이다.

전문가들은 협의한 끝에 수술이 한 번 더 필요하다고 결정했고, 그 수술은 1949년 12월 19일에 이루어졌다. 그 상처가 아물기도 전에 당신의 겨드랑이 밑에서 새로운 종양 하나가 이전에 수술한 것보다 더 빨리 더

독하게 자라났다. 그 병은 급속히 진행되었고, 바가반은 나날이 약해지고 계셨다. 2월경부터는 몇 주는 아니라 해도 두세 달 안에 끝이 올 수밖에 없다고 느껴지게 되었다. 그래도 우리들 중 어떤 사람들은—나도 분명히 그 중의 한 사람이었지만—여전히 어떤 기적으로 바가반이 그래도 살아나실 수 있기를 바랐다. 그러나 당신의 지독한 병환의 자연적 과정을 변화시킬 어떤 일도 일어나지 않았다. 4월에는 그 종양이 아주 커졌고, 의사는 우리에게 그 통증이 끔찍할 거라고 말했지만, 바가반은 그런 어떤 내색도 하지 않으셨다.

  4월 13일부터는 당신의 상태가 위중해 보였다. 그럼에도 당신은 14일에 헌신자들의 군중이 당신을 친견하는 것을 막으면 안 된다고 고집하셨다. 그래서 14일 오전에 우리는 모두 줄을 지어 당신이 누워 계신 그 작은 방의 열려 있는 문간을 지나가면서 친견을 했고, 다시 저녁 6시 30분경에 그렇게 했다. 당신은 1950년 4월 14일 오후 8시 47분에 **대삼매**(*Maha Samadhi*)를 성취하셨다. 바로 그 순간, 남서쪽 하늘에 유성 같은 하나의 섬광이 나타나서 북동쪽의 **아루나찰라 산** 쪽으로 이동해 가더니 산봉우리 뒤쪽으로 사라졌다. 바가반이었던 그 빛은 그렇게 성산 아루나찰라라는 빛의 기둥 속에 합일되었다.

용어 해설

Abhaya	무외無畏. 두려움이 없음. 피난처를 구하는 사람을 가호함.
Abheda	무차별無差別. 다르지 않음.
Abheda buddhi	무차별 관념. 차별상의 관념에서 벗어난 개념.
Abhishekam	관수식灌水式. 물, 우유, 응유 등을 신상神像에 부어 목욕시키는 성스러운 의식.
Abhyasa	공부. 수행.
Abhavam	없음. 부존재.
Adhama	아다마. 하급인. 보통의 인간들 중 근기가 낮은 자.
Adi	시작. 태초.
Advaita	아드바이타. 비이원성. 타자他者가 없음.
Advaitic	비이원적인.
Advaitin	비이원론자.
Aham	나. 에고.
Ahamkara	에고 의식(ego-sense).
Ahamvritti	아상我相. '나'라는 생각.
Ajnana	무지.
Akasa	공간. 허공. 하늘. 브라만.
Ananda	지복至福.
Ananya bhakti	일념 헌신.
Angushtha-pramana	엄지손가락만한 크기.
Anta	끝.
Antaryami	내부주재자. 모든 존재들 안에 내재하는 신.
Anugraha	축복. 은총.
Anupallavi	노래의 소후렴구.
Apachara	신성 모독.
Arati	아라띠. 신상神像 앞에서 불꽃을 흔드는 것.
Archana	아르짜나. 신상에 꽃을 바치는 것.
Arupa manas	형상 곧 개념이 없는 마음.
Asariri	몸이 없음. 하늘에서 들려오는 소리.
Asat	비존재.

용어 해설 **583**

Ashta Dik Palakas	여덟 방위의 수호신들.
Ashta lingam	여덟 링감.
Ashta Vasus	여덟 명의 천신天神.
Asti	있다. 존재하다. 존재.
Asuric	악마적인.
Atma	아뜨마. 진아. 자아.
Atma-sakshatkaram	진아의 직접지각. 곧, 진아 깨달음.
Avadhuta	자신의 의복을 포함한 일체를 포기한 고행자. 두타 행자.
Avastha	상태. 특히 생시나 꿈 혹은 잠의 상태.
Avatar	화신化神. 신이 세간에 인간의 형상으로 화현한 것.
Avidya	무지.
Aviyal	아비얄. 몇 가지 야채를 사용하는 남인도 음식.
Avyabicharini bhakti	대상이 변하지 않는 헌신.
Bhagavat-Bhakta	바가반[비슈누/크리슈나]에게 헌신하는 사람.
Bhajan	바잔. 헌신자들이 모여 헌가獻歌를 부르는 것. 또는 그 모임.
Bhakti	인격신에 대한 헌신.
Bhakti marga	헌신의 길.
Bhakti rasa	헌신의 기쁨.
Bhati	빛나다. 드러나다. 알다. 의식.
Bhava	감정. 숭배의 대상에 대해서 갖는 마음가짐.
Bhavana	마음가짐. 태도, 즉 신에 대해서 갖는 내심의 태도.
Bheda bhava	분리감. (신과) 자신이 별개라는 느낌.
Bhiksha	탁발자에게 올리는 공양. 특히 대중공양大衆供養(스승, 승려들 또는 아쉬람 상주자들에게 헌신자가 베푸는 음식 공양).
Bhoga Kshetra	향유의 장소. 발현업에 따라 향유하는 즐거움을 경험하는 곳.
Bhu	비야흐리띠(vyahriti)라고 하는 신성한 상징적 음절의 하나.
Bhuvar	비야흐리띠라고 하는 신성한 상징적 음절의 하나.
Bindu	점. 요가에서는 '옴'자 위의 점.
Brahmacharya	인생의 네 단계 중 첫째 단계. 학생기.
Brahmajnana	브라만 깨달음.
Brahmakara vritti	브라만 형상의 상相.
Buddhi	지성.
Chaitanya	의식. 지각력.
Chakora	짜꼬라 새. 빗물만 먹는다는 신비의 새.
Chakra	차크라. 몸 안의 요가적 중심.
Chalana	움직임. 요동.

Charanam	노래의 본문.
Charya	정규적인 의식의 거행.
Chattram	짜뜨람. 순례자 숙소. 순례자와 여행자들의 무료 숙소로, 때로는 음식도 제공한다.
Chembu	놋쇠나 구리로 만든 작고 둥근 물항아리.
Chidabhasa	반사된 의식. 개아.
Chidakasa	심장공간. 심장 속의 허공. 브라만.
Chinmudra	찐무드라. 깨달음을 나타내는 수인手印.
Chiranjivi	찌란지비. 영원히 사는 사람.
Chit	의식意識.
Chit-Jada granthi	의식-몸 매듭. 진아와 몸 사이의 매듭.
Chitta suddhi	마음의 순수성. 순수한 마음.
Daharakasa	극미한 공간. 심장 안에서 깨달아지는 진아에 대한 한 용어.
Daivic	신적인. 신의.
Darshan	친견親見. 성인이나 신상을 보는 것.
Dasara	우주의 어머니(여신)을 숭배하는 열흘간의 축제.
Deham	몸. 육신.
Dehatma buddhi	'몸이 나다'라는 관념.
Deva	천신天神.
Dhoti	도띠. 인도 남자들이 허리에 치마처럼 두르는 긴 천.
Dhyana	명상. 내관內觀.
Diksha/deeksha	스승이 한 제자를 공식적으로 입문시키는 것. 전수傳授.
Dosai	도사이. 도사. 쌀과 검정콩으로 만드는 인도식 부침개.
Drishiti srishti	견현見現. 지각[見]이 있고 나서 창조계[現]가 따르는 것.
Dvaita	이원성.
Dvaitic	이원성에 속하는. 이원적인.
Dvaitin	이원론자.
Ekachintana	일념.
Ekagra bhakti	일념 헌신.
Ganjira	작은 북처럼 생긴 악기의 하나.
Gayatri	가야뜨리. 유명한 베다의 진언.
Giri pradakshina	산 오른돌이. 아루나찰라 산을 오른쪽에 두고 산을 도는 것.
Gokulashtami	고꿀라쉬따미. 스리 크리슈나가 태어난 날.
Gos(h)ala	우사牛舍. 소들을 키우는 공간.
Gottuvadyam	인도 전통 현악기의 하나.
Grihapravesham	집들이.

Grihasta	재가자. 두 번째 인생단계에 있는 사람.
Guna	구나. 성질. 양상.
Guru stuti	구루 찬가. 스승에 대한 찬가.
Harikatha	하리까타. 중간 중간에 헌가를 부르는 영적인 담화. 법회.
Hasta diksha	스승이 제자의 머리에 손을 얹는 전수 방식.
Hastamalaka(m)	손 안의 아말라까(*amalaka*) 열매.
Hatha yoga	하타 요가. 어려운 신체 자세들과 관계되는 요가의 하나.
Hiranyagarbha	히라냐가르바. '황금 태아' 또는 '황금알'. 우주가 창조되기 전, 우주의 모든 요소를 잠재적으로 내포한 원초적 상태.
Homa	신성한 불 속에서 올리는 희생 의식.
Idam	이것. 베다에서는 보통 이 세상(현상계)을 가리킴.
Ishta devata	애호신愛好神. 자기가 즐겨 숭배하거나 명상하는 신.
Isvara	힌두교 최고의 인격신. 하느님. 시바를 뜻한다.
Isvara maya	신이 만들어낸 환幻.
Isvaravadi	인격신의 원리를 설하는 사람.
Jada	지각력이 없는 것. 육신.
Jagrat	생시(waking state).
Japa	염송念誦. 신성한 단어나 음절 혹은 신의 이름을 계속 염송하는 것.
Jata	헝클어진 머리.
Jayanti	자얀띠. 신이나 성인의 탄신일.
Jibba	칼라나 소매 없이 헐렁한 긴 셔츠.
Jiva	개아個我. 개인.
Jivanmukta	살아 있는 동안에 해탈한 자. 생전해탈자.
Jivatman	개인아個人我. 개인적 자아.
Jnana	(참된) 지知. 진지眞知. 지혜. 깨달음.
Jnanottara Bhakti	지知에 뒤따르는 헌신.
Jutka	조랑말이 끄는 이륜마차.
Jyoti	광휘光輝. 빛.
Jyoti maya	광휘로 가득 찬.
Kainkaryam	신, 스승 등에게 하는 봉사.
Kalakshepam	깔락셰빰. 간간이 노래가 섞이는 종교적 담화. 법문회.
Kali yuga	깔리유가. 네 유가(*yuga*-우주의 장구한 기간) 중 마지막 유가.
Kamandala(m)	고행자들이 쓰는 물주전자. 보통 큰 코코넛 껍질로 만든다.
Kanji	죽.
Kashaya	습염習染. 과거에 감각대상들을 경험하고 마음에 남은 미세한

	집착적 잔재. 오염. 불순함. [268]
Kattalai	헌신자가 사원에 정기적으로 바치는 공양물.
Kayakalpa	장수하기 위한 약제.
Kirtan	헌가獻歌. 찬가.
Koham	'나는 누구인가?'
Kripa	자비慈悲.
Kripa drishti	자비견慈悲見. 자비나 은총의 눈길.
Kriya	행위.
Kshetra	들판. 장소. 육신.
Kshira sagara	비슈누가 천 개의 두건을 가진 뱀 위에 앉아 누워 있는 바다.
Kummi	일종의 시골 춤이 수반되는 노래.
Kumkum(am)	보통 여자들이 이마에 바르는 주사朱砂(붉은색 가루).
Kundalini	배꼽 근처에 있는 세 바퀴 반 똬리를 튼 형태의 신비한 힘. 뱀의 힘이라는 요가적 원리. **원초적 마야.**
Kuvalaya	연꽃.
Laya	심잠心潛(마음이 일시적으로 가라앉은 상태). 라야. 해체. 흡수.
Lila	유희.
Lingam	상징. 시바의 상징물.
Lingamaya	링가로 가득 찬.
Madhu	꿀. 쾌락.
Madhu Vidya	어떤 밀교적 행법의 이름.
Madhwada	세상에서 좋고 나쁜 일들을 향유하는 자. 개아.
Madhyama	중간.
Maha Prana	중요한 생기生氣. '큰 생기'.
Manana	성찰省察. 들은 가르침을 살펴 아는 것.
Manas	마음.
Manasa japam	내심염송內心念誦.
Mangalam	상서로움. 기원문.
Manigar	어느 기관의 책임자.
Mano nasa	심멸心滅. 마음이 완전히 죽어 버리는 것.
Mantapam	만따빰. 돋운 석조 대臺 위에 기둥들로 장식적인 지붕을 받친 건물.
Manthi	다 큰 수컷 원숭이.
Mantra	만트라. 진언眞言.
Mantra japam	만트라 염송.
Mantramaya	만트라로 가득 찬.

Marundu	약제.
Mattu Pongal day	4일간에 걸친 남인도 뽕갈 축제 기간 중 3일째. 소를 섬기는 날.
Mauna/mowna	묵언默言. 수행자가 말을 하지 않고 지내는 것.
Mayavadi	마야의 원리를 설하는 사람. 마야론자.
Megha	구름.
Megha mandala	구름층.
Mithya	실재하지 않는. 거짓인.
Moham	미혹. 망상.
Moharrum	무슬림들의 설날.
Moksha	해탈.
Mridangam	두 손으로 치는 작은 북. 남인도 음악에서 사용된다.
Mudra	수인手印. 종교적 상징을 나타내는 손 모양.
Mukta	해탈자.
Mukti	해탈.
Muladhara	물라다라. 가장 낮은 위치의 요가적 중심 곧 차크라.
Mumukshu	해탈열망자.
Nada	소리. 요가에서 소리는 '옴(OM)'으로 대표된다.
Nadi	1) 강. 2) 영맥靈脈. 요가적 신경.
Nadi horoscope	점성학의 한 체계인 나디 점성학의 천궁도.
Naham	'나는 몸이 아니다.'
Naivedya(m)	예배할 때 신에게 바치는 음식물. 공양음식.
Nakshatra	별. 별자리. 인도 천문학의 '27수宿' 중 하나.
Nama	이름.
Nama smarana	명호염송. 신의 이름을 염하는 것.
Navami	음력으로 아흐레.
Nididhyasana	일여내관一如內觀. 끊어짐 없는 내관.
Nirvikalpa samadhi	무상삼매無相三昧. 개아와 **브라만** 간의 모든 차별상이 사라지는 삼매.
Nishkama karma	이기적인 동기 없이 하는 행위.
Nitya karma	의무적으로 준수하는 일상 의식儀式.
Niyati	법칙. 원칙. 확립된 질서.
Om(kar)	브라만을 나타내는 신성한 음절.
Padaiveedu	천신과 악마들이 싸운 곳 위에 지어진 사원.
Padmasanam	연화좌蓮華坐. 결가부좌.
Pakva	근기根機. 적합한. 성숙한.

Pallavi	후렴.
Paramatma(n)	지고아至高我. 빠라마뜨만.
Parayana	빠라야나. 베다 찬송.
Pathasala	학당. 특히 아이들이 베다 찬송법을 배우는 곳.
Pipal	인도보리수 나무(*ficus religiosa*).
Poli	밀가루를 기(ghee)에 튀겨 만드는 북인도 음식.
Pongal	뽕갈. 쌀, 콩, 견과, 기이 등으로 만드는 남인도 음식.
Pongal Prasadam	신 앞에 공양한 뽕갈.
Pooran poli	북인도의 달콤한 음식.
Pradakshina	오른돌이. 성물聖物이나 성자를 오른쪽으로 도는 것.
Prakara	사원 내의 사당을 둘러싼 포장된 마당.
Prakriti	쁘라끄리띠. 우주의 원질原質. (물질계로서의) 자연. 사뜨와·라자스·따마스의 세 가지 성질(*gunas*)의 복합체.
Prana	쁘라나. 생기. 생명력. 숨.
Pranayama	조식調息. 호흡의 조절 또는 제어.
Prarabdha	발현업發現業. 금생에 그 결과가 나타나는 업業.
Prasad(am)	쁘라사드. 신이나 스승에게 공양한 뒤 헌신자들에게 나눠주는 음식, 비부띠 등.
Pratyaksha	쁘라띠야끄샤. 직접지각.
Pravritti	활동.
Prayaschittam	참회.
Priya	지복.
Puja	예공禮供. 신이나 스승의 상像 앞에서 올리는 예배 의식.
Punarvasu	뿌나르바수. 인도천문학에서 쌍둥이자리의 두 큰 별. 바가반의 '탄생별'이다(즉, 바가반은 달이 이 별들을 지나갈 때 태어났다).
Punya	공덕. 선행의 과보果報.
Puranas	뿌라나. 신화, 전설 등을 담고 있는 운문체 경전의 한 부류.
Purusha	인간. 진아.
Purushottama	최상의 인간. 신을 가리키는 말의 하나.
Ramamaya	라마로 가득 찬.
Sadhana	수행(spiritual practice).
Sadhu	고행자. 산야신.
Sadguru	참스승. 진아를 깨달은 스승.
Sadhaka	수행자. 영적인 길을 따르는 이.
Sahaja samadhi	본연삼매本然三昧. 본래적이고 부단히 이어지는 삼매.
Sahaja sthiti	본연의 상태.

Sahasrara	사하스라라. 천 개의 연꽃잎 모양인 머리 정수리의 차크라.
Sakshat(kara)	직접 지각.
Sakti	샥띠. 힘. 에너지.
Samadhana	정관靜觀. 삼매와 같다.
Samasanam	*Sama asraya* 참조.
Sama asraya(m)	비슈누교의 입문식.
Samkalpa	관념, 개념. 상상.
Samsara	생사윤회. 처자식 등의 세간연世間緣.
Samskara	상습常習. 다생에 축적된 마음의 인상 또는 습習.
Samudra	바다.
Sanchitakarma	누적업累積業. 전생에 축적되어 아직 발현되지 않은 업業.
Sandal	백단향. 여기서는 물기 있는 거친 돌에 백단목(sandalwood) 덩어리를 문질러 나오는 백단향액(sandal paste)을 말한다.
Sandhi	연결. 특히 음절과 단어들의 연결.
Sankalpa	의도나 의지가 내포된 생각. 불교에서 말하는 '사량思量'.
Sannyasa	출가수행. 네 번째 인생단계.
Sannyasi	출가수행자. 고행자. 네 번째 인생단계에 속하는 사람.
Santi/shanti	평안. 고요함.
Sariram	몸.
Sastra	경전. 학學.
Sat	존재.
Sat Karma	선업善業. 선한 행위 또는 공덕을 짓는 행위.
Sat sang	삿상. 깨달은 사람과 접촉하는 일.
Satakam	100연으로 된 시.
Satavadhana	백분심百分心. 동시에 여러 가지 일에 주의를 기울이는 것.
Satvic	사뜨와(satva-순수성)의 성질을 지닌. 몸에 좋은.
Satya yuga	네 유가(yuga) 중 첫 번째 유가.
Siddhi	싯디. 초능력. 초자연적인 성취.
Siva lingam	시바의 상징물.
Sivanamavali	시바의 이름을 염하는 것.
Sloka	산스크리트 시의 한 연.
Soham	'내가 그다'.
Sphurana	스푸라나. 광휘 또는 맥동. 출현. 드러남.
Sravana	청문聽聞. 신성한 진리를 듣는 것.
Srishti	창조. 창조계.
Srishti drishti	현견現見. 창조[現]가 먼저 있고 세계에 대한 지각[見]이 따름.

Sruti	'들은 것 혹은 드러난 것'. 경전 말씀. 보통 베다를 지칭한다.
Sthalapurana	성지聖地에 관한 전설담.
Sthapati	도편수. 사원 기타 성소 건축의 책임자.
Sthitaprajna	반야안주자般若安住者. 진아를 깨달아 지혜 안에 안정된 자.
Stotram	송찬頌讚. 찬가.
Suddha manas	청정심. 순수한 마음. 개념이 없는 마음.
Sukshma	미세한.
Sukshma sarira	미세신微細身. 육신 안에 들어 있는 미세한 몸.
Sushumna nadi	영맥의 하나.
Sushupti	꿈 없는 깊은 잠.
Sushupti ananda	깊은 잠 속에서 체험되는 지복.
Sutra	경經. 경구적인 짧은 구절.
Suvar	비야흐리띠라고 불리는 신성한 상징적 음절의 하나.
Svabhavasthiti	자성自性 상태. 본래적인 상태.
Svanubhava	자기 자신의 체험.
Svarga loka	천상계. 인격신의 세계.
Swarupa	본성. 본래면목. 진아.
Taila	약용 기름.
Tapal(s)	우편물.
Tapam	열熱.
Tapas/Tapasya	따빠스. 고행. 혹독한 영적인 수행.
Tapasvi	따빠스를 하는 사람. 고행자.
Tat	그것. 브라만.
Tattva	진리. 의미.
Thai	1월 중순에서 2월 중순에 해당하는 타밀력의 월 이름.
Thai poosam	타이 뿌삼. 타이(Thai) 월에 달이 뿌쉬야(Pushya) 별자리와 합솜을 이루는 날.
Thengalai	남파南派. 비슈누 숭배자들의 한 분파.
Thevaram	『떼바람』. 타밀 성자들인 냐나삼반다르, 아빠르, 순다라르의 신(시바)에 대한 찬가들 모음집(전 7권).
Tithi	음력 날짜.
Triputi	아는 자, 알려지는 것, 앎과 같은 3요소.
Tulsi	툴시. 신성한 풀의 하나.
Turiya	생시, 꿈, 잠의 세 가지 상태를 넘어선 네 번째 상태.
Turiya ananda	뚜리야의 상태에서 체험되는 지복. 브라만.
Turiyatita	뚜리야띠따. 뚜리야를 넘어선.

Upadesh/upadesa	영적인 가르침.
Upadhi	부가물.
Upadhi ananda	부가물에 의해 야기되는 지복.
Upasana	관상觀想. 어떤 신(deity), 단어, 혹은 '옴'과 같은 음질에 대한 명상.
Uppuma	우뿌마. 밀기울이나 쌀겨로 만드는 남인도의 음식.
Uttama	수승殊勝한. 최상의 것.
Vadai	검정콩가루 반죽을 기름에 튀겨 만드는 남인도 음식.
Vaikasi	5월 중순에서 6월 중순에 해당하는 타밀력의 월 이름.
Vairagya	무욕.
Varnasrama (dharma)	계급(castes)과 인생단계에 따른 질서. 각 계급과 인생단계에 수반되는 의무.
Vasana	원습原習. 잠재된 습習.
Vibhuti	비부띠. 힌두교도들이 이마나 몸에 바르는 성스러운 재.
Vichara	탐구. 자기탐구.
Vichara marga	탐구의 길.
Videha mukti	무신해탈無身解脫. 몸을 벗은 뒤의 해탈.
Vidya	영적이고 비밀스런 행법의 하나.
Vikalpa	의도 없이 마음 속에서 일어나는 생각들. 곧 상상, 기억, 공상 등. 불교에서 말하는 '분별分別'. sankalpa와 함께 '망념妄念'을 구성한다.
Vikshepa	앞뒤로 왔다 갔다 함. 요동.
Vimanam	비마나. 천상의 탈것. 또한 사원의 탑 꼭대기.
Viparita	반대되는.
Viparita buddhi	망념妄念. 그릇된 관념.
Visishtadvaita	수정된 형태의 비이원론. 한정비이원론.
Viyoga	분리.
Vrata	의식儀式.
Vritti	상相. 하나의 관념, 생각.
Yajna	희생 의식儀式.
Yama	금계禁戒. 제어.
Yama	죽음의 신. 염마閻魔.
Yathartham	진리. 있는 그대로의 것.
Yoga nidra	요가적 잠. 라야(*laya*)와 같다.
Yuga	유가. 장구한 시간으로 이루어지는 우주의 한 기간.

찾아보기

1. 바가반의 삶

바가반의 어린 시절(1879-1896)
급우의 공책에 글씨를 써줌 311
딘디걸의 요새에서 놀기 166
딘디걸의 친척집에서 잠이 듦 304
띠루쭐리 사원 성수지에서 목욕하기 261
마두라에서의 진아 체험 67
『뻬리야뿌라남』을 읽음 67, 399
손위 사촌을 축복함 386-7
손을 베인 일 50
숙부와 사진 찍기 182, 299
아버지가 위독하다는 소식에 집에 감 322
아버지에게 혼난 일 298
알라가르 사원에서 놀기 172-3
죽음의 체험 이후의 상태 13, 399

띠루반나말라이에서의 초기(1896-1922)
건포도 사건 355
구루무르땀에서의 삶 44-5, 103-4, 161, 181, 312, 315, 337
그릇 등 소유물을 갖게 된 경위 244
까두까이 사건 353-4
깐다스와미의 스깐다스라맘 창건 71, 86
깐다스와미와 '일곱 샘' 88-9
끼라이 빠띠의 음식 공양 154-5
노파의 꾸짖음 26, 510
누더기 수건과 샅가리개 169
단체사진과 아주 야윈 모습 181
달아나려고 시도함 393-4
당신을 동정한 소년들 25-6
대포의 잔해를 발견함 94
띠루반나말라이에 처음 온 날의 폭우 375

띠루반나말라이에서의 첫 식사 404
말벌에 쏘인 일 274-5
몽구스가 찾아옴 410
「문자혼인화만」을 지음 47, 84
반얀나무 사건 274-5
방문객을 오도하기 168-9, 570
뱀이 몸 위로 기어감 67, 563
불가촉천민 가족의 방문 310-1
빠짜이암만 사원 시절 169-70, 396-7
산 오른돌이를 함 45-6, 72, 133, 504-9
산 정상을 오르기 70
삿상에 관한 노래를 지은 경위 127, 382-3
손금보기를 거부함 185
숙부 넬리아빠 아이야르가 찾아옴 44-6
스와미에게 맞은 개 309
심장 박동이 멈춘 일 392
「11연시」와 「8연시」의 탄생 46-7, 284-5
알라마라뚜 산굴 153-4
어머니를 엄하게 대함 297
원숭이 '논디 빠이얀' 이야기 72-3, 270
원숭이 '모따이빠이얀' 이야기 209
음식을 탁발함 89, 301-2
이사니야 정사에서 경전을 설명함 45-6
전갈들이 몸 위로 기어감 395-6
전염병과 방역진의 헌가회 396-7
치타가 찾아옴 70, 556
치통과 이 뽑기 65-6
폭우와 개천의 형성 71, 564
하루에 한 끼를 드심 181, 301
한동안 벌거벗고 지냄 403-4
호랑이가 찾아옴 393

찾아보기 593

스리 라마나스라맘 시절(1922-1950)
「가르침의 핵심」을 지음 84
고모 미나끄쉬가 세상을 떠남 296-7
공책을 가져온 헌신자 353, 355-6, 562-3
길을 잃은 헌신자가 바가반을 만남 564
눈물이 고이고 목이 멤 93, 174, 176, 418, 483-5
다람쥐들 이야기 204-5, 336-7
"바가반은 도둑이시군요!" 27
"바가반은 세상에 안 계셔요" 206-7
바가반의 꿈과 환영들 15, 203, 397-8
바가반의 점토 모형 265-6
바가반의 제자들은 1등석 승객 258
발바닥의 붉은 반점 395
뱀에 물린 소년 384-5, 559
수브라마니야의 화신들에 대한 언급 166-7
스깐다스라맘 방문 32-5, 70-1
스와미 노릇 하기의 어려움 104

「실재사십송」이 지어진 경위 83-4, 284
아무것도 보지 않음 63, 532
아스라맘에서 뱀을 죽인 일을 탄식함 86
암소 락슈미의 묘비명 548-9
암소 락슈미의 비범함 377
압바이의 시를 개작함 292-3
여행에 대한 무관심 63, 298, 330, 532
영화들을 관람하기 377-8, 417-8
오른돌이 헌신자를 바가반이 안내함 565-6
(입산) 50주년 기념일[기념식] 372-5
유럽 여성이 다리를 뻗고 앉음 402-3, 551
인내심 있는 개 445
잉크를 가져온 헌신자 563
자식 잃은 어버이를 위로함 32-3
정치적 견해를 말하지 않음 170-1, 528-9
죽의 효능과 소찬의 즐거움을 말함 324
채드윅이 부채질을 함 18
채소 줄기로 우뿌마 만들기 325

2. 바가반의 가르침, 용어, 어구

가야뜨리 30, 344
감정(bhava) 176, 223, 255, 399, 482
개아個我(jiva) 16, 40, 151, 236, 331, 429
개인성 151, 191, 211, 318
개인아(jivatman) 281, 327, 429
거친 몸 →조대신
견현론見現論 221, 294
'고요히 있으라' 134, 494 →'숨마 이루'
공空 189, 344-6; -의 주시자 345
관념상觀念相 115-6
구나(gunas) 207
구나띠따 276
구루 박띠 168
구원 224, 257, 296, 432-3, 536
그것 19, 31, 53, 123, 131, 225, 230, 238, 279, 330, 346, 391
"그것이 나다" 146 →"내가 그것이다"

"그대가 그것이다" 80
기도 44, 117, 209, 332-3
깔락셰빰 93, 250-1
깔리유가 224
깨달음 33, 49, 81-3, 105, 113, 115, 131-2, 229, 278, 289, 305, 316, 377, 391, 413, 469, 558, 568 →진아 깨달음
깨어 있는 잠 60 →생시 잠
꼬함(koham) 110, 146
꾼달리니 30, 55, 211
꿈 14-5, 28-9, 116, 119, 121-2, 202-3
끄리야/짜리야 36

'나' (진아로서의) 16, 135, 141, 146-7, 231, 242, 244, 287, 316, 333, 344, 346, 368, 401, 409, 423; (에고로서의) 19-20, 31, 61, 80, 105-6, 110, 115, 146,

197, 232, 241, 272, 282, 294, 317, 329, 342-3, 345, 348, 368, 410, 423-4, 546-7; (신의 이름인) 331; -라는 느낌 255, 302, 305, 430; -라는 물건 20; -라는 생각 16, 76, 105, 282, 294, 334, 342, 400, 410, 423; -와 '내 것' 19, 69, 146-7, 329, 332; -(라는 생각)의 근원 105, 207-8, 232-3, 334; -의 성품 346; 늘 있는[오고 가지 않는] -, 368, 423; 진정한 -, 110, 423; 작은 -, 423; 큰 -, 423

'나, 나' 16, 282, 331, 424, 491; -를 염하기 282

"나는 누구인가?" 30, 43-4, 61, 75, 80, 105, 110-1, 115, 146, 280, 282, 291, 300, 334, 343, 399-401, 412, 422-3

"나는 몸이다"라는 느낌 306

"나는 브라만이다" 43, 231, 282

"나는 어디서 오는가?" 75

"나는 이것이나 저것이다" 231

나디 30

나디 천궁도 184

나찌께따 불 234

'남 데브에 따른 신의 이름의 철학' 80

남파/북파 328

"내가 그것이다" 146

"내가 있다" 56, 69, 231-2, 342, 429, 547

'내가 행위자다'라는 느낌[관념] 15, 33, 116, 122, 321, 547

내부주재자 59, 300

냐나(jnana) 55 →지知

네 번째 상태 15, 120, 135, 533 →뚜리야

누적업累積業 320

다르마 420; 계급과 인생단계 -, 528

단일성 112, 221-2, 291 →하나됨

더 높은 힘 391

덧씌움 129

'데함·나함·꼬함·소함' 146

따빠스 88-9, 94, 205, 568

뚜리야 15, 60, 119-20, 172, 533; - 상태 119-20, 426; -의 지복, 172

뚜리야띠따 120

라마마야 120

라마의 의미 84-5

라자 요가 277

링가마야/죠띠마야 176

링감 82, 94, 137, 176, 341, 555 →시바 링감

마다바 학파 151

마두론論 236

마뚜 뽕갈 141, 152

마야 106, 121-2, 127, 135, 164, 242, 299-300, 336

마야론자 242

마음 12, 16, 20, 43-4, 53-7, 63, 75-6, 101, 107, 110, 130, 134-6, 144, 160, 221-2, 238-9, 279-80, 307, 326-7, 331, 341, 345, 369; 410; 432-3; -과 생기 100, 287; -과 진아 137; -을 진아에 고정하기 58; -을 일념으로 만들기 43, 100; -의 고요함 27, 54; -의 근원 54, 107, 432; -의 성품 107; -의 소멸 329; -의 일념집중 107, 279; -(의) 제어 100, 280, 547; -의 침묵 272; -의 평안 133, 273; -(의) 활동 268, 284; -의 힘 75, 239, 273; 마야인 -, 121; 순수한 -, 12, 54, 433; 에고인 -, 55, 101, 299; 형상 없는 -, 54

마하 브라나 172 →브라나

만트라 43, 69, 76, 80, 120, 341-2, 400, 424; - 염송 80, 197; 가장 큰 -, 331

만트라마야 177

망념 68, 77

명상 43, 48, 77, 85, 99, 113, 132, 134, 196, 216-7, 234, 279, 288, 311, 341, 344, 347, 408-9, 424

명상名相 244 →이름과 형상
명호名號기억 37, 80
몸-의식 306, 422-3
몸이 나라는 관념 47
무루가의 여섯 숙영지 174
무루헌신無漏獻身 222
무상삼매無相三昧 76-7, 171-2 →본연무상삼매; 합일무상삼매
무상지無上知 헌신; 무상헌신 지知 245
무신해탈 130, 231
무욕 364, 403, 413
무지 12, 68, 208, 230, 263, 287, 313-4, 343, 536; -인人 420-1
무차별 관념 112
무無탐구 136, 300
무한자 220
무한한 눈 245, 260, 405
무無형상 274-5
묵언 45, 314, 391, 569
물라다라 55, 211
미세신/미세한 몸 16, 300-1, 345, 359

바다 형상의 강 61, 241
바이꾼타 329
바잔(bhajan) 86, 189-90, 351, 373, 559, 561
박띠 55 →헌신; 구루 박띠
반사광/반사된 빛 12, 63 →진아의 반사광
반야안주자 83, 276
발현업 32, 62, 145, 277, 350, 421, 501, 526, 537-8, 548
백분심百分心 272, 284
베단타 11, 45-6, 220, 264-5, 336, 345, 379; - 학도 335
벰바 273
변상變相 346
'보는 자'·'보이는 것' 12-4, 32, 44, 130, 136, 221, 260, 313, 343, 408, 422
보편적 영혼 229

본다는 것은 있음이다 409, 421
본연(무상)삼매 76-7, 172, 212, 412, 531
본연상태 77, 212-3
부가물 125, 171, 225
분리 277, 429; -감 219; - 관념 423
분별(vikalpas) 172
불생론不生論 220-1
브라마짜리야 160
브라만 40, 106, 231-2, 242, 245, 250, 282, 295, 299, 313, 335, 380, 525, 531; -의 성품 63; -의 형상 77; - 지知 19; - 형상의 상相 61, 241, 426
브라맘 191-2
브후/브후바르/수바르 235
비슈누교 328-9
비非실재 43, 114, 132, 242, 335, 340, 379-80, 405
비아非我 43, 113, 123, 536
비이원론 17, 230, 242, 256, 295, 300, 329, 409
비이원론자 241, 380
비非진아 123, 331, 35-6, 341, 345, 349, 368-9, 409 →비아
비춤 327, 331, 343, 345-6, 391
비非타자/일념헌신 222
빈두(bindu) 301
빛과 소리 16, 262
빠띠·빠수·빠삼 241
빠라마뜨만 229
빠라브라만 327
빠발라꾼루 94, 569
뿌라나 93, 183, 224-5, 275, 471, 538, 548, 559
뿌루샤 171
뿌루쇼따마 18, 240
뿌르나(poorna) 219-20,
쁘라끄리띠 207, 467
쁘라나 30, 171 →생기
쁘라나바 138-9, 339

쁘라띠야끄샤 231, 392 →직접지각

사끄샤뜨/사끄샤뜨까람 392, 405
사뜨 67, 319, 340
사뜨 상가 469-72 →삿상
사뜨-찌뜨-아난다 68 →존재-의식-지복
사띠야 유가 224
사띠얌 153
사랑 55, 332, 348, 408
사르사파릴라 477
사마 아스라얌 328
사마사남 328-9
사하스라라 55, 316
산깔빠 160, 457
산디 390
삼매三昧 56, 61-2, 77, 86, 109, 153, 172, 195, 268, 304-5, 329, 346-7, 391 →무상삼매
3요소 230, 313, 343
삿상 127, 257, 307-8, 340, 382-3
상相 240 →마음의 상; 브라만 형상의 상
상습常習 20, 132, 432
상태(*avastha*) 48, 120, 426; 본래적(인) -, 48, 120, 172; 지고의 -, 134, 152; 진정한[참된] -, 15, 29, 62, 77, 115, 125, 119-20, 134; 초월적 -, 533 →본연상태; 네 번째 상태; 세 가지 상태
생각 11-2, 43, 57-9, 80, 101, 105, 120, 267-8, 282, 303, 332-4, 342, 347, 364, 400, 410, 423-4; -의 근원 282, 333, 410; -의 다발 342, 410; -의 지멸 75; -의 힘 332; 끊임없는 -, 144; 한 -, 43, 120, 144, 400, 424
생기/생명기운 16, 29-30, 100, 287, 338
생전해탈 130, 231
생전해탈자 15, 130, 215-6, 276-7, 429, 446
샥띠 30, 336, 359, 487 →힘
샨띠 197 →평안

선善 408
선업善業 432
선행善行 419, 433
성품 219, 239, 303, 344, 346, 409; 진정한[참된] -, 43, 85, 101, 107, 113-4, 116, 120, 132, 164, 198, 216-7, 239, 346, 424
세 가지 몸 16, 345
세 가지 상태 60, 119-20, 135-6, 345, 533
세간연世間緣 68, 131, 222
세계 20, 40, 44, 63, 77, 106, 123, 220-1, 241-2, 295, 299, 313, 316-7, 320, 335-6, 380; -의 실재성, 106
소함(*soham*) 110-1, 146
속박 62, 101, 131, 221, 236, 279, 369
수슘나 (나디) 30
수인手印 30
수행修行 20, 77, 101, 219, 231-2, 329, 349, 364, 369, 391, 401, 426
수행법 43, 48, 230, 334
수행자 62, 221, 268; -들의 네 가지 장애, 268 →지知 수행자
순복順服 52, 68, 110-1, 207, 241, 328, 332; 완전한 -, 126, 131, 207, 230, 232, 241, 257, 329, 508 →자기순복
순수성 음식[식품] 268, 347
'숨마 이루(*Summa Iru*)' 134
스리 차크라 173-4
스승 18-9, 27, 29, 31, 49, 57-8, 64-5, 69, 76, 83, 115, 11, 131, 161, 194, 214-6, 237, 249-50, 289, 345, 470, 541, 544; -의 은총 43, 222, 542 ; 신적인 -, 497; 참된 -, 237 →참스승
스와루빠 77, 413
스푸라나 16
습쯤 123, 135, 230, 346, 431, 445, 512 →원습, 상습
습염習染 268
시바 링감 82-3

찾아보기 597

신神 13, 27, 37, 39, 49, 59, 68-9, 79-80, 107, 117-8, 120, 122, 131, 162, 176, 207, 210, 216-8, 221-2, 230-3, 241-2, 257, 260, 262, 271, 281-2, 302-3, 328-9, 332-3, 352; -과 다르다는 느낌 422; --깨달음 402; --스승·진아는 동일하다 49, 131, 216; -의 법칙 107; -의 은총 14, 462, 483, 536; -의 이름 19, 69, 80, 331, 490, 534-5; -의 첫 번째 이름 69, 282; -의 형상 280; -의 힘 348, 559; - 헌신자 276

신력의 하강 191

신적인 자질/악마적 자질 343

실재 19, 40-1, 43, 56, 60, 67, 84, 111-5, 121, 130, 132, 135-6, 164, 202, 219, 228, 230-1, 241-2, 244, 249, 263, 268, 277, 283, 294, 313, 317, 319-20; 궁극적 -, 76, 348; 유일한[단 하나의] -, 32, 40, 112, 115, 135, 164, 214, 221, 241

심멸心滅(nasa) 288

심잠心潛(laya) 105, 144, 283, 342

심장 16, 45, 54-5, 60, 115, 117, 129, 146, 171, 176, 210, 228, 294, 316-7, 349, 358, 444; -에 집중하는 것 364; -의 연꽃 120; 진정한 -, 349

심장중심 267

심장허공 167

싯다 145, 275, 397, 509-10

싯다 뿌루샤 509

싯다파派 138, 191

싯디 160, 195, 335, 359, 395, 416, 435, 542, 569

아난다 67, 319 →지복

아다마/마디야마/웃따마 240

아드바이타 베단타 220 →비이원론

아뜨마/아뜨만 30, 229, 339-40, 348

아라띠/아르짜나 178

아라이야니 날루르 사원 177

아루나찰라(산) 92-3, 206, 305, 372, 390, 502, 509, 557, 567, 582

아바두따 65

아상我相 56, 122 →'나'라는 생각, 에고

아수까비 283

아스띠·바띠·쁘리야 244

아스트랄체 163

아함(aham) 31, 69, 104, 110, 244 →'나'

안나말라이 161, 204 →아루나찰라

안수전수按手傳授 188 →전수

안주安住 412 →진아안주

알라가르 사원 172, 174, 416

알와르(Alwars) 147, 251

애호신愛好神 144

야차夜叉 149-50

업業 29, 32, 107, 114-5, 196, 419-21

에고 18-20, 52-3, 55-8, 60-1, 63, 68, 76, 84, 101, 105, 110, 114, 129, 136, 207, 232, 236, 287, 299, 317, 320, 327-8, 329-30, 332, 348, 408, 429-30, 432-3; -를 죽이는 것 255, 328, 332; - 없는 상태 189; -의 소멸 230, 483; -의 죽음 111, 329, 332

에고 의식 302, 317, 547

엘루뚜·아사이·씨르·딸라이 외 273

여덟 명의 천신; 여덟 방위의 수호신/링감 94

염송念誦 45, 120, 197, 216-7, 234, 305, 311, 400, 424; 내심-, 311

오른돌이/산 오른돌이 45-6, 72, 133, 254-5, 502-8, 510, 566

옴(OM) 120, 250, 331, 339; - 소리 120, 339; - 소리 예공 120

완성된 존재 430, 435 →싯다

요가 55, 113, 271, 277, 429; - 잠 55

욕망 17, 101, 111, 151-2, 207, 250, 341, 468, 495, 501

우달 우르싸밤 179

우빠사나 405 →염송

우주의식 107
우주적 의지[자유의지] 117-8
우파니샤드 172, 212, 231, 236, 299, 335, 338
운명 117, 307-8, 332, 527
웃뜨라꼬사망가이 149-50
원습原習 110, 134, 160, 250, 307, 326
원인신原因身 345
유가 224-5
유랑 은자의 샘/일곱 샘 274
은견恩見 161
은총 18, 43-4, 128-9, 197, 203, 418, 482 →신/스승의 은총
의식 32, 101, 105-6, 135, 211, 496
의식-몸 매듭 30
의식허공 59, 167 →찌다까샤
이담(idam) 244
이름과 형상 106, 216-7, 299, 380
"이 모든 것이 브라만이다" 335, 380
이스와라 16, 131, 241-2, 278; -의 미세신 16, 300
이스와라마야 131
이원론 256, 409; -자 230
이원성 111, 268, 283, 329, 434, 558
인격신/비인격신 348
일념 43, 77, 100, 144, 288
일념심/일념집중 107, 279
일자一者 111, 274

자각 125, 135, 349; 애씀 없고 선택 없는 -, 133-4
자기 40, 122, 128, 203-4, 229, 231, 287, 346, 348, 380, 401-2, 405
자기분석 231-2
자기순복 117
자기체험 198
자기탐구 27, 43, 331-2, 334, 342-3
자성自性 상태 172
자유의지 114, 117, 119, 508, 527

작시법 272-3
잠 32, 60, 101, 112, 135, 204, 217, 267-8; - 없는 잠 60, 209; 생시 -, 60
전수傳授 41-2; 세 가지 -, 42, 544
절(namaskar) 222, 255
절대자 212-3, 222, 490, 537
점성학 126
접촉전수 42 →전수
정관靜觀 268
조대신粗大身/거친 몸 16, 345
조식調息 30, 54, 76, 99-100, 144, 279-80, 287
존재 135; 순수한 -, 114; 참된 -, 214; 현존하고 항존하는 -, 114
존재-의식-지복 268
존재-자각-지복 124
존재하는 것 14, 56, 60, 69, 114, 153, 224, 245, 432 →실재
죄 120, 216, 369-70
주님 128-9, 146-7, 317, 413, 431, 464, 517, 522, 553, 555 →하느님
주시자 302, 343, 345, 527
죽은 이들에 대한 연례 제사 419-20
죽음 217-8, 221, 239, 320, 338
중심 105, 211, 317, 342, 348-9 →차크라
지知 20, 48, 52, 69, 101, 113, 256, 343-4, 413, 483, 531; -의 길 48, 420, 531-2, 534; -의 어머니 52, 69; - 수행자 30, 55, 142, 319, 531; --허공 20
지知 스승 531, 535
지고아 105, 127, 129, 327, 429 →빠라마뜨만
지고자 24, 428
지복 41, 64, 101, 125, 146, 172, 211, 238-9, 268, 291, 364, 466; 조건적 -, 172; 진아의 -, 64, 172, 211, 466
지성(buddhi) 14, 63, 164, 281, 288
지안知眼 63
직접지각 405 →쁘라띠약샤

찾아보기 599

직접체험 270-1 →사끄샤뜨까라
진리 40, 81-3, 112-3, 119, 212, 221, 231, 260, 320, 336, 408, 431; 실재에 대한 -, 40; 자기 자신의 -, 229
진아 11-4, 16, 19, 28, 30-2, 37, 41, 43, 49, 52-4, 58-64, 67-9, 80, 84, 105-6, 113-7, 120, 123-4, 127-32, 135-7, 144-5, 147, 168, 203, 211-3, 215-6, 220, 230-2, 239, 254-5, 257, 260, 268, 271, 277-80, 287-9, 299-300, 303, 305-7, 313, 317, 320, 327, 330-2, 334-6, 340-2, 344, 346-9, 364, 380, 382, 400-1, 405, 408-10, 421-4, 524, 531-3; -에 대한 명상 255; -에 대한 탐구 41, 305; -의 힘 30, 51, 55, 67; 단 하나의 -, 14, 131, 230, 524
진아 깨달음 14, 77, 113, 136, 159-60, 171, 229-31, 278, 317, 331, 335, 342-3, 368-70, 377, 402, 490, 528, 553; -의 상태 230, 421
'진아가 되라' 421
진아안주 306, 318
진아지 203, 212
진아체험 413
진아탐구 305, 307 →자기탐구
진인眞人 15, 36, 48, 55, 57, 60, 62-3, 106, 110, 113, 130, 132, 137-8, 211, 213- 5, 231-2, 255, 277-8, 338, 343, 380, 382, 420-1, 426, 470, 483, 524-5, 528, 532-4, 569, 579
진정한[참된] 자아 369, 537 →진아
진지眞知 14, 18, 28-9, 47, 52, 111, 113, 121-2, 131-2, 191, 207-8, 219, 244, 278, 298, 326, 420, 433, 435, 512, 526, 568; -의 불꽃 68, 320
쨔바나쁘라쉬 446-7
찌다까샤 59
찌뜨 67, 319 →의식
찌란지비 191

차크라 55, 342
참스승 401, 552-3
참회 419
창조 127, 196-7, 300; -계 68, 107, 114, 127, 264, 295, 300-1
청문·성찰·일여내관 391
청정심 433
체험 313 →직접체험; 진아체험
체험지 553
침묵 40, 57-8, 60, 134-5, 164, 214, 272

탐구 30, 44, 52, 61, 75, 111-2, 115-6, 136, 234, 279, 291, 320, 334, 343, 412-3, 423, 531; -의 길 282, 343, 401 →자기탐구; 진아에 대한 탐구

평안 31, 164, 197, 250, 273, 284, 303
포기 307

하나됨 111-2
하느님 39, 40, 80, 85, 111, 122, 131, 175-6, 184, 196, 217-8, 227-8, 332, 408, 470, 492, 508, 516-7, 525
한정비이원론 17, 147, 409
합일무상삼매 413
해탈 17, 55, 79, 100-1, 113, 120, 131-2, 139, 151, 207, 217-8, 231, 240, 279, 435, 470, 536
해탈열망자 55, 221
해탈자 221 →생전해탈자
행복 64, 101, 291, 364, 369
행위 28, 119, 207-8, 236-7, 277-8, 321, 419, 501, 526; - 요기 232, 319 232
행위자 62, 278, 302, 401; -라는 관념[느낌] 37, 60, 116
헌가獻歌 93, 261, 329 →바잔
헌신 28, 48-9, 53, 67, 69, 77, 113, 131, 230, 232, 272, 483; -의 길 48, 52, 230, 232, 332 →비타자/일념헌신

헌신가 52, 55, 230, 232, 319, 483, 531
현견론現見論 221, 295
현재 114, 185, 197, 224, 304, 315, 319;
　-의 진리 60
호흡 제어 30, 144, 279, 287
호흡을 지켜보기 75-6

화신 59, 166, 183; -과 진인 382, 525
환幻 116, 295, 299, 300, 431 →마야
환영幻影 28, 86, 202-3, 342, 397, 563
히라냐가르바 300
힘 30, 37, 55, 67, 241, 278; 큰 -, 15; 지
　고한 -, 588 →더 높은 힘

3. 바가반의 저작과 바가반 관련 저작들

「가르침의 핵심」 84, 107, 141, 144, 271,
　318
「귀의처로 삼아 친교하는 이들」 514
『기타 요지』 128
『나는 누구인가?』 15, 109, 331, 334, 422
『니베다나』 388, 390
「다끄쉬나무르띠 송찬」 40, 45
「데비깔롯따람」 219
「띠루쭐리에서 나신 주님」 168
「라마나 고빨라[고빨란]」 102, 106, 108,
　142, 264-5
『라마나 기타』 29, 30, 144, 187, 276,
　294-5, 334, 352, 405
「라마나 다섯 찬가」 295, 374
「라마나 데바말라이」(무루가나르) 59
「라마나 데바말라이」(시바쁘라까삼) 515
『라마나 릴라』 160, 165-8, 311, 322
『라마나 마하르쉬』 442
『라마나 마하르쉬의 생애와 가르침』 243
「라마나 비자얌」 79, 339
「라마나 사드구루말라이」 515
『라마나 짜리따 아하발』 564
「라마나 친존예경」 323, 464, 514, 545
「라마나 8연시」 373, 385-6, 388
「라마나의 감로」 296, 298
『라마노빠키야남』 184
「마두라 11연시」 227-8
『마하르쉬의 복음』 528
『마하르쉬의 친존에서 얻은 가르침』 55

『마하요가』 48, 54, 75
「무뚜말라이」 373
「바가반 40송」 390
『바가반의 생애』(산스크리트어 판) 376
『바가반의 생애』(텔루구어 판) 410
「발르뚜」 513
『베단타 핵심』 125
「빈나빰」 515
「뻐꾸기 울음소리」 363, 365
「쁘라빠띠 8연시」 522
「사라나가띠」 245-6, 395
『스리 라마나, 아루나기리의 진인』 41, 494
「실재사십송」 12, 83, 85, 126, 219, 260,
　284, 405, 527
「실재사십송 보유補遺」 127, 140, 145, 317,
　469, 471-2
『실재직견』 83
「싸라나 띠루아하발」 514
「싸라나 빨란두」 322, 513-4
「아루나이 라마네산」 323, 464, 545
「아루나찰라 문자혼인화만」 46-7, 84, 90
「(아루나찰라) 다섯 찬가」 47, 183, 319, 566
「아루나찰라 5보송」 260, 319
「아루나찰라 8연시」 46-7, 284-5, 566
「아루나찰라 11연시」 46-7, 284, 566-7
「욕망」 363, 365
「울라두 나르빠두」 126 →「실재사십송」
『입산 50주년 기념집』 183, 317, 358, 362,
　374-8, 381

『저작 전집』126
『진아 깨달음』88, 183, 195, 433
「진아 깨달음 장」219
「진아지」203, 515
「탐구의 핵심」16
『편지』446

별시들
 -『바가바땀』에서 번역한 시 145, 580
 -벽감 안의 가네샤 34
 -위장의 불평 292
 -어머니의 열병과 관련된 시 390
 -한 글자 358

4. 경전, 단행본, 잡지, 기타 저작들

『경이로운 인도』78
「구루 찬가」193
「구루빠다까」142
『기타 해설』362, 512 →『냐네스와리』
「기탄잘리」467
『까타 우파니샤드』234, 236
「깐다르 사쉬띠 까바삼」490
『깔라이마갈』373
『깔라이야르꼬일 뿌라남』178, 186
「깔랄린」60
「꼬이드리루 빠디깜」490
「꼴라루 빠디깜」228
『꾸란』(코란) 109, 152
「꾸룬띠랏뚜」471
「낄리빳두」544
「나보다야」402
『난눌』272
『날라이라 쁘라반담』327
「냐나 바시땀」471
「냐네스와리」363
「니나이본드루」493
「디나마니」158
『따유마나바르』318, 493-4, 512, 527
『떼바라 뿐꼬뚜』493
『떼바람』93, 176, 190, 228, 492-3
『뜨리술라뿌라 마하뜨미얌』381
「띠다무라베」66
「띠루꼬발루르뿌라나」233, 238, 240
「띠루 바꾸뿌」506
「띠루꼬뚬비」490
『띠루바이몰리』147, 327, 329
『띠루바짜감』149, 269, 330, 481, 488-90
『띠루빌라이야달 뿌라남』149-50, 184
『띠루뿌갈』156, 428, 444, 479, 481, 491
『(띠루) 아루뜨빠』137, 140
「띠루 아룰 몰리」253
「띠루반다빠구띠」490
「띠루뱀바바이」490
『띠루쫄리 (스탈라)뿌라남』93, 238, 557
「띠루쫄리 11연시」535
『띠루쫄리의 으뜸가는 위대함』186
『라마야나』251, 484
「라마크리슈나 비자얌」51, 234
『리부 기타』254, 256
「만달라띤」66, 326, 493
「마두라 11연시」227-8
「마룰라 상까라 데바르 가띠」36
『만두끼야 우파니샤드』61
『모두가 하나다』406
『바가바드 기타』37-8, 42, 57-8, 60-2, 116, 129, 152-3, 207-8, 217-8, 228, 232, 260, 267-8, 276, 279, 347, 369, 406, 547
『바가바따[땀]』130, 137-8, 140, 143, 361
「바라띠」26-7, 253
「바라띠 데비」139
『바라하 우파니샤드』212
「박따 비자얌」12, 257, 363, 417, 512

「벌 메신저」/「벌이 가져온 대답」 322, 513
「베단타 께사리」 364, 568
『베단타 쭈다마니』 62, 215
「벨 바꾸뿌」 479
「봄베이 사마짜르」 375-6
「봄베이 크로니클」 108
『분별정보』 45, 276, 345
『불이각등』 127
「브라마 기타」 470
『브리하다라니야까 우파니샤드』 69
『비이원론의 진리』 277
「비전」 19, 80, 83, 118, 217, 250, 535
「빠라아빠락 깐니」 134
「빠얍뿔리」 134, 493
「빤말라이」 493
「빨라리 마굽뿌」 156
『뻬리야뿌라남』 67, 157, 162-3, 399
「뽀릿 띠루 아하발」 490
『뿌루샤 수끄따』 357
『뿔라바르 뿌라남』 418
『쁘라붓다 바라따』 256
『쁘라빠띠 8연시』 522
『사고의 과학 리뷰』 39
『사이 바바 얼핏 보기』 77
「삿찌다난다 시밤」 493
『샤쿤탈라』 210
「선데이 리더」 384
「선데이타임즈」 95, 277, 375, 435, 564
「선데이헤럴드」 95
『성경』 69, 80, 217
「수까바리」 66, 326, 493
「수브라마니야 부장감」 387
「스와데사미뜨란」 152, 360-1

『스탈라 뿌라나』(띠루쭐리의) 174-5, 483
「시따 라마 안자네야 삼바담」 143
「시바 마히마 송찬」 187
「시바 사하스라나마」 253
「시바 송찬」 187
『시바냐나보담』 183
「시바뿌라남」 481, 485
「실제로 당신은 누구십니까?」 253, 259, 267
싸마베다 133, 226, 228
「씨르바타 바꾸뿌」 481
「아까라 뿌바남」 483, 493
「아난다띠땀」 489
『아디야뜨마 라마야남』 290
「아루나찰라 마하뜨미얌」 90, 243
「아루나찰라 사따깝」 238
『아루나찰라 (스탈라)뿌라남』 93, 238, 557
「아룻빠뚜」 489
「아바야쉬따깜」 357
『아쉬따빠끄라 기타』 19
「안드라 실삐」 425
『올리빌 오두깜』 237
『요가 바시슈타』 19, 33, 239, 382, 470
『우다르꾸뜨루 반남』 156
「우달 뽀이유라부」 134, 493
「우마 사하스람」 273, 280, 360
『우파니샤드에서 뽑은 대화들』 226
『이샤바시야 우파니샤드』 220
「자민 라이오트」 109, 152
「자유 인디아」 95, 375
「찐마야난다 구루」 493
『해탈정수』 41, 143, 299, 512, 544
「힌두 오르간」 427-8
「힌두스탄」 85, 87, 352, 361, 381

5. 신들, 옛 진인과 성자들

가네샤 34-5, 68
가우따마 93-4

가우리 93-4
고라 꿈바르 81

고라끄나트 92-3, 386
그리스도 218, 558
까라이깔 암마이야르 163
깐와 마하르쉬 210
꾸마릴라 바따르 166
꿀라세카라 알와르 250-1
나따라자 168, 395, 399
나라야나/나라얀, 스리 85-6 →비슈누
나마 데브/남 데브 19, 80-3, 217, 535
나야나르(Nayanars) 399
나찌께따스 226
남말와르 146, 148, 329, 382
냐나 삼반다르 167, 226-7, 257, 492-3
냐네스와르 81, 220, 252, 361-3, 512
다끄쉬나무르띠 40, 206, 267
닷따뜨레야 49, 65, 501
따뜨와라야 57
따유마나바르 60, 66, 93, 134-5, 146-7, 218, 272, 318, 326, 428, 465, 483, 486
뚜까람 257
뚤라시 다스 12-3
라마, 스리[주] 84, 246, 251, 524-5, 535
라마누자 118
라마링가 스와미 137, 139, 486, 495, 544
라마링감 (시인) 361
라마크리슈나 빠라마한사, 스리 38, 256-7, 269, 466, 488, 537
람다스/라마 다스 →사마르타 람다스
랑가나타 (신) 118-9 →비슈누
리부 172
마니까바짜가르 150, 269, 428-9, 486
마다바 151, 153
마룰라 샹까라 36
마르깐데야 538
마스쩬드라 나트 191, 386
무루가 174, 482, 535, 544, 554
벤까떼사, 주[스리] 461, 524, 554-5
브라마 64, 81, 93, 172, 237, 264, 471

비디야라니야 174
비쇼바께사르 81
비슈누 148, 470, 525
비토바/빗탈 81-2
빠띠나따르 155-6, 486
빠슈빠띠 188
빨니 (신) 15
뻬이알와르 150
뿐다리까 417
쁘리투 137
사마르타 람다스[라마 다스] 193-4, 218, 220
사이 바바 77, 315
샹까라 40, 152, 192-3, 242, 277, 299, 329, 340, 351, 369, 531
세샤드리 스와미 413-4
수브라마니야, 주 166, 289, 314, 418, 458, 491
순다라르/순다라무르띠 158, 170, 174-6, 180, 186, 257, 430, 483, 516-7
스깐다 206, 552
스와루빠난다 57
시바 26, 40, 94, 148, 170, 175, 183, 391, 429, 470, 517, 525
아루나기리나타르 258, 486, 491, 554
아루나찰라, 신[주] 34, 47, 92, 146, 275, 341, 410, 510-11, 555
아루나찰레스와라 384, 404
아르다나리스와라 206
아빠르 227
알라마 쁘라부 36
암비까 195
압바이 233, 238, 292-3
앙기라사, 진인 142
에까나트 251-2
인드라 170
크리슈나, 스리[주] 206, 270-1, 351, 382, 525, 535
하리 13 →비슈누

6. 헌신자, 방문객, 기타 사람들

가나빠띠 무니[사스뜨리] 280, 294-5, 319, 390, 567
가나빠띠 사스뜨리 50, 275
가자난 187-91, 193-6
가젠드라 메타 319
게농 100
고꿀 바이 142, 144, 159
고빈다라마이야 142
구나라뜨나, V. F. 95, 268
구루스와미 무달리아르 476, 574, 576-7
귀렐리스 여사 57
그란트 더프 50, 91, 95, 183, 275, 380
기르다리 랄 223
기리쉬 가나빠뜨 430
길버트 헨리 겟지 39
까나깜마 152
까르뿌라순다람/까르뿌라 바따르 50, 416
까마트 181
까메스와란/까메스와라 사르마 125, 347, 356
까메스와람마 190
까비야깐타 141, 273 →가나빠띠 무니
까빨리 사스뜨리 352
까시암마 196, 198
깐난 411-3
깐다스와미 71, 87-9, 154
깜딘 양 85
깜바르 (시인) 484-5
꾸빠이야르 92
꾸빤나/꾸뿌스와미 354-5
꾸뿌스와미 무달리아르 441-2
꾸뿌스와미 아이야르[아이어] 77, 355, 374
꾼단랄[K.A.] 마하따니 13, 27-8, 37, 39, 85, 127, 129
꾼주스와미 143-4, 190, 337-8, 374, 456
끼라이 빠띠 153-4, 324, 359, 376, 549

나가나리야 263, 381, 384
나감마 40, 87, 102, 141-2, 12-3, 152-3, 157, 186, 198, 253-4, 263-5, 281, 283, 336, 351-2, 359, 361, 363, 370, 375, 381, 384, 388-90, 402, 405, 425-6, 435, 446, 529
나갑바 쩨띠 88, 104
나나바띠 236, 260, 271-2
나따라잔 362-3, 365, 497
나라싱아 라오 377, 390
나라싱하스와미/나라싱하 아이야르 77, 433
나라야나 레디 47, 88, 285, 441-2
나라야나 아이야르[아이어] 91, 109, 223, 382, 480
나라야나스와미 아이야르[아이어] 245, 265-6, 344, 394
나라인 삐샤로띠 102, 371
나야나 128, 167, 174, 187, 191, 273, 276, 284, 360, 410-1 →가나빠띠 무니
난준다 라오 박사 223
날라스와미 삘라이 183
남비아르, K.K. 74, 91, 353, 355-6, 415, 417-8, 562-3
남비아르 박사, P.C. 185, 564
넬리아빠 아이야르 44, 182
노먼 스트라티 경 75
노이 부인 95, 415, 418
누나 206, 209
다누르다사 17
다르마비야다 113
다시 라잠발 103, 107
다이바라따 187 →가자난
닥터 멜코트 459-60, 570
데사이, D.C. 117
데사이, P.C. 29-30, 40, 90-1, 93, 106-7, 144, 211-2, 352, 362, 365, 376

찾아보기 605

데사이 부인, P.C. 116, 119, 257
데이바시카마니 무달리아르 468
도라이스와미 아이야르, T.K. 73, 183, 365, 367, 373-4
도라이스와미 아이어, S. 99, 247-8, 379
도우(Dowe) 부인 356
디바까란 185
D.S. 사스뜨리[사르마] 148, 264, 336, 363-4, 391, 402, 405, 568
딜립 꾸마르 로이 48-9, 52, 270, 388-91, 407, 568
따얄, S.P. 341, 348
딸레야르칸 여사 91, 152, 177, 182, 199-202, 275, 321-2, 324, 332, 360-1, 366, 377, 389-9, 407, 417, 513, 575
띠루말 나야크 173
띠루말 라오 358
띠루물라르 258
띠아가라자 아이어 413
띠뿌 술탄 94
라가바 아이엥가르[아이앵가르] 239, 360-1, 542-3
라니 마줌다르 376
라다크리슈난, S. 183, 374, 406
라뚜 마하라지 364
라쁘남마 104
라마 락슈맘마 186
라마 숩바 아이야르 315
라마나 (아이) 384, 559
라마나 빠다난다 493
라마나 순다리 285
라마나타 딕쉬따르[브라마짜리] 167-8, 434, 505
라마나타 뽀다르 356
라마나탄 91
라마난 (아이) 384
라마링감, 시인 361
라마무르띠 (고문관) 347-8
라마스와미 레디아르 9, 136, 158, 195

라마스와미 벨라이 163, 286, 385, 444
라마스와미 사스뜨리, K.S. 212
라마스와미 아이야르 (마나마두라의) 296
라마스와미 아이야르, M.V. 245, 290, 395, 434, 507, 544
라마스와미 아이야르, P. 439
라마스와미 아이엥가 142-4, 190, 195
라마짠드라, K. (콜롬보의) 51, 95, 161, 190, 223, 235, 268-9, 373, 385-8, 427-8, 435
라마짠드라, T.S. 384, 386, 390, 395, 397, 402, 416, 419, 427, 430, 433, 435
라마짠드라 라오 109, 128, 372
라마짠드라 레디 90
라마짠드라 아이야르, T.P. 12, 21, 99, 122, 132, 157, 274-5, 293, 301, 312-3, 324, 379, 384, 388-9, 411, 415
라자고빨라 사르마 263
라자고빨(라) 아이야르, T.S. 26, 198, 353, 355-7, 376, 452, 511, 558-9, 563
라자라뜨나 무달리아르 178
라자지 158
라잠 아이어 353
라잠말/라잠마 382-3
라잠발 103
라제스와라난다, 스와미 62, 330, 374
라젠드라 쁘라사드 309-10
라주 사스뜨리 195
락슈마나 사르마 125-6, 128, 263, 338, 356, 465
락슈미 나라야나[N.L.] 사스뜨리 280-1
락슈미 바이 152
람 다스[람다스] 185
람 띠르타 112
랑가나타 아이어 367, 375, 411
랑가스와미 34, 265-6, 378
랑가스와미 아이엥가 182
랑가 아이야르 92, 299

랑가 아이야르 부인 295-6, 298, 302
레이, P.B. 159
로깜마/로깜말 123, 149, 323
로이 박사 (장님) 407-9
로이 박사, B.K. 406-7
루끄마니 248
루끄미니 락슈미빠띠 388
(루드라 라즈) 빤데 340-1, 551
리쉬께사난다 스와미 56-7, 61, 67
마 아난다 마이 434
마누 수베다르 362-3, 512
마니, S. 316
마니깜 219
마다반/마다바 스와미 337, 353, 529, 562
마다비 암마[암말] 185, 364, 389, 565
마따지 마니벤 사마디왈라 87
마살라왈라 박사 214, 219-20, 222, 229, 244
마마라뚜스와미 45
마우니 26-7, 78, 253, 264, 270, 325, 359, 406, 426-7
마우니 스와미, (꾸뜨랄람의) 308
마하 비르 쁘라사드 54, 752
마하데반 187-8
마하데반, T.M.P. 277, 374
마하트마 간디 140, 148, 152, 157-8, 172, 313
맥키버 275, 380
머스턴 양 380
메스 박사 422
모리스 프리드먼 37, 161, 163, 358
무루가나르 59, 83-5, 140, 149-50, 155, 170, 175-7, 203-4, 235, 239, 258, 322-3, 357-8, 360-1, 367, 416, 513-5, 520-1, 535, 545-6, 577-8
무시리 (수브라마니아 아이어) 367, 374
무함마드 가즈니 118
미나끄쉬 (**바가반의 고모**) 296
미나끄쉬 암말 103

바르가바 344, 346, 349
바르뜨루하리 왕 378
바수데바 사라스와띠 193
바수데바 사스뜨리/바수 65, 392-5
바웰 부인 380
바이꾼타 바사르 56, 246-7, 325
바이디야나타 아이야르, K. 373, 388
바이디야나탄 (세무국장) 347
반너지, P. 128, 130
발라람 (레디) 97, 128, 140-1, 143, 145, 152-3, 163, 166, 168, 180, 183, 189, 206, 209-213, 226, 253, 372, 377-8, 384, 416-7
발랄라 마하라자 183
버나드 듀발 141
벤까따 크리슈나이아[크리슈나야] 108, 165, 167
벤까따라마 사스뜨리, S.R. 374
벤까따라마 아이야르 90, 469
벤까따라마 아이어 296, 374
벤까따라마 아이어, C (변호사) 519
벤까따짤람 102-3, 425
벤까떼사 사스뜨리갈[사스뜨리아르] 132-3, 172, 313
벤까뚜 91, 210
벤까뜨라마 아이야르 243
벤까쁘라마이어 433
보만 양 407
보즈, A 228, 240, 299-300, 305, 356
브릿다짤라 구루깔 195
V.P. 사라삐 388
V.P. 사스뜨리 359
비라바드라이야 225-6
비베카난다 51, 57, 466
비스와나타[비스와나탄/비스와나트]/비스와나타 브라마짜리/비스와나타 아이야르[아이어] 99, 106, 140-1, 148, 150, 155, 157, 177-8, 186-7, 198, 223, 235, 253, 258-9, 275, 360, 365, 378, 411

찾아보기 607

비스와나타 사스뜨리 362, 365, 374, 376
비스와무르띠 312
비자야난다 스와미 57
비자야라가바 바가바따르 108
빅토리아 도우 부인 417
빠다난다, 라마나 258, 493
빠리 233, 238, 240
빠딴잘리 335
빨라니스와미/빨니 스와미 88-9, 103, 181, 284-5, 354, 392-3, 404
뻬루말스와미 88-9, 452
뻬리압빠 세샤이야르 304
뽀타나 (시인) 361
뽄남발라 스와미 38
분자 293
쁘라부다 데바 라야르 491
쁘라브하바띠 189, 389
삐쮸(마니) 아이야르 210, 296-7
벨라이 뻬루말 아이앵가르 155
사따꼬빠 나이두 35, 73-4
사따꼬빤 463
사띠야무르띠 309
사로지니 하티 싱 74
사마 타타 324
사우리스 26
사이에드 박사 44, 77, 83, 95-6, 118, 126, 129, 206-7, 209, 576
샤쿤탈라 210
산땀마 104, 261
샹까라 데브 218
샨따 366
샹까라짜리야 166-7, 173-4
세샤 아이야르 304
세샤 아이어 (감독관) 182, 354
세샤기리 아이야르, K.R. 373
세샤기리 아이야르, K.S. 310
센 양[여사] 201, 276
소마순다람 벨라이 261, 269, 353, 370, 372, 385, 397, 399, 419, 522

수브라마니아 바라띠 308, 487
수브라마니아 사스뜨리 142
수브라마니아 아이어 (공중보건국장) 99
수브라마니아 아이어 (딘디걸의) 99
수브라마니야 사스뜨리 168
수나 도랍지 양 90, 150
순다람 쩨띠아르 446
순다레사 아이어[아이야르] 107, 245, 322, 344, 373, 394, 406, 522
숨바/숨부꾸띠 96
숨바 라오, G. 28, 79, 126-7, 143, 166, 253, 283, 286, 361, 381, 403, 410-1, 416, 419
숨바라마이야, G.R. 494
숨바라마이야, G.V. 21, 40, 42, 292, 294, 296-8, 301, 305, 308, 311-3, 316-7, 319, 359, 372, 390, 394-5, 425
숨부 락슈미 암말 153
숫다난다 바라띠 339
쉬로프 (중위) 77-8, 196, 200, 204, 244, 270-1, 357
쉬로프 부인 243
슈클라 95
스리 구나지 317
스리 땀비 도라이 53
스리 바이디야나타 (도편수) 179
스리 크리슈나이아, P 17
스리 크리슈나이아 차우두리 321
스리니바사[S.] 라오 박사 42, 60, 66-7, 78, 80-1, 84-5, 102, 145, 147, 151, 164, 237, 247-8, 251, 571
스리니바사 사스뜨리 310, 361
스와미 람다스 80, 535
스와미 삼붓다난다 228, 233
스와미 시바난다 (사라스와띠) 97, 226
스와미 싯데스와라난다 56-7, 276, 417
스와미나타 아이야르 76
스와미나탄 교수 367, 439, 561
시땀마 236

시바 다스 237-8
시바 라오 박사 214, 373, 384
시바 모한 랄 (교수) 59, 372-3, 515
시바난다 (라마크리슈나의 제자) 256-7
시바난다 (시자) 253, 305
시바쁘라까삼 삘라이 88, 164, 219, 445, 515-6, 530, 552, 563-4
시바야 181, 308 →마우니 스와미
시바지 194
C.V. 라만 여사 228
아난다 스와미 161, 171
아난따나라야나 라오 박사 364, 415, 574
아난타 마우니 218
아드부따난다 364 →라뚜 마하라지
아디뿔람 354
아쁘마난다 스와미 167
아부다이 암말 123
아빤 땀비란 165
아서 오즈본 97-100, 206, 209, 243, 439
아이야사미 삘라이 319
아이야스와미 46, 89, 284-5, 356
아즈가온까르. V.K. 219
악샤라냐 41-2 →G.R. 숩바라마이야
안나말라이 스와미 (스깐다스라맘의) 180-1
알라멜루 암말 413, 415-6
압빠라오 (소년) 351-2
압뿌 사스뜨리 161
앙가야르깐니 372
에깔라비야 131
에번스 웬츠 183
에이브러햄 링컨 122
에짬마/에짬말 47, 103-4, 108, 168-9, 382-3, 472, 485-6, 570
오로빈도, 스리 21, 49, 51, 58, 74, 121, 335, 359
오즈본 여사 200, 427
요가난다 (스와미) 95, 394
요기 라마이아 352, 355, 357-8, 452-3
(우단디) 나야나르 312, 315

우마 371, 373, 387, 428, 435, 522
우마 데비 405-6
우마이얀 166
운나물라이 암말 248
인두마띠 양 74
자가디사 사스뜨리 357, 522, 538, 579
자가디샤난다 스와미 159
자가디스와라난다 188
자나끼 37
자나끼 암말 255, 362, 365
자나끼 암말 (맹인 소녀) 371
자다 스와미 185, 248-9, 274, 394
자야데블랄 91
조르주 르 보 97, 99
조쉬 105, 110, 115, 23
지코프스키 51
짜간랄 요기 105
짜까라이 암말 223
쩰라[쩰람] 밧따르 50, 96
쩰람 아이어 373-4
쩰람말 382, 486
찐나스와미 90, 236, 361
찐따 딕쉬뚤루 102, 109, 205, 253, 264, 390
채드윅 소령, A.W. 18, 141, 203, 270, 301, 398, 453-5, 511
체노이 여사 422-5
카티르벨루 311
칸나, H.C. 306, 325-7, 331-2, 457
크리슈나 쁘렘 234, 531
크리슈나[K.M.] 지브라자니 282, 286-8, 304, 307-8, 342-3, 349
크리슈나무르티, 지두 133
크리슈나스와미 (랑가나타의 아들) 411
크리슈나스와미 (시자) 65, 85, 148-9, 156-8, 166, 178, 238, 260, 355
크리슈나스와미 (아이야르) 박사, T.N. 99, 157, 266-7, 373, 439, 575
키티 (오즈본) 200, 542

찾아보기 609

탕가벨루 나다르 184
테니슨 317-8
T.V.K. 아이야르 327-8
틸락 사스뜨리 85, 108
폴 브런튼 51, 117-8, 130-1, 240
프람지 (도랍지) 293, 377, 427

하리다스 박사 313
하리디얄 마하라지 161
하리스짠드라 417
하린드라나트 짜또빠디야야 21, 26
(하인리히) 짐머 248, 407
험프리스 51, 442

7. 기타 이야기, 비유, 우화

거머리에 비유되는 에고 63-4
거울과 반영 213
도둑을 경찰관으로 만들기 53
고라끄나트의 이야기 191-2
공간은 창조되지 않음 164
그늘을 나왔다가 들어가기 219
그림과 캔버스의 비유 300-1
그림자를 땅에 묻으려 한 사람의 비유 11-2
금과 장신구 비유 136
꿈속의 배고픔 122
꿈속에서 세계를 여행하기 121
남데브가 깨달은 이야기 81-3
동물도 깨달을 수 있음 376-7
두 마리 뱀과 소년 이야기 389
떠났던 남편이 돌아온 부인 199-200
라마나스라맘으로 가는 길 묻기 336, 409
라마누자와 제자 이야기 118-9
모기가 무는 일 288
바르뜨루하리 이야기 378
바잔에 매혹된 장교 이야기 561
밧줄에서 보이는 뱀 13, 129
벌겋게 단 쇠막대기 327, 331
불에 석유/기름 붓기 111
불에 타 버린 밧줄 421
뿌냐와 빠바나 이야기 33
「사라나가띠」 노래와 수돗물 이야기 245-6
사마르타 라마 다스의 제자 이야기 193-4

상인의 아내와 망고 이야기 162-3
생명기운이 있어 몸의 무게를 느끼지 못함 338
스크린과 화면의 비유 63, 129-30, 213-4, 299, 532
시위를 떠난 화살의 비유 421
신에게서 사탕과자를 얻는 여성 85-7
아들이 죽음이 뒤바뀐 어머니들 303
아라이야니 날루르 사원의 승려 177-8
아쉬따바끄라 이야기 19
연극을 보는 왕 129-30
연기하는 배우가 자신을 잊지 않음 306
열 번째 사람의 비유 345
왕위를 포기하고 탁발에 나선 왕 302
요술사가 만드는 환영 163, 300
우물 파기와 공간 132
위기를 벗어난 여성 92, 556
인드라와 아할리야 이야기 239
절름발이가 걷게 된 이야기 91-2, 557
종이와 편지/글자의 비유 220, 380
천과 흰색 327, 331
철도 운행주임의 이야기 559-60
최고 속도로 달리는 자동차 비유 69
파리와 꿀 211
함삐의 건설 173-4
허세가 많은 남자의 이야기 571-3
회당/극장 안의 등불 32, 331

옮긴이의 말

바가반의 가르침과 일상을 기록한 책으로서 가장 중요한 것은 『라마나 마하르쉬와의 대담』, 이 『나날』 그리고 『라마나스라맘에서 보낸 편지』라고 할 수 있다. 『나날』도 『대담』과 비슷하게 날짜별로 기록되었는데, 이 시기에 저자는 바가반 회상의 공식 기록자이자 통역관 역할을 했으므로, 질문자와 바가반의 문답으로 이루어진 가르침 부분은 특히 충실히 기록되었을 것이다. 당시에는 공책에 이런 내용들을 기록했고, 때로는 바가반 앞에서 앞서 기록한 것을 낭독하기도 했다. 다만 모든 날짜의 기록이 본서로 엮어지지는 않은 듯하다. 1930년대 후반 기록인 『대담』과 1940년대 후반의 『나날』을 비교하면 바가반의 가르침에서 특별한 변화는 없고, 비슷한 내용과 분위기가 이어지고 있다. 문답의 주제는 늘 되풀이되지만 바가반은 개별 질문자에게 맞는 새로운 답변들을 내놓고 있어, 이 책에서도 수행과 깨달음에 관한 탁월한 가르침들을 만날 수 있다.

『나날』은 1945년 3월 16일부터 1947년 1월 4일까지 2년 가까운 기간의 기록인데, 1946년 5월 5일부터 7월 24일까지의 짧은 중간 부분이 1952년에 라마나스라맘에서 제1권으로 출판되고 나머지는 1957년에 제2권으로 간행되었다가, 1968년에 합쳐져 한 권으로 되었다. 비슷한 시기에 기록된 『라마나스라맘에서 보낸 편지』와 비교할 때 『편지』의 앞쪽 5분의 1 정도가 『나날』과 시기적으로 겹친다. 본서는 일종의 일지 형태여서 장절章節로 구분되지 않는데, 우리는 이 책을 편의상 1945년 부분과 1946-7년 부분으로 구분했다. 그리고 저자의 회상록인 『바가반에 대한 회상』을 합본하여 앞뒤로 함께 참조할 수 있게 하였다.

원서의 본문 중에는 타밀어로 된 시나 어구들을 타밀 문자로 직접 기록한 부분들이 있다. 우리는 이런 타밀어 원문을 영문 로자마로 옮겨쓰기 했는데, 로마자 위아래에 음을 구분하는 분음기호들도 있다. 그러나 타밀어 자음들은 전후의 음에 따라 음가가 달라지기도 하므로 우리의 이 옮겨쓰기가 아주 정확한 것은 아니다. 타밀어 문장들의 내용은 저자가 영어로 대략 번역해 두었지만 요지만 번역된 곳들도 있다. 우리는 이 원문들을 가능한 한 타밀어 어순에 맞게 온전히 우리말로 직접 번역하려고 노력했지만, 번역이 어려운 일부 시들은 저자의 영어 번역문에 의지하였다. 철학적 개념들, 인용되는 저작들, 일반 독자에게 생소한 지명·인명 등에는 면밀한 각주를 달았고, 전문용어의 경우 '용어 해설'에 있는 것이어도 찾아보는 번거로움을 덜도록 본문 중에 간략한 삽입주를 넣기도 했다. 책 말미의 '찾아보기'는 몇 가지 범주로 분류되어 있는데, 이는 원서의 색인 체제를 약간 조정하면서 『회상』 부분을 포함시킨 것이다.

저자 데바라자 무달리아르는 영어에 아주 능하여 이 『나날』을 영어로 기록했을 뿐만 아니라 『바가반에 대한 회상』까지 영어로 썼다(『회상』은 원래 장 번호만 있고 제목이 없지만, 우리 한국어판에서는 장별로 내용에 맞는 제목을 붙였다). 저자는 처음에 **바가반**을 자주 방문하지도 못했으나 나중에는 아쉬람 상주자가 되었고, 당신의 가르침을 정확히 이해하여 방문객들의 어떤 질문에 대해 **바가반**을 대신하여 일반적인 답변을 할 정도가 되었다. 그는 **바가반**보다 불과 7살 아래인데도 **바가반**을 '어머니-아버지'로 여기며 의지했는데, **바가반**도 그를 아주 친근하게 대했다. 그는 자신의 영적 진보가 느리다고 생각했지만 그 나름대로 통번역 등 **바가반** 회상會上에서의 봉사, **바가반**에 대한 순복과 헌가의 창송唱誦, **바가반**의 이름 염송, 산 오른돌이 등을 통해 자신의 근기를 향상시켜 나갔다. 무엇보다 그는 **바가반**과의 오랜 **삿상**을 통해 당신의 에너지를 듬뿍 받으며 꾸준히 확고하게 **진아 깨달음**을 향해 나아갔다고 볼 수 있다.

『바가반과 함께한 나날』에 기록된 **바가반**의 가르침들은 이 자체만으로도 당신의 핵심 가르침을 다 포괄할 만큼 풍부하고 자세하다. 그 가르침이 책의 곳곳에 포진해 있는데, 문장이 잘 정리되어 있어 군더더기가 없고, 평이한 언어로 서술되어 이해하기 쉽다. 『회상』은 사건과 일화 중심이지만 뒷부분에 중요한 가르침들이 있다. **바가반**은 철학적 개념이나 이론을 다룰 때도 있지만 결코 그것을 천착하지 않고, 누구나 닦을 수 있는 실천적 행법에 집중한다. 그래서 『나는 누구인가?』에서 가르친 **자기탐구**의 기본적인 요령이 『나날』에서도 거듭 강조된다. 즉, 생각이 일어날 때마다 그것이 누구에게 일어나는지 물어서 '나'에 주의를 집중해야 한다. 다만 "나는 누구인가?"를 만트라처럼 염해서는 안 되며, '나'가 그 "몸 안의 어디서 일어나는지" 알아내야 한다. 다만 이 방법이 어렵다고 느끼는 사람은 "나, 나"를 염해도 된다고 했다. '나'는 신, 곧 진아의 이름이며, 그것이 최고의 이름이자 최고의 만트라이기 때문이다.

자기탐구의 이 수행은 다른 모든 '명상'에서처럼 외부의 어떤 이념, 대상 혹은 특정한 이름의 신을 향하는 것이 아니라 우리 자신, 즉 '나' 혹은 "내가 있다"는 존재의 느낌을 향한다. 이 '나'는 시간과 공간 속의 어떤 변화에도 영향 받지 않고 변함없이 똑같이 유지되는 단 하나의 **존재-의식**이므로, 탐구 자체가 본질적으로 **자기자각**의 행법이다. 그런데 "나는 누구인가?"라는 물음에서의 '나'는 개인적인 '나', 곧 에고라고 **바가반**은 말한다. 왜냐하면 우리는 아직 마음 즉 에고의 함정을 벗어나지 못했기 때문이다. 우리는 지금도 **진아**이고 오직 **진아**일 뿐이지만, 그것을 체험적으로 깨닫지 못한 한 여전히 에고의 무지 속에 있다. 이것은 어둠 속의 밧줄 토막을 아직 뱀으로 인식하는 단계이다. **자기탐구**를 통해 모든 생각의 근원인 그 '나', 곧 마음을 소멸해야 **진아**로서의 '나'가 있는 그대로 드러날 것이다. 마음 곧 에고로서의 '나'는 **심장**에서 일어나기 때문에 "그것이 도로 가라앉아 **심장**에 합일되어야" **진아** 깨달음이 일어난다.

그러나 바가반에 따르면, 진아 깨달음은 우리에게 낯설거나 우리와 멀리 떨어져 있는 어떤 상태가 아니다. 우리는 늘 그 상태에 있지만, 그것을 잊고 우리 자신을 마음과 동일시한다. 우리 자신을 "마음과 동일시하기를 그치는 것이 필요한 전부"이다. 실은 그 동일시 자체가 마음의 생존방식인데, 그것은 마음이 주체와 대상의 이원화 작용으로서 나타난다는 뜻이다. 마음이 나타남과 동시에 거대한 대상들의 집합인 세계가 출현한다. 이원적 대상으로서의 세계가 있는 한 마음이 있고, 마음이 있는 한 깨달음은 없다(따라서 마음이 소멸한 진인에게는 세계 자체가 없다). 마음으로 나타난 그 '나'의 본질을 탐구하는 것이 곧 마음과의 동일시를 그치는 것이고, 그렇게 해서 마음을 소멸하는 것이 깨달음의 요체이다. "끊임없이 마음의 성품을 탐구하면 마음 같은 것은 없다는 것을 발견하니, 이것이 모두에게 직접적인 길이다." 바가반이 제시한 이 탐구의 길이야말로 깨달음, 곧 진아지에 이르는 "직접적이고 쉬운 방법"인 것이다.

바가반이 설파한 진아의 진리와 진아지의 길은 이해하기 아주 쉽고 분명한 것이지만, 이상하게도 대다수 사람들은 더 복잡하고 어려운 방법들을 선호한다. 그것은 우리가 마음과의 동일시, 그리고 대상과의 '이원화'에 너무 익숙해져 있기 때문이다. 심지어 선종의 '화두'와 '공안'조차도 우리가 씨름하는 '대상'이다! 그러나 "이것을 추구하는 나는 누구인가?"라고 자문하는 순간, 우리는 더 직접적인 탐구의 길로 들어선다. 따라서 최선의 명상법은 어떤 대상을 향해 마음을 사용하기보다 "마음의 근원을 보는 것"이다. 그것이 바로 "나는 누구인가?"의 자기탐구이다. 이것은 공개적인 방법이며, 종교나 전통을 떠나서 누구에게나 열려 있다. 실은 우리는 "늘 진아이고 달리 무엇도 아니다." 바가반과 함께한 일상 속에서 드러난 이런 가르침이야말로 우리 모두에게 진정한 복음일 것이다.

2025년 9월, 옮긴이 씀